战略定位:

滨河黄河大桥效果图

自2012年5月正式启动建设以来，抢抓“两区”建设机遇，紧扣银川市“2258”工作思路，坚持产城一体的发展方向，提出“1445”发展战略：围绕一个目标：按照“两年有名、十年成型、三十年成城”的建设时序，努力建设“依水而生、拥河而立”，产业高端为一体的宜居宜业、宜商宜贸、宜学宜游、宜养宜疗的现代化、国际化生态田园城。规划四大板块：临空经济区，积极推进宁夏与国内外尤其是阿拉伯国家穆斯林地区在人流、物流、信息流上的交流，以综保区为载体，逐步发展建设成为中阿自由贸易园区；国际现代商贸区，发展国际商贸、现代金融、现代旅游、等现代服务产业，以及云计算、大数据、2.5产业及跨境贸易电子商务等智慧产业，重点打造具有国际化特色的综合服务中心；创新“城旅一体化”发展模式，推进旅游业与养老健康产业的深度融合，打造阿拉伯国家符合穆斯林地区游客到中国旅游的“第一站”；新兴产业园区，重点布局高端装备制造业、电子信息产业及机械电气和通用仪器仪表、高新技术等产业发展，为宁东基地和临空经济区提供配套支撑，建成自主创新和科技转化能力强的高新技术产业基地。明确四大定位：以绿色低碳为核心的生态城，以多元和谐为特征的文化城，以生态文化为基础的全域5A级旅游城，以高端服务业为引领、现代产业为支撑的产业城。实施五大战略：着力打造国家向西开放的桥头堡，依托银川综合保税区和河东国际机场的便利优势，畅通对外流通渠道，实行全方位、多层次、宽领域对外开放，打造辐射周边、服务全国、面向全球的国家向西开放的重要门户节点；国家内陆开放型经济试验区的核心区，坚持先行先试，改革创新，加快发展，率先突破，全方位引进国内外资本、技术、人才和资源，建设宁夏内陆开放型经济实验区的核心区；国家丝绸之路经济带的重要枢纽，把滨河新区建成面向中东、中亚，服务全线的能源合作中心、金融中心、文化交流中心，丝绸之路经济带上国际性枢纽；国家内陆开放型经济试验区的自贸园区。

滨河中学鸟瞰图

生态园效果图

建设发展:

随着国家西部大开发、向西开放战略及新丝绸之路经济带战略实施，银川滨河新区将围绕三位（机场、综合保税区、临空配套区）一体化（银川滨河新区）发展规划，重点推进贸易互通、金融投资、人文交流、产业转移及体制机制五大领域开放发展，全力打造沿黄城市带战略的核心地带、银川城市的副中心、宁东的后花园、市民的休闲区、未来宁夏发展的新空间、放大“天下黄河富宁夏”效应的新区域、引领对外开放的新载体和转变经济发展方式的新动力。计划到2017年，地区生产总值超过400亿元；到2030年，地区生产总值超过1200亿元。2013年实施重点项目建设“百日大会战”，开工建设项目25个，基本建成8个，完成投资30多亿元;2014年计划实施重点项目62个，总投资530亿元，计划当年完成投资104亿元。

银川经济技术开发区 2001 年设立，规划面积 72 平方公里，经多年发展已形成现代服务业、高端装备制造、新材料、信息产业、生物技术与知识产权转化、能源化工五大产业集群。是“装备制造国家新型工业化产业示范基地”、“新能源国家科技兴贸创新基地”和“国家电子商务示范基地”。

近年来，按照国家产业结构调整和转型升级的总体要求，确定了“三调、两转、一示范”的发展战略。“三调”即调高、调新、调轻。“两转”即转变引进培育企业的方式，转变经济发展模式。“一示范”即将开发区打造成为推动银川市、引领宁夏转型升级的示范区。打造“开放、活力、高效、发展”开发区，到 2017 年实现技工贸总收入超 1000 亿元。

iBi 育成中心是开发区大力发展电子商务、物联网、云计算、新媒体营销、互联网金融、文化创意等新兴业态的孵化基地，已入驻企业 250 户。到 2017 年，实现三个“一”目标，即在 1 平方公里区域内实现主营业务收入 100 亿元，网上交易额突破 1000 亿元。

近年来，开发区不断加大对骨干企业的培育力度，集中力量培育一批具有战略意义的国际、国内和西部层级的“单打冠军”。支持宁夏西北轴承轨道交通轴承有限公司加快高端轴承项目建设，打造西部地区最大的高端轴承生产基地。培育蒙牛公司做大做强，蒙牛银川公司已成为国内最大、技术水平最高的单体原奶生产工厂。引进世界 500 强企业正大集团，建设西北地区最大的饲料生产基地项目。银和新能源成功拉制了国内唯一的大尺寸单晶硅棒，标志着开发区在单晶硅生产规模和技术水平上站在了国内的制高点。支持隆基硅二、三期加快建设，单晶硅年产能达到 10000 吨，建成世界最大的单晶硅生产单体工厂。引进台湾佳晶公司、浙江天通公司打造全国规模最大、影响力最强的蓝宝石晶棒生产基地奠定基础。

银川隆基硅材料有限公司

蒙牛乳业（银川）有限公司

宁夏巨能机器人系统有限公司

张裕（宁夏）葡萄酿酒有限公司

银川经济技术开发区

Yinchuan Economic and Technological Development Zone

地址：中国宁夏银川市黄河东路科技园 48 号　邮编（P.C）：750002

Add: No.48, Science and Technology Park, East Huanghe street, Yinchuan, Ningxia, P.R.C

电话（Tel）：0951-5062826　5062863　邮箱（E-mail）：jingfajv@sohu.com

传真（Fax）：0951-5062845　网址（Wed）：http://www.ycda.gov.cn

银川市人民政府　主办

银川市统计局
国家统计局银川调查队　编

银川统计年鉴

2014

YINCHUAN STATISTICAL YEARBOOK

中国统计出版社
China Statistics Press

图书在版编目（CIP）数据

银川统计年鉴 . 2014 / 银川市统计局 . 国家统计局银川调查队编 .
— 北京 : 中国统计出版社 , 2014.8
ISBN 978-7-5037-7181-1
Ⅰ . ①银… Ⅱ . ①银… ②国… Ⅲ . ①统计资料 – 银川市 – 2014 – 年鉴 Ⅳ . ① C832.431-54
中国版本图书馆 CIP 数据核字（2014）第 182608 号

银川统计年鉴 -2014

作　　者 / 银川市统计局
责任编辑 / 陈越月
装帧设计 / 张芝艳　任　静　张亚丽
出版发行 / 中国统计出版社
地　　址 / 北京市丰台区西三环南路甲 6 号　邮政编码 /100073
电　　话 / 邮购（010）63376909　书店（010）68783171
网　　址 / http://csp.stats.gov.cn
印　　刷 / 宁夏银报印务有限公司
经　　销 / 新华书店
开　　本 / 880mm × 1230mm　1/16
字　　数 / 900 千字
印　　张 / 43.75
版　　别 / 2014 年 8 月第 1 版
版　　次 / 2014 年 8 月第 1 次印刷
定　　价 / 300.00 元

如有印装差错，由本社发行部调换。

《银川统计年鉴—2014》编辑委员会

《银川统计年鉴—2014》编辑部

编辑说明

一、《银川统计年鉴 — 2014》是一部全面反映银川市经济和社会发展状况的综合性统计资料年刊。本书收录了银川市2013年经济和社会发展等方面的统计数据以及重要历史年份的全市主要统计数据，它是认识和研究银川市情、交流社会信息、制定政策、指导工作不可缺少的重要工具，也是国内外了解银川的主要窗口。

二、本统计年鉴内容分特载、统计资料、附记三个部分。统计资料有14个部分组成，即：1.综合；2.人口及劳动力；3.农业；4.工业能源；5.固定资产投资；6.建筑业；7.交通运输与邮电；8.内贸、外贸和旅游；9.财政金融保险；10.人民生活和物价；11.城市公用事业；12.教育、科学、文化；13.卫生、体育、民政、司法及其他；14.全区分市县资料。为便于读者使用，每部分都附有主要统计指标解释。

三、本年鉴的统计范围均为“地区”口径，含三区两县一市，包括行政区划内中央、自治区属在银单位的统计资料内容，为地域统计。

四、《银川统计年鉴 — 2014》是在市委、市政府和编委会领导以及各供稿单位的关心和大力支持下完成的，在此谨致以诚挚的谢意！竭诚欢迎广大读者对年鉴的不足之处给予批评和指正，帮助我们进一步提高编辑水平。

编者

2014年7月

主要年份银川市地区生产总值（亿元）

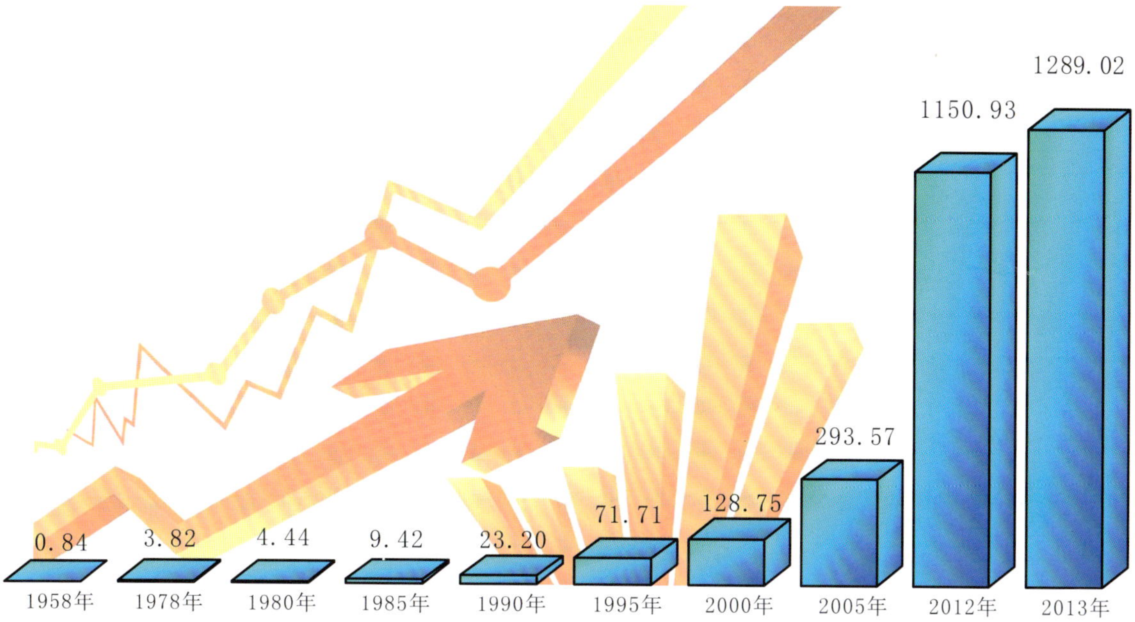

主要年份银川市人均地区生产总值（元）

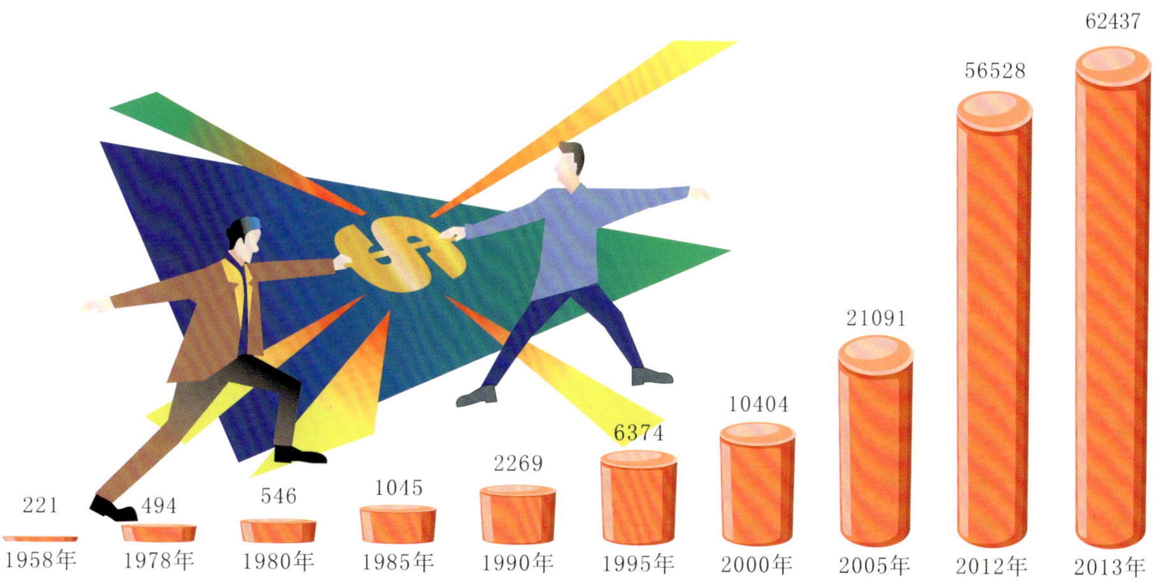

主要年份银川市地区生产总值构成（%）

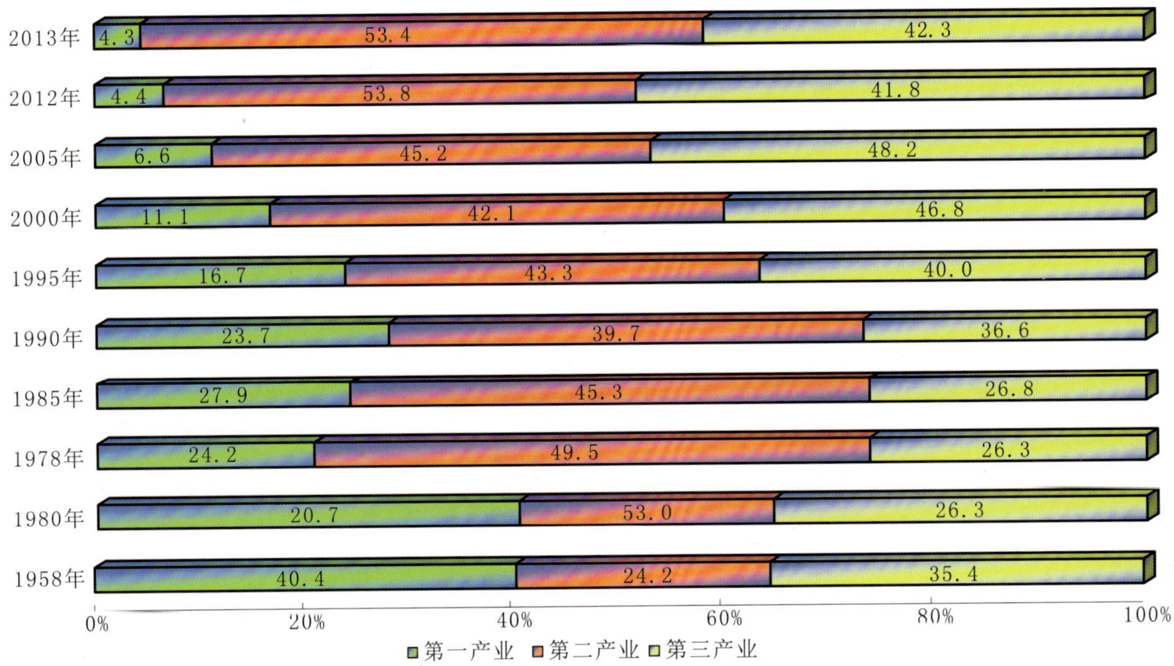

主要年份银川市全社会固定资产投资额（亿元）

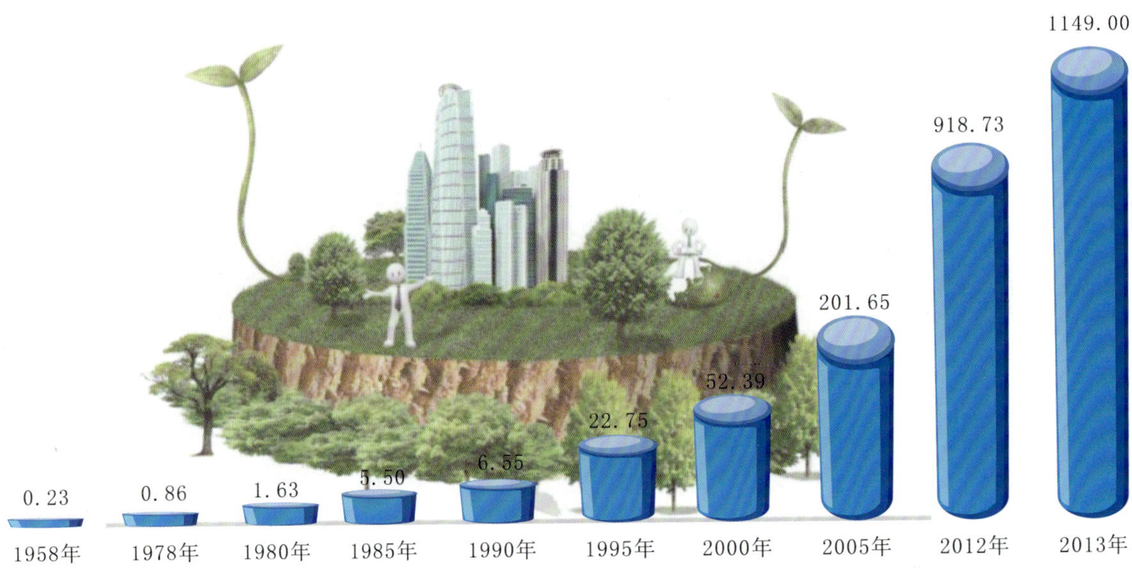

主要年份银川市社会消费品零售总额（亿元）

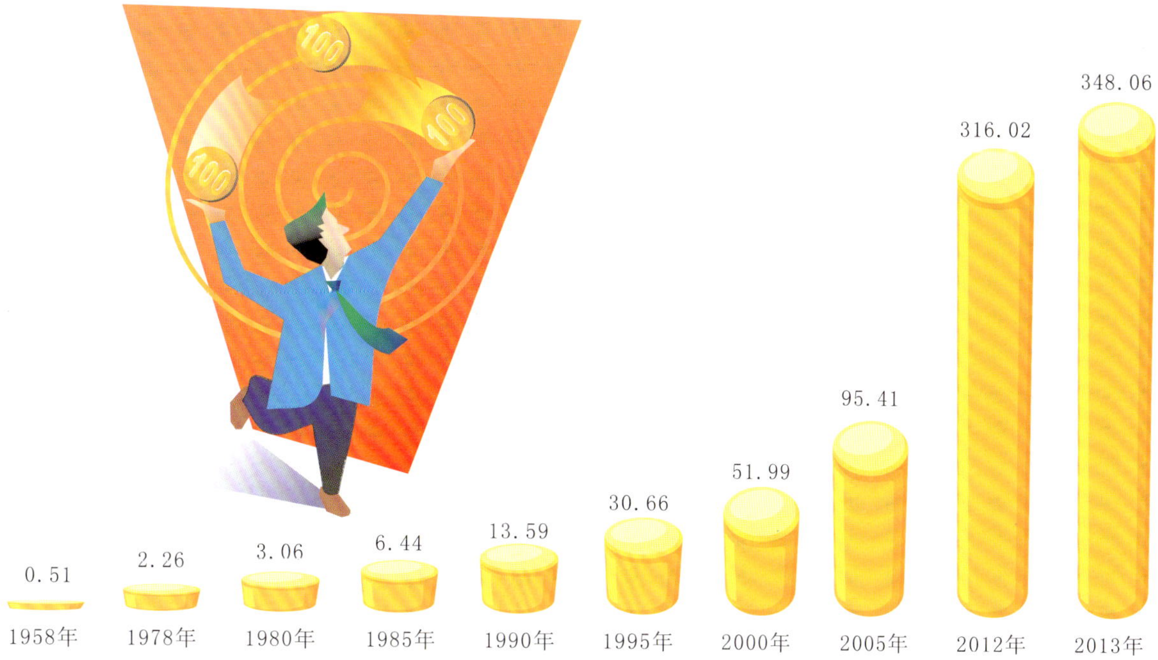

主要年份银川市地方财政收入、支出（亿元）

	1958年	1978年	1980年	1985年	1990年	1995年	2000年	2005年	2012年	2013年
财政收入	0.08	0.73	0.39	1.32	2.30	2.64	9.50	24.93	187.31	223.29
财政支出	0.10	0.68	0.67	1.22	2.24	4.30	12.38	34.36	267.23	307.78

主要年份银川市城市居民人均可支配收入（元）

主要年份银川市农民人均纯收入（元）

目　录
CONTENTS

特　载
Special Issue

统计资料
Statistial Data

一、综合
General Survey

二、人口及劳动力

Population and Labor Resources

三、农业

Agriculture

四、工业能源

Industry and Energy

五、固定资产投资

Investment in Fixed Assets

六、建筑业

Construction

七、交通运输与邮电

Transport,Postal and Telecommunication Services

八、内贸、外贸和旅游

Domestic Trade, Foreign Trade and Tourism

九、财政金融保险

Government Finance, Financial Intermediation and Insurance

十、人民生活和物价

People's Living Conditions and Price Indices

十一、城市公用事业

City Public Utilities

十二、教育、科学、文化

Education, Science and Technology and Culture

十三、卫生、体育、民政、司法及其他

Public Health, Sports, Civil Administration, Justic and Others

十四、全区分市县资料

Statistical Data by City and County

附记

Appendix

特　载

Special Issue

政府工作报告

——2014年1月15日在银川市第十四届人民代表大会第二次会议上

银川市市长　马 力

各位代表：

现在，我代表市人民政府向大会作政府工作报告，请予审议，并请政协委员和其他列席人员提出意见。

一、2013年工作回顾

2013年是我们面对严峻复杂的国内外经济形势，推进大开放、大建设、大发展的一年。一年来，全市上下紧紧围绕加快建设“两个最适宜”城市、率先建成全面小康社会的目标，大力实施“2258”工作思路，抢抓机遇，迎难而上，务实苦干，较好地完成了市十四届人大一次会议确定的各项目标任务，经济社会发展稳中有进、稳中向好，实现了本届政府的良好开局。预计全年完成地区生产总值1250亿元，同比增长10.5%，其中一、二、三产业分别增长3.5%、13%和8%；地方公共财政预算收入134.6亿元，增长19%；全社会固定资产投资1180亿元，增长28%；社会消费品零售总额350亿元，增长12%；城镇居民人均可支配收入24000元，增长11%；农民人均纯收入9000元，增长12%。推动银川科学跨越发展取得新成就。

——项目带动成效显著。坚持经济工作项目化，深入开展“准备之冬”、“建设之春”、“发展之夏”和“收获之秋”系列活动，实施重点项目582个，完成投资867.3亿元，助推产业升级。

工业经济回升向好。积极应对年初工业经济低速增长的不利局面，加强运行调控和协调服务，及时出台《关于促进工业经济增长的若干意见》、《关于加快发展非公有制经济的实施意见》等政策措施，累计投入各类工业发展扶持资金3亿多元，帮助企业渡过难关。实施重点工业项目240个，神华宁煤400万吨煤制油、宝丰260万吨焦化二期、中石油宁夏炼化“4580”等重大项目进展顺利，工业增速逐月回升，完成规模以上工业增加值490亿元、增长13%。新能源、新材料、高端装备制造、电子信息等战略性新兴产业加快发展。银川经济技术开发区转型升级迈出新步伐，IBI育成中心一期建成投用，入驻企业达到120家，高新技术产业聚集效应初步显现，被评为“全国十佳最具投资竞争力园区”。宁夏生态纺织产业示范园“一园两区”建设加快推进，贺兰园区引进山东如意集团投资74亿元建设如意科技时尚产业城，建设厂房、仓库68.2万平方米；灵武园区基础设施基本完工，建设厂房60万平方米，成功创建国家级羊绒出口产品质量安全示范区。银川科技园基础设施基本完成，引进中科院建设西北唯一的科技创新与产业育成中心，宝塔石化、永成生物等企业研发中心入园建设。全年实施节能技改重点项目34个，新认定自治区级企业技术中心5个，神华宁煤、隆基宁光通过国家级企业技术中心验收。恒源万福、天人和等13家中小企业在天交所成功挂牌上市。工业运行质量和效益明显好转。

现代农业提质增效。“三精”农业加快发展，完成农业总产值99.94亿元、增长5%。新建、改造现代农业示范园区（基地）30个，农业科技贡献率达57%，贺兰县成为全国21个现代农业改革发展示范区之一。设施园艺总量达到33万亩，奶牛存栏16.2万头，粮食生产实现“十连增”。有机水稻、酿酒葡萄、供外蔬菜、万亩生态牧场等特色种养基地规模扩大、效益提高。国家、自治区级农业产业化龙头企业达到89家，创建农民专业合作示范社36个，培育家庭农场101家，流转土地10万亩，带动农户10.15万户。建设高标准农田81万亩，新增节水灌溉面积26.84万亩。完成“三品一标”认证认定429个，创建中国驰名商标、名牌产品9个，农产品质量安全水平不断提高。

服务业提速升级。区域商贸物流中心建设成效明显，“双十工程”进展迅速，新华联广场、永泰城、大阅城等商业综合体陆续开工，亘元万豪等星级酒店主体封顶，万达嘉华、悦海新天地、奥特莱斯名品折扣城开业运营；“大物流”格局初步形成，海尔（银川）虚实网服务园落户国际公铁物流中心，润恒农产品物流园、陆港物流中心等项目加快推进，全年实现社会物流总额2431亿元，增长10%；电子商务示范城市建设有序推进，淘宝网特色中国宁夏馆建成运营，跨境贸易电子商务试点获批。金融服务业加快发展，引进中信、浦发等金融机构，人民币存贷款余额分别增长11%和16.5%。会展经济初具规模，成功举办大型展会17场，参展人数超过100万人次。东西两条文化旅游带功能不断完善，华夏河图、世界穆斯林城、韩美林艺术馆等项目加快推进，黄河军事文化博览园开园运营，成功举办首届西北风情自驾游等大型活动，全年接待游客707万人次，实现旅游收入70亿元、增长20%。

——开放步伐全面加快。滨河新区建设迅速起步。确立“生态城、文化城、旅游城、产业城”定位，编制完成战略规划、总体规划，收储土地12万亩。重点项目“百日大会战”成效突出，滨河工业园基础设施配套趋于完善，横城小镇一期、滨河中学等8个项目完工，国际医疗城、滨河生态文化园等25个重点项目全面开工，累计完成投资30多亿元，新区产业集聚、生态效应逐步显现。银川综合保税区封关运营。创造了在全国审批速度最快、建设速度最快的记录。引进领鲜·普诺斯保税仓储中心、中银绒业保税仓库、西部黄金珠宝文化产业园等21个项目，同步规划建设临港经济区等配套园区。阅海湾中央商务区初具雏形。“三园一轴”基础设施建成投用，银川国际交流中心全面启用，引进中石油宁夏分公司等总部项目39个。开放合作成效显著。对阿、对东北亚、对台开放不断拓展，成功承办举办首届中阿博览会及国际穆斯林企业家峰会、中国（宁夏）韩国友好交流周、全国台企联银川行等重大活动，中俄韩医疗合作结出硕果，银川卡瓦心脏中心正式运营。开通银川至香港、台北、曼谷等客运航线，与法国博朗斯市、德国奥尔登堡市等4个城市缔结国际友好城市。全年实施招商引资项目290个，引进海尔、中铝等世界和中国500强企业5家，实际到位资金412.6亿元。实现外贸进出口总额24亿美元、增长76.4%，对外开放和国际化迈出了新步伐。

——城乡环境明显改善。坚持精品建设、精美打造、精细管理，“美丽银川”系列行动取得丰硕成果，获得中国人居环境奖。确立“全域银川”理念，启动城市长远发展战略规划研究。以道路畅通为重点的旧城（棚户区）改造顺利推进，累计拆迁改造1661.86万平方米，开工建设安置区34个、737.95万平方米，实现了和谐拆迁、群众受益。新建改造新华西街、湖滨西街、庆丰街等39条道路、13条小街巷，开工建设滨河、永宁黄河大桥及连接线工程。快速公交一号线稳定运营，公交分担率提高到26.8%。全力推进主干道大整治大绿化、滨河新区大环境绿化、唐徕公园六期整治、七子连湖扩整、西部水资源综合利用等一批重点生态工程，立法保护滨河新区黄河两侧、爱伊河沿线湿地，完成绿化面积6102公顷，湿地面积达到5.31万公顷，获得全国首批水生态文明试点城市。“蓝天工程”启动实施，药企污染、燃煤锅炉、机动车尾气等重点污染源治理初见成效，高标准完成永二干沟综合整治及徕龙公园建设，使昔日的“龙须沟”成为城市景观公园。全年空气质量优良天数达到252天，PM2.5达标率81%。实施城市精细化管理和文明细节行动，建立“大城管”体制，成立城市综合管理委员会、环境和食品药品公安分局及城管流动速裁法庭。“数字城管”建成运行，建立城市综合管理考核长效机制，机械化清扫保洁、渣土车整治、“中国式过马路”等专项治理卓有成效，顺利通过全国文明城市复检。城镇化和新农村建设步伐加快，德胜、望远片区纳入主城区统一规划，掌政镇、良田镇等6个特色小城镇建设初具规模，永宁八渠、贺兰兰光等中心村建设快速推进，新建21个幸福村庄示范点，完成农村环境集中连片整治10个，建成农村公路269公里，城乡面貌明显改观。

——民生事业有力推进。为民办10件实事全面完成，民生社会事业投入达178亿元，占公共财政支出的80%以上。出台支持青年大学生等重点群体创业优惠政策，建成全区首个大学生创业孵化基地，城镇新增就业6.3万人，城镇登记失业率为3.51%。社会保险扩面提标，提高企业退休人员基本养老金、城乡居民基础养老金和城乡低保标准，建立重特大疾病救助机制。新建社区老年人日间照料中心10个、居家养老服务站25个，建设市妇女儿童活动中心、残疾人康复中心。调整扩大住房保障范围，新建保障性安居工程8111套，改造城市棚户区3458套，4952户困难家庭享受住房保障，成为全国首批利用住房公积金支持保障性住房建设的试点城市。着力平抑物价，新建标准化菜市场10个、社区蔬菜直销店33个，加大肉、菜等食品价格调控力度，居民消费品价格指数控制在3.5%以内。生态移民、扶贫攻坚扎实推进，新建移民住房14817套，搬迁移民9361户、40590人，探索工厂建在村头等产业扶贫新模式，全力打造闽宁协作移民扶贫示范镇，生态移民地区人均纯收入达到5000元，同比增长30%左右。优质教育扩面提升工程启动实施，每年安排5000万元用于教育教学质量考核奖励，组建五大教育发展共同体，与北方民族大学共建附属中学，贺兰县、灵武市通过国家义务教育均衡发展县验收，成功创建2所全国职业教育改革发展示范校。医疗卫生服务水平不断提升，新建社区卫生服务站10所、标准化村卫生室33所，在全国率先试点推行“先住院、后付费”诊疗模式。低生育水平持续稳定。成功创建国家首批公共文化服务体系示范区，圆满举办亚洲首届IBHF世界杯马术绕桶赛、环青海湖国际公路自行车银川赛段等高规格赛事。加强和创新社会管理，银川信息网建设取得重大进展，进入“国家智慧城市试点”行列。平安创建工作不断深化，社会治安持续稳定，安全生产形势保持平稳，征地拆迁等信访突出问题得到有效化解，荣获“2009-2012年度全国社会管理综合治理优秀市”。民族团结进步创建活动扎实开展，国防动员、双拥工作稳步推进，防灾减灾、气象、统计、仲裁、档案、地方志等工作取得新成绩。

——政府效能不断提高。以“三减两提高”为核心的行政审批制度改革加快推进，全年共取消下放市级行政审批事项18项，减少审批程序61项，减少审批时限808个工作日，取消免征行政事业性收费26项，在全区率先建成四级政务服务网络，成为西北地区审批事项最少、速度最快的城市。主动接受人大依法监督和政协民主监督，人大议案建议、政协提案办复率均达到100%，提请人大审议通过地方性法规6件，制定政府规章、规范性文件16件，修订出台《政府工作规则》及《常务会议规则》。坚决落实中央“八项规定”和区市若干规定，大幅精减节庆论坛展会，撤销检查评比表彰活动54项，“三公”经费同比下降18%。全面完成市及县(市)区两级政府性债务审计，加大效能监察和政务公开，完善问责系列制度，加强勤政警示教育，在全区率先推出电视问政，督促解决道路交通、食品安全等1100多个群众反映的突出问题，机关和干部作风进一步好转，政府公信力和执行力不断提高。

各位代表，刚刚过去的一年，全市干部群众团结一心，拼搏奋进，攻坚克难，共同创造了银川综合保税区、滨河新区、阅海湾中央商务区建设，以及道路畅通、老旧小区、棚户区改造、人才科技大厦封顶、银川舰回家等多个“银川速度”，丰富了“贺兰岿然、长河不息”的银川精神，展现了银川人“敢想敢干、敢试敢闯”的时代风貌，推动全市经济社会发展取得了新的可喜成绩。奋斗凝聚汗水，成绩来之不易。这是自治区党委、政府和市委正确领导的结果，是市人大、市政协关心支持的结果，是全市人民共同努力的结果。在此，我代表市人民政府，向辛勤奋战在各条战线的广大干部群众，向给予政府工作大力支持的人大代表、政协委员、各民主党派、工商联、无党派人士和人民团体，向驻银部队指战员、武警官兵、公安民警，向关心支持银川发展的社会各界朋友，表示衷心的感谢和崇高的敬意！

在肯定成绩的同时，我们也清醒地认识到，经济总量不大、发展不足仍是我们最大的市情，银川改革发展还面临不少困难和挑战，主要表现在：一是产业转型升级任务艰巨，战略性新兴产业和现代服务业支撑作用不足，科技创新能力不强，节能降耗形势严峻。二是城乡居民收入水平不高，物价上涨压力较大；三是城镇化建设投融资瓶颈亟待破解，城市规划和精细化管理水平有待提高；四是政府职能要进一步转变，制约发展的体制机制需进一步理顺。对此，我们将采取有力措施，认真加以解决，努力把政府工作做好，让人民满意。

二、2014年的主要工作

2014年是全面深化改革的开局之年，也是完成“十二五”规划的关键一年。做好今年的工作，对于在新形势、新起点上推进银川改革发展，为率先建成全面小康社会奠定更加坚实的基础，具有重大意义。自治区党委十一届三次全会对当前和今后一个时期全区改革发展作出了全面部署，提出了建设开放宁夏、富裕宁夏、和谐宁夏、美丽宁夏的奋斗目标。特别是，自治区提出银川要在建设“四个宁夏”中走在前列、做好表率，发挥好龙头、领跑、示范、带动作用，对银川改革发展提出了新的要求，赋予了我们新的使命。市委十三届三次全会全面分析、部署了今年的形势与任务，提出要抓住深化改革、扩大开放、新型城镇化“三大机遇”，认清面临的加快发展与转型升级、经济增长与节能减排、推进城镇化建设与控制债务风险等重大挑战，处理好GDP增长与持续健康发展、发展速度与发展质量、全面发展与重点突破等重大关系，落实好“2258”工作思路等“七个坚定不移”，全面推动银川经济社会跨越式发展。我们要深入贯彻落实好自治区、市委的决策部署和具体要求，坚持数量与质量并重，突出质量；坚持招商引资与招才引智并重，突出招才引智；坚持银川速度与银川效率并重，突出银川效率，进一步解放思想、坚定信心、抓住机遇、乘势而上，以更大的决心、更实的举措，推动银川率先发展、科学发展、跨越发展。

政府工作总的要求是：全面贯彻落实党的十八大及十八届二中、三中全会、自治区十一届三次全会和中央、自治区经济工作会议精神，坚持“稳中求进”总基调，坚持开放内涵式发展，抢抓“两区”建设、“两大战略”机遇，深入实施“2258”工作思路，把改革创新贯穿于经济社会发展各个领域各个环节，加快产业转型升级，加快现代化国际化进程，加快“两个最适宜”城市建设，加快民生改善，加快生态文明建设，着力提高经济发展质量，着力提高城市品位，着力增强社会活力，着力增强群众幸福感，全面建设开放银川、富裕银川、和谐银川、美丽银川，努力开创科学发展、跨越发展新局面。

主要预期目标是：地区生产总值增长11%左右，地方公共财政预算收入增长14%以上，全社会固定资产投资增长25%以上，社会消费品零售总额增长13%以上，外贸进出口总额增长15%以上，城镇居民人均可支配收入增长11%左右，农民人均纯收入增长12%左右，城镇登记失业率控制在4.5%以内，居民消费价格总水平涨幅控制在3.5%左右，人口自然增长率控制在8‰以内，单位地区生产总值能耗下降、主要污染物减排完成自治区下达的控制指标。

今年重点抓好以下几个方面的工作：

（一）突出产业转型，打造银川经济升级版。要统筹推进稳增长、调结构、促转型，做优做强工业，做特做精农业，做活做大服务业，在产业结构调整上迈出新步伐。

大力推进新型工业化。深入实施以战略性新兴产业为突破的工业振兴工程，实施重点工业项目320个，工业投资增长20%以上，力争规模以上工业增加值增长13%。做大园区经济。放大园区带动和集聚效应，打造产业集群。把宁东基地作为全市产业发展的基础，加快延伸能源化工产业链条，抓好宝丰煤制烯烃、宝塔石化120万吨PTA等重大项目。把银川经济技术开发区作为引领产业转型的龙头，加快建设银川IBI育成中心，培育发展新一代互联网信息技术、大数据、云计算、“2.5产业”等新经济业态。把宁夏生态纺织产业示范园、银川高新技术产业开发区作为引领轻工业发展的载体，完善园区道路、污水处理等基础设施配套，加快培育羊绒纺织产业集群，打造中国羊绒纺织之都和国家级生态纺织产业基地。出台相关配套政策，支持西夏区实施国家老工业基地调整改造规划。壮大特色产业。大力发展先进装备制造业，以西轴高端轴承产业园、巨能机器人等项目为抓手，提高装备制造业高端化、智能化、信息化水平。大力发展新材料产业，以西安隆基硅、佳晶蓝宝石等项目为重点，打造亚洲最大的新材料生产基地。大力发展生态纺织产业，力促如意集团年产30万吨如意纺高档纱线、中银绒业500万件羊绒衫等项目建成投产，建设灵武羊绒电子交易中心，推进骨干企业品牌、技术、资本国际化。大力发展高端葡萄酒及酒庄产业，加快张裕、中粮、德龙等优质葡萄示范基地及葡萄酒项目建设，打造葡萄种植、加工、展示交易、工业旅游全产业链。大力发展信息产业，推进国家信息消费试点城市建设，支持经济技术开发区加快大数据的开发与应用，抓好西部工业云谷、3D打印技术等前瞻性项目，促进“两化”深度融合。推进企业技术创新和节能降耗。加快技术进步，支持企业产品创新、品牌创新和商业模式创新。打造企业成长梯队，培育一批“专、精、特、新”中小微企业。实施重点技改项目80个，改造提升清真食品和穆斯林用品、发酵及生物制药等传统产业。健全重点用能企业监测管理和预警调控机制，推行企业能耗对标达标、能源审计和电力需求侧管理。加强项目节能评估，坚决淘汰铁合金、水泥等落后产能，大力发展循环经济，培育发展节能环保产业。

加快推进农业现代化。以农民增收为核心，突出生态、安全、优质、高效，大力发展“三精”农业，加快创建国家现代农业示范区和农产品质量安全区，农业总产值增长5%以上。打造现代农业产业基地。加大政策扶持和引导力度，推进区域化布局、规模化经营、标准化生产，推广应用新品种、新技术、新装备，新建改造30个农业科技示范园区（基地），壮大设施园艺、奶产业、有机大米、适水产业、清真牛羊肉等优势特色产业，新增蔬菜种植面积2万亩、有机水稻1万亩，奶牛存栏达到17万头。构建新型农业经营体系。扶持壮大一批龙头企业、流通主体，加快培育一批专业大户、农民专业合作社、家庭农场，推进多种形式规模经营，完善利益联结和分配机制，提高农民在农业产业化过程中的收益。完善农产品质量检测、动物疫病防控体系，完成10个绿色有机农产品认证认定，力争更多的农产品打入国内外市场。提升农业综合生产能力。落实支农惠农政策，严守耕地红线，集中连片开展农田水利建设工程，创建高标准农田60万亩，改造中低产田30万亩，新增高效节水示范园区10万亩。完善农业科技服务体系，加强基层农技骨干和农村实用人才培训，培养职业农民。建设一批农业机械化示范园，主要农作物机械化水平达到91%。

加快发展现代服务业。抓好国家服务业综合改革试点，推动服务业发展提速、比重提高、层次提升，打造现代服务业示范区，服务业增加值增长9%以上。推动商贸服务业升级。抓好亘元万豪、永泰城、大阅城等十大五星级酒店、十大商业综合体建设，放大万达广场、奥特莱斯名品折扣城品牌效益。加快特色商业街区和社区商业网点建设，大力发展电子商务、连锁、快递等业态，培育新兴消费，打造教育、医疗、购物、旅游在银川品牌，促进消费结构升级。完善现代物流体系。推进全国流通领域现代物流示范城市提档升级，加快公铁物流中心、润恒农产品物流产业园、国际农机汽车城等物流园区建设运营，建设银川国际航空物流中心，培育壮大物流骨干企业，提高物流信息化水平。大力培育会展经济。实施银川国际会展中心二期建设，办好中国西部（银川）房车博览会、国际羊绒暨服饰博览会等品牌展会，培育引进专业会展公司，提高会展配套服务能力。实施“金融强市”战略。争取成立金融工作局，大力引进国内外金融机构，培育银行、证券和保险等现代金融业态，着力打造区域性金融中心、结算中心。创建西部（银川）担保集团，完善担保体系，解决中小企业贷款难、担保难问题。加强上市后备企业培育、储备，支持企业在资本市场直接融资，拓宽企业融资渠道。引入专业化农业保险公司，大力发展村镇银行、农村小额贷款公司、农民资金互助合作组织，构建农村金融体系。推进“诚信银川”建设，建立健全社会征信体系，优化金融生态环境。推进文化旅游融合发展。提升西夏王陵、贺兰山岩画、镇北堡影城、水洞沟、回乡文化园等景区功能和服务水平。加快滨河新区全域5A级景区建设，推进兵沟自驾车基地、国际游客集散中心、军事文化博览园二期、永宁国际综合旅游度假区等重点项目，抓好西夏陵申遗及国家考古遗址公园、贺兰山东麓葡萄文化旅游带建设。开发精品线路，打响旅游品牌，全年接待游客800万人次，实现旅游总收入78亿元。

（二）突出改革创新，增强发展内生动力。要坚持以改革促发展，激发市场活力，增强发展方式转变的内生动力，努力推动改革实现新突破、创新取得新进展。

抓好重点领域改革。深化财政管理体制改革。加强和改进预算管理，推行全过程预算绩效评价。规范市及县(市)区政府性债务管理。进一步明确市与辖区两级事权和支出责任。创新财政扶持产业发展模式,整合专项资金,设立产业转型基金,引入竞争性申请项目资金机制,提高财政资金使用效益。放宽市场准入。充分发挥市场在资源配置中的决定性作用。健全国有资本经营预算制度和绩效考核评价体系,完善现代企业制度。每年统筹安排财政资金5亿元扶持非公有制经济发展,支持引导非公企业和民间投资进入基础设施、公用事业、保障性住房、社会事业等领域,建立投资回报补偿机制。加大中小微企业扶持力度,把本地名优产品优先列入政府采购。创新投融资模式。盘活政府经营性资产和事业单位资产,做实滨河新区、综保区、城投等投资公司,组建住房、体育、文化旅游等融资平台,发行城投债20亿元,提高市政基础设施和城镇化建设投融资能力,缓解财政收支压力。稳步推进事业单位分类改革。全面推进事业单位法人治理结构改革试点,逐步建立功能明确、治理完善、运行高效、监管有力的事业单位管理体制和运行机制。加快农村集体产权制度改革。健全集约节约用地制度,加强土地批后监管。推进农村土地、房屋确权登记,设立农村产权交易中心,开展土地流转信托试点,探索农村资产资本化、证券化路径,进一步壮大村集体经济。

实施创新驱动战略。加快创新型银川建设。发挥银川科技园科技研发、产业创新的平台作用,加快研发大楼、人才公寓、高新技术产业孵化园建设,加强与国家大院大所合作,抓好中科院科技创新与产业育成中心、宁东科技园等“园中园”建设。围绕产业转型升级,实施共性关键技术研发和科技成果转化项目80个。突出企业主体,推进产学研协同创新,搭建技术创新平台,新培育高新技术企业10家,国家级、自治区级企业技术中心2家。加强知识产权运用和保护,提高专利申请质量,发明专利申请量占专利申请比重达到30%以上。建立企业科技创新后补助机制,鼓励引导企业加大科技投入。加快“人才特区”建设。坚持人才优先发展,突出“招才引智”,加大柔性引才力度,着力引进高科技领军人才、高技能人才和外经外贸人才等高层次紧缺人才,注重用好用活现有人才。加强与国内、区内知名高校、科研院所合作,鼓励各类人才带项目、带技术、带团队在银创新创业。建立以实绩为导向的科技人才评价激励保障机制,打造西部人才高地。加快“智慧银川”建设,抓好国家“智慧城市”建设试点,引入中兴集团,大力推进公共信息平台、智慧政务、智慧民生等重点工程。

(三)突出开放带动,加快建设试验区核心区。要围绕“引领全区、辐射西北、融入世界”的定位,按照自治区建设丝绸之路经济带战略支点的部署,大力推进“两区”建设,打造试验区核心区,开创开放型经济新格局。

构建开放战略载体。力促滨河新区出形象。坚持“四城”战略定位,突出国际化、现代化、高端化,打造“生态田园城”。高标准完成新区总体规划、专项规划及控制性详规,加强与临港经济区、综合保税区、河东国际机场区域一体化联动发展,推进与鄂托克前旗上海庙跨区域合作。加快推进203省道辅线、兵沟等3座黄河大桥及连接线和机场三期等重大工程,加快实施国际医疗城、科教城、养生新城、信息产业园等重点项目,建成污水处理厂、滨河生态文化园、黄河外滩公园景观栈道等项目,促成绿地空港城、天山海世界等大项目落地,力争新区在管理运营、基础设施、生态绿化、高端产业培育等方面实现新突破。力促综合保税区快见效。坚持建设、运营、见效并举,逐步启动二期建设,推进国际贸易服务中心、研发检测中心和生活配套区建设。抓好一期入园、注册企业(项目)建设运营,重点引进培育轻纺、葡萄酒、通用航空、清真食品、融资租赁等主导产业和项目。用好跨境贸易电子商务试点机遇,争取阿里巴巴等电商企业落户,建设线上线下全方位跨境贸易电子商务产业集群。探索建立“一区多园”模式,加快自由贸易园区申报步伐。力争年内外贸进出口额突破13亿美元,再造一个银川外贸,实现运营见效全国最快的目标。力促阅海湾中央商务区早成型。坚持建设、招商、运营并重,优化商务区规划和城市设计,完善基础设施配套,稳步推进阅海湾经济区建设。加快推进绿地“双子塔”、新华联广场等32个重点项目,抓好中阿博览会永久性会址建设,大力发展总部经济、金融服务等高端商务,争取韩国、阿拉伯国家在银设立领事机构,建成国际化、现代化示范区。

扩大开放合作。构建开放通道。利用第五航权开放，开辟银川至中亚、中东、东南亚等国际航线，推进银川至首尔等国际航班常态化运行，争取“落地签”、“过境签”和外国人居住证等促进出入境便利化的政策。完善银川陆港口岸功能，发展公铁联运、铁海联运，加强与内蒙古策克、新疆霍尔果斯等口岸及天津、连云港等港口的合作，加快形成向西出境、向东出海的便捷通道。拓展开放平台。依托中阿博览会、国际穆斯林企业家峰会等国际平台，加强与阿拉伯国家及穆斯林地区、东北亚乃至世界各国的交流合作，重点做好面向阿拉伯国家的金融、农产品加工、旅游服务；推进与天津、杭州等发达地区和毗邻地区的经济合作，深化与潮商、台商的务实合作，承接东部沿海地区加工贸易链条延伸。加快发展外向型经济。制定促进外贸发展的实施意见，依托国家级外贸转型升级示范基地，吸引国外资金和国内民营资本；支持有条件的企业赴外投资，设立特色产品销售中心，拓展中亚、北非等新兴市场。完善选商引资机制，紧盯战略性新兴产业，大力引进国际国内500强企业和战略投资者，加强签约项目的跟踪落实，提高招商引资的质量和实效，力争全年招商引资实际到位资金突破430亿元。

（四）突出城乡统筹，推进新型城镇化。要抓住宁夏沿黄等10个区域性城市群列入国家城镇化规划的战略机遇，按照自治区打造“大银川都市区”的要求，加快新型城镇化步伐，争创联合国人居奖。

完善规划体系。坚持“全域银川、城乡统筹”理念，完成城市发展战略策划、产城一体化规划、生态规划编制，调整修编城市总体规划。优化重点区域、重要节点城市设计，严格控制老城区建筑（住宅）高度，突出城市“三大特色”，保持历史文化名城风貌。优化城市空间布局，提升永宁、贺兰与市区“同城化”发展水平，加快灵武市重心北扩，构建城乡融合、多级支撑、组团发展的新型城镇化格局，争取列入国家新型城镇化试点。加强城乡规划管理，在两县一市设立规划分局，深入开展违法建设专项整治行动，切实维护规划的严肃性。

优化城市功能。充分发挥区域中心城市和沿黄城市带核心城市带动作用，着力在功能完善、品位提升、形象塑造上做好示范和引领。深入推进棚户区改造工程，高起点、高标准建设安置区，回迁安置群众1.7万户、183万平方米，改造城市棚户区2.7万套。大力实施道路畅通工程，新建、改造道路18条，实施一批道路微循环和慢行交通工程。优先发展公共交通，加快公交线网向新建小区和农村延伸，推进公交场站、换乘枢纽建设，创建公交都市示范城市。完善智能交通系统，优化交通组织和路口渠化、信号灯配时，大力倡导文明交通、绿色出行，有效治理交通拥堵。加强城市基础设施建设，优化城市地下管网设计功能，实施建成区老旧管网升级改造工程，改造供水管网41公里、燃气管网69公里，改造集中供热面积77.66万平方米，完成既有建筑节能改造200万平方米，推行热计量收费100万平方米。推进污水处理扩容升级，新建第七、第九污水处理厂，实施贺兰山路等城市防洪排水工程，全面提升基础设施配套水平。

精细管理城市。深入开展城市精细化管理，制定城市管理规划，提高管理标准，全面推进城乡环境综合整治。加强占道经营、户外广告、“渣土车”标准化、规范化管理。推进垃圾分类处理和资源化利用，建成生活垃圾焚烧发电及餐厨垃圾集中处理项目。稳步推进环卫作业专业化、市场化，逐步实行作业和管理分离，提高机械化清扫率。完善“大城管”体制机制，提高“数字城管”运行效率，实现全方位、精细化、实时有效管理。深化文明细节专项行动，扎实开展群众性精神文明创建活动，着力塑造“美丽心灵”，提升市民素质，培育城市人文精神。

建设“美丽乡村”。建好镇北堡、通贵等6个重点小城镇，促进城镇功能与产业定位的有机融合，推动城市基础设施向农村延伸、公共服务向农村覆盖、现代文明向农村辐射。抓好绿色中心村试点，推行农村生活垃圾“户集、村收、乡运、县处理”，建设人口集中、设施齐全、环境优美、农业现代化的新农村。完善农民变市民的政策措施，统筹户籍、就业、教育、医疗、社会保障等政策，实现城镇基本公共服务常住人口全覆盖，有序推进农业转移人口市民化。

（五）突出绿色发展，加强生态环境治理。要始终坚持生态优先、保护环境，做好“绿化、水系、空气”三篇文章，打造“碧水蓝天、明媚银川”新名片，加快创建国家生态园林城市。

提升生态品位。坚持扩大绿量，提升档次，打造精品，新建完善园林绿化面积500公顷，造林5700公顷。继续推进大整治大绿化工程，抓好滨河新区大环境绿化、唐徕公园六期整治和“绿博园”建设，实施友爱中心路、正源街等主要道路景观林带及配套绿化工程，加强银西生态防护林带建设，构建高密度、大绿量、多色彩的城市“绿网”。完善城市水系，实施绕城水系连通、爱伊河景观提升、阅海环湖湿地改造等工程，加强湖泊湿地生态修复、保护和利用。新建10个小微公园，做好街头绿地、小游园的精品化改造，打造“一街一品，一街一景”，让市民亲水近绿、亲近自然。

强化环境保护。加快生态保护立法，划定生态红线，严格“绿线”控制，用制度保护生态环境。建立环境保护绩效考核、责任追究、社会监督等机制，严格环保准入和污染物排放标准，对环境违法行为“零容忍”。制定全市沟渠综合整治规划，实施二排沟、四二干沟城市段综合治理，加强水源地保护，抓好农村面源污染治理。深入实施“蓝天工程”，加强环境空气质量监测分析和联防联控，抓好工业废气、机动车尾气、燃煤锅炉、施工扬尘等污染源专项整治，打造空气质量西部最优“金字招牌”。

（六）突出民生改善，大力发展社会事业。要坚持民生导向、富民优先，把新增财力主要用于保障改善民生，加快完善基本公共服务体系，加快形成科学有效的社会治理机制，让城乡居民的幸福感进一步提高。

加大民生工作力度。坚持不懈地办好群众最关心、最需要的事情，继续为民办10件重点实事。建立健全创业就业公共服务体系，深入推进创业孵化基地建设，完善人力资源市场功能，实施创业就业培训1万人以上，统筹做好高校毕业生、城镇困难人员和农村转移劳动力就业，新增城镇就业2.5万人。持续推进社会保险扩面提标，统筹城乡居民养老保险和医疗保险，建立完善城乡居民大病保险制度。继续提高城乡低保标准和优抚对象补助水平，实施殡葬惠民政策，扩大社会救助覆盖面。加快社会养老服务体系建设，支持社会力量兴办养老服务业，提升社区养老服务水平，健全农村留守儿童、妇女、老年人和残疾人关爱服务体系。实行公租房与廉租房“合二为一”，新建各类保障性安居工程9000套，实现低收入住房困难家庭应保尽保。优化土地、住房供应结构，促进房地产市场平稳健康发展。保持物价基本稳定，建设蔬菜基地3-6个，推行蔬菜订单直销模式，改造升级社区蔬菜直销店50个，加大商业储备投放，增强物价调控能力。创新扶贫开发模式，坚持扶贫与扶“志”（志气、智力、素质）相结合，突出抓好生态移民安置、主导产业培育、创业就业培训、劳动密集型企业引进等工作，高标准推进闽宁镇及“一城两园”建设，力争移民地区人均纯收入突破8000元、增长20%以上。

加快社会事业发展。推进教育优先发展。新建续建中小学、幼儿园30所。推进公建民办、民办公助，扩大公益性、普惠性学前教育资源。持续推进优质教育扩面提升工程，组建银川六中、九中等学校发展共同体，促进城乡、县域内义务教育均衡发展。推进普通高中教育多样化、特色化办学，完成宁夏幼儿师范学校升格。创新职业教育办学和公共实训机制，启动建设滨河新区教育园区，打造西部职业教育高地。抓好国家中小学教育质量综合评价改革试点，实施“梯级”名师培养工程，推行校长、教师交流轮岗，破解择校难题，让教育公平惠及更多家庭。提高医疗卫生服务水平。加快公立医院改革，完善公立医院绩效评价和财政补贴机制。允许民办医疗机构纳入医保定点范围，鼓励支持民营医院建设和发展。完善基层医疗卫生服务体系，推进分级诊疗，引导群众小病进社区，大病进医院。推进中俄韩医疗合作，启动中航公司造血干细胞库、细胞治疗中心项目，让群众享受到高水平的医疗服务。实施“健康银川”行动，加强妇幼保健和公共卫生工作。适时启动“单独二孩”政策，促进人口长期均衡发展。完善公共文化服务体系。实施文化惠民工程，健全完善四级公共文化服务网络，深入开展“书香银川·银川书香”活动，推动新闻出版、广播影视、文学艺术、档案事业繁荣发展。大力发展文化创意、动漫游戏等新兴文化产业。加快建设运动休闲城市，推广“人人运动计划”，承办自治区第十四届运动会，办好世界穆斯林马术大会等国际性赛事，提高贺兰山体育场等文体设施运营管理水平。

创新社会治理。加强基层社会服务治理体系建设，扩大网格化、智能化社区试点。抓好流动人口、特殊人群和虚拟社会的管理服务。培育扶持行业商(协)会等社会组织，大力发展志愿服务组织，支持工会、共青团、妇联等人民团体发挥作用。深化平安创建，推进“六五”普法教育，扩大法律援助覆盖面，完善“大调解”工作机制，创新化解社会矛盾机制，完善立体化社会治安防控体系，加大治安重点地区整治力度，增强群众安全感。加强从田间到餐桌的全程监管，让群众吃的放心。严厉打击食品药品安全违法违规行为。严格落实安全生产政府监管、企业主体责任，加强危险化学品、道路交通、消防、建筑施工、地下管网等重点领域安全隐患排查治理，有效预防和减少重特大事故。加强防灾减灾、应急管理工作。积极创建双拥模范城“八连冠”，加强国防动员、民兵预备役和人防建设，推动军民深度融合发展。创新开展民族团结进步创建活动，依法加强宗教事务管理，倍加珍惜和维护民族团结、宗教和顺的大好局面。

(七)坚持为民务实清廉，建设人民满意政府。我们要按照全面深化改革的新要求，顺应人民对政府工作的新期待，认真开展党的群众路线教育实践活动，进一步转变职能、优化环境、改进作风、提高效能，让社会和群众看到实实在在的变化。

转变政府职能。完成市县(区)政府机构改革，规范机构设置。试行权力清单制度，厘清政府与市场以及社会的边界，强化政府公共服务、市场监管、社会管理、环境保护等职责。建立政府向社会力量购买公共服务机制，制定购买目录，在学前教育、基层医疗卫生、城乡社区服务等领域扩大试点。深化行政审批制度改革，建立行政审批事项“负面清单”，实行“三个一律”、“三个50%”，大力推进“三减两提高”。启用新建市民大厅，审批服务“一门受理、多证联办”，推行网上审批、电子监察，实现“银川速度”向“银川效率”转变，打造“两优”环境示范区。

推进依法行政。完善重大事项集体决策、专家咨询、社会公示、听证评估等制度。主动接受人大依法监督和政协民主监督，提高人大代表建议、意见和政协委员提案办理质量。严格落实执法责任制，强化执法监督，加强行政复议工作，全面推进法治政府建设。大力推行政务公开，推动电视、网络问政向电视、网络施政转变，让群众更好地了解政府、监督政府。

改进工作作风。大力改进文风会风，文件和会议数量再压缩20%以上，严控各类庆典表彰和评比达标活动。从政府领导班子做起，带头转变工作作风，带头深入基层调查研究，带头密切联系群众，带头解决实际问题。推行政府绩效管理，完善重点工作公开承诺、目标管理和督查考核机制。强化行政问责，加大对重点工程、重大项目、民生工作的督查力度，着力整治公务人员庸懒散慢等不良现象，提高政府效能和执行力。

做到廉洁从政。认真执行《党政机关厉行节约反对浪费条例》，推进财政预算、决算公开，严格公务接待、公务用车、办公用房标准，严控公务出国(境)，“三公”经费再压缩5%。落实党风廉政建设责任制，加强政府内部监督、行政监察和审计监督，抓好公共资源交易、政府投资项目、民生资金等重点领域的监管。严查各类违纪违法案件，着力解决群众反映突出的政风行风问题，以政府勤政廉政实际成效取信于民。

各位代表，美好前景催人奋进，新的征程任重道远。让我们在自治区党委、政府和市委的坚强领导下，紧紧依靠全市人民，团结拼搏，锐意进取，全面建设开放银川、富裕银川、和谐银川、美丽银川，为率先建成全面小康社会、实现跨越式发展而努力奋斗!

名词注解:

银川IBI育成中心:“IBI”是信息产业、生物技术、知识产权三个英文首字母组合。由银川经济技术开发区在原宁夏软件园的基础上,以发展信息产业、生物技术和知识产权转化为重点,打造的集产、学、研、育、资为一体的高新技术产业园区。

三品一标:无公害农产品、绿色食品、有机农产品和农产品地理标志。

第五航权:一个国家或地区的航空公司在经营某条国际航线的同时,在中途获得第三国的许可,中途经停并且上下旅客和装卸货物。

联合国人居奖:由联合国人居署于1989年创立,主要表彰为人类居住条件改善作出杰出贡献的政府、组织、个人和项目,是全球人居领域规格、威望最高的奖项。

云计算:是一种新兴的商业计算模式,它将计算任务分布在大量计算机构成的资源池上(包括网络、服务器、存储、应用软件等),使各种应用系统能够根据需要获取计算力、存储空间和各种信息服务。

跨境贸易电子商务:分属不同关境的交易主体,通过电子商务平台达成交易、进行支付结算,并通过跨境物流送达商品、完成交易的一种国际商业活动。银川市于2014年1月2日经国家海关总署批准开展跨境贸易电子商务试点,目前全国跨境贸易电子商务试点城市共有11个。

自由贸易区:两个以上的国家或地区,通过签订自由贸易协定,相互取消绝大部分货物的关税和非关税壁垒,取消绝大多数服务部门的市场准入限制,开放投资,从而促进商品、服务和资本、技术、人员等生产要素的自由流动,实现优势互补,促进共同发展。

落地签:申请人持护照和该国有关机关发给的入境许可证明等抵达该国口岸后,再签发签证。

过境签:公民取得前往国家的入境签证后,搭乘交通工具时,途经第三国家的签证。

电力需求侧管理:指采取有效的激励措施,引导电力用户改变用电方式,提高终端用电效率,优化资源配置,改善和保护环境,实现最小成本电力服务所进行的用电管理活动,是促进电力工业与国民经济、社会协调发展的一项系统工程。

融资租赁:又称设备租赁或现代租赁。出租人根据承租人对租赁物件的特定要求和对供货人的选择,出资向供货人购买租赁物件,并租给承租人使用,承租人则分期向出租人支付租金,在租赁期内租赁物件的所有权属于出租人所有,承租人拥有租赁物件的使用权。

行政审批事项“负面清单”:政府规定某些经济领域不开放(清单上的禁区),其他行业、领域和经济活动都许可,逐步做到审批清单之外的事项,均由市场主体依法自行决定。

“三个一律”:凡负面清单以外、市场机制能够有效调节的经济活动一律取消审批;凡直接面向基层的经济社会事项一律下放审批权限;凡区、市级权限内的企业核准项目一律实行备案制。

“三个50%”:行政审批事项压缩50%,审批时限减少50%,行政收费取消50%。

大银川都市区:自治区《政府工作报告》中提出将银川、吴忠、宁东组成大银川都市区。

“两优”环境:自治区提出打造西部最优、比东部更优的投资发展环境,努力建设投资发展洼地、企业发展福地、干事创业基地。

附件：

2014年为民办10件重点实事

一、实施就业助困工程

主要内容：政府购买公益性岗位1000个。

实施部门：市人社局

二、实施环卫工人住房优先保障工程

主要内容：优先为环卫工人分配保障性住房。

实施部门：市住房保障局、市城管局

三、实施城市段“龙须沟”综合治理工程

主要内容：对四二干沟（城市段）和二排沟进行综合治理。

实施部门：市建设局、市水务局，兴庆区、金凤区政府

四、实施体育健身工程

主要内容：新建10个小微公园；新建兴庆区六小、金凤区高桥小学、西夏区兴泾回小等12所学校标准化操场。

实施部门：市园林局、市代建局

五、实施小街巷改造工程

主要内容：对鼓楼北街等10条小街巷进行改造。

实施部门：市建设局

六、实施公交惠民工程

主要内容：购置300辆公交车；实行公交IC卡打折，60-65岁老人乘坐公交车实行五折优惠，65岁以上（含65岁）老人免费乘坐公交车。

实施部门：市交通局

七、实施卫生健康工程

主要内容：对14岁以下儿童先天性心脏病进行救助；为1.5万名10-12岁儿童进行牙齿窝沟封闭治疗；为全市城乡（含流动人口）孕期妇女实施优生筛查；新建社区健康小屋20个。

实施部门：市卫生局、市计生委

八、实施老旧小区（棚户区）改造工程

主要内容：对盈南家园、棉厂家属区等6个老旧小区进行综合整治。

实施部门：市住房保障局、市公安局

九、实施残疾人关爱工程

主要内容：为全市万名贫困残疾人免费体检。

实施部门：市残联

十、实施物价稳控工程

主要内容：推行蔬菜订单直销模式，新建或升级改造社区蔬菜直销店，增加肉、菜储备投放，向城市低保群众发放物价“补助卡”。

实施部门：市商务局，兴庆区、金凤区、西夏区政府

银川市2014年国民经济和社会发展计划

银川市发展和改革委员会

一、总体要求及主要预期目标

2014年，全市上下要全面贯彻落实党的十八大、十八届三中全会、中央经济工作会议及自治区、市委全会精神，紧紧围绕建设"两个最适宜"城市、率先建成全面小康社会、实现跨越式发展的总目标，坚持"稳中求进"总基调，抢抓"两区"、"两大战略"机遇，深入实施2258工作思路，坚持转变观念、改革创新、开放带动、内涵提升、绿色发展，坚持经济工作项目化，加快开放型内涵式发展，着力推进产业优化升级，着力推进城乡统筹发展，着力保障和改善民生，着力加强生态文明建设，实现"银川速度"向"银川效率"转变，加快我市现代化、国际化进程，努力开创经济社会科学跨越发展新局面。

主要预期目标：

——地区生产总值增长11%左右；

——公共财政预算收入增长14%以上；

——全社会固定资产投资增长25%以上；

——社会消费品零售总额增长13%以上；

——城镇登记失业率控制在4.5%以内；

——城镇居民人均可支配收入增长11%左右；

——农民人均纯收入增长12%左右；

——居民消费价格总水平涨幅控制在3.5%左右；

——单位地区生产总值能耗、主要污染物减排完成自治区下达的控制指标。(详细指标见附表)

二、主要任务

要实现上述经济社会发展目标，必须重点抓好以下几方面的工作：

(一)着力推进项目建设，提升投资拉动作用。按照"经济工作项目化、项目工作具体化"要求，抓存量、扩增量、促质量、提内涵，全面实施"项目带动"战略，2014年全市初步计划实施各类项目1000个左右(其中市本级260个)，全社会固定资产投资增长25%以上。为此，全市上下要切实加强项目前期工作。随着丝绸之路经济带、沿黄经济带、新一轮西部大开发战略和"两区"建设的不断深入，固定资产投资势必出现大规模增长。我们必须紧盯国家投资和重点方向，围绕内陆开放型经济试验区核心区、沿黄城市带核心城市基础设施建设、工业园区承载能力建设、工业产业升级、现代服务业提升和现代农业产业带建设等方面做好项目的筛选储备和前期落实工作，提高项目前期工作质量和深度，争取更多项目获得国家和自治区支持。协调推进重大项目。深化产业项目攻坚，持续开展项目集中开工活动，继续完善滨河新区、综合保税区、宁夏生态纺织示范园、银川科技园基础设施，加快建设滨河、永宁、兵沟黄河大桥及其连接线，神华宁煤年产400万吨煤制油、200万吨烯烃等一批重点项目，重点实施保障性住房、中小学、幼儿园、旧城改造等民生工程，全力推进投资亿元以上各类重点项目和战略项目；继续深入推进"两区"建设，着力引进一批带动性强、生态环保、产出效益好的轻、高项目，力争全年招商引资到位资金突破430亿元，实现项目建设力度不减，效益倍增。加快园区提档升级。坚持园区功能配套、管理创新、招商引资和项目建设同步推进，不断提升园区承载能力和发展后劲。多元破解瓶颈制约。坚持金融信贷、政府融资、招商引资、企业筹资、财政投入和激活民间资本多路并进，优化金融生态环境，推进我市产业、项目与国家政策性银行、各类产业基金、国际金融机构及外国政府贷款有效对接，做大做强投融资平台，支持企业转型升级、科技创新，继续推进“金融强市”战略，探索企业融资新途径，通过中期票据、短期融资融券等方式解决资金不足问题，加快推进筹建金融发展局和组建银川银行工作，力争政府性融资和向上争取资金实现新突破。创新工作推进机制。强化经济工作项目化，推行“3+X”审批（只要符合规划、国土、环保三个部门的要求，即可及时办理，其他依附于项目前置审批条件上的审批事项“X”，依据规定办理）及改“串联”审批为“并联”审批的制度，畅通行政审批服务“绿色通道”，集中落实项目开工条件。借助国家批准设立“两区”和自治区“两大战略”契机，加大向上争取力度，撑开项目谋划空间。

（二）着力推进转型升级，提升发展质量和效益。

优化发展工业。大力发展特色产业。培育发展新能源、新材料、先进装备制造、信息产业等战略性新兴产业，改造提升造纸、生物制药、冶金、建材、化工等传统产业，壮大发展煤炭、电力和新型纺织、羊绒、枸杞、葡萄酒、清真食品、穆斯林用品等地方优势特色产业，着力推进工业结构调整和优化升级。大力发展园区经济。放大园区带动和集聚效应，支持重点产业和重点园区发展。依托宁东能源化工基地，重点发展煤制油、煤制烯烃等新型煤化工产业和中下游配套产品，延长产业链，打造新型煤化工产业集群；依托银川经济技术开发区数控机床、仪器仪表、大型铸件等产业优势和IBI育成中心云计算、电子商务、软件研发等发展优势，打造全国知名的先进装备制造业集群和西北地区重要的软件、动漫、服务外包产业基地；依托宁夏生态纺织产业园“一园两区”优势，培育生态纺织产业集群，打造中国西部新型纺织工业基地和国内外重要的羊绒产业核心区；依托银川科技园，建立产学研基地，加强与区内外高等院校合作，加快引进高层次科技研发企业（项目）、高端人才，推动科技成果转化，增强自主创新和示范带动作用。强化项目带动。重点抓好神华宁煤年产400万吨煤制油、200万吨烯烃、荣昌绒业羊绒系列产品深加工技术改造等120个投资亿元以上项目建设，推动产品产业集群向产业基地转变，形成区域性商品集散中心。发展循环经济。狠抓重点行业、企业和领域节能降耗，淘汰落后产能。年内实施重点工业项目320个，力争完成工业投资680亿元，增长20%以上，规模以上工业实现增加值560亿元，增长13%。

提升发展农业。围绕“三精”农业发展方向，创建国家现代农业示范区和农产品质量安全区，加快现代农业发展，全面促进农业提质增效。继续做好“米袋子”、“菜篮子”工程，确保农产品供给和食用安全。努力壮大设施园艺、奶产业，积极培育酿酒葡萄、供外蔬菜、适水产业、清真牛羊肉等优势特色产业，新增设施园艺1万亩，设施园艺总量达到33万亩，奶牛存栏达到17万头，蔬菜播种面积稳定在60万亩，新增有机水稻1万亩，有机水稻播种面积达到17万亩。新建和改造30个现代农业示范基地（园区）。不断完善农业科技服务体系。培育扶持20个以上农业产业化龙头企业，鼓励农技人员创新创业，培育专业大户、农民专业合作社、家庭农场等新型农业经营主体，重点扶持30个家庭农场，全市家庭农场示范户达到150家。强化农产品供给和市场流通体系建设，抓好优质乳品、有机大米、黄河鲤鱼、灵武长枣、贺兰山东麓酿酒葡萄、水果、蔬菜等农产品为主打的龙头加工企业、流通运销主体及农民合作社，完善质量源头控制、检验检测、疫病防控等保障体系，强化农超对接、农产品直销、冷链物流等流通方式，完成10个绿色有机农产品认证认定，促进农产品加工转化和增值增效。加强农业基础设施建设，集中连片开展农田水利基本建设，完成高标准农田建设60万亩、中低产田改造30万亩、新增高效节水示范园区10万亩，不断提高农业综合开发的水平和效益。深化农村产权制度改革，规范土地承包经营权流转，促进土地适度规模经营。

提速发展现代服务业。以实施国家服务业综合改革试点城市为引领，激活现代物流、金融保险、电子商务、总部经济、会展经济等现代服务业潜力，培育新型消费业态和经济增长点。加快传统商业改造提升步伐，在完善提升鼓楼-玉皇阁等休闲购物特色商业街服务功能的基础上，抓好永泰、大阅城等商业综合体建设，进一步发挥商业聚集效应。提升商贸流通业发展水平，构筑“大物流”格局。加快公铁物流中心、润恒农副产品（冷链）物流产业园等重点物流园区建设；强力推进

"双十"工程，抓好奥特莱斯折扣城、绿地国际交流中心等城市综合体和亘元万豪、万达中心等五星级酒店建设运营。积极培育新兴消费增长点，提升现代金融、研发设计等服务水平，推动现代服务业多业态联动，大力发展电子商务、创意研发、金融保险、服务外包等生产性服务业，创建国家电子商务试点城市，全力推进国家跨境贸易电子商务试点工作。精心办好中阿博览会、银川国际汽车博览会、中国宁夏国际羊绒暨服饰博览会等品牌展会，推动会展经济、总部经济提升效益。推动文化旅游业融合发展。立足东西文化旅游带资源优势，提升现有景点建设管理和服务水平，抓好滨河新区全域5A级景区及兵沟自驾游、黄河军事文化博览园二期等重点项目建设，培育贺兰山东麓葡萄文化休闲旅游品牌，开拓对阿、对韩旅游专线，鼓励民间资本发展文化旅游业，全年接待游客800万人次，实现旅游收入78亿元，力争服务业增加值增长9%以上。

（三）着力推进"两区"建设，提升开发开放水平。

加快核心区建设。积极融入丝绸之路经济带、沿黄经济带，大力推进"两区"建设，打造试验区核心区，以大开发促进大开放大发展。滨河新区坚持"四城"定位，按照高起点规划、高标准建设、高水平经营，全力打造全区发展增长极。继续完善总体规划、控制性详规和各专项规划，强化设计重点建设和单体建筑，加强与综保区、临港经济区及上海庙等区域一体化设计与区域合作。加快推进横城小镇、滨河教育园区、国际医疗中心、养生新城、滨河生态文化园、五虎墩万亩生态园、污水处理厂、黄河外滩公园景观栈道等重点项目建设。实施兵沟自驾游、沙漠探险等新型文化旅游项目，打响生态旅游品牌。先行先试，挖掘国家和自治区支持"两区"建设政策，探索多种途径的市场融资模式，扶持发展航空物流、对外贸易、医疗养老、现代商业等高端服务业，紧盯大型企业集团，全力促成绿地空港城、天山集团海世界等支撑力、辐射力强的项目落地，力争在基础设施、生态绿化、高端产业培育等方面实现新突破。综合保税区继续坚持建设、招商与运营并重，在抓好封关运营、招商引资、产业发展的同时，启动二期建设，加快推进建设国际贸易服务中心、研发检测中心、生活配套服务区以及普洛斯物流、山东如意高档纺纱、中银绒业保税仓储、黄金珠宝产业园等项目，继续围绕轻纺、葡萄酒、航空、清真食品、黄金珠宝、现代服务业六大主导产业加强与国际、国内市场对接，选择入驻一批新项目，力争年内进出口总额突破13亿美元。探索建立"一区多园"模式，加快自由贸易区申报步伐。阅海湾中央商务区坚持建设、运营、见效并重，完善基础设施配套，启动二期建设。加快推进绿地中心双子塔、远大集团商业综合体、中石化分公司等大型入园项目建设，创新政策环境，加速总部经济、高端商务聚集，建成现代化、国际化示范区。

不断扩大开放合作。继续加大对阿、对东北亚国家和地区的交流合作，在清真食品、穆斯林用品、休闲旅游、医疗保健等方面取得更大突破，抓好国际医疗中心、银川卡瓦心脏中心等项目建设，深入推进与潮商、台商和天津、浙江、福建等发达地区城市的战略合作，有选择的承接东部地区产业转移。在巩固和发挥银川—首尔、迪拜等已有通道作用的同时，加快机场三期扩建，开辟银川至中东、中亚、南亚等国际客货运航线，推动第五航权试点，争取72小时过境免签等政策，打通西出东进出口；开拓陆路口岸走廊，加快完善银川陆路口岸后续监管区基础设施和电子信息平台建设，推动与新疆霍尔果斯、阿拉山口等西部口岸的合作，实现陆路口岸向边境口岸功能延伸。吸引国外大型跨国公司在我市投资，支持我市企业积极走出去，在境外设立特色产品销售中心，开展投资和劳务合作，拓展中亚、北非等新兴市场，力争进出口贸易额增长15%以上。

（四）着力推进城乡统筹发展，提升生态宜居宜业水平。

坚持全域银川、产城一体的发展理念，加快新型城镇化建设步伐，实现功能互补、协同发展。优化规划设计。做好重点区域、重要节点的城镇化设计，注重城市秉赋传承和特色打造，提升永、贺两县同城化发展水平，形成以银川主城、滨河新区为龙头、以县城为支撑、以小城镇为基础、以新型农村社区为单元的城镇空间布局，构建城乡融合、多级支撑、组团发展的新型城镇化体系，争取列入国家新型城镇化试点市，争创联合国人居奖。完善城市功能。坚持实施道路畅通、老旧小区和旧城（棚户区）改造"三大民生工程"。年内高起点、高标准建设唐徕小区、旧城南部等安置区，回迁安置群众1.7万户、183万平方米；大力实施道路畅通工程，新建、改造道路18条，继续推进街巷改造，有效治理交通拥堵、地下管网混乱等问题；完善城市基础设施，加大路桥等城市交通工程建设力度，加快形成新老城区贯通、内外衔接顺畅、主次干道互补、区域循环畅通的现代化立体交通组织格局。进一步完善市区路网体系，大力发展公共交通，提高交通组织和管理、运营水平。不断提升城市配套功能，实施上前城、保伏桥等市政配套基础设施工程，实施一、二、三、四污水处理厂扩容升级，新建第七、第九污水处理厂。提升管理水平。发挥“数字化城管”运作效应，对渣土管理、环卫作业、垃圾处置、私搭乱建等城管热点重点难点问题实施标准化、精细化管理，提高城市固废无害化、减量化、资源化处置水平。深入推进“美丽乡村”、“美丽银川”系列行动。推进滨河新区大环境绿化、唐徕公园六期、“绿博园”等建设，实施绕城高速立交区匝道绿化和友爱中心路、正源街、大连路等主要城市道路景观林带及配套绿化工程，抓好贺兰山东麓、银西生态防护林带建设，做好街头绿地、小游园的精品化改造建设，新建10个小微公园，不断完善城市水系，加强水资源保护，加快绕城高速水系开挖连通、爱伊河景观提升、七子连湖扩整、阅海环湖湿地改造等水系工程。高标准建设掌政、闽宁、良田等6个特色小城镇，加强推进绿色中心村试点工作。继续推进“蓝天工程”，狠抓药企、机动车、燃煤锅炉、工地等污染源治理，实施二排沟、四二干沟综合整治，强化节能减排，严格执行节能减排约束性指标，发展循环经济，强化重点企业绿色改造升级，强化大气联防联控，争创全国环境质量优良城市。

（五）着力保障和改善民生，促进经济社会和谐发展。

推进教育全面发展。继续推进优质教育扩面提升工程，新建续建中小学、幼儿园30所，新建中小学标准化操场12个，采取多种形式，促进学前教育规范有序、义务教育均衡发展、高中教育提升素质、职业教育特色创新，完成兴庆区、永宁县义务教育均衡发展验收任务，鼓励和支持社会力量办学，加快滨河新区教育园区建设，进一步解决好进城务工人员随迁子女教育问题，让城乡群众共享优质教育资源。提高医疗卫生服务水平。继续深入推进医疗卫生体制和市属公立医院综合改革，健全基层医疗卫生服务体系，普及基本公共卫生服务，按计划推进标准化村卫生室和健康小屋建设，有效减轻居民就医费用负担。加快发展文化事业。按照广覆盖、高效能、可持续的标准，大力推进城乡文化基础设施建设，着力提升“湖城之夏·文化广场季”、“相约星期六·百姓大舞台”等系列群众文化活动品牌影响力，丰富活跃群众文化生活，巩固国家公共文化服务体系示范区创建成果。推动新闻出版、广播影视、文学艺术健康发展。承办好全区第十四届运动会等国际国内主要赛事。不断提升银川文化软实力。推进创业增收。健全城乡公共创业就业服务体系，完善全民创业扶持政策，实施就业助困工程，增加政府购买公益性岗位，建立困难职工培训基地，推进街道（乡镇）和社区创业服务平台建设，新建各类创业示范园区（孵化基地），开展创业就业培训1万人以上。新增城镇就业2.5万人，培育小企业1000家，培养小老板2000名。加大社会保障力度。继续做好养老、医疗等五大险种的提标扩面，做好低收入者、老年人、残疾人和城乡贫困群众医疗救助和基本生活保障，全面实行城乡居民大病保险，提高城乡低保、五保供养标准和优抚对象补助水平，力争实现城乡困难群体救助全覆盖。加快社会养老服务体系建设，建设银川爱心护理院、残疾人康复中心等项目，整合老年人日间照料中心、社区老年人活动中心、社区居家养老服务站资源，支持社会力量兴办养老服务业，提升养老服务水平。扩大保障性住房覆盖面，推进廉租住房和公租房并轨运行，新建各类保障性安居工程9096套，努力实现低收入住房困难家庭住有所居、应保尽保。继续做好物价稳控工作。实施低收入群体价格补贴联动机制，适当提高低收入困难群体低保金标准。继续加快平价农产品市场和网点建设，加大政府投入，扩大平价肉菜在各大超市投放，落实节假日各项临时价格干预措施。加大市场巡查和价格监督检查力度，及时处理“12358”价格举报投诉事项办理，严厉查处各类价格违法案件，规范市场行为，维护市场稳定。扎实做好生态移民和扶贫开发工作。坚持产业扶贫、项目扶贫，实施中长期扶贫培训工程，推进“雨露计划”，力争培训移民2

万人次，建设移民住房3200套。突出抓好闽宁镇“一城两园”建设发展，力争移民地区人均纯收入突破8000元、增长20%以上。积极推进各项改革。落实自治区《关于深化改革推进经济社会发展的若干问题的决定》，全面深化各项改革。建立“简政放权”及“三减两提高”长效机制。确保市民大厅项目10月份完工并交付使用，对进驻部门优化流程、压缩办理时限、审批授权。提升电子政务服务水平，建设“网上政务服务中心”，实现网上受理、网上办理、网上反馈、网上监督。加快推进经济体制改革，发挥市场在资源配置中的决定性作用，尝试发展混合所有制经济。深化财政管理体制改革，设立产业转型基金，引入竞争性申请项目资金机制。加快农村产权制度改革，探索农村资产资本化路径。加强社会管理创新。强化基层社会管理服务体系建设，推进网格化、智能化社区试点，健全基层服务管理平台。加强社会矛盾纠纷排查，推进网络依法规范有序运行，妥善维护群众利益、引导社会舆论。拓展流动人口综合信息平台应用。完善城乡社区社会服务功能，引导公共资源向社区倾斜。严厉打击各类犯罪，继续深化“平安银川”建设。深入开展“六五”普法教育，建设法治政府、法治社会，认真执行《银川市户外广告设施设置管理条例》、《银川市建筑垃圾管理条例》等地方性条例，加强生态保护和环境建设。加强食品、药品、消防、施工、交通等安全监管，继续实施放心食品工程，有效预防和减少重特大安全生产事故发生。提高国防动员和后备力量建设质量，坚持军民融合发展，推动双拥工作创新发展。创新开展民族团结进步创建活动，依法加强宗教事务管理，促进民族和睦、宗教和顺、社会和谐。

附件：银川市2014年国民经济和社会发展计划主要指标表

银川市2014年国民经济和社会发展计划主要指标表

指标名称	计算单位	2012年实际	2013年			2014年计划指标	备注
			计划增长（%）	实际	比2012年增长（%）		
一、地区生产总值	亿元	1150.93	13	1273.5	10	11%左右	
第一产业	亿元	50.95	7.5	55.7	3.8	4%	
第二产业	亿元	619.05	16	687.8	11.8	13%	
工业	亿元	471.92	17	524.1	12	13%	
第三产业	亿元	480.93	11.5	530.0	8.3	9%	
二、固定资产投资	亿元	918.73	20	1149	25.1	25%	
三、地方公共财政预算收入	亿元	113.13	15	134.6	19	14%	
四、居民消费价格指数(上年=100)		102.6	4	103.5	3.5	3.5%左右	
五、社会消费品零售总额	亿元	316.02	18	348.06	12.2	13%	
六、进出口总额	亿美元	13.64	15	24.1	80.9	15%	
其中:出口	亿美元	10.75	20	20.8	99.1	15%	
七、实际利用外资	亿美元	1.46	20	1.2858	-12	15%	
八、人民生活							
城镇居民人均可支配收入	元	21620	13	23776	10	11%	
农民人均纯收入	元	8068	13	9036	12	12%	
九、人口、就业与社会保障							
人口自然增长率	‰	7.11	-7.7	7.46	4.9	8‰	
城镇新增就业人数	万人	6.4	-20	6.41	0.2	2.5万人	
城镇登记失业率	%	3.59	13	3.51	-2.2	4.5%以内	
参加基本养老保险人数	万人	78	9	85.33	9.4	95万人	
医疗保险参保人数	万人	141	7	150	6.4	160万人	

注:地区生产总值及其三次产业增加值绝对值为当年价,增长速度按可比价格计算。

关于2013年全市及市本级预算执行情况和2014年全市及市本级预算草案的报告

——在银川市第十四届人民代表大会第二次会议上

银川市财政局

各位代表：

受市人民政府委托，现将2013年全市及市本级预算执行情况和2014年全市及市本级预算草案的报告提请大会审议，并请市政协委员和其他列席人员提出意见和建议。

一、2013年全市及市本级预算执行情况

（一）全市财政预算执行情况

2013年，全市财税部门深入贯彻党的十八大和中央、自治区经济工作、财政工作会议精神，按照市委第十三届第二次全委会的部署，加快实施"2258"工作思路和"两区"建设，积极应对各种风险挑战，迎难而上，扎实工作，全市经济社会总体保持平稳较快发展，财政预算执行情况较好，圆满完成了市十四届人大一次会议确定的预算任务。

全市财政总收入（含宁东，下同）完成429.6亿元。其中：中央及自治区级收入206.4亿元，地方财政收入完成223.3亿元。地方财政收入中公共财政预算收入完成134.6亿元，完成预算的107.2%，增长19.0%；政府性基金预算收入完成88.7亿元，完成预算的118.2%，同比增长19.6%。

全市财政支出309.2亿元，为变动预算的91.6%，同比增长15.3%，其中：全市公共财政预算支出225.8亿元，为变动预算的95.0%，同比增长20.9%。基金预算支出83.4亿元，为变动预算的83.4%，同比增长3.3%。

（二）市本级财政预算执行情况

1、财政预算执行情况

2013年，市本级财政预算收入完成127.9亿元，同比增长21.6%，为年度预算任务的115.5%，超收16.5亿元。其中：公共财政预算收入完成67.2亿元，同比增长23.2%，为年度预算任务的111.5%，超收7亿元。政府基金预算收入完成60.7亿元，同比增长19.8%，为年度预算任务的120.3%，超收10.2亿元。

市本级财政预算支出完成111.7亿元，同比增长15.4%，其中：公共财政预算支出完成87.3亿元，为年度预算任务的90.3%，同比增长33.4%。政府性基金预算支出完成24.4亿元，可比增长8.3%。

2、市本级超收收入动用情况

在预算执行过程中，经市第十四届一次人民代表大会第9次常委会批准动用超收7.1亿元调增财政预算支出，其中：公共预算支出调增2.1亿元，主要安排增加科技支出0.2亿元，教育支出0.5亿元，政府偿债准备金1.4亿元。基金预算支出调增5亿元，重点安排市辖区康居工程和土地增减挂钩项目建设。

3、市本级财政预算执行结果

公共财政预算执行结果。2013年，市本级公共财政预算总收入121.9亿元，其中：当年公共财政预算收入67.2亿元，上级各类转移支付（含地方债）补助收入45.2亿元，上年结余结转收入8.8亿

元，辖区专项上解收入0.7亿元。市本级公共财政预算总支出121.9亿元，其中：本级公共财政预算支出87.3亿元，对辖区各类转移支付补助21.3亿元，上解自治区0.9亿元，调出资金0.7亿元，转入预算稳定调节基金4.9亿元，专项结转下年支出6.8亿元，市本级公共财政预算收支平衡。

政府性基金预算执行结果。2013年，市本级政府性基金预算总收入69.4亿元。其中：当年政府性基金预算收入60.7亿元，上级专项转移补助收入0.9亿元，调入资金0.7亿元，上年专项结转收入7.1亿元。市本级政府性基金预算总支出69.4亿元。其中：市本级政府性基金预算支出24.4亿元，转移辖区补助支出30.5亿元，结转下年使用14.5亿元（全部为政府性基金专项结转和超收未动用结转），市本级政府性基金预算收支平衡。

上述数字是以2013年12月31日快报统计数据，在地方财政决算编成审查汇总，并与自治区财政办理结算后将会有一些变化，届时将向市人大常委会报告。

（三）2013年财政预算执行主要效果

2013年，财政工作牢牢把握“稳中求快”的总基调，紧紧围绕“2258”工作思路和“两区”建设，全面落实市委的决策部署，在预算执行困难较多、压力较大的情况下，拼搏进取，开拓创新，取得了良好的经济社会效果。

1、支持经济社会稳定发展实力进一步增强

积极发挥财政职能，综合运用财政杠杆作用，推进机制体制创新，推进经济社会跨越发展。建立财政撬动金融支持经济的激励机制，充分运用财政政策和资金优势，撬动金融资金42亿元，支持中小企业发展，促进了经济平稳增长。充分发挥项目带动作用，撬动金融资金30多亿元支持银川滨河新区、银川科技园和阅海湾中央商务区重大基础设施建设。积极争取国家和自治区的政策和资金支持40亿元，加快银川综合保税区、军事主题公园、滨河黄河大桥等重大基础设施全面建设。创新投融资模式，采取BOT、参股、入股、租借等多种合作方式，吸引投资机构参与我市重点项目开发建设，有效缓解了建设资金供给矛盾，推动我市经济社会跨越发展。

2、推进结构调整步伐进一步加快

开发开放步伐加快。支出15亿元，加快“两区”核心区建设，全力支持举办中国（银川）国际穆斯林峰会、中阿博览会及国际穆斯林企业家峰会、中韩（宁夏）友好交流周及开通迪拜、台北、香港等国家和地区航线，搭建我市国际经贸文化交流的平台，扩大开放领域、拓展开放空间。支持企业扩大出口规模，优化出口产品结构，加快发展清真食品和穆斯林用品产业，培育新的经济增长点。

科技创新能力增强。支出2.3亿元，加大科技创新投入，支持银川科技园重大科技创新平台和载体建设，引进国家级科研院所、国家级重点实验室和国家级工程中心及高新技术产业研发中心入驻运营，推进科技创新和成果转化。加大产业技术创新和自主创新扶持力度，建立“银川科技创业股权投资基金”，重点支持科技型企业发展创新，鼓励引导企业加大科技研发投入。支持实施7个自治区级企业技术中心。加快“人才特区”建设，积极培养引进领军人才。落实高层次人才创业项目资金扶持和人才激励政策，支持实施创新型人才培养等重大人才工程建设。

新型工业重点突出。支出4.2亿元，充分发挥财政资金引导作用，落实促进工业经济增长和产业扶持政策，实施“小巨人企业”培育工程、“工业企业技术创新工程”和推进品牌和商标战略，支持新能源、装备制造、葡萄酒业、电子信息等一批战略性新兴产业发展。支出2.6亿元，支持推进现代化生态环保集约型纺织工业基地建设。整合安排资金7.5亿元，支持非公经济发展，支持生态纺织园等园区建设，夯实工业发展基础，培育经济增长极。

“三精“农业推进有力。支出1.1亿元，以提升农业产业竞争力为目标，新建、改造提升35个现有示范园区，示范推广非晶硅太阳能、生物秸秆反应堆、奶牛胚胎移植等新技术、新品种及新管理模式。支出2.6亿元，落实强农惠农政策，重点发展设施农业、现代畜牧业、适水产业以及以有机大米为重点的优质粮食生产。支持贺兰山东麓百万葡萄长廊建设和爱伊河水系、七十二连湖水系等水利基本建设以及节水灌溉，提高农业综合生产能力，实现现代农业扩规提质增效。

现代服务业加快发展。支出4.7亿元，加快推进空港、陆港、公铁物流和银川物流港建设。重点支持骨干物流企业在区外设立分支机构以及物流企业吞吐量的增加。完善商业综合服务功能，推动商业中心提档升级，协调促进全市50个总投资336亿元的重点商贸项目建设。

文化旅游品牌不断提升。支出4.7亿元，支持黄河军事文化博览园、韩美林艺术馆、华夏河图、环西北汽车自驾游基地等文化旅游设施建设，发掘拓展文化旅游资源；支持举办“环青海湖”公路国际自行车银川站比赛、第六届银川国际汽车博览会、首届西北风情自驾游和2013年世界杯马术绕桶赛等赛事活动，打造文化旅游品牌。

生态建设效果显著。支出3.9亿元，巩固生态环境综合整治成果，实施了滨河新区、贺兰山东麓、京藏高速生态绿化大环境整治。建设了第六污水厂污水处理、第五污水厂中水回用项目；开展永二干沟、二排沟的集中整治，建成供市民休闲娱乐的徕龙生态公园；提升改造了贺兰山路、大连路等一批城市主干道绿化美化水平。实施唐徕公园六期景观林带扩整工程，扎实推进美丽银川建设。

3、民生保障进一步提高

推进优质教育扩面。教育支出7.6亿元。加快学校基础设施建设，对30多所中小学和幼儿园新建改造。支持优质教育扩面工程，设立5000万元提升教育教学质量奖励专项资金，扩大优质教育覆盖范围，加强薄弱学校设备投入，促进教育公平均衡发展。支持组建一中、二中、唐中等教育集团和教育联合体，提升区域教育整体水平。统一调配和管理教育集团内部资金，推动教育集团健康稳定发展。积极推进教育经费保障机制改革，落实国家“两免一补”政策，支持职业和民办教育发展。

提升公共医疗服务质量。支出6.1亿元，围绕“保基本、强基层、建机制”的要求，深化公立医院改革，巩固完善基本药物制度，全面推行医院总额控制付费改革，实施城乡居民医保门诊统筹，推进新型农村合作医疗、城镇居民医保和城乡医疗救助工作，推行“先住院后付费”服务模式，支持滨河新区国际医疗中心和中外合资医疗机构“银川卡瓦心脏中心”建设。支持新建10所社区卫生服务站、33所标准化村卫生室、20个城市社区健康小屋建设，完成为1万名学龄儿童开展窝沟封闭等4件为民办实事项目。实现了市区68个城市社区卫生服务站、9个乡镇卫生院和58个标准化村卫生室，基本公共卫生服务经费全覆盖。放大“医疗在银川”品牌效应，支持中俄韩合作的心血管项目落户第一人民医院，积极推进滨河新区国际医疗城建设。

提高社会保障水平。支出12.6亿元。落实了高校毕业生、退役军人、农村转移劳动力、城镇就业困难群体就业创业的各项扶持政策。提高社会基本保障标准，将城乡居民基础养老金标准提高到每人每月135元，农村低保户补助提高到每人每年1750元，企业退休人员基本养老金每人每月普调80元，高龄老人补贴实行城乡一体化，提高贫困重度残疾人补贴标准，落实征地农转非人员养老保险补助。支出1.1亿元，做好军队移交人员的安置、购买820个公益性岗位及兑现大学生村官补助。支出1300万元，建设25个社区居家养老服务站和10个老年日间照料中心。筹资16.1亿元，新建保障性住房8111套改造城市棚户区3458套20万平方米和737万平方米的保障康居工程建设和土地增减挂钩安置房建设。

统筹城乡协调发展。支出5.9亿元，加快生态移民工程、农村公共服务体系建设和农村各项改革，积极推进特色小城镇建设。改善农业生产条件，改造小型农田水利和中低产田，促进农民增产增收。统筹城乡社区（村）运行经费保障，加大农村教育、卫生等公益事业基础设施建设，加大农村环境卫生综合整治。推进道路畅通工程，打通新华西街、湖滨西街等17条道路、街巷，大力推动城乡公交发展，新增公交车60辆，新增公交线路3条，开工建设滨河黄河大桥及连接线工程，统筹推进城乡区域协调发展。

实施文化惠民工程。支出1.8亿元，认真落实支持文化改革发展各项财税政策措施，推进公共文化服务体系建设。支持打造“湖城之夏”、“相约星期六”、“广场文化季”、“书香银川”等文化活动品牌，加快数字图书馆、县区文化馆、乡镇社区文化站和村（居）文化室建设，公共文化服务体系示范区正式通过国家验收。

推动智慧城市建设。支出6.2亿元，加快市民服务中心建设，支持城市智能监控系统和地理信息建设，加强城市网格化管理，启动“数字化城市管理”平台，创新公共服务模式，整合公安、城管、民政、医疗等公共资源信息，构建市民综合服务大平台，提升政府公共服务水平。

4、社会和谐稳定进一步提升

支出20亿元，加强“平安银川”建设。对城市公交车辆和25个公交车站点安装视频监控。加快消防设施建设，加大反恐装备投入。加强食品安全、药品安全、水质安全等基础条件建设，提升群众幸福、安全指数。努力增加城乡居民收入，提高离退休人员和城镇从业人员最低工资标准，统筹提高城乡高龄老人生活津贴，向低收入和生活困难家庭发放价格补贴，提高城镇社区工作者和环卫职工生活补贴等。稳定物价水平，建立价格调节基金，加大对储备菜、调控菜、限价肉销售补贴。支持"农超对接"工程，建设了10个标准化菜市场和50个蔬菜直销点，减少流通环节和运营成本。积极化解政府性债务，维护社会和谐稳定。

5、财政改革创新进一步深入

改革创新是推动发展的动力之源。不断深化财政体制机制创新，增强财政体制机制活力，提高财政服务经济社会能力。

深入推进财政管理体制机制改革。以财政职能转变为突破口，充分运用现代企业管理理念，改革财政投入方式，发挥市场在资源配置中的决定性作用，以经营的理念盘活资产，扩大财政投入效果。组建银川滨投公司、银川综保公司等投资运营公司，放大财政资金投入，撬动金融社会资本，支持"两区"建设和重点项目建设。以提高政府公共服务水平为切入点，深化政府购买公共服务改革。继续完善基本公共卫生服务、居家养老服务、教育公建民营、残疾人托养服务等政府购买服务考核奖励机制。创新新型农民培训项目购买服务的管理模式，实施网络化、智能化的远程监控管理，按照考核结果购买培训机构提供的服务。以提升公共财政预算绩效为重点，探索竞争性资财政金分配机制。选取资金管理制度健全、竞争性强的"地方特色产业中小企业发展项目"和"农业综合开发产业化项目"进行竞争性分配。通过引入招投标等竞争性机制，遴选比较、科学评判、评审跟进、督查跟踪，提高社会公众、专业人才在财政专项资金分配管理的参与程度。

深入推进预算管理制度改革。积极健全政府预算体系，对部门预算执行进度实施量化考核，建立市本级部门单位资金支付动态监控机制，推进预决算信息公开和预算支出绩效评价试点工作。梳理行政审批事项，制定了18项简政放权、提速增效的具体措施。按40%的比例预拨政府投资项目资金、简化1000万元(含1000万元)以下项目审批环节。压缩2项行政许可事项审批时间16天、5项非行政许可事项审批时间21天。调整货物和服务类项目采购限额，取消限额内的报备审批。公务卡结算标准提高到500元。清理行政事业性费，取消26项收费项目，减轻企业负担1.4亿元。

深入推进财政监督改革。加强预算监督制度建设，制定《财政投资委托评审管理办法》和《市财政投资项目工程预、结算评审操作规程》，建立提高评审质量和效率的长效机制。2013年评审完成项目数、审核金额同比分别增加30.2%和30.9%，审减节约率21.6%。组织实施了校安工程、支农资金、会计信息和政府采购等项目的监督检查，有力地维护了全市财经秩序。强化预算执行监督。推进党政机关厉行节约，编制"三公经费"预算，下达单位"三公经费"控制数。加强单位会计核算，建立月报会审机制、季度联动对账机制、业务备案核准制度和往来款项清理制度，提高会计核算的真实性。公开人代会审议通过的《关于银川市2012年预算执行情况和2013年预算草案的报告》和全口径公开2013年本级部门预算，邀请人大财经委监督2014年预算编制全过程，主动汇报重大项目预算变动和执行情况。

深入推进财税体制改革。继续完善市辖区财政体制，实施激励性转移支付，调整体制性转移支付，压缩专项转移，扩大一般性转移支付规模。深化部门预算改革，提高预算年初到位率和编制完整性。推进非税收入收缴管理改革，扩大公务卡制度改革范围，市本级部门实现全覆盖。政府采购监管水平和效率进一步提升。初步实现对市级政府性债务的全口径管理和动态监控。

深入推进财政精细化管理。全面推进公务卡强制结算目录制度，完善财政集中支付制度。深化专项资金使用绩效评价。加大政府采购监督，强化预算执行监管，严格控制"三公"经费，认真贯彻落实中央"八项规定"，大力压缩行政经费，对机关单位行政运行经费按15%的比例进行压缩，将压缩出来的经费全部安排用于民生支出。今年，市直部门单位因公出国(出境)费、公务接待费、车辆运行费同比下降18%。

在总结成绩的同时，我们也清醒地看到，我市财政经济运行中仍存在一些不容忽视的问题，突出表现在财税收入结构有待进一步优化，财政收支矛盾比较突出，财政管理科学化精细化水平有待提高，财政资金使用绩效偏低财政体制和管理机制仍不健全，现代公共财政体系建设任重道远等等。上述问题既是社会各界关注的热点，也是财政工作的重点，需要通过进一步深化财政改革，加强财政管理，健全财政职能，逐步加以解决。

二、2014年全市及市本级预算草案

2014年，我市经济环境依然错综复杂，经济发展仍面临不少风险、问题和挑战，经济仍然处于调整期，不稳定、不确定因素仍存在，财政增收的难点和不确定因素较多。不利因素：一是国家在宏观经济趋稳向好的形势下，提出夯实经济发展基础，提升经济发展质量，促进稳定增长，继续调低经济增长速度，国家将明年的财政增长幅度调整到7.5%，自治区将财政增长速度调整到12%，并对GDP不再单独考核；二是国家继续结构调整优化产业结构，加大淘汰过剩产能力度，加大环境治理，对部分行业产生一定影响；三是国家继续扩大"营改增"试点，将铁路、邮电和金融业纳入试点范围，政策性减税影响财政收入增长；四是各级政府陆续出台促进经济发展的各项税费减免政策，减少和降低了财政收入的来源。五是各级政府招商引资优惠政策的兑现，也减少了部分财政来源。有利的因素：一是十八届三中全会进一步深化改革改革的决定，加大对外开放，让我们迎来了新的发展战略机遇。加快实施"两区"建设，深入推进向西开放，加强中阿经贸合作，实现银川经济的转型升级，培育新的经济增长极；二是"2258"工作思路的深入推进，生态纺织园、羊绒纺织园、银川科技园等园区建设，加快了经济结构调整转型效果显现；创新发展方式，发挥财政资金撬动作用，实施金融强市战略，积极引进上海绿地、上海世贸、万达集团、新华联等国内外知名企业，带动银川经济的快速发展；三是"两区"建设步伐加快，滨河新区、滨河黄河大桥、阅海湾中央商务区、银川综合保税区、绿博园和银川科技园等重点项目建设，大项目好项目建设积蓄的能量持续释放，高端化高质化高新化产业体系逐步形成，创新驱动和内生增长的能力日益增强，促进了我市经济持续向好发展。四是国家加快推进新型城镇化，促进城乡协调统筹发展，为经济发展可持续稳定发展提供了内生动力。因此，我们既要看到不利因素，更要看到促进经济发展的有利因素，也要充分估计面临的风险和挑战，切实增强忧患意识和紧迫感，攻坚克难，开拓创新，扎实做好各项工作。

根据中央、自治区经济工作会议的总体要求和市委十三届三次全委（扩大）会议的工作部署，2014年预算安排的指导思想是：全面贯彻落实党的十八大、十八届二、三中全会和和中央、自治区经济工作会议、银川市委十三届三次全委（扩大）会议精神，按照"稳中求进，稳中有为"总体要求，紧紧围绕"两区"建设和"2258"工作思路，继续实施积极的财政政策，努力培植税源，增加财政收入，积极发挥财政职能作用，促进经济社会健康发展。在资金安排上突出优化支出结构，突出民生优先，突出机制体制创新，突出城乡统筹发展，突出资金整合和效率优先，突出重点项目建设，压缩行政经费等一般性支出，努力降低行政成本。深化财政预算管理改革，以预算绩效为向导，运用竞争机制，提高财政资金使用效益，着力促进社会公平正义，促进社会和谐稳定。

（一）2014年全市财政收支预算安排草案

2014年，财政预算收入按照实事求是，积极稳妥，留有余地的原则，根据银川市国内生产值及经济社会发展预期目标，综合考虑税收政策和减免行政事业性收费等因素进行编制；支出预算按照统筹兼顾、突出重点、有保有压，优化支出结构，重点向保障和改善民生等领域倾斜、向"两区"建设倾斜，严格控制行政经费等一般性支出，进一步提高预算编制的科学性和完整性。

2014年，全市财政预算收入拟安排241.6亿元。其中：全市公共财政预算收入153.5亿元，同比增长14.0%，基金预算收入88.1亿元，与上年持平。

根据初步掌握的情况，2014年自治区对全市公共预算转移支付为45.7亿元，加上当年财政预算收入241.6亿元，公共预算结转10.2亿元，基金预算结转22.2亿元，调入资金0.7亿元，动用预算稳定调节基金3亿元，全市当年总财力为323.4亿元，财政预算支出安排323.4亿元，收支平衡。

（二）市本级财政收支预算草案

2014年市本级财政预算收入拟安排136.6亿元。其中：公共财政预算收入76.6亿元，同比增长14.0%，基金预算收入60亿元，与上年持平。

根据初步掌握的情况，2014年自治区对市本级公共预算转移支付为12.3亿元，加上当年财政预算收入136.6亿元，辖区上解收入0.8亿元，上年公共预算结转专项收入6.8亿元，政府性基金预算专项结转14.5亿元，动用预算稳定调节基金3亿元，市本级总财力为174亿元。财政预算支出拟安排174亿元，其中：上年专项结转安排支出21.3亿元，补贴辖区转移支出4.2亿元，上解上级支出0.9亿元，市本级当年可用财力安排支出147.6亿元（其中：公共预算86.9亿元，政府性基金预算60.7亿元），收支平衡。

2014年市本级可用财力拟安排项目预算支出是：

1、保障“两区”建设重点。统筹安排资金25亿元，全力支持和保障“两区”建设。重点支持滨河新区、银川综合保税区二期、银川科技园、阅海湾中央商务区、滨河黄河大桥及生态纺织园区等重点项目建设，大力培育新的经济增长极，实现银川经济社会发展的新跨越。

2、加大重点领域投入。围绕推进现代工业、现代农业和现代服务业发展等重点领域和关键环节，支持转型升级。一是把推进新型工业和五大园区建设作为产业转型升级的重点。安排支出1.5亿元，统筹安排扶持非公经济资金5亿元，大力支持装备制造、新能源、新材料等产业发展。集中资金支持重点产业和重点园区建设，支持产业创新，继续加大对“两强四优五新”产业的支持。二是把推进农业现代化作为产业转型升级的基础。安排支出5亿元，加大“三精”农业扶持力度，推进现代农业示范园区提升，推进农业产业化经营，落实强农惠农政策，实施激励性农业补贴政策，支持农业科技推广应用，加强小型农田水利建设，加大生态移民农业投入，着力增加农民收入。三是把推进现代服务业作为产业转型升级的重要支撑。安排支出1.4亿元，重点支持空港、陆港、公铁物流和银川物流港建设，加快物流业发展。培育现代物流企业，支持发展电子商务、会展经济，落实金融强市战略，支持和培育金融市场发展，支持组建银川银行和西部（银川）担保集团，整合提升物流发展水平，逐步建成区域性国际物流中心和区域金融中心。

3、保障民生优先，拟安排民生项目支出92.7亿元。深入推进优质教育扩面提升工程。安排支出4亿元。积极推进教育在银川建设，支持教育均衡发展，促进教育公平。重点支持基础教育设施建设，改善办学条件，推进教育集团化办学，促进优质教育扩面。全力推进教育惠民工程，支持学前教育加快发展。提高义务教育经费保障水平，重点支持农村教育，特别是薄弱学校基础设施建设，支持改善普通高中办学条件，加强职业教育基础能力建设，支持民办教育发展，全面提升教育水平和质量。

深入推进文化体育事业发展。安排支出1.9亿元。重点支持基层公共文化服务体系建设，新建市文化艺术馆及老年大学、市图书馆数字化改造工程及韩美林艺术馆等项目，支持广场文化建设，丰富群众文化生活，支持文化产业发展，鼓励文化产品和服务。支持运动休闲体育设施建设，推动体育场馆免费或低收费开放，促进全民健身活动。支持竞技体育发展，支持自行车“环湖赛”、马术赛等国际赛事落户银川。

深入推进医疗保障水平提升。安排支出4.5亿元。继续提高公共卫生服务经费保障水平，扩大部分服务项目覆盖面；提高新型农村合作医疗和城镇居民基本医疗保险的财政补助标准，扩大城乡医疗救助范围；加大农村公共卫生服务体系，增加医疗设施投入，改善农村医疗条件。加快和深化公立医院改革，支持专科医院建设。继续加大支持实施重大公共卫生服务项目。加强食品药品安全监管能力建设，保护群众合法权益。

深入推进保障和扩大就业。支出安排2.8亿元。推动实施更加积极的就业政策，支持做好重点群体就业工作，继续扩大购买公益性岗位，帮助困难群体实现就业；积极促进复退转业人员就业安置工作，进一步完善全民创业政策，积极落实企业安置应届大学毕业扶持政策，鼓励支持自主创业。

深入推进民生幸福工程。支出安排7.2亿元。重点支持统筹城乡发展，提高城乡居民低保标准，完善社会救助体系，统一城乡救助标准，保障受灾群众基本生活；创新财政投入机制，引入社会资本参与保障性安居工程建设，加快保障性住房建设；进一步完善和落实高龄补贴政策，推进社区服务体系建设，支持残废人康复中心、养老服务中心、爱心护理院、妇女儿童活动中心及儿童剧院建设；进一步完善最低生活保障对象子女助学和重度残废补助政策；推进环卫公寓建设，让改革发展成果惠及建设美丽银川的普通劳动者。

加快推进城市化建设步伐。支出安排39.1亿元，统筹城乡发展，重点解决老旧小区规划建设、道路畅通工程及重点项目建设征地拆迁和农民康居工程等支出。继续实施城市道路畅通工程、小街巷改造工程、康居工程基础设施配套工程等事关民生的重点项目建设。

全力推进智慧银川建设。支出安排2.9亿元，建立完善政府服务信息平台建设，整合公共资源，加快推进市民卡“一卡通”服务体系建设，实现政府的各项惠民政策、补贴政策和改革成果的直通直达。

大力发展公共交通。支出安排2.8亿元。加大对城乡公共交通基础设施建设的投入，重点支持滨河黄河大桥项目建设，增加公共交通车辆购置投入，开辟和延长公交站点，增加公交车辆运营补贴，支持绿色公交发展。

加大生态环境综合整治。整合、统筹安排3.5亿元，实施绿化美化工程，重点支持滨河新区、贺兰山东麓城乡环境绿化和建筑节能、城镇污水处理设施配套管网等建设；全力支持蓝天工程、二排沟、四排沟等的综合整治，全面推进美丽银川建设。

保障行政事业运行拟安排24亿元。主要包括机关事业单位人员工资及社会保险、事业发展和单位正常运行等经费支出。按照国家政策要求，逐步提高干部职工收入水平，增加城乡居民收入。

4、维护社会和谐稳定。拟安排支出35亿元，重点解决消防站点建设、设备配置、社会治安电子监控、基层公安基础设施建设、法庭建设；进一步加大对工程欠款的清理，化解政府性债务风险。

5、加大为民办实事力度。2014年计划安排5亿元，继续为民办10件实事。新增购买公益岗位1000个，支持环卫工人住房优先保障工程建设，支持新建10个小微公园、改造12所学校标准化操场，支持四二干沟（城市段）和二排沟综合整治工程，老旧小区改造，支持公交优先发展购置公交车和交通卡优惠政策等惠民工程。

预备费安排2亿元。主要用于自然灾害等不可预见的预留。

（三）市本级国有资本经营预算草案

国有资本经营预算，是国家以所有者身份依法取得国有资本收益，并对所得收益进行分配而发生的各项收支预算。2014年国有资本经营收入预算安排为492.54万元，主要是列入编报范围的市本级企业按规定比例上缴的年度净利润。当年收入拟全部安排用于国有经济结构调整及市属企业发展。

（四）市本级社保基金预算草案

按照国务院《关于试行社会保险基金预算的意见》的要求，2014年试编市级社会社会保险基金预算草案。

2014年市级社会保险基金预算收入51.32亿元，其中：企业职工基本养老保险基金25.20亿元；失业保险基金3.21亿元；城镇职工基本医疗保险基金15.07亿元；工伤保险基金1.14亿元；生育保险基金1.28亿元；居民社会养老保险基金0.41亿元；居民基本医疗保险基金5.0亿元。

2014年市级社会保险基金预算支出48.74亿元，其中：企业职工基本养老保险基金29.85亿元；失业保险基金1.46亿元；城镇职工基本医疗保险基金10.96亿元；工伤保险基金1.08亿元；生育保险基金1.09亿元；居民社会养老保险基金0.25亿元；居民基本医疗保险基金4.02亿元。

三、深化改革，奋勇拼搏，开创财政工作新局面

2014年是全面贯彻落实党的十八大、十八届三中全会精神，深入推进“两区”建设的关键一年。我们一定要认真贯彻落实市委、市政府决策部署，深化财税改革，健全体制机制，发挥职能作用，努力完成各项工作任务。

（一）深入推进财政制度改革，提升财政服务能力

推进财政体制改革。建立事权和支出责任相配套的财政体制。进一步规范市与辖区的事权和支出责任，将学前教育、社区公共服务等内容作为改革试点，逐步调整理顺市与辖区的财政分配关系，建立事权与支出责任相匹配的财政转移支付制度，进一步增强辖区实施公共管理、提供公共服务和落实民生政策的能力。

推进预算制度改革。注重政策组合，加强财政政策与货币政策、金融政策、产业政策和收入分配等政策的协调配合，强化年度预算约束，改进年度预算控制方式，探索建立跨年度预算平衡和预算滚动机制，试行中期财政规划管理，探索编制三年财政规划，逐步建立完整、规范、透明、高效的现代预算管理制度。

推进预算管理改革。进一步细化预算管理，扎实推进预算绩效管理，建立健全绩效评价结果公开和反馈应用机制，推行预算安排、支出责任与使用绩效挂钩的预算管理模式。完善国有资本经营预算与收益分享制度。改革财政对经营性竞争性领域投资方式，放大财政资金乘数效应，提高资金使用效益。推进预决算公开常态化、规范化和法制化。加大政府性债务动态管理，严格控制新增债务规模，有效防范和化解财政金融风险。

（二）深化财政体制机制创新，提升财政综合实力

创新产业投入机制，推动产业转型升级。整合工业、服务业和科技专项资金2亿元，充分发挥市场作用，设立产业发展基金，建立以担保、股权注入等方式为主的新型财政投入扶持模式，注重和增加资本性投入，着力支持银川企业转型升级，做大做强。

创新科技投入机制，推动科技成果转化应用。整合人才和科技专项资金2亿元，设立科技创投基金。建立科技成果转化引导机制，发挥科技成果转化引导基金的作用，支持银川科技园区和IBI育成中心建设。推进科技创新公共服务能力建设，促进创新驱动发展，加快科技成果走进基层、惠及百姓。

创新文化旅游投入机制，推动历史遗产保护和文化旅游产业发展。整合统筹文化旅游专项资金1亿元，设立文化旅游历史文化遗产保护基金，重点支持回族文化传承、西夏陵文化遗产保护、西夏陵、贺兰岩画等文化产业开发与保护及生态旅游产业发展。支持文化产业转型升级，发展壮大文化产业。

创新政府公共服务投入机制，推动政府购买公共服务能力和水平。扩大购买服务项目和范围，重点推进园林绿化养护、社区医疗服务、各类技术技能及业务素质培训、学前教育、托老日间照料中心、机关事业单位后勤服务的购买社会化服务试点，着力提升公共服务质量。

创新专项资金申报机制，推动项目资金使用的公开和效益提升。推行竞争性项目安排机制，对农业、科技、工业、服务业专项资金实行竞争性项目申报，按照优中选优，特中选特方式集中财力重点支持，充分发挥专项资金的使用效益。

创新投融资机制体制，推动民生事业和“两区”建设。整合政府资源，改革投入方式，盘活存量资产，拓宽融资渠道，创新金融产品，吸引和撬动社会资金参与银川市各项建设，加快推进保障住房建设、文化体育旅游事业发展。创新机制，放活体制，积极推进滨河黄河大桥、滨河新区生态城、国际医疗城、健康城和科教城建设。

创新综合治理投入机制，推动生态环境综合整治。整合生态、节能和环保资金，对滨河新区、贺兰山东麓城乡环境绿化和建筑节能、城镇污水处理设施配套管网建设等方面的资金进行整合，结合农村环境集中连片整治，对二排、四排等污染城市环境的沟渠，实施绿化美化工程，整治污染环境的沟渠，建设运动休闲的生态园林公园。

（三）强化财政管理，提高预算绩效

加强财政收支管理。完善增收促收政策措施，支持各征收部门依法征管、依法稽查，坚决查处涉税违法违规行为，确保全年收入目标的实现。严格控制行政经费等一般性支出，特别是要严格控制因公出国（境）、公务用车购置及运行、公务接待等“三公经费”，严肃财经纪律，深入推进会议费、差旅费管理和公务接待制度改革。进一步清理规范庆典、研讨、论坛活动，反对铺张浪费，降低行政成本。

规范预算编制程序。细化预算编制内容，完善重大项目财政投资评审机制，逐步将财政评审纳入预算管理环节。加强预算支出执行管理和动态监控，不断提高预算支出执行的及时性、均衡性、有效性和安全性；加强预算绩效管理，拓展评价结果应用。

加强财政监督管理。建立健全事前审核、事中监控、事后检查和评价有机结合的全员参与、全程控制、全面覆盖、全部关联的财政监督机制。加强财政监督机构与预算管理机构之间的信息沟通反馈，将监督结果与预算编制和资金分配挂钩。深化国库集中收付制度改革，完善预算执行动态监控体系。加大预决算公开力度，预算单位全部公开部门预决算和“三公经费”，推进市县预决算公开和基层财政民生专项支出公开。深入推进法治财政标准化建设。

各位代表，2014年的财政工作任务十分艰巨，全市各级财政部门将以科学发展观为统领，在市委的坚强领导下，落实本次大会确定的各项任务，坚定信心、攻坚克难、锐意进取，奋力开拓，为银川跨越式发展和“两个最适宜”城市建设做出新的更大的贡献。

中华人民共和国
2013年国民经济和社会发展统计公报[1]

中华人民共和国国家统计局

2014年2月24日

2013年，面对错综复杂的国内外形势，党中央、国务院团结带领全国各族人民深入贯彻落实党的十八大精神，坚持稳中求进工作总基调，坚持宏观政策要稳、微观政策要活、社会政策要托底的思路，统筹稳增长、调结构、促改革，探索创新宏观调控方式，经济社会发展稳中有进、稳中向好，实现了良好开局。

一、综合

年末全国大陆总人口为136072万人，比上年末增加668万人，其中城镇常住人口为73111万人，占总人口比重为53.73%，比上年末提高1.16个百分点。全年出生人口1640万人，出生率为12.08‰；死亡人口972万人，死亡率为7.16‰；自然增长率为4.92‰。全国人户分离的人口[2]为2.89亿人，其中流动人口[3]为2.45亿人。

表1　2013年年末人口数及其构成

单位：万人

指　标	年末数	比重%
全国总人口	136072	100.0
其中：城镇	73111	53.73
乡村	62961	46.27
其中：男性	69728	51.2
女性	66344	48.8
其中：0-15岁[4]（含不满16周岁）	23875	17.5
16-59岁（含不满60周岁）	91954	67.6
60周岁及以上	20243	14.9
其中：65周岁及以上	13161	9.7

国民经济平稳较快增长。初步核算，全年国内生产总值[5]568845亿元，比上年增长7.7%。其中，第一产业增加值56957亿元，增长4.0%；第二产业增加值249684亿元，增长7.8%；第二产业增加值262204亿元，增长8.3%。第一产业增加值占国内生产总值的比重为10.0%，第二产业增加值比重为43.9%，第三产业增加值比重为46.1%，第三产业增加值占比首次超过第二产业。

图1　2009-2013年国内生产总值及其增长速度

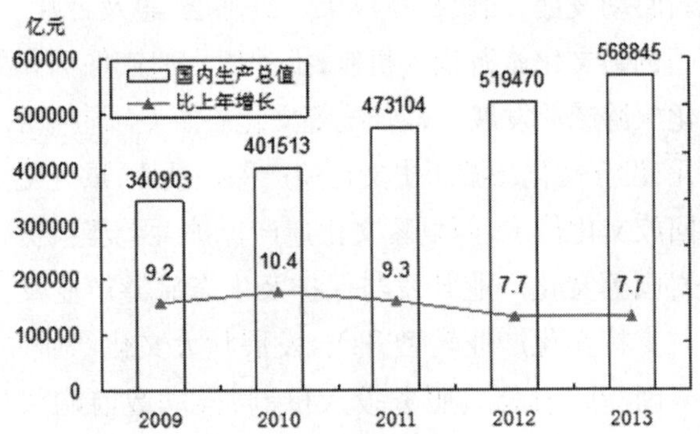

就业持续增加。年末全国就业人员76977万人，其中城镇就业人员38240万人。全年城镇新增就业1310万人。年末城镇登记失业率为4.05%，略低于上年末的4.09%。全国农民工[6]总量为26894万人，比上年增长2.4%。其中，外出农民工16610万人，增长1.7%；本地农民工10284万人，增长3.6%。

图2　2009-2013年城镇新增就业人数

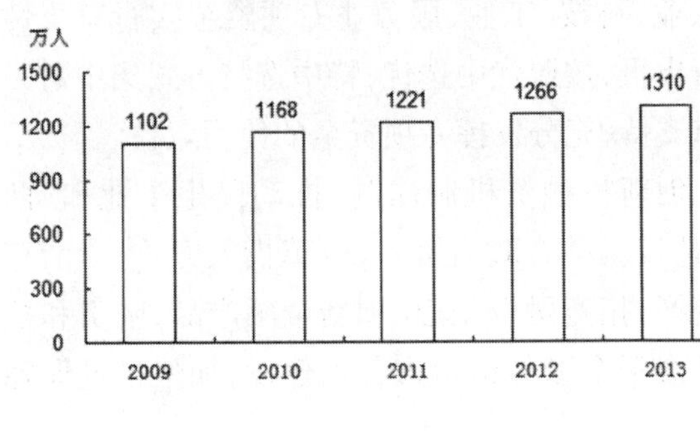

劳动生产率稳步提高。全年国内生产总值与全部就业人员的比率为66199元/人（以2010年不变价格计算），比上年提高7.3%。

图3　2009-2013年国内生产总值与全部就业人员比率（2010年不变价格）

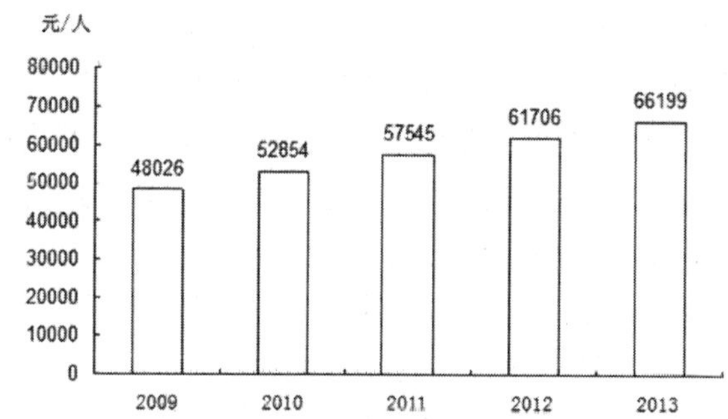

居民消费价格基本稳定。全年居民消费价格比上年上涨2.6%，其中食品价格上涨4.7%。固定资产投资价格上涨0.3%。工业生产者出厂价格下降1.9%。工业生产者购进价格下降2.0%。农产品生产者价格[7]上涨3.2%。

图4　2013年居民消费价格月度涨跌幅度

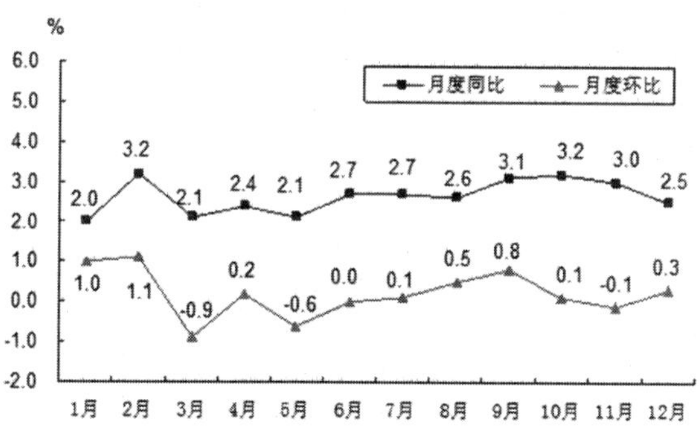

表2　2013年居民消费价格比上年涨跌幅度

单位：%

指　　标	全国	城市	农村
居民消费价格	2.6	2.6	2.8
其中：食　品	4.7	4.6	4.9
烟酒及用品	0.3	0.1	0.8
衣　着	2.3	2.2	2.5
家庭设备用品及维修服务	1.5	1.5	1.3
医疗保健和个人用品	1.3	1.2	1.8
交通和通信	-0.4	-0.5	0.1
娱乐教育文化用品及服务	1.8	1.7	1.8
居　住	2.8	3.0	2.3

70个大中城市新建商品住宅销售价格月环比上涨的城市个数年末为65个。

表5　2013年新建商品住宅月环比价格下降、持平、上涨城市个数变化情况

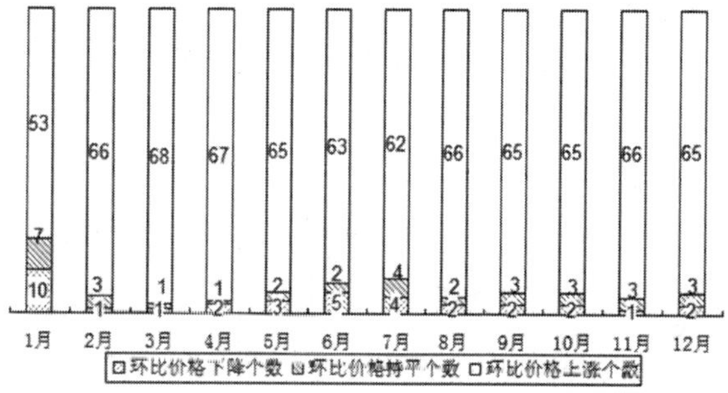

财政收入稳定增长。全年全国公共财政收入[8]129143亿元，比上年增加11889亿元，增长10.1%；其中税收收入110497亿元，增加9883亿元，增长9.8%。

表6　2009-2013年公共财政收入[9]

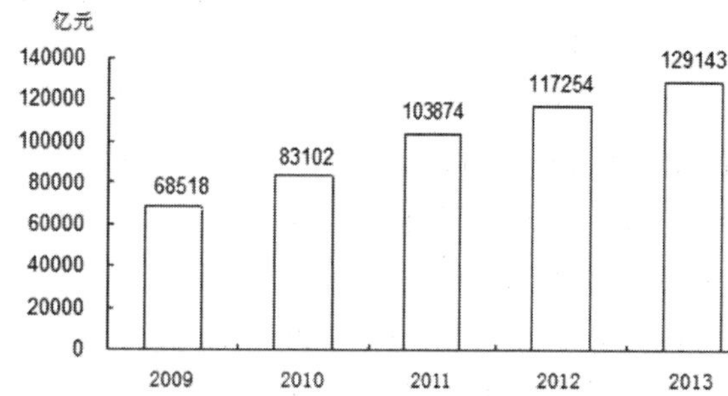

外汇储备继续增加。年末国家外汇储备38213亿美元，比上年末增加5097亿美元。年末人民币汇率为1美元兑6.0969元人民币，比上年末升值3.1%。

表7　2009-2013年年末国家外汇储备

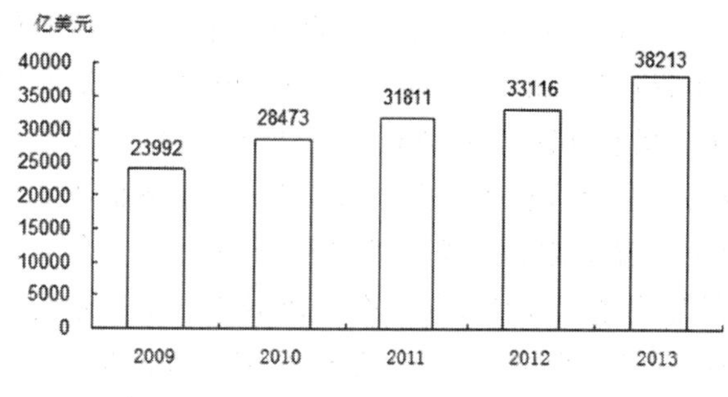

二、农业

全年粮食种植面积11195万公顷，比上年增加75万公顷；棉花种植面积435万公顷，减少34万公顷；油料种植面积1408万公顷，增加15万公顷；糖料种植面积199万公顷，减少4万公顷。

粮食再获丰收。全年粮食产量60194万吨，比上年增加1236万吨，增产2.1%。其中，夏粮产量13189万吨，增产1.5%；早稻产量3407万吨，增产2.4%；秋粮产量43597万吨，增产2.3%。其中，主

要粮食品种中，稻谷产量20329万吨，减产0.5%；小麦产量12172万吨，增产0.6%；玉米产量21773万吨，增产5.9%。

表8　2009-2013年粮食产量

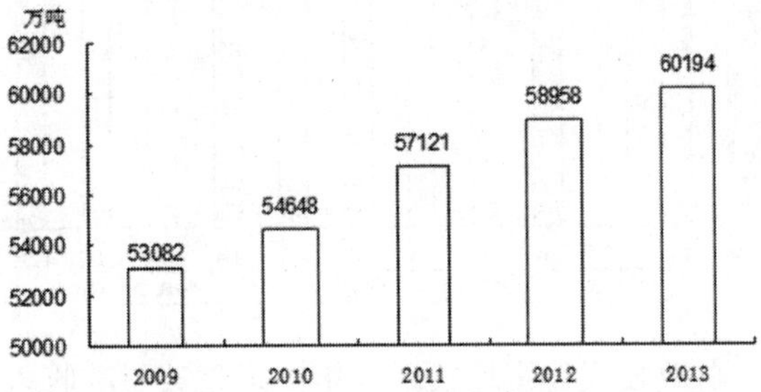

全年棉花产量631万吨，比上年减产7.7%。油料产量3531万吨，增产2.8%。糖料产量13759万吨，增产2.0%。茶叶产量193万吨，增产7.9%。

全年肉类总产量8536万吨，比上年增长1.8%。其中，猪肉产量5493万吨，增长2.8%；牛肉产量673万吨，增长1.7%；羊肉产量408万吨，增长1.8%；禽肉产量1798万吨，下降1.3%。年末生猪存栏47411万头，下降0.4%；生猪出栏71557万头，增长2.5%。禽蛋产量2876万吨，增长0.5%。牛奶产量3531万吨，下降5.7%。

全年水产品产量6172万吨，比上年增长4.5%。其中，养殖水产品产量4547万吨，增长6.0%；捕捞水产品产量1625万吨，增长3.5%。

全年木材产量8367万立方米，比上年增长2.3%。

全年新增有效灌溉面积129万公顷，新增节水灌溉面积211万公顷。

三、工业和建筑业

工业生产稳定增长。全年全部工业增加值210689亿元，比上年增长7.6%。规模以上工业增加值增长9.7%。在规模以上工业中，分经济类型看，国有及国有控股企业增长6.9%；集体企业增长4.3%，股份制企业增长11.0%，外商及港澳台商投资企业增长8.3%；私营企业增长12.4%。分门类看，采矿业[10]增长6.4%，制造业增长10.5%，电力、热力、燃气及水生产和供应业增长6.8%。

表9　2013年规模以上工业增加值增速(月度同比)

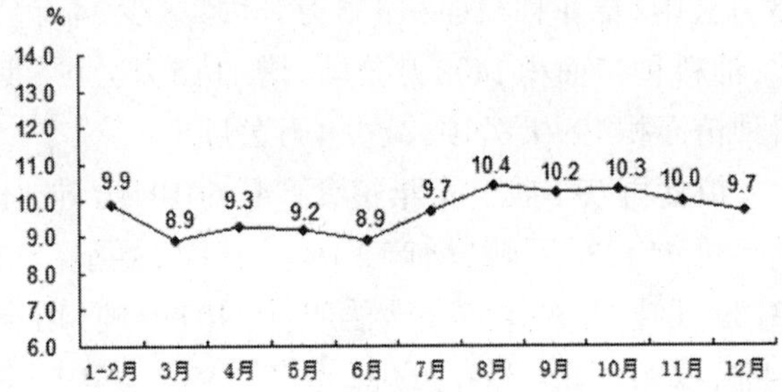

全年规模以上工业中，农副食品加工业增加值比上年增长9.4%，纺织业增长8.7%，通用设备制造业增长9.2%，专用设备制造业增长8.5%，汽车制造业增长14.9%，计算机、通信和其他电子设备制造业增长11.3%，电气机械和器材制造业增长10.9%。六大高耗能行业[11]增加值比上年增长10.1%，其中，非金属矿物制品业增长11.5%，化学原料和化学制品制造业增长12.1%，有色金属冶炼和压延加工业增长14.6%，黑色金属冶炼和压延加工业增长9.9%，电力、热力生产和供应业增长6.2%，石油加工、炼焦和核燃料加工业增长6.1%。高技术制造业增加值比上年增长11.8%。

表3　2013年主要工业产品产量及其增长速度

产品名称	单位	产量	比上年增长%
纱	万吨	3200.0	7.2
布	亿米	882.7	4.0
化学纤维	万吨	4121.9	7.4
成品糖	万吨	1589.7	12.8
卷烟	亿支	25604.0	1.8
彩色电视机	万台	12776.1	-0.4
其中：液晶电视机	万台	12290.3	4.5
家用电冰箱	万台	9261.0	9.9
房间空气调节器	万台	13057.2	5.3
一次能源生产总量	亿吨标准煤	34.0	2.4
原煤	亿吨	36.8	0.8
原油	亿吨	2.09	1.8
天然气[12]	亿立方米	1170.5	9.4
发电量	亿千瓦小时	53975.9	7.5
其中：火电	亿千瓦小时	42358.7	7.0
水电	亿千瓦小时	9116.4	5.6
核电	亿千瓦小时	1106.3	13.6
粗　钢	万吨	77904.1	7.6
钢　材[13]	万吨	06762.2	11.7
十种有色金属	万吨	4054.9	9.7
其中：精炼铜(电解铜)	万吨	649.0	12.7
原铝(电解铝)	万吨	2205.9	9.2
氧化铝	万吨	4437.2	17.7
水　泥	亿吨	24.2	9.3
硫　酸(折100%)	万吨	8122.6	3.1
纯　碱	万吨	2434.9	1.6
烧　碱(折100%)	万吨	2859.0	6.0
乙　烯	万吨	1622.6	9.1
化　肥(折100%)	万吨	7037.0	3.0
发电机组(发电设备)	万千瓦	12572.8	-3.3
汽　车	万辆	2211.7	14.7
其中：基本型乘用车(轿车)	万辆	1210.4	12.4
大中型拖拉机	万台	58.7	11.4
集成电路	亿块	866.5	11.2
程控交换机	万线	3115.7	10.1
移动通信手持机	万台	145561.0	23.2
微型计算机设备	万台	33661.0	5.8

年末全国发电装机容量124738万千瓦，比上年末增长9.3%。其中，火电装机容量86238万千瓦，增长5.7%；水电装机容量28002万千瓦，增长12.3%；核电装机容量1461万千瓦，增长16.2%；并网风电装机容量7548万千瓦，增长24.5%；并网太阳能发电装机容量1479万千瓦，增长3.4倍。

全年规模以上工业企业实现利润62831亿元，比上年增长12.2%，其中国有及国有控股企业15194亿元，增长6.4%；集体企业825亿元，增长2.1%，股份制企业37285亿元，增长11.0%，外商及港澳台商投资企业14599亿元，增长15.5%；私营企业20876亿元，增长14.8%。

全年全社会建筑业增加值38995亿元，比上年增长9.5%。全国具有资质等级的总承包和专业承包建筑业企业实现利润5575亿元，增长16.7%，其中国有及国有控股企业1363亿元，增长20.1%。

表10　2009-2013年建筑业增加值

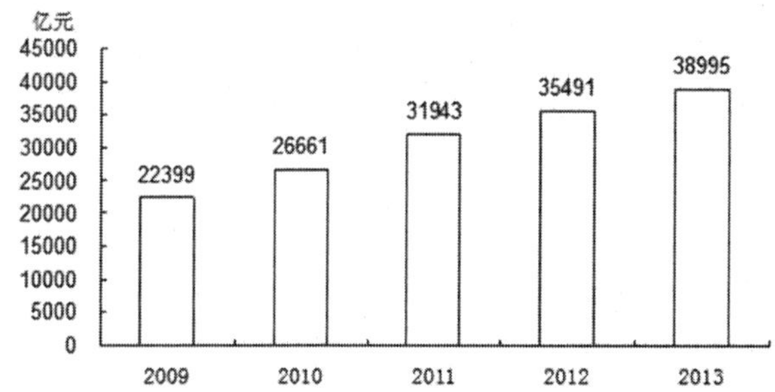

四、固定资产投资

固定资产投资较快增长。全年全社会固定资产投资447074亿元，比上年增长19.3%，扣除价格因素，实际增长18.9%。其中，固定资产投资（不含农户）436528亿元，增长19.6%；农户投资10547亿元，增长7.2%。东部地区投资[14]179092亿元，比上年增长17.9%；中部地区投资105894亿元，增长22.2%；西部地区投资109228亿元，增长22.8%；东北地区投资47367亿元，增长18.4%。

表11　2013年固定资产投资（不含农户）增速（累计同比）

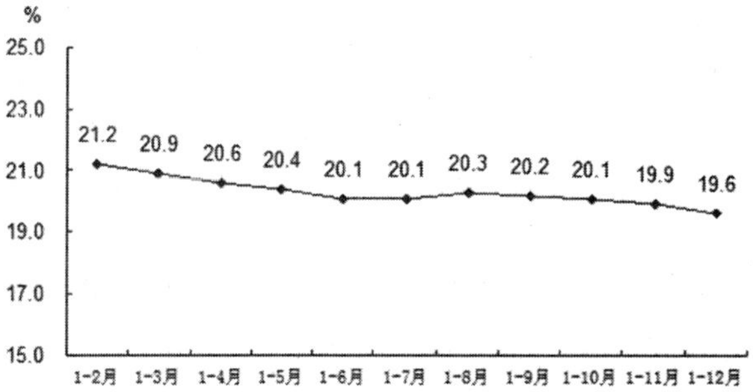

表4　2013年分行业固定资产投资（不含农户）及其增长速度

单位：亿元

行　　业	投资额	比上年增长%
总　计	436528	19.6
农、林、牧、渔业	11611	32.4
采矿业	14750	10.9
制造业	147370	18.5
电力、热力、燃气及水生产和供应业	19744	18.4
建筑业	3737	1.4
批发和零售业	12695	30.0
交通运输、仓储和邮政业	36194	17.2
住宿和餐饮业	6001	17.5
信息传输、软件和信息技术服务业	3216	19.5
金融业	1250	35.3
房地产业[15]	111424	20.3
租赁和商务服务业	5922	26.1
科学研究和技术服务业	3149	27.2
水利、环境和公共设施管理业	37598	26.9
居民服务、修理和其他服务业	2037	20.8
教育	5486	19.1
卫生和社会工作	3184	21.7
文化、体育和娱乐业	5251	23.0
公共管理、社会保障和社会组织	5908	-2.3

在固定资产投资（不含农户）中，第一产业[16]投资9241亿元，比上年增长32.5%；第二产业投资184804亿元，增长17.4%；第三产业投资242482亿元，增长21.0%。

表5　2013年固定资产投资新增主要生产能力

指　标	单　位	绝对数
新增220千伏及以上变电设备	万千伏安	19631
新建铁路投产里程	公里	5586
其中：高速铁路[17]	公里	1672
增建铁路复线投产里程	公里	4180
电气化铁路投产里程	公里	4810
新建公路里程	公里	70274
其中：高速公路	公里	8260
港口万吨级码头泊位新增吞吐能力	万吨	33119
新增光缆线路长度	万公里	266

全年房地产开发投资86013亿元，比上年增长19.8%。其中，住宅投资58951亿元，增长19.4%；办公楼投资4652亿元，增长38.2%；商业营业用房投资11945亿元，增长28.3%。

全年新开工建设城镇保障性安居工程住房666万套（户），基本建成城镇保障性安居工程住房

544万套。

表6　2013年房地产开发和销售主要指标完成情况及其增长速度

指　标	单位	绝对数	比上年增长%
投资额	亿元	86013	19.8
其中:住宅	亿元	58951	19.4
其中:90平方米及以下	亿元	19446	15.8
房屋施工面积	万平方米	665572	16.1
其中:住宅	万平方米	486347	13.4
房屋新开工面积	万平方米	201208	13.5
其中:住宅	万平方米	145845	11.6
房屋竣工面积	万平方米	101435	2.0
其中:住宅	万平方米	78741	-0.4
商品房销售面积	万平方米	130551	17.3
其中:住宅	万平方米	115723	17.5
本年到位资金	亿元	122122	26.5
其中:国内贷款	亿元	19673	33.1
其中:个人按揭贷款	亿元	14033	33.3

五、国内贸易

市场销售平稳较快增长。全年社会消费品零售总额237810亿元,比上年增长13.1%,扣除价格因素,实际增长11.5%。按经营地统计,城镇消费品零售额205858亿元,增长12.9%;乡村消费品零售额31952亿元,增长14.6%。按消费形态统计,商品零售额212241亿元,增长13.6%;餐饮收入额25569亿元,增长9.0%。

图12　2013年社会消费品零售总额增速(月度同比)

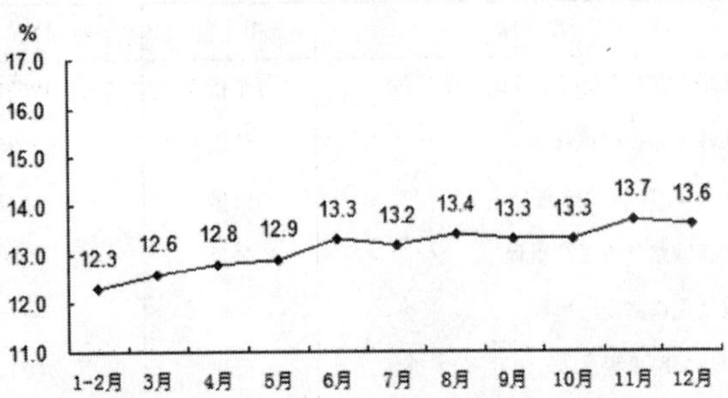

在限额以上企业商品零售额中,粮油、食品、饮料、烟酒类零售额比上年增长13.9%,服装、鞋帽、针纺织品类增长11.6%,化妆品类增长13.3%,金银珠宝类增长25.8%,日用品类增长14.1%,家用电器和音像器材类增长14.5%,中西药品类增长17.7%,文化办公用品类增长11.8%,家具类增长21.0%,通讯器材类增长20.4%,石油及制品类增长9.9%,汽车类增长10.4%,建筑及装潢材料类增长22.1%。

六、对外经济

进出口稳中有升。全年货物进出口总额258267亿元人民币,以美元计价为41600亿美元,比上年增长7.6%。其中,出口137170亿元人民币,以美元计价为22096亿美元,增长7.9%;进口121097亿元人民币,以美元计价为19504亿美元,增长7.3%。进出口差额(出口减进口)16072亿元人民币,比上年增加1514亿元人民币,以美元计价为2592亿美元,增加289亿美元。

图13　2009-2013年货物进出口总额

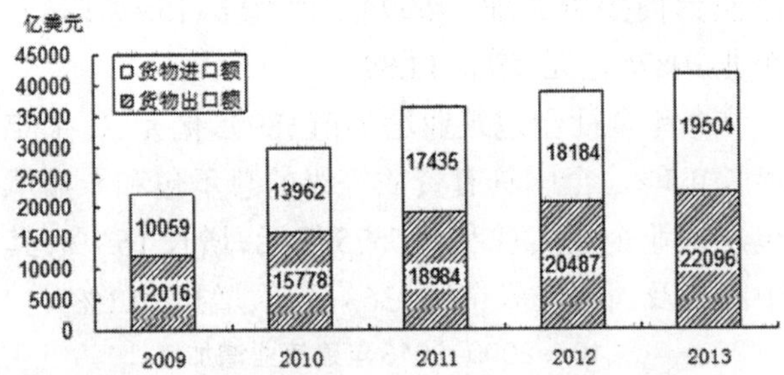

表7　2013年货物进出口总额及其增长速度

单位:亿美元

指　标	绝对数	比上年增长%
货物进出口总额	41600	7.6
货物出口额	22096	7.9
其中:一般贸易	10875	10.1
加工贸易	8605	-0.3
其中:机电产品	12652	7.3
高新技术产品	6603	9.8
货物进口额	19504	7.3
其中:一般贸易	11099	8.6
加工贸易	4970	3.3
其中:机电产品	8400	7.3
高新技术产品	5582	10.1
进出口差额(出口减进口)	2592	—

表8　2013年主要商品出口数量、金额及其增长速度

商品名称	单位	数量	比上年增长%	金额(亿美元)	比上年增长%
煤(包括褐煤)	万吨	751	-19.1	11	-33.1
钢材	万吨	6234	11.9	532	3.4
纺织纱线、织物及制品	—	—	—	1069	11.7
服装及衣着附件	—	—	—	1770	11.3
鞋类	—	—	—	508	8.4
家具及其零件	—	—	—	518	6.2
自动数据处理设备及其部件	万台	187050	2.0	1822	-1.7
手持或车载无线电话	万台	118582	16.9	951	17.3
集装箱	万个	270	8.8	79	-6.4
液晶显示板	万个	326577	3.1	359	-1.0
汽车(包括整套散件)	万辆	92	-6.7	120	-5.3

表9　2013年主要商品进口数量、金额及其增长速度

商品名称	数量（万吨）	比上年增长%	金额（亿美元）	比上年增长%
谷物及谷物粉	1458	4.3	51	6.6
大豆	6338	8.6	380	8.6
食用植物油	810	-4.2	81	-16.7
铁矿砂及其精矿	81931	10.2	1059	10.4
氧化铝	383	-23.7	14	-22.7
煤（包括褐煤）	32708	13.4	290	1.1
原油	28192	4.0	2196	-0.5
成品油	3959	-0.6	320	-3.2
初级形状的塑料	2462	3.9	491	6.3
纸浆	1685	2.4	114	3.7
钢材	1408	3.1	170	-4.3
未锻造的铜及铜材	453	-2.5	353	-8.5

表10　2013年对主要国家和地区货物进出口额及其增长速度

单位：亿美元

国家和地区	出口额	比上年增长%	进口额	比上年增长%
欧盟	3390	1.1	2200	3.7
美国	3684	4.7	1525	14.8
东盟	2441	19.5	1996	1.9
中国香港	3848	19.0	162	-9.3
日本	1503	-0.9	1623	-8.7
韩国	912	4.0	1831	8.5
中国台湾	406	10.5	1566	18.5
俄罗斯	496	12.6	396	-10.2
印度	484	1.6	170	-9.6

全年服务进出口（按国际收支口径统计，不含政府服务，下同）总额5396亿美元，比上年增长14.7%。其中，服务出口2106亿美元，增长10.6%；服务进口3291亿美元，增长17.5%。服务进出口逆差1185亿美元。

全年非金融领域新批外商直接投资企业22773家，比上年下降8.6%。实际使用外商直接投资金额1176亿美元，增长5.3%。

表11　2013年非金融领域外商直接投资及其增长速度

行　业	企业数（家）	比上年增长%	实际使用金额（亿美元）	比上年增长%
总　计	22773	-8.6	1175.9	5.3
其中：农、林、牧、渔业	757	-14.2	18.0	-12.7
制造业	6504	-27.5	455.5	-6.8
电力、燃气及水的生产和供应业	200	7.0	24.3	48.2
交通运输、仓储和邮政业	401	1.0	42.2	21.4
信息传输、计算机服务和软件业	796	-14.0	28.8	-14.2
批发和零售业	7349	4.6	115.1	21.7
房地产业	530	12.3	288.0	19.4
租赁和商务服务业	3359	4.0	103.6	26.2
居民服务和其他服务业	166	-13.5	6.6	-43.6

全年非金融领域对外直接投资额902亿美元，比上年增长16.8%。

全年对外承包工程业务完成营业额1371亿美元，比上年增长17.6%；对外劳务合作派出各类劳务人员52.7万人，增长2.9%。

七、交通、邮电和旅游

交通运输平稳较快增长。全年货物运输总量451亿吨，比上年增长9.9%。货物运输周转量186478亿吨公里，增长7.3%。全年规模以上港口完成货物吞吐量106.1亿吨，比上年增长8.5%，其中外贸货物吞吐量33.1亿吨，增长9.2%。规模以上港口集装箱吞吐量18878万标准箱，增长6.7%。

表12　2013年各种运输方式完成货物运输量及其增长速度

指　标	单位	绝对数	比上年增长%
货物运输总量	亿吨	450.6	9.9
铁路	亿吨	39.7	1.6
公路	亿吨	355.0	11.3
水运	亿吨	49.3	7.5
民航	万吨	557.6	2.3
管道[18]	亿吨	6.6	6.3
货物运输周转量	亿吨公里	186478.4	7.3
铁路	亿吨公里	29173.9	0.0
公路	亿吨公里	67114.5	12.7
水运	亿吨公里	86520.6	5.9
民航	亿吨公里	168.6	2.9
管道	亿吨公里	3500.9	9.0

全年旅客运输总量402亿人次，比上年增长5.6%。旅客运输周转量36036亿人公里，增长7.9%。

表13　2013年各种运输方式完成旅客运输量及其增长速度

指　标	单位	绝对数	比上年增长%
旅客运输总量	亿人次	401.9	5.6
铁路	亿人次	21.1	10.8
公路	亿人次	374.7	5.3
水运	亿人次	2.6	1.8
民航	亿人次	3.5	10.9
旅客运输周转量	亿人公里	36036.0	7.9
铁路	亿人公里	10595.6	8.0
公路	亿人公里	19705.6	6.7
水运	亿人公里	76.3	-1.6
民航	亿人公里	5658.5	12.6

年末全国民用汽车保有量达到13741万辆(包括三轮汽车和低速货车1058万辆),比上年末增长13.7%,其中私人汽车保有量10892万辆,增长17.0%。民用轿车保有量7126万辆,增长19.0%,其中私人轿车6410万辆,增长20.8%。

全年完成邮电业务总量[19]16679亿元,比上年增长11.1%。其中,邮政业务总量2725亿元,增长33.8%;电信业务总量13954亿元,增长7.5%。邮政业全年完成邮政函件业务63.20亿件,包裹业务0.69亿件,快递业务量91.9亿件;快递业务收入1442亿元。电信业全年局用交换机容量减少2697万门,总容量41052万门;新增移动电话交换机容量[20]12522万户,达到196545万户。年末固定电话用户26699万户。新增移动电话用户11696万户,年末达到122911万户,其中3G移动电话用户[21]40161万户。电话普及率达到110.5部/百人。互联网上网人数6.18亿人,其中手机上网人数[22]5.0亿人。互联网普及率达到45.8%。

表14 2009-2013年年末电话用户数

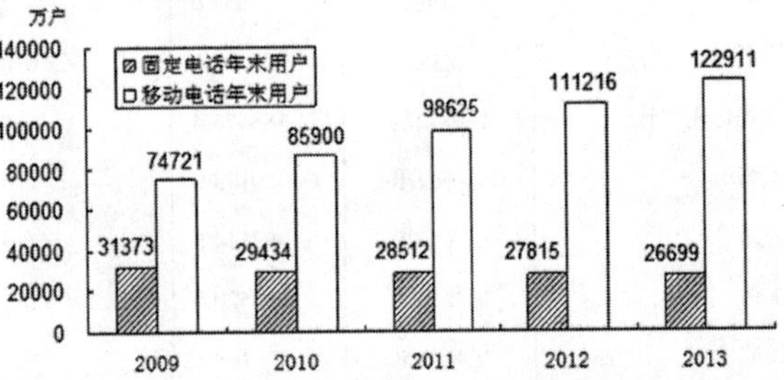

全年国内游客[23]32.6亿人次,比上年增长10.3%;国内旅游收入26276亿元,增长15.7%。入境游客12908万人次,下降2.5%。其中,外国人2629万人次,下降3.3%;香港、澳门和台湾同胞10279万人次,下降2.3%。在入境游客中,过夜游客5569万人次,下降3.5%。国际旅游外汇收入517亿美元,增长3.3%。国内居民出境9819万人次,增长18.0%。其中因私出境9197万人次,增长19.3%。

八、金融

金融市场运行总体平稳。年末广义货币供应量(M2)余额为110.7万亿元,比上年末增长13.6%;狭义货币供应量(M1)余额为33.7万亿元,增长9.3%;流通中现金(M0)余额为5.9万亿元,增长7.2%。

全年社会融资规模[24]为17.3万亿元,按可比口径计算,比上年多1.5万亿元。年末全部金融机构本外币各项存款余额107.1万亿元,比年初增加12.7万亿元,其中人民币各项存款余额104.4万亿元,增加12.6万亿元。全部金融机构本外币各项贷款余额76.6万亿元,增加9.3万亿元,其中人民币各项贷款余额71.9万亿元,增加8.9万亿元。

表14 2013年年末全部金融机构本外币存贷款余额及其增长速度

单位:亿元

指　　标	年末数	比上年末增长%
各项存款余额	1070588	13.5
其中:住户存款	465437	13.5
其中:人民币	461370	13.6
非金融企业存款	380070	10.1
各项贷款余额	766327	13.9
其中:境内短期贷款	311772	16.3
境内中长期贷款	410346	12.8

年末主要农村金融机构(农村信用社、农村合作银行、农村商业银行)人民币贷款余额91644亿元,比年初增加13324亿元。全部金融机构人民币消费贷款余额129721亿元,增加25401亿元。其中,个人短期消费贷款余额26558亿元,增加7198亿元;个人中长期消费贷款余额103163亿元,增加18203亿元。

全年上市公司通过境内市场累计筹资[25]6885亿元,比上年增加1044亿元。其中,A股再筹资(包括配股、公开增发、非公开增发[26]、认股权证)2803亿元,增加710亿元;上市公司通过发行可转债、可分离债、公司债筹资4082亿元,增加1369亿元。

全年发行公司信用类债券[27]3.67万亿元,比上年减少667亿元。

全年保险公司原保险保费收入[28]17222亿元,比上年增长11.2%,其中寿险业务原保险保费收入9425亿元;健康险和意外伤害险业务原保险保费收入1585亿元;财产险业务原保险保费收入6212亿元。支付各类赔款及给付6213亿元,其中寿险业务给付2253亿元;健康险和意外伤害险赔款及给付521亿元;财产险业务赔款3439亿元。

九、人民生活和社会保障

城乡居民收入继续增加。全年农村居民人均纯收入8896元,比上年增长12.4%,扣除价格因素,实际增长9.3%;农村居民人均纯收入中位数[29]为7907元,增长12.7%。城镇居民人均可支配收入26955元,比上年增长9.7%,扣除价格因素,实际增长7.0%;城镇居民人均可支配收入中位数为

24200元，增长10.1%。根据从2012年四季度起实施的城乡一体化住户调查[30]，全国居民人均可支配收入18311元，比上年增长10.9%，扣除价格因素，实际增长8.1%。农村居民食品消费支出占消费总支出的比重为37.7%，比上年下降1.6个百分点；城镇为35.0%，下降1.2个百分点。

表15　2009-2013年农村居民人均纯收入

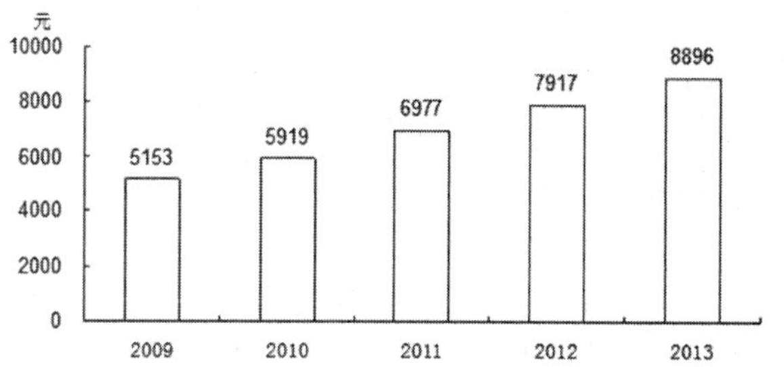

表16　2009-2013年城镇居民人均可支配收入

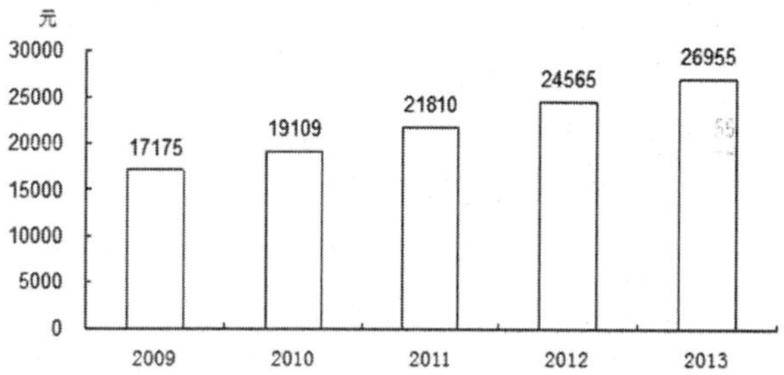

年末全国参加城镇职工基本养老保险人数32212万人，比上年末增加1785万人。参加城乡居民基本养老保险人数49750万人，增加1381万人。参加基本医疗保险人数57322万人，增加3680万人。其中，参加职工基本医疗保险人数27416万人，增加930万人；参加居民基本医疗保险人数29906万人，增加2750万人。参加失业保险人数16417万人，增加1192万人。年末全国领取失业保险金人数197万人。参加工伤保险人数19897万人，增加887万人，其中参加工伤保险的农民工7266万人，增加86万人。参加生育保险人数16397万人，增加968万人。年末，2489个县（市、区）实施了新型农村合作医疗制度，新型农村合作医疗参合率99.0%；1-9月新型农村合作医疗基金支出总额[31]为2067亿元。按照年人均纯收入2300元（2010年不变价）的农村扶贫标准计算，2013年农村贫困人口为8249万人，比上年减少1650万人。

十、教育、科学技术和文化

教育科技文化事业持续发展。全年研究生招生61.1万人，在学研究生179.4万人，毕业生51.4万人。普通本专科招生699.8万人，在校生2468.1万人，毕业生638.7万人。中等职业教育[32]招生698.3万人，在校生1960.2万人，毕业生678.1万人。普通高中招生822.7万人，在校生2435.9万人，毕业生799.0万人。初中招生1496.1万人，在校生4440.1万人，毕业生1561.5万人。普通小学招生1695.4万人，在校生9360.5万人，毕业生1581.1万人。特殊教育招生6.6万人，在校生36.8万人，毕业生5.1万人。幼儿园在园幼儿3894.7万人。

图17　2009-2013年高等教育、中等职业教育及普通高中招生人数

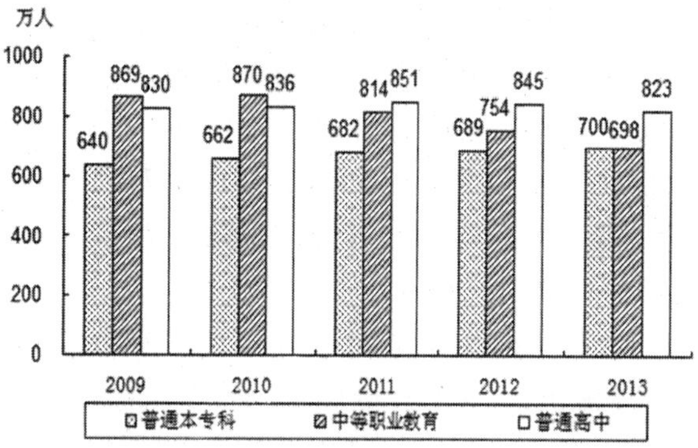

全年研究与试验发展（R&D）经费支出11906亿元，比上年增长15.6%，占国内生产总值的2.09%，其中基础研究经费569亿元。全年国家安排了3543项科技支撑计划课题，2118项“863”计划课题。累计建设国家工程研究中心132个，国家工程实验室143个，国家认定企业技术中心达到1002家。全年国家新兴产业创投计划[33]累计支持设立141家创业投资企业，资金总规模近390亿元，投资了创业企业422家。全年受理境内外专利申请237.7万件，其中境内申请221.0万件，占93.0%。受理境内外发明专利申请82.5万件，其中境内申请69.3万件，占84.0%。全年授予专利权131.3万件，其中境内授权121.0万件，占92.2%。授予发明专利权20.8万件，其中境内授权13.8万件，占66.6%。截至年底，有效专利419.5万件，其中境内有效专利352.5万件，占84.0%；有效发明专利103.4万件，其中境内有效发明专利54.5万件，占52.7%。全年共签订技术合同29.5万项，技术合同成交金额7469.0亿元，比上年增长16.0%。

全年成功发射卫星14次。神舟十号载人飞船与天宫一号目标飞行器成功实施首次绕飞交会试验，嫦娥三号探测器顺利实现首次在地外天体软着陆和巡视勘查，“蛟龙号”载人潜水器实现从深潜海试到科学应用的跨越。

图18 2009-2013年研究与试验发展(R&D)经费支出

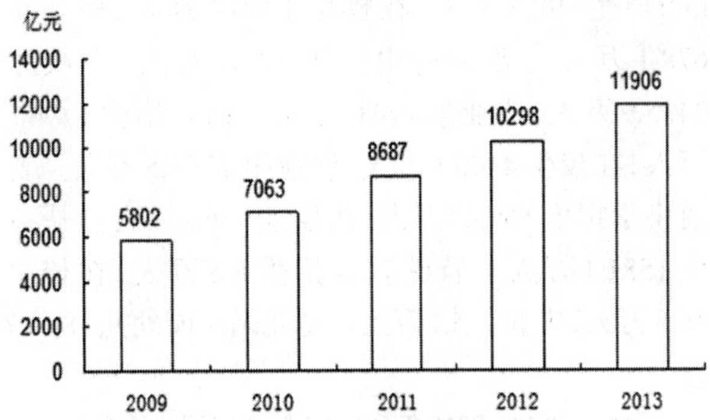

年末全国共有产品检测实验室30098个,其中国家检测中心556个。全国现有产品质量、体系认证机构174个,已累计完成对110949个企业的产品认证。全年制定、修订国家标准1870项,其中新制定1161项。全国共有地震台站1687个,区域地震台网32个。全国共有海洋观测站79个。测绘地理信息部门公开出版地图1585种。

年末全国文化系统共有艺术表演团体2055个,博物馆2638个。全国共有公共图书馆3073个,文化馆3298个。有线电视用户2.24亿户,有线数字电视用户1.69亿户。年末广播节目综合人口覆盖率为97.8%;电视节目综合人口覆盖率为98.4%。全年生产电视剧441部15783集,电视动画片199132分钟。全年生产故事影片638部,科教、纪录、动画和特种影片[34]186部。出版各类报纸478亿份,各类期刊34亿册,图书83亿册(张)。年末全国共有档案馆4122个,已开放各类档案12059万卷(件)。

全年我国运动员在22个运动大项中获得124个世界冠军,共创13项世界纪录。全年我国残疾人运动员在28项国际赛事中获得306个世界冠军。

十一、卫生和社会服务

卫生和社会服务事业不断进步。年末全国共有医疗卫生机构973597个,其中医院24720个,乡镇卫生院36978个,社区卫生服务中心(站)33976个,诊所(卫生所、医务室)184058个,村卫生室649080个,疾病预防控制中心3519个,卫生监督所(中心)2994个。卫生技术人员718万人,其中执业医师和执业助理医师279万人,注册护士278万人。医疗卫生机构床位618万张,其中医院458万张,乡镇卫生院113万张。

图19 2009-2013年卫生技术人员人数

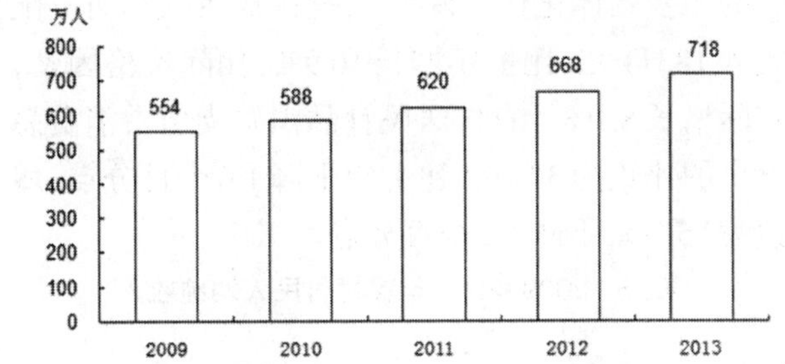

年末全国各类提供住宿的社会服务机构[35]4.7万个,床位509.4万张,收养救助各类人员310.0万人。其中,养老服务机构4.3万个,床位474.6万张,收留抚养各类人员294.3万人。年末共有社区服务中心1.9万个,社区服务站10.3万个。年末全国共有2061.3万人享受城市居民最低生活保障,5382.1万人享受农村居民最低生活保障,农村五保供养[36]538.2万人。全年资助1229.3万城市困难群众参加医疗保险,资助4132.5万农村困难群众参加新型农村合作医疗。

十二、资源、环境和安全生产

全年全国国有建设用地供应总量[37]73万公顷,比上年增长5.8%。其中,工矿仓储用地21万公顷,增长3.2%;房地产用地[38]20万公顷,增长26.8%;基础设施等其他用地32万公顷,下降2.9%。

全年水资源总量27860亿立方米。全年平均降水量665毫米。年末全国613座大型水库蓄水总量3488亿立方米,比上年末蓄水量减少5%。全年总用水量6170亿立方米,比上年增长0.6%。其中,生活用水增长2.7%,工业用水增长1.4%,农业用水下降0.1%,生态补水增长1.6%。万元国内生产总值用水量[39]121立方米,比上年下降6.5%。万元工业增加值用水量68立方米,下降5.7%。人均用水量453立方米,与上年基本持平。

全年完成造林面积609万公顷,其中人工造林418万公顷。林业重点工程完成造林面积249万公顷,占全部造林面积的40.9%。截至年底,自然保护区达到2697个,其中国家级自然保护区407个。新增水土流失治理面积5.7万平方公里,新增实施水土流失地区封育保护面积2.0万平方公里。

全年平均气温为10.2℃,共有9个台风登陆。

初步核算,全年能源消费总量37.5亿吨标准煤,比上年增长3.7%。煤炭消费量增长3.7%;原油消费量增长3.4%;天然气消费量增长13.0%;电力消费量增长7.5%。全国万元国内生产总值能耗下降3.7%。

十大流域[40]的704个水质监测断面中，Ⅰ～Ⅲ类水质断面比例占71.7%，劣Ⅴ类水质断面比例占8.9%。十大流域水质总体为轻度污染，水质保持基本稳定。

近岸海域301个海水水质监测点中，达到国家一、二类海水水质标准的监测点占66.4%，三类海水占8.0%，四类、劣四类海水占25.6%。

年末城市污水处理厂日处理能力达12246万立方米，比上年末增长4.4%；城市污水处理率达到87.9%，提高0.6个百分点。城市集中供热面积54.1亿平方米，增长4.5%。建成区绿地率达到36.0%，提高0.3个百分点。

全年农作物受灾面积3135万公顷，其中绝收384万公顷。全年因洪涝地质灾害造成直接经济损失1884亿元，因旱灾造成直接经济损失905亿元，因低温冷冻和雪灾造成直接经济损失260亿元，因海洋灾害造成直接经济损失165亿元。全年大陆地区共发生5级以上地震41次，成灾14次，造成直接经济损失995亿元。全年共发生森林火灾3929起，森林火灾受害森林面积1.4万公顷。

全年各类生产安全事故共死亡69434人。亿元国内生产总值生产安全事故死亡人数为0.124人，比上年下降12.7%；工矿商贸企业就业人员10万人生产安全事故死亡人数为1.52人，下降7.3%；道路交通万车死亡人数为2.3人，下降8.0%；煤矿百万吨死亡人数为0.288人，下降23.0%。

注释：

[1] 本公报中数据均为初步统计数。各项统计数据均未包括香港特别行政区、澳门特别行政区和台湾省。部分数据因四舍五入的原因，存在着与分项合计不等的情况。

[2] 人户分离的人口是指居住地与户口登记地所在的乡镇街道不一致且离开户口登记地半年以上的人口。

[3] 流动人口是指人户分离人口中扣除市辖区内人户分离的人口。市辖区内人户分离的人口是指一个直辖市或地级市所辖区内和区与区之间，居住地和户口登记地不在同一乡镇街道的人口。

[4] 考虑到我国劳动年龄下限为16周岁，从2013年开始公布16–59岁(含不满60周岁)人口数据。按照往年公报公布口径，2013年末，0–14岁(含不满15周岁)人口为22329万人，15–59岁(含不满60周岁)人口为93500万人。

[5] 国内生产总值、各产业增加值绝对数按现价计算，增长速度按不变价格计算。

[6] 年度农民工数量包括年内在本乡镇以外从业6个月以上的外出农民工和在本乡镇内从事非农产业6个月以上的本地农民工两部分。

[7] 农产品生产者价格是指农产品生产者直接出售其产品时的价格。

[8] 公共财政收入是指政府凭借国家政治权力，以社会管理者身份筹集以税收为主体的收入。

[9] 图中2009年至2012年数据为公共财政收入决算数，2013年为执行数。

[10] 根据《国民经济行业分类》(GB/T4754-2011)，从2013年开始工业行业不再使用“轻工业”、“重工业”分类，而以采矿业、制造业、电力热力燃气及水生产和供应业的标准行业分类代替。

[11] 六大高耗能行业分别为：化学原料和化学制品制造业、非金属矿物制品业、黑色金属冶炼和压延加工业、有色金属冶炼和压延加工业、石油加工炼焦和核燃料加工业、电力热力生产和供应业。

[12] 天然气包括气田天然气、油田天然气(分为油田气层气、油田中伴生的溶解气)和煤田天然气(即与煤共生的瓦斯气)。

[13] 钢材产量数据中含使用钢材加工成其他钢材的重复计算因素。

[14] 固定资产投资按东部、中部、西部和东北地区计算的合计数据小于全国数据，是因为有部分跨地区的投资未计算在地区数据中。其中，东部地区是指北京、天津、河北、上海、江苏、浙江、福建、山东、广东和海南10省(市)；中部地区是指山西、安徽、江西、河南、湖北和湖南6省；西部地区是指内蒙古、广西、重庆、四川、贵州、云南、西藏、陕西、甘肃、青海、宁夏和新疆12省(区、市)；东北地区是指辽宁、吉林和黑龙江3省。

[15] 房地产业投资除房地产开发投资外，还包括建设单位自建房屋以及物业管理、中介服务和其他房地产投资。

[16] 根据《国民经济行业分类》(GB/T4754-2011)，2013年对三次产业划分进行了修订，

将“农、林、牧、渔业”中的“农、林、牧、渔服务业”，“采矿业”中的“开采辅助活动”，“制造业”中的“金属制品、机械和设备修理业”等三个大类调入第三产业。

[17] 高速铁路是指最高营运速度达到200公里/小时及以上的铁路。

[18] 2013年，管道运输统计口径在原中国石油天然气集团公司、中国石油化工集团公司基础上增加中国海洋石油总公司。

[19] 邮电业务总量按2010年不变价格计算。

[20] 移动电话交换机容量是指移动电话交换机根据一定话务模型和交换机处理能力计算出来的最大同时服务用户的数量。

[21] 3G是指第三代蜂窝移动通信系统（3rd-generation，简称3G），3G移动电话用户是指报告期末在计费系统拥有使用信息、占用3G网络资源的在网用户。

[22] 手机上网人数是指过去半年通过手机接入并使用互联网的6周岁及以上中国居民数量。

[23] 为规范指标名称，将往年公报中的出游人数、旅游人数、旅游者统一为游客。

[24] 社会融资规模是指一定时期内实体经济从金融体系获得的资金总额，是增量概念。

[25] 2013年没有首次公开发行股票。

[26] 非公开增发又叫定向增发，不含资产认购部分。

[27] 公司信用类债券包括非金融企业债务融资工具、企业债券以及公司债、可转债等。

[28] 原保险保费收入是指保险企业确认的原保险合同保费收入。

[29] 人均收入中位数是指将所有调查户按人均收入水平从低到高（或从高到低）顺序排列，处于最中间位置的调查户的人均收入。

[30] 2012年四季度，国家统计局实施了城乡一体化住户调查改革，统一了城乡居民收入名称、分类和统计标准，在全国统一抽选了16万户城乡居民家庭，直接开展调查。在此基础上，计算了城乡可比的新口径全国居民人均可支配收入。同时，为保持年度可比，继续按老口径调查和计算农村居民人均纯收入、城镇居民人均可支配收入。

[31] 按卫生计生委统计制度规定，新型农村合作医疗基金支出总额目前仅统计到1-9月份。

[32] 中等职业教育包括普通中专、成人中专、职业高中和技工学校，其中技工学校数据为2012年数据。

[33] 新兴产业创投计划是指中央财政专项资金通过与地方政府资金、社会资本共同发起设立创业投资企业，或以股权投资模式直接投资创业企业等方式，培育和促进新兴产业发展的活动。

[34] 特种影片是指那些采用与常规影院放映在技术、设备、节目方面不同的电影展示方式，如巨幕电影、立体电影、立体特效（4D）电影、动感电影、球幕电影等。

[35] 提供住宿的社会服务机构除收养性机构外，还包括救助类机构、社区类机构以及军休所、军供站等机构。

[36] 农村五保供养是指老年、残疾和未满16周岁的村民，无劳动能力、无生活来源又无法定赡养、抚养、扶养义务人，或者其法定赡养、抚养、扶养义务人无赡养、抚养、扶养能力的村民，在吃、穿、住、医、葬方面得到的生活照顾和物质帮助。

[37] 国有建设用地供应总量是指报告期内市、县人民政府根据年度土地供应计划依法以出让、划拨、租赁等方式将土地使用权提供给单位或个人使用的国有建设用地总量。

[38] 房地产用地是指商服用地和住宅用地的总和。

[39] 万元国内生产总值用水量、万元工业增加值用水量和万元国内生产总值能耗按2010年不变价格计算。

[40] 十大流域包括原七大水系（包括长江、黄河、珠江、松花江、淮河、海河、辽河）和浙闽片河流、西北诸河和西南诸河。

[41] 国家于2013年实施了新的空气质量标准。由于全年数据正在汇总分析之中，新标准下的2013年空气质量数据暂缺。国家相关部门将于2014年3月正式发布2013年汇总数据。

资料来源：

本公报中城镇新增就业、登记失业率、社会保障数据来自人力资源社会保障部；财政数据来自财政部；外汇储备和汇率数据来自外汇局；水产品产量数据来自农业部；木材产量、林业、森林火灾数据来自林业局；灌溉面积、水资源数据来自水利部；发电装机容量、新增220千伏及以上变电设备数据来自中电联；新建铁路投产里程、增建铁路复线投产里程、电气化铁路投产里程、铁路运输数据来自铁路局；新建公路里程、港口万吨级码头泊位新增吞吐能力、公路运输、水运、港口货物吞吐量数据来自交通运输部；新增光缆线路长度、电话交换机容量、电话用户、上网人数等通信数据来自工业和信息化部；保障性住房、城市污水处理、城市集中供热面积、建成区绿地率数据来自住房城乡建设部；货物进出口数据来自海关总署；服务进出口、外商直接投资、对外直接投资、对外承包工程、对外劳务合作等数据来自商务部；民航数据来自民航局；管道数据来自中石油、中石化、中海油；民用汽车、交通事故数据来自公安部；邮政业务数据来自邮政局；旅游数据来自旅游局、公安部；货币金融、公司信用类债券数据来自人民银行；上市公司数据来自证监会；保险业数据来自保监会；新农合、卫生数据来自卫生计生委；教育数据来自教育部；安排科技计划课题、技术合同等数据来自科技部；国家工程研究中心、企业技术中心、新兴产业创投等数据来自发展改革委；专利数据来自知识产权局；发射卫星数据来自国防科工局；质量检验、国家标准制定修订数据来自质检总局；地震数据来自地震局；海洋观测站、海洋灾害造成直接经济损失数据来自海洋局；测绘数据来自测绘地信局；艺术表演团体、博物馆、公共图书馆、文化馆数据来自文化部；广播电视、电影、报纸、期刊、图书数据来自新闻出版广电总局；档案数据来自档案局；体育数据来自体育总局；残疾人运动员数据来自中国残联；社会服务、低保和五保供养数据、农作物受灾面积、洪涝地质灾害造成直接经济损失、旱灾造成直接经济损失、低温冷冻和雪灾造成直接经济损失来自民政部；国有建设用地供应数据来自国土资源部；自然保护区、环境监测数据来自环境保护部；平均气温、登陆台风数据来自气象局；安全生产数据来自安全监管总局；其他数据均来自国家统计局。

宁夏回族自治区2013年国民经济和社会发展统计公报[1]

宁夏回族自治区统计局　国家统计局宁夏调查总队

2014年4月1日

2013年,面对国内外复杂严峻的发展环境,自治区党委、政府坚持稳中求进的工作总基调,审时度势、科学决策,以提高发展质量和效益为中心,着力推进经济结构调整和产业转型升级,扎实推进稳增长、调结构、促改革、惠民生的各项工作,全区经济呈现"稳中有进、稳中向好"的运行态势,各项社会事业全面进步。

一、综合

年末全区常住人口654.19万人。其中,城镇人口340.28万人,占常住人口比重52.01%,比上年提高1.34个百分点。人口出生率为13.12‰,比上年下降0.14个千分点;死亡率为4.50‰,比上年提高0.17个千分点;人口自然增长率为8.62‰,比上年下降0.31个千分点。

表1　2013年年末人口数及其构成

指　标	年末数(万人)	比重(%)
年末总人口	654.19	100.00
其中:城镇	340.28	52.01
乡村	313.91	47.99
其中:男性	334.51	51.13
女性	319.68	48.87
其中:0-15周岁[2](含不满16周岁)	144.45	22.08
16-59周岁(含不满60周岁)	433.07	66.20
60周岁及以上	76.67	11.72
其中:65周岁及以上	48.47	7.41

初步核算,全区实现生产总值[3]2565.06亿元,按可比价格计算,比上年增长9.8%。其中,第一产业增加值222.98亿元,增长4.5%;第二产业增加值1264.96亿元,增长12.5%;第三产业增加值1077.12亿元,增长7.5%。按常住人口计算,全区人均生产总值39420元,增长8.6%。

三次产业增加值构成由2012年的8.5:49.5:42.0调整为2013年的8.7:49.3:42.0。三次产业对经济增长的贡献率分别由2012年的4.5%、61.8%和33.7%转变为2013年的3.8%、66.6%和29.6%。

图1　2009-2013年全区生产总值及其增长速度

单位:亿元、%

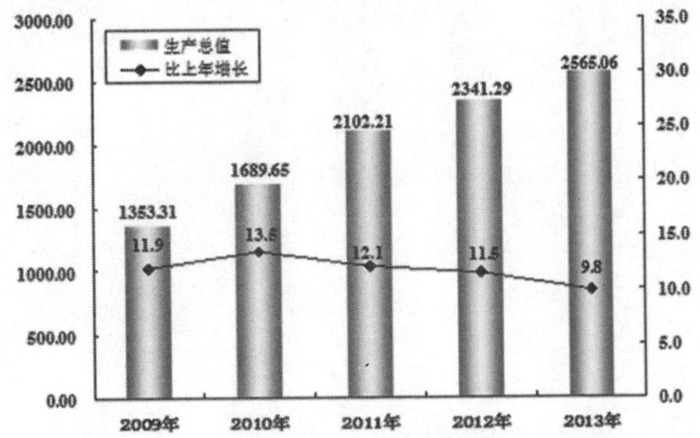

表2　2013年全区生产总值及增长速度

指　标	绝对值(亿元)	比上年增长(%)
全区生产总值	2565.06	9.8
第一产业	222.98	4.5
第二产业	1264.96	12.5
工业	944.50	12.0
建筑业	320.46	14.3
第三产业	1077.12	7.5
交通运输、仓储和邮政业	201.71	4.4
批发和零售业	133.44	4.6
住宿和餐饮业	46.07	1.8
金融业	199.81	17.4
房地产业	101.84	11.4
其他	394.25	5.9

全区居民消费价格总水平比上年上涨3.4%，城市、农村分别上涨3.3%和3.8%。其中，食品类价格上涨7.2%。

全年服务项目价格上涨2.1%；商品零售价格上涨2.4%。

全年工业生产者出厂价格下降4.0%；工业生产者购进价格下降3.0%；农业生产资料价格上涨1.6%。

图2　2013年全区居民消费价格月度涨跌幅度

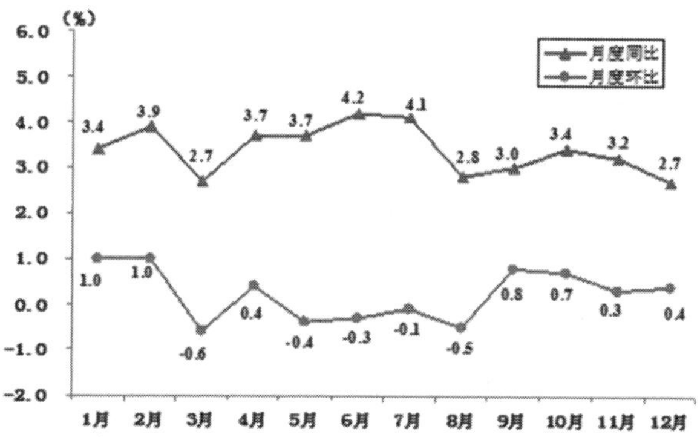

表3　2013年全区居民消费价格指数(上年=100)

指　标	全　区	城　市	农　村
居民消费价格总指数	103.4	103.3	103.8
食　品	107.2	107.1	107.3
其中：粮食	105.8	105.3	106.4
烟　酒	99.8	99.8	99.8
衣　着	103.0	102.5	104.2
家庭设备用品及服务	101.3	100.7	102.7
医疗保健及个人用品	103.2	103.7	101.9
交通和通信	98.6	98.5	98.8
娱乐教育文化用品及服务	99.7	99.0	101.8
居　住	102.2	102.3	102.0

全年完成公共财政预算总收入[4]528.22亿元，比上年增长14.8%，完成地方公共财政预算收入308.14亿元，增长16.7%。其中：增值税、营业税、企业所得税和个人所得税等主体税种分别实现31.88亿元、105.57亿元、25.84亿元和7.39亿元，分别增长21.5%、14.2%、1.8%和10.7%。

图3　2009-2013年全区地方公共财政预算收入及增长速度

单位：亿元、%

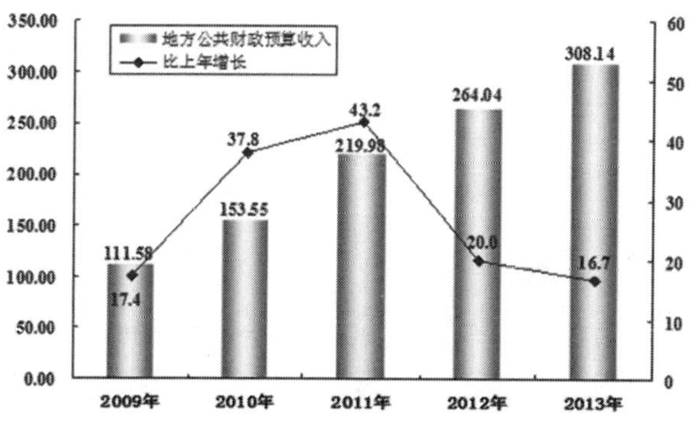

全年公共财政预算支出931.48亿元，比上年增长7.8%。其中，教育支出115.67亿元，增长8.7%；农林水事务支出149.50亿元，增长6.9%；社会保障和就业支出101.55亿元，增长13.3%；医疗卫生支出53.32亿元，增长15.7%；住房保障支出57.18亿元，增长1.7%；城乡社区事务支出134.54亿元，增长22.7%。

二、农业

全年完成农业总产值430.00亿元，比上年增长4.7%。其中，种植业产值269.00亿元，增长4.3%；林业产值9.84亿元，增长0.7%；畜牧业产值120.01亿元，增长3.8%；渔业产值13.22亿元，增长17.5%；农林牧渔服务业产值17.93亿元，增长9.6%。

全年粮食播种面积1202.40万亩，比上年减少3.2%，粮食总产量373.40万吨，减少0.4%，实现连续十年丰收。油料播种面积125.79万亩，减少5.1%。蔬菜播种面积173.04万亩，增长3.4%。

图4　2009-2013年全区粮食产量

单位：万吨

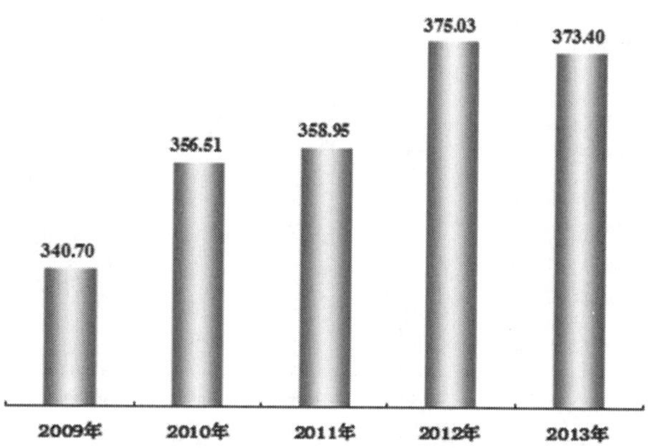

表4　2013年全区主要农林牧渔业产品产量

指　标	单位	产量	比上年增长(%)
粮食	万吨	373.40	-0.4
小麦	万吨	46.32	-25.4
水稻	万吨	68.89	-3.4
玉米	万吨	206.24	7.9
油料	万吨	17.07	-5.3
蔬菜	万吨	498.59	5.8
猪牛羊禽肉产量	万吨	27.02	3.4
禽蛋	万吨	7.44	20.4
牛奶	万吨	104.19	0.7
水产品	万吨	14.49	17.3

年末全区育苗面积52.70万亩，比上年增长24.1%。其中，本年新育苗面积8.77万亩。年末实有封山（沙）育林面积489.33万亩，比上年增长11.3%；完成造林面积151.72万亩，比上年增长6.7%。

年末全区农业机械总动力801.98万千瓦。机耕、机播和机收面积分别达到1338.66万亩、1068.05万亩和805.65万亩。

三、工业和建筑业

全年全部工业增加值944.50亿元，比上年增长12.0%。全年规模以上工业实现工业增加值907.22亿元，比上年增长12.5%。在规模以上工业增加值中，轻工业增加值118.80亿元，增长15.2%；重工业增加值788.43亿元，增长12.1%。分经济类型看，国有企业增长10.2%，集体企业增长21.1%，股份制企业增长12.9%，外商及港澳台商投资企业增长4.3%，国有控股企业增长5.2%，私营企业增长21.6%。非公有制工业完成工业增加值359.9亿元，比上年增长16.3%。

图5 2009-2013年全区规模以上工业增加值及增长速度

单位：亿元、%

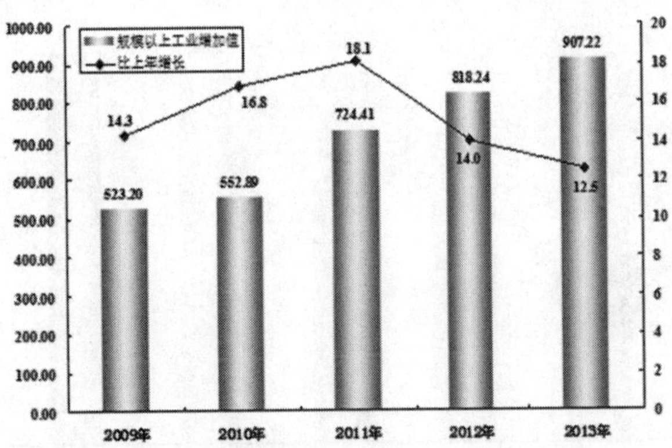

14个工业部门中除烟草外，其他都保持增长态势。其中，冶金工业增长51.3%，纺织工业增长24.1%，建材工业增长19.3%，医药工业增长14.5%，石油石化工业增长14.3%，五大部门工业共实现工业增加值288.5亿元。六大高耗能行业[5]实现增加值503.0亿元，比上年增长11.7%。在统计的147种工业产品中，有83种保持增长，占比为56.5%。工业产品销售率为97.7%。

表5 2013年全区主要工业产品产量及增长速度

指　标	单位	产量	比上年增长(%)
发电量	亿千瓦时	1140.97	8.0
焦炭	万吨	731.21	21.3
原铝	万吨	149.77	-1.7
橡胶轮胎外胎	万条	165.89	16.9
农用化肥（折纯）	万吨	70.30	-20.1
烧碱（氢氧化钠）	万吨	45.51	8.8

续表5

指　标	单位	产量	比上年增长(%)
电石（碳化钙）	万吨	319.56	2.7
钢材[6]	万吨	149.84	37.3
水泥	万吨	1914.28	20.3
铁合金	万吨	254.58	28.9
乳制品	万吨	65.74	16.4
饮料酒	万千升	29.75	51.6
白酒	万千升	1.26	-23.5
啤酒	万千升	25.90	68.5
葡萄酒	万千升	1.67	0.0
金属切削机床	台	3222	-13.8
轴承	万套	627.73	56.6

全年规模以上工业企业实现主营业务收入3374.49亿元，比上年增长12.6%；盈亏相抵后实现利润139.11亿元，比上年增长29.5%。主营业务收入利润率（以利润总额计算）为4.12%，比去年提高了0.5个百分点。实现税金总额168.07亿元，比上年增长9.5%。

全区具有资质的总承包和专业承包建筑业企业556家，全年完成建筑业总产值564.66亿元，比上年增长20.9%。按建筑业总产值计算的劳动生产率23.74万元/人，同比减少1.37万元/人。建筑业企业房屋建筑施工面积4665.94万平方米，比上年增长24.9%；房屋竣工面积1927.79万平方米，增长26.2%。

四、固定资产投资

全年全社会完成固定资产投资2681.14亿元，比上年增长27.1%。其中，基本建设投资1728.40亿元，增长26.9%；更新改造投资302.86亿元，增长27.2%；房地产开发投资558.97亿元，增长30.2%。分投资主体看，国有及国有经济控股完成投资1143.13亿元，增长30.5%；非国有经济完成投资1538.01亿元，增长24.7%，其中，民间投资1514.75亿元，增长26.8%。

图6 2009-2013年全区全社会固定资产投资总额及增长速度

单位：亿元、%

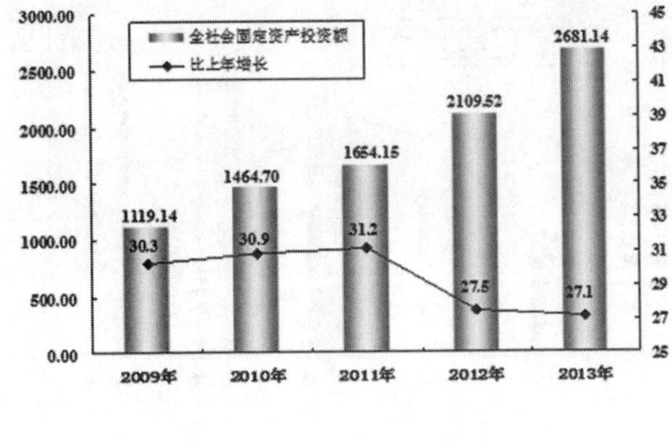

从投资结构看，第一产业投资88.93亿元，增长23.9%。第二产业投资1257.27亿元，增长19.8%。其中，工业投资1237.21亿元，增长21.5%。第三产业投资1334.94亿元，增长35.1%。

表6 2013年全区分行业全社会固定资产投资

指　标	绝对量(亿元)	比上年增长(%)
全社会固定资产投资	2681.14	27.1
农林牧渔业	88.93	23.9
采矿业	201.72	23.3
制造业	789.52	25.7
电力、热力、燃气及水的生产和供应业	245.98	8.7
建筑业	20.06	-35.9
批发和零售业	51.16	-4.5
交通运输、仓储和邮政业	154.18	35.5
住宿和餐饮业	19.88	51.0
信息传输、软件和信息技术服务业	12.37	7.9
金融业	1.73	152.5
房地产业	789.22	32.2
租赁和商务服务业	12.47	55.3
科学研究和技术服务业	5.90	496.7
水利、环境和公共设施管理业	179.09	65.4
居民服务和其他服务业	13.17	32.1
教育	28.90	-0.8
卫生和社会工作	16.86	51.9
文化、体育和娱乐业16.29	102.9	
公共管理和社会组织	33.72	46.5

全年固定资产投资施工项目3857个，增长30.1%，施工项目计划总投资9327.29亿元，增长21.5%。全区亿元以上项目完成固定资产投资1525.31亿元，同比增长24.6%。

全年房地产开发投资558.97亿元，比上年增长30.2%。其中，住宅投资340.27亿元，增长21.7%；办公楼投资18.79亿元，增长73.3%；商业营业用房投资127.12亿元，增长53.1%。房屋施工面积6043.23万平方米，比上年增长20.1%，竣工面积1104.45万平方米，下降4.1%。

全年商品房销售面积1048.31万平方米，比上年增长30.3%。其中，住宅销售面积928.26万平方米，增长31.2%；商品房销售额443.70亿元，增长39.7%。其中，商品住宅销售额363.60亿元，增长41.9%。

五、国内贸易

全年实现社会消费品零售总额610.51亿元，比上年增长12.5%，扣除价格因素，实际增长9.9%。按经营地统计，城镇消费品零售额560.49亿元，增长12.5%；乡村消费品零售额50.02亿元，增长12.0%。按消费形态统计，商品零售额521.51亿元，增长12.8%；餐饮收入额89.00亿元，增长10.2%。

图7 2009-2013年全区社会消费品零售总额及增长速度

单位：亿元、%

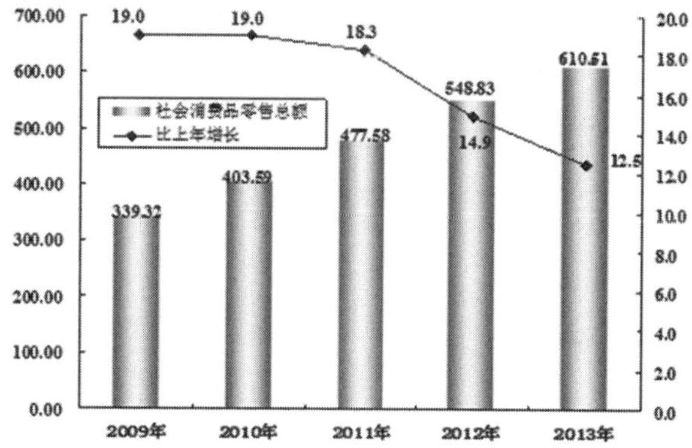

在限额以上企业商品零售额中，粮油、食品、饮料、烟酒类零售额增长11.0%，日用品类增长9.9%，中西药品类增长31.5%，电子出版物及音像制品类增长33.0%，金银珠宝类增长33.2%，化妆品类增长17.5%。建筑及装潢材料类增长54.7%，汽车类增长5.8%，家用电器和音像器材类增长5.8%。

六、对外经济

据海关统计，全年实现进出口总额32.18亿美元，比上年增长45.2%。其中，出口总额25.52亿美元，增长55.5%；进口总额6.66亿美元，增长15.6%。全年累计实现贸易顺差18.86亿美元。

全区一般贸易出口额24.97亿美元，增长53.7%，加工贸易实现出口额697万美元，下降56.9%。机电产品出口6.07亿美元，增长1.4倍，高新技术产品出口4.18亿美元，下降1.2%。羊绒衫出口增长39.4%，钽铌铍及制品出口下降9.6%，机床及铸件出口增长8.7%，羊绒纱线出口增长78.9%。

全年实际利用外资2.04亿美元，比上年下降41.4%。其中，实际利用外商直接投资1.48亿美元，下降32.1%。全区新批准外商直接投资项目21个，合同外资金额3.83亿美元。其中，制造业签订利用外商直接投资项目6个，合同额2.97亿美元。年末全区注册登记外商投资法人企业累计达到161家。其中，中外合资企业占50.3%。

七、交通[7]、邮电和旅游

年末铁路营业里程1029.3公里。公路通车里程28553.9公里，增长7.7%。高速公路里程1343.8公里，比上年增长1.5%。全年货物运输总量4.6亿吨，比上年增长9.0%。货物运输周转量1187.74亿吨公里，增长7.8%。全年旅客运输总量1.74亿人次，比上年增长6.4%；旅客运输周转量156.49亿人公里，增长8.6%。机场旅客吞吐量424.78万人，增长11.5%。

表7 2013年全区各种运输方式完成运输量及增长速度

运输方式	货物				旅客			
	运输总量		运输周转量		运输总量		运输周转量	
	绝对数（万吨）	比上年增长（%）	绝对数（亿吨公里）	比上年增长（%）	绝对数（万人）	比上年增长（%）	绝对数（亿人公里）	比上年增长（%）
总计	46036	9.0	1188	7.8	17429	6.4	156.5	8.6
铁路	8412	-0.6	364.75	0.03	594	11.0	44.5	8.2
公路	36466	11.7	784.14	12	16631	6.2	85.5	7.3
航空	0.96	11.6	0.15	25	204	8.7	26.4	12.4
管道	1157	1.4	38.7	4.3	—	—	—	—

年末全区民用汽车保有量达到85.41万辆，比上年末增长17.1%，其中，私人汽车保有量70.88万辆，增长19.3%。民用轿车保有量37.07万辆，增长20.2%，其中，私人轿车33.67万辆，增长21.7%。

全年完成邮电业务总量[8]71.67亿元，比上年增长1.24%。其中，电信业务总量66.96亿元，增长9.81%；邮政业全年完成邮政函件业务916.18万件，包裹业务30.24万件，快递业务量2690.63万件；快递业务收入2.43亿元。电信业全年局用交换机总容量198万门，增加72.64万门；新增移动电话交换机容量188.2万户，达到1158万户。年末全区固定电话用户达104.69万户，比上年下降0.26%。新增移动电话用户21.76万户，年末达到627.2万户，其中3G移动电话用户[9]218万户，每百人拥有移动电话96.9部，净增2.79部。电话普及率达到113部/百人。固定互联网宽带接入用户71.14万户，移动互联网用户466.5万户。互联网普及率达到43.7%。

全年接待国内外旅游者1820.42万人次，比上年增长15.5%。其中，国内游客1817.88万人次，增长15.4%；过夜入境旅游者25357人次，增长33.5%。其中，外国人15036人次。接待过夜国内游客797.59万人次，增长8.6%。实现旅游总收入127.30亿元，增长21.3%。其中，国内旅游收入126.55亿元，增长21.0%。全区实现旅游外汇收入1208.31万美元。

八、金融、证券和保险

年末全区金融机构本外币各项存款余额3881.40亿元，比年初增加373.80亿元。其中，人民币各项存款余额3868.47亿元，外汇存款余额2.12亿美元。金融机构本外币各项贷款余额3947.29亿元，比年初增加572.67亿元。其中，人民币各项贷款余额3910.15亿元，外汇贷款余额6.09亿美元。

表8 2013年末金融机构存贷款余额

指标	年末数（亿元）	比年初增减（亿元）	比上年末±%
本外币存款余额	3881.40	373.80	—
人民币存款余额	3868.47	372.62	10.7
#单位存款	1799.87	126.27	7.6
个人存款	1954.74	266.26	15.8
本外币贷款余额	3947.29	572.67	—
人民币贷款余额	3910.15	568.07	17.1
#短期贷款	1496.05	211.89	16.7
中长期贷款	2291.29	341.87	17.5

图8 2009—2013年城乡居民储蓄存款余额及增长速度

单位：亿元、%

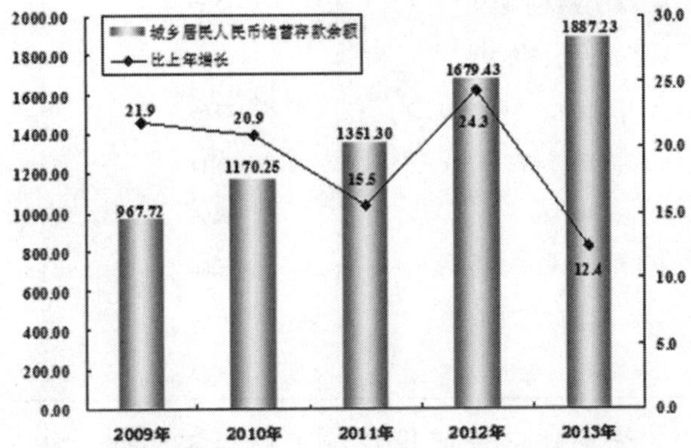

年末上市公司12家，总股本44.91亿股，总市值356.99亿元，比上年下降6.5%。其中，流通市值305.93亿元，比上年下降6.9%。全年证券交易额1549.84亿元，比上年增长51.2%。

全区省级营业性保险分公司16家，实现保费收入72.70亿元，比上年增长16.0%。其中，财产险收入31.40亿元，增长18.6%；寿险收入32.11亿元，增长11.8%；健康险收入7.16亿元，增长22.8%；意外伤害险收入2.04亿元，增长21.5%。支付各类赔款和给付24.04亿元，增长20.3%。其中，财产险赔款15.79亿元，增长19.9%；寿险给付5.76亿元，增长24.1%；健康险给付1.96亿元，增长15.8%；意外伤害险赔款0.52亿元，增长8.4%。

九、人民生活和社会保障

全区就业人口[10]350万人，与2012年相比，净增5.5万人，增长1.6%。其中，第一产业165万人，下降1.3%；第二产业61万人，增长6.7%；第三产业124万人，增长3.2%。就业结构由2012年的48.5∶16.5∶35.0调整为2013年的47.2∶17.3∶35.5。

全年农村居民人均纯收入6931元，比上年增加751元，增长12.2%，扣除价格因素实际增长8.1%。农村居民家庭恩格尔系数为34.4%，比上年下降0.9个百分点。农村居民人均居住面积22.7平方米。

全年城镇居民人均可支配收入21833元，比上年增加2002元，增长10.1%，扣除价格因素实际增长6.6%。城镇居民家庭恩格尔系数为32.0%，比上年下降1.9个百分点。城镇居民人均居住建筑面积30.9平方米。

图9 2009-2013年全区农民人均纯收入及增长速度

单位：元、%

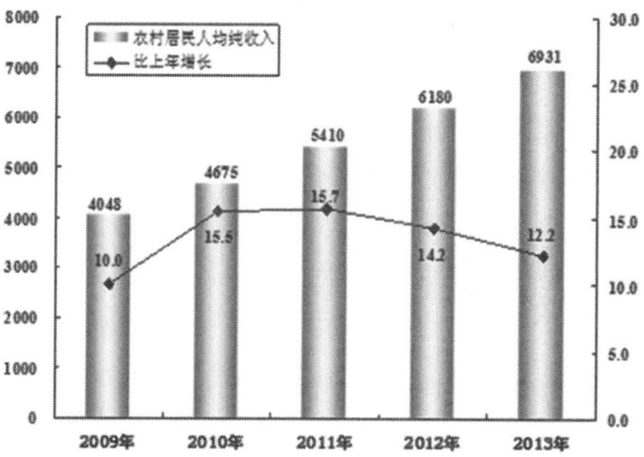

图10 2009-2013年全区城镇居民人均可支配收入及增长速度

单位：元、%

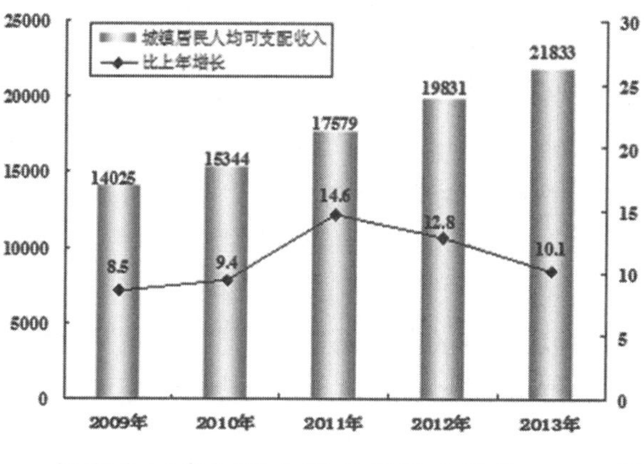

年末全区参加基本养老保险人数为143.77万人，比上年增长10.4%，其中参保职工101.83万人，参保离退休人员41.94万人。离退休人员养老金社会化发放率继续保持在100%。参加失业保险人数69.86万人，增长8.4%。参加医疗保险人数565.52万人，其中，参加城镇职工基本医疗保险108.60万人，参加城乡居民医疗保险456.92万人。年末全区养老保险、失业保险、医疗保险、工伤保险和生育保险五项保险基金收入179.72亿元。年末五项社保基金累计结余258.72亿元，较上年末增加26.07亿元，增长11.2%。到2013年底，全区享受低保救济的困难群众达56.36万人。其中，城镇17.97万人，农村38.39万人。年末全区共有各类收养性社会福利单位数78个，床位数9564张，收养各类人员6619人。

十、教育与科技

年末全区各级各类学校2848所，教职工92499人。其中，各类普通高校16所，中等职业教育学校[11] 35所，普通中学304所，初中阶段毛入学率100.62%，普通小学1850所，小学学龄儿童入学率99.50%，特殊学校8所。全区共有幼儿园634所，在园幼儿169080人。

表9 2013年各级教育招生、在校、毕业生人数

类 别	招生数(人)	在校学生数(人)	毕业学生数(人)
普通高等学校	32749	108463	23453
#研究生	1516	4012	1232
中等职业教育学校	30348	93950	31536
普通中等学校	152691	449909	142604
高中	55779	165240	49770
初中	96912	284669	92834
普通小学	100194	603947	101909
特殊教育学校	301	1903	188

全年登记自治区级科技成果264项，比上年增长12.8%。其中，基础理论成果47项，应用技术成果183项，软科学成果34项。全年申请专利量3230件。其中，发明专利1792件，增长1.1倍。专利授权量1211件，增长43.8%。其中，发明专利授权量184件，增长30.5%。

年末全区拥有国家级工程研究中心3个，自治区级工程研究中心30个；国家重点实验室1个，省部共建国家重点实验室培育基地3个，自治区级重点实验室15个；国家级企业(集团)技术中心12个，自治区级企业(集团)技术中心55个。

十一、文化、卫生和体育

年末全区共有博物馆11个，国家综合档案馆27个，公共图书馆26个，文化馆26个，各类艺术表演团体12个。全年地方出版报纸19种，出版期刊37种，出版图书2739种。有线数字电视用户89.8万户。2013年末广播节目综合人口覆盖率为96.06%；电视节目综合人口覆盖率为99.09%。

年末全区共有医疗卫生机构[12]4230个，其中医院156个，卫生院228个，疗养院（所）1个，社区卫生服务中心（站）[13]112个，诊所（卫生所、医务室）1074个，疾病预防控制中心25个，妇幼保健机构22个，卫生监督所25个，村卫生室2461个。医疗卫生机构床位3.03万张。卫生技术人员37350人，其中执业(助理)医师14317人，注册护师、护士13978人。

全年举办县级以上全民健身活动365次，其中1000人以上的大型全民健身活动180次，举办青少年单项比赛11项，参加活动的人数总计达到100万人次。全区运动员在世界比赛中取得3个名次。在全国比赛取得金牌9枚、银牌5枚、铜牌6枚；全年有10人达国家一级运动员等级标准，489人达国家二级运动员等级标准，73人获得国家一级裁判员等级称号。

十二、资源、环境与安全生产

初步核算，全年全区能源消费总量为4850.5万吨标准煤，比上年增长6.3%。单位地区生产总值能耗下降3.22%。

全年总用水量72.13亿立方米，比上年增长4.0%。万元地区生产总值用水量[14] 310.91立方米，比上年下降5.3%；万元工业增加值用水量57.76立方米，下降1.5%。全年平均降水量321毫米，比上年增长5.0%。

年末城市污水处理厂日处理能力达97.5万立方米，比上年末增长15.0%；城市污水处理率达到89.0%，比上年提高0.8个百分点。城市集中供热面积1.2亿平方米，比上年增长31.4%。建成区绿地率达到37.9%，比上年提高7.4个百分点。

全年各类生产安全事故死亡人数473人，比上年下降3.1%。亿元地区生产总值生产安全事故死亡率为0.18；煤矿百万吨死亡率为0.02；道路交通万车死亡率为2.36；工矿商贸十万人死亡率为2.08。

注释：

[1] 本公报中数据均为初步统计数，正式数据以《宁夏统计年鉴-2014》为准。部分数据因四舍五入的原因，存在着与分项合计不等的情况。

[2] 考虑到我国劳动年龄下限为16周岁，从2013年开始公布16-59岁（含不满60周岁）人口数据。按照往年公报公布口径，2013年末，0-14岁（含不满15周岁）人口为133.52万人，15-59岁（含不满60周岁）人口为444.00万人。

[3] 全区生产总值及各产业和各行业增加值指标绝对数按现价计算，增长速度按可比价格计算。

[4] 2009年至2012年数据为公共财政预算收入决算数，2013年为执行数。

[5] 六大高耗能行业分别为：化学原料和化学制品制造业、非金属矿物制品业、黑色金属冶炼和压延加工业、有色金属冶炼和压延加工业、石油加工炼焦和核燃料加工业、电力热力生产和供应业。

[6] 钢材产量数据中含使用钢材加工成其他钢材的重复计算因素。

[7] 公路交通运输货运、客运数据按2013年交通运输统计专项调查之前口径核算。

[8] 邮电业务总量按2010年不变价格计算。

[9] 3G是指第三代蜂窝移动通信系统（3rd-generation，简称3G），3G移动电话用户是指报告期末在计费系统拥有使用信息、占用3G网络资源的在网用户。

[10] 2013年全区就业人员数为预计数。

[11] 中等职业教育包括普通中专、成人中专、职业高中。

[12] 医疗卫生机构包括村卫生室。

[13] 社区卫生服务中心（站）指独立法人、财务独立的社区卫生服务机构。

[14] 万元地区生产总值用水量、万元工业增加值用水量按2010年不变价格计算。

银川市2013年国民经济和社会发展统计公报

银川市统计局　　国家统计局银川调查队

2014年3月27日

2013年，面对经济下行压力加大等严峻形势，全市人民在市委政府的坚强领导下，认真贯彻落实党的十八届三中全会精神，全市上下深入实施“2258”工作思路，坚持稳中求进总基调，抢抓“两区”、“两大战略”机遇，全市经济稳中有进，稳中向好，社会事业全面推进。

一、综合

初步核算，全年全市实现生产总值1273.49亿元，按可比价格计算，比上年增长10.0%。分产业看，第一产业完成增加值55.71亿元，增长3.8%；第二产业完成增加值687.80亿元，增长11.8%；第三产业完成增加值529.98亿元，增长8.3%。按常住人口计算，人均地区生产总值61684元。三次产业结构比为4.4:54.0:41.6，对经济增长的贡献率分别为1.7%、63.7%、34.6%。

图1　2009-2013年全市地区生产总值及增长速度

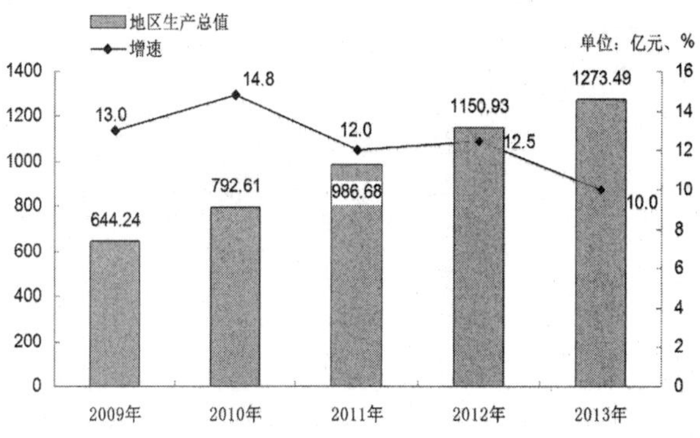

全年居民消费价格总水平比上年上涨3.5%，其中食品价格上涨7.3%，医疗保健及个人用品类价格上涨4.5%，衣着类价格上涨2.8%，居住类价格上涨2.6%，家庭设备用品及维修服务类价格上涨1.2%，烟酒及用品类价格下降0.3%，娱乐教育文化用品及服务类价格下降0.4%，交通和通信类价格下降2.2%。工业生产者出厂价格下降5.0%，工业生产者购进价格下降3.1%，新建住宅价格上涨5.8%，商品零售价格上涨2.3%。

图2　2009-2012年全市居民消费价格涨跌幅度

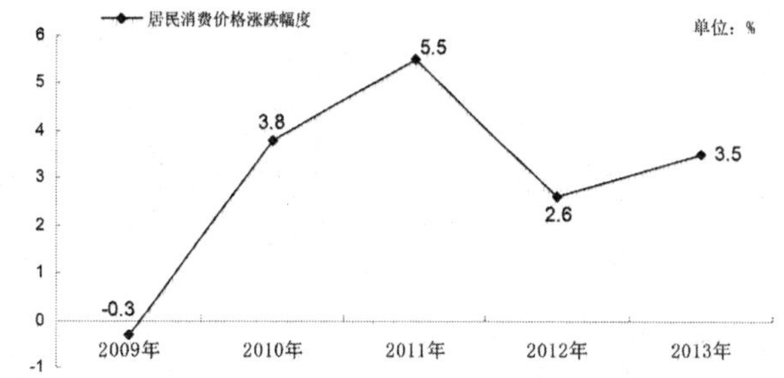

图3　2013年全市居民消费价格月度涨跌幅度

单位：%

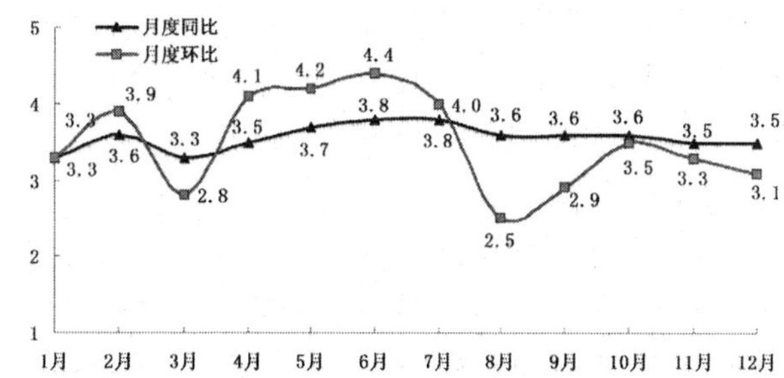

表1　2013年全市居民消费价格比上年涨跌幅度

单位：%

指　标	2013年
居民消费价格总水平	3.5
食品	7.3
#粮食	5.1
油脂	0.9
肉禽及其制品	10.2
蛋	8.2
鲜菜	9.6
烟酒及用品	-0.3
衣着	2.8
家庭设备用品及维修服务	1.2
医疗保健及个人用品	4.5
交通和通信	-2.2
娱乐教育文化用品及服务	-0.4
居住	2.6

全年完成地方财政收入223.28亿元，比上年增长19.2%。公共财政预算收入134.60亿元，增长19.0%，其中税收收入105.19亿元，增长16.6%，税收占公共财政预算收入的比重为78.2%。全年完成地方财政支出307.78亿元，增长15.2%。公共财政预算支出220.53亿元，增长18.1%。其中，教育支出增长29.4%、医疗卫生支出增长28.2%、社会保障和就业支出增长23.7%、住房保障支出增长21.9%。

图4　2009-2013年全市地方财政收入及增长速度

单位：亿元、%

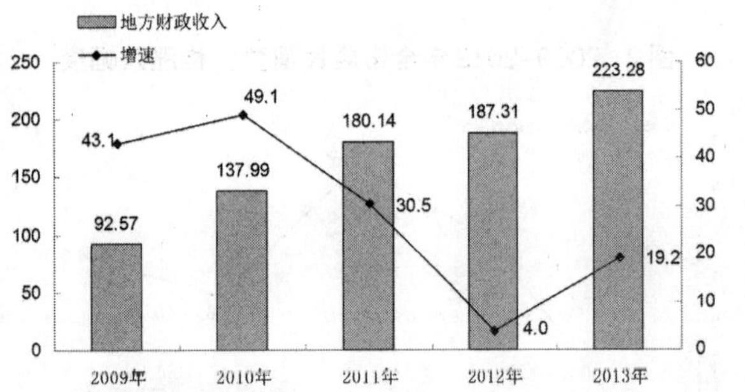

二、农业

全年完成农林牧渔业总产值98.99亿元，按可比价格计算，比上年增长4.0%。其中农业产值60.85亿元，增长2.8%；林业产值1.58亿元，增长7.2%；畜牧业产值24.15亿元，增长2.6%；渔业产值7.27亿元，增长15.5%；农林牧渔服务业产值5.15亿元，增长9.7%。

全年粮食作物播种面积11.03万公顷，比上年减少8.9%；其中小麦播种面积2.05万公顷，减少14.6%。蔬菜播种面积2.92万公顷，园林水果播种面积2.03万公顷。全年粮食产量85.01万吨，减产4.1%；其中小麦产量10.11万吨，减产14.6%。蔬菜产量142.81万吨，增长1.2%；园林水果23.79万吨，增长1.9%。肉类产量5.20万吨，增长5.6%，其中猪牛羊肉产量4.60万吨，增长6.2%。年末大牲畜存栏19.58万头，生猪存栏15.75万头。禽蛋产量1.54万吨，下降27.0%；牛奶产量41.65万吨，增长3.9%；水产品产量6.71万吨，增长11.3%。

图5　2009-2013年全市粮食产量及增长速度

单位：万吨、%

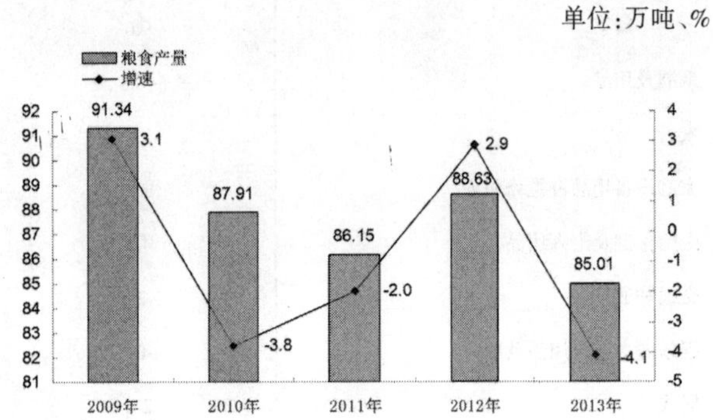

全年有效灌溉面积10.98万公顷，比上年下降12.6%。年末荒山荒沙造林面积1.00万公顷，下降13.8%。

年末全市农业机械总动力184.07万千瓦，比上年增长0.4%；农用拖拉机5.14万台，下降5.3%；农用运输车2.20万辆，下降4.8%。农村用电量3.56亿千瓦小时，增长5.0%；农用化肥施用量（按实物量计算）26.02万吨，增长4.3%。

三、工业和建筑业

全年规模以上工业实现增加值492.16亿元，比上年增长12.4%。其中全市大中型企业完成增加值403.20亿元，增长10.7%。按轻重工业分，轻工业完成增加值79.54亿元，增长11.7%；重工业完成增加值412.62亿元，增长12.5%。按经济类型分，国有及国有控股企业完成增加值92.60亿元，增长8.4%；股份制企业完成增加值384.76亿元，增长13.8%；外商及港澳台商投资企业完成增加值13.52亿元，增长3.7%。按行业分，电力、热力的生产和供应业完成增加值114.26亿元，增长7.4%；石油加工、炼焦业完成增加值106.06亿元，增长25.1%；煤炭开采和洗选业完成增加值90.57亿元，增长11.5%；化学原料及化学制品制造业完成增加值66.63亿元，增长7.5%；纺织业完成增加值20.22亿元，增长13.7%。全市规模以上非公有制工业企业完成增加值168.50亿元，增长22.6%。

图6　2009-2013年全市规模以上工业增加值及增长速度

单位：亿元、%

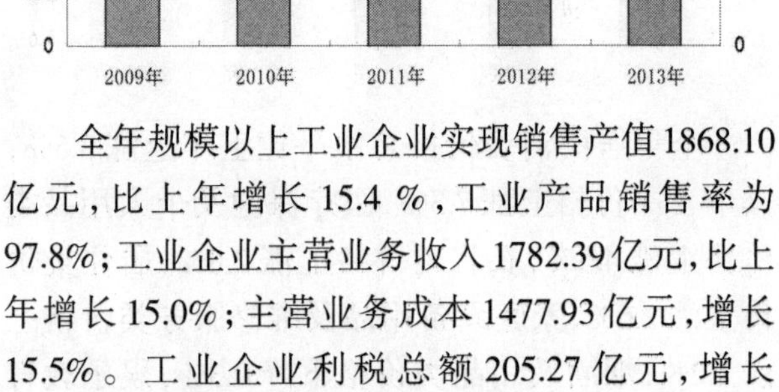

全年规模以上工业企业实现销售产值1868.10亿元，比上年增长15.4 %，工业产品销售率为97.8%；工业企业主营业务收入1782.39亿元，比上年增长15.0%；主营业务成本1477.93亿元，增长15.5%。工业企业利税总额205.27亿元，增长15.1%；利润总额90.58亿元，增长20.4%。工业品出口交货值45.50亿元，亏损企业亏损14.59亿元，企业亏损面22.8%，应收账款净额155.85亿元，资产负债率65.2%。

表2 2013年全市主要工业产品产量

产品名称	计量单位	产 量	比上年增长(%)
原煤	万吨	5923.60	9.3
水泥	万吨	650.10	27.7
液体乳	万吨	20.80	13.0
农用化肥(折纯)	万吨	54.40	-17.6
轮胎外胎	万条	165.90	16.9
金属切削机床	台	2370	-7.8
轴承	万套	94.61	17.2
汽油	万吨	201.10	19.1
柴油	万吨	194.10	9.4
发电量	亿千瓦时	517.20	8.7
葡萄酒	千升	2449.11	-33.1
服装	万件	631	28.6
家具	万件	14.80	60.9
焦炭	万吨	404.10	74.6
电解铝	万吨	55.30	-0.4

全年全市具有资质等级建筑业企业344个,实现建筑业总产值374.01亿元,增长32.2%;其中国有及国有控股企业实现产值133.63亿元,增长34.0%;建筑装修、装饰业实现产值6.15亿元,下降10.3%。房屋建筑施工面积3347.01万平方米,增长40.3%;房屋建筑竣工面积1322.81万平方米,增长39.4%。具有资质等级的建筑企业实现利润总额5.11亿元,下降28.1%;实现税金总额11.95亿元,增长29.0%。

四、固定资产投资

全年完成全社会固定资产投资1149.00亿元,比上年增长25.1%。其中,基本建设投资725.58亿元,增长38.8%;更新改造投资71.04亿元,下降28.4%;房地产开发投资330.81亿元,增长20.0%。分城乡看,城镇投资1061.92亿元,增长24.5%;农村非农户投资70.06亿元,增长38.7%。分投资主体看,国有经济投资513.44亿元,增长48.3%;非国有经济投资635.56亿元,增长11.0%。从投资结构看,第一产业投资9.50亿元,比上年增长58.7%;第二产业投资504.48亿元,增长15.5%,其中工业投资503.80亿元,增长15.7%;第三产业投资635.02亿元,增长33.4%。施工项目计划总投资4639.96亿元,其中新开工项目计划总投资1240.87亿元,增长27.4%。

图7 2009-2013年全市全社会固定资产投资及增长速度

单位:亿元、%

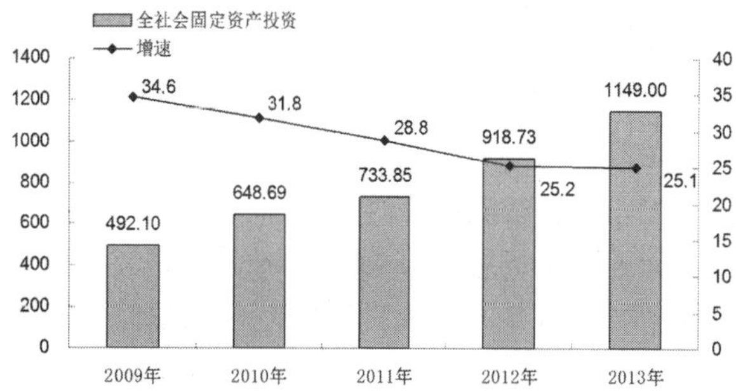

全年完成房地产开发投资330.81亿元,比上年增长20.0%,其中住宅开发投资195.68亿元,增长11.5%。全年购置土地面积174.99万平方米,下降2.5%。商品房施工面积3522.66万平方米,增长19.5%;商品房销售面积612.11万平方米,增长35.9%,其中住宅销售面积543.09万平方米,增长39.9%;商品房待售面积511.33万平方米,增长13.7%。全年商品房销售额297.24亿元,增长44.3%,其中住宅销售额245.67亿元,增长51.1%。

全年完成各类保障性安居工程15666套;其中新开工建设保障性住房13133套,货币补贴2010户,异地安置523户。

五、国内贸易

全年实现社会消费品零售总额348.06亿元,比上年增长12.2%。分地域看,城镇消费品零售额338.94亿元,增长12.0%;乡村消费品零售额9.12亿元,增长18.8%。分行业看,批发零售业零售额314.01亿元,增长12.9%;住宿餐饮业零售额34.05亿元,增长6.2%。分经济类型看,国有经济实现零售额6.09亿元,下降2.1%;集体经济实现零售额1.35亿元,增长8.9%;股份制经济实现零售额181.91亿元,增长10.0%;私营经济实现零售额93.25亿元,增长6.5%;个体经济实现零售额62.29亿元,增长28.6%。

在限额以上批发和零售业零售额中,金银珠宝类增长24.2%;石油及制品类增长15.4%;粮油、食品、饮料及烟酒类增长11.8%;家用电器和音像器材类增长6.3%;汽车类增长5.0%;服装鞋帽针纺织品类增长2.5%;通讯器材类下降4.9%;体育娱乐用品类下降10.7%。

重点商品交易市场成交额228.56亿元,增长0.2%,其中亿元以上商品交易市场成交额221.59亿元,增长0.2%。

六、对外经济

全年实现进出口总额24.11亿美元,比上年增长80.9%。其中，出口总额20.78亿美元，增长99.1%；进口总额3.33亿美元，增长15.4%。

全年签订利用外资项目14个；合同外资金额3.58亿美元，比上年增长1.4倍；实际利用外资1.29亿美元，下降12.0%。

七、交通、邮电和旅游

全年铁路货运量489.13万吨，下降9.8%；铁路客运量386.40万人次，增长17.8%。铁路货运周转量25.71亿吨公里，下降10.0%；铁路客运周转量25.16亿人公里，增长18.0%。公路货运量1.48亿吨，增长14.0%；公路客运量3451万人次，增长7.8%。公路货运周转量197.94亿吨公里，公路客运周转量30.41亿人公里，分别增长14.5%和8.8%。民航货运量0.96万吨，增长21.8%，民航客运量196.70万人次，增长9.9%；民航货运周转量1446万吨公里，增长22.6%，客运周转量25.81亿人公里，增长9.0%。年末全市各种民用汽车保有量44.34万辆，增长19.8%，私人汽车保有量37.44万辆，增长21.9%。

表3　2013年全市公路、铁路、航空完成运输量及增长速度

运输方式	货运周转量		货运量		客运周转量		客运量	
	总量（亿吨公里）	增长速度（%）	总量（万吨）	增长速度（%）	总量（亿人公里）	增长速度（%）	总量（万人）	增长速度（%）
铁路	25.71	-10.0	489.13	-9.8	25.16	18.0	386.40	17.8
公路	197.94	14.5	14787	14.0	30.41	8.8	3451	7.8
民航	0.14	22.6	0.96	21.8	25.81	9.0	196.70	9.9

全年完成邮电业务总量36.61亿元。其中，邮政业务总量1.33亿元，电信业务总量35.28亿元。全年订销报刊3281万份，增长9.2%；完成邮政函件业务654万件，下降21.0%。年末本地固定电话用户52.02万户，增长2.4%；移动电话用户382.85万户，增长23.4%；计算机互联网用户38.59万户，增长13.6%。

全年接待国内游客798.61万人次，增长14.7%；接待海外游客1.83万人次，增长33.1%。国内旅游收入73.11亿元，增长24.9%；国际旅游外汇收入874.51万美元，增长1.2倍。

全市共有旅行社83家，其中出境组团社16家，国内社67家。全市共有旅游星级酒店43家，其中五星级酒店1家，四星级14家，三星级25家，二星级3家。

八、金融和保险

年末金融机构人民币各项存款余额2340.93亿元，比上年末增长11.0%。其中，城乡居民储蓄存款余额1015.22亿元，增长12.6%。人民币各项贷款余额2660.62亿元，比上年末增长16.5%。其中，短期贷款790.68亿元，增长15.4%；中长期贷款1795.08亿元，增长17.5%。

全年实现保费收入43.98亿元，比上年增长14.4%。其中，财产险保费收入18.16亿元，增长19.2%；人身险保费收入25.81亿元，增长11.3%。全年支付各项赔款及给付额13.40亿元，增长25.1%。其中，财产险赔款8.77亿元，人身险赔款及给付4.63亿元，分别增长24.5%和26.2%。

九、教育和科学技术

年末全市有研究生培养单位3个，招生1496人，比上年增长8.9%；在学研究生3992人，增长6.5%；毕业生1232人，增长10.6%。普通高等院校13所，招生2.61万人，比上年下降0.8%；在校生8.85万人，毕业生1.94万人，分别增长7.4%和12.1%。成人高校1所，招生1.23万人，下降17.7%；在校生2.88万人，下降1.8%；毕业生1.07万人，增长21.2%。中等职业技术教育20所，招生1.75万人，下降18.9%；在校生5.25万人，下降14.6%；毕业生1.94万人，下降4.9%。普通高中23所，招生1.30万人，下降27.8%；在校生5.36万人，增长4.7%；毕业生1.57万人，增长7.9%。初中46所，招生2.58万人，与上年持平；在校生7.50万人，增长0.7%；毕业生2.31万人，下降2.2%。小学205所，招生2.75万人，增长8.8%；在校生15.19万人，增长2.8%；毕业生2.53万人，与上年持平。特殊教育学校2所，招生73人，在校生363人。幼儿园212所，在园幼儿5.38万人，增长10.2%。农村小学阶段适龄人口入学率达到100%，农村初中阶段适龄人口入学率达到98%。资助困难学生7220人。

全年投入科技三项费用2160万元，比上年增长20.0%；实施各类科技计划项目142项。全年申请专利2345件，增长92.8%。

十、文化、卫生和体育

年末全市拥有艺术表演团体4个，文化馆8个，公共图书馆8个，博物馆2个，全国重点文物保护单位11处。广播电台5座，电视台6座，广播综合人口覆盖率、电视综合人口覆盖率均达到100%，有线广播电视用户89.80万户。全年地方出版报纸19种、期刊37种、图书2739种。

年末全市有卫生机构933个,其中医院和卫生院92个。卫生机构床位12898张,其中医院、卫生院床位12210张。卫生技术人员1.76万人,其中执业医师及执业助理医师6432人,注册护士7387人。疾病预防控制中心8个,卫生技术人员341人;妇幼保健机构5个,卫生技术人员824人;乡镇卫生院38个,床位数477张,卫生技术人员728人。卫生监督检验机构8个,卫生技术人员210人。全市已认定医疗保险定点医疗机构206个,定点零售药店501个。全市儿童"五苗"报告接种率达到99.4%。

全年在全国比赛中获得金牌15块,银牌13块,铜牌8块。

十一、人口、人民生活和社会保障

年末全市常住总人口208.27万人,比上年末增长1.8%。其中回族人口50.11万人,占总人口的比重为24.1%。城镇人口155.76万人,乡村人口52.51万人;男性106.11万人,女性102.16万人。人口出生率为10.32‰,死亡率为3.59‰,人口自然增长率为6.73‰。

全年城镇居民人均可支配收入23776元,比上年增加2156元,增长10.0%。城镇居民人均消费性支出16844元,增长5.2%。其中,支出增幅较大的是:教育文化娱乐服务支出增长20.8%、居住支出增长12.3%、交通和通信增长9.7%。城镇20%最高收入户人均可支配收入43882元,城镇20%最低收入户人均可支配收入10749元。城镇居民恩格尔系数32.3%。城市居民人均住房建筑面积31.08平方米,增长2.1%。

图8 2009-2013年全市城镇居民人均可支配收入及增长速度

单位:元、%

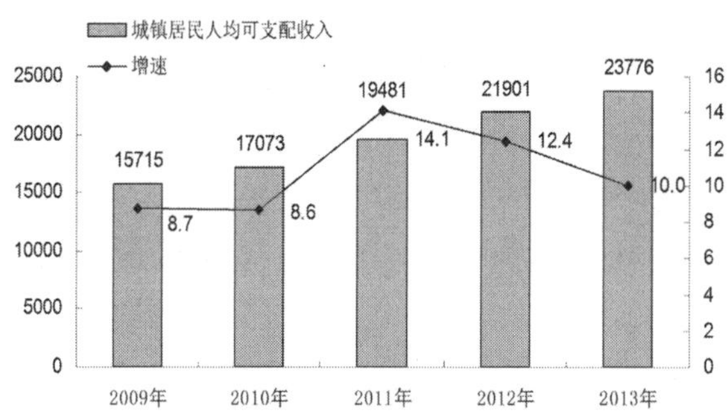

表4 全市城镇居民每百户主要消费品拥有量

指　标	单位	2013年	2012年	比上年±%
空调器	台	16.76	11.88	41.0
淋浴热水器	台	87.90	90.74	-3.1
彩电	台	98.86	101.50	-2.6
电冰箱	台	92.60	93.69	-1.2

续表4

指　标	单位	2013年	2012年	比上年±%
移动电话	部	207.59	206.31	0.6
家用电脑	台	67.24	68.89	-2.4
微波炉	台	58.73	54.92	6.9
家用汽车	辆	19.29	17.76	8.6
摩托车	辆	6.86	15.81	-56.6
洗衣机	台	92.41	93.94	-1.6
照相机	架	31.32	24.89	25.8
摄像机	架	8.43	6.95	21.3
健身器材	套	1.02	1.56	-34.7

全年农民人均纯收入9036元,比上年增加968元,增长12.0%。农民人均生活消费支出8230元,增长22.2%。农村居民恩格尔系数29.4%。农村居民人均住房使用面积35.66平方米,下降20.2%。

图9 2009-2013年全市农民人均纯收入及增长速度

单位:元、%

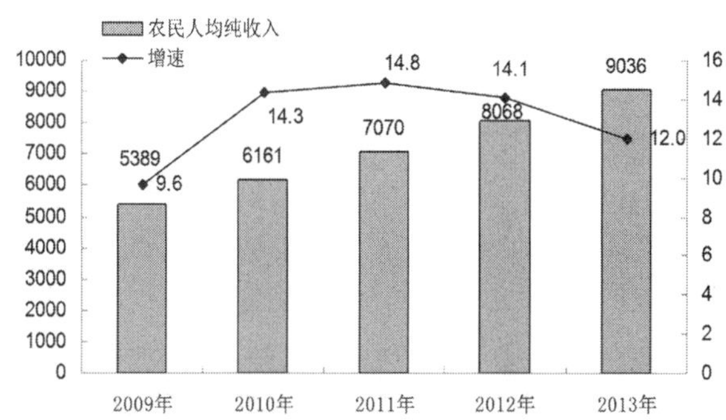

年末全市参加城镇基本养老保险58.91万人,比上年增长10.2%,其中参保职工45.82万人,参保离退休人员12.69万人。参加失业保险38.99万人;参加基本医疗保险150.14万人,其中参加城乡居民基本医疗保险90.11万人,其中参加城镇职工基本医疗保险60.03万人。

年末全市拥有中心敬老院、敬老院、老年公寓16个,共有床位4468张;收养性社会福利单位1个,床位数150张,收养各类人员83人。全市享受政府最低生活保障人数为2.8万人,发放城镇居民最低生活保障金1.18亿元;农村享受最低保障人数2.43万人,发放农村最低生活保障金0.72亿元。发放城乡医疗救助金4424万元,接受城乡医疗救助7.99万人次。城镇建立各种社区服务设施652个,其中市民服务中心22个。全年销售社会福利彩票2096万元,筹集社会公益资金167万元,直接接受社会捐赠769.57万元。

十二、城市建设

年末城市建成区面积148.60平方公里,增长10.0%。园林绿地面积6102公顷,其中公共绿地面积2033公顷。

年末全市公共汽车线路达到81条,公交标准运营车辆1942标台;出租汽车运营车辆5364辆。全年城市公共交通共运送乘客3.00亿人次,比上年增长18.1%。

十三、环境与安全生产

全年城市空气质量优良天数251天,占总天数的68.8%。区域噪声平均值53.1分贝,交通干线噪声平均值68.2分贝。城市饮用水源水质达标率100%,黄河银川段水质达到Ⅱ类。全年完成环境污染治理项目33个,投入资金5.70亿元。

全年发生各类生产安全事故1332起,死亡112人。亿元GDP生产安全事故死亡人数为0.04人;道路交通万车死亡人数为1.73人。

注:

1、本公报中数据均为初步统计数。部分数据因四舍五入的原因,存在着与分项合计不等的情况。

2、地区生产总值、各产业增加值绝对数按现行价格计算,增长速度按可比价格计算。

3、铁路货运、客运数据仅为银川站数据,不包含宁东铁路数据。

4、公报中旅游数据来源于自治区统计局和旅游局联合发布的《2013年宁夏旅游经济发展统计公报》。

5、卫生机构含村卫生室。

6、2012年及以前银川市城镇居民人均可支配收入为市区口径(包括三区),2013年以后(包括2013年)为地区口径(包括三区两县一市)。

7、社会福利彩票销售额为市本级口径。

8、2013年起,银川市实施国家新的空气质量标准(AQI)。

综　合

General Survey

1—1 行政区划及区划面积

Administrative Divisions and Area of Zoning

(2013)

县(市)区	County, Municipalities and District	镇(个) Towns (unit)	乡(个) Townships (unit)	街道办事处(个) Street Communities (unit)	居民委员会(个) Neighbour-hood Committees (unit)	村民委员会(个) Village Committees (unit)	区划面积(平方公里) Area of Zoning (sq.km)
总　计	**Total**	**20**	**6**	**23**	**205**	**272**	**9025.38**
市　区	City	6	2	22	165	74	2310.53
兴庆区	Xingqing	2	2	11	72	37	828.26
金凤区	Jinfeng	2		5	43	20	353.00
西夏区	Xixia	2		6	50	17	1129.27
永宁县	Yongning	5	1		17	67	1178.68
贺兰县	Helan	4	1		11	62	1527.20
灵武市	Lingwu	5	2	1	12	69	4008.97

注:灵武市不包含宁东镇

a) Date of Lingwu in the table does't Contain Ningdong's date.date.

1-1　续表　continued

县(市)区	County, Municipalities and District	年末总人口(万人) Population at Year-end (10 000 persons)	人口密度(人/平方公里) Population Density (person/sq.km)	乡、镇、街道办事处名称 Townships,Towns and Street Communities
总　计	**Total**	**208.27**	**231**	
市　区	City	134.40	582	
兴庆区	Xingqing	70.72	854	大新镇　掌政镇　通贵乡　月牙湖乡　凤凰北街　富宁街　中山南街　胜利街　文化街　解放西街　新华街　玉皇阁北街　丽景街　前进街　银古路等街道办事处
金凤区	Jinfeng	29.54	837	良田镇　丰登镇　黄河东路　满城北街　长城中路　北京中路　上海西路等办事处
西夏区	Xixia	34.14	302	兴泾镇　镇北堡镇　西花园　朔方路　北京西路　文昌路　宁华路　贺兰山西路等办事处
永宁县	Yongning	23.09	196	李俊镇　闽宁镇　杨和镇　望洪镇　望远镇　胜利乡
贺兰县	Helan	23.56	154	习岗镇　金贵镇　立岗镇　洪广镇　常信乡
灵武市	Lingwu	27.22	68	临河镇　东塔镇　崇兴镇　马家滩镇　郝家桥镇　白土岗乡　梧桐树乡　城区街道办事处

注:灵武市不包含宁东镇

a) Date of Lingwu in the table does't Contain Ningdong's date.

1—2 气象情况

(2013)

月份 Month	平均气温(℃) Average Temperature(℃)				降水量(毫米) Precipitation(mm)			
	银川 Yinchuan	永宁 Yongning	贺兰 Helan	灵武 Lingwu	银川 Yinchuan	永宁 Yongning	贺兰 Helan	灵武 Lingwu
一月 January	-5.5	-5.0	-6.8	-6.3	0.5	0.7	1.6	0.1
二月 February	-0.7	-0.5	-2.1	-1.2				
三月 March	9.0	8.9	7.8	7.9				
四月 April	13.1	13.3	12.4	12.3	5.8	5.5	1.8	8.1
五月 May	19.7	19.9	18.6	19.0	37.6	44.5	42.8	32.2
六月 June	23.1	23.3	22.2	22.7	22.5	26.3	27.7	46.4
七月 July	24.4	24.5	23.5	23.7	33.5	30.5	48.0	20.0
八月 August	24.4	24.5	23.2	23.9	12.2	16.9	15.2	5.9
九月 September	17.5	17.7	16.6	16.5	32.7	21.3	30.8	16.0
十月 October	11.3	11.5	10.0	9.5	4.0	2.6	12.3	4.6
十一月 November	2.7	2.9	1.6	1.6	0.0	0.0	0.0	0.0
十二月 December	-4.5	-4.2	-5.6	-5.4				

1-2 续表 continued

(2013)

月份 Month	平均风速(米/秒) Average Wind Speed(m/second)				平均相对湿度(%) Mean Relative Humidity(%)			
	银川 Yinchuan	永宁 Yongning	贺兰 Helan	灵武 Lingwu	银川 Yinchuan	永宁 Yongning	贺兰 Helan	灵武 Lingwu
一月 January	1.3	1.3	0.8	2.0	43	41	55	45
二月 February	1.7	1.5	1.2	2.4	28	30	39	33
三月 March	2.2	2.3	1.8	2.9	24	25	35	29
四月 April	2.2	1.5	1.6	2.7	24	25	34	29
五月 May	1.8	1.7	1.1	2.3	38	37	50	46
六月 June	1.8	1.8	0.9	2.3	49	48	56	56
七月 July	1.5	1.5	0.7	2.0	57	56	66	66
八月 August	1.7	1.7	0.9	2.3	51	52	61	59
九月 September	1.3	1.3	0.7	1.8	58	56	67	67
十月 October	1.4	1.3	0.6	1.8	48	47	58	60
十一月 November	1.6	1.6	0.9	2.4	45	44	52	52
十二月 December	1.1	1.3	0.7	2.1	52	49	58	55

注:银川的蒸发1-3月 11-12月用小型蒸发量;4-10月用大型蒸发测量。灵武、永宁、贺兰从10月份开始停止蒸发量的观测。

a) Large-scale type of E-601B used to measurement 1-3 month and 11-12mouth; Smail-scale type measurmented 4-10 mouth evaporation.Lingwu, Yongning and Helan stoped evaporation observation since october.

Meteorology

蒸发量(毫米) Evaporation(mm)				日照时数(小时) Hours of Sunshine(hour)			
银 川 Yinchuan	永 宁 Yongning	贺 兰 Helan	灵 武 Lingwu	银 川 Yinchuan	永 宁 Yongning	贺 兰 Helan	灵 武 Lingwu
42.9	40.4	29.3	46.4	200.4	225.0	190.6	230.4
73.7	63.4	52.6	73.7	166.5	202.3	184.5	202.3
195.9	182.1	141.3	184.5	216.1	251.2	229.5	255.3
161.2	230.5	192.8	231.4	281.4	304.0	291.1	289.9
152.8	234.2	199.6	241.2	274.6	294.5	275.0	275.5
149.7	228.6	186.8	232.0	241.5	265.5	104.6	239.0
146.7	211.1	165.4	212.3	235.8	261.4	235.9	236.3
168.3	227.2	179.1	229.7	257.0	287.4	269.3	264.3
107.8	136.6	109.3	146.0	219.3	218.8	207.3	173.8
102.7				230.0	245.1	218.5	224.2
72.4				177.7	213.5	188.2	209.2
35.6				193.2	221.2	202.0	225.8

continued

大风日数(日) Days of Wind(day)				雨日数(日) Days of Rain(day)			
银 川 Yinchuan	永 宁 Yongning	贺 兰 Helan	灵 武 Lingwu	银 川 Yinchuan	永 宁 Yongning	贺 兰 Helan	灵 武 Lingwu
1			2				
	2		3	2	1	2	1
				7	6	7	7
				12	10	9	10
1			2	15	13	15	11
			1	12	9	8	7
			1	15	12	15	12
				6	7	6	5
			1	1	1	1	1
1			1				

1—3 主要年份地区生产总值

Gross Domestic Product in Main Years

单位:万元 （按当年价格计算 caculated at current prices） （10 000 yuan）

年 份 Year	地区生产总值 Gross Domestic Product	第一产业 Primary Industry	第二产业 Secondary Industry	工业 Industry	建筑业 Construction	第三产业 Tertiary Industry	交通运输、仓储和邮政业 Transport, Storageand PostService	批发和零售业、住宿和餐饮业 Wholesale, Retail Trade, Hoteling and Catering Services	人均地区生产总值(元/人) Per Capita Gross Domestic Produc（yuan/person）
1949	2025	1484	130	118	12	411	74	63	86
1950	2498	1885	149	131	18	464	84	125	103
1951	3486	2725	227	191	36	534	112	168	137
1952	3374	2343	396	278	118	635	146	186	126
1953	3833	2587	490	348	142	756	218	220	133
1954	4152	2715	560	384	176	877	278	260	134
1955	5064	3317	729	509	220	1018	346	278	154
1956	5443	3192	949	688	261	1302	486	337	159
1957	5716	2986	1143	963	180	1587	572	404	162
1958	8370	3380	2022	1359	663	2968	1189	746	221
1959	11758	3415	4481	3240	1241	3862	1214	1286	276
1960	13424	2691	6059	4612	1447	4674	1345	1463	288
1961	11225	3103	3632	3052	580	4490	1067	1483	240
1962	9188	3181	2664	2296	368	3343	786	980	211
1963	10284	3970	2772	2354	418	3542	827	1097	241
1964	10696	3739	3121	2532	589	3836	920	1124	240
1965	13338	5137	4222	3059	1163	3979	1078	1156	284
1966	17623	5516	7267	5947	1320	4840	1348	1369	363
1967	16109	4547	7650	6573	1077	3912	1089	1081	322
1968	16347	4374	7929	5491	2438	4044	1017	1149	309
1969	20202	5205	10172	8025	2147	4825	1311	1226	360
1970	24481	6111	12335	10855	1480	6035	1457	1478	415
1971	26132	7584	11418	10445	973	7130	1789	1851	427
1972	27538	7756	12016	10711	1305	7766	1930	1997	433
1973	28904	9152	11993	10605	1388	7759	2040	2069	437
1974	30101	7711	14523	13134	1389	7867	2093	2157	439
1975	34183	8139	17494	16129	1365	8550	2328	2287	483
1976	30851	6777	16035	14556	1479	8039	2161	2125	423
1977	33148	7078	17356	15462	1894	8714	2648	2271	441
1978	38222	7902	20245	18352	1893	10075	3202	2535	494
1979	41938	8639	22247	19444	2803	11052	3084	2820	527
1980	44412	10750	21982	18514	3468	11680	3529	3194	546
1981	46487	13019	21089	16140	4949	12379	3559	3655	559

1-3 续表 continued

单位:万元 （按当年价格计算 caculated at current prices） （10 000 yuan）

年份 Year	地区生产总值 Gross Domestic Product	第一产业 Primary Industry	第二产业 Secondary Industry	工业 Industry	建筑业 Construction	第三产业 Tertiary Industry	交通运输、仓储和邮政业 Transport, Storageand PostService	批发和零售业、住宿和餐饮业 Wholesale, Retail Trade, Hoteling and Catering Services	人均地区生产总值(元/人) Per Capita Gross Domestic Produc (yuan/person)
1982	54549	16983	22778	17496	5282	14788	4862	4013	641
1983	64259	20044	27625	21848	5777	16590	5311	4590	740
1984	76756	24199	32715	24739	7976	19842	6685	4797	869
1985	94160	26286	42656	31326	11330	25218	8202	6837	1045
1986	111227	29980	49522	35973	13549	31725	9453	7813	1210
1987	132621	35567	55887	42430	13457	41167	11107	9072	1398
1988	168776	41278	67884	56327	11557	59614	11914	13203	1730
1989	207904	47293	87458	76787	10671	73153	14607	14841	2081
1990	231978	54868	92126	79482	12644	84984	11931	18579	2269
1991	270931	56593	112312	95973	16339	102026	15862	24997	2596
1992	320781	62329	138547	111057	27490	119905	18397	33689	3021
1993	432948	67372	202716	169764	32952	162860	26548	48531	4007
1994	571199	94993	268989	208527	60462	207217	32032	57667	5180
1995	717130	120037	310488	250658	59830	286605	44982	65922	6374
1996	827908	132842	367624	277398	90226	327442	61481	70838	7228
1997	951001	150519	406055	300693	105362	394427	7645	78802	8152
1998	1040857	155596	431705	303314	128391	453556	92422	96850	8769
1999	1145303	148970	473950	331604	142346	522383	107746	111132	9518
2000	1287473	143520	541292	383712	157580	602661	124901	124067	10404
2001	1440965	149840	595773	429809	165964	695352	143696	135795	11244
2002	1670921	155463	677801	493294	184507	837657	162583	157863	12716
2003	2015881	147152	858178	601247	256931	1010551	184020	187805	15159
2004	2508483	174756	1107760	866935	240825	1225967	184020	223081	18526
2005	2935714	194508	1325490	1040196	285294	1415716	209520	269605	21091
2006	3499164	210308	1632668	1275043	357625	1656188	225133	319793	24532
2007	4477383	248997	2129367	1684279	445088	2099019	298101	341911	30513
2008	5637874	300661	2674577	2085960	588617	2662636	390421	470510	34473
2009	6442421	328471	3142263	2366427	775836	2971687	429077	488431	38392
2010	7926140	402858	4002448	2987022	1015426	3520834	503756	583014	42771
2011	9866761	470509	5252471	3964581	1287890	4143781	634854	687791	48964
2012	11509344	509518	6190501	4719172	1471330	4809324	646693	708359	56528
2013	12890199	554241	6885962	5232998	1652964	5449996	685282	741874	62437

注:1993-2010年数据为经济普查年度调整数。2008-2013年人均地区生产总值为常住人口计算。

a)Date in the table from 1993 to 2010 for the econmic census year adjustment. From 2008 to 2013 per capita GDP calculated by resident population.

1—4 主要年份地区生产总值构成

Composition of Gross Domestic Product in Main Years

单位:%　　（按当年价格计算 caculated at current prices）　　(%)

年 份 Year	地区生产总值 Gross Domestic Product	第一产业 Primary Industry	第二产业 Secondary Industry	工业 Industry	建筑业 Construction	第三产业 Tertiary Industry	交通运输、仓储和邮政业 Transport, Storageand PostService	批发和零售业、住宿和餐饮业 Wholesale, Retail Trade, Hoteling and Catering Services
1949	100	73.3	6.4	5.8	0.6	20.3	3.7	3.1
1950	100	75.5	6.0	5.2	0.8	18.5	3.4	5.0
1951	100	78.2	6.5	5.5	1.0	15.3	3.2	4.8
1952	100	69.4	11.8	8.2	3.6	18.8	4.3	5.5
1953	100	67.5	12.8	9.1	3.7	19.7	5.7	5.7
1954	100	65.4	13.5	9.3	4.2	21.1	6.7	6.3
1955	100	65.5	14.4	10.1	4.3	20.1	6.8	5.5
1956	100	58.6	17.5	12.6	4.9	23.9	8.9	6.2
1957	100	52.2	20.0	16.9	3.1	27.8	10.0	7.1
1958	100	40.4	24.2	16.2	8.0	35.4	14.2	8.9
1959	100	29.1	38.1	27.6	10.5	32.8	10.3	10.9
1960	100	20.0	45.2	34.4	10.8	34.8	10.0	10.9
1961	100	27.6	32.4	27.2	5.2	40.0	9.5	13.2
1962	100	34.6	29.0	25.0	4.0	36.4	8.6	10.7
1963	100	38.6	27.0	22.9	4.1	34.4	8.0	10.7
1964	100	35.0	29.2	23.7	5.5	35.8	8.6	10.5
1965	100	38.5	31.7	22.9	8.8	29.8	8.1	8.7
1966	100	31.3	41.2	33.7	7.5	27.5	7.6	7.8
1967	100	28.2	47.5	40.8	6.7	24.3	6.8	6.7
1968	100	26.8	48.5	33.6	14.9	24.7	6.2	7.0
1969	100	25.8	50.4	39.7	10.7	23.8	6.5	6.1
1970	100	25.0	50.4	44.3	6.1	24.6	6.0	6.0
1971	100	29.0	43.7	40.0	3.7	27.3	6.8	7.1
1972	100	28.2	43.6	38.9	4.7	28.2	7.0	7.3
1973	100	31.7	41.5	36.7	4.8	26.8	7.1	7.2
1974	100	25.6	48.2	43.6	4.6	26.2	7.0	7.2
1975	100	23.8	51.2	47.2	4.0	25.0	6.8	6.7
1976	100	22.0	52.0	47.2	4.8	26.0	7.0	6.9
1977	100	21.4	52.4	46.6	5.8	26.2	8.0	6.9
1978	100	20.7	53.0	48.0	5.0	26.3	8.4	6.6
1979	100	20.6	53.0	46.4	6.6	26.4	7.4	6.7
1980	100	24.2	49.5	41.7	7.8	26.3	7.9	7.2
1981	100	28.0	45.4	34.7	10.7	26.6	7.7	7.9

1-4 续表 continued

单位:% （按当年价格计算 caculated at current prices） (%)

年 份 Year	地区生产总值 Gross Domestic Product	第一产业 Primary Industry	第二产业 Secondary Industry	工业 Industry	建筑业 Construction	第三产业 Tertiary Industry	交通运输、仓储和邮政业 Transport, Storageand PostService	批发和零售业、住宿和餐饮业 Wholesale, Retail Trade, Hoteling and Catering Services
1982	100	31.1	41.8	32.1	9.7	27.1	8.9	7.4
1983	100	31.2	43	34.0	9.0	25.8	8.3	7.1
1984	100	31.5	42.6	32.2	10.4	25.9	8.7	6.2
1985	100	27.9	45.3	33.3	12.0	26.8	8.7	7.3
1986	100	27.0	44.5	32.3	12.2	28.5	8.5	7.0
1987	100	26.8	42.1	32.0	10.1	31.1	8.4	6.8
1988	100	24.5	40.2	33.4	6.8	35.3	7.1	7.8
1989	100	22.7	42.1	36.9	5.2	35.2	7.0	7.1
1990	100	23.7	39.7	34.3	5.4	36.6	5.1	8.0
1991	100	20.8	41.5	35.4	6.1	37.7	5.9	9.2
1992	100	19.4	43.2	34.6	8.6	37.4	5.7	10.5
1993	100	15.6	46.8	39.2	7.6	37.6	6.1	11.2
1994	100	16.6	47.1	36.5	10.6	36.3	5.6	10.1
1995	100	16.7	43.3	35.0	8.3	40.0	6.3	9.2
1996	100	16	44.4	33.5	10.9	39.6	7.4	8.6
1997	100	15.8	42.7	31.6	11.1	41.5	8.0	8.3
1998	100	14.9	41.5	29.1	12.4	43.6	8.9	9.3
1999	100	13.0	41.4	29.0	12.4	45.6	9.4	9.7
2000	100	11.1	42.1	29.8	12.3	46.8	9.7	9.6
2001	100	10.4	41.3	29.8	11.5	48.3	10.0	9.4
2002	100	9.3	40.6	29.5	11.1	50.1	9.7	9.4
2003	100	7.3	42.6	29.8	12.8	50.1	9.1	9.3
2004	100	7.0	44.1	34.6	9.5	48.9	7.7	8.9
2005	100	6.6	45.2	35.4	9.8	48.2	7.1	9.2
2006	100	6.0	46.7	36.4	10.3	47.3	6.4	9.1
2007	100	5.6	47.5	37.6	9.9	46.9	6.7	7.6
2008	100	5.3	47.5	37.0	10.5	47.2	6.9	8.3
2009	100	5.1	48.8	36.7	12.1	46.1	6.7	7.6
2010	100	5.1	50.5	37.7	12.8	44.4	6.4	7.4
2011	100	4.8	53.2	40.2	13.0	42.0	6.4	7.0
2012	100	4.4	53.8	41.0	12.8	41.8	5.6	6.2
2013	100	4.3	53.4	40.6	12.8	42.3	5.3	5.8

注:1993-2010年数据为经济普查年度调整数。2008-2013年人均地区生产总值为常住人口计算。

a) Date in the table from 1993 to 2010 for the econmic census year adjustment. From 2008 to 2013 per capita GDP calculated by resident population.

1—5 主要年份地区生产总值指数

Indices of Gross Domestic Product in Main Years

单位:%　　（按可比价格计算,比上年增长% caculated at constant prices,increase than last year %）　　(%)

年 份 Year	地区生产总值 Gross Domestic Product	第一产业 Primary Industry	第二产业 Secondary Industry	工业 Industry	建筑业 Construction	第三产业 Tertiary Industry	交通运输、仓储和邮政业 Transport, Storageand PostService	批发和零售业、住宿和餐饮业 Wholesale, Retail Trade, Hoteling and Catering Services
1950	6.0	4.6	14.1	11.1	47.4	13.5	11.5	69.4
1951	31.9	33.5	54.3	46.3	85.7	15.9	32.7	29.1
1952	13.9	10.5	81.6	49.8	225.0	16.2	31.0	12.4
1953	12.4	11.6	20.5	20.9	17.2	13.7	48.9	11.3
1954	14.5	13.9	23.4	23.1	28.8	13.1	28.2	11.4
1955	14.1	13.2	20.6	18.8	33.2	15.8	24.5	6.8
1956	7.9	3.3	29.1	34.6	15.3	25.1	41.4	15.1
1957	-3.9	-10.8	16.8	36.6	-31.4	20.6	16.8	23.5
1958	30.8	17.6	92.6	55.9	278.4	45.7	108.1	90.3
1959	28.4	0.3	115.4	128.9	92.7	48.2	2.1	72.4
1960	-0.4	-20.2	30.2	35.6	15.5	6.3	11.5	11.1
1961	-22.3	-10.9	-45.8	-40.6	-57.7	-6.0	-20.3	-11.5
1962	3.0	24.3	-18.2	-13.9	-37.7	-12.6	-26.8	-32.2
1963	27.2	42.7	2.1	-0.1	4.4	12.7	5.4	22.8
1964	1.5	-4.8	13.1	7.6	47.7	10.9	11.5	4.2
1965	26.3	29.6	44.2	30.5	107.4	4.7	16.4	5.7
1966	28.2	12.6	80.6	107.4	13.5	21.4	25.8	22.1
1967	-11.7	-9.7	-10.2	-8.4	-18.7	-19.7	-19.6	-27.1
1968	0.3	-4.1	13.7	-8.1	129.1	-8.8	-7.4	6.8
1969	15.3	4.1	31.7	52.5	-12.7	17.3	28.2	4.6
1970	14.5	1.8	25.8	38.3	-37.6	25.3	10.6	22.9
1971	-1.4	-4.2	-7.0	-1.5	-43.7	18.7	24.1	25.6
1972	4.7	0.1	7.3	4.9	53.8	8.6	8.4	6.6
1973	4.5	3.9	3.9	3.4	9.9	6.6	5.1	2.4
1974	7.6	2.6	12.1	13.5	-4.5	8.0	3.2	2.9
1975	11.2	2.5	20.5	22.8	-9.1	8.2	10.8	4.2
1976	-11.3	-24.5	-4.7	-5.9	0.7	-4.2	-6.7	-12.1
1977	6.9	10.0	3.5	2.4	-6.5	10.2	13.6	-1.7
1978	11.1	8.8	14.7	12.0	58.4	6.3	22.1	13.7
1979	7.1	0.3	11.0	6.9	50.0	7.8	0.7	10.5
1980	5.3	14.7	-1.4	-6.3	46.2	8.7	14.6	9.2
1981	1.5	10.1	-7.1	-13.8	2.3	7.4	-0.4	7.9

1-5 续表 continued

单位:% （按可比价格计算，比上年增长% caculated at constant prices,increase than last year %） (%)

年 份 Year	地区生产总值 Gross Domestic Product	第一产业 Primary Industry	第二产业 Secondary Industry	工业 Industry	建筑业 Construction	第三产业 Tertiary Industry	交通运输、仓储和邮政业 Transport, Storageand PostService	批发和零售业、住宿和餐饮业 Wholesale, Retail Trade, Hoteling and Catering Services
1982	14.8	23.8	8.0	8.7	6.1	14.7	26.9	17.1
1983	18.6	17.8	20.9	24.9	15.2	16.2	9.4	16.9
1984	16.7	18.9	16.9	12.1	40.7	13.3	21.1	1.7
1985	21.5	4.6	32.8	29.4	55.8	27.4	24.2	44.5
1986	11.7	13.7	8.5	6.3	9.8	15.1	8.3	10.2
1987	7.4	-4.1	7.1	14.6	-2.2	21.5	18.0	5.3
1988	10.5	3.0	10.7	18.8	-15.1	17.2	3.4	22.8
1989	9.5	6.6	5.0	10.6	-40.3	18.2	4.6	5.2
1990	6.5	2.0	4.4	4.0	11.2	12.5	-10.9	29.2
1991	12.7	4.1	16.2	13.8	37.2	14.4	28.7	30.3
1992	11.8	1.7	17.5	13.0	31.4	11.3	10.2	22.0
1993	14.6	-1.1	22.6	26.3	1.0	13.5	24.9	28.1
1994	9.5	6.9	13.0	9.8	48.4	6.1	13.1	1.1
1995	9.3	5.7	6.7	9.4	-9.6	14.8	17.9	-4.1
1996	10.2	6.4	15.0	10.2	50.7	5.6	23.5	3.4
1997	10.3	9.5	7.5	5.5	20.9	14.5	21.7	4.2
1998	9.2	6.8	8.0	5.4	22.5	11.8	20.3	23.4
1999	9.2	1.9	8.3	8.0	21.6	13.4	20.1	10.8
2000	9.6	2.8	9.4	10.0	3.4	12.5	17.1	11.4
2001	9.4	3.7	8.8	9.0	4.8	12.0	19.0	8.4
2002	11.4	2.8	13.8	12.6	14.5	11.4	11.1	15.8
2003	14.2	1.2	20.8	14.0	25.6	11.1	5.6	18.1
2004	14.9	3.6	21.0	29.5	-2.2	11.2	8.5	13.9
2005	13.0	4.2	16.9	20.5	4.4	10.8	5.7	12.7
2006	13.4	7.3	16.4	18.2	8.9	11.6	6.0	10.5
2007	14.0	3.7	17.6	19.3	9.8	11.9	7.0	6.0
2008	13.3	8.0	15.1	16.3	9.3	12.0	10.6	6.9
2009	13.0	6.9	15.1	14.2	19.2	11.7	3.5	7.3
2010	14.8	6.3	19.0	19.1	18.6	11.1	8.8	13.3
2011	12.0	5.0	16.8	17.7	14.0	7.2	15.0	5.2
2012	12.5	5.5	15.1	15.2	14.8	10.1	7.4	-5.0
2013	10.0	3.8	11.8	11.9	11.4	8.4	3.6	1.1

1—6 主要年份地区生产总值指数

Indices of Gross Domestic Product in Main Years

单位：%　　（1952年=100）　　（%）

年 份 Year	地区生产总值 Gross Domestic Product	第一产业 Primary Industry	第二产业 Secondary Industry	工业 Industry	建筑业 Construction	第三产业 Tertiary Industry	交通运输、仓储和邮政业 Transport, Storageand PostService	批发和零售业、住宿和餐饮业 Wholesale, Retail Trade, Hoteling and Catering Services
1949	62.8	64.8	31.3	76.2	23.3	65.4	51.1	122.4
1950	66.6	67.8	35.7	84.4	33.1	74.2	57.6	237.3
1951	87.8	90.5	55.1	37.7	23.5	86.0	75.1	83.6
1952	100.0	100.0	100.0	100.0	100.0	100.0	100.0	100.0
1953	112.4	111.6	120.5	120.9	117.2	113.7	148.9	111.3
1954	128.7	127.1	148.6	148.8	151.0	128.6	190.9	124.0
1955	146.8	144.0	179.2	176.8	201.1	149.0	237.7	132.4
1956	158.4	148.8	231.4	238.0	231.8	186.3	336.0	152.4
1957	152.2	132.7	270.4	325.1	159.0	224.8	392.5	188.2
1958	199.1	156.0	520.7	506.8	601.8	327.6	816.8	358.2
1959	255.7	156.5	1121.6	1160.1	1159.7	485.5	834.0	617.5
1960	254.5	124.8	1459.9	1573.1	1339.4	516.2	929.9	686.1
1961	197.8	111.2	791.5	934.4	566.6	485.3	741.1	607.2
1962	203.8	138.2	647.3	804.5	353.0	424.3	542.5	411.7
1963	259.2	197.1	660.6	803.7	368.5	478.0	571.8	505.5
1964	263.1	187.6	747.3	864.8	544.3	530.4	637.5	526.8
1965	332.3	243.2	1078.0	1128.6	1128.8	555.3	742.1	556.8
1966	425.8	273.8	1947.1	2340.6	1281.2	674.3	933.5	679.9
1967	376.1	247.4	1748.2	2144.0	1041.6	541.5	750.6	495.6
1968	377.2	237.3	1987.9	1970.4	2386.4	493.9	695.0	529.3
1969	434.8	247.1	2618.3	3004.8	2083.3	579.3	891.0	553.7
1970	497.9	251.5	3292.6	4155.6	1300.0	725.6	985.5	680.4
1971	490.8	241.1	3060.7	4093.3	731.9	861.4	1223.0	854.6
1972	513.7	241.2	3284.5	4293.9	1125.7	935.8	1325.7	911.1
1973	536.8	250.7	3412.7	4439.9	1237.1	997.7	1393.3	932.9
1974	577.5	257.3	3825.3	5039.2	1181.4	1077.9	1437.9	960.0
1975	642.3	263.7	4611.1	6188.2	1073.9	1165.8	1593.2	1000.3
1976	570.0	199.2	4393.2	5823.1	1081.4	1116.9	1486.5	879.3
1977	609.5	219.2	4547.6	5962.8	1011.1	1230.9	1688.6	864.3
1978	668.6	238.6	5101.4	6678.4	1601.7	1303.3	2061.8	982.7
1979	716.4	239.3	5662.2	7139.2	2402.5	1405.6	2076.2	1085.9
1980	754.7	274.5	5583.6	6689.4	3512.4	1527.2	2379.4	1185.8
1981	766.0	302.3	5188.0	5766.3	3593.2	1640.7	2369.8	1279.5

1-6 续表 continued

单位:% (1952年=100) (%)

年份 Year	地区生产总值 Gross Domestic Product	第一产业 Primary Industry	第二产业 Secondary Industry	工业 Industry	建筑业 Construction	第三产业 Tertiary Industry	交通运输、仓储和邮政业 Transport, Storageand PostService	批发和零售业、住宿和餐饮业 Wholesale, Retail Trade, Hoteling and Catering Services
1982	879.3	374.0	5604.9	6268.0	3812.4	1881.2	3007.3	1498.3
1983	1043.2	440.6	6776.7	7828.7	4391.9	2186.5	3290.0	1751.5
1984	1217.3	523.8	7920.5	8775.9	6179.4	2478.2	3984.2	1781.3
1985	1479.6	547.7	10518.8	11356.1	9627.5	3156.3	4948.4	2573.9
1986	1653.2	623.0	11409.0	12071.5	10571.0	3633.4	5359.1	2836.5
1987	1774.8	597.3	12214.4	13833.9	10338.4	4415.4	6323.7	2986.8
1988	1960.5	615.0	13518.5	16434.7	8777.3	5175.3	6538.7	3667.8
1989	2147.5	655.6	14198.8	18176.8	5240.1	6118.8	6839.5	3858.5
1990	2287.5	668.8	14819.0	18903.9	5827.0	6885.9	6094.0	4985.2
1991	2576.9	696.3	17215.5	21512.6	7994.6	7877.4	7843.0	6495.7
1992	2880.1	708.4	20219.9	24309.3	10504.9	8768.6	8643.0	7924.8
1993	3299.8	700.7	24790.4	30702.6	10609.9	9954.8	10795.1	10151.6
1994	3612.5	748.8	28014.3	33711.5	15745.2	10560.1	12209.2	10263.3
1995	3947.8	791.1	29881.2	36880.3	14233.6	12119.3	14394.7	9842.5
1996	4350.4	841.5	34371.7	40642.1	21450.1	12798.3	17777.4	10177.1
1997	4796.4	921.1	36953.3	42877.4	25933.1	14658.1	21635.1	10604.6
1998	5236.5	983.9	39893.9	45192.8	31768.1	16394.0	26027.1	13086.0
1999	5719.2	1003.1	43216.9	48808.2	38630.0	18591.8	31258.5	14499.3
2000	6268.2	1031.2	47279.3	53689.1	39943.4	20915.8	36603.7	16152.3
2001	6857.4	1069.3	51439.9	58521.1	41860.7	23425.7	43558.4	17509.1
2002	7639.2	1099.3	58538.6	65894.7	47930.5	26096.2	48393.4	20275.5
2003	8724.0	1112.5	70714.6	75120.0	60200.7	28992.9	51103.4	23945.4
2004	10023.8	1152.5	85564.7	97280.4	58876.3	32240.1	55447.2	27273.8
2005	11326.9	1200.9	100025.1	117222.9	61466.8	35722.0	58607.7	30737.5
2006	12844.7	1288.6	116429.2	138557.5	66937.4	39856.6	62124.2	33965.0
2007	14643.0	1336.3	136920.7	165299.1	73497.2	44609.8	66472.9	36002.9
2008	16590.5	1443.2	157595.7	192242.8	80332.5	49963.0	73519.0	38487.1
2009	18747.3	1542.8	181392.7	219541.3	95756.3	55808.6	76092.2	41296.6
2010	21521.9	1640.0	215857.3	261473.7	113567.0	62003.4	82788.3	46789.0
2011	24104.5	1722.0	252121.3	307754.5	129466.4	66467.6	95206.5	49222.0
2012	27117.7	1816.8	290191.8	354533.3	148627.6	73180.9	102251.9	46760.9
2013	29829.5	1885.8	324434.4	396722.8	165571.1	79328.1	105933.0	47275.3

1—7 地区生产总值构成

Composition of Gross Domestic Product

单位:万元 (2013) (10 000 yuan)

指 标	Item	按当年价格计算 Caculated at Current Prices		构 成(%) Composition(%)		上年=100(%) preceding year=100 (%)	
		地 区 Region	市 区 City	地 区 Region	市 区 City	地 区 Region	市 区 City
地区生产总值	**Gross Domestic Product**	**12890199**	**7939008**	**100.0**	**100.0**	**110.0**	**109.6**
第一产业	Primary Industry	554241	179222	4.3	2.3	103.8	100.8
第二产业	Secondary Industry	6885962	3310279	53.4	41.7	111.8	111.0
工业	Industry	5232998	2186954	40.6	27.5	111.9	109.8
建筑业	Construction	1652964	1123325	12.8	14.2	111.4	113.6
第三产业	Tertiary Industry	5449996	4449507	42.3	56.0	108.4	108.8
交通运输仓储和邮政业	Transport, Storage and Post Service	685282	489048	5.3	6.2	103.6	103.9
批发和零售业	Wholesale and Re-tail Trade	568189	435152	4.4	5.5	106.5	106.7
住宿和餐饮业	Hoteling and Catering Services	173685	140337	1.4	1.8	86.3	83.8
金融业	Finance and Insurance	1209370	1037386	9.4	13.0	116.1	116.0
房地产业	Real Estate	591143	450338	4.6	5.7	120.3	123.4
其他服务业	Other Services	2222327	1897246	17.2	23.8	106.3	106.5
营利性服务业	Other for-profit Services	1005740	907842	7.8	11.4	108.9	108.6
非营利性服务业	Non-profit Services	1216587	989404	9.4	12.4	103.3	103.7

1—8 主要年份人均社会经济发展主要指标

Key Indicators of Per Capita Socio-economic Development in Main Years

指 标	Item	单位	Unit	1958年	1978年	1985年	1990年
地区生产总值(当年价格)	Gross Domestic Product(aurrent prices)	元	yuan	221	494	1045	2269
工农业总产值(当年价格)	Total Industrial and Agricultural Products(aurrent prices)	元	yuan	194	810	1417	3222
工业总产值	Total Industrial Products	元	yuan	83	643	1034	2448
农业总产值	Total Agricultural Products	元	yuan	111	167	383	774
农业产量	Output of Agricultural						
粮食	Grain	公斤	kg		402	476	577
牛奶	Cow Milk	公斤	kg		3	9	24
肉类	Meat	公斤	kg		3	7	13
水产品总产量	Total Aquatic Products	公斤	kg		0.13	1	7
主要工业产品产量	Output of Major Industrial Products						
原煤	Raw Coal	吨	ton	0.17	0.62	0.77	1.03
轮胎外胎	Tires	条	article		0.39	0.38	0.62
水泥	Cement	吨	ton		0.04	0.1	0.3
农用化肥	Chemical Fertilizers	吨	ton		0.2	0.05	0.23
地方财政收入	Local Financial Revenue	元	yuan	20	97	162	225
地方财政支出	Local Financial Expenditure	元	yuan	27	88	136	219
全社会固定资产投资	Total Investment in Fixed Assets	元	yuan	61	111	610	641
社会消费品零售总额	Total Retail Sales of Consumer Goods	元	yuan	134	292	714	1329
在岗职工年平均工资	Average Wages of Fully Employed Staff and Workers	元	yuan	404	723	1123	2030
城市居民人均可支配收入	Per Capita Annual Disposable Income of Urban Households	元	yuan	222	346	815	1581
城市居民人均消费支出	Per Capital Consumption Expenditure of Urban Households	元	yuan	210	306	703	1433
农民人均纯收入	Per Capital Net Income of Rural Households	元	yuan		131	488	934
农村居民人均生活消费支出	Per Capital Consumption Expenditure of Rural Households	元	yuan		103	380	765
城市居民住宅面积	Area of Urban Residential	平方米	sq.m		4.2	6.46	7.24
农民生活用房面积	Area of Rural Living Space	平方米	sq.m		10.19	15.88	18.28
普通高等学校在校生数	Number of Student Enrollment in Regular Institutions of Higher Education	人/万人	person/10 000persons		32	64	71

注:2008-2013年人均地区生产总值为常住人口计算。

a)From 2008 to 2013 per capita GDP calculated by resident population.

1-8 续表1 continued

指 标	Item	单位	Unit	1995年	2000年	2005年	2008年
地区生产总值(当年价格)	Gross Domestic Product(aurrent prices)	元	yuan	6374	10404	21091	34473
工农业总产值(当年价格)	Total Industrial and Agricultural Products(aurrent prices)	元	yuan	8772	10943	27619	42031
工业总产值	Total Industrial Products	元	yuan	7131	9039	25097	38648
农业总产值	Total Agricultural Products	元	yuan	1641	1904	2522	3383
农业产量	Output of Agricultural						
粮食	Grain	公斤	kg	609	669	599	542
牛奶	Cow Milk	公斤	kg	56	64	153	205
肉类	Meat	公斤	kg	27	38	37	27
水产品总产量	Total Aquatic Products	公斤	kg	12	20	28	29
主要工业产品产量	Output of Major Industrial Products						
原煤	Raw Coal	吨	ton	1.8	3.01	6.07	15.49
轮胎外胎	Tires	条	article	1.47	1.57	2.19	2.06
水泥	Cement	吨	ton	0.46	0.67	1.28	1.7
农用化肥	Chemical Fertilizers	吨	ton	0.31	0.41	0.42	0.46
地方财政收入	Local Financial Revenue	元	yuan	235	771	1791	3954
地方财政支出	Local Financial Expenditure	元	yuan	382	1005	2468	5665
全社会固定资产投资	Total Investment in Fixed Assets	元	yuan	2022	4234	14487	22360
社会消费品零售总额	Total Retail Sales of Consumer Goods	元	yuan	2725	4202	6791	9525
在岗职工年平均工资	Average Wages of Fully Employed Staff and Workers	元	yuan	4872	8956	18424	33247
城市居民人均可支配收入	Per Capita Annual Disposable Income of Urban Households	元	yuan	3932	5622	8852	14458
城市居民人均消费支出	Per Capital Consumption Expenditure of Urban Households	元	yuan	3541	5369	7311	11455
农民人均纯收入	Per Capital Net Income of Rural Households	元	yuan	1683	2712	3493	4917
农村居民人均生活消费支出	Per Capital Consumption Expenditure of Rural Households	元	yuan	1449	1886	2836	4119
城市居民住宅面积	Area of Urban Residential	平方米	sq.m	8.6	14.22	18.9	28.77
农民生活用房面积	Area of Rural Living Space	平方米	sq.m	19.75	27.26	31.17	35.76
普通高等学校在校生数	Number of Student Enrollment in Regular Institutions of Higher Education	人/万人	person/10 000persons	88	129	294	370

注:2008–2013年人均地区生产总值为常住人口计算。

a)From 2008 to 2013 per capita GDP calculated by resident population.

1-8 续表2 continued

指 标	Item	单位	Unit	2009年	2010年	2011年	2012年	2013年
地区生产总值(当年价格)	Gross Domestic Product(aurrent prices)	元	yuan	38392	42771	48964	56528	62437
工农业总产值(当年价格)	Total Industrial and Agricultural Products(aurrent prices)	元	yuan	47193	56697	68715	88711	101644
工业总产值	Total Industrial Products	元	yuan	43597	52664	64366	84036	96618
农业总产值	Total Agricultural Products	元	yuan	3596	4033	4349	4675	5026
农业产量	Output of Agricultural							
粮食	Grain	公斤	kg	544	474	427	435	413
牛奶	Cow Milk	公斤	kg	190	191	192	197	202
肉类	Meat	公斤	kg	28	27	25	24	26
水产品总产量	Total Aquatic Products	公斤	kg	27	27	26	30	32
主要工业产品产量	Output of Major Industrial Products							
原煤	Raw Coal	吨	ton	21.12	23.62	26.45	26.71	28.69
轮胎外胎	Tires	条	article	1.34	1.14	0.93	0.7	0.8
水泥	Cement	吨	ton	1.98	2.47	2.36	2.5	3.15
农用化肥	Chemical Fertilizers	吨	ton	0.43	0.37	0.4	0.32	0.26
地方财政收入	Local Financial Revenue	元	yuan	5517	7446	8939	9200	10816
地方财政支出	Local Financial Expenditure	元	yuan	6640	9545	11801	13125	14908
全社会固定资产投资	Total Investment in Fixed Assets	元	yuan	29326	35006	36417	45123	55655
社会消费品零售总额	Total Retail Sales of Consumer Goods	元	yuan	11053	12149	13621	15521	16859
在岗职工年平均工资	Average Wages of Fully Employed Staff and Workers	元	yuan	36799	43195	49937	54270	52529
城市居民人均可支配收入	Per Capita Annual Disposable Income of Urban Households	元	yuan	15715	17073	19481	21901	24169
城市居民人均消费支出	Per Capital Consumption Expenditure of Urban Households	元	yuan	12272	13589	14931	16390	16844
农民人均纯收入	Per Capital Net Income of Rural Households	元	yuan	5389	6161	7070	8068	8830
农村居民人均生活消费支出	Per Capital Consumption Expenditure of Rural Households	元	yuan	4817	5394	6260	7089	8631
城市居民住宅面积	Area of Urban Residential	平方米	sq.m	28.94	29.09	30.39	30.46	31.08
农民生活用房面积	Area of Rural Living Space	平方米	sq.m	38.33	38.85	46.19	44.69	37.14
普通高等学校在校生数	Number of Student Enrollment in Regular Institutions of Higher Education	人/万人	person/10 000persons	372	376	368	387	425

注:2008-2013年人均地区生产总值为常住人口计算;2013年在岗职工年平均工资为城镇非私营单位从业人员年平均工资。

a) From 2008 to 2013 per capita GDP calculated by resident population.The date of average wages of fully employed staff and workers changed to average wages of private in stitutions employed in cities and towns in 2013.

1—9 主要年份国民经济和社会发展主要指标

指　标	Item	单　位	Unit	1958年	1978年	1985年
年末总人口	**Population at Year-end**	**万人**	**10 000 persons**	**40.10**	**78.67**	**91.06**
#回族人口	Hui Ethnic	万人	10 000 persons	11.40	19.12	22.44
人口自然增长率	**Natural Growth Rate of Population**	‰	‰			
国民经济核算	**National Accounting**					
地区生产总值	Gross Domestic Product	亿元	100 million yuan	0.84	3.82	9.42
第一产业	Primary Industry	亿元	100 million yuan	0.34	0.79	2.63
第二产业	Secondary Industry	亿元	100 million yuan	0.20	2.02	4.27
第三产业	Tertiary Industry	亿元	100 million yuan	0.30	1.01	2.52
农业	**Agricultural**					
农林牧渔业总产值	Gross Output Value of Agriculture, Forestry,Animal Husbandry and Fishery	亿元	100 million yuan	0.42	1.29	3.45
粮食总产量	Grain	万吨	10 000 tons		31.09	42.91
肉类总产量	Meat	万吨	10 000 tons		0.27	0.62
水产品产量	Aquatic Products	万吨	10 000 tons		0.01	0.12
工业	**Industrial**					
全部工业总产值	Gross Output Value of Whole Industrial	亿元	100 million yuan	0.32	4.98	9.32
利税总额	Total Profits and Taxes	亿元	100 million yuan		0.93	1.54
固定资产投资	**Investment in Fixed Assets**					
全社会固定资产投资额	Total Investment in Fixed Assets in the Whole Country	亿元	100 million yuan	0.23	0.86	5.50
#基本建设	Infrastructure	亿元	100 million yuan	0.23	0.84	3.49
更新改造	Renovation and Reformation Investment	亿元	100 million yuan			1.32
房地产开发	Development of Real Estate	亿元	100 million yuan			
各类房屋施工面积	Floor Space under Construction	万平方米	10 000 sq.m	38.35	50.29	225.55
各类房屋竣工面积	Floor Space Completed	万平方米	10 000 sq.m	27.28	22.70	124.12
运输邮电	**Transport,Postal and Telecommunication Services**					
公路货运周转量	Freight Turnover Volume of Highways	亿吨公里	100 million ton-km	0.49	1.75	3.03
公路客运周转量	Passenger Turnover Volume of Highways	亿吨公里	100 million ton-km	0.01	1.24	3.06
邮电业务总量	Business Volume of Postal and Telecommunication Services	亿元	100 million yuan		0.02	0.05

Principal Indicators on National Economic and Social Development in Main Years

1978年	1985年	1990年	1995年	2000年	2005年	2010年	2011年	2012年	2013年
78.67	**91.06**	**103.45**	**113.53**	**126.46**	**142.43**	**200.45**	**202.57**	**204.63**	**208.27**
19.12	22.44	25.4	28.01	33.17	36.95	46.21	48.17	48.43	50.11
			8.34	**9.00**	**6.31**	**7.23**	**5.77**	**7.11**	**6.73**
3.82	9.42	23.2	71.71	128.75	293.57	792.61	986.68	1150.93	1289.02
0.79	2.63	5.49	12.00	14.35	19.45	40.29	47.05	50.95	55.42
2.02	4.27	9.21	31.05	54.13	132.55	400.24	525.25	619.05	688.60
1.01	2.52	8.50	28.66	60.27	141.57	352.08	414.38	480.93	545.00
1.29	3.45	7.91	18.47	23.46	35.1	74.73	87.64	95.18	103.76
31.09	42.91	58.99	68.55	82.40	83.43	87.91	86.15	88.63	85.30
0.27	0.62	1.29	3.04	4.65	5.16	4.96	4.98	4.97	5.28
0.01	0.12	0.73	1.28	2.58	3.94	4.95	5.33	6.03	6.55
4.98	9.32	25.02	80.24	135.08	349.34	975.92	1297.03	1711.02	1994.69
0.93	1.54	2.27	7.25	4.98	22.5	135.13	163.5	197.09	231.31
0.86	5.50	6.55	22.75	52.39	201.65	648.69	733.85	918.73	1149.00
0.84	3.49	3.64	10.51	20.49	90.54	392.73	419.45	522.65	725.58
	1.32	1.73	4.33	10.44	23.98	39.66	86.00	99.18	71.04
		0.21	3.84	12.66	56.61	160.82	207.67	275.7	330.81
50.29	225.55	139.81	241.10	455.27	1129.75	2566.76	3405.28	3948.48	6087.01
22.70	124.12	93.95	153.04	311.58	618.89	650.52	894.39	814.37	725.82
1.75	3.03	3.68	5.96	17.09	23.21	134.72	149.81	172.80	197.94
1.24	3.06	4.96	7.46	13.40	16.04	23.18	25.18	27.95	30.41
0.02	0.05	0.23	1.30	7.30	21.82	43.19	26.40	29.31	36.61

1-9 续表

指 标	Item	单位	Unit	1958年
国内商业	**Domestic Commercial**			
社会消费品零售总额	Total Retail Sales of Consumer Goods	亿元	100 million yuan	0.51
#国有经济	State-owned	亿元	100 million yuan	0.23
股份制经济	Share-holding	亿元	100 million yuan	
财政、金融	**Government Finance and Financial Intermediation**			
地方财政收入	Local Financial Revenue	亿元	100 million yuan	0.08
地方财政支出	Local Financial Expenditure	亿元	100 million yuan	0.10
金融机构存款余额	Total Deposits of Financial Institutions	亿元	100 million yuan	0.59
金融机构贷款余额	Total Loans of Financial Institutions	亿元	100 million yuan	0.61
人民生活与物价	**People's Living Condition and Price Indices**			
在岗职工年平均工资	Average Wages of Fully Employed Staff and Workers	元	yuan	404
城市居民人均可支配收入	Per Capita Annual Disposable Income of Urban Households	元	yuan	222
城市居民人均消费性支出	Per Capital Consumption Expenditure of Urban Households	元	yuan	210
农民人均纯收入	Per Capital Net Income of Rural Households	元	yuan	
农民人均生活消费支出	Per Capital Consumption Expenditure of Rural Households	元	yuan	
城乡居民储蓄存款余额	Urban and Rural Household Saving Deposits	亿元	100 million yuan	0.04
居民消费价格指数(以上年价格为100)	Consumer Price Index(preceding year=100)	%	%	102.4
商品零售价格指数(以上年价格为100)	Retail Price Index(preceding year=100)	%	%	101.7
教育、卫生	**Education and Public Health**			
高等学校在校学生数	Number of Student Enrollment in Institutions of Higher Education	万人	10 000 persons	0.03
#普通高等学校	Regular Institutions of Higher Education	万人	10 000 persons	0.03
中等专业学校在校学生数	Number of Student Enrollment in Specialized Secondary Schools	万人	10 000 persons	0.23
普通中学在校学生数	Number of Student Enrollment in Regular Secondary Education Schools	万人	10 000 persons	0.53
小学在校学生数	Number of Student Enrollment in Primary Schools	万人	10 000 persons	0.23
卫生机构数	Number of Health Care Institutions	个	unit	96
医院个数	Number of Hospital	个	unit	14
卫生机构床位数	Number of Beds	张	bed	501
卫生技术人员	Medical Technical Personnel in Health Care Institutions	人	person	992
#医生	Doctors	人	person	487

注:2013年在岗职工年平均工资为城镇非私营单位从业人员年平均工资。

a)The date of average wages of fully employed staff and workers changed to average wages of private in stitutions employed in cities and towns in 2013.

continued

1978年	1985年	1990年	1995年	2000年	2005年	2010年	2011年	2012年	2013年
2.26	6.44	13.59	30.66	51.99	95.41	225.14	274.47	316.02	348.06
1.43	3.60	6.52	14.32	11.11	7.69	8.00	11.36	6.69	6.09
			0.27	9.90	28.66	91.57	129.43	147.46	181.91
0.73	1.32	2.30	2.64	9.50	24.93	137.99	180.14	187.31	223.29
0.68	1.22	2.24	4.30	12.38	34.36	176.88	237.79	267.23	307.78
4.97	9.51	22.54	86.38	223.23	612.69	1597.96	1810.20	2118.33	2340.93
5.03	9.86	31.18	90.01	205.31	551.71	1641.06	1945.42	2313.87	2660.62
723	1123	2030	4872	8956	18424	43195	49937	54270	52529
346	815	1581	3932	5622	8852	17073	19481	21901	23776
306	703	1433	3541	5369	7311	13589	14931	16390	16844
131	488	934	1683	2712	3493	6161	7070	8068	8830
103	380	765	1449	1886	2836	5394	6260	7089	8631
0.39	3.04	12.26	49.34	99.82	264.95	634.45	725.26	905.95	1015.22
100.6	108.9	106.3	117.3	99.2	101.7	103.8	105.5	102.6	103.50
100.7	108.6	102.9	114.7	97.7	100.6	102.5	104.2	100.6	102.30
0.27	1.11	1.23	1.46	2.89	6.00	9.81	9.90	10.80	11.72
0.25	0.58	0.73	0.99	1.59	4.09	6.97	7.41	7.87	8.85
0.19	0.44	0.65	1.26	2.30	3.07	4.61	5.03	4.54	
6.68	7.25	6.96	6.52	7.70	10.73	12.33	12.38	12.57	12.86
12.65	12.8	12.33	12.36	13.60	14.25	14.75	14.82	14.77	15.19
312	433	510	134	137	158	543	862	903	931
60	59	54	76	39	59	61	61	53	54
2859	3495	4491	5759	6166	8058	9472	10329	11313	12898
4280	6252	7876	7552	7932	8619	13667	14651	15952	17562
2000	2758	4082	3845	4033	3660	5301	5461	5829	6429

1—10 主要年份国民经济和社会发展结构指标

单位:%

指 标	Item	1958年	1978年	1985年
人口	**Population**			
农业与非农业结构	Structural of Agricultural and Non-agricultural			
农业	Agricultural	73.4	68.4	63.0
非农业	Non-agricultural	26.6	31.6	37.0
性别结构	Gender Structural			
男性	Male	54.2	51.8	50.8
女性	Female	45.8	48.2	49.2
地域结构	Geographical structure			
市区	Urban	37	41.3	43.6
县	County	44.4	38.0	35.4
市	City	18.6	20.7	21.0
单位从业人员结构	**Structural of Empolyed Persons**			
第一产业	Primary Industry	7.4	9.2	13.1
第二产业	Secondary Industry	21.5	54.6	45.7
第三产业	Tertiary Industry	71.1	36.2	41.2
国民经济核算	**National Econonmic Accounting**			
地区生产总值	Gross Domestic Product			
第一产业	Primary Industry	40.4	20.7	27.9
第二产业	Secondary Industry	24.2	53.0	45.3
第三产业	Tertiary Industry	35.5	26.3	26.8
农业	**Agricultural**			
农林牧渔业总产值结构	Structural of Agriculture, Forestry,Animal Husbandry and Fishery			
农业	Agriculture	89.2	86.2	75.6
林业	Forestry	1.8	2.2	4.7
牧业	Animal Husbandry	8.7	11.6	18.7
渔业	Fishery	0.3	0.1	1.0
工业	**Industrial**			
经济类型结构	Structural of Economic Types			
国有经济	State-owned Enterprises	74.4	81.5	75.7
集体经济	Collective-owned Enterprises	25.5	18.3	17.6
其他	Other Enterprises	0.1	0.2	6.7
轻重工业结构	Structural of Light & Heavy Industries			
轻工业	Light Industry	61.4	39.4	46.3
重工业	Heavy Industry	38.6	60.6	53.7

注: 1. 2008-2013年人口为常住人口结构数据。

a)From 2008 to 2013 the population structure data for the resident Population.

2. 从2009年起,工业结构数据为规模以上口径。

b)The industrial structural data caliber change to industrial above designated size since 2009.

Structural Indicators on National Economic and Social Development in Main Years

(%)

1990年	1995年	2000年	2005年	2010年	2011年	2012年	2013年
56.2	51.8	48.5	38.4	35.1	34.9	34.7	34.7
43.8	48.2	51.5	61.6	64.9	65.1	65.3	65.3
51.1	50.9	50.8	50.5	51.8	51.3	50.9	50.9
48.9	49.1	49.2	49.5	48.2	48.7	49.1	49.1
46.4	48.0	50.7	56.2	64.8	64.8	64.8	64.5
32.4	30.7	29.1	27.3	22.1	22.1	22.1	22.4
21.2	21.3	20.2	16.5	13.1	13.1	13.1	13.1
10.7	8.4	8.6	6.1	4.0	3.8	3.3	3.0
45.3	49.2	42.0	50.3	46.4	45.4	41.6	41.4
44.0	42.4	49.4	43.6	49.6	50.8	55.1	55.6
23.7	16.7	11.1	6.6	5.1	4.8	4.4	4.3
39.7	43.3	42.1	45.2	50.5	53.2	53.8	53.4
36.6	40.0	46.8	48.2	44.4	42.0	41.8	42.3
70.6	68.3	63.2	59.4	63.4	63.1	62.2	61.6
5.4	0.7	1.9	1.5	1.7	1.5	1.5	2.0
19.8	26.6	29.6	28.9	24.5	25	24.7	25.4
4.2	4.4	5.3	7.7	5.6	5.2	6.6	5.9
84.8	64.7	23.8	23.8	19.0	46.1	28.1	21.0
13.6	10.6	5.1	0.5				
1.6	24.7	71.1	75.7	81.0	53.9	71.9	79.0
35.3	22.9	24.2	25.9	19.1	17.6	16.7	17.0
64.7	77.1	75.8	74.1	80.9	82.4	83.3	83.0

1-10 续表

单位:%

指 标	Item	1958年	1978年	1985年
企业规模结构	Structural of Size of Enterprises			
大型企业	Large Enterprises			
中型企业	Medium-sized Enterprises	10.1	34.0	30.8
小型企业	Small Enterprises	89.9	66.0	69.2
固定资产投资	**Investment in Fixed Assets**			
投资经济类型结构	Structural of Investment Economic Types			
第一产业	Primary Industry		11.2	5.0
第二产业	Secondary Industry		44.4	50.7
第三产业	Tertiary Industry		44.4	44.3
投资种类结构	Structural of Investment Types			
#基本建设	Infrastructure		97.9	63.4
更新改造	Renovation and Reformation Investment			23.9
房地产开发	Development of Real Estate			
社会消费品零售总额	**Total Retail Sales of Consumer Goods**			
经济类型结构	Structural of Economic Types			
国有经济	State-owned Enterprises	45.1	63.2	56.0
集体经济	Collective-owned Enterprises	37.8	26.4	23.4
其他经济	Other Enterprises	17.1	10.4	20.6
行业结构	Sector Structural			
批发零售贸易业	Wholesale and Retail Trade	83.8	79.9	79.2
餐饮业	Catering Services	3.8	4.0	3.6
其他	Others	12.4	2.0	17.2
居民生活消费	**Residents' living consumption**			
城镇居民人均生活消费结构	Structural of Per Capital Annual Living Expenditure of Urban Households			
#食品类	Food	60.0	58.8	47.9
衣着类	Clothing	16.2	14.6	18.6
居住	Residence	12.3	2.2	4.0
交通通讯	Transport and Communications	0.5	1.2	2.6
医疗保健类	Health Care and Medical Services	0.4	0.5	0.8
农村居民人均生活消费结构	Structural of Per Capital Annual Living Expenditure of Rural Households			
#食品类	Food		72.5	64.2
衣着类	Clothing		22.9	14.7
居住	Residence		4.6	7.4
交通通讯	Transport and Communications			
医疗保健类	Health Care and Medical Services			
财政收入占地区生产总值的比例	**The Proportion of Fiscal Revenue in GDP**	**9.2**	**19.0**	**14.0**
固定资产投资占地区生产总值比例	**The Proportion of Investment in Fixed Assets in GDP**	**27.6**	**22.4**	**58.4**

continued

(%)

1990年	1995年	2000年	2005年	2010年	2011年	2012年	2013年
14.9	39.0	52.8	43.8	48.6	62.1	63.0	62.4
32.3	27.0	16.7	26.5	26.7	20.9	17.8	17.9
52.8	34.0	30.5	29.7	24.7	17.0	19.2	19.7
2.4	2.3	1.9	0.1	1.7	0.8	1.1	0.8
63.5	48.9	34.9	48.0	47.2	46.5	47.8	40.3
34.1	48.8	63.2	51.9	51.1	52.7	51.1	58.9
55.6	46.2	39.1	44.9	60.5	57.2	58.5	63.1
26.5	19.0	19.9	11.9	6.1	11.7	10.8	6.2
3.3	16.9	24.2	28.1	24.8	28.3	30.0	28.8
48	50.7	28.1	14.1	3.6	4.1	2.1	1.7
26.8	16.7	6.0	1.2	0.5	0.5	0.4	0.4
25.2	32.6	65.9	84.7	95.9	95.4	97.5	97.9
93.3	87.4	86.2	84.8	87.1	87.8	89.5	90.2
4.7	10.3	12.1	14.4	11.9	11.3	9.1	8.5
2.0	2.3	1.7	0.8	1.0	0.9	1.4	1.3
52.9	44.1	34.1	35.8	32.1	35.3	33.4	32.3
15.3	17.4	12.9	12.0	11.5	12.3	12.6	11.8
4.4	3.7	5.5	9.3	9.8	8.1	7.3	7.9
2.0	6.8	9.1	11.2	15.9	13.3	15.7	15.9
2.5	2.6	7.5	8.5	8.2	8.0	8.2	7.9
47.5	28.3	42.4	37.1	35.8	30.0	35.9	32.1
11.6	9.3	8.4	7.3	8.6	9.0	9.6	8.5
9.5	14.7	17.6	22.4	21.6	24.6	17.8	22.4
	2.9	4.9	8.2	9.7	10.1	10.1	12.2
	3.6	8.6	9.0	8.9	9.8	9.3	9.6
9.9	**3.7**	**7.4**	**8.5**	**17.4**	**18.3**	**16.3**	**17.3**
28.2	**31.7**	**40.7**	**68.7**	**81.8**	**74.4**	**79.8**	**89.1**

1—11 平均每天主要社会经济活动

指标	Item	单位	Unit	1958年
地区生产总值(当年价格)	Gross Domestic Product(aurrent prices)	万元	10 000 yuan	23
工农业总产值(当年价格)	Total Industrial and Agricultural Products (aurrent prices)	万元	10 000 yuan	20
农业总产值	Total Agricultural Products	万元	10 000 yuan	11
工业总产值	Total Industrial Products	万元	10 000 yuan	9
地方财政收入	Local Financial Revenue	万元	10 000 yuan	2
地方财政支出	Local Financial Expenditure	万元	10 000 yuan	3
主要工业产品产量	Output of Major Industrial Products			
原煤	Raw Coal	万吨	10 000 tons	
金属切削机床	Metal-cutting Machine Tools	台	unit	
轮胎外胎	Tires	条	article	
水泥	Cement	吨	ton	
饮料酒	Alcoholic Drink	千升	kiloliter	3
乳制品	Dairy Products	吨	ton	
农用化肥	Chemical Fertilizers	吨	ton	
社会消费品零售总额	Total Retail Sales of Consumer Goods	万元	10 000 yuan	14
进出口总额	Total Value of Imports and Exports	万美元	USD 10 000	
全社会固定资产投资额	Total Investment in Fixed Assets	万元	10 000 yuan	6
邮电业务总量	Business Volume of Postal and Telecommunication Services	万元	10 000 yuan	
公路货运周转量	Freight Turnover Volume of Highways	万吨公里	10 000 ton-km	13
公路客运周转量	Passenger Turnover Volume of Highways	万吨公里	10 000 ton-km	
金融机构存款余额	Total Deposits of Financial Institutions	万元	10 000 yuan	16
金融机构贷款余额	Total Loans of Financial Institutions	万元	10 000 yuan	17
城市供水总量	Total Volume Water Supply of City Districts	万立方米	10 000 cu.m	
城市公交客运总量	Total Volume Bus and Trplley Bus of City Districts	万人次	10 000 person-times	

Major Indicators on Average Daily Social and Economic Activities

1978年	1985年	1990年	1995年	2000年	2005年	2010年	2011年	2012年	2013年
105	258	636	1965	3527	8043	21715	27032	31532	35316
171	350	902	2704	4344	10533	28784	37936	49485	57492
35	95	217	506	643	962	2047	2401	2608	2843
136	255	685	2198	3701	9571	26737	35535	46877	54649
21	40	63	72	260	683	3781	4935	5132	6117
19	33	61	118	339	941	4846	6515	7321	8432
0.1	0.2	0.3	0.6	1.0	3.2	11.9	14.6	14.9	16.23
1	1	1	3	2	4	9	10	7	6
825	940	1740	4519	5288	8344	5765	5161	3888	4545
86	236	835	1411	2253	4883	12562	13038	13951	17811
1	21	43	77	111	234	438	498	471	746
	2	9	12	19	136	103	66	537	601
413	119	644	941	1370	1585	1891	2207	1809	1490
62	176	372	840	1424	2590	6168	7520	8658	9536
8	15	23	74	70	144	274	332	374	660
23	151	179	623	1435	5525	17772	20105	25171	31479
1	1	6	36	200	598	1183	723	803	1003
48	83	101	163	468	636	3691	4104	4734	5423
34	84	136	204	367	440	635	690	766	833
131	241	563	2367	6116	16786	43780	49595	58036	64135
133	250	792	2466	5625	15115	44961	53299	63394	72894
0.9	3.8	20.3	31.7	33.4	27.5	28.8	30.8	31.4	32.4
5.0	16.0	16.0	13.0	18.3	24.6	49.8	54.6	69.7	82.3

1—12 银川市主要经济指标与全国、全区对比

指标	Item	单位	Unit
年末总人口	Population at Year-end	万人	10 000 persons
地区生产总值	Gross Domestic Product	亿元	100 million yuan
第一产业	Primary Industry	亿元	100 million yuan
第二产业	Secondary Industry	亿元	100 million yuan
#工业	Industrial	亿元	100 million yuan
第三产业	Tertiary Industry	亿元	100 million yuan
全社会固定资产投资	Total Investment in Fixed Assets in the Whole Country	亿元	100 million yuan
#房地产开发投资	Investment in Real Estate Development	亿元	100 million yuan
社会消费品零售总额	Total Retail Sales of Consumer Goods	亿元	100 million yuan
进出口总额	Total Value of Imports and Exports	亿美元	USD 10 000
#出口额	Total Export	亿美元	USD 10 000
实际利用外资	Foreign Capital Actually Utilized	亿美元	USD 10 000
金融机构存款余额	Total Deposits of Financial Institutions	亿元	100 million yuan
#城乡居民储蓄存款余额	Urban and Rural Household Saving Deposits	亿元	100 million yuan
金融机构贷款余额	Total Loans of Financial Institutions	亿元	100 million yuan
城镇非私营单位从业人员年平均工资	Average Wages of Private Enstitutions Employed in cities and tawns	元	yuan
城市居民人均可支配收入	Per Capita Annual Disposable Income of Urban Households	元	yuan
农民人均纯收入	Per Capital Net Income of Rural Households	元	yuan
居民消费价格指数	Consumer Price Index	%	%
工业生产者出厂价格指数	Producer Price Index for Manufactured Goods	%	%

The Main Economic Indicators of Yinchuan Compared to Country and Region

全　国 Country	全　区 Region	银川市 Yinchuan	银川市占全区比重% Yinchuan Accounted for Region
136072	654.19	208.27	31.8
568845	2565.06	1289.02	50.3
56957	222.98	55.42	24.9
249684	1264.96	688.60	54.4
210689	944.5	523.30	55.4
262204	1077.12	545.00	50.6
447074	2681.14	1149.00	42.9
86013	558.97	330.81	59.2
237810	610.51	348.06	57.0
46996	32.18	24.11	74.9
24202	25.52	20.78	81.4
1176	2.04	1.29	63.2
1044000	3868.47	2340.94	60.5
461370	1887.23	1015.22	53.8
719000	3910.15	2660.62	68.0
51474	50476	52529	+2053
26955	21833	23776	+1893
8896	7060	8830	+1899
102.6	103.4	103.5	
98.1	96.0	95.0	

1—13 主要年份银川市分县(市)区国民经济和社会发展主要指标

指 标	Item	单 位	Unit
总人口	Total Population	万人	10 000 persons
#回族人口	Hui Ethnic	万人	10 000 persons
人口自然增长率	Natural Growth Rate of Population	‰	‰
单位从业人员	Employed Persons	万人	10 000 persons
第一产业	Primary Industry	万人	10 000 persons
第二产业	Secondary Industry	万人	10 000 persons
第三产业	Tertiary Industry	万人	10 000 persons
地区生产总值	Gross Domestic Product	亿元	100 million yuan
第一产业	Primary Industry	亿元	100 million yuan
第二产业	Secondary Industry	亿元	100 million yuan
#工业增加值	Value-added of Industry	亿元	100 million yuan
第三产业	Tertiary Industry	亿元	100 million yuan
农、林、牧、渔业总产值	Gross Output Value of Agriculture, Forestry,Animal Husbandry and Fishery	亿元	100 million yuan
#畜牧业产值	Gross Output Value of Livestock	亿元	100 million yuan
粮食产量	Grain	万吨	10 000 tons
蔬菜产量	Vegetables	万吨	10 000 tons
水产品产量	Aquatic Products	万吨	10 000 tons
肉类总产量	Meat	万吨	10 000 tons
#猪牛羊肉产量	Products of Pork, Beef and Mutton	万吨	10 000 tons
全部工业总产值	Gross Industrial Output Value	亿元	100 million yuan
#规模以上工业	Industrial Enterprises above Designated Size	亿元	100 million yuan
#大中型工业	Large and Medium-sized Enterprises	亿元	100 million yuan
全社会固定资产投资	Investment in Fixed Assets	亿元	100 million yuan
#房地产开发投资	Investment in Real Estate Development	亿元	100 million yuan
社会消费品零售额	Total Retail Sales of Consumer Goods	亿元	100 million yuan
#批发和零售业	Wholesale and Retail Trade	亿元	100 million yuan
住宿和餐饮业	Hotels and Catering Services	亿元	100 million yuan
地方财政收入	Local Financial Revenue	亿元	100 million yuan
地方财政支出	Local Financial Expenditure	亿元	100 million yuan
在岗职工年平均工资	Average Wages of Fully Employed Staff and Workers	元	yuan
城市居民人均可支配收入	Per Capita Annual Disposable Income of Urban Households	元	yuan
城市居民人均消费性支出	Per Capital Consumption Expenditure of Urban Households	元	yuan
农民人均纯收入	Per Capital Net Income of Rural Households	元	yuan
农民人均生活消费性支出	Per Capital Consumption Expenditure of Rural Households	元	yuan
普通中学在校生	Number of Student Enrollment in Regular Secondary Education Schools	万人	10 000 persons
小学在校生	Number of Student Enrollment in Primary Schools	万人	10 000 persons
卫生技术人员	Medical Technical Personnel in Health Care Institutions	万人	10 000 persons
#医生	Doctors	万人	10 000 persons

注:2008-2013年人口为常住人口结构数据。2013年在岗职工年平均工资为城镇非私营单位从业人员年平均工资。

a)From 2008 to 2013 the population structure data for the resident Population.The date of average wages of fully employed staff and workers changed to average wages of private in stitutions employed in cities and towns in 2013.

Major Indicators on National Economic and Social Development in Main Years by City and Country

地 区 Region							市 区 City						
2008年	2009年	2010年	2011年	2012年	2013年	2013年比2012年增长%	2008年	2009年	2010年	2011年	2012年	2013年	2013年比2012年增长%
165.43	170.18	200.45	202.57	204.63	208.27	1.8	102.49	105.82	129.91	131.33	132.67	134.40	1.3
43.33	44.81	46.21	48.17	48.43	50.11	3.5	22.48	23.43	24.15	25.24	25.73	26.99	4.9
6.08	6.49	7.23	5.77	7.11	6.73	-5.3	5.59	5.70	6.97	5.65	6.76	6.46	-4.4
28.98	29.66	30.07	31.30	33.51	35.04	4.6	23.95	24.59	24.75	25.72	27.63	28.46	3.0
1.35	1.27	1.22	1.20	1.12	1.06	-5.4	0.53	0.49	0.48	0.49	0.47	0.45	-4.3
13.74	14.09	13.95	14.2	13.93	14.52	4.2	11.80	12.18	11.90	12.17	11.95	11.90	-0.4
13.89	14.30	14.90	15.90	18.46	19.46	5.4	11.62	11.92	12.37	13.06	15.21	16.11	5.9
563.79	644.24	792.61	986.68	1150.93	1289.02	10.0	398.50	439.83	517.04	607.05	713.51	793.90	9.6
30.07	32.85	40.29	47.05	50.95	55.42	3.8	11.77	12.64	13.75	15.90	17.00	17.92	0.8
267.46	314.22	400.24	525.25	619.05	688.60	11.8	155.51	163.87	204.51	246.52	304.78	331.03	11.0
211.46	236.64	298.70	396.46	471.92	523.30	11.9	115.07	116.09	134.57	159.78	206.78	218.70	9.8
266.26	297.17	352.08	414.38	480.93	545.00	8.4	231.22	263.32	298.78	344.63	391.73	444.95	8.8
55.33	60.35	74.73	87.64	95.18	103.76	4.3	18.42	19.53	24.93	28.89	30.57	32.46	1.5
15.16	13.83	18.34	21.87	23.53	26.31	2.7	6.23	5.26	7.86	9.07	8.77	9.57	-0.5
88.62	91.34	87.91	86.15	88.63	85.30	-3.8	21.66	21.70	22.22	21.69	22.46	20.90	-6.9
99.43	111.32	126.93	137.84	141.18	142.81	1.2	40.68	39.16	40.27	45.75	43.70	38.68	-11.5
4.42	4.59	4.95	5.33	6.03	6.55	8.6	0.71	1.35	1.38	1.43	1.47	1.68	14.3
4.30	4.66	4.96	4.98	4.97	5.28	6.2	1.14	1.14	1.31	1.26	1.07	1.07	0.0
3.53	4.08	4.29	4.30	4.33	4.63	6.9	0.81	0.94	1.06	1.01	0.86	0.89	3.5
641.21	731.58	975.92	1297.03	1711.03	1994.69	16.6	376.45	370.72	494.70	602.30	842.90	957.38	13.6
599.95	688.53	935.56	1229.96	1647.57	1928.03	17.0	366.40	359.87	484.06	582.15	824.36	939.91	14.0
472.08	533.84	735.30	1021.10	1330.43	1548.57	16.4	314.62	300.52	402.13	519.15	756.94	852.97	12.7
365.69	492.10	648.69	733.85	918.73	1149.00	25.1	141.35	157.46	253.61	309.58	377.52	470.54	24.6
78.61	99.60	160.82	207.67	275.70	330.81	20.0	68.39	84.74	109.47	142.60	210.25	229.40	9.1
155.77	185.48	225.14	274.47	316.02	348.06	12.2	132.43	147.38	166.18	194.83	219.78	236.69	10.7
132.03	160.41	196.12	241.08	278.04	314.01	12.9	111.36	125.44	140.25	165.44	186.37	209.64	12.5
23.18	24.71	29.02	33.39	32.07	34.05	6.2	21.06	21.84	25.94	29.39	27.49	27.05	-1.6
64.67	92.57	137.99	180.14	187.31	223.29	19.2	46.73	65.53	93.27	125.36	133.13	162.35	21.9
92.64	111.42	176.88	237.79	267.23	307.78	15.2	61.42	64.14	104.18	151.60	169.35	194.31	14.7
33247	36799	43195	49937	54270	52529	5.2	35481	39322	46497	50909	56907	54354	
14180	15465	16842	19203	21620	23776	10.0	14458	15715	17073	19481	21901	24169	10.4
11062	11927	13237	14562	16007	16844	5.2	11455	12272	13589	14931	16390	17393	6.1
4917	5389	6161	7070	8068	8830	9.4							
4119	4817	5394	6260	7089	8631	21.8							
11.52	12.06	12.33	12.38	12.57	12.86	2.3	7.70	8.16	8.29	8.31	8.36	8.54	2.2
15.00	14.77	14.75	14.82	14.77	15.19	2.8	8.86	8.75	8.78	8.83	8.94	9.14	2.2
1.15	1.26	1.37	1.47	1.60	1.76	10.0	0.96	1.07	1.18	1.25	1.39	1.52	9.4
0.48	0.51	0.53	0.55	0.58	0.64	10.3	0.40	0.43	0.46	0.46	0.50	0.56	12.0

1-13 续表1

指 标	Item	单 位	Unit
总人口	Total Population	万人	10 000 persons
#回族人口	Hui Ethnic	万人	10 000 persons
人口自然增长率	Natural Growth Rate of Population	‰	‰
单位从业人员	Employed Persons	万人	10 000 persons
第一产业	Primary Industry	万人	10 000 persons
第二产业	Secondary Industry	万人	10 000 persons
第三产业	Tertiary Industry	万人	10 000 persons
地区生产总值	Gross Domestic Product	亿元	100 million yuan
第一产业	Primary Industry	亿元	100 million yuan
第二产业	Secondary Industry	亿元	100 million yuan
#工业增加值	Value-added of Industry	亿元	100 million yuan
第三产业	Tertiary Industry	亿元	100 million yuan
农、林、牧、渔业总产值	Gross Output Value of Agriculture, Forestry,Animal Husbandry and Fishery	亿元	100 million yuan
#畜牧业产值	Gross Output Value of Livestock	亿元	100 million yuan
粮食产量	Grain	万吨	10 000 tons
蔬菜产量	Vegetables	万吨	10 000 tons
水产品产量	Aquatic Products	万吨	10 000 tons
肉类总产量	Meat	万吨	10 000 tons
#猪牛羊肉产量	Products of Pork, Beef and Mutton	万吨	10 000 tons
全部工业总产值	Gross Industrial Output Value	亿元	100 million yuan
#规模以上工业	Industrial Enterprises above Designated Size	亿元	100 million yuan
#大中型工业	Large and Medium-sized Enterprises	亿元	100 million yuan
全社会固定资产投资	Investment in Fixed Assets	亿元	100 million yuan
#房地产开发投资	Investment in Real Estate Development	亿元	100 million yuan
社会消费品零售额	Total Retail Sales of Consumer Goods	亿元	100 million yuan
#批发和零售业	Wholesale and Retail Trade	亿元	100 million yuan
住宿和餐饮业	Hotels and Catering Services	亿元	100 million yuan
地方财政收入	Local Financial Revenue	亿元	100 million yuan
地方财政支出	Local Financial Expenditure	亿元	100 million yuan
在岗职工年平均工资	Average Wages of Fully Employed Staff and Workers	元	yuan
城市居民人均可支配收入	Per Capita Annual Disposable Income of Urban Households	元	yuan
城市居民人均消费性支出	Per Capital Consumption Expenditure of Urban Households	元	yuan
农民人均纯收入	Per Capital Net Income of Rural Households	元	yuan
农民人均生活消费性支出	Per Capital Consumption Expenditure of Rural Households	元	yuan
普通中学在校生	Number of Student Enrollment in Regular Secondary Education Schools	万人	10 000 persons
小学在校生	Number of Student Enrollment in Primary Schools	万人	10 000 persons
卫生技术人员	Medical Technical Personnel in Health Care Institutions	万人	10 000 persons
#医生	Doctors	万人	10 000 persons

continued

兴庆区 xingqing							金凤区 JinFeng						
2008年	2009年	2010年	2011年	2012年	2013年	2013年比2012年增长%	2008年	2009年	2010年	2011年	2012年	2013年	2013年比2012年增长%
55.75	57.09	68.30	69.00	69.74	70.72	1.4	21.35	23.15	28.5	28.85	29.14	29.54	1.4
11.25	11.58	10.96	11.46	12.78	13.65	6.8	6.88	7.45	7.12	7.45	7.11	7.42	4.4
6.05	6.08	7.10	5.34	7.28	6.87	−5.6	5.30	6.34	9.25	6.07	6.53	6.12	−6.3
15.35	10.14	9.82	9.63	10.90	15.66	43.7	3.93	9.96	10.35	11.50	11.81	7.02	−40.6
0.08	0.08	0.08	0.10	0.10	0.09	−10.0	0.08	0.07	0.07	0.06	0.06	0.02	−66.7
7.80	3.38	2.68	2.59	2.90	6.76	133.1	1.37	7.05	6.70	7.18	6.66	2.01	−69.8
7.47	6.68	7.06	6.95	7.89	8.80	11.5	2.48	2.84	3.58	4.26	5.08	4.98	−2.0
213.76	241.94	270.98	318.37	356.73	395.63	8.6	65.35	70.47	90.37	107.50	123.85	143.19	12.8
4.15	4.55	4.96	5.64	5.88	6.36	0.8	2.24	2.42	2.63	2.95	3.04	4.41	0.8
68.79	76.79	83.11	103.16	110.84	116.83	8.4	31.25	30.69	43.77	55.14	63.40	73.06	16.1
52.58	58.12	60.96	83.11	88.35	90.62	6.8	18.76	16.70	18.27	21.56	22.42	24.53	14
140.82	160.60	182.91	209.57	240.02	272.44	8.8	31.86	37.36	43.97	49.41	57.41	65.72	9.4
8.38	8.64	9.34	12.37	13.01	13.81	1.5	4.26	4.98	6.60	7.44	8.01	8.51	1.5
3.75	3.08	2.66	4.26	4.12	4.50	−0.5	1.36	1.18	2.30	1.83	1.77	1.93	−0.5
6.97	7.12	6.88	6.89	7.08	6.24	−11.9	4.08	3.54	3.94	3.48	3.51	2.79	−20.5
21.31	18.00	19.14	20.32	19.92	15.75	−20.9	10.41	12.31	13.23	13.44	15.37	15.45	0.5
0.42	0.45	0.47	0.51	0.56	0.57	1.8	0.69	0.70	0.74	0.74	0.89	0.84	−5.6
0.47	0.39	0.48	0.48	0.29	0.25	−13.8	0.31	0.33	0.39	0.31	0.41	0.39	−4.9
0.31	0.29	0.36	0.37	0.22	0.19	−13.6	0.25	0.31	0.34	0.26	0.35	0.33	−5.7
141.98	148.07	209.11	325.77	345.2	401.61	16.3	52.84	50.41	62.20	66.39	68.82	82.24	19.5
138.65	143.57	205.23	319.85	340.42	396.67	16.5	49.62	47.65	59.11	58.47	60.75	74.93	23.3
126.65	129.86	193.48	312.52	332.71	383.27	15.2	31.59	27.65	36.60	36.94	35.33	51.39	45.5
41.57	41.51	91.07	83.17	107.46	135.17	25.8	49.52	54.58	82.34	112.05	155.46	197.75	27.2
27.21	29.45	44.94	47.50	67.69	73.29	8.3	22.07	29.81	57.52	77.01	123.47	135.34	9.6
102.79	114.96	119.23	145.6	163.55	176.51	7.9	19.01	20.62	29.27	31.34	35.77	43.84	22.6
86.76	101.77	102.09	126.94	145.08	157.63	8.6	16.69	14.03	24.14	24.83	30.45	39.60	30.1
16.03	13.16	17.14	18.66	18.46	18.88	2.3	2.32	6.58	5.13	6.50	5.32	4.24	−20.4
4.09	3.87	5.67	7.02	8.17	10.04	22.9	1.58	3.40	3.77	3.86	5.33	7.13	33.8
8.51	12.28	13.58	21.16	23.94	18.10	−24.4	5.09	9.07	8.99	28.91	22.12	8.67	−60.8
39213	36204	42275	50809	54619	63692		31087	48573	57469	62453	65028	48134	
15951	17305	18498	21235	23809	25971	9.1	12930	14304	15930	18156	20466	22922	12.0
12305	13218	14534	15773	17339	18892	9.0	11263	10669	14101	15059	17031	16483	−3.2
5618	6040	6820	7804	8834	9318	5.5	4887	5307	6008	6900	7866	8759	11.4
4360	4696	5923	6641	7055	9383	33.0	4924	5800	6562	6535	8073	8825	9.3
3.60	3.84	3.85	3.84	3.85	3.89	1.0	1.82	1.86	1.97	2.01	2.02	2.11	4.5
4.86	4.87	4.91	4.89	4.96	5.10	2.8	1.56	1.56	1.61	1.71	1.75	1.84	5.1
0.62	0.70	0.77	0.79	0.86	0.96	11.6	0.12	0.12	0.13	0.14	0.37	0.39	5.4
0.27	0.29	0.30	0.29	0.31	0.35	12.9	0.05	0.05	0.05	0.06	0.13	0.14	7.7

1-13 续表2

指标	Item	单位	Unit
总人口	Total Population	万人	10 000 persons
#回族人口	Hui Ethnic	万人	10 000 persons
人口自然增长率	Natural Growth Rate of Population	‰	‰
单位从业人员	Employed Persons	万人	10 000 persons
第一产业	Primary Industry	万人	10 000 persons
第二产业	Secondary Industry	万人	10 000 persons
第三产业	Tertiary Industry	万人	10 000 persons
地区生产总值	Gross Domestic Product	亿元	100 million yuan
第一产业	Primary Industry	亿元	100 million yuan
第二产业	Secondary Industry	亿元	100 million yuan
#工业增加值	Value-added of Industry	亿元	100 million yuan
第三产业	Tertiary Industry	亿元	100 million yuan
农、林、牧、渔业总产值	Gross Output Value of Agriculture, Forestry,Animal Husbandry and Fishery	亿元	100 million yuan
#畜牧业产值	Gross Output Value of Livestock	亿元	100 million yuan
粮食产量	Grain	万吨	10 000 tons
蔬菜产量	Vegetables	万吨	10 000 tons
水产品产量	Aquatic Products	万吨	10 000 tons
肉类总产量	Meat	万吨	10 000 tons
#猪牛羊肉产量	Products of Pork, Beef and Mutton	万吨	10 000 tons
全部工业总产值	Gross Industrial Output Value	亿元	100 million yuan
#规模以上工业	Industrial Enterprises above Designated Size	亿元	100 million yuan
#大中型工业	Large and Medium-sized Enterprises	亿元	100 million yuan
全社会固定资产投资	Investment in Fixed Assets	亿元	100 million yuan
#房地产开发投资	Investment in Real Estate Development	亿元	100 million yuan
社会消费品零售额	Total Retail Sales of Consumer Goods	亿元	100 million yuan
#批发和零售业	Wholesale and Retail Trade	亿元	100 million yuan
住宿和餐饮业	Hotels and Catering Services	亿元	100 million yuan
地方财政收入	Local Financial Revenue	亿元	100 million yuan
地方财政支出	Local Financial Expenditure	亿元	100 million yuan
在岗职工年平均工资	Average Wages of Fully Employed Staff and Workers	元	yuan
城市居民人均可支配收入	Per Capita Annual Disposable Income of Urban Households	元	yuan
城市居民人均消费性支出	Per Capital Consumption Expenditure of Urban Households	元	yuan
农民人均纯收入	Per Capital Net Income of Rural Households	元	yuan
农民人均生活消费性支出	Per Capital Consumption Expenditure of Rural Households	元	yuan
普通中学在校生	Number of Student Enrollment in Regular Secondary Education Schools	万人	10 000 persons
小学在校生	Number of Student Enrollment in Primary Schools	万人	10 000 persons
卫生技术人员	Medical Technical Personnel in Health Care Institutions	万人	10 000 persons
#医生	Doctors	万人	10 000 persons

continued

西夏区 xixia							永宁县 Yongning						
2008年	2009年	2010年	2011年	2012年	2013年	2013年比2012年增长%	2008年	2009年	2010年	2011年	2012年	2013年	2013年比2012年增长%
25.39	25.58	33.11	33.48	33.79	34.14	1.0	20.61	20.76	21.87	22.08	22.28	23.10	3.7
4.35	4.39	6.07	6.33	5.84	5.92	1.4	3.94	3.99	4.98	5.13	4.55	4.73	4.0
4.74	4.28	5.32	4.41	5.92	5.89	-0.5	4.35	6.51	4.94	5.13	5.86	6.32	7.8
4.67	4.49	4.58	4.59	4.93	5.79	17.4	2.01	1.97	2.02	1.93	1.96	2.06	5.1
0.37	0.34	0.32	0.33	0.31	0.33	6.5	0.16	0.16	0.16	0.13	0.11	0.11	持平
2.63	2.46	2.52	2.39	2.39	3.13	31.0	1.18	1.12	1.15	0.99	0.89	0.92	3.4
1.67	1.69	1.74	1.87	2.23	2.33	4.5	0.67	0.69	0.71	0.81	0.96	1.03	7.3
119.39	127.42	155.69	181.18	232.93	255.07	9.4	41.93	48.59	60.8	79.33	94.23	105.57	10.6
5.38	5.67	6.16	7.31	8.08	7.15	0.8	7.10	7.72	9.43	11.13	12.00	13.49	6.5
55.47	56.39	77.63	88.22	130.54	141.14	10.9	23.91	29.38	36.4	47.57	51.64	56.7	13.6
43.73	41.27	55.34	55.11	96.02	103.55	12.3	18.98	22.49	25.93	32.83	34.33	36.07	11.6
58.54	65.36	8.99	85.65	94.31	106.78	8.2	10.92	11.49	14.97	20.63	30.59	35.38	5.0
5.77	5.90	8.99	9.07	9.55	10.13	1.5	12.99	14.14	17.37	20.58	22.16	24.66	5.5
1.12	1.00	2.90	2.98	2.88	3.14	-0.5	3.19	3.18	3.92	4.63	4.83	4.96	-5.5
10.61	11.05	11.4	11.32	11.87	11.87	持平	24.36	24.95	23.6	23.76	24.81	26.17	5.5
8.96	8.85	7.89	11.99	8.41	7.47	-11.2	16.04	17.07	19.40	21.36	24.25	30.76	26.8
0.22	0.20	0.17	0.18	0.02	0.27	12.5倍	0.78	0.80	0.87	0.88	0.88	0.88	持平
0.36	0.41	0.44	0.47	0.38	0.43	13.2	1.21	1.33	1.34	1.29	1.29	1.41	9.3
0.25	0.34	0.36	0.38	0.29	0.37	27.6	0.99	1.11	1.10	1.05	1.07	1.16	8.4
181.63	172.24	223.39	210.14	428.89	473.54	10.4	60.50	71.13	88.08	107.46	121.66	152.39	25.3
178.13	168.65	219.72	203.83	423.20	468.32	10.7	50.12	60.59	76.28	94.67	108.71	122.20	12.4
156.38	143.01	172.06	169.69	388.90	418.31	7.6	43.12	47.24	58.95	74.66	90.51	93.31	3.1
35.96	44.88	79.13	114.36	114.60	137.62	20.1	30.10	40.47	75.15	88.63	111.33	143.20	28.6
6.81	6.21	7.01	18.09	19.10	20.77	8.7	0.51	2.88	19.47	21.94	13.58	40.46	2.0倍
10.62	11.80	17.69	17.89	20.46	16.34	12.4	5.03	5.98	9.64	11.10	12.69	14.53	14.5
7.91	9.57	14.02	13.67	10.84	12.41	14.5	4.19	4.86	8.27	9.23	10.65	12.19	14.6
2.71	2.19	3.67	4.22	3.71	3.93	6.1	0.81	1.09	1.37	1.87	2.05	2.34	14.3
1.27	1.56	1.73	1.92	2.26	2.66	17.7	3.13	8.30	10.21	13.63	15.32	17.03	11.2
4.00	5.66	6.56	7.88	12.57	8.25	-34.4	7.66	14.34	20.32	24.25	26.87	31.50	17.2
26911	26971	31533	38533	43197	44524		21761	24718	25222	31200	35470	41473	
11805	12785	14394	16356	18526	20543	10.9	12326	13729	15240	17202	19530	21483	10.0
9459	10921	10992	12811	13541	14239	5.2	7610	8539	9520	10426	12379	13029	5.3
3308	3655	4337	5050	5828	6829	17.2	4747	5127	5896	6792	7764	8706	12.1
3443	4385	5021	5945	7169	8792	22.6	3973	4196	4520	5756	6290	7229	14.9
2.28	2.46	2.47	2.46	2.49	2.54	2.0	1.35	1.34	1.39	1.38	1.44	1.49	3.5
2.44	2.32	2.26	2.24	2.22	2.21	-0.5	2.03	1.97	1.99	2.02	2.11	2.20	4.3
0.22	0.25	0.28	0.32	0.16	0.18	12.5	0.06	0.06	0.06	0.06	0.06	0.08	33.3
0.08	0.09	0.11	0.11	0.06	0.07	16.7	0.02	0.02	0.02	0.02	0.02	0.03	50.0

1-13　续表3

指　标	Item	单　位	Unit
总人口	Total Population	万人	10 000 persons
#回族人口	Hui Ethnic	万人	10 000 persons
人口自然增长率	Natural Growth Rate of Population	‰	‰
单位从业人员	Employed Persons	万人	10 000 persons
第一产业	Primary Industry	万人	10 000 persons
第二产业	Secondary Industry	万人	10 000 persons
第三产业	Tertiary Industry	万人	10 000 persons
地区生产总值	Gross Domestic Product	亿元	100 million yuan
第一产业	Primary Industry	亿元	100 million yuan
第二产业	Secondary Industry	亿元	100 million yuan
#工业增加值	Value-added of Industry	亿元	100 million yuan
第三产业	Tertiary Industry	亿元	100 million yuan
农、林、牧、渔业总产值	Gross Output Value of Agriculture, Forestry,Animal Husbandry and Fishery	亿元	100 million yuan
#畜牧业产值	Gross Output Value of Livestock	亿元	100 million yuan
粮食产量	Grain	万吨	10 000 tons
蔬菜产量	Vegetables	万吨	10 000 tons
水产品产量	Aquatic Products	万吨	10 000 tons
肉类总产量	Meat	万吨	10 000 tons
#猪牛羊肉产量	Products of Pork, Beef and Mutton	万吨	10 000 tons
全部工业总产值	Gross Industrial Output Value	亿元	100 million yuan
#规模以上工业	Industrial Enterprises above Designated Size	亿元	100 million yuan
#大中型工业	Large and Medium-sized Enterprises	亿元	100 million yuan
全社会固定资产投资	Investment in Fixed Assets	亿元	100 million yuan
#房地产开发投资	Investment in Real Estate Development	亿元	100 million yuan
社会消费品零售额	Total Retail Sales of Consumer Goods	亿元	100 million yuan
#批发和零售业	Wholesale and Retail Trade	亿元	100 million yuan
住宿和餐饮业	Hotels and Catering Services	亿元	100 million yuan
地方财政收入	Local Financial Revenue	亿元	100 million yuan
地方财政支出	Local Financial Expenditure	亿元	100 million yuan
在岗职工年平均工资	Average Wages of Fully Employed Staff and Workers	元	yuan
城市居民人均可支配收入	Per Capita Annual Disposable Income of Urban Households	元	yuan
城市居民人均消费性支出	Per Capital Consumption Expenditure of Urban Households	元	yuan
农民人均纯收入	Per Capital Net Income of Rural Households	元	yuan
农民人均生活消费性支出	Per Capital Consumption Expenditure of Rural Households	元	yuan
普通中学在校生	Number of Student Enrollment in Regular Secondary Education Schools	万人	10 000 persons
小学在校生	Number of Student Enrollment in Primary Schools	万人	10 000 persons
卫生技术人员	Medical Technical Personnel in Health Care Institutions	万人	10 000 persons
#医生	Doctors	万人	10 000 persons

continued

贺兰县 Helan							灵武市 Lingwu						
2008年	2009年	2010年	2011年	2012年	2013年	2013年比2012年增长%	2008年	2009年	2010年	2011年	2012年	2013年	2013年比2012年增长%
19.03	20.05	22.41	22.64	22.85	23.56	3.1	23.30	23.55	26.26	26.52	26.84	27.22	1.4
4.83	5.14	5.11	5.26	5.43	5.45	0.4	12.08	12.23	11.98	12.54	12.71	12.94	1.8
5.99	6.02	6.98	6.03	6.02	5.41	-10.1	9.68	9.66	11.09	9.48	8.51	10.12	18.9
1.41	1.47	1.74	2.01	1.95	2.31	18.5	1.61	1.63	1.56	1.64	1.97	2.21	12.2
0.19	0.18	0.17	0.17	0.15	0.15	持平	0.47	0.43	0.42	0.41	0.39	0.35	-10.3
0.56	0.60	0.77	0.85	0.66	1.03	56.1	0.20	0.18	0.13	0.18	0.43	0.67	55.8
0.66	0.69	0.80	0.99	1.14	1.13	-0.9	0.94	1.02	1.01	1.05	1.15	1.19	3.5
34.36	44.28	57.89	76.65	92.70	101.36	10.0	88.99	111.55	156.88	223.65	250.49	288.19	11.3
7.46	8.54	10.18	11.82	13.15	14.36	4.7	5.21	5.58	6.92	8.20	8.80	9.65	4.6
17.08	23.39	31.33	41.69	48.95	53.60	12.8	67.56	88.23	128.01	189.47	213.68	247.26	12.2
13.51	18.18	23.89	29.73	34.26	37.43	14.2	61.03	79.87	114.31	174.12	196.55	231.10	14.0
9.82	12.35	16.38	23.14	30.60	33.40	6.5	16.22	17.74	21.95	25.98	28.01	31.28	6.5
14.02	16.11	19.29	22.48	25.28	27.65	5.7	9.89	10.57	13.14	15.70	17.16	18.99	5.6
2.27	2.16	2.57	3.02	3.64	4.55	14.4	3.45	3.22	4.00	5.16	6.30	7.23	6.8
24.21	25.15	23.79	23.84	24.63	21.21	-13.9	18.38	19.54	17.64	16.86	16.74	17.02	1.7
36.95	48.58	59.13	62.47	65.43	66.22	1.2	5.76	6.50	8.13	8.27	7.79	7.15	-8.2
2.15	2.28	2.51	2.79	3.38	3.50	3.6	0.15	0.15	0.19	0.23	0.30	0.50	66.7
0.78	0.81	0.78	0.73	0.73	0.76	4.1	1.16	1.38	1.53	1.69	1.88	2.03	8.0
0.65	0.71	0.68	0.62	0.64	0.66	3.1	1.06	1.31	1.46	1.62	1.76	1.92	9.1
48.00	62.03	79.41	110.08	139.54	148.97	6.8	145.75	227.71	313.73	477.20	606.93	735.95	21.3
37.68	53.10	65.07	81.15	111.55	144.20	29.3	145.75	214.96	310.15	472.00	602.94	721.73	19.7
8.98	15.36	9.94	14.92	15.40	33.11	1.2倍	105.36	170.72	264.28	412.37	467.59	569.19	21.7
23.56	32.83	57.07	77.91	107.29	141.61	32.0	170.68	261.34	262.86	257.73	322.59	393.66	22.0
5.35	7.38	20.76	31.82	39.69	45.15	13.8	4.35	4.60	11.12	11.31	12.19	15.80	29.6
12.28	25.17	41.90	59.22	72.90	84.23	15.5	6.03	6.94	7.41	9.32	10.65	12.60	18.3
11.87	24.74	41.49	58.63	72.14	82.56	14.5	4.84	5.37	6.12	7.78	8.88	10.86	22.3
0.40	0.42	0.41	0.59	0.76	1.67	1.2倍	0.91	1.25	1.29	1.54	1.77	1.74	-1.8
8.51	9.92	16.98	21.61	18.20	18.74	3.0	7.73	8.82	17.54	19.55	40.85	25.17	-38.4
12.63	15.02	25.41	29.13	30.16	31.23	3.5	11.41	17.92	26.96	32.82	40.85	50.75	24.2
21450	22947	27961	32399	39913	44525		24231	27272	31141	36253	51472	53962	
11980	13416	15146	17290	19570	21401	9.4	12419	13936	15336	17522	19909	21974	10.4
9870	11870	12811	13275	13702	15418	12.5	7841	8618	10390	12505	13913	13876	-0.3
4911	5480	6214	7163	8202	9147	11.5	5184	5733	6581	7570	8618	9652	12.0
4387	5105	6003	8011	8147	9710	19.2	3813	5063	5277	6509	6561	8544	30.2
1.20	1.19	1.22	1.24	1.28	1.32	3.1	1.27	1.37	1.44	1.45	1.49	1.51	1.3
1.74	1.74	1.74	1.74	1.80	1.92	6.7	2.37	2.31	2.24	2.20	1.91	1.93	1.0
0.04	0.04	0.04	0.04	0.05	0.05	持平	0.09	0.09	0.09	0.11	0.10	0.11	10.0
0.02	0.02	0.02	0.02	0.02	0.02	持平	0.04	0.04	0.04	0.05	0.04	0.04	持平

主要统计指标解释

【生产总值】 是按市场价格计算的地区生产总值的简称。它是一个国家(地区)所有常住单位在一定时期内生产活动的最终成果。地区生产总值有三种表现形态,即价值形态、收入形态和产品形态。从价值形态看,它是所有常住单位在一定时期内所生产的全部货物和服务价值超过同期投入的全部非固定资产货物和服务价值的差额,即所有常住单位的增加值之和;从收入形态看,它是所有常住单位在一定时期内所创造并分配给常住单位和非常住单位的初次分配收入之和;从产品形态看,它是最终使用的货物和服务减去进口货物和服务。在实际核算中,地区生产总值的三种表现形态表现为三种计算方法,即生产法、收入法和支出法。三种方法分别从不同的方面反映地区生产总值及其构成。

地区生产总值同社会总产值、国民收入的区别。从核算范围看,社会总产值和国民收入都只计算物质生产部门的劳动成果,而地区生产总值除计算物质生产部门劳动成果外,还计算非物质生产部门的劳动成果。从这三个指标的价值构成看,社会总产值计算了社会产品的全部价值;地区生产总值计算了生产产品和提供劳务过程中增加的价值,即增加值,不计算中间产品和中间劳务投入的价值;而国民收入除了不计算中间产品价值外,还不包括固定资产折旧价值,即只计算净产值。

【三次产业】 是根据社会生产活动历史发展的顺序对产业结构的划分,产品直接取自自然界的部门称为第一产业,对初级产品进行再加工的部门称为第二产业,为生产和消费提供各种服务的部门称为第三产业。

第一产业:农业(包括种植业、林业、牧业、渔业等)。

第二产业:工业(包括采掘业、制造业、自来水、电力、蒸气、热水、煤气)和建筑业。

第三产业:除第一、第二产业以外的其他各业。

【当年价格】 指报告期的实际价格,如工厂的出厂价格,农产品的收购价格,商业的零售价格等。按当年价格计算,是指一些以货币表现的物量指标如工农业总产值、地区生产总值等,按照当年的实际价格来计算总量。使用当年价格是为了使国民经济各项指标互相衔接,便于考察当年经济效益,便于对生产和流通、生产和分配、生产和消费进行经济核算的综合平衡。

按当年价格计算的价值指标,在不同年份之间进行对比时,因为包含有各年间价格变动因素,不能确切地反映实物量的增减变动。必须消除价格变动因素后,才能真实反映经济发展动态。因此,在计算增长速度时都使用按可比价格计算。

【可比价格】 指计算各种总量指标所采用的扣除了价格变动因素的价格,可进行不同时期总量指标的对比。按可比价格计算总量指标有两种方法:一种是直接用产品产量乘某一年的不变价格计算;另一种是用价格指数进行缩减。

【不变价格】 指以同类产品某年的平均价格作为固定价格,用于计算各年的产品价值。按不变价格计算的产品价值消除了价格变动因素,不同时期对比可以反映生产的发展速度。新中国成立后,随着工农业产品价格水平的变化,国家统计局先后五次制定了全国统一的工业产品不变价格和农业产品不变价格,从1952年到1957年使用1952年工(农)业产品不变价格,从1957年到1970年使用1957年不变价格,从1971年到1980年使用1970年不变价格,从1981年到1990年使用1980年不变价格,从1991年开始使用1990年不变价格。

【平均增长速度】 我国计算平均增长速度有两种方法:一种是习惯上经常使用的“水平法”,又称几何平均法,是以间隔期最后一年的水平同基期水平对比来计算平均每年增长(或下降)速度;另一种是“累计法”,又称代数平均法或方程法,是以间隔期内各年水平的总和同基期水平对比来计算平均每年增长(或下降)速度。在一般正常情况下,两种方法计算的平均每年增长速度比较接近,但在经济发展不平衡、出现大起大落时,两种方法计算的结果差别较大。

人口及劳动力

Population and Labor Resources

2—1 主要年份人口发展情况

Basic Statistics of Population Development in Main Years

单位：户、人 （household，person）

年 份 Year	总户数 Number of Households	总人口 Population	# 市区 City	回族人口 Huzu Population	女性人口 Female	非农业人口 Non-Agriculture Population	城镇人口 Urban Population	人口自然增长率(‰) Natural Growth Rate (‰)	平均人口 Average Population	# 市区 City
1949	45256	236299	72485	72493	111211	39837			236299	72485
1950	49246	247749	77801	71380	113462	42900			242024	75143
1951	50672	260142	85270	74829	121187	48630			253946	81536
1952	56193	276639	89700	83045	126166	48748			268391	87485
1953	62679	300198	99841	88772	136787	56860			288419	94771
1954	68074	321563	113068	92594	147450	68597			310881	106455
1955	65000	336403	111411	99457	156189	6743			328983	112240
1956	70772	346777	112376	107249	157998	66609			341590	111894
1957	74573	357851	116554	109418	165002	78666			352314	114465
1958	73535	401035	148237	114052	183730	106548			379443	132396
1959	90677	451634	190649	110086	202026	144519			426335	169443
1960	97208	480697	224877	110131	217807	166649			466166	207763
1961	90646	453310	206414	103033	207847	154700			467004	215646
1962	89712	416967	178642	105447	196263	131349			435139	192528
1963	90863	435057	187218	109824	203553	141243			426012	182930
1964	91694	455163	203072	112522	213643	139169			445110	195145
1965	95562	485038	212627	118699	227103	152417			470101	207850
1966	99688	486125	207166	121888	228312	153574			485582	209897
1967	100959	515165	220804	124951	242186	168739			500645	213985
1968	107182	543598	231651	132374	259388	171832			529382	226227
1969	111049	579658	243705	140373	274716	180569			561628	237680
1970	116810	600701	259469	150395	287255	180451			590180	251589
1971	119482	623017	267693	148212	297348	190391			611859	263581
1972	123994	649755	279211	156770	311783	202290			636386	273452
1973	127707	674103	287667	163954	324245	210007			661929	283439
1974	134538	696414	292901	169429	335601	214666			685259	290284
1975	141395	718620	299393	174374	347737	220925			707517	296147
1976	148458	741390	308446	179583	358800	230423			730005	303920
1977	154491	761706	313951	184679	368776	235181			751548	311199
1978	160534	786743	325177	191204	378907	248658			774225	319573
1979	171646	804081	335217	195687	390468	263385			795412	330198
1980	168447	822542	344540	200710	399608	278972			813312	339879
1981	174855	841060	353829	206777	409152	289869			831801	349184

2-1 续表 continued

单位:户、人 (household,person)

年份 Year	总户数 Number of Households	总人口 Population	#市区 City	回族人口 Huzu Population	女性人口 Female	非农业人口 Non-Agriculture Population	城镇人口 Urban Population	人口自然增长率(‰) Natural Growth Rate (‰)	平均人口 Average Population	#市区 City
1982	181967	862170	363880	211348	419974	300037			851615	358854
1983	187053	873994	371250	213679	425942	307414			868082	367565
1984	195337	891919	383299	220370	435484	318887			882957	377275
1985	202165	910561	396869	224365	448275	336723			901641	390084
1986	210372	933457	411827	230500	455453	373402			919009	404348
1987	223047	963326	433621	235950	467579	401117			948392	422724
1988	235297	987611	449907	242379	479741	421244			975469	441764
1989	244344	1010032	465096	247685	493369	438407			998822	457502
1990	257452	1034520	480184	253987	506191	453383			1022276	472640
1991	265654	1052684	490958	257580	514954	464682			1043602	485571
1992	273089	1070819	501332	262073	524145	476965			1061752	496145
1993	281340	1090204	513365	267994	535042	491087			1080512	507349
1994	296351	1115048	531311	273809	547009	531863			1102627	522338
1995	294670	1135274	544851	280070	556910	547034		8.34	1125162	538081
1996	309954	1155530	558596	285208	567825	561294		9.13	1145402	551724
1997	318000	1177693	573431	289890	578263	592096		8.95	1166512	566014
1998	334241	1196300	586022	293681	589103	616288		9.06	1186997	579727
1999	344758	1210342	593759	298484	596917	632274		8.84	1203321	589891
2000	381110	1264588	641723	331708	622676	650745		9.00	1237465	617741
2001	384942	1298407	654860	347309	640025	677134		8.25	1281498	648292
2002	397781	1329575	692845	357560	655968	700566		9.81	1313991	673853
2003	407714	1330128	718157	343834	655563	792032		7.23	1329852	705501
2004	437498	1377924	758219	360446	678596	840631		7.54	1354026	738188
2005	454690	1405971	790338	364337	695505	866730		6.31	1391947	774278
2006	476191	1446816	829696	372656	716392	916144		6.29	1426393	810017
2007	495822	1487934	860821	386131	738028	949098		6.81	1467375	845258
2008	526860	1654282	1024922	433347	822834	1095210		6.08	1635438	1020647
2009	558103	1701839	1058205	448080	847227	1137133		6.49	1678061	1041563
2010	636737	2004456	1299129	462089	966845	1301787		7.23	1853149	1178667
2011	698216	2025741	1313371	481653	986012	1319610	1506674	5.77	2015099	1306250
2012	698828	2046341	1326667	484276	1004636	1336039	1535549	7.11	2036041	1320019
2013	710858	2082695	1343955	501142	1021608	1360774	1557600	6.73	2064518	1335311

注:从1995年起以每年的人口变动抽样调查为人口自然增长率统计数据依据;从2008年起总人口为常住人口,是按年度人口变动情况抽样调查数据推算。

a)Natural growth rate in aecordance with every year rational sample survey on population changes since 1995; From 2008, data in this table refers to resident population, which is estimated on the base of annual natinal sample survey on population changes.

2—2 户数、人口及变动情况

Household, Population and Change Conditions

单位:户、人 (household, person)

指　标	Item	总 计 Total	市 区 City	兴庆区 Xingqing	西夏区 Xixia	金凤区 Jinfeng	永宁县 Yongning	贺兰县 Helan	灵武市 Lingwu
年末总户数、总人口	Number of Households and Population at Year-end								
总户数	Households	710858	472472	262881	110142	99449	71283	81234	85869
总人口	Usual Resident Population	2082695	1343955	707151	341440	295364	230957	235578	272205
# 男	Male	1061087	678753	355768	173383	149602	118342	122854	141138
女	Female	1021608	665202	351383	168057	145762	112615	112724	131067
平均人口	Average Population	2064581	1335311	702258	339691	293362	226877	232031	270299
平均每户人数	Average Family Size	2.93	2.84	2.69	3.10	2.97	3.24	2.90	3.17
性别比(以女性为100)	Sex Ratio(female=100)	104	102	101	103	103	105	109	108
人口变动	Population Change at Year-end								
出生率	Birth Population	10.32	9.38	9.41	8.65	10.14	10.54	12.54	13.56
死亡率	Death Population	3.59	2.92	2.54	2.76	4.02	4.22	7.13	3.44
自然增长率	Natural Growth Population	6.73	6.46	6.87	5.89	6.12	6.32	5.41	10.12
分民族人口	Population by Ethnicity								
# 汉族	Han	1547460	1043724	556631	272627	214466	182257	179870	141609
回族	Hui	501142	269944	136453	59243	74248	47308	54530	129360
其他少数民族	Other Ethnic Minorities	34093	30287	14067	9570	6650	1392	1178	1236

2—3 主要年份全市人口自然变动情况

Natural Change of City Population in Main Years

年　份 Year	出生率(‰) Birth Rate(‰)	死亡率(‰) Death Rate(‰)	人口自然增长率(‰) Natural Growth Rate(‰)
1995	12.23	3.89	8.34
1996	13.10	3.97	9.13
1997	13.62	4.67	8.95
1998	13.66	4.60	9.06
1999	14.05	5.21	8.84
2000	13.60	4.60	9.00
2001	12.66	4.41	8.25
2002	14.33	4.52	9.81
2003	11.64	4.41	7.23
2004	11.68	4.14	8.54
2005	11.10	4.79	6.31
2006	10.84	4.55	6.29
2007	10.78	3.98	6.80
2008	9.77	3.69	6.08
2009	10.42	3.93	6.49
2010	11.47	4.23	7.24
2011	9.69	3.92	5.77
2012	10.52	3.41	7.11
2013	10.32	3.59	6.73

2—4 常住人口计划生育情况

The Resident Population of Family Planning

单位:人　　　　(2013)　　　　(person)

指标	Item	已婚育龄妇女人数 Number of Married Womenof Cchild-Bearing Age	领取独生子女证人数 Number of Married Couples with One-child Certificate
合　计	**Total**	**370425**	**51549**
市　区	City	233664	40204
兴庆区	Xingqing	120484	20659
西夏区	Xixia	53500	11993
金凤区	Jinfeng	59680	7552
永宁县	Yongning	42751	3623
贺兰县	Helan	44889	5921
灵武市	Lingwu	49121	1801

2—5 常住人口节育情况

The Resident Population of Family Birth Control

单位:人　　　　(2013)　　　　(person)

指　标	Item	期末选用各种避孕方法人数 Number of Contraceptive Methods	男性绝育 Male Sterilization	女性绝育 Female Sterilization	放置宫内节育器 Intrauterine Contraceptive Device	本期施行计划生育手术例数 Number of Birth Control perating	女性绝育 Female Sterilization	放置宫内节育器 Intrauterine Contraceptive Device
合　计	**Total**	**346894**	**187**	**33758**	**173171**	**1119**	**30**	**584**
市　区	City	218339	168	16221	97550	395	12	197
兴庆区	Xingqing	112437	49	6061	52694	87	2	42
西夏区	Xixia	49681	116	6322	20032	62	6	23
金凤区	Jinfeng	56221	3	3838	24824	246	4	132
永宁县	Yongning	39452	7	3295	29013	316	7	140
贺兰县	Helan	42071	3	3192	20715	156	9	49
灵武市	Lingwu	47032	9	11050	25893	252	2	198

2—6 婚姻状况

Marital Status

指　标	Item	单位	Unit	2012年	2013年
登记结婚	Marriage Registration	对	Pair	17245	18847
协议离婚	Divorced by Agreement	对	Pair	4514	5249
涉外婚姻	Marriage with Foreign Elements	对	Pair	43	52
#结婚	Married	对	Pair	38	51
离婚	Divorced	对	Pair	5	1
法院调离、判离	To Transfer and Betray by Court	对	Pair	1144	1206
#调离	Transfer	对	Pair	827	870
判离	Betray	对	Pair	317	336

2—7 全社会从业人员情况

Total Number of Employed Persons in the Whole Country

单位:人　　　　(2013)　　　　(person)

指 标	Item	城乡合计 Total of Urban and Rural		城镇 Urban		乡村 Rural	
		地区 Region	市区 City	地区 Region	市区 City	地区 Region	市区 City
从业人员	**Employees**	**1161259**	**731099**	**727734**	**613964**	**433525**	**117135**
按经济类型分组	**Grouped by Economic Type**						
国有经济	State-owned Economy	160862	128746	160862	128746		
集体经济	Collective-owned Economy	357652	93744	2663	708	354989	93036
私营经济	Private Economy	282320	233745	254423	219370	27897	14375
个体经济	Self-employed Economy	173589	119713	122950	109989	50639	9724
联营经济	Joint Ownership Economy	256	256	256	256		
股份制经济	Stock System Economy	169607	140428	169607	140428		
港、澳、台商投资经济	Economy of Funds from Hong Kong,Macao & Taiwan	3932	3419	3932	3419		
外商投资经济	Foreign Investment Economy	10169	8720	10169	8720		
其他经济	Economy of Other Types	2872	2328	2872	2328		
按国民经济行业分组	**Grouped by Sector**						
农、林、牧、渔业	Agriculture,Forestry,Animal Husbandry and Fishery	227729	70672	15978	9206	211751	61466
采矿业	Mining	35076	34783	34601	34379	475	404
制造业	Manufacturing	115695	53317	72600	46252	43095	7065
电力、燃气及水的生产和供应业	Production and Distribution of Electricity,Gas and Water	22341	18861	22145	18811	196	50
建筑业	Construction	103960	60224	59209	50011	44751	10213
批发和零售业	Wholesale and Retail Trades	270592	206694	217147	191887	53445	14807
交通运输、仓储和邮政业	Transport,Storage and Post	30066	12699	9541	8534	20525	4165
住宿和餐饮业	Hotels and Catering Services	69451	49514	47723	42306	21728	7208
信息传输、计算机服务和软件业	Information Transmission,Computer Services and Software	19346	16280	13156	12174	6190	4106
金融业	Financial Intermediation	22249	18882	21704	18602	545	280
房地产业	Real Estate	19521	15916	18634	15504	887	412
租赁和商务服务业	Leasing and Business Services	51221	46561	47989	44651	3232	1910
科学研究、技术服务和地质勘查业	Scientific Research,Technical Service and Geologic Prospecting	17828	16329	17108	15833	720	496
水利、环境和公共设施管理业	Management of Water Conservancy,Environment and Public Facilities	9823	8047	9577	7921	246	126
居民服务业和其他服务业	Services to Households and Other Services	33428	24669	26497	23875	6931	794
教育	Education	30614	21769	30578	21733	36	36
卫生、社会保障和社会福利业	Health,Social Security and Social Welfare	19216	16434	19087	16410	129	24
文化、体育和娱乐业	Culture,Sports and Entertainment	8258	7442	7800	7374	458	68
公共管理和社会组织	Public Management and Social Organization	36337	28178	36337	28178		
其他行业	Others	18508	3828	323	323	18185	3505

注:由于本年度将神华宁夏煤业集团不在银川市的分支机构按属地统计原则调整其所在地统计,故采矿业人员与上年相比减少。

a) Shenhua Ningxia Coal Industry Group will not Yinchuan branches according to the territorial principle adjust their seat statistics since this year, therefore,the mining industry personnel reduction compared with the previous year.

2—8 主要年份单位从业人员和劳动报酬情况

Basic Statistics of Employees and Earning in Main Years

年份 year	全部从业人员(人) Total Employees (person)	按经济类型分 Grouped by Economic Type			按三次产业分 Grouped by Three Strate of Industry			全部单位从业人员劳动报酬(万元) Employed Person's Earning in Whole Units(10 000yuan)			在岗职工平均工资(元) Average Wages of staff and Work-ers (yuan)
		国有 Stateowned	集体 Collectiveowned	其他 Others	一产 Primary Industry	二产 Secondary Industry	三产 Tertiary Industry	国有 Stateowned	集体 Collective-owned	其他 Others	
1949	2093	2093			85	470	1538	61			291
1950	2625	2625			118	546	1961	78			297
1951	3645	3645			364	667	2614	116			318
1952	6422	6422			587	1688	4147	170			265
1953	7547	7547			883	1755	4909	281			372
1954	10823	10823			1076	3764	5983	309			286
1955	14253	14253			1561	4738	7954	380			267
1956	19438	19438			1818	7999	9621	481			247
1957	24365	24365			2712	7324	14329	1125			462
1958	55830	48722	7108		4110	12016	39704	1973	283		404
1959	75111	67958	7153		9884	17891	47336	4106	463		608
1960	102037	95039	6998		24956	16714	60367	5455	458		579
1961	80752	73717	7035		19144	15489	46119	4810	497		657
1962	61922	54284	7638		14467	8665	38790	3721	564		692
1963	61617	53891	7726		13698	8065	39854	3584	546		670
1964	61719	53719	8000		9132	7907	44680	3968	606		741
1965	76401	68613	7788		14354	10321	51726	4179	481		610
1966	81640	73748	7892		16834	12832	51974	5041	536		683
1967	85143	77265	7878		14621	14549	55973	5087	535		660
1968	87991	79956	8035		17786	18028	52177	5344	562		671
1969	92262	84100	8162		18051	21064	53147	4960	517		594
1970	98280	89753	8527		18455	26082	53743	6436	621		718
1971	90098	81728	8370		7366	28751	53981	5106	527		625
1972	99599	86739	12860		8889	29262	61448	5764	852		664
1973	99575	86690	12885		9278	27078	63219	6116	908		705
1974	104789	90583	14206		4844	28747	71198	6304	1004		697
1975	110702	96334	14368		5453	31900	73349	6575	733		660
1976	121335	103194	18141		5910	34171	81254	6975	967		655
1977	131687	106757	24930		6155	35171	90361	7362	1298		658
1978	140432	119913	20519		12987	76690	50755	8758	1240		723
1979	172876	147906	24970		28757	87308	56811	11040	1208		725
1980	179562	155695	23867		27932	89417	62213	12873	1945		845

2-8 续表 continued

年份 year	全部从业人员(人) Total Employees (person)	按经济类型分 Grouped by Economic Type			按三次产业分 Grouped by Three Strate of Industry			全部单位从业人员劳动报酬(万元) Employed Person's Earning in Whole Units(10 000yuan)			在岗职工平均工资(元) Average Wages of staff and Work-ers (yuan)
		国有 Stateowned	集体 Collectiveowned	其他 Others	一产 Primary Industry	二产 Secondary Industry	三产 Tertiary Industry	国有 Stateowned	集体 Collectiveowned	其他 Others	
1981	184320	160582	23738		19772	84092	80456	13568	1634		844
1982	195580	167623	27957		29545	97124	68911	14331	1980		854
1983	205000	173416	31584		30534	99140	75326	15744	2330		893
1984	213989	177679	36310	509	30506	103021	80462	18465	3220	70	1031
1985	227504	188042	39462	463	29724	103918	93862	21243	3703	75	1123
1986	239109	198900	40209	531	29882	106677	102550	26484	4275	89	1316
1987	245636	206741	38386	509	29084	109716	106836	29355	4256	70	1400
1988	258697	219259	38975	463	29459	117262	111976	36172	5090	75	1621
1989	263150	224812	37807	531	29150	117440	116560	41681	5114	89	1804
1990	273130	232506	40013	611	29109	123701	120320	48167	6187	125	2030
1991	285992	242130	43147	715	29535	132204	124253	53653	7190	133	2168
1992	294964	250421	43044	1499	30487	126229	138248	63671	8631	284	2497
1993	286423	246224	35827	4372	25338	112844	148240	73796	9962	1187	2973
1994	298067	247197	38468	12402	27376	143979	126712	102737	12232	5729	4049
1995	300455	245332	39729	15394	25275	147718	127462	121134	15976	9960	4872
1996	292323	242851	33327	16145	24267	138476	129580	129480	15975	10935	5311
1997	302497	240231	35450	26816	24984	144183	133330	134443	21163	20730	5814
1998	270154	205418	23513	41223	24021	122597	123536	138258	15032	31538	6665
1999	262622	201497	21249	39876	23326	112295	127001	153426	15392	32685	7475
2000	256896	196906	19932	40058	22064	108001	126831	175568	17601	37367	8956
2001	242774	186461	16176	40137	21183	97812	123779	205138	16151	40684	10802
2002	238082	178375	15881	43826	19790	98553	119739	230735	16001	47760	11930
2003	288100	150722	8747	128631	21717	140882	125501	214125	8679	179234	13496
2004	288168	144760	6226	137182	18812	144160	125196	225972	9201	210971	15243
2005	291110	155832	5254	130024	17847	146241	127022	295553	9374	250918	18424
2006	295087	149499	4680	140908	12245	149952	132890	338458	9065	349326	23226
2007	292187	147703	4211	140273	14068	140914	137205	421883	10680	425923	28600
2008	289750	148292	2790	138668	13538	137391	138821	482799	9826	490599	33247
2009	296622	148135	2673	145814	12718	140974	142930	516595	10846	571061	36799
2010	300705	150687	2823	147195	12170	139485	149050	577227	12153	695780	43195
2011	313032	165037	2411	145584	11974	141976	159082	734679	12822	766228	49937
2012	335100	178408	2278	154414	11196	139294	184610	1014411	14902	878445	54270
2013	350361	160862	2663	186836	10546	145183	194632	968844	19339	1049976	57112

2—9 全市城镇非私营单位从业人员人数

单位:人 （2013）

指 标	Item	单 位（个）Unit (unit)	单位从业人员年末人数 Number of Engaged Persons at Year-end
总 计	**Total**	**2470**	**350361**
按地区分组	Grouped by Region		
市区	City	1713	284605
永宁县	Yongning	276	20588
贺兰县	Helan	241	23092
灵武市	Lingwu	240	22076
按企业、事业、机关分组	**Grouped by Enterprises,Institutions and Agencies**		
企业	Enterprises	934	244131
事业	Institutions	831	73405
机关	Agencies & Organizations	701	32389
按国民经济行业分组	**Grouped by Sector**		
农、林、牧、渔业	Agriculture,Forestry,Animal Husbandry and Fishery	63	10546
采矿业	Mining and Quarrying	1	33690
制造业	Manufacturing	173	49833
电力、燃气及水的生产和供应业	Production and Distribution of Electricity,Gas and Water	39	21278
建筑业	Construction	92	40382
批发和零售业	Wholesale and Retail Trades	161	19141
交通运输、仓储和邮政业	Transport,Storage and Post	33	14321
住宿和餐饮业	Hotels and Catering Services	25	3356
信息传输、计算机服务和软件业	Information Transmission,Computer Services and Software	17	4549
金融业	Financial Intermediation	153	19904
房地产业	Real Estate	108	9477
租赁和商务服务业	Leasing and Business Services	53	15052
科学研究、技术服务和地质勘查业	Scientific Research,Technical Service and Geologic Prospecting	137	10085
水利、环境和公共设施管理业	Management of Water Conservancy,Environment and Public Facilities	49	8562
居民服务和其他服务业	Services to Households and Other Services	13	786
教育	Education	350	29965
卫生、社会保障和社会福利业	Health,Social Security and Social Welfare	90	18190
文化、体育和娱乐业	Culture,Sports and Entertainment	109	4907
公共管理和社会组织	Public Management and Social Organization	804	36337

Number of Engaged Persons in the Private Institutions of City Units

(person)

#女　性 Female	在岗职工 Staff and Workers	劳务派遣人员 Dispatch Personnel	其他从业人员 Other Engaged Persons	单位从业人员平均人数 Average Number of Engaged Persons	在岗职工 Staff and Workers	劳务派遣人员 Dispatch Personnel	其他从业人员 Other Engaged Persons
126219	**291377**	**33978**	**25006**	**388007**	**295373**	**65375**	**27259**
100693	237567	30494	16544	311397	240340	52218	18839
8098	18348	945	1295	20893	18697	896	1300
8568	15781	1410	5901	32531	15647	10998	5886
8860	19681	1129	1266	23186	20689	1263	1234
74741	195319	31864	16948	283597	200680	63441	19476
39455	68565	390	4450	71982	67345	374	4263
11662	27058	1724	3607	32008	26930	1560	3518
3460	10435		111	10670	10562		108
5783	28841	4849		33609	28668	4941	
17264	47291	2000	542	49691	47291	1882	518
5494	19891	1173	214	21181	19730	1276	175
4522	20894	10410	9078	80802	26970	42383	11449
12225	17108	1803	230	18710	16674	1777	259
5292	12169	1737	415	14494	12353	1723	418
1783	2822	398	136	3433	2879	396	158
2185	3661	733	155	4505	3632	720	153
8592	13317	1174	5413	19751	13090	1184	5477
3329	8477	604	396	9327	8395	550	382
4036	7912	6776	364	14779	8026	6379	374
3096	9234	577	274	10020	9219	520	
4389	6779	1	1782	8536	6687	61	1788
285	752		34	783	747		36
16879	28166	79	1720	29451	27755	80	1616
11857	17642		548	17557	17009	4	544
2344	4663	17	227	4849	4623	17	209
13404	31323	1647	3367	35859	31063	1482	3314

2-9 续表1

单位：人 （2013）

指　标	Item	单位（个）Unit（unit）	单位从业人员年末人数 Number of Engaged Persons at Year-end
国有单位合计	**Total State-owned Units**	**1757**	**160862**
按地区分组	**Grouped by Region**		
市区	City	1242	128746
永宁县	Yongning	185	7997
贺兰县	Helan	129	11816
灵武市	Lingwu	201	12303
按企业、事业、机关分组	**Grouped by Enterprises,Institutions and Agencies**		
企业	Enterprises	238	57081
事业	Institutions	817	71380
机关	Agencies & Organizations	701	32389
按国民经济行业分组	**Grouped by Sector**		
农、林、牧、渔业	Agriculture,Forestry,Animal Husbandry and Fishery	59	10229
制造业	Manufacturing	8	486
电力、燃气及水的生产和供应业	Production and Distribution of Electricity,Gas and Water	14	14400
建筑业	Construction	26	12267
批发和零售业	Wholesale and Retail Trades	25	1658
交通运输、仓储和邮政业	Transport，Storage and Post	18	3337
住宿和餐饮业	Hotels and Catering Services	4	802
信息传输、计算机服务和软件业	Information Transmission,Computer Services and Software	8	1909
金融业	Financial Intermediation	93	8188
房地产业	Real Estate	8	362
租赁和商务服务业	Leasing and Business Services	19	5616
科学研究、技术服务和地质勘查业	Scientific Research,Technical Service and Geologic Prospecting	117	7490
水利、环境和公共设施管理业	Management of Water Conservancy,Environment and Public Facilities	40	7470
居民服务和其他服务业	Services to Households and Other Services	10	419
教育	Education	339	27613
卫生、社会保障和社会福利业	Health,Social Security and Social Welfare	81	17854
文化、体育和娱乐业	Culture,Sports and Entertainment	84	4425
公共管理和社会组织	Public Management and Social Organization	804	36337

continued

(person)

# 女 性 Female	在岗职工 Staff and Workers	劳务派遣人员 Dispatch Personnel	其他从业人员 Other Engaged Persons	单位从业人员平均人数 Average Number of Engaged Persons	在岗职工 Staff and Workers	劳务派遣人员 Dispatch Personnel	其他从业人员 Other Engaged Persons
67066	**139600**	**10928**	**10334**	**191530**	**139740**	**41341**	**10449**
53208	113673	8932	6141	150251	114053	29764	6434
3843	6891	585	521	7901	6830	546	525
4901	7505	1300	3011	21234	7469	10919	2846
5114	11531	111	661	12144	11388	112	644
16979	45713	8814	2554	89422	47086	39407	2929
38417	66818	390	4172	70086	65712	374	4000
11662	27058	1724	3607	32008	26930	1560	3518
3316	10143		86	10372	10289		83
185	468		18	487	469		18
3495	13955	360	85	14305	13868	369	68
1784	9171	1767	1329	44830	10661	32501	1668
829	1594	6	58	1668	1597	7	64
1487	2319	784	234	3320	2273	810	237
490	741		61	828	748		80
900	1307	542	60	1898	1306	532	60
4635	6850	524	814	8148	6808	534	806
156	362			364	364		
549	484	5111	21	5422	487	4914	21
2373	7191	92	207	7488	7185	92	211
4010	5703		1767	7304	5601		1703
142	419			418	418		
15600	26063	79	1471	27247	25785	80	1382
11615	17325		529	17206	16677	4	525
2096	4182	16	227	4366	4141	16	209
13404	31323	1647	3367	35859	31063	1482	3314

2–9 续表2

单位:人 (2013)

指 标	Item	单 位(个) Unit (unit)	单位从业人员年末人数 Number of Engaged Persons at Year-end
城镇集体单位合计	**Total Urban Collective-owned**	**67**	**2663**
按地区分组	**Grouped by Region**		
市区	City	11	708
永宁县	Yongning	30	480
贺兰县	Helan	15	560
灵武市	Lingwu	11	915
按企业、事业、机关分组	**Grouped by Enterprises,Institutions and Agencies**		
企业	Enterprises	57	2350
事业	Institutions	10	313
按国民经济行业分组	**Grouped by Sector**		
农、林、牧、渔业	Agriculture,Forestry,Animal Husbandry and Fishery	1	7
制造业	Manufacturing	7	163
建筑业	Construction	1	180
批发和零售业	Wholesale and Retail Trades	18	175
住宿和餐饮业	Hotels and Catering Services	1	118
金融业	Financial Intermediation	19	1198
房地产业	Real Estate	1	303
租赁和商务服务业	Leasing and Business Services	10	213
水利、环境和公共设施管理业	Management of Water Conservancy,Environment and Public Facilities	1	71
卫生、社会保障和社会福利业	Health,Social Security and Social Welfare	8	235

continued

(person)

# 女 性 Female	在岗职工 Staff and Workers	劳务派遣人员 Dispatch Personnel	其他从业人员 Other Engaged Persons	单位从业人员平均人数 Average Number of Engaged Persons	在岗职工 Staff and Workers	劳务派遣人员 Dispatch Personnel	其他从业人员 Other Engaged Persons
997	**2094**	**126**	**443**	**3506**	**2937**	**126**	**443**
311	577	125	6	708	577	125	6
173	416		64	480	416		64
329	536	1	23	563	539	1	23
184	565		350	1755	1405		350
831	1810	126	414	3188	2648	126	414
166	284		29	318	289		29
1	7			7	7		
46	156	1	6	163	156	1	6
35	180			1020	1020		
84	117		58	176	118		58
82	118			117	117		
385	848		350	1196	846		350
104	178	125		303	178	125	
95	213			213	213		
	61		10	71	61		10
165	216		19	240	221		19

2-9　续表3

单位：人 （2013）

指　标	Item	单　位（个）Unit（unit）	单位从业人员年末人数 Number of Engaged Persons at Year-end
其他单位合计	**Total Other Units**	**646**	**186836**
按地区分组	**Grouped by Region**		
市区	City	460	155151
永宁县	Yongning	61	12111
贺兰县	Helan	97	10716
灵武市	Lingwu	28	8858
按企业、事业、机关分组	**Grouped by Enterprises,Institutions and Agencies**		
企业	Enterprises	639	184700
事业	Institutions	4	1712
民间非营利组织	Manufacturing	3	424
按国民经济行业分组	**Grouped by Sector**		
农、林、牧、渔业	Agriculture,Forestry,Animal Husbandry and Fishery	3	310
采矿业	Mining and Quarrying	1	33690
制造业	Manufacturing	158	49184
电力、燃气及水的生产和供应业	Production and Distribution of Electricity,Gas and Water	25	6878
建筑业	Construction	65	27935
批发和零售业	Wholesale and Retail Trades	118	17308
交通运输、仓储和邮政业	Transport，Storage and Post	15	10984
住宿和餐饮业	Hotels and Catering Services	20	2436
信息传输、计算机服务和软件业	Information Transmission,Computer Services and Software	9	2640
金融业	Financial Intermediation	41	10518
房地产业	Real Estate	99	8812
租赁和商务服务业	Leasing and Business Services	24	9223
科学研究、技术服务和地质勘查业	Scientific Research,Technical Service and Geologic Prospecting	20	2595
水利、环境和公共设施管理业	Management of Water Conservancy,Environment and Public Facilities	8	1021
居民服务和其他服务业	Services to Households and Other Services	3	367
教育	Education	11	2352
卫生、社会保障和社会福利业	Health,Social Security and Social Welfare	1	101
文化、体育和娱乐业	Culture,Sports and Entertainment	25	482

continued

(person)

#女 性 Female	在岗职工 Staff and Workers	劳务派遣人员 Dispatch Personnel	其他从业人员 Other Engaged Persons	单位从业人员平均人数 Average Number of Engaged Persons	在岗职工 Staff and Workers	劳务派遣人员 Dispatch Personnel	其他从业人员 Other Engaged Persons
58156	**149683**	**22924**	**14229**	**192971**	**152696**	**23908**	**16367**
47174	123317	21437	10397	160438	125710	22329	12399
4082	11041	360	710	12512	11451	350	711
3338	7740	109	2867	10734	7639	78	3017
3562	7585	1018	255	9287	7896	1151	240
56931	147796	22924	13980	190987	150946	23908	16133
872	1463		249	1578	1344		234
353	424			406	406		
143	285		25	291	266		25
5783	28841	4849		33609	28668	4941	
17033	46667	1999	518	49041	46666	1881	
1999	5936	813	129	6876	5862	907	107
2703	11543	8643	7749	34952	15289	9882	9781
11312	15397	1797	114	16866	14959	1770	137
3805	9850	953	181	11174	10080	913	181
1211	1963	398	75	2488	2014	396	78
1285	2354	191	95	2607	2326	188	93
3572	5619	650	4249	10407	5436	650	4321
3069	7937	479	396	8660	7853	425	382
3392	7215	1665	343	9144	7326	1465	353
723	2043	485	67	2532	2034	428	70
379	1015	1	5	1161	1025	61	75
143	333		34	365	329		36
1279	2103		249	2204	1970		234
77	101			111	111		
248	481	1		483	482	1	

2—10 全市城镇非私营单位从业人员劳动报酬

(2013)

指　标	Item	单位从业人员工资总额(万元) Total Wages of Engaged Persons (10 000yuan)
总　计	**Total**	**2038159**
按地区分组	**Grouped by Region**	
市区	City	1692533
永宁县	Yongning	85593
贺兰县	Helan	134917
灵武市	Lingwu	125116
按企业、事业、机关分组	**Grouped by Enterprises,Institutions and Agencies**	
企业	Enterprises	1541119
事业	Institutions	336796
机关	Agencies & Organizations	159020
按国民经济行业分组	**Grouped by Sector**	
农、林、牧、渔业	Agriculture,Forestry,Animal Husbandry and Fishery	33427
采矿业	Mining and Quarrying	310741
制造业	Manufacturing	216004
电力、燃气及水的生产和供应业	Production and Distribution of Electricity,Gas and Water	192409
建筑业	Construction	334070
交通运输、仓储和邮政业	Transport,Storage and Post	65307
信息传输、计算机服务和软件业	Information Transmission,Computer Services and Software	30199
批发和零售业	Wholesale and Retail Trades	76152
住宿和餐饮业	Hotels and Catering Services	11994
金融业	Financial Intermediation	157536
房地产业	Real Estate	39538
租赁和商务服务业	Leasing and Business Services	51961
科学研究、技术服务和地质勘查业	Scientific Research,Technical Service and Geologic Prospecting	59983
水利、环境和公共设施管理业	Management of Water Conservancy,Environment and Public Facilities	28432
居民服务和其他服务业	Services to Households and Other Services	2847
教育	Education	151683
卫生、社会保障和社会福利业	Health,Social Security and Social Welfare	72400
文化、体育和娱乐业	Culture,Sports and Entertainment	24678
公共管理和社会组织	Public Management and Social Organization	178799

Earning of Employed Persons in the Private Institutions of City Units

在岗职工工资总额 Total Wages of Staff and Workers	劳务派遣人员工资总额 Total Wages of the Dispatch Personnel	其他从业人员工资总额 Total Wages of Other Engaged Persons	单位从业人员平均工资(元) Average Wages of Engaged Persons (yuan)	在岗职工平均工资 Average Wages of Staff and Workers	劳务派遣人员平均工资 Average Wages of the Dispatch Personnel	其他从业人员平均工资 Average Wages of Other Engaged Persons
1696940	**249624**	**91595**	**52529**	**57451**	**38183**	**33602**
1429662	198385	64487	54353	59485	37992	34230
79460	2267	3866	40967	42499	25304	29739
73945	42872	18100	41473	47258	38981	30751
113873	6101	5142	53962	55041	48302	41672
1221793	245326	74000	54342	60883	38670	37996
326466	778	9553	46789	48477	20799	22408
147462	3521	8037	49681	54758	22568	22847
33172		255	31328	31407		23620
284822	25918		92458	99352	52456	
207601	6594	1809	43469	43899	35035	34921
187090	4700	619	90840	94825	36832	35377
122319	160663	51088	41344	45354	37907	44622
56761	7458	1088	45058	45949	43286	26024
26061	3763	375	67035	71754	52268	24503
69767	5906	480	40701	41841	33238	18514
10330	1348	316	34938	35881	34051	19981
136326	6031	15178	79761	104145	50940	27713
36972	1604	963	42391	44040	29156	25204
30837	19769	1356	35158	38421	30990	36249
56988	2023	971	59863	61816	38910	34555
24751	194	3486	33308	37014	31869	19498
2782		66	36365	37238		18250
147332	222	4129	51503	53083	27750	25548
70989	7	1404	41237	41736	18000	25813
24100	45	533	50894	52130	26706	25517
167941	3378	7480	49862	54065	22794	22572

2-10 续表1

(2013)

指　标	Item	单位从业人员工资总额(万元) Total Wages of Engaged Persons (10 000yuan)
国有单位合计	**Total State-owned Units**	**968844**
按地区分组	**Grouped by Region**	
市区	City	789524
永宁县	Yongning	26990
贺兰县	Helan	88820
灵武市	Lingwu	63511
按企业、事业、机关分组	**Grouped by Enterprises,Institutions and Agencies**	
企业	Enterprises	480904
事业	Institutions	328842
机关	Agencies & Organizations	159020
按国民经济行业分组	**Grouped by Sector**	
农、林、牧、渔业	Agriculture,Forestry,Animal Husbandry and Fishery	32085
制造业	Manufacturing	1862
电力、燃气及水的生产和供应业	Production and Distribution of Electricity,Gas and Water	144079
建筑业	Construction	174973
交通运输、仓储和邮政业	Transport,Storage and Post	15301
住宿和餐饮业	Hotels and Catering Services	3371
信息传输、计算机服务和软件业	Information Transmission,Computer Services and Software	12601
批发和零售业	Wholesale and Retail Trades	10044
金融业	Financial Intermediation	70177
房地产业	Real Estate	1907
租赁和商务服务业	Leasing and Business Services	17775
科学研究、技术服务和地质勘查业	Scientific Research,Technical Service and Geologic Prospecting	42699
水利、环境和公共设施管理业	Management of Water Conservancy,Environment and Public Facilities	24721
居民服务和其他服务业	Services to Households and Other Services	1851
教育	Education	143174
卫生、社会保障和社会福利业	Health,Social Security and Social Welfare	71089
文化、体育和娱乐业	Culture,Sports and Entertainment	22336
公共管理和社会组织	Public Management and Social Organization	178799

continued

在岗职工工资总额 Total Wages of Staff and Workers	劳务派遣人员工资总额 Total Wages of the Dispatch Personnel	其他从业人员工资总额 Total Wages of Other Engaged Persons	单位从业人员平均工资(元) Average Wages of Engaged Persons (yuan)	在岗职工平均工资 Average Wages of Staff and Workers	劳务派遣人员平均工资 Average Wages of the Dispatch Personnel	其他从业人员平均工资 Average Wages of Other Engaged Persons
794247	**149755**	**24843**	**50584**	**56837**	**36224**	**23775**
667880	105385	16259	52547	58559	35407	25270
24727	1130	1134	34160	36203	20692	21596
40179	42656	5985	41829	53794	39066	21029
61462	584	1465	52298	53971	52125	22752
327491	145457	7956	53779	69552	36911	27164
319220	778	8844	46920	48579	20799	22110
147462	3521	8037	49681	54758	22568	22847
31915		170	30934	31019		20506
1802		60	38232	38424		33222
142693	1205	182	100720	102893	32642	26809
49166	121295	4512	39030	46117	37320	27049
11088	3735	479	46087	48780	46106	20194
3181		190	40714	42531		23725
9652	2889	60	66390	73905	54303	10000
9924	7	114	60215	62139	9286	17766
65510	2362	2305	86128	96225	44225	28598
1907			52390	52390		
3330	14401	44	32783	68378	29306	20905
41864	212	623	57023	58265	23087	29526
21472		3249	33846	38336		19076
1851			44285	44285		
139471	222	3481	52547	54090	27750	25190
69721	7	1361	41317	41807	18000	25920
21760	43	533	51160	52548	26875	25517
167941	3378	7480	49862	54065	22794	22572

2-10 续表2

(2013)

指 标	Item	单位从业人员工资总额(万元) Total Wages of Engaged Persons (10 000yuan)
城镇集体单位合计	**Total Urban Collective-owned**	**19339**
按地区分组	**Grouped by Region**	
市区	City	2343
永宁县	Yongning	3477
贺兰县	Helan	4202
灵武市	Lingwu	9317
按企业、事业、机关分组	**Grouped by Enterprises,Institutions and Agencies**	
企业	Enterprises	18091
事业	Institutions	1248
按国民经济行业分组	**Grouped by Sector**	
农、林、牧、渔业	Agriculture,Forestry,Animal Husbandry and Fishery	33
制造业	Manufacturing	455
建筑业	Construction	2950
批发和零售业	Wholesale and Retail Trades	527
住宿和餐饮业	Hotels and Catering Services	391
金融业	Financial Intermediation	12293
房地产	Real Estate	1016
租赁和商务服务业	Leasing and Business Services	460
水利、环境和公共设施管理业	Management of Water Conservancy,Environment and Public Facilities	239
卫生、社会保障和社会福利业	Health,Social Security and Social Welfare	976

continued

在岗职工工资总额 Total Wages of Staff and Workers	劳务派遣人员工资总额 Total Wages of the Dispatch Personnel	其他从业人员工资总额 Total Wages of Other Engaged Persons	单位从业人员平均工资(元) Average Wages of Engaged Persons (yuan)	在岗职工平均工资 Average Wages of Staff and Workers	劳务派遣人员平均工资 Average Wages of the Dispatch Personnel	其他从业人员平均工资 Average Wages of Other Engaged Persons
16098	**311**	**2931**	**55161**	**54809**	**24659**	**66167**
2029	309	6	33099	35159	24704	9833
3401	0	77				
4143	2	57	74634	76866	19000	24739
6525	0	2792	53088	46443		79763
14911	311	2870	56748	56311	24659	69314
1186		62	39245	41052		21241
33			47429	47429		
438	2	15	27908	28096	19000	24500
2950			28922	28922		
464		63	29938	39297		10897
391			33376	33376		
9502		2792	102788	112313		79763
707	309		33525	39719	24704	
460			21592	21592		
221		18	33704	36246		18200
932		43	40646	42176		22842

2-10 续表3

(2013)

指　标	Item	单位从业人员工资总额(万元) Total Wages of Engaged Persons (10 000yuan)
其他单位合计	**Total Other Units**	**1049976**
按地区分组	**Grouped by Region**	
市区	City	900666
永宁县	Yongning	55126
贺兰县	Helan	41895
灵武市	Lingwu	52288
按企业、事业、机关分组	**Grouped by Enterprises,Institutions and Agencies**	
企业	Enterprises	1042123
事业	Institutions	6706
民间非营利组织	Non-profit Organizations	1146
按国民经济行业分组	**Grouped by Sector**	
农、林、牧、渔业	Agriculture,Forestry,Animal Husbandry and Fishery	1309
采矿业	Mining and Quarrying	310741
制造业	Manufacturing	213687
电力、燃气及水的生产和供应业	Production and Distribution of Electricity,Gas and Water	48329
建筑业	Construction	156147
交通运输、仓储和邮政业	Transport, Storage and Post	50006
信息传输、计算机服务和软件业	Information Transmission,Computer Services and Software	17598
批发和零售业	Wholesale and Retail Trades	65582
住宿和餐饮业	Hotels and Catering Services	8233
金融业	Financial Intermediation	75065
房地产业	Real Estate	36615
租赁和商务服务业	Leasing and Business Services	33726
科学研究、技术服务和地质勘查业	Scientific Research,Technical Service and Geologic Prospecting	17284
水利、环境和公共设施管理业	Management of Water Conservancy,Environment and Public Facilities	3472
居民服务、修理和其他服务业	Residents Service,Repair and other services	996
教育	Education	8509
卫生、社会保障和社会福利业	Health,Social Security and Social Welfare	335
文化、体育和娱乐业	Culture,Sports and Entertainment	2342

continued

在岗职工工资总额 Total Wages of Staff and Workers	劳务派遣人员工资总额 Total Wages of the Dispatch Personnel	其他从业人员工资总额 Total Wages of Other Engaged Persons	单位从业人员平均工资(元) Average Wages of Engaged Persons (yuan)	在岗职工平均工资 Average Wages of Staff and Workers	劳务派遣人员平均工资 Average Wages of the Dispatch Personnel	其他从业人员平均工资 Average Wages of Other Engaged Persons
886596	**99559**	**63822**	**54411**	**58063**	**41642**	**38994**
759753	92691	48222	56138	60437	41511	38892
51333	1137	2656	44058	44828	32497	37350
29623	214	12058	39030	38779	27397	39968
45886	5517	885	56303	58113	47930	36892
879391	99559	63174	54565	58259	41642	39158
6059		647	42498	45082		27658
1146			28227	28227		
1224		85	44969	46004		33960
284822	25918		92458	99352	52456	
205361	6592	1734	43573	44007	35043	35109
44397	3495	437	70287	75737	38537	40822
70204	39367	46576	44675	45918	39837	47619
45674	3724	609	44752	45311	40783	33657
16409	874	315	67504	70546	46511	33860
59379	5900	303	38884	39695	33333	22088
6758	1348	126	33089	33556	34051	16141
61314	3670	10082	72130	112793	56457	23331
34358	1295	963	42281	43751	30466	25204
27047	5368	1312	36883	36919	36638	37161
15125	1811	348	68260	74359	42311	49714
3058	194	219	29905	29836	31869	29253
931		66	27296	28286		18250
7861		647	38605	39906		27658
335			30216	30216		
2340	2		48487	48537	24000	

2—11 市区城镇非私营单位从业人员人数

单位：人 （2013）

指 标	Item	单 位（个）Unit（unit）	单位从业人员年末人数 Number of Engaged Persons at Year-end
总 计	**Total**	**1713**	**284605**
按企业、事业、机关分组	**Grouped by Enterprises,Institutions and Agencies**		
企业	Enterprises	658	202847
事业	Institutions	553	55907
机关	Agencies & Organizations	502	25851
按国民经济行业分组	**Grouped by Sector**		
农、林、牧、渔业	Agriculture,Forestry,Animal Husbandry and Fishery	36	4473
采矿业	Mining and Quarrying	1	33690
制造业	Manufacturing	105	34048
电力、燃气及水的生产和供应业	Production and Distribution of Electricity,Gas and Water	21	18300
建筑业	Construction	78	32934
交通运输、仓储和邮政业	Transport,Storage and Post	18	11011
信息传输、计算机服务和软件业	Information Transmission,Computer Services and Software	16	4545
批发和零售业	Wholesale and Retail Trades	106	15950
住宿和餐饮业	Hotels and Catering Services	22	2973
金融业	Financial Intermediation	97	17185
房地产业	Real Estate	83	8227
租赁和商务服务业	Leasing and Business Services	33	14431
科学研究、技术服务和地质勘查业	Scientific Research,Technical Service and Geologic Prospecti ng	115	9402
水利、环境和公共设施管理业	Management of Water Conservancy,Environment and Public Facilities	41	7049
居民服务和其他服务业	Services to Households and Other Services	13	786
教育	Education	228	21135
卫生、社会保障和社会福利业	Health,Social Security and Social Welfare	47	15642
文化、体育和娱乐业	Culture,Sports and Entertainment	94	4646
公共管理、社会保障和社会组织	Public Management and Social Organization	559	28178

Number of Engaged Persons in the Private Institutions of City Urban Units

(person)

# 女性 Female	在岗职工 Staff and Workers	劳务派遣人员 Dispatch Personnel	其他从业人员 Other Engaged Persons	单位从业人员平均人数 Average Number of Engaged Persons	在岗职工 Staff and Workers	劳务派遣人员 Dispatch Personnel	其他从业人员 Other Engaged Persons
100693	**237567**	**30494**	**16544**	**311397**	**240340**	**52218**	**18839**
61241	161641	28996	12210	230977	165447	50861	14669
30109	53875	106	1926	54908	52956	111	1841
9343	22051	1392	2408	25512	21937	1246	2329
1136	4419		54	4540	4486		54
5783	28841	4849		33609	28668	4941	
10727	31766	1844	438	33455	31314	1720	421
4771	17430	802	68	18408	17416	904	88
4068	18620	8740	5574	62215	23430	30944	7841
4319	9371	1490	150	11197	9552	1492	153
2183	3657	733	155	4501	3628	720	153
10798	14243	1554	153	15585	13853	1563	169
1649	2515	363	95	3034	2549	372	113
7390	11472	1043	4670	17054	11247	1055	4752
2904	7234	604	389	8103	7185	550	368
3667	7550	6534	347	14179	7664	6158	357
2897	8596	559	247	9345	8590	502	253
3317	6259	1	789	7053	6170	61	822
285	752		34	783	747		36
12004	19935	79	1121	20956	19817	80	1059
10127	15356		286	15011	14730	4	277
2223	4436	17	193	4588	4395	17	176
10445	25115	1282	1781	27781	24899	1135	1747

2-11 续表1

单位:人 (2013)

指 标	Item	单 位（个）Unit (unit)	单位从业人员年末人数 Number of Engaged Persons at Year-end
国有单位合计	**Total State-owned Units**	**1242**	**128746**
按企业、事业、机关分组	**Grouped by Enterprises,Institutions and Agencies**		
企业	Enterprises	189	47943
事业	Institutions	551	54952
机关	Agencies & Organizations	502	25851
按国民经济行业分组	**Grouped by Sector**		
农、林、牧、渔业	Agriculture,Forestry,Animal Husbandry and Fishery	34	4166
制造业	Manufacturing	7	377
电力、燃气及水的生产和供应业	Production and Distribution of Electricity,Gas and Water	6	13197
建筑业	Construction	24	9546
交通运输、仓储和邮政业	Transport,Storage and Post	11	2880
信息传输、计算机服务和软件业	Information Transmission,Computer Services and Software	7	1905
批发和零售业	Wholesale and Retail Trades	19	1519
住宿和餐饮业	Hotels and Catering Services	4	802
金融业	Financial Intermediation	69	7395
房地产业	Real Estate	8	362
租赁和商务服务业	Leasing and Business Services	12	5280
科学研究、技术服务和地质勘查业	Scientific Research,Technical Service and Geologic Prospecting	97	6892
水利、环境和公共设施管理业	Management of Water Conservancy,Environment and Public Facilities	34	6034
居民服务和其他服务业	Services to Households and Other Services	10	419
教育	Education	225	20060
卫生、社会保障和社会福利业	Health,Social Security and Social Welfare	46	15541
文化、体育和娱乐业	Culture,Sports and Entertainment	70	4193
公共管理、社会保障和社会组织	Public Management and Social Organization	559	28178

continued

(person)

# 女性 Female	在岗职工 Staff and Workers	劳务派遣人员 Dispatch Personnel	其他从业人员 Other Engaged Persons	单位从业人员平均人数 Average Number of Engaged Persons	在岗职工 Staff and Workers	劳务派遣人员 Dispatch Personnel	其他从业人员 Other Engaged Persons
53208	**113673**	**8932**	**6141**	**150251**	**114053**	**29764**	**6434**
14321	38566	7434	1943	70745	39951	28407	2387
29544	53056	106	1790	53994	52165	111	1718
9343	22051	1392	2408	25512	21937	1246	2329
995	4137		29	4252	4223		29
138	359		18	377	359		18
3155	12881	294	22	13189	12859	302	28
1545	8130	567	849	32549	9610	21682	1257
1326	2037	740	103	2863	1991	766	106
898	1303	542	60	1894	1302	532	60
750	1456	6	57	1528	1459	7	62
490	741		61	828	748		80
4262	6223	454	718	7357	6181	464	712
156	362			364	364		
289	407	4869	4	5107	410	4693	
2202	6618	83	191	6890	6612	83	
2940	5250		784	5898	5151		747
142	419			418	418		
11439	18996	79	985	19922	18906	80	936
10050	15255		286	14900	14619	4	277
1986	3984	16	193	4134	3942	16	176
10445	25115	1282	1781	27781	24899	1135	1747

2-11 续表2

单位:人 (2013)

指 标	Item	单 位（个）Unit (unit)	单位从业人员年末人数 Number of Engaged Persons at Year-end
城镇集体单位合计	**Total Urban Collective-owned**		
按企业、事业、机关分组	**Grouped by Enterprises,Institutions and Agencies**		
企业	Enterprises	11	708
按国民经济行业分组	**Grouped by Sector**		
制造业	Manufacturing	2	90
批发和零售业	Wholesale and Retail Trades	5	66
住宿和餐饮业	Hotels and Catering Services	1	118
房地产业	Real Estate	1	303
租赁和商务服务业	Leasing and Business Services	2	131
其他单位合计	**Total Other Units**		
按企业、事业、机关分组	**Grouped by Enterprises,Institutions and Agencies**		
企业	Enterprises	458	154196
事业	Institutions	2	955
按国民经济行业分组	**Grouped by Sector**		
农、林、牧、渔业	Agriculture,Forestry,Animal Husbandry and Fishery	2	307
采矿业	Mining and Quarrying	1	33690
制造业	Manufacturing	96	33581
电力、燃气及水的生产和供应业	Production and Distribution of Electricity,Gas and Water	15	5103
建筑业	Construction	54	23388
交通运输、仓储和邮政业	Transport, Storage and Post	7	8131
信息传输、计算机服务和软件业	Information Transmission,Computer Services and Software	9	2640
批发和零售业	Wholesale and Retail Trades	82	14365
住宿和餐饮业	Hotels and Catering Services	17	2053
金融业	Financial Intermediation	28	9790
房地产业	Real Estate	74	7562
租赁和商务服务业	Leasing and Business Services	19	9020
科学研究、技术服务和地质勘查业	Scientific Research,Technical Service and Geologic Prospecting	18	2510
水利、环境和公共设施管理业	Management of Water Conservancy,Environment and Public Facilities	7	1015
居民服务和其他服务业	Services to Households and Other Services	3	367
教育	Education	3	1075
卫生、社会保障和社会福利业	Public Management and Social Organization	1	101
文化、体育和娱乐业	Culture,Sports and Entertainment	24	453

continued

(person)

# 女性 Female	在岗职工 Staff and Workers	劳务派遣人员 Dispatch Personnel	其他从业人员 Other Engaged Persons	单位从业人员平均人数 Average Number of Engaged Persons	在岗职工 Staff and Workers	劳务派遣人员 Dispatch Personnel	其他从业人员 Other Engaged Persons
311	577	125	6	708	577	125	6
8	88		2	90	88		2
41	62		4	67	63		4
82	118			117	117		
104	178	125		303	178	125	
76	131			131	131		
46609	122498	21437	10261	159524	124919	22329	12276
565	819		136	914	791		123
141	282		25	288	263		25
5783	28841	4849		33609	28668	4941	
10581	31319	1844	418	32988	30867	1720	401
1616	4549	508	46	5219	4557	602	60
2523	10490	8173	4725	29666	13820	9262	6584
2993	7334	750	47	8334	7561	726	47
1285	2354	191	95	2607	2326	188	93
10007	12725	1548	92	13990	12331	1556	103
1077	1656	363	34	2089	1684	372	33
3128	5249	589	3952	9697	5066	591	4040
2644	6694	479	389	7436	6643	425	368
3302	7012	1665	343	8941	7123	1465	353
695	1978	476	56	2455	1978	419	58
377	1009	1	5	1155	1019	61	75
143	333		34	365	329		36
565	939		136	1034	911		123
77	101			111	111		
237	452	1		454	453	1	

2—12 市区城镇非私营单位从业人员劳动报酬

（2013）

指　标	Item	单位从业人员工资总额（万元）Total Wages of Engaged Persons（10 000yuan）
总　计	**Total**	**1692533**
按企业、事业、机关分组	**Grouped by Enterprises,Institutions and Agencies**	
企业	Enterprises	1301447
事业	Institutions	261142
机关	Agencies & Organizations	129944
按国民经济行业分组	**Grouped by Sector**	
农、林、牧、渔业	Agriculture,Forestry,Animal Husbandry and Fishery	15304
采矿业	Mining and Quarrying	310741
制造业	Manufacturing	148820
电力、燃气及水的生产和供应业	Production and Distribution of Electricity,Gas and Water	170644
建筑业	Construction	254769
交通运输、仓储和邮政业	Transport,Storage and Post	47327
信息传输、计算机服务和软件业	Information Transmission,Computer Services and Software	30188
批发和零售业	Wholesale and Retail Trades	63183
住宿和餐饮业	Hotels and Catering Services	10959
金融业	Financial Intermediation	136202
房地产业	Real Estate	33259
租赁和商务服务业	Leasing and Business Services	50263
科学研究、技术服务和地质勘查业	Scientific Research,Technical Service and Geologic Prospecting	56884
水利、环境和公共设施管理业	Management of Water Conservancy,Environment and Public Facilities	24222
居民服务和其他服务业	Services to Households and Other Services	2847
教育	Education	110721
卫生、社会保障和社会福利业	Health,Social Security and Social Welfare	60798
文化、体育和娱乐业	Culture,Sports and Entertainment	23530
公共管理和社会组织	Public Management and Social Organization	141873

Revenue of Engaged Persons in the Private Institutions of City Urban Units

在岗职工工资总额 Total Wages of Staff and Workers	劳务派遣人员工资总额 Total Wages of the Dispatch Personnel	其他从业人员工资总额 Total Wages of Other Engaged Persons	单位从业人员平均工资(元) Average Wages of Engaged Persons (yuan)	在岗职工平均工资 Average Wages of Staff and Workers	劳务派遣人员平均工资 Average Wages of the Dispatch Personnel	其他从业人员平均工资 Average Wages of Other Engaged Persons
1429662	**198385**	**64487**	**54353**	**59485**	**37992**	**34230**
1052074	195288	54085	56345	63590	38396	36870
255871	284	4987	47560	48318	25586	27090
121716	2813	5415	50935	55484	22576	23250
15158		147	33710	33788		27167
284822	25918		92458	99352	52456	
141259	5981	1580	44484	45111	34774	37525
167614	2716	314	92701	96242	30049	35625
103203	115125	36440	40950	44048	37204	46474
40157	6737	432	42267	42041	45157	28242
26050	3763	375	67070	71802	52268	24503
57495	5356	332	40541	41503	34268	19645
9444	1261	253	36119	37051	33909	22363
119518	5506	11178	79865	106266	52189	23523
30727	1604	928	41046	42766	29156	25228
29511	19435	1317	35449	38506	31561	36882
54005	1974	904	60871	62869	39331	35747
22106	194	1921	34343	35829	31869	23373
2782		66	36365	37238		18250
107485	222	3014	52835	54239	27750	28463
60043	7	748	40502	40762	18000	27000
23016	45	469	51286	52368	26706	26636
135267	2537	4069	51068	54326	22354	23293

2-12 续表1

（2013）

指　标	Item	单位从业人员工资总额（万元）Total Wages of Engaged Persons（10 000yuan）
国有单位合计	**Total State-owned Units**	**789524**
按企业、事业、机关分组	**Grouped by Enterprises,Institutions and Agencies**	
企业	Enterprises	401835
事业	Institutions	257744
机关	Agencies & Organizations	129944
按国民经济行业分组	**Grouped by Sector**	
农、林、牧、渔业	Agriculture,Forestry,Animal Husbandry and Fishery	14005
制造业	Manufacturing	1570
电力、燃气及水的生产和供应业	Production and Distribution of Electricity,Gas and Water	133423
建筑业	Construction	124015
交通运输、仓储和邮政业	Transport，Storage and Post	13858
信息传输、计算机服务和软件业	Information Transmission,Computer Services and Software	12590
批发和零售业	Wholesale and Retail Trades	9475
住宿和餐饮业	Hotels and Catering Services	3371
金融业	Financial Intermediation	65148
房地产业	Real Estate	1907
租赁和商务服务业	Leasing and Business Services	17004
科学研究、技术服务和地质勘查业	Scientific Research,Technical Service and Geologic Prospecting	39873
水利、环境和公共设施管理业	Management of Water Conservancy,Environment and Public Facilities	20769
居民服务和其他服务业	Services to Households and Other Services	1851
教育	Education	106938
卫生、社会保障和社会福利业	Health,Social Security and Social Welfare	60462
文化、体育和娱乐业	Culture,Sports and Entertainment	21391
公共管理和社会组织	Public Management and Social Organization	141873

continued

在岗职工工资总额 Total Wages of Staff and Workers	劳务派遣人员工资总额 Total Wages of the Dispatch Personnel	其他从业人员工资总额 Total Wages of Other Engaged Persons	单位从业人员平均工资(元) Average Wages of Engaged Persons (yuan)	在岗职工平均工资 Average Wages of Staff and Workers	劳务派遣人员平均工资 Average Wages of the Dispatch Personnel	其他从业人员平均工资 Average Wages of Other Engaged Persons
667880	**105385**	**16259**	**52547**	**58559**	**35407**	**25270**
293432	102288	6115	56801	73448	36008	25618
252732	284	4729	47736	48448	25586	27524
121716	2813	5415	50935	55484	22576	23250
13943		62	32938	33018		21310
1511		60	41655	42078		33222
132550	802	71	101162	103080	26550	25250
42053	78892	3070	38101	43760	36386	24422
9915	3651	292	48404	49799	47663	27557
9641	2889	60	66472	74047	54303	10000
9360	7	109	62009	64150	9286	17565
3181		190	40714	42531		23725
61051	2083	2013	88553	98773	44901	28277
1907			52390	52390		
2931	14068	5	33295	71490	29976	12250
39104	185	584	57871	59141	22277	29954
19067		1702	35214	37017		22783
1851			44285	44285		
103960	222	2756	53678	54988	27750	29440
59707	7	748	40579	40842	18000	27000
20879	43	469	51744	52966	26875	26636
135267	2537	4069	51068	54326	22354	23293

2-12 续表2

(2013)

指 标	Item	单位从业人员工资总额(万元) Total Wages of Engaged Persons (10 000yuan)
城镇集体单位合计	**Total Urban Collective-owned**	**2343**
按企业、事业、机关分组	**Grouped by Enterprises,Institutions and Agencies**	
企业	Enterprises	2343
按国民经济行业分组	**Grouped by Sector**	
制造业	Manufacturing	254
批发和零售业	Wholesale and Retail Trades	353
住宿和餐饮业	Hotels and Catering Services	391
房地产业	Real Estate	1016
租赁和商务服务业	Leasing and Business Services	330
其他单位合计	**Total Other Units**	
按企业、事业、机关分组	**Grouped by Enterprises,Institutions and Agencies**	
企业	Enterprises	897268
事业	Institutions	3398
按国民经济行业分组	**Grouped by Sector**	
农、林、牧、渔业	Agriculture,Forestry,Animal Husbandry and Fishery	1299
采矿业	Mining and Quarrying	310741
制造业	Manufacturing	146996
电力、燃气及水的生产和供应业	Production and Distribution of Electricity,Gas and Water	37222
建筑业	Construction	130754
交通运输、仓储和邮政业	Transport, Storage and Post	33469
信息传输、计算机服务和软件业	Information Transmission,Computer Services and Software	17598
批发和零售业	Wholesale and Retail Trades	53355
住宿和餐饮业	Hotels and Catering Services	7197
金融业	Financial Intermediation	71054
房地产业	Real Estate	30337
租赁和商务服务业	Leasing and Business Services	32929
科学研究、技术服务和地质勘查业	Scientific Research,Technical Service and Geologic Prospecting	17010
水利、环境和公共设施管理业	Management of Water Conservancy,Environment and Public Facilities	3453
居民服务和其他服务业	Services to Households and Other Services	996
教育	Education	3784
卫生、社会保障和社会福利业	Health,Social Security and Social Welfare	335
文化、体育和娱乐业	Culture,Sports and Entertainment	2139

continued

在岗职工工资总额 Total Wages of Staff and Workers	劳务派遣人员工资总额 Total Wages of the Dispatch Personnel	其他从业人员工资总额 Total Wages of Other Engaged Persons	单位从业人员平均工资(元) Average Wages of Engaged Persons (yuan)	在岗职工平均工资 Average Wages of Staff and Workers	劳务派遣人员平均工资 Average Wages of the Dispatch Personnel	其他从业人员平均工资 Average Wages of Other Engaged Persons
2029	**309**	**6**	**33099**	**35159**	**24704**	**9833**
2029	309	6	33099	35159	24704	9833
253		1	28211	28716		6000
349		5	52716	55317		11750
391			33376	33376		
707	309		33525	39719	24704	
330			330	330		
756614	92691	47964	56247	60568	41511	39071
3140		259	37179	39692		21024
1214		85	45108	46167		33960
284822	25918		92458	99352	52456	
139496	5981	1519	44560	45193	34774	37875
35064	1915	243	71319	76946	31804	40467
61150	36234	33370	44075	44247	39121	50684
30242	3086	140	40159	39998	42512	29787
16409	874	315	67504	70546	46511	33860
47787	5350	218	38138	38753	34380	21204
5873	1261	63	34451	34873	33909	19061
58466	3423	9165	73274	115409	57910	22685
28113	1295	928	40797	42320	30466	25228
26250	5368	1312	36830	36852	36638	37161
14901	1790	320	69289	75332	42709	55224
3039	194	219	29894	29823	31869	29253
931		66	27296	28286		18250
3525		259	36591	38693		21024
335			30216	30216		
2137	2		47112	47163	24000	

主要统计指标解释

【总人口】 包括常住户口和未落常住户口的人，以及被注销户口的押犯、劳改、劳教人员，但不包括现役军人及人民武装警察。

【总户数】 包括家庭户和集体户。

【农业人口和非农业人口】 (1)凡在农村从事农、林、牧、渔业的劳动者，以及乡和乡以下所办企业中不直接从事农业的人口。(2)国营的农、林、牧、渔、园艺场，拖拉机站在编的行政管理人员，文教卫生、财贸、邮电等人员，以及附属的独立核算的工业企业中常年不从事农业生产的国家职工，统计为非农业人口；这些单位的其他人员，都统计为农业人口。(3)住在农村由职工、军人抚养的家属、退休职工等国家定量粮的统计为农业人口。(4)农业与非农业之间不好区分的，一般统计为农业人口。

【性别比】 男性人数与女性人数之比(女=100)。

性别比=[男性人数女性人数]×100%

【年平均人口数】 指一年之中各个时点的平均生存人数。

年平均人口数=[年初人口数+年末人口数2]

【出生人数】 指在一定时期内(通常为一年内)出生有生命现象(即有心跳和呼吸)婴儿数的总和。

【出生率】 指某个地区一定时期内的出生人数与同期平均人数之比。

出生率=[年出生人数年平均人数]×1000‰

【死亡率】 指某个地区一定时期内的死亡人数与同期平均人数之比。

死亡率=[年死亡人数年平均人数]×1000‰

【人口自然增长率】 在一定时期内(通常为一年)人口自然增加数(出生人数减死亡人数)占该时期内平均人数之比，一般用千分率表示。

人口自然增长率=[本年出生人数-本年死亡人数年平均人数]×1000‰

【从业人员期末数】 指期末最后一日24时在本单位中工作，并取得工资或其他形式劳动报酬的人员数。该指标为时点指标，不包括最后一日当天及以前已经与单位解除劳动合同关系的人员，是在岗职工、劳务派遣人员及其他从业人员之和。不包括：(1)离开本单位仍保留劳动关系，并定期领取生活费的人员；(2)利用课余时间打工的学生及在本单位实习的各类在校学生；(3)本单位因劳务外包而使用的人员。

【在岗职工】 指在本单位工作且与本单位签订劳动合同，并由单位支付各项工资和社会保险、住房公积金的人员，以及上述人员中由于学习、病伤、产假等原因暂未工作仍由单位支付工资的人员。在岗职工还包括：(1)应订立劳动合同而未订立劳动合同人员(如使用的农村户籍人员)；(2)处于试用期人员；(3)编制外招用的人员；(4)派往外单位工作，但工资仍由本单位发放的人员(如挂职锻炼、外派工作等情况)。不包括：(1)本单位使用的且由本单位直接支付工资的劳务派遣人员，应统计在本单位“劳务派遣人员”指标中；(2)本单位因劳务外包而使用的人员，由承包劳务的单位统计为在岗职工。

【劳务派遣人员】 根据《中华人民共和国劳动合同法》规定，指与劳务派遣单位签订劳动合同，并被劳务派遣单位派遣到实际用工单位工作，且劳务派遣单位与实际用工单位签订《劳务派遣协议》的人员。

【其他从业人员】 指本单位中不能归到在岗职工、劳务派遣人员中的人员。此类人员是实际参加本单位生产或工作并从本单位取得劳动报酬的人员。具体包括：非全日制人员、聘用的正式离退休人员、兼职人员和第二职业者等，以及在本单位中工作的外籍和港澳台方人员。

【从业人员工资总额】 本单位在报告期内(季度或年度)直接支付给本单位全部从业人员的劳动报酬总额。包括计时工资、计件工作、资金、津贴和补贴、加班加点工资、特殊情况下支付的工资，是在岗职工工资总额、劳务派遣人员工资总额和其他从业人员工资总额之和。工资总额是税前工资，包括单位从个人工资中直接为其代扣或代缴的房费、水费、电费、住房公积金和社会保险基金个人缴纳部分等。工资总额不论是计入成本的还是不计入成本的，不论是以货币形式支付的还是以实物形式支付的，均应列入工资总额。

【在岗职工工资总额】 指本单位在报告期内直接支付给本单位全部在岗职工的劳动报酬总额。在岗职工工资总额由基本工资、绩效工资、工资性津贴和补贴、其他工资四部分组成。工资总额不包括病假、事假等情况的扣款。

【在岗职工平均工资】 指本单位在报告期内在岗职工的平均工资水平。

在岗职工平均工资=[报告期在岗职工工资总额报告期在岗职工平均人数]

农　业

Agriculture

3—1 主要年份农林牧渔业总产值

Gross Output Value of Agriculture, Forestry, Animal Husbandry and Fishery in Main Years

单位:万元　　（按当年价格计算 caculated at current prices）　　(10 000 yuan)

年 份 Year	农、林、牧渔业总产值 Gross Output of Agriculture,Forestry, Animal Husbandry and Fishery	农 业 Agriculture	#种植业 Farming	林 业 Forestry	牧 业 Animal Husbandry	渔 业 Fishery
1949	1878	1594	1513	9	265	11
1950	2422	2022	1939	11	378	11
1951	3570	3065	2962	17	475	13
1952	3044	2616	2517	19	397	12
1953	3342	2901	2784	27	402	12
1954	3435	3029	2886	23	371	13
1955	4154	3711	3549	29	401	13
1956	4107	3701	3487	48	345	13
1957	3658	3220	3049	49	376	13
1958	4197	3742	3570	76	366	13
1959	4196	3678	3487	83	419	17
1960	3329	2784	2586	115	412	18
1961	3780	3160	2946	108	492	20
1962	3667	3035	2874	108	513	12
1963	5087	4171	3962	239	661	16
1964	4952	3961	3766	246	728	17
1965	6347	5075	4803	404	850	21
1966	7293	5853	5550	506	915	19
1967	6338	5122	4831	352	846	18
1968	6043	4757	4476	409	860	17
1969	7061	5761	5436	412	873	16
1970	8167	6240	5898	840	1068	18
1971	10117	7651	7232	183	2262	20
1972	10390	7159	6695	195	2897	16
1973	12292	8987	8716	245	2917	4
1974	10957	9527	9253	126	1146	4
1975	11579	9802	9529	178	1433	7
1976	9872	7946	7686	170	1593	9
1977	10979	9240	8773	190	1376	5
1978	12931	11149	10382	272	1504	6
1979	14735	12464	11102	430	1835	6
1980	17428	15446	15041	435	1532	15

3-1 续表 continued

单位:万元 （按当年价格计算 caculated at current prices） （10 000 yuan）

年 份 Year	农、林、牧渔业总产值 Gross Output of Agriculture,Forestry, Animal Husbandry and Fishery	农 业 Agriculture	# 种植业 Farming	林 业 Forestry	牧 业 Animal Husbandry	渔 业 Fishery
1981	22347	19655	18098	446	2214	32
1982	27746	24721	23168	544	2428	53
1983	29844	26291	24529	855	2589	109
1984	32730	27116	26868	1598	3816	200
1985	34486	26068	25379	1606	6458	354
1986	40376	31413	30729	1104	7238	621
1987	47899	37709	36749	955	8095	1140
1988	62901	45291	44079	1290	14344	1976
1989	70137	53103	51638	1581	12840	2613
1990	79146	55864	55471	4245	15706	3331
1991	84975	61169	60275	5104	15315	3387
1992	88628	62770	61559	3995	17458	4405
1993	95826	68064	66106	1003	21342	5417
1994	136904	96774	93243	974	32398	6758
1995	184665	126159	123673	1167	49168	8171
1996	207459	144688	141700	1088	53255	8428
1997	229701	157343	154171	1166	61927	9265
1998	240193	166193	162779	1149	62415	10436
1999	232177	153460	150435	4182	64212	10323
2000	234643	148279	147025	4450	69435	12479
2001	248946	149497	147110	4271	80762	14416
2002	253094	149833	148000	4351	83030	15880
2003	251400	141388	141250	7087	85826	17099
2004	310885	184096	184096	4596	97939	24254
2005	350995	208512	208512	5148	101516	27063
2006	388734	238321	238321	4984	104641	29005
2007	449199	278391	278391	6941	115735	22794
2008	553292	332569	332569	8935	151560	32474
2009	603492	385219	385219	11320	138263	36747
2010	747284	474072	474072	12531	183407	42010
2011	876404	552911	552911	13492	218674	50521
2012	951769	591855	591855	14732	235317	62908
2013	1037642	639207	639207	20262	263083	61063

3—2 主要年份农林牧渔业总产值指数

Agriculture, Forestry, Animal Husbandry and Fishery Related Indices in Main Years

单位:%　　（按可比价格计算,以上年为100 caculated at constant prices,preceding year=100）　　(%)

年份 Year	农、林、牧渔业总产值 Gross Output of Agriculture,Forestry, Animal Husbandry and Fishery	农业 Agriculture	林业 Forestry	牧业 Animal Husbandry	渔业 Fishery
1950	106.02	103.53	80	119.92	100
1951	135.96	138.94	214.02	122.76	267.53
1952	110.4	110.94	165.15	106.49	77.16
1953	110.79	112.21	174.7	101.34	105.78
1954	109.31	111.01	100.74	99.95	57.67
1955	114.27	116.19	124.11	101.54	123.2
1956	104.82	104.29	298.45	89.2	240.46
1957	85.98	83.44	93.51	104.57	31.33
1958	118.33	118.93	166.81	100.52	178.4
1959	100.77	97.36	128.3	113.45	76.91
1960	80.83	74.48	127.7	97.34	99.53
1961	92.77	95.81	59.33	101.35	46.46
1962	119.52	117.53	130.59	127.64	220.11
1963	143.61	137.77	236.47	129.43	181.08
1964	98.3	94.88	104.69	109.95	44.27
1965	134.25	131.15	171.75	118.63	164.05
1966	109.7	110.11	114.1	103.23	66.43
1967	92.32	94.5	79.13	97.73	69.35
1968	95.73	90.89	113.85	101.17	143.88
1969	105.72	112.64	88.03	95.58	77.32
1970	103.87	93.9	153.64	103.73	174.52
1971	97.28	105.12	21.13	178.35	13.75
1972	101	93.25	108.01	121.43	511.21
1973	106.36	114.97	105.12	88.93	97.32
1974	784.53	125.76	63.91	51.75	60.79
1975	13.78	100.51	137.72	119.42	215.5
1976	78.9	74.27	87.86	101.98	63.8
1977	116.21	122.58	116.9	90.57	133.05
1978	110.58	111.52	138.32	100.18	100
1979	99.26	97.5	111.43	103.93	104.76
1980	112.93	118.37	87.34	95.03	118.18

3-2 续表 continued

单位:% （按可比价格计算,以上年为100 caculated at constant prices,preceding year=100） (%)

年 份 Year	农、林、牧渔业总产值 Gross Output of Agriculture,Forestry, Animal Husbandry and Fishery	农 业 Agriculture	林 业 Forestry	牧 业 Animal Husbandry	渔 业 Fishery
1981	107.86	108.44	102.03	105.98	207.69
1982	118.48	117.91	143.50	109.10	229.63
1983	106.38	104.15	125.59	111.48	129.03
1984	114.62	108.70	158.37	125.12	200.63
1985	103.77	99.63	91.08	140.84	154.21
1986	105.87	108.49	73.71	111.01	149.29
1987	101.17	101.73	80.81	102.99	159.95
1988	108.88	109.83	85.32	107.06	158.46
1989	105.26	106.13	98.55	97.77	139.99
1990	106.27	96.15	223.13	124.97	119.37
1991	104.64	102.96	130.64	98.66	108.18
1992	96.80	97.39	68.96	106.92	115.65
1993	100.87	104.70	16.38	116.32	113.71
1994	106.55	104.60	80.62	113.19	111.99
1995	109.34	103.43	105.65	127.46	111.13
1996	109.96	109.52	96.93	112.37	104.60
1997	108.67	108.32	114.67	109.27	109.02
1998	107.11	104.84	109.83	110.75	116.39
1999	104.40	100.60	203.17	105.62	127.71
2000	106.25	103.51	115.14	110.62	110.69
2001	105.02	102.25	92.23	110.25	109.73
2002	102.65	99.33	109.03	106.03	113.43
2003	96.82	93.76	171.67	95.78	107.53
2004	109.63	112.85	79.11	103.56	121.01
2005	105.50	107.20	112.00	102.68	104.85
2006	108.40	110.22	207.69	102.86	108.85
2007	107.52	114.30	96.81	103.08	107.18
2008	108.67	109.67	118.09	102.60	120.04
2009	108.10	108.20	126.70	104.40	108.10
2010	107.20	103.50	179.50	114.30	111.30
2011	105.28	104.68	107.67	105.10	109.11
2012	106.00	104.40	109.20	107.50	110.90
2013	104.30	102.30	137.50	102.70	115.30

3—3 主要年份农林牧渔业总产值指数

Agriculture, Forestry, Animal Husbandry and Fishery Related Indices in Main Years

单位:% （按可比价格计算,以1952为100 caculated at constant prices,1952=100） (%)

年 份 Year	农、林、牧渔业总产值 Gross Output of Agriculture,Forestry, Animal Husbandry and Fishery	农 业 Agriculture	林 业 Forestry	牧 业 Animal Husbandry	渔 业 Fishery
1953	110.79	112.21	174.35	101.35	87.65
1954	121.10	124.56	175.61	101.30	100.00
1955	138.38	144.73	217.99	102.86	103.70
1956	145.05	150.94	650.58	91.75	108.64
1957	124.71	125.94	608.34	95.94	108.64
1958	147.57	149.78	1014.79	96.44	108.64
1959	148.72	145.84	1301.95	109.41	136.25
1960	120.21	108.62	1662.58	106.50	139.96
1961	111.52	104.07	986.37	107.94	131.32
1962	133.29	122.31	1288.06	137.78	88.56
1963	191.42	168.51	3045.87	178.33	127.61
1964	188.16	159.88	3188.82	196.07	127.61
1965	252.62	209.67	5476.66	232.60	164.65
1966	277.13	230.86	6248.62	240.12	161.73
1967	255.85	218.16	4944.46	234.66	149.38
1968	244.91	198.30	5629.14	237.40	137.04
1969	258.92	223.36	4955.39	226.89	137.04
1970	268.93	209.74	7613.22	235.35	128.40
1971	261.61	220.48	1608.62	419.73	108.64
1972	264.23	205.59	1737.54	509.69	75.31
1973	281.03	236.37	1826.51	453.29	16.34
1974	2204.75	297.26	1167.28	234.59	16.93
1975	303.79	298.78	1607.62	280.15	34.50
1976	239.68	221.90	1412.49	285.69	46.26
1977	278.52	272.00	1651.26	258.76	25.86
1978	320.48	307.94	2851.76	276.86	25.93
1979	318.11	300.25	3177.65	287.74	27.16
1980	359.24	355.42	2775.29	273.44	32.10

3-3 续表 continued

单位:% （按可比价格计算,以1952为100 caculated at constant prices,1952=100） (%)

年 份 Year	农、林、牧渔业总产值 Gross Output of Agriculture, Forestry,Animal Husbandry and Fishery	农 业 Agriculture	林 业 Forestry	牧 业 Animal Husbandry	渔 业 Fishery
1981	387.47	385.44	2831.76	289.78	66.67
1982	459.08	454.45	4063.53	316.17	153.09
1983	488.36	473.29	5103.53	352.46	197.53
1984	559.76	514.47	8082.35	440.99	396.30
1985	580.84	512.59	7361.18	621.09	611.11
1986	614.96	556.09	5425.88	689.48	912.35
1987	622.13	565.69	4384.71	710.10	1459.26
1988	677.37	621.29	3741.18	760.22	2312.35
1989	713.02	659.37	3687.06	743.27	3237.04
1990	757.75	633.97	8227.06	928.85	3864.20
1991	792.87	652.72	10748.24	916.41	4180.25
1992	767.49	635.65	7411.76	979.81	4834.57
1993	774.18	665.50	1214.12	1139.72	5497.53
1994	824.91	696.09	978.82	1290.02	6156.79
1995	901.98	719.93	1034.12	1644.23	6841.98
1996	991.83	788.45	1002.35	1847.66	7156.79
1997	1077.80	854.08	1149.41	2018.93	7802.47
1998	1154.48	895.44	1262.35	2236.06	9081.48
1999	1205.33	900.80	2564.71	2361.66	11597.53
2000	1280.62	932.45	2952.94	2612.50	12837.04
2001	1344.93	953.46	2723.53	2880.17	14086.42
2002	1380.61	947.08	2969.41	3053.97	15977.78
2003	1336.77	888.03	5097.65	2925.00	17181.48
2004	1465.66	1002.10	4032.94	3029.03	20791.36
2005	1546.17	1074.25	4517.00	3110.20	21799.74
2006	1676.04	1184.04	9381.36	3199.15	23729.02
2007	1802.08	1353.36	9082.09	3297.68	25432.76
2008	1958.32	1484.23	10725.04	3383.42	30529.48
2009	2116.94	1605.94	13588.63	3532.29	33002.37
2010	2277.83	1662.15	24391.59	4037.41	36731.63
2011	2398.55	1740.27	26269.74	5692.75	40074.21
2012	2542.46	1816.84	28686.56	6119.71	44442.30
2013	2651.79	1858.62	39444.02	6284.94	51241.97

3—4 主要年份农民生活情况及主要农产品产量

Farmers Living Conditions and Output of Major Farm Products in Main Years

年 份 Year	农民人均纯收入(元) Per Capital Net Income of Rural Households (yuan)	农村居民人均生活消费支出(元) Per Capital Consumption Expenditure of Rural Households(yuan)	农民人均生活用房(平方米) Per Capita Living Space of Rural Households(sq.m)	粮食产量(吨) Grain Yield (ton)	肉类产量(吨) Meat Yield (ton)	牛奶产量(吨) Cow Milk Yield (ton)	禽蛋产量(吨) Poultry Eggs Yield (ton)	蔬菜产量(吨) Vegetables Yield (ton)	水果产量(吨) Fruits Yield (ton)	水产品产量(吨) Aquatic Products Yield (ton)
1978	131	103	10.19	310876	2678	2216			8516	97
1979	157	116	11.00	284150	2916	984			10174	101
1980	201	155	11.81	342624	3724	2739			8070	113
1981	298	191	12.61	397025	4281	2838			10110	188
1982	442	273	13.43	442365	4097	3500			9413	296
1983	447	276	14.24	462195	5473	4157			9339	466
1984	478	304	15.05	484005	4666	5651			12925	747
1985	488	380	15.88	429065	6203	8081			15551	1214
1986	573	457	16.36	480097	11070	11255	5741		1596	1824
1987	658	536	16.85	472011	10794	13432	5512		19031	2898
1988	727	576	17.34	514213	12560	15917	5769		19761	4647
1989	859	727	18.22	540498	13133	18947	6361		25382	6525
1990	934	765	18.28	589904	12926	24057	6516	282312	22273	7280
1991	971	765	19.02	612797	17014	29269	6215	273444	9417	7955
1992	977	785	19.27	578382	19108	35835	6755	249556	27050	9166
1993	1016	914	20.13	602581	20654	38438	7118	269711	31900	10419
1994	1336	1109	20.11	659909	23188	48050	9030	270407	28262	11738
1995	1683	1449	19.75	685534	30364	62858	11407	336380	41670	12813
1996	2212	1849	22.03	779537	34242	74558	13148	370634	46293	13602
1997	2578	2147	24.09	815924	35986	77501	14880	390504	46293	15195
1998	2811	1945	25.27	885305	41338	71216	17667	431349	46115	17182
1999	2657	1948	26.41	914116	45645	73415	17761	430633	62880	22044
2000	2712	1886	27.26	823967	46516	78903	19975	572113	62312	25823
2001	2858	2009	27.19	847511	52763	104822	21059	510440	76658	33337
2002	2932	1902	27.27	844114	54777	113842	21303	520652	64343	31326
2003	2984	2224	28.40	684527	58795	140134	20674	562710	86525	32833
2004	3493	2510	28.56	801508	52597	165329	11203	526949	92303	37615
2005	3493	2836	31.17	834345	51623	213294	11340	573445	113285	39405
2006	3800	2902	33.94	879841	50202	222775	9347	685197	111457	42961
2007	4303	3576	35.48	827505	39295	275678	14759	778551	123543	33734
2008	4917	4119	35.76	886219	42973	335385	14454	994344	165343	44163
2009	5389	4817	38.33	913417	46614	318801	15049	1113214	188695	45926
2010	6161	5394	38.90	879142	49633	354098	16512	1269280	187640	49510
2011	7070	6707	39.92	861547	49772	387525	15589	1378422	202848	53313
2012	8068	7089	44.69	861547	49744	401076	21094	1411762	233491	60323
2013	8830	8631	37.14	852983	52785	416489	15492	1428116	29118	65522

注:2013年年末农民人均生活用房由于城乡一体化指标面积变更改为年末人均拥有住房面积。

a) Because of the integration of per capita living space of rural households changed to the per capita housing area at the end of 2013.

3—5 农林牧渔业总产值

单位:万元 （2013）

指 标	Item	银川市 Yinchuan
农林牧渔业总产值	**Gross Output Value of Agriculture, Forestry, Animal Husbandry and Fishery**	**1037642.2**
农业	**Agriculture**	**639207.9**
谷物及其他作物	Cereal and Other Crops	222047.3
粮食	Grain	197637.9
谷物(原粮)	Cereal	197031.2
小麦	Wheat	25819.4
冬小麦	Winter Wheat	5583.7
春小麦	Spring Wheat	20235.8
稻谷	Rice	97183.7
有机稻	Organic Rice	18546.6
玉米	Corn	74018.5
其它谷物	Other Cereals	9.4
豆类	Soybeans	606.7
大豆	Soja	577.0
其他作物	Other Crops	7276.9
油料	Oil-bearing Crops	3102.2
花生	Peanut	69.1
胡麻	Rapeseeds	164.3
向日葵	Helianthus	2862.6
油菜籽	Beetroots	6.2
其他农作物	Other Farm Crops	4174.7
青饲料	Succulence	3272.9
牧草	Pasture	901.9
谷物副产品	By-product of Cereal	17132.4
稻草	Straw	6704.3
小麦秸	Wheat Stalks	2205.8
玉米秸	Corn Stalks	8221.2
蔬菜、食用菌及花卉盆景园艺产品	Produces of Vegetables, Edible Fungus, Flowers and Gardening	263892.6
蔬菜	Vegetables	237159.4
叶菜类	Leafy	24790.6
芹菜	Celery	11491.5
油菜	Rape	3438.5
菠菜	Spinach	2751.7
其他	Others	7108.8
白菜类	Cabbages	10852.4
大白菜	Chinese Cabbage	6743.6

Gross Output Value of Agriculture, Forestry, Animal Husbandry and Fishery

(10 000yuan)

兴庆区 Xingqing	金凤区 Jinfeng	西夏区 Xixia	永宁县 Yongning	贺兰县 Helan	灵武市 Lingwu
138132.8	**85073.0**	**101344.2**	**246622.5**	**276527.7**	**189942**
74680.6	**45190.7**	**58424.0**	**179848.1**	**187530.6**	**93533.9**
24298.7	9427.1	20287.9	61818.3	58129.9	48085.3
21287.5	8321.6	17419.5	57226.4	51896.7	41486.2
19569.2	8884.8	18574.6	57147.1	51837.9	41017.6
1660.2	380.7	575.0	12521	8469.2	2213.3
		19.1	1427.6	4078.4	58.6
1713.7	289.7	593.6	11093.4	4390.8	2154.7
11855.5	3268.1	5527.4	18647	31878.2	26007.5
			2589.2	3039.8	12917.6
3099.4	5994.4	14667.8	25979	11481.1	12796.8
				9.4	
			79.3	58.8	468.6
			79.3	58.8	438.9
1599.6	405.2	802.2	664.8	1222.0	2583.1
55.4	43.0	429.2	432.6	717.4	1424.5
23.0	23.0	23.2			
			138.0		26.3
639.2	719.6	920.5	232.2	504.6	1158.6
48.2	37.4	373.0	294.6	711.2	1398.2
				6.2	
646.6	1020.4	52.1	181.1	258.3	1114.4
125.7	158.1	276.4	51.1	246.4	44.2
1372.3	781.2	2024.5	3927.2	5011.1	4016
787.1	209.0	394.0	949.1	2424.2	1940.9
93.1	22.9	141.4	900.8	873.8	173.7
322.2	592.4	1616.0	2077.2	1711.9	1901.5
44752.1	25434.3	13143.5	49428.1	116899.5	14235.1
31826.4	18088.1	9347.3	47218.7	116466.9	14212.0
3089.0	1378.1	948.0	6908.8	12397.6	69.1
2256.6	343.6	525.8	1935.2	6406.7	23.6
537.0	701.2	374.7	408.9	1381.0	35.7
48.7	19.5	0.1	606.0	2067.6	9.8
309.9	288.2	9.8	3958.7	2542.3	
240.9	506.9	232.8	3195.1	6352.2	324.5
144.7	253.5	142.5	3024.0	2900.7	278.2

3-5 续表1

单位:万元 (2013)

指 标	Item	银川市 Yinchuan
圆白菜	Cabbages	3079.3
其他	Otherss	1029.6
甘蓝类	Brassica	838.5
卷心菜	Cabbages	665.2
其他	Others	173.3
块根、块茎类	Root Tubers and Stem Tuber	17037.0
白萝卜	White Radishs	4063.2
胡萝卜	Carrots	2095.4
生姜	Ginger	1462.6
马铃薯	Potatoes	6239.1
其他	Others	3176.6
瓜菜类	Melon and Vegetables	32195.3
黄瓜	Cucumbers	25156.0
西葫芦	Squashes	544.3
冬瓜	Melons	49.4
其他	Others	6376.1
菜用豆类	Vegetable Beans	22014.9
四季豆	Green Beans	20291.3
豇豆	Cowpea Beans	1523.1
其他	Others	200.6
茄果菜类	Eggplants, Fruits and Vegetables	77581.8
茄子	Eggplants	28459.8
西红柿	Tomatoes	22223.4
辣椒	Chilis	25808.3
其他	Others	1090.4
葱蒜类	Onions and Garlices	12905.5
大葱	Onions	3483.5
蒜头	Garlics	545.7
韭菜	Chives	8266.0
其他	Others	442.6
其他蔬菜	Other Vegetables	38943.4
食用菌	Edible Fungus	11697.7
干品	Dry goods	531.3
香菇	Mushrooms	291.5
黑木耳	Black fungus	239.8
鲜品	Fresh products	11166.4
磨菇	Mushrooms	11166.4

continued

(10 000yuan)

兴庆区 Xingqing	金凤区 Jinfeng	西夏区 Xixia	永宁县 Yongning	贺兰县 Helan	灵武市 Lingwu
21.0	418.9			2593.0	46.4
			171.1	858.5	
84.5	78.0	63.8	154.6	6.0	451.6
83.6	77.2	63.2	154.6	6.0	280.6
2.3					171.0
212.7	1754.7	1005.4	2348.1	10220.2	1495.9
22.0	216.7	185.8	430.1	3179.8	28.8
30.7	185.6	191.5	576.3	1111.3	
184.7	1240.3	37.6			
	493.2		1245.5	3157.7	1342.7
25.7	70.7	88.5	96.1	2771.3	124.4
5385.4	3073.1	3985.5	5827.7	13102.2	821.4
4906.4	2829.3	3257.0	4445.5	8896.4	821.4
2.3	2.0	1.5		538.6	
				49.4	
696.9	406.5	272.9	1382.1	3617.7	
1473.1	1692.5	810.8	6000.2	10177.4	1860.9
1461.3	1644.6	715.0	5529.0	9406.2	1535.1
10.0	46.0	94.0	471.2	576.0	325.8
1.8	1.8	1.8		195.2	
13857.9	5664.0	2821.5	19343.1	28945.4	6949.9
72.6	1907.2	1916.5	5884.8	15873.8	2804.8
423.3	6735.9	2907.0	1158.6	10228.5	770.1
5321.1	1406.4	612.0	12299.7	2794.0	3375.1
450.0	340.7	250.6		49.1	
919.6	738.5	557.3	3379.4	5072.1	2238.6
277.5	233.1	188.6	842.7	1894.5	47.2
70.7	61.5	52.5	274.7	68.5	17.8
443.8	474.2	245.7	2262.0	2666.6	2173.6
				442.6	
3142.0	2896.0	2649.8	61.8	30193.8	
3635.2	3892.8	2280.5	1649.3	216.8	23.1
			531.3		
			291.5		
			239.8		
3635.2	3892.8	2280.5	1118.0	216.8	23.1
3635.2	3892.8	2280.5	1118.0	216.8	23.1

3-5 续表2

单位:万元 (2013)

指 标	Item	银川市 Yinchuan
花卉	Flowers	15035.4
鲜切花	Fresh Flowers	12009.8
盆栽类	Potted	3025.8
水果、坚果、茶、饮料和香料	Fruits, Nuts, Tea, Drinks and Spices	124238.0
果用瓜	Melon	31114.3
西瓜	Watermelons	26335.0
甜瓜	Melons	3750.7
草莓	Strawberrys	1028.7
园林水果	Fruits of Garden	93118.0
苹果	Apples	14075.0
梨	Pears	2481.1
红枣	Jujubse	9087.3
葡萄	Grapes	54453.9
桃	Peaches	11279.4
杏	Apricots	788.2
其他	Others	953.2
坚果	Nuts	5.7
松子	Pine Nuts	5.7
中药材	Medicinal Materials	29030.1
麻黄	Ephedra	5423.1
枸杞	Wolfberry	19637.2
林业	**Forestry**	**20261.6**
林木的培育和种植	Cultivation and Planting of Trees	17461.6
育苗育种面积	Areas of Nursery and Breeding	3721.8
造林面积	Afforestation Area	3625.6
幼林抚育管理面积	Management Area of Young Forest	5177.0
成林抚育管理面积	Management Area of Older Forest	4462.2
零星植树	Sporadic Cultivation	475.0
林产品的采集	Collection of Forest Produets	2800
牧业	**Animal Husbandry**	**263083.2**
牲畜饲养	Livestock Raising	207243.2
牛	Cow	41177.8
羊	Sheep	37193.9
山羊	Goats	4905.9
绵羊	Sheeps	31420.3
羊羔	Lambs	867.6

continued

(10 000yuan)

兴庆区 Xingqing	金凤区 Jinfeng	西夏区 Xixia	永宁县 Yongning	贺兰县 Helan	灵武市 Lingwu
12137.7	1866.8	255.1	560.0	215.8	
9877.9	1518.9	207.7	405.2		
1131.1	761.8	762.3	154.8	215.8	
3829.4	8256.1	12113.7	57281.2	11596.3	31161.3
336.3	5089.3	1059.8	8459.1	8222.8	7947.1
147.2	5020.9	308.2	8132.7	4778.8	7947.1
27.0	60.8	104.5	138.2	3420.2	
24.7	746.2	45.7	188.3	23.8	
3442.0	3374.2	10892.0	48822.0	3373.6	23214.2
1640.4	87.0	1673.7	2143.3	1126.2	7404.4
	9.7	164.8	628.9	153.6	1524.1
16.0	8.1	374.4	277.7	208.5	8202.6
755.1	3959.8	8996.7	34250.7	1771.7	4720.0
14.6	1.9	2.5	10579.7	65.9	614.8
0.3	0.7	1.5	336.4	33.9	415.4
0.1		1.1	605.3	13.8	332.9
		5.7			
		5.7			
3296.3	3101.6	10354.6	11320.6	904.8	52.2
			5423.1		
2516.7	2368.0	7905.7	5889.7	904.8	52.2
2717.3	**1004.0**	**2117.8**	**1296.8**	**2793.8**	**10331.9**
1414.5	522.6	1101.9	1296.8	2793.8	10331.9
328.1	171.1	404.4	103.4	2266.4	448.4
146.6	236.4	902.9	348.1	349.7	1641.9
111.8	252.8	175.5	353.1	115.0	4168.9
106.8	141.5	51.3	492.2	45.2	3625.2
2.8	4.2	2.9		17.5	447.5
		2800			
45005.0	**19275.1**	**31420.1**	**49550.2**	**45520.4**	**72312.4**
32402.1	19643.8	29992.6	33784.2	35808.6	55611.9
2198.5	4262.7	3936.1	12924.6	10199.0	7656.9
3165.6	926.8	492.7	5192.3	4135.3	23281.2
436.3	13.9	38.0	1000.6	993.1	2424.0
2128.9	946.6	418.8	4191.7	3108.8	20625.4
505.4	61.4	35.7		33.4	231.7

3-5 续表3

单位:万元 (2013)

指　标	Item	银川市 Yinchuan
其他	Others	461.1
马	Horses	37.1
驴	Donkeys	346.8
骡	Mules	77.1
奶产品	Dairy Products	125184.8
牛奶	Cow Milk	125184.8
毛绒产品	Plush Products	3225.8
山羊毛	Goat Wool	119.1
绵羊毛	Sheep Wool	878.0
羊绒	Cashmere	1790.1
二毛皮	Two Fur	438.7
猪的饲养	Pigs	31391.2
家禽饲养	Poultry	22228.5
肉禽	Meat and Poultry	10555.4
鸡	Chickens	8908.2
鸭	Ducks	1575.9
其他	Others	71.2
禽蛋	Poultry Eggs	11673.2
鸡蛋	Eggs	10457.7
其他	Others	1215.5
其他畜牧业	Others	2220.3
兔	Rabbit	54.4
蜂蜜	Honey	100.6
鹿茸	Antler	1765.2
特种动物饲养	Special Animal	300.00
渔业(内陆水域水产品)	**Fishery(inland waters of aquathc)**	61062.5
养殖	Cultivation	60963.3
鱼类	Fish	59334.8
鲤鱼	Chub	21325.8
鲫鱼	Carp	1227.9
鲢鱼	Catfish	5643.3
草鱼	Grass Carp	29481.1
团头鲂	Bream	554.3
其他	Others	1102.5
虾蟹类	Shrimps, Prawns and Crabs	1727.5
螃蟹	Crabs	1727.5
农林牧渔服务业	**Output Value of Services for Agriculture, Forestry, Animal Husbandry and Fishery**	**54026.9**

continued

(10 000yuan)

兴庆区 Xingqing	金凤区 Jinfeng	西夏区 Xixia	永宁县 Yongning	贺兰县 Helan	灵武市 Lingwu
			384.4	76.7	
			28.0	9.1	
			282.0	64.8	
			74.4	2.7	
26273.1	15132.6	25200.2	14966.0	21082.4	22530.4
26273.1	15132.6	25200.2	14966.0	21082.4	22530.4
296.7	15.8	137.6	316.9	315.3	2143.5
8.4		5.9	2.9	16.2	85.7
26.6	4.0	10.2	191.8	112.2	533.2
57.2		36.5	122.3	157.2	1416.9
75.9	100.4	125.0		29.7	107.7
3044.7	761.3	1354.7	7847.6	4563.7	13819.2
2366.0	1127.0	2979.3	7811.0	5063.9	2881.3
1338.0	766.3	1383.6	3436.2	1753.5	1877.8
1250.8	826.7	1170.5	2461.5	1320.9	1877.8
84.6	84.1		974.6	432.6	
36.7	29.3	5.2			
1010.3	511.9	1462.2	4374.9	3310.4	1003.5
948.4	480.5	1372.7	4366.9	2285.7	1003.5
84.5	56.5	41.8	8.0	1024.7	
		2028.7	107.4	84.2	
		1.9	40.3	12.2	
		33.6	67.0		
		1693.2		72.0	
		300.00			
4553.9	**7436.7**	**2615.8**	**8261.3**	**32831.0**	**5363.8**
4536.4	7430.5	2613.6	8259.4	32759.7	5363.8
4455.2	7293.2	2568.1	7884.2	32309.0	4825.1
1629.4	2814.0	1579.4	5174.4	8050.3	2078.3
300.2	345.5	77.1	256.3	230.1	18.7
606.1	257.9	129.1	1057.7	3239.2	353.2
1514.0	3653.5	494.9	1142.2	20336.4	2340.1
	80.5		20.8.00	453.0	
433.2	401.5		232.9		34.9
149.6	140.3		377.0	522.0	538.6
149.6	140.3		377.0	522.0	538.6
11356.0	**12128.9**	**6624.0**	**7666.0**	**7852.0**	**8400.0**

3—6 农林牧渔业增加值

Value-added of Agriculture, Forestry, Animal Husbandry and Fishery

单位:万元 （2013） （10 000 yuan）

指 标	Item	银川市 Yinchuan	兴庆区 Xingqing	金凤区 Jinfeng	西夏区 Xixia	永宁县 Yongning	贺兰县 Helan	灵武市 Lingwu
总产值	**Gross Output Value**	**1037642**	**138133**	**85073**	**101344**	**246623**	**276528**	**189942**
农业	Agriculture	639208	74681	45191	58424	179848	187531	93534
林业	Forestry	20262	2717	1004	2118	1297	2794	10332
牧业	Animal Husbandry	263083	45005	19275	31420	49550	45520	72312
渔业	Fishery	61063	4554	7437	2616	8261	32831	5364
农林牧渔服务业	Output Value of Services for Agriculture,Forestry, Animal Husbandry and Fishery	54027	11356	12129	6624	7666	7852	8400
中间消耗	**Intermediate Consumption**	**483401**	**74538**	**41030**	**29761**	**111704**	**132928**	**93441**
农业	Agriculture	254146	27014	15846	21134	72479	79682	37992
林业	Forestry	13137	1463	938	1367	862	1811	6696
牧业	Animal Husbandry	158276	40062	15458	1948	30508	27790	42510
渔业	Fishery	38358	2890	4041	2356	5084	20785	3202
农林牧渔服务业	Output Value of Services for Agriculture,Forestry, Animal Husbandry and Fishery	19485	3503	4943	2367	2771	2860	3042
增加值	**Added Value**	**554241**	**63595**	**44043**	**71583**	**134919**	**143600**	**96501**
农业	Agriculture	385062	47666	29345	37291	107369	107849	55542
林业	Forestry	7125	1255	66	751	435	983	3636
牧业	Animal Husbandry	104807	4943	3817	29472	19042	17730	29803
渔业	Fishery	22705	1664	3396	260	3177	12046	2162
农林牧渔服务业	Output Value of Services for Agriculture,Forestry, Animal Husbandry and Fishery	34542	7853	7186	4257	4895	4992	5358

3—7 农业基本情况及从业人员

Basic Statistics on Rural Areas and Employed Persons

（2013）

指 标	Item	单位	Unit	银川市 Yinchuan	兴庆区 Xingqing	金凤区 Jinfeng	西夏区 Xixia	永宁县 Yongning	贺兰县 Helan	灵武市 Lingwu
农村基层组织情况	**Primary Organization of Rural Area**									
乡镇个数	Number of Township and Town Governments	个	unit	27	4	2	2	6	5	8
#镇个数	Towns	个	unit	21	2	2	2	5	4	6
村民委员会个数	Number of Villagers'Committees	个	unit	269	32	18	18	69	60	69
农村社会基础设施	**Infrastructure of Rural Area**									
自来水受益村数	Number of Villages Benefit from Using Tap Water	个	unit	269	32	18	18	69	60	69
通汽车村数	Number of Villages Openning Bus Line	个	unit	269	32	18	18	69	60	69
通电话村数	Number of Villages Openning Telephone	个	unit	269	32	18	18	69	60	69
乡村人口与从业人员	**Rural Population and Employees**									
乡村户数	Number of Countryside	户	household	166734	18974	15302	10377	39602	43837	38642
乡村人口数	Number of Rural Population	人	person	635023	68535	53412	48239	149628	150098	165111
男	Male	人	person	328608	35235	27311	24780	75964	79554	85764
女	Female	人	person	306415	33300	26101	23459	73664	70544	79347
乡村劳动力资源数	Number of Rural Labor Resources	人	person	398344	47890	31135	24677	93864	99879	100899
男	Male	人	person	206297	24494	15941	13485	47134	52938	52305
女	Female	人	person	192047	23396	15194	11192	46730	46941	48594
乡村从业人员数合计	Total Number of Rural Labor Force	人	person	354989	38735	29624	24677	91004	82927	88022
男	Male	人	person	184081	19847	15156	13485	45610	43951	46032
女	Female	人	person	170908	18888	14468	11192	45394	38976	41990
#农林牧渔业从业人员	EmployeesofAgriculture,Forestry,AnimalHusbandryandFishery	人	person	202743	26439	18310	14118	51537	50171	42168

3—8 农业机械化情况

Agriculture Machinery

(2013)

指 标	Item	单 位	Unit	银川市 Yinchuan	兴庆区 Xingqing	金凤区 Jinfeng	西夏区 Xixia	永宁县 Yongning	贺兰县 Helan	灵武市 Lingwu
农用机械总动力合计	**Total Agricultural Machinery Power**	**千瓦**	**kw**	**1824745**	**135059**	**120870**	**194440**	**452184**	**436915**	**485277**
柴油发动机动力	Diesel Engine Power	千瓦	kw	1550333	124153	111422	172424	353065	377061	412208
汽油发动机动力	Gasoline Engine Power	千瓦	kw	4058	377	21	363	19	2099	1179
电动机动力	Motor Power	千瓦	kw	270354	10529	9427	21653	99100	57755	71890
主要农业机械与设备	**Major Agriculture Machinery and Equipment**									
大中型拖拉机	Number of Large and Medium-sized Agricultural Tractors	台	unit	8790	607	511	1559	2266	2540	1307
小型拖拉机	Small Tractors	台	unit	42650	4032	2920	2378	10159	14788	8373
大中型拖拉机配套农具	Number of Large and Medium-sized Tractors Towing Farm Machinery	台	unit	11692	652	658	1559	2822	4219	1782
小型拖拉机配套农具	Number of Small Tractors Towing Farm Machinery	台	unit	64351	6516	3768	4402	16466	22752	10447
农用排灌电动机	Electric Motor	台	unit	5118	661	473	843	1063	1134	944
农用排灌柴油机	Diesel Engines	台	unit	1083	148	21	26	246	330	312
联合收割机	Combine Harvester	台	unit	3137	286	175	251	568	1138	719
自走式机动割晒机	Self-propelled Motor Windrower	台	unit	18			18			
机动脱粒机	Driven Threshers	台	unit	2453		24	36	1983	92	318
农用运输车	Farm Vehicles	辆	vehicle	21712	1240	1705	2000	5042	2885	8840
节水灌溉机械	Water-saving Irrigation Equipment	套	set	4363	132	4129	62	32	4	4
农用水泵	Agricultural Pumps	台	unit	4743	337	420	864	779	1239	1104

3—9 农业主要能源物资消耗及农用水利建设情况

Major Energy Material Consumption and Water Conservancy Contruction on Agriculture

（2013）

指　标	Item	单　位	Unit	银川市 Yinchuan	兴庆区 Xingqing	金凤区 Jinfeng
农村用电量	Electricity Consumed in Rural Areas	万千瓦小时	10 000kwh	35605	7835	1505
#农林牧渔业生产用电量	Electricity Consumed in Agriculture, Forestry, Animal Husbandry and Fishery	万千瓦小时	10 000kwh	16473	3411	707
农用化肥施用量(实物量)	Consumption of Chemical Fertilizer	吨	ton	260194	28481	16857
氮肥	Nitrogenous Fertilizer	吨	ton	159771	16634	10143
磷肥	Phosphate Fertilizer	吨	ton	38103	6758	3316
钾肥	Potash Fertilizer	吨	ton	11047	938	2315
复合肥	Compound Fertilizer	吨	ton	51273	4151	1083
农用塑料薄膜使用量	Used Volume of Agricalture Plastics Film	公斤	kg	2423582	463042	45295
#地膜使用量	Used Volume of Plastic Film	公斤	kg	999710	142680	27955
地膜覆盖面积	Mulching Arra of Plastic Film	公顷	hectare	18376	1467	519
农用柴油使用量	Agricultural Diesel Oil Amount	吨	ton	35515	4690	1144
农药使用量	Farm Chemical Amount	公斤	kg	881973	54783	25209
农用机油使用量	Agricultural Machine Oil Amount	公斤	kg	332771	11184	9344
农业生产用煤	Agricultural Produces with Coal	吨	ton	6961	1151	120
有效灌溉面积	Effective Irrigated Area	公顷	hectare	23000	1312	6480
#当年实灌	Irrigate Actually This Year	公顷	hectare	22372	950	6214
旱涝保收面积	Stably Area of Drought or Excessive Rain	公顷	hectare	126670	362	6214
机电排灌面积	Pumping Irrigation and Drainage Area	公顷	hectare	26571	687	295
井窖个数	Number of Well Cellar	个	unit	3863		
机械耕地面积	Machinery Land Area	公顷	hectare	137771	12281	5101
机械播种面积	Machinery Seeds Saving Area	公顷	hectare	123380	11065	4537
机械收获面积	Machinery Gains Area	公顷	hectare	114419	12445	4168

3-9 续表 continued

(2013)

指 标	Item	西夏区 Xixia	永宁县 Yongning	贺兰县 Helan	灵武市 Lingwu
农村用电量	Electricity Consumed in Rural Areas	4014	7248	5924	9079
#农林牧渔业生产用电量	Electricity Consumed in Agriculture, Forestry, Animal Husbandry and Fishery	2068	4436	1976	3875
农用化肥施用量(实物量)	Consumption of Chemical Fertilizer	37047	61403	73306	43100
氮肥	Nitrogenous Fertilizer	21136	42501	48935	20422
磷肥	Phosphate Fertilizer	5896	6156	9486	6491
钾肥	Potash Fertilizer	2051	2189	2267	1287
复合肥	Compound Fertilizer	7964	10557	12618	14900
农用塑料薄膜使用量	Used Volume of Agricalture Plastics Film	96734	693855	690346	434310
#地膜使用量	Used Volume of Plastic Film	30375	122092	411819	264789
地膜覆盖面积	Mulching Arra of Plastic Film	1848	2847	7510	4185
农用柴油使用量	Agricultural Diesel Oil Amount	5385	8213	10050	6033
农药使用量	Farm Chemical Amount	253241	202427	249795	96518
农用机油使用量	Agricultural Machine Oil Amount	53935	76187	37856	144265
农业生产用煤	Agricultural Produces with Coal	2400	2274	102	914
有效灌溉面积	Effective Irrigated Area	15208			
#当年实灌	Irrigate Actually This Year	15208			
旱涝保收面积	Stably Area of Drought or Excessive Rain	11439	43764	42974	21917
机电排灌面积	Pumping Irrigation and Drainage Area	4076	3250	12253	6010
井窖个数	Number of Well Cellar	19	3844		
机械耕地面积	Machinery Land Area	14109	35118	43767	27395
机械播种面积	Machinery Seeds Saving Area	13332	30869	38172	25405
机械收获面积	Machinery Gains Area	12547	27092	34272	23895

3—10 主要农产品生产情况

Production of Major Farm Products

(2013)

指 标	Item	银川市 Yinchuan		兴庆区 Xingqing		金凤区 Jinfeng		西夏区 Xixia	
		播种面积（公顷）Sown Area (hectare)	产 量（吨）Yield (ton)	播种面积（公顷）Sown Area (hectare)	产 量（吨）Yield (ton)	播种面积（公顷）Sown Area (hectare)	产 量（吨）Yield (ton)	播种面积（公顷）Sown Area (hectare)	产 量（吨）Yield (ton)
农作物总播种面积	**Total Sown Area**	**154634**		**11691**		**8790**		**16924**	
复种面积	Multiple Cropping Area	21967		1210		1980		511	
粮食作物	Grain Crops	111059	852983	8583	62442	3628	27869	12411	118684
夏收粮食	Summer Harvest Grain	20884	102757	1164	5168	389	1728	666	3403
谷物	Cereal	20750	102688	1164	5168	389	1728	666	3403
小麦	Wheat	20740	102634	1164	5168	389	1728	666	3403
冬小麦	Winter Wheat	4273	22195					11	75
春小麦	Spring Wheat	16467	80439	1164	5168	389	1728	655	3328
其它谷物	Other Cereal	10	54						
大麦	Barley	10	54						
豆类	Beans	134	69						
秋收粮食	Autumn Harvest Grain	90175	750226	7419	57274	3239	26141	11745	115281
谷物	Cereal	87798	748886	7419	57274	3239	26141	11745	115281
稻谷	Rice	43712	371152	5568	45307	1112	8997	3511	25584
#有机稻	Organic Rice	8649	69896						
玉米	Corn	44086	377734	1851	11967	2127	17144	8234	89697
#套种玉米	Tnterplant Corn	8166	54183	232	1584	1182	8140		
豆类	Soybeans	2377	1340						
#大豆	Soja	2377	1340						
油料合计	Total Oil-bearing Crops	1640	5628	89	368	10	83	169	426
#花生	Peanut	126	226					63	113
油菜籽	Rapeseed	13	9						
胡麻籽	Benne	129	220						
向日葵籽	Helianthus	1435	5286	89	368	10	83	106	313
中草药材	Medicinal Materials	4055	15835	637	1415	121	161	1611	4241
#枸杞	Wolfberrys	2714	7111			121	161	1611	4241
麻黄	Ephedra	626	7298						
蔬菜(含菜用瓜)	Vegetables	29212	1428116	2128	132368	3734	177373	1242	77038
瓜果类	Melon and Fruit	4352	244883	32	1706	663	36801	54	3172
西瓜	Watermelon	3995	225850	17	1391	653	36350	42	2825
#压砂西瓜	Pressure Sand Watermelon	6	20					3	10
香瓜(甜瓜)	Melon	336	18595	5	68	10	451	12	347
草莓	Strawberry	21	438	10	247				
其他作物	Other Crops	4316	108991	222	19593	634	980	1437	19225
#青饲料	Succulence	1799	76504	222	19593	600	470	48	550
牧草	Pasture	2517	32487			34	510	1389	18675

3-10 续表 continued

(2013)

指 标	Item	永宁县Yongning 播种面积(公顷) Sown Area (hectare)	永宁县Yongning 产 量(吨) Yield (ton)	贺兰县Helan 播种面积(公顷) Sown Area (hectare)	贺兰县Helan 产 量(吨) Yield (ton)	灵武市Lingwu 播种面积(公顷) Sown Area (hectare)	灵武市Lingwu 产 量(吨) Yield (ton)
农作物总播种面积	**Total Sown Area**	**44760**		**45162**		**27307**	
复种面积	Multiple Cropping Area	3701		7957		6608	
粮食作物	Grain Crops	35111	261718	28252	212073	23074	170197
夏收粮食	Summer Harvest Grain	10068	50044	6581	33662	2016	8752
谷物	Cereal	10068	50044	6581	33662	1882	8683
小麦	Wheat	10068	50044	6571	33608	1882	8683
冬小麦	Winter Wheat	1232	5706	2991	16184	39	230
春小麦	Spring Wheat	8836	44338	3580	17424	1843	8453
其它谷物	Other Cereal			10	54		
大 麦	Barley			10	54		
豆 类	Beans					134	69
秋收粮食	Autumn Harvest Grain	25043	211674	21671	178411	21058	161445
谷物	Cereal	24776	211492	21561	178273	19058	160425
稻谷	Rice	7800	73011	14606	121210	11115	97043
#有机稻	Organic Rice	1524	10138	1605	11558	5520	48200
玉米	Corn	16976	138481	6955	57063	7943	63382
#套种玉米	Tnterplant Corn	1402	6492	3940	27167	1410	10800
豆类	Soybeans	267	182	110	138	2000	1020
#大豆	Soja	267	182	110	138	2000	1020
油料合计	Total Oil-bearing Crops	301	752	363	1372	708	2627
#花生	Peanut	63	113				
油菜籽	Rapeseed			13	9		
胡麻籽	Benne	117	176			12	44
向日葵籽	Helianthus	184	576	350	1363	696	2583
中草药材	Medicinal Materials	1383	9613	226	382	77	23
#枸杞	Wolfberrys	679	2304	226	382	77	23
麻黄	Ephedra	626	7298				
蔬菜(含菜用瓜)	Vegetables	5970	307608	14334	662234	1804	71495
瓜果类	Melon and Fruit	1595	87045	1085	53878	923	62281
西瓜	Watermelon	1563	86243	797	36760	923	62281
#压砂西瓜	Pressure Sand Watermelon	3	10				
香瓜(甜瓜)	Melon	22	628	287	17101		
草莓	Strawberry	10	174	1	17		
其他作物	Other Crops	400	9095	902	19316	721	40782
#青饲料	Succulence	148	6965	262	10762	519	38164
牧草	Pasture	252	2130	640	8554	202	2618

3—11 蔬菜及特种作物生产情况

Production of Vegetables and Specialty Crops

（2013）

指标	Item	银川市 Yinchuan			
		合计 Total		设施农业 Agricultural Facilities	
		播种面积（公顷）Sown Area (hectare)	产量（吨）Yield (ton)	播种面积（公顷）Sown Area (hectare)	产量（吨）Yield (ton)
蔬菜合计	**Total Vegetables**	**29212**	**1428116**	**12990**	**678884**
叶菜类	Leafy	5100	197214	2439	99241
芹菜	Celery	1944	83899	1257	59374
油菜	Rape	731	22681	441	16008
菠菜	Spinach	529	15997	280	8336
其他	Others	1896	74637	458	15523
白菜类	Cabbage Kinds	2616	146617	449	16413
大白菜	Chinese Cabbage	1570	91531	167	8293
圆白菜	Cabbages	781	40255	248	6487
其他	Others	265	14831	34	1634
甘蓝类	Brassica	183	8966	4	189
卷心菜	Cabbages	144	7053	3	166
其他	Others	39	1913	1	23
块根、块茎类	Root Tuber and Stem Tuber	3996	173680	302	12814
白萝卜	White Radish	991	44578	147	6348
胡萝卜	Carrots	663	27251	66	2695
马铃薯	Potatoes	1531	70177	76	3293
生姜	Ginger	220	6828		
其他	Others	591	24846	13	478
瓜菜类	Melons and Vegetables	2977	177994	1795	119884
黄瓜	Cucumbers	2069	137342	1408	105717
西葫芦	Squashes	250	9017	66	1922
冬瓜	Melons	7	541		
其他	Others	651	31094	321	12245
菜用豆类	Dish with Beans	1800	56844	830	30419
四季豆	String Beans	1658	52467	797	29111
豇豆	Cowpea Beans	120	3885	20	1022
其他	Others	22	492	14	286
茄果菜类	Eggplants Fruits and Vegetables	8348	442585	5442	284773
茄子	Eggplants	2364	110969	1419	66326
西红柿	Tomatoes	4337	247793	2856	155490
辣椒	Chili	1538	77424	1068	56741
其他	Others	109	6399	103	6217
葱蒜类	Onions and Garlices	1494	60337	621	24290
大葱	Onions	528	19918	80	2824
蒜头	Garlic	55	2071		
韭菜	Chives	858	36315	529	21078
其他	Others	53	2033	12	388
水生菜类	Aquatic Dish	68			
莲藕	Lotus Root	40			
茭白	Zizania White	28			
其他蔬菜	Other Vegetables	2630	128877	1149	55858
食用菌	**Edible Fungus(dry and fresh)**		**35002**		**35002**
干品	Dry Goods		1265		1265
香菇	Mushrooms		694		694
黑木耳	Black Fungus		571		571
鲜品	Fresh Products		33737		33737
蘑菇	Mushrooms		33737		33737
特种作物	**Specialty Crops**				
花卉种植面积(公顷)	Sown Area of Flowers(hectare)	556		510	
鲜切花(枝)	Fresh Cut-folwer(branch)		42041460		42041460
盆栽观赏植物(盆)	Potted Plants Ornamental Plant(pot)		7486045		4886045

3-11 续表1

（2013）

指标	Item	兴庆区 Xingqing 合计 Total 播种面积（公顷）Sown Area (hectare)	合计 Total 产量（吨）Yield (ton)	设施农业 Agricultural Facilities 播种面积（公顷）Sown Area (hectare)	设施农业 Agricultural Facilities 产量（吨）Yield (ton)
蔬菜合计	**Total Vegetables**	**2150**	**157517**	**1717**	**154083**
叶菜类	Leafy	668	22664	430	22856
芹菜	Celery	400	15451	262	13888
油菜	Rape	140	3650	97	4485
菠菜	Spinach	39	674	12	289
其他	Others	89	2889	59	4194
白菜类	Cabbage Kinds	81	4620	89	4512
大白菜	Chinese Cabbage	41	2380	79	3952
圆白菜	Cabbages				
其他	Others	40	2240	10	560
甘蓝类	Brassica	4	200	4	189
卷心菜	Cabbages	3	177	3	166
其他	Others	1	23	1	23
块根、块茎类	Root Tuber and Stem Tuber	67	2854	20	1048
白萝卜	White Radish	33	1553	17	981
胡萝卜	Carrots	7	45	3	67
马铃薯	Potatoes	27	1256		
生姜	Ginger				
其他	Others				
瓜菜类	Melons and Vegetables	164	23006	149	33043
黄瓜	Cucumbers	163	22958	149	33043
西葫芦	Squashes				
冬瓜	Melons				
其他	Others	1	48		
菜用豆类	Dish with Beans	96	4330	119	4922
四季豆	String Beans	93	4308	117	4906
豇豆	Cowpea Beans	1	6		
其他	Others	2	16	2	16
茄果菜类	Eggplants Fruits and Vegetables	728	54426	577	41914
茄子	Eggplants	70	1822	24	1456
西红柿	Tomatoes	519	45375	440	33913
辣椒	Chili	52	1444	26	760
其他	Others	87	5785	87	5785
葱蒜类	Onions and Garlices	26	1605	18	1216
大葱	Onions	9	458	5	220
蒜头	Garlic				
韭菜	Chives	17	1147	13	996
其他	Others				
水生菜类	Aquatic Dish				
莲藕	Lotus Root				
茭白	Zizania White				
其他蔬菜	Other Vegetables	316	13645	311	14216
食用菌	**Edible Fungus(dry and fresh)**		**30167**		**30167**
干品	Dry Goods				
香菇	Mushrooms				
黑木耳	Black Fungus				
鲜品	Fresh Products		30167		30167
蘑菇	Mushrooms		30167		30167
特种作物	**Specialty Crops**				
花卉种植面积（公顷）	Sown Area of Flowers(hectare)	211		211	
鲜切花（枝）	Fresh Cut-folwer(branch)		39660000		39660000
盆栽观赏植物（盆）	Potted Plants Ornamental Plant(pot)		2500000		2000000

continued

(2013)

金凤区 Jinfeng				西夏区 Xixia			
合 计 Total		设施农业 Agricultural Facilities		合 计 Total		设施农业 Agricultural Facilities	
播种面积 （公顷） Sown Area （hectare）	产 量 （吨） Yield （ton）	播种面积 （公顷） Sown Area （hectare）	产 量 （吨） Yield （ton）	播种面积 （公顷） Sown Area （hectare）	产 量 （吨） Yield （ton）	播种面积 （公顷） Sown Area （hectare）	产 量 （吨） Yield （ton）
3636	**154538**	**1716**	**71392**	**1318**	**74724**	**660**	**44060**
959	20974	455	13550	221	10317	97	5249
326	7846	151	4348	151	6646	94	4880
246	6451	182	6701	66	3295		9
18	231	15	326	3	360	3	360
369	6446	107	2175	1	16		
309	11984	100	1085	41	1980		2
118	4652			41	1980		2
191	7332	100	1085				
41	2236			1	62		
41	2236			1	62		
630	16483			127	9154		
197	5118			29	3435		
165	3225			32	2817		
				66	2854		
220	6600				48		
48	1540						
473	42700	460	25269	223	17777	199	19465
401	36492	391	22069	220	17422	199	19465
				1	40		
				2	315		
72	6208	69	3200				
10	355	1	180	199	6976	91	2628
	6		5	194	6891	88	2612
10	349	1	175	5	85	3	16
697	40312	537	23627	396	23908	267	16284
159	7165	123	4964	88	5391	3	152
222	16368	185	7675	266	17456	239	15664
316	16779	229	10988	42	1061	25	468
171	7496	60	2268	37	1779	6	36
73	2913			15	866		
3	51			16	877		
95	4532	60	2268	6	36	6	36
68							
40							
28							
278	11998	103	5413	73	2382		1
					389		**389**
					389		389
					389		389
277		237		6		4	
	100000		100000		255400		255400
	690000		590000		3447925		1447925

3-11 续表2

(2013)

指 标	Item	永宁县 Yongning			
		合 计 Total		设施农业 Agricultural Facilities	
		播种面积(公顷) Sown Area (hectare)	产 量(吨) Yield (ton)	播种面积(公顷) Sown Area (hectare)	产 量(吨) Yield (ton)
蔬菜合计	**Total Vegetables**	**5970**	**307608**	**3042**	**159073**
叶菜类	Leafy	1382	67455	396	18349
芹菜	Celery	269	13764	258	13268
油菜	Rape	61	2220	34	1245
菠菜	Spinach	135	4344	31	948
其他	Others	917	47127	73	2888
白菜类	Cabbage Kinds	694	45060		
大白菜	Chinese Cabbage	664	43200		
圆白菜	Cabbages				
其他	Others	30	1860		
甘蓝类	Brassica	38	1418		
卷心菜	Cabbages	38	1418		
其他	Others				
块根、块茎类	Root Tuber and Stem Tuber	700	36540		
白萝卜	White Radish	146	7722		
胡萝卜	Carrots	242	11061		
马铃薯	Potatoes	296	16969		
生姜	Ginger				
其他	Others	16	788		
瓜菜类	Melons and Vegetables	668	31669	539	26742
黄瓜	Cucumbers	451	23373	396	21103
西葫芦	Squashes				
冬瓜	Melons				
其他	Others	217	8296	143	5639
菜用豆类	Dish with Beans	328	15790	293	15309
四季豆	String Beans	302	14550	277	14478
豇豆	Cowpea Beans	26	1240	16	831
其他	Others				
茄果菜类	Eggplants Fruits and Vegetables	1728	90202	1639	87763
茄子	Eggplants	490	26749	474	26126
西红柿	Tomatoes	545	22454	500	21910
辣椒	Chili	693	40999	665	39727
其他	Others				
葱蒜类	Onions and Garlices	421	15341	175	6983
大葱	Onions	151	4868		
蒜头	Garlic	21	727		
韭菜	Chives	249	9746	175	6983
其他	Others				
水生菜类	Aquatic Dish				
莲藕	Lotus Root				
茭白	Zizania White				
其他蔬菜	Other Vegetables	11	206		
食用菌	**Edible Fungus(dry and fresh)**		3927		3927
干品	Dry Goods		1265		1265
香菇	Mushrooms		694		694
黑木耳	Black Fungus		571		571
鲜品	Fresh Products		2662		2662
蘑菇	Mushrooms		2662		2662
特种作物	**Specialty Crops**				
花卉种植面积(公顷)	Sown Area of Flowers(hectare)	56		52	
鲜切花(枝)	Fresh Cut-folwer(branch)		2026060		2026060
盆栽观赏植物(盆)	Potted Plants Ornamental Plant(pot)		516120		516120

continued

(2013)

贺兰县 Helan				灵武市 Lingwu			
合　计 Total		设施农业 Agricultural Facilities		合　计 Total		设施农业 Agricultural Facilities	
播种面积（公顷） Sown Area (hectare)	产　量（吨） Yield (ton)	播种面积（公顷） Sown Area (hectare)	产　量（吨） Yield (ton)	播种面积（公顷） Sown Area (hectare)	产　量（吨） Yield (ton)	播种面积（公顷） Sown Area (hectare)	产　量（吨） Yield (ton)
14334	**662234**	**5638**	**237551**	**1804**	**71495**	**277**	**12725**
1860	75444	1076	39237	10	360		
794	40042	509	22990	4	150		
214	6905	128	3568	4	160		
332	10338	220	6413	2	50		
520	18159	219	6266				
1421	79403	260	10815	70	3570		
646	36259	88	4339	60	3060		
580	32413	148	5402	10	510		
195	10731	24	1074				
1	60			98	4990		
1	60			60	3100		
				38	1890		
1996	94637	282	11760	476	14012		
579	26498	130	5361	7	252		
217	10103	63	2628				
701	36718	76	3293	441	12560		
499	21318	13	478	28	1200		
1397	59962	444	15075	52	2880	4	290
782	34217	269	9747	52	2880	4	290
249	8977	66	1922				
5	226						
361	16542	109	3406				
1017	24823	327	7380	150	4570		
936	22942	315	7110	133	3770		
61	1405			17	800		
20	476	12	270				
4068	202417	2340	111200	731	31320	85	3985
1304	58082	788	33389	253	11760	6	238
2514	136380	1477	75688	271	9760	15	640
228	7341	59	1691	207	9800	64	3107
22	614	16	432				
622	24373	174	5387	217	9743	188	8400
270	10525	75	2604	10	288		
11	326			4	90		
288	11489	87	2395	203	9365	188	8400
53	2033	12	388				
1952	100646	735	36228				
	469		469		50		50
	469		469		50		50
	469		469		50		50
6		6					
	332000		332000				

3—12 水果、枸杞生产情况

(2013)

指　标	Item	银川市 Yinchuan			
		合　计 Total		设施农业 Agricultural Facilities	
		播种面积（公顷）Sown Area（hectare）	产　量（吨）Yield（ton）	播种面积（公顷）Sown Area（hectare）	产　量（吨）Yield（ton）
园林水果	**Garden Fruits**	**29118**	**252379**	**2581**	**25914**
本年新增面积	Added Area This Year	2421		388	
苹果	Apples	5425	97894		
本年新增苹果面积	Added Area of Apple This Year	689			
红富士苹果	Fuji Apple	1152	23227		
国光苹果	Guo Guang Apple	607	10874		
梨	Pears	472	9056		
雪花梨	Snowflake Pears	68	1268		
鸭梨	Pears	69	1174		
葡萄	Grapes	14168	93633	2049	14723
酿造用葡萄	Brewing Grapes	8559	44447		
枣	Jujubes	7327	22211	11	59
桃	Peaches	1098	25444	373	10111
杏	Apricots	265	1759	91	628
其它园林水果	Other Fruits	363	2382	57	393
食用坚果	**Eat Nut**		**3**		
核桃	Walnuts		3		
枸杞	**Wolfberrys**	**2714**	**7111**		
本年新增枸杞面积	Added Area of Wolfberrys This Year	32			
枸杞结果面积	Area of Wolfbeery Results	2682			

Production of Fruits and Wolfberrys

兴庆区 Xingqing				金凤区 Jinfeng				西夏区 Xixia			
合 计 Total		设施农业 Agricultural Facilities		合 计 Total		设施农业 Agricultural Facilities		合 计 Total		设施农业 Agricultural Facilities	
播种面积（公顷）Sown Area（hectare）	产 量（吨）Yield（ton）	播种面积（公顷）Sown Area（hectare）	产 量（吨）Yield（ton）	播种面积（公顷）Sown Area（hectare）	产 量（吨）Yield（ton）	播种面积（公顷）Sown Area（hectare）	产 量（吨）Yield（ton）	播种面积（公顷）Sown Area（hectare）	产 量（吨）Yield（ton）	播种面积（公顷）Sown Area（hectare）	产 量（吨）Yield（ton）
1150	**11178**	**25**	**145**	**1451**	**10852**	**4**	**68**	**3141**	**29135**	**3**	**7**
493				21				7			
611	7682			51	342			1296	15595		
363				50				108			
99	3150			2	53			16	1017		
	350							3	217		
5	132			30	76			73	463		
399	3364	25	145	1177	10390	3	52	1466	11923	1	7
267	1500			909	7274			1294	8667		
132				58	2			293	1149		
				77	37	1	16	8	1	2	
3				25	2			5	4		
				33	3						
									3		
									3		
				121	161			1611	4241		
				121				1611			

3-12 续表

(2013)

指 标	Item	永宁县 Yongning 合 计 Total 播种面积（公顷）Sown Area (hectare)	永宁县 Yongning 合 计 Total 产 量（吨）Yield (ton)	永宁县 Yongning 设施农业 Agricultural Facilities 播种面积（公顷）Sown Area (hectare)	永宁县 Yongning 设施农业 Agricultural Facilities 产 量（吨）Yield (ton)
园林水果	**Garden Fruits**	**12906**	**106825**	**2480**	**25173**
本年新增面积	Added Area This Year	1590		386	
苹果	Apples	1027	18461		
本年新增苹果面积	Added Area of Apple This Year	75			
红富士苹果	Fuji Apple	518	9848		
国光苹果	Guo Guang Apple	509	8613		
梨	Pears	123	2267		
雪花梨	Snowflake Pears	68	1248		
鸭梨	Pears	55	1019		
葡萄	Grapes	10090	59053	1965	14066
酿造用葡萄	Brewing Grapes	5498	25767		
枣	Jujubes	395	802		
桃	Peaches	867	23839	369	10087
杏	Apricots	138	866	90	627
其它园林水果	Other Fruits	266	1537	56	393
食用坚果	**Eat Nut**				
核桃	Walnuts				
枸杞	**Wolfberrys**	**679**	**2304**		
本年新增枸杞面积	Added Area of Wolfberrys This Year	32			
枸杞结果面积	Area of Wolfbeery Results	647			

continued

贺兰县 Helan				灵武市 Lingwu			
合计 Total		设施农业 Agricultural Facilities		合计 Total		设施农业 Agricultural Facilities	
播种面积（公顷） Sown Area (hectare)	产量（吨） Yield (ton)	播种面积（公顷） Sown Area (hectare)	产量（吨） Yield (ton)	播种面积（公顷） Sown Area (hectare)	产量（吨） Yield (ton)	播种面积（公顷） Sown Area (hectare)	产量（吨） Yield (ton)
1928	**13511**	**46**	**398**	**8542**	**80878**	**23**	**123**
67		2		243			
758	8044			1682	47770		
				93			
293	3709			224	5450		
61	664			34	1030		
47	698			194	5420		
	20						
14	155						
871	3691	46	398	165	5212	9	55
591	1239						
204	802			6245	19456	11	59
17	157			129	1410	1	8
27	87			67	800	1	1
4	32			60	810	1	
226	**382**			**77**	**23**		
226				77			

3—13 林业生产情况

Production of Forestry

(2013)

指 标	Item	单位 Unit	银川市 Yinchuan	兴庆区 Xingqing	金凤区 Jinfeng	西夏区 Xixia	永宁县 Yongning	贺兰县 Helan	灵武市 Lingwu
荒山荒(沙)地造林面积	Afforestation Area of Barren Mountain	公顷 hectare	11743	977	270	2535	1230	867	5864
人工造林	Afforestation	公顷 hectare	6677	506	109	1100	897	867	3198
竹林面积	Area of Bamboo Forest	公顷 hectare	1000						1000
乔木林面积	Area of Arbor Lin	公顷 hectare	4477	506	109	1100	897	667	1198
无林地和疏林地新封	No Forest and Woodland by New Sealed	公顷 hectare	5066	471	161	1435	333		2666
按经济成份分	**Grouped by Structural of Economic Types**								
公有经济造林	Public Economy	公顷 hectare	10618	902	269	2323	393	867	5864
国有经济造林	State-owned Economy	公顷 hectare	9767	899	260	2301	393	50	5864
集体经济造林	Collective-owned Economy	公顷 hectare	851	3	9	22		817	
非公有经济造林	Non-public Economy	公顷 hectare	1125	75	1	212	837		
按林种用途分	**Grouped by Different Use of Forest**								
经济林	Economic Forest	公顷 hectare	1423	192	8	266	667	84	206
防护林	Shelter-forest	公顷 hectare	10320	785	262	2269	563	783	5658
有林地造林面积	Area of Afforestation	公顷 hectare	333				333		
四旁(零星)植树	Plant Scatteredly	株 plant	684337	540	2934	6526		35000	639337
年末实有封山(沙)育林面积	Area of closed off the Mountains for Forest at Year-end	公顷 hectare	88848	5055		21745	7481	3000	51567
幼林抚育作业面积	Schoolwork Area of Young Growth Forsters	公顷 hectare	110182	1864	3554	935	10700	2500	90629
幼林抚育实际面积	Actual Area of Young Growth Forsters	公顷 hectare	110182	1596	4235	522	10700	2500	90629
成林抚育面积	Area of Completed Forst	公顷 hectare	108322	1067	2357	2569	10700	1000	90629
中、幼龄林抚育面积	Area of Middle and Young Growth Forsters	公顷 hectare	108322	1067	2357	2569	10700	1000	90629
林木种子采集量	The Pucking Quantity of Timber Seed	吨 ton	22						22
当年苗木产量	Seedling Qutput This Year	万株 10 000trank	117902144	10032606	541394	77201000			30127144
育苗面积	Area of Grawing Seedings	公顷 hectare	5317	57	391	305	110	3333	1121
本年新增育苗面积	Square Measure of New Increasing Growing This Year	公顷 hectare	2175	6		91	8	2000	70

3—14 渔业生产情况

Production of Fishery

（2013）

指 标	Item	单位	Unit	银川市 Yinchuan	兴庆区 Xingqing	金凤区 Jinfeng	西夏区 Xixia	永宁县 Yongning	贺兰县 Helan	灵武市 Lingwu
水产品总产量	Total Output of Aquatic Products	吨	ton	65522	5736	8355	2719	8762	35000	4950
内陆水域捕捞	Number of Catching Aquatics in Inland Waters	吨	ton	108	3	27		2	76	
鱼类	Fishes	吨	ton	108	3	27		2	76	
#黄河鲤鱼	Yellow River's Carps	吨	ton	108		30		2	76	
内陆水域养殖	Number of Breeding Aquatics in Inland Waters	吨	ton	65414	5733	8328	2719	8760	34924	4950
鱼类	Fish	吨	ton	64543	5655	8263	2709	8588	34663	4665
#鲤鱼	Carp	吨	ton	22951	2795	2850	1564	5239	8398	2105
鲢鱼	Silver Carp	吨	ton	12014	1089	936	192	1256	8098	443
鲫鱼	Crucian Carp	吨	ton	3348	590	778	286	864	767	63
草鱼	Grass Carp	吨	ton	24653	1181	2913	609	985	16947	2018
团头鲂	Group Head Triangular Bream	吨	ton	554		81		20	453	
其他	Others	吨	ton	867		700	58	73		36
虾蟹类	Shrimps,Prawns and Crabs	吨	ton	871	78	65	10	172	261	285
螃蟹	Crabs	吨	ton	871	78	65	10	172	261	285
内陆水域养殖面积	Area for Breeding Aquatics in Inland Waters	公顷	hectare	15482	1805	2695	904	1343	7508	1227
池塘养殖	Pond Breeding	公顷	hectare	7717	826	518	452	542	4728	651
湖泊养殖	Lake Breeding	公顷	hectare	7402	936	2117	422	801	2780	346
水库养殖	Reservoir Breeding	公顷	hectare	363	43	60	30			230
稻田养蟹面积	Area of Grab Breeding in Rice Paddy	公顷	hectare	6403	408	349	81	693	3335	1537

3—15 畜牧业生产情况

Production of Animal Husbandry

（2013）

指　标	Item	单位	Unit	银川市 Yinchuan	兴庆区 Xingqing	金凤区 Jinfeng	西夏区 Xixia	永宁县 Yongning	贺兰县 Helan	灵武市 Lingwu
年末大牲畜	**Number of Large Animals at Year-end**	头	**head**	**191373**	**41719**	**19059**	**16555**	**42490**	**41968**	**29582**
役畜	Draft Animals	头	head	4252	8			3491	753	
牛	Cows	头	head	186477	41711	19059	16542	38999	40584	29582
#良种及改良种乳牛(奶牛)	Dairy Cows	头	head	135340	39764	13853	12605	15934	29004	24180
肉用牛	Mutton Cows	头	head	51137	1947	5206	3937	23065	11580	5402
马	Horses	头	head	1003	8			510	485	
驴	Donkeys	头	head	2905			2	2169	734	
骡	Mules	头	head	981			4	812	165	
骆驼	Camels	头	head	7			7			
生猪存栏	**Number of Hogs on Hand**	头	**head**	**157493**	**6945**	**13853**	**8776**	**32170**	**18907**	**76842**
能繁殖的母猪	Breeding Sows	头	head	21786	673	1358	1416	5331	2290	10718
羊只存栏	**Number of Sheeps and Goats on Hand**	只	**head**	**633379**	**27861**	**25466**	**27803**	**121233**	**101492**	**329524**
山羊	Goats	只	head	100974	3169	2905	8201	12494	27035	47170
绵羊	Sheeps	只	head	532405	24692	22561	19602	108739	74457	282354
滩羊	Beach Sheeps	只	head	20187	651	4030			15506	
家禽存栏	**Number of Poultry on Hand**	百只	**100head**	**20487**	**485**	**2335**	**1574**	**7522**	**5045**	**3526**
鸡	Chicken	百只	100head	19603	460	2335	1248	7318	4716	3526
肉鸡	Chicken	百只	100head	8886	425	1774	580	2007	1738	2362
蛋鸡	Hens	百只	100head	10717	35	561	668	5311	2978	1164
年末养兔数	**Number of Rabbits at Year-end**	只	**head**	**40300**	**316**		**630**	**35666**	**3688**	
出栏大牲畜	**Large Animals Slaughtered**	头	**head**	**103623**	**5289**	**9649**	**16569**	**32503**	**19792**	**19821**
牛	Cattle and Buffaloes	头	head	99891	5289	9649	16569	29374	19189	19821
马	Horses	头	head	354				263	91	
驴	Donkeys	头	head	2644				2166	478	
骡	Mules	头	head	734				700	34	
生猪出栏	**Hogs Slaughtered**	头	**head**	**228952**	**6711**	**14867**	**15284**	**65397**	**29443**	**97250**
羊出栏	**Sheeps and Goats Slaughtered**	只	**head**	**876579**	**38233**	**25800**	**31035**	**147110**	**98027**	**536374**
山羊	Goats	只	head	113715	5670	1233	5944	23824	22571	54473

3-15 续表 continued

（2013）

指 标	Item	单位	Unit	银川市 Yinchuan	兴庆区 Xingqing	金凤区 Jinfeng	西夏区 Xixia	永宁县 Yongning	贺兰县 Helan	灵武市 Lingwu
绵羊	Sheeps	只	head	762864	32563	24567	25091	123286	75456	481901
宰杀羊羔(供宰杀二毛的羊羔)	SlaughterLamb(fortheslaughterofsecondaryhairoflamb)	只	head	58547	34494	1864	1300		4569	16320
家禽出栏	Number of Poultry Slaughtered	百只	100head	33504	3235	3743	2962	11632	5755	6177
鸡	Chicken	百只	100head	28348	2740	3647	2893	8488	4403	6177
鸭	Ducks	百只	100head	4978	317	96	69	3144	1352	
兔出栏	Rabbits Slaughtered	只	head	25765	125		630	19200	5810	
肉类总产量	Total Output of Meat	吨	ton	52785	2502	3906	4309	14076	7648	20344
猪肉	Pork	吨	ton	16944	489	1193	1046	4867	2184	7165
牛肉	Beef	吨	ton	14513	733	1528	2319	4286	2772	2875
羊肉(包括羊羔)	Mutton(clamb included)	吨	ton	14852	678	561	364	2496	1606	9147
山羊	Goats	吨	ton	1499	126	21	84	128	374	766
绵羊	Sheeps	吨	ton	13353	552	540	280	2368	1232	8381
禽肉	Poultry Meat	吨	ton	6121	601	624	579	2142	1018	1157
鸡肉	Chicken	吨	ton	4405	532	271	881	1564		1157
马肉	Horse Meat	吨	ton	38				28	10	
驴肉	Donkey Meat	吨	ton	222				185	37	
骡肉	Mule Meat	吨	ton	40				35	5	
兔肉	Rabbit Meat	吨	ton	55	1		1	37	16	
奶类产量	Output of Milk	吨	ton	416489	121435	45534	47889	53450	74840	73341
牛奶	Cow Milk	吨	ton	416489	121435	45534	47889	53450	74840	73341
山羊毛产量	Output of Goat Wool	吨	ton	340	29		12	12	41	246
山羊粗毛	Goat Wool	吨	ton	243	28		8	5	32	170
山羊绒	Pashm	吨	ton	97	1		4	7	9	76
绵羊毛产量	Sheep Wool	吨	ton	1330	43		20	295	169	803
细羊毛产量	Fine Wool	吨	ton	4			4			
半细羊毛产量	Semi-fine	吨	ton	158	18		16		124	
滩羊皮产量	Tibet Lamb Skin	张	unit	21407					21407	
鹿茸产量	Antler	公斤	kg	1236			1200		36	
天然蜂蜜产量	Honey	吨	ton	85	9	9	7	60		
禽蛋产量	Output of Poultry Eggs	吨	ton	15492	801	870	2083	6026	4392	1320
鸡蛋产量	Eggs	吨	ton	13890	671	838	2015	6015	3031	1320

主要统计指标解释

【农林牧渔业总产值】 指以货币表现的农、林、牧、渔业全部产品的总量,它反映一定时期内农业生产总规模和总成果。农业总产值的计算方法通常是按农林牧渔业产品及其副产品的产量分别乘以各自单位产品价格求得;少数生产周期较长,当年没有产品或产品产量不易统计的,则采用间接方法匡算其产值;然后将四业产品产值相加即为农业总产值。1957年以前的农业总产值中包括厩肥和农民自给性手工业(如农民自制衣服、鞋袜,自己从事粮食初步加工等)。1958年及以后的农业总产值,林业中增加了村及村以下竹木采伐产值;牧业中取消了厩肥产值;副业中取消了农民自给性手工业产值,增加了村及村以下的工业产值;渔业中增加了海洋捕捞水产品产值。1980年及以后的农业总产值,在副业中增加了农民家庭兼营工业商品部分的产值。从1984年起村及村以上工业产值划归工业。从1993年起取消副业,将野生动物的捕猎划入牧业,野生植物采集和农民家庭兼营商品性工业划归农业。从2005年起计算农林牧渔服务业产值。

【农林牧渔业增加值】 指报告期内从事农业、林业、牧业、渔业和农林牧渔服务业生产活动的各种单位和农户从事生产活动所提供最终成果的货币表现。

【粮食产量】 指全社会的产量。包括国有经济经营的、集体统一经营的和农民家庭经营的粮食产量,还包括工矿企业办的农场和其他生产单位的产量。粮食除包括稻谷、小麦、玉米、高粱、谷子及其他杂粮外,还包括薯类和豆类。其产量计算方法,豆类按去豆荚后的干豆计算;薯类(包括甘薯和马铃薯,不包括芋头和木薯)1963年以前按每4公斤鲜薯折1公斤粮食计算,从1964年开始改为按5公斤鲜薯折1公斤粮食计算。城市郊区作为蔬菜的薯类(如马铃薯等)按鲜品计算,并且不作粮食统计。其他粮食一律按脱粒后的原粮计算。

【油料产量】 指全部油料作物的生产量。包括花生、油菜籽、芝麻、向日葵籽、胡麻籽(亚麻籽)和其他油料,不包括大豆、木本油料和野生油料。花生以带壳干花生计算。

【水产品产量】 指人工养殖的水产品和天然生长的水产品的捕捞量。包括海水的鱼类、虾蟹类、贝类和藻类以及内陆水域的鱼类、虾蟹类和贝类,不包括淡水水生植物。

【猪、牛、羊肉产量】 指当年出栏并已屠宰、除去头蹄下水后带骨肉(即胴体重)的重量。

【期初(末)畜禽存栏头(只)数】 指报告期初(末)农村各种合作经济组织和国营农场、农民个人、机关、团体、学校、工矿企业、部队等单位以及城镇居民饲养的大牲畜、猪、羊、家禽等畜禽的存栏数。

【耕地面积】 指可以用来种植农作物、经常进行耕锄的田地,包括熟地、当年新开荒地、连续撂荒未满三年的耕地和当年休闲地(轮歇地),还包括以种植农作物为主并附带种植桑树、茶树、果树和其他林木的土地,以及沿海、沿湖地区已围垦利用的"海涂"、"湖田"等面积。不包括属于专业性的桑园、茶园、果园、果木苗圃、林地、芦苇地、天然或人工草地面积。

【农作物播种面积】 指实际播种或移植有农作物的面积。凡是实际种植有农作物的面积,不论种植在耕地上还是种植在非耕地上,均包括在农作物播种面积中。在播种季节基本结束后,因遭灾而重新改种和补种的农作物面积,也包括在内。

【有效灌溉面积】 指具有一定的水源,地块比较平整,灌溉工程或设备已经配套,在一般年景下当年能进行正常灌溉的耕地面积。

【农用化肥施用量】 指本年内实际用于农业生产的化肥数量,包括氮肥、磷肥、钾肥和复合肥。化肥施用量要求按折纯量计算数量。折纯量是指把氮肥、磷肥、钾肥分别按含氮、含五氧化二磷、含氧化钾的百分之一百成份进行折算后的数量。复合肥按其所含主要成分折算。

【农业机械总动力】 指主要用于农、林、牧、渔业的各种动力机械的动力总和。包括耕作机械、排灌机械、收获机械、农用运输机械、植物保护机械、牧业机械、林业机械、渔业机械和其他农业机械(内燃机按引擎马力折成瓦(特)计算、电动机按功率折成瓦(特)计算)。不包括专门用于乡、镇、村、组办工业、基本建设、非农业运输、科学试验和教学等非农业生产方面用的动力机械与作业机械。

【农林牧渔业劳动力】 指全社会直接参加农林牧渔业生产活动的劳动力。

【乡村从业人员】 是指乡村人口中16岁以上实际参加生产经营活动并取得实物或货币收入的人员,既包括劳动年龄内经常参加劳动的人员,也包括超过劳动年龄实际参加劳动人员。但不包括户口在家的在外学生、现役军人和丧失劳动能力的人,也不包括待业人员和家务劳动者。从业时间为一个农事季节,一般为2个月以上的劳动时间。

工业能源

Industry and Energy

4—1 主要年份全部工业总产值

Gross Output Value of Industrial in Main Years

单位:万元 （10 000yuan）

年 份 Year	工 业 总产值 Industrial Output Value	按经济类型分 Grouped by Economic Type		按轻重工业分 Grouped by Light & Heavy Industries		按企业规模分 Grouped by Size of Enterprises				产品销售收入 Product Sales Revenue	利税总额 Total Profits and Taxes	利润总额 Total Profits
		# 国有 State-owned	# 股份制 Joint-stock	轻工业 Light Industry	重工业 Heavy Industry	大型企业 Large Enterprises	中型企业 Medium-sized Enterprises	小型企业 Small Enterprises	微型企业 Micro-enterprises			
1949	297	66		169	128			297				
1950	310	64		185	125			310				
1951	453	194		339	114			453				
1952	662	339		467	195			662				
1953	825	503		593	232			825				
1954	917	600		652	265			890				
1955	1206	864		922	284			1163				
1956	1679	1099		1186	493			1604				
1957	2285	1565		1863	422			2164				
1958	3167	2345		1944	1223			2847				
1959	6765	6126		3865	2900			5908				
1960	9712	8840		5105	4607			8241				
1961	7433	6696		4693	2740			6301				
1962	5638	4820		4028	1610			4681				
1963	5704	4853		4088	1616			4188				
1964	5915	4868		4134	1781			4336				
1965	6779	5709		4588	2191			5428				
1966	13766	12538		5372	8394			8166				
1967	15032	13684		5791	9241			9332				
1968	12290	11084		5103	7187			6794				
1969	17953	16445		7185	10768			10453				
1970	25292	23315		9836	15456			13456				
1971	24849	22219		8567	16282			10257				
1972	26973	23793		9325	17648			11921				
1973	28035	24713		9925	18110			12067				
1974	33140	28960		12015	21125			16306				
1975	37507	32086		14708	22799			20186				
1976	34485	28713		14620	19865			19926				
1977	37750	30288		15994	21756			21461				
1978	49750	40562		19609	30141		16905	32845		42091	9325	5681
1979	52665	38952		20153	32512		19169	33496		43043	9693	6416
1980	50576	40939		21794	28782		16818	33758		42957	8870	5314
1981	40537	27597		22618	17919		9448	31089		35640	4001	1187
1982	49769	35395		25607	24162		14018	35751		45053	6609	2921

4-1 续表 continued

单位:万元 (10 000yuan)

年份 Year	工业总产值 Industrial Output Value	按经济类型分 Grouped by Economic Type #国有 State-owned	 #股份制 Joint-stock	按轻重工业分 Grouped by Light & Heavy Industries 轻工业 Light Industry	 重工业 Heavy Industry	按企业规模分 Grouped by Size of Enterprises 大型企业 Large Enterprises	 中型企业 Medium-sized Enterprises	 小型企业 Small Enterprises	 微型企业 Micro-enterprises	产品销售收入 Product Sales Revenue	利税总额 Total Profits and Taxes	利润总额 Total Profits
1983	61723	44428		30196	31527		19031	42692		54068	9561	5321
1984	73500	52327		35397	38103		23539	49961		63487	11735	6816
1985	93215	71703		43202	50013		28736	64479		81292	15352	8504
1986	109090	75233		51099	57991	7484	29507	72099		89511	15971	7908
1987	129119	90007		59760	69359	11969	35340	81810		115190	19616	8777
1988	176466	125938		73827	102639	25593	46651	104222		163440	26489	13155
1989	246317	182655		93009	153308	35118	71390	139809		186970	29735	14247
1990	250241	212169		88364	161877	37215	80762	132264		183729	22744	7641
1991	309257	238074		102155	207102	117109	50039	142109		224755	25145	7120
1992	377891	287885		114139	263752	122335	84395	171161		47571	25563	5418
1993	518930	381182	2809	131830	387100	164527	161566	192837		417825	40393	10905
1994	647702	376879	11488	169864	477838	235998	170081	241623		470561	50662	-703
1995	802370	518764	38729	183733	618637	312861	216678	272831		637133	72479	10699
1996	889899	392668	105954	227465	662434	334177	217877	337845		677803	79435	9377
1997	935361	387160	111202	239869	695492	335349	241466	358546		751831	82231	12180
1998	932899	233733	228741	269598	663301	304840	224244	403815		733525	43901	-14990
1999	995156	240935	307410	315424	679732	310981	234883	449292		776650	37975	-19000
2000	1350836	471680	447330	326300	1024536	712700	225517	412619		937746	49777	-4969
2001	1482460	401728	638451	384120	1098340	827255	239205	416000		1037883	64889	-7307
2002	1679417	392712	931177	406222	1273195	1067647	153157	458613		1128795	85731	11412
2003	1982866	421701	1152754	500897	1481969	681579	731810	569477		1449813	121890	34321
2004	2877823	729690	1719105	636613	2241210	1021355	813391	1043077		2392661	240109	107607
2005	3493447	829826	2015002	906523	2586924	1529342	924734	1039371		3178012	224963	84184
2006	4318730	959420	2627608	1040581	3278149	2048430	952857	1317443		3902884	243522	73093
2007	5289808	1167797	3344637	1241105	4048703	2431750	1439109	1418949		4738217	423298	204231
2008	6412142	1269453	4291828	1446856	4965286	2976139	1744631	1691372		5766846	366078	96540
2009	7315811	1275533	5064006	1571223	5314053	3273806	2064628	1546842		6577240	907872	476934
2010	9759157	1851934	6660556	1867855	7487782	4743640	2609348	2002649		9077515	1351264	785192
2011	12970305	5675470	5770813	2160715	10138923	7636982	2574014	2071981	16661	12082080	1634978	1062873
2012	17110249	4635723	11072564	2745582	13730075	10372335	2932009	3108869	62444	16156535	1970890	893286
2013	19946852	4043431	14540397	3276296	16004008	12038807	3446932	3722649	71915	18874779	2313096	1056989

注:1. 2000年后指标数含宁夏电力公司全区口径;

2. 效益指标2000年前为独立核算口径,2000年后(含2000年)为规模以上口径;

3. 从2009年起,数据除工业总产值外,其他指标均为规模以上口径。

a) After 2000 the number of indicators including the region caliber of Ningxia electric Power Company.

b) Efficiency indicators by the year 2000 as an independent accounting caliber, 2000(including 2000)for the above designated size caliber.

c) In addition to gross industrial output value Since 2009, other indicators are above the designated size caliber.

4—2 主要年份工业产品产量

Output of Major Industrial Products in Main Years

年 份 Year	轮胎外胎 （万条） Tires （10 000 tires）	水 泥 （万吨） Cement （10 000 tons）	金属切削机床 （台） Metal-cutting Machine Tools （unit）	电力变压器 （万千伏安） Power Transformers （10 000 kva）	平板玻璃 （万重量箱） Plate Glass （10 000 weight cases）	味 精 （吨） Monosodium Glutamate （ton）	乳制品 （吨） Dairy Products （ton）
1978	30.10	3.13	439	3.50		35	
1979	32.00	2.82	437	4.00	3.50		
1980	29.30	2.96	385	7.33	7.20		
1981	8.50	1.84	239	3.00	4.70	24	205
1982	16.20	3.35	245	2.66	9.10	53	258
1983	25.60	5.47	356	4.31	12.00	55	308
1984	29.50	5.77	406	6.49	16.40	48	527
1985	34.30	8.60	400	12.15	17.30	55	759
1986	38.45	10.09	392	13.88	13.30	87	1068
1987	57.01	14.70	417	18.65	5.99	151	1355
1988	67.08	28.34	480	19.61	13.20	250	1779
1989	69.10	35.11	403	24.73	7.50	423	3292
1990	63.51	30.46	289	24.54		433	3128
1991	75.62	32.26	228	23.90		393	4033
1992	103.59	36.96	337	26.54		420	7404
1993	123.56	38.11	386	33.90	36.96	500	4811
1994	144.20	47.19	1649	25.00	34.10	567	4643
1995	164.95	51.51	994	25.00	23.16	800	4329
1996	192.24	59.90	829	30.06	54.95	1000	5991
1997	186.74	60.95	983	36.82	57.25	1235	5079
1998	191.24	74.77	455	40.81	21.85	880	6531
1999	167.98	85.20	659	46.73	62.98	1567	7742
2000	193.00	82.22	909	67.00	67.00	2419	6760
2001	182.00	87.70	1298	124.00	65.00	3592	7814
2002	224.31	123.06	1816	116.02	59.50	3032	6099
2003	241.53	208.52	1953	105.00	17.31	14979	5621
2004	293.60	196.48	1095	73.25	65.01	24236	6876
2005	304.56	178.23	1418	67.66	66.00	24159	49656
2006	389.59	219.52	1892	159.41	66.06	32018	64688
2007	395.54	261.55	2494	224.85	61.14	62151	73347
2008	337.16	277.93	2458	178.90	151.82	66660	50159
2009	225.62	332.27	1620	685.27		75635	46553
2010	210.44	458.53	3110	43.55		84711	37433
2011	188.38	475.89	3762	705.43			24115
2012	141.91	509.22	2570	174.75			196140
2013	165.89	650.06	2370	713.63			219417

4-2 续表1 continued

年 份 Year	饮料酒（千升）Alcoholic Drink（ton）	农用化肥（万吨）Chemical Fertilizers（10 000 tons）	自来水售水量（万吨）Water Sales（10 000 tons）	服 装（万件）Clothing（10 000 units）	中成药（吨）Chinese Patent Modicines（ton）	汽 油（万吨）Gasoline（10 000 tons）
1978	424	15.07				
1979	743	3.64				
1980	855	3.62			200	
1981	2889	3.08		94.80	188	
1982	3658	3.84			191	
1983	4867	3.96		77.78	222	
1984	5830	4.84		100.76	230	
1985	7600	4.36	1283		172	
1986	13345	4.83	1596		222	
1987	14553	5.31	1840	107.26	243	
1988	16800	5.73	2208		340	
1989	16300	18.68	2560	192.46	277	
1990	15800	23.50	2864	171.34	255	
1991	16200	26.96	3233	158.55	322	2.80
1992	14103	28.79	3625	139.36	281	9.43
1993	21970	25.22	4227	74.02	402	16.14
1994	21848	27.96	4865	119.31	317	15.75
1995	28063	34.34	5153	193.75	354	23.58
1996	31270	32.07	5249	72.00	392	25.66
1997	28068	32.97	5048	129.20	385	28.51
1998	28468	36.35	5697		300	28.57
1999	43712	43.02	4297	37.72	349	26.81
2000	40390	50.00	4399	51.00	461	21.60
2001	43934	57.00	4101	120.00	453	35.38
2002	77449	66.68	4108	132.34	459	29.06
2003	66167	63.67	4455	120.85	512	38.77
2004	95015	69.20	4592	96.62	481	48.19
2005	85439	57.84	4804	57.57	802	53.52
2006	76888	55.80	5079	41.35	1013	57.20
2007	103363	57.90	5578	169.54	762	50.04
2008	120124	74.91	5909	243.74	671	60.16
2009	146343	72.61	6380	319.97	869	64.42
2010	159947	69.02	6868	362.44	926	71.94
2011	181920	80.56	7078	411.70	943	41.80
2012	172088	66.02	7607	493.70	400	168.82
2013	272200	54.38	7993	631.01	665	201.14

4-2 续表2 continued

年 份 Year	柴 油 （万吨） Diesel Fuel （10 000 tons）	燃料油 （万吨） Fuel Oil （10 000 tons）	合成氨 （万吨） Synthetic Ammonia （10 000 tons）	铁合金 （万吨） Ferroalloy （10 000 tons）	轴 承 （万套） Bearing （10 000 sets）	配混合饲料 （万吨） Feed （10 000 tons）	液化石油气 （万吨） Liquefied Petroleum Gas （10 000 tons）
1978			4.84		12.00		
1979			5.98		6.40		
1980			5.49	0.14	3.09		
1981			4.71	0.06			
1982			5.55	0.07			
1983			5.51	0.11			
1984			6.80	0.11			
1985			6.27	0.13			
1986			11.00	0.44	20.10		
1987			6.73				
1988			7.59	1.16			
1989			23.25				
1990	0.01		29.90	1.73	195.06		
1991	2.95	3.60	33.62	0.76	200.00		0.13
1992	9.23	9.17	34.84	1.26	171.40		0.68
1993	18.85	14.35	25.99	2.32	197.00		1.64
1994	18.45	13.93	35.14	3.54	203.55		1.84
1995	24.76	8.71	40.66	3.21	349.69		2.24
1996	25.16	7.30	39.76	4.53	309.37		2.67
1997	29.12	12.30	4.59	3.68	283.46		2.54
1998	31.16	10.75	45.52	3.04	622.67		2.20
1999	32.95	9.54	52.95	4.09	655.00		3.36
2000	33.87	5.00	63.00	5.38	735.00	2.02	4.16
2001	41.34	6.00	72.00	5.80	459.00	3.11	6.39
2002	32.90	8.55	82.93	7.38	354.30	4.58	3.87
2003	50.73	5.28	79.69	10.83	254.45	4.57	6.78
2004	98.51	3.59	85.89	12.49	215.45	9.42	9.31
2005	73.47	3.23	75.16	11.46	199.72	12.33	9.55
2006	76.85	3.05	74.02	15.75	176.28	12.27	11.65
2007	68.00	2.85	78.38	11.80	205.90	11.20	10.57
2008	82.57	2.97	89.66	10.35	161.97	15.91	9.22
2009	76.32	2.74	84.26	7.04	114.32	22.70	13.20
2010	87.88	3.10	79.75	6.39	133.59	19.46	10.93
2011	49.29	1.68	92.31	11.75	96.40	23.14	5.68
2012	177.53	9.88	84.15	11.23	80.70	24.73	22.37
2013	194.12	6.48	69.32	17.57	94.61	25.83	25.46

4—3 主要年份规模以上工业总产值

Gross Industrial Output Value of Enterprises above Designated Size in Main Years

单位:万元 (10 000 yuan)

指 标	Item	2005年	2006年	2007年	2008年	2009年	2010年	2011年	2012年	2013年
总 计	**Total**	**3222799**	**4017086**	**4922282**	**5999463**	**6885276**	**9355637**	**12299638**	**16475657**	**19280304**
按地区分	**Gorped by Region**									
市区	City	2263583	2684876	3093216	3664004	3598719	4840629	5821471	8243637	9399106
永宁	Yongning	235257	292734	404768	501170	605906	762787	946682	1087063	1221952
贺兰	Helan	116541	178470	267981	376754	531029	650714	811479	1115541	1441957
灵武	Lingwu	607418	861006	1156318	1457534	2149623	3101507	4720005	6029416	7217288
按轻重工分	**Grouped by Light & Heavy Industries**									
轻工业	Light Industry	726522	835528	1054619	1272635	1571223	1867855	2160715	2745582	3276296
重工业	Heavy Industry	2496276	3181558	3867664	4726827	5314054	7487782	10138923	13730075	16004008
按企业规模分	**Grouped by Size of Enterprises**									
大型企业	Large Enterprises	1529342	2048439	2431750	2976139	3273806	4743640	7636982	10372335	12038807
中型企业	Medium-sized Enterprises	924734	952857	1439109	1744631	2064628	2609348	2574014	2932009	3446932
小型企业	Small Enterprises	768722	1015790	1051423	1278692	1546842	2002649	2071981	3108869	3722649
微型企业	Micro-enterprises							16661	62444	71915
按登记注册类型分	**Grouped by Status of Registration**									
内资企业	Domestic Funded	2894754	3623471	4374544	5403065	6371170	8573221	11520664	15766254	18588274
国有企业	State-owned Enterprises	829826	959420	1164597	1258944	1275533	1851934	5675470	4635723	4043431
集体企业	Collective-owned Enterprises	9403	5014	7368	4711					
联营企业	Joint Ownership Enterprises	22536	5061	5314	7974	7335	12228		2424	
有限责任公司	Limited Liability Corporations	673828	938111	1345937	1697668	2030857	2898609	2193134	4289162	5256084
国有独资公司	State Sole Funded Corporations	210359	285020	36020	597831	859926	1284139	106062	2212839	2427636
其他有限责任公司	Other Limited Liability Corporations	463469	653091	1309917	1099837	1170931	1614470	2087071	2076323	2828448
股份有限公司	Share-holding Corporations Limited	744347	842580	873486	1327548	1443287	1686254	1114111	3643923	4380937
私营企业	Private Enterprises	614815	873292	977841	1106221	1614158	2086997	2487739	3195021	4907822
私营独资企业	Private Sole Funded Corporations	17998	26375	38059	17873	24296	9572	24171	55542	4446
私营有限责任公司	Private Limited Liability Corporations	592586	840711	923356	1086361	1588622	1923937	2334374	3139479	3820731
私营股份有限公司	Private Share-holding Corporations Limited	4231	6206	11356	1987	1240	151757	129195		1082646
其他企业	Others							50210		
港、澳、台商投资企业	EnterpriseswithFundsfromHongKong,MacaoandTaiwan	18498	4887	26753	35347	39622	183095	117086	204590	190855
外商投资企业	Foreign Funded Enterprises	309547	388722	520986	561051	474485	599321	661888	504812	501175

4—4 全市规模以上工业企业增加值

Main Economic Indicators of Industrial Enterprises above Designated Size

单位:万元 （2013） （10 000 yuan）

指 标	Item	工业增加值（当年价格） Value-added of Industry (current prices)
总 计	**Total**	4921619
按地区分	**Gorped by Region**	
市区	City	1987064
兴庆区	Xingqing	788954
西夏区	Xixia	965819
金凤区	Jinfeng	232291
永宁	Yongning	289013
贺兰	Helan	341176
灵武	Lingwu	2304366
按轻重工分	**Grouped by Light & Heavy Industries**	
轻工业	Light Industry	795374
重工业	Heavy Industry	4126245
按企业规模分	**Grouped by Size of Enterprises**	
大型企业	Large Enterprises	3186408
中型企业	Medium-sized Enterprises	802308
小型企业	Small Enterprises	911663
微型企业	Micro-enterprises	21040
按登记注册类型分	**Grouped by Status of Registration**	
国有企业	State-owned Enterprises	926001
股份制企业	Joint-stock Enterprises	3847654
外商及港澳台投资企业	Foreign and Hongkong, Macau and Taiwan Invested Enterprises	135193
其他经济类型企业	Others	12771

4-4 续表 continued

单位:万元 (10 000yuan)

指 标	Item	工业增加值（当年价格）Value-added of Industry (current prices)
按工业行业大类分	**Grouped by Sector**	
煤炭开采和洗选业	Mining and Washing of Coal	905653
农副食品加工业	Processing of Food from Agricultural Products	67760
食品制造业	Manufacture of Foods	156498
酒、饮料和精制茶制造业	Manufacture of Wine, Beverage and Tea	58939
纺织业	Manufacture of Textile	202167
纺织服装、服饰业	Manufacture of Textile Wearing Apparel and Apparel Industry	117809
皮革、毛皮、羽毛及其制品和制鞋业	Manufacture of leather, Fur, Feather, Footwear and Related Products	13088
木材加工及木、竹、藤、棕、草制品业	Processing of Timber,Manufacture of Wood,Bamboo,Rattan,Palm and Straw Products	20189
家具制造业	Manufacture of Furniture	10754
造纸及纸制品业	Manufacture of Paper and Paper Products	12220
印刷和记录媒介复制业	Printing,Reproduction of Recording Media	1725
石油加工、炼焦及核燃料加工业	Processing of Petroleum,Coking, Processing of Nuclear Fuel	1060638
化学原料及化学制品制造业	Manufacture of Raw Chemical Materials and Chemical Products	265870
医药制造业	Manufacture of Medicines	104622
橡胶和塑料制品业	Manufacture of Rubber and Plastics	26325
非金属矿物制品业	Manufacture of Non-metallic Mineral Products	150641
黑色金属冶炼及压延加工业	Smelting and Pressing of Ferrous Metals	50386
有色金属冶炼及压延加工业	Smelting and Pressing of Non-ferrous Metals	208166
金属制品业	Manufacture of Metal Products	733127
通用设备制造业	Manufacture of General Purpose Machinery	59298
专用设备制造业	Manufacture of Special Purpose Machinery	24308
汽车制造业	Manufature of Automotive Industry	11682
铁路、船舶、航空航天和其他运输设备制造业	Manufature of Railways, Shipbailding, Aerospace and Other Transporation Equipment	2237
电气机械及器材制造业	Manufacture of Electrical Machinery and Equipment	62571
仪器仪表制造业	Manufacture of Measuring Instruments	17684
废弃资源综合利用业	Comprehensive Vtilization of waste Resources	974
电力、热力的生产和供应业	Production and Supply of Electric Power,Gas and Water	1142566
燃气生产和供应业	Production and Supply of Gas	63306
水的生产和供应业	Production and Supply of Water	30119

4—5 规模以上工业企业主要产品产量

Output Volume of Major Industrial Products in Enterprises above Designated Size

产 品	Product	单 位	Unit	2012年	2013年
大米	Rice	万吨	10 000tons	23.32	32.64
乳制品	Dairy Products	万吨	10 000tons	19.61	21.94
液体乳	Liquid Milk	万吨	10 000tons	18.43	20.82
小麦粉	Wheat Flour	万吨	10 000tons	12.64	12.46
白酒	Liquor	千升	kiloliter	14587	10760
啤酒	Beer	千升	kiloliter	153746	258991
葡萄酒	Wine	千升	kiloliter	3661	2449
服装	Clothing	万件	10 000units	493.70	631.01
家具	Furniture	万件	10 000units	9.00	14.80
机制纸	Machine-made Paper	万吨	10 000tons	11.90	6.76
中成药	Medicine	吨	ton	399.50	665.48
塑料制品	Plastic Products	吨	ton	65042	66269
水泥	Cement	万吨	10 000tons	509.22	650.06
汽油	Gasoline	万吨	10 000tons	168.82	201.14
柴油	Diesel Fuel	万吨	10 000tons	177.53	194.12
燃料油	Fuel Oil	万吨	10 000tons	9.88	6.48
液化石油气	Liquefied Petroleum Gas	万吨	10 000tons	22.37	25.46
合成氨	SyntheticAmmonia	万吨	10 000tons	84.15	69.32
农用化肥	Chemical Fertilizers	万吨	10 000tons	66.02	54.38
氮肥	Nitrogen	万吨	10 000tons	65.33	53.77
磷肥	Phosphate	万吨	10 000tons	0.69	0.61
轮胎外胎	Tires	万条	10 000tires	141.91	165.89
变压器	Transformer	万千伏安	10 000kva	234.37	793
金属切削机床	Metal-cutting Machine Tools	台	unit	2570	2370
铁合金	Ferroalloy	万吨	10 000tons	11.23	17.57
轴承	Bearing	万套	10 000sets	80.7	94.61
配混合饲料	Feed	吨	ton	247327	258279
钢材	Rolled Steel	吨	ton	121936	168975
起重机	Lifting Appliances	吨	ton	16593	6081
发电量	Electricity	万千瓦时	10 000kwh	4380940	5171513
铸铁件	CastIron	吨	ton	26568	45518
原煤	Coal	万吨	10 000tons	5439.12	5923.60
交流电动机	Electric Motor	万千瓦时	10 000kwh	67.2	68.27

4—6 全市规模以上工业企业主要经济指标

Main Economic Indicators of Industrial Enterprises above Designated Size

单位:万元　　（2013）　　（10 000 yuan）

指　标	Item	企业单位数（个）Number of Enterprises (unit)	#亏损企业 Loss-suffering Enterprises	工业总产值（当年价格）Gross Output Value of Industrial (current prices)	工业销售产值（当年价格）Output Value of Industrial Sold (current prices)
总　计	**Total**	**391**	**76**	**19280304**	**18933755**
#亏损企业	Loss-suffering Enterprises	76	76	4934610	4850143
按地区分	**Gorped by Region**				
市区	City	129	38	9399106	9361947
永宁	Yongning	54	8	1221952	1110090
贺兰	Helan	112	20	1441957	1345396
灵武	Lingwu	96	10	7217288	7116322
按轻重工分	**Grouped by Light & Heavy Industries**				
轻工业	Light Industry	153	18	3276296	3089304
重工业	Heavy Industry	238	58	16004008	15844450
按企业规模分	**Grouped by Size of Enterprises**				
大型企业	Large Enterprises	18	3	12038807	11934962
中型企业	Medium-sized Enterprises	57	20	3446932	3313180
小型企业	Small Enterprises	297	49	3722649	3625356
微型企业	Micro-enterprises	19	4	71915	60257
按登记注册类型分	**Grouped by Status of Registration**				
内资企业	Domestic Funded	366	67	18588274	18272862
国有企业	State-owned Enterprises	7	1	4043431	4043431
中央企业	Central	3		3808195	3808195
地方企业	Local	4	1	235235	235235
有限责任公司	Limited Liability Corporations	93	24	5256084	5172597
国有独资公司	State Sole Funded Corporations	8	1	2427636	2438561
其他有限责任公司	Other Limited Liability Corporations	85	23	2828448	2734036
股份有限公司	Share-holding Corporations Limited	12	7	4380937	4346910
私营企业	Private Enterprises	254	35	4907822	4709924
私营独资企业	Private Sole Funded Corporations	1		4446	3596
私营有限责任公司	Private Limited Liability Corporations	250	33	3820731	3651221
私营股份有限公司	Private Share-holding Corporations Limited	3	2	1082646	1055107
港、澳、台商投资企业	Enterprises with Funds from Hong Kong,Macao and Taiwan	8	3	190855	164719
合资经营企业(港或澳、台资)	Joint-ventures Enterprises (Hongkong, Macao or Taiwan)	1	1	10373	9773
港澳台商独资经营企业	Enterprises with Funds from Hong Kong,Macao and Taiwan	7	2	180482	154946
外商投资企业	Foreign Funded Enterprises	17	6	501175	496174
中外合资经营企业	Joint-venture Enterprises	9	2	191091	181057
中外合作经营企业	Cooperation Enterprises	1		3691	3691
外资企业	Foreign Enterprises	7	4	306394	311427

4-6 续表1 continued

单位:万元 (2013) (10 000yuan)

指 标	Item	企业单位数(个) Number of Enterprises (unit)	#亏损企业 Loss-suffering Enterprises	工业总产值(当年价格) Gross Output Value of Industrial (current prices)	工业销售产值(当年价格) Output Value of Industrial Sold (current prices)
按工业行业大类分	**Grouped by Sector**				
煤炭开采和洗选业	Mining and Washing of Coal	6	2	2389570	2422602
农副食品加工业	Processing of Food from Agricultural Products	40	4	456668	438097
食品制造业	Manufacture of Foods	24	5	793989	789101
酒、饮料和精制茶制造业	Manufacture of Wine, Beverage and Tea	11	3	153334	125743
纺织业	Manufacture of Textile	34		1182555	1117022
纺织服装、服饰业	Manufacture of Textile Wearing Apparel and Apparel Industry	2		12874	14574
皮革、毛皮、羽毛及其制品和制鞋业	Manufacture of leather, Fur, Feather, Footwear and Related Products	4		56654	58236
木材加工及木、竹、藤、棕、草制品业	Processing of Timber,Manufacture of Wood,Bamboo,Rattan,Palm and Straw Products	4		53444	52350
家具制造业	Manufacture of Furniture	5		48306	47701
造纸及纸制品业	Manufacture of Paper and Paper Products	5		75901	75129
印刷和记录媒介复制业	Printing,Reproduction of Recording Media	2		8948	8948
石油加工、炼焦及核燃料加工业	Processing of Petroleum,Coking, Processing of Nuclear Fuel	7	3	4453866	4391374
化学原料及化学制品制造业	Manufacture of Raw Chemical Materials and Chemical Products	31	13	378241	361813
医药制造业	Manufacture of Medicines	10	3	301981	238113
橡胶和塑料制品业	Manufacture of Rubber and Plastics	19	2	289930	282504
非金属矿物制品业	Manufacture of Non-metallic Mineral Products	43	8	530872	519829
黑色金属冶炼及压延加工业	Smelting and Pressing of Ferrous Metals	13	6	253974	266023
有色金属冶炼及压延加工业	Smelting and Pressing of Non-ferrous Metals	10	2	1237477	1239220
金属制品业	Manufacture of Metal Products	18	3	313958	236770
通用设备制造业	Manufacture of General Purpose Machinery	18	7	229485	236036
专用设备制造业	Manufacture of Special Purpose Machinery	14	1	105215	102257
汽车制造业	Manufature of Automotive Industry	4	1	51662	48223
铁路、船舶、航空航天和其他运输设备制造业	Manufature of Railways,Shipbailding,Aerospace and Other Transporation Equipment	3		10649	10221
电气机械及器材制造业	Manufacture of Electrical Machinery and Equipment	28	6	416971	390384
仪器仪表制造业	Manufacture of Measuring Instruments	4	1	65976	63928
废弃资源综合利用业	Vtilization Waste Resources	4		20583	20653
电力、热力的生产和供应业	Production and Supply of Electric Power,Gas and Water	18	4	5035176	5027748
燃气生产和供应业	Production and Supply of Gas	7	1	305727	303018
水的生产和供应业	Production and Supply of Water	3	1	46318	46141

4-6 续表2 continued

单位:万元 (2013) (10 000yuan)

指 标	Item	资产总计 Total Assets	流动资产合计 Total Working Capitas	# 存货 Stock	# 产成品 Finished Products
总 计	**Total**	**28994083**	**9922892**	**2843830**	**1107292**
# 亏损企业	Loss-suffering Enterprises	4640441	1834500	656439	208545
按地区分	Gorped by Region				
市区	City	9342241	3312599	827876	234612
永宁	Yongning	1768853	745636	240992	67066
贺兰	Helan	1147322	517493	189867	61882
灵武	Lingwu	16735667	5347164	1585096	743732
按轻重工分	**Grouped by Light & Heavy Industries**				
轻工业	Light Industry	4962599	2658869	1204422	537785
重工业	Heavy Industry	24031484	7264022	1639408	569507
按企业规模分	**Grouped by Size of Enterprises**				
大型企业	Large Enterprises	17484795	5246850	1329348	572776
中型企业	Medium-sized Enterprises	6433239	2387041	752888	242312
小型企业	Small Enterprises	5014566	2249312	739903	276836
微型企业	Micro-enterprises	61484	39689	21691	15368
按登记注册类型分	**Grouped by Status of Registration**				
内资企业	Domestic Funded	27904353	9334993	2621863	1035547
国有企业	State-owned Enterprises	3413013	536977	13282	308
中央企业	Central	2751721	464180	6203	
地方企业	Local	661292	72797	7079	308
有限责任公司	Limited Liability Corporations	13719827	3847918	1153601	509234
国有独资公司	State Sole Funded Corporations	6927335	1442877	464076	230038
其他有限责任公司	Other Limited Liability Corporations	6792493	2405041	689525	279196
股份有限公司	Share-holding Corporations Limited	3079620	998323	394338	117675
私营企业	Private Enterprises	7691893	3951776	1060642	408331
私营独资企业	Private Sole Funded Corporations	5568	2505	676	523
私营有限责任公司	Private Limited Liability Corporations	5360551	3166210	1022818	398043
私营股份有限公司	Private Share-holding Corporations Limited	2325774	783061	37149	9765
港、澳、台商投资企业	Enterprises with Funds from Hong Kong,Macao and Taiwan	337146	197656	58389	24609
合资经营企业(港或澳、台资)	Joint-ventures Enterprises(Hongkong, Macao or Taiwan)	75987	66663	6853	6853
港澳台商独资经营企业	Enterprises with Funds from Hong Kong,Macao and Taiwan	261159	130993	51536	17756
外商投资企业	Foreign Funded Enterprises	752584	390243	163579	47136
中外合资经营企业	Joint-venture Enterprises	372176	224070	94672	27640
中外合作经营企业	Cooperation Enterprises	4026	2359	978	901
外资企业	Foreign Enterprises	376382	163815	67928	18594

4-6 续表3 continued

单位:万元 (2013) (10 000yuan)

指 标	Item	资产总计 Total Assets	流动资产合计 Total Working Capitas	# 存货 Stock	# 产成品 Finished Products
按工业行业大类分	**Grouped by Sector**				
煤炭开采和洗选业	Mining and Washing of Coal	6688029	1359953	452665	232752
农副食品加工业	Processing of Food from Agricultural Products	317785	170933	87374	22128
食品制造业	Manufacture of Foods	776319	305571	80593	30116
酒、饮料和精制茶制造业	Manufacture of Wine, Beverage and Tea	253131	120419	71640	16366
纺织业	Manufacture of Textile	2315368	1593155	831406	407412
纺织服装、服饰业	Manufacture of Textile Wearing Apparel and Apparel Industry	66933	58822	16898	10753
皮革、毛皮、羽毛及其制品和制鞋业	Manufacture of leather, Fur, Feather,Footwear and Related Products	45643	23420	9348	6565
木材加工及木、竹、藤、棕、草制品业	Processing of Timber,Manufacture of Wood,Bamboo,Rattan,Palm and Straw Products	13433	8294	2646	1116
家具制造业	Manufacture of Furniture	16071	6322	2688	1434
造纸及纸制品业	Manufacture of Paper and Paper Products	89944	36565	8666	3688
印刷和记录媒介复制业	Printing,Reproduction of Recording Media	11117	4732	493	34
石油加工、炼焦及核燃料加工业	Processing of Petroleum,Coking, Processing of Nuclear Fuel	5374992	2399380	366764	107975
化学原料及化学制品制造业	Manufacture of Raw Chemical Materials and Chemical Products	572996	224847	93850	32202
医药制造业	Manufacture of Medicines	727252	232980	60898	31151
橡胶和塑料制品业	Manufacture of Rubber and Plastics	326813	209866	53380	31077
非金属矿物制品业	Manufacture of Non-metallic Mineral Products	659635	337058	46778	11410
黑色金属冶炼及压延加工业	Smelting and Pressing of Ferrous Metals	391509	162356	54404	27131
有色金属冶炼及压延加工业	Smelting and Pressing of Non-ferrous Metals	878862	337336	154174	39086
金属制品业	Manufacture of Metal Products	261985	166373	98276	9522
通用设备制造业	Manufacture of General Purpose Machinery	523069	295086	92605	33393
专用设备制造业	Manufacture of Special Purpose Machinery	155474	81864	31961	5737
汽车制造业	Manufature of Automotive Industry	36543	17141	4849	1300
铁路、船舶、航空航天和其他运输设备制造业	Manufature of Railways, Shipbuilding, Aerospace and Other Transporation Equipment	18667	9830	1440	1204
电气机械及器材制造业	Manufacture of Electrical Machinery and Equipment	519215	291341	108120	30172
仪器仪表制造业	Manufacture of Measuring Instruments	72275	50336	14701	4115
废弃资源综合利用业	Vtilization Waste Resources	24833	10222	3129	1292
电力、热力的生产和供应业	Production and Supply of Electric Power,Gas and Water	6928297	1059304	73815	
燃气生产和供应业	Production and Supply of Gas	687465	311193	19446	7975
水的生产和供应业	Production and Supply of Water	240428	38196	824	187

4-6 续表4 continued

单位:万元　　(2013)　　(10 000yuan)

指　标	Item	固定资产合计 Total Value of Fixed Assets	固定资产原价 Original Value of Fixed Assets	累计折旧 Accumulated Depreciation
总　计	**Total**	**13618678**	**18031126**	**5591000**
# 亏损企业	Loss-suffering Enterprises	2460037	3476247	1189975
按地区分	**Gorped by Region**			
市区	City	4788772	7143646	2698826
永宁	Yongning	837594	1101166	323420
贺兰	Helan	475923	536193	122939
灵武	Lingwu	7516389	9250121	2445815
按轻重工分	**Grouped by Light & Heavy Industries**			
轻工业	Light Industry	1728679	1950263	532188
重工业	Heavy Industry	11889999	16080864	5058812
按企业规模分	**Grouped by Size of Enterprises**			
大型企业	Large Enterprises	8263461	11396666	4082685
中型企业	Medium-sized Enterprises	3318319	4098294	868928
小型企业	Small Enterprises	2018738	2514328	635868
微型企业	Micro-enterprises	18161	21838	3519
按登记注册类型分	**Grouped by Status of Registration**			
内资企业	Domestic Funded	13253377	17483906	5400204
国有企业	State-owned Enterprises	2687057	4051564	1534514
中央企业	Central	2210443	3533023	1454654
地方企业	Local	476614	518541	79860
有限责任公司	Limited Liability Corporations	6267693	8461215	2434782
国有独资公司	State Sole Funded Corporations	3033501	4638912	1619572
其他有限责任公司	Other Limited Liability Corporations	3234193	3822303	815210
股份有限公司	Share-holding Corporations Limited	1908559	2793399	1008647
私营企业	Private Enterprises	2390068	2177728	422262
私营独资企业	Private Sole Funded Corporations	932	2075	1143
私营有限责任公司	Private Limited Liability Corporations	1127275	1316174	313862
私营股份有限公司	Private Share-holding Corporations Limited	1261861	859479	107257
港、澳、台商投资企业	Enterprises with Funds from Hong Kong,Macao and Taiwan	69713	91799	32395
合资经营企业(港或澳、台资)	Joint-ventures Enterprises (Hongkong, Macao or Taiwan)	8918	22293	13375
港澳台商独资经营企业	Enterprises with Funds from Hong Kong,Macao and Taiwan	60795	69505	19020
外商投资企业	Foreign Funded Enterprises	295588	455422	158401
中外合资经营企业	Joint-venture Enterprises	108027	136103	29093
中外合作经营企业	Cooperation Enterprises	1594	2618	1024
外资企业	Foreign Enterprises	185968	316701	128283

4-6 续表5 continued

单位:万元 (2013) (10 000yuan)

指 标	Item	固定资产合计 Total Value of Fixed Assets	固定资产原价 Original Value of Fixed Assets	累计折旧 Accumulated Depreciation
按工业行业大类分	**Grouped by Sector**			
煤炭开采和洗选业	Mining and Washing of Coal	2733559	4193014	1467460
农副食品加工业	Processing of Food from Agricultural Products	112561	136973	35949
食品制造业	Manufacture of Foods	398467	497002	128571
酒、饮料和精制茶制造业	Manufacture of Wine, Beverage and Tea	94251	112190	18995
纺织业	Manufacture of Textile	417593	306663	81619
纺织服装、服饰业	Manufacture of Textile Wearing Apparel and Apparel Industry	7460	12381	4925
皮革、毛皮、羽毛及其制品和制鞋业	Manufacture of leather, Fur, Feather, Footwear and Related Products	17017	18244	2152
木材加工及木、竹、藤、棕、草制品业	Processing of Timber,Manufacture of Wood,Bamboo,Rattan,Palm and Straw Products	4487	7585	3098
家具制造业	Manufacture of Furniture	7205	9810	2630
造纸及纸制品业	Manufacture of Paper and Paper Products	48569	73509	26462
印刷和记录媒介复制业	Printing,Reproduction of Recording Media	4624	8255	3655
石油加工、炼焦及核燃料加工业	Processing of Petroleum,Coking, Processing of Nuclear Fuel	2216034	2305083	695560
化学原料及化学制品制造业	Manufacture of Raw Chemical Materials and Chemical Products	287713	371498	105579
医药制造业	Manufacture of Medicines	404906	536167	161424
橡胶和塑料制品业	Manufacture of Rubber and Plastics	104979	214297	109012
非金属矿物制品业	Manufacture of Non-metallic Mineral Products	237305	351597	121969
黑色金属冶炼及压延加工业	Smelting and Pressing of Ferrous Metals	151409	194839	46460
有色金属冶炼及压延加工业	Smelting and Pressing of Non-ferrous Metals	480207	715029	235496
金属制品业	Manufacture of Metal Products	67770	79569	14965
通用设备制造业	Manufacture of General Purpose Machinery	176482	269655	101880
专用设备制造业	Manufacture of Special Purpose Machinery	50072	54600	6293
汽车制造业	Manufature of Automotive Industry	9850	6756	403
铁路、船舶、航空航天和其他运输设备制造业	Manufature of Railways, Shipbailding, Aerospace and Other Transporation Equipment	2616	3463	848
电气机械及器材制造业	Manufacture of Electrical Machinery and Equipment	138437	132148	32272
仪器仪表制造业	Manufacture of Measuring Instruments	15963	10936	2290
废弃资源综合利用业	Vtilization Waste Resources	9024	7436	947
电力、热力的生产和供应业	Production and Supply of Electric Power,Gas and Water	4992227	6923369	2084608
燃气生产和供应业	Production and Supply of Gas	241500	279605	41120
水的生产和供应业	Production and Supply of Water	186392	199452	54360

4-6 续表6 continued

单位:万元 (2013) (10 000yuan)

指 标	Item	负债合计 Total Liabilities	流动负债合计 Total Working Liabilities	# 应付账款 Accounts Payable
总 计	**Total**	**19050220**	**11414550**	**2966034**
# 亏损企业	Loss-suffering Enterprises	3288718	2323410	655403
按地区分	**Gorped by Region**			
市区	City	5856890	3604253	1217999
永宁	Yongning	1074500	800279	181884
贺兰	Helan	617659	459624	136802
灵武	Lingwu	11501170	6550395	1429349
按轻重工分	**Grouped by Light & Heavy Industries**			
轻工业	Light Industry	2877704	2320890	347650
重工业	Heavy Industry	16172516	9093661	2618384
按企业规模分	**Grouped by Size of Enterprises**			
大型企业	Large Enterprises	11339790	6844380	1832216
中型企业	Medium-sized Enterprises	4454652	2443878	526879
小型企业	Small Enterprises	3214823	2088261	582255
微型企业	Micro-enterprises	40955	38031	24684
按登记注册类型分	**Grouped by Status of Registration**			
内资企业	Domestic Funded	18368702	10857821	2791101
国有企业	State-owned Enterprises	2227459	1022340	552408
中央企业	Central	1749449	943143	513659
地方企业	Local	478010	79197	38749
有限责任公司	Limited Liability Corporations	9086182	5255376	1492971
国有独资公司	State Sole Funded Corporations	4421454	2819897	870463
其他有限责任公司	Other Limited Liability Corporations	4664728	2435479	622507
股份有限公司	Share-holding Corporations Limited	2035216	1234828	369920
私营企业	Private Enterprises	5019845	3345277	375802
私营独资企业	Private Sole Funded Corporations	2531	2254	605
私营有限责任公司	Private Limited Liability Corporations	3422527	2641731	374467
私营股份有限公司	Private Share-holding Corporations Limited	1594786	701293	731
港、澳、台商投资企业	Enterprises with Funds from Hong Kong,Macao and Taiwan	256665	219773	56832
合资经营企业(港或澳、台资)	Joint-ventures Enterprises (Hongkong, Macao or Taiwan)	74046	68046	1744
港澳台商独资经营企业	Enterprises with Funds from Hong Kong,Macao and Taiwan	182619	151727	55088
外商投资企业	Foreign Funded Enterprises	424853	336957	118101
中外合资经营企业	Joint-venture Enterprises	187808	133408	18311
中外合作经营企业	Cooperation Enterprises	2321	2321	246
外资企业	Foreign Enterprises	234724	201227	99544

4-6 续表7 continued

单位:万元 (2013) (10 000yuan)

指 标	Item	负债合计 Total Liabilities	流动负债合计 Total Working Liabilities	#应付账款 Accounts Payable
按工业行业大类分	**Grouped by Sector**			
煤炭开采和洗选业	Mining and Washing of Coal	4165152	2706515	848214
农副食品加工业	Processing of Food from Agricultural Products	145384	123739	13646
食品制造业	Manufacture of Foods	443220	339594	64703
酒、饮料和精制茶制造业	Manufacture of Wine, Beverage and Tea	143308	136164	14907
纺织业	Manufacture of Textile	1374852	1181429	134113
纺织服装、服饰业	Manufacture of Textile Wearing Apparel and Apparel Industry	49123	46995	22679
皮革、毛皮、羽毛及其制品和制鞋业	Manufacture of leather, Fur, Feather, Footwear and Related Products	19510	19510	3738
木材加工及木、竹、藤、棕、草制品业	Processing of Timber,Manufacture of Wood,Bamboo,Rattan,Palm and Straw Products	6442	6442	798
家具制造业	Manufacture of Furniture	5187	5187	485
造纸及纸制品业	Manufacture of Paper and Paper Products	51604	41248	2221
印刷和记录媒介复制业	Printing,Reproduction of Recording Media	3883	3883	1819
石油加工、炼焦及核燃料加工业	Processing of Petroleum,Coking, Processing of Nuclear Fuel	3888047	2287052	236220
化学原料及化学制品制造业	Manufacture of Raw Chemical Materials and Chemical Products	357709	280835	77050
医药制造业	Manufacture of Medicines	436369	310018	70165
橡胶和塑料制品业	Manufacture of Rubber and Plastics	219639	212076	86285
非金属矿物制品业	Manufacture of Non-metallic Mineral Products	389937	370970	127254
黑色金属冶炼及压延加工业	Smelting and Pressing of Ferrous Metals	275355	187785	57637
有色金属冶炼及压延加工业	Smelting and Pressing of Non-ferrous Metals	688900	498107	145100
金属制品业	Manufacture of Metal Products	161315	118775	47938
通用设备制造业	Manufacture of General Purpose Machinery	298628	235737	68662
专用设备制造业	Manufacture of Special Purpose Machinery	93370	85264	18485
汽车制造业	Manufature of Automotive Industry	16227	11702	735
铁路、船舶、航空航天和其他运输设备制造业	ManufatureofRailways,Shipbuilding,AerospaceandOtherTransporationEquipment	6583	6583	249
电气机械及器材制造业	Manufacture of Electrical Machinery and Equipment	273582	173313	62351
仪器仪表制造业	Manufacture of Measuring Instruments	51394	45703	14498
废弃资源综合利用业	Vtilization Waste Resources	15829	14414	1897
电力、热力的生产和供应业	Production and Supply of Electric Power,Gas and Water	4804949	1636175	796797
燃气生产和供应业	Production and Supply of Gas	533866	289101	40520
水的生产和供应业	Production and Supply of Water	130855	40239	6869

4-6 续表8

单位:万元 (2013)

指 标	Item	所有者权益合计 Owners' Equities	实收资本 Paid-up Capital
总 计	**Total**	**9915166**	**5006783**
# 亏损企业	Loss-suffering Enterprises	1354258	1299260
按地区分	**Gorped by Region**		
市区	City	3484844	1923081
永宁	Yongning	691100	266182
贺兰	Helan	516104	264634
灵武	Lingwu	5223118	2552887
按轻重工分	**Grouped by Light & Heavy Industries**		
轻工业	Light Industry	2059433	857757
重工业	Heavy Industry	7855733	4149026
按企业规模分	**Grouped by Size of Enterprises**		
大型企业	Large Enterprises	6143270	2759702
中型企业	Medium-sized Enterprises	1986883	1319515
小型企业	Small Enterprises	1764485	910015
微型企业	Micro-enterprises	20529	17551
按登记注册类型分	**Grouped by Status of Registration**		
内资企业	Domestic Funded	9503950	4725244
国有企业	State-owned Enterprises	1185554	372409
中央企业	Central	1002272	243931
地方企业	Local	183282	128479
有限责任公司	Limited Liability Corporations	4631420	2096665
国有独资公司	State Sole Funded Corporations	2505881	771036
其他有限责任公司	Other Limited Liability Corporations	2125539	1325629
股份有限公司	Share-holding Corporations Limited	1043367	776405
私营企业	Private Enterprises	2643610	1479764
私营独资企业	Private Sole Funded Corporations	3000	3000
私营有限责任公司	Private Limited Liability Corporations	1912224	858729
私营股份有限公司	Private Share-holding Corporations Limited	728386	618035
港、澳、台商投资企业	Enterprises with Funds from Hong Kong,Macao and Taiwan	80482	50250
合资经营企业(港或澳、台资)	Joint-ventures Enterprises (Hongkong, Macao or Taiwan)	1941	9700
港澳台商独资经营企业	Enterprises with Funds from Hong Kong,Macao and Taiwan	78541	40550
外商投资企业	Foreign Funded Enterprises	330734	231290
中外合资经营企业	Joint-venture Enterprises	184329	93766
中外合作经营企业	Cooperation Enterprises	1705	700
外资企业	Foreign Enterprises	144700	136824

continued

(10 000yuan)

国家资本 State-owned Capital	集体资本 Collective-owned Capital	法人资本 Corporate Capital	个人资本 Personal Capital	港澳台资本 Capital frome Hong Kong, Macao and Taiwan	外商资本 Foreign Capital
1819240	**51422**	**2262651**	**660475**	**28566**	**184193**
554338	40608	479371	96438	6000	122504
792312	35746	775146	156102	24166	139609
1911		92830	149151		22290
8170	6018	137651	85864	4400	22295
1016846	9658	1257023	269358		
43723	314	455469	301102	5786	51363
1775517	51108	1807182	359373	22780	132830
1226211		1184136	299565	15140	34650
486214	31054	606774	76209	6000	113263
104940	20368	464988	282590	7426	29467
1875		6753	2110		6813
1810615	51422	2211062	651909		
372409					
243931					
128479					
880620	9446	1026970	179629		
335778		435258			
544842	9446	591712	179629		
555076	38358	124286	58685		
2510	3618	1059805	413595		
		3000			
2510	3618	497882	354483		
		558923	59112		
		1691		28566	19993
					9700
		1691		28566	10293
8625		49899	8566		164200
8625		49899	8041		27201
			525		175
					136824

4-6 续表9

单位:万元　　　　(2013)

指　标	Item	所有者权益合计 Owners' Equities	实收资本 Paid-up Capital
按工业行业大类分	**Grouped by Sector**		
煤炭开采和洗选业	Mining and Washing of Coal	2520275	684079
农副食品加工业	Processing of Food from Agricultural Products	161693	49525
食品制造业	Manufacture of Foods	333313	125217
酒、饮料和精制茶制造业	Manufacture of Wine, Beverage and Tea	101900	58691
纺织业	Manufacture of Textile	933804	318732
纺织服装、服饰业	Manufacture of Textile Wearing Apparel and Apparel Industry	17604	1100
皮革、毛皮、羽毛及其制品和制鞋业	Manufacture of leather, Fur, Feather, Footwear and Related Products	26132	6649
木材加工及木、竹、藤、棕、草制品业	Processing of Timber,Manufacture of Wood,Bamboo,Rattan,Palm and Straw Products	6992	3838
家具制造业	Manufacture of Furniture	10796	8500
造纸及纸制品业	Manufacture of Paper and Paper Products	38339	17039
印刷和记录媒介复制业	Printing,Reproduction of Recording Media	7235	5921
石油加工、炼焦及核燃料加工业	Processing of Petroleum,Coking, Processing of Nuclear Fuel	1486945	1404120
化学原料及化学制品制造业	Manufacture of Raw Chemical Materials and Chemical Products	213954	174132
医药制造业	Manufacture of Medicines	290846	121285
橡胶和塑料制品业	Manufacture of Rubber and Plastics	103583	103905
非金属矿物制品业	Manufacture of Non-metallic Mineral Products	267456	155947
黑色金属冶炼及压延加工业	Smelting and Pressing of Ferrous Metals	115885	76980
有色金属冶炼及压延加工业	Smelting and Pressing of Non-ferrous Metals	189963	98175
金属制品业	Manufacture of Metal Products	100543	47403
通用设备制造业	Manufacture of General Purpose Machinery	224441	140190
专用设备制造业	Manufacture of Special Purpose Machinery	61268	43405
汽车制造业	Manufature of Automotive Industry	20315	17060
铁路、船舶、航空航天和其他运输设备制造业	Manufature of Railways, Shipbailding, Aerospace and Other Transporation Equipment	12084	4200
电气机械及器材制造业	Manufacture of Electrical Machinery and Equipment	253400	94896
仪器仪表制造业	Manufacture of Measuring Instruments	20881	12856
废弃资源综合利用业	Vtilization Waste Resources	9004	4550
电力、热力的生产和供应业	Production and Supply of Electric Power,Gas and Water	2123347	1030005
燃气生产和供应业	Production and Supply of Gas	153599	76190
水的生产和供应业	Production and Supply of Water	109573	122194

continued

(10 000yuan)

国家资本 State-owned Capital	集体资本 Collective-owned Capital	法人资本 Corporate Capital	个人资本 Personal Capital	港澳台资本 Capital frome Hong Kong, Macao and Taiwan	外商资本 Foreign Capital
317307		336029	30742		
3460	104	16530	28322	600	510
1400	210	77737	37185		8685
6980		10886	700	4400	35725
		177210	135329		6193
750			100		250
		5149	1500		
	408	2840	590		
		7500	1000		
		3901	13138		
5371			550		
537940		767839	98342		
6379	33700	115914	15434	2426	279
576		45022	75686		
1000		6146	27759		69000
2400	4796	116767	31983		
		41604	20236	15140	
	9658	86316	2200		
100		25860	21444		
11199		36974	33043		58738
	296	23283	19827		
		14100	2960		
			4200		
2750	2250	53033	32050		4813
		3356	3500	6000	
		3050	1500		
893277		115573	21154		
4165		72025			
24186		98008			

单位:万元 （2013）

指 标	Item	主营业务收入 Revenue from Principal Business
总 计	**Total**	**18874779**
#亏损企业	Loss-suffering Enterprises	4898431
按地区分	Gorped by Region	
市区	City	9444496
永宁	Yongning	1094248
贺兰	Helan	1187379
灵武	Lingwu	7148657
按轻重工分	**Grouped by Light & Heavy Industries**	
轻工业	Light Industry	3125916
重工业	Heavy Industry	15748863
按企业规模分	**Grouped by Size of Enterprises**	
大型企业	Large Enterprises	11903912
中型企业	Medium-sized Enterprises	3369433
小型企业	Small Enterprises	3535728
微型企业	Micro-enterprises	65705
按登记注册类型分	**Grouped by Status of Registration**	
内资企业	Domestic Funded	18197155
国有企业	State-owned Enterprises	4043464
中央企业	Central	3808806
地方企业	Local	234657
有限责任公司	Limited Liability Corporations	4982641
国有独资公司	State Sole Funded Corporations	2274108
其他有限责任公司	Other Limited Liability Corporations	2708533
股份有限公司	Share-holding Corporations Limited	4414514
私营企业	Private Enterprises	4756537
私营独资企业	Private Sole Funded Corporations	3597
私营有限责任公司	Private Limited Liability Corporations	3716386
私营股份有限公司	Private Share-holding Corporations Limited	1036555
港、澳、台商投资企业	Enterprises with Funds from Hong Kong,Macao and Taiwan	156984
合资经营企业(港或澳、台资)	Joint-ventures Enterprises （Hongkong, Macao or Taiwan）	10235
港澳台商独资经营企业	Enterprises with Funds from Hong Kong,Macao and Taiwan	146748
外商投资企业	Foreign Funded Enterprises	520640
中外合资经营企业	Joint-venture Enterprises	190407
中外合作经营企业	Cooperation Enterprises	2671
外资企业	Foreign Enterprises	327563

continued

(10 000yuan)

# 主营业务成本 Cost of Principal Business	# 主营业务税金及附加 Taxes and Other Charges on Principal Business	其他业务收入 Revenus from Other Business	其他业务利润 Other Profits	销售费用 Selling Costs	管理费用 Management Costs	# 税金 Taxex
15805302	605942	235406	8187	355343	759241	52915
4222430	509537	68579	-18933	71869	150899	10617
8278717	520725	152438	-12739	129806	250876	15429
926072	7104	35800	3345	46859	68915	3564
980375	11819	12126	7563	67472	69446	5574
5620139	66294	35043	10018	111206	370004	28348
2581707	14882	63597	5894	124334	137643	10630
13223595	591061	171809	2293	231009	621598	42286
9988462	560079	89053	-959	152839	479612	23905
2645979	31250	60191	3778	95144	147902	18085
3111655	14495	86161	5368	106299	128228	10674
59206	119	1		1062	3499	251
15269922	595691	180807	4321	308334	707914	49417
3810125	10130	6644	1111	383	71139	10245
3657069	9821	5474	814		50586	1835
153057	308	1170	297	383	20553	8410
3626725	67358	97426	2490	128764	362866	18359
1467324	46032	2492	113	56507	257983	11744
2159401	21326	94934	2377	72257	104883	6615
3721381	504246	41309	-16724	60530	122360	8305
4111691	13958	35428	17445	118657	151549	12508
3007	26			127	461	35
3201435	13323	25969	7986	102247	124065	10054
907249	609	9459	9459	16283	27024	2418
115169	1591	1913	1105	11576	14459	584
9885	24	6	3	585	422	76
105284	1567	1907	1102	10991	14037	509
420212	8660	52686	2761	35433	36868	2914
130595	4824	3992	620	14047	15091	910
2141	3	10		181	186	22
287476	3833	48684	2141	21205	21591	1983

4-6 续表11

单位:万元 (2013)

指 标	Item	主营业务收入 Revenue from Principal Business
按工业行业大类分	**Grouped by Sector**	
煤炭开采和洗选业	Mining and Washing of Coal	2256397
农副食品加工业	Processing of Food from Agricultural Products	428413
食品制造业	Manufacture of Foods	725537
酒、饮料和精制茶制造业	Manufacture of Wine, Beverage and Tea	120042
纺织业	Manufacture of Textile	1267449
纺织服装、服饰业	Manufacture of Textile Wearing Apparel and Apparel Industry	14574
皮革、毛皮、羽毛及其制品和制鞋业	Manufacture of leather, Fur, Feather, Footwear and Related Products	43639
木材加工及木、竹、藤、棕、草制品业	Processing of Timber,Manufacture of Wood,Bamboo,Rattan,Palm and Straw Products	50982
家具制造业	Manufacture of Furniture	46888
造纸及纸制品业	Manufacture of Paper and Paper Products	68451
印刷和记录媒介复制业	Printing,Reproduction of Recording Media	8695
石油加工、炼焦及核燃料加工业	Processing of Petroleum,Coking, Processing of Nuclear Fuel	4418621
化学原料及化学制品制造业	Manufacture of Raw Chemical Materials and Chemical Products	349148
医药制造业	Manufacture of Medicines	232561
橡胶和塑料制品业	Manufacture of Rubber and Plastics	293263
非金属矿物制品业	Manufacture of Non-metallic Mineral Products	480287
黑色金属冶炼及压延加工业	Smelting and Pressing of Ferrous Metals	288654
有色金属冶炼及压延加工业	Smelting and Pressing of Non-ferrous Metals	1308469
金属制品业	Manufacture of Metal Products	234328
通用设备制造业	Manufacture of General Purpose Machinery	246505
专用设备制造业	Manufacture of Special Purpose Machinery	101468
汽车制造业	Manufature of Automotive Industry	46726
铁路、船舶、航空航天和其他运输设备制造业	Manufature of Railways, Shipbailding, Aerospace and Other Transporation Equipment	10588
电气机械及器材制造业	Manufacture of Electrical Machinery and Equipment	349498
仪器仪表制造业	Manufacture of Measuring Instruments	58286
废弃资源综合利用业	Vtilization Waste Resources	20653
电力、热力的生产和供应业	Production and Supply of Electric Power,Gas and Water	5039367
燃气生产和供应业	Production and Supply of Gas	319563
水的生产和供应业	Production and Supply of Water	45731

continued

(10 000yuan)

# 主营业务成本 Cost of Principal Business	# 主营业务税金及附加 Taxes and Other Charges on Principal Business	其他业务收入 Revenus from Other Business	其他业务利润 Other Profits	销售费用 Selling Costs	管理费用 Management Costs	# 税金 Taxex
1493885	44636			54059	249194	10723
380462	732	2353	14	10663	10808	888
603582	2867	19747	2290	65724	37516	3126
61887	8554	5391	478	20151	11853	897
1058997	550	5176	897	9495	31450	2486
11140	78	48	11	1444	1426	89
39485	56	231	231	316	885	61
42751	33			2797	896	33
38188	191	1374	1374	1908	2259	428
58218	314	609	30	1864	3732	462
7106	23	253	26	33	1207	9
3655946	506838	9459	-7546	29287	108856	7241
320918	732	1458	-1492	11967	17439	1047
195986	920	27924	388	5480	26385	1231
264214	1611	45431	1099	10627	13153	1299
383994	1577	8172	26	26598	26047	2351
256144	416	4705	3457	8786	15418	938
1233785	3020	7861	-1597	28591	10799	2617
199689	1634	2929	1346	3361	13537	632
201987	1249	2477	1547	17550	26432	1800
77644	300	41090	411	3583	7930	544
39574	154			1236	2517	176
7813	67	1264	45	299	981	78
293624	2347	2054	1087	24688	22306	797
45530	178	2392	1808	5327	8264	144
19493	121			424	701	16
4520197	24899	31299	2111	1990	89838	11639
268541	1558	11229	1	3254	13222	631
24525	290	482	145	3844	4190	534

4-6 续表12

单位:万元　　(2013)

指　标	Item	财务费用 Financial Costs
总　计	**Total**	**558369**
#亏损企业	Loss-suffering Enterprises	105857
按地区分	Gorped by Region	
市区	City	186875
永宁	Yongning	39757
贺兰	Helan	18468
灵武	Lingwu	313270
按轻重工分	**Grouped by Light & Heavy Industries**	
轻工业	Light Industry	115553
重工业	Heavy Industry	442816
按企业规模分	**Grouped by Size of Enterprises**	
大型企业	Large Enterprises	276437
中型企业	Medium-sized Enterprises	178081
小型企业	Small Enterprises	103108
微型企业	Micro-enterprises	743
按登记注册类型分	**Grouped by Status of Registration**	
内资企业	Domestic Funded	548633
国有企业	State-owned Enterprises	80100
中央企业	Central	61589
地方企业	Local	18511
有限责任公司	Limited Liability Corporations	272012
国有独资公司	State Sole Funded Corporations	95561
其他有限责任公司	Other Limited Liability Corporations	176450
股份有限公司	Share-holding Corporations Limited	86147
私营企业	Private Enterprises	110374
私营独资企业	Private Sole Funded Corporations	39
私营有限责任公司	Private Limited Liability Corporations	87933
私营股份有限公司	Private Share-holding Corporations Limited	22403
港、澳、台商投资企业	Enterprises with Funds from Hong Kong,Macao and Taiwan	4208
合资经营企业(港或澳、台资)	Joint-ventures Enterprises (Hongkong,Macao or Taiwan)	1
港澳台商独资经营企业	Enterprises with Funds from Hong Kong,Macao and Taiwan	4207
外商投资企业	Foreign Funded Enterprises	5529
中外合资经营企业	Joint-venture Enterprises	7004
中外合作经营企业	Cooperation Enterprises	61
外资企业	Foreign Enterprises	-1536

continued

(10 000yuan)

# 利息支出 Interest Expense	营业利润 Operating Profits	利润总额 Total Profits
549831	**998755**	**1056989**
105025	-174696	-173811
186993	123571	133307
34695	8482	33504
14420	96315	84362
313722	770387	805816
115294	187072	226555
434537	811684	830434
271933	559392	610683
181016	302478	295347
96155	137438	151824
726	-552	-865
535557	971062	1024537
79269	116828	107899
60652	71126	62189
18618	45702	45710
265181	594967	626838
89291	357875	383042
175889	237092	243796
84631	-84544	-80179
106476	343810	369980
39	-40	49
84240	271880	305617
22198	71970	64313
3592	14979	17178
1	-678	-670
3592	15657	17848
10682	12715	15274
6801	19685	21604
61	100	88
3820	-7070	-6418

4-6 续表13

单位:万元 (2013)

指 标	Item	财务费用 Financial Costs
按工业行业大类分	**Grouped by Sector**	
煤炭开采和洗选业	Mining and Washing of Coal	81683
农副食品加工业	Processing of Food from Agricultural Products	7542
食品制造业	Manufacture of Foods	19125
酒、饮料和精制茶制造业	Manufacture of Wine, Beverage and Tea	1524
纺织业	Manufacture of Textile	58751
纺织服装、服饰业	Manufacture of Textile Wearing Apparel and Apparel Industry	297
皮革、毛皮、羽毛及其制品和制鞋业	Manufacture of leather, Fur, Feather, Footwear and Related Products	567
木材加工及木、竹、藤、棕、草制品业	Processing of Timber,Manufacture of Wood,Bamboo,Rattan,Palm and Straw Products	206
家具制造业	Manufacture of Furniture	366
造纸及纸制品业	Manufacture of Paper and Paper Products	2698
印刷和记录媒介复制业	Printing,Reproduction of Recording Media	54
石油加工、炼焦及核燃料加工业	Processing of Petroleum,Coking, Processing of Nuclear Fuel	56083
化学原料及化学制品制造业	Manufacture of Raw Chemical Materials and Chemical Products	7924
医药制造业	Manufacture of Medicines	17969
橡胶和塑料制品业	Manufacture of Rubber and Plastics	2946
非金属矿物制品业	Manufacture of Non-metallic Mineral Products	11421
黑色金属冶炼及压延加工业	Smelting and Pressing of Ferrous Metals	7318
有色金属冶炼及压延加工业	Smelting and Pressing of Non-ferrous Metals	29589
金属制品业	Manufacture of Metal Products	3687
通用设备制造业	Manufacture of General Purpose Machinery	2477
专用设备制造业	Manufacture of Special Purpose Machinery	1931
汽车制造业	Manufature of Automotive Industry	466
铁路、船舶、航空航天和其他运输设备制造业	Manufature of Railways, Shipbailding, Aerospace and Other Transporation Equipment	144
电气机械及器材制造业	Manufacture of Electrical Machinery and Equipment	10606
仪器仪表制造业	Manufacture of Measuring Instruments	1271
废弃资源综合利用业	Vtilization Waste Resources	365
电力、热力的生产和供应业	Production and Supply of Electric Power,Gas and Water	203695
燃气生产和供应业	Production and Supply of Gas	23556
水的生产和供应业	Production and Supply of Water	4107

continued

(10 000yuan)

# 利息支出 Interest Expense	营业利润 Operating Profits	利润总额 Total Profits
76575	340349	358778
7322	19430	25250
17867	6524	20953
1732	16576	16999
60079	123191	139258
182	217	267
643	7557	4253
174	2204	1648
367	5350	1558
2558	1996	2782
54	298	528
57402	79359	89207
8224	-11578	-9194
17762	-11457	-3586
3527	1295	2274
10196	34895	44059
6374	3892	6465
29795	18553	21931
3149	16187	15897
6237	-2849	-906
1948	10028	10220
563	2757	2778
147	2067	2288
5648	25508	24348
1170	-97	1152
322	-450	1091
202264	277661	248134
23391	20386	18878
4159	8903	9680

4-6 续表14

单位:万元 (2013)

指　标	Item	亏损企业亏损总额 Total Loss of Loss-suffering Enterprises
总　计	**Total**	173811
#亏损企业	Loss-suffering Enterprises	173811
按地区分	**Gorped by Region**	
市区	City	99932
永宁	Yongning	13560
贺兰	Helan	13697
灵武	Lingwu	46622
按轻重工分	**Grouped by Light & Heavy Industries**	
轻工业	Light Industry	27725
重工业	Heavy Industry	146086
按企业规模分	**Grouped by Size of Enterprises**	
大型企业	Large Enterprises	35943
中型企业	Medium-sized Enterprises	73324
小型企业	Small Enterprises	60521
微型企业	Micro-enterprises	4022
按登记注册类型分	**Grouped by Status of Registration**	
内资企业	Domestic Funded	139569
国有企业	State-owned Enterprises	340
中央企业	Central	
地方企业	Local	340
有限责任公司	Limited Liability Corporations	25442
国有独资公司	State Sole Funded Corporations	414
其他有限责任公司	Other Limited Liability Corporations	25028
股份有限公司	Share-holding Corporations Limited	84703
私营企业	Private Enterprises	29084
私营独资企业	Private Sole Funded Corporations	
私营有限责任公司	Private Limited Liability Corporations	26404
私营股份有限公司	Private Share-holding Corporations Limited	2680
港、澳、台商投资企业	Enterprises with Funds from Hong Kong,Macao and Taiwan	3397
合资经营企业(港或澳、台资)	Joint-ventures Enterprises (Hongkong,Macao or Taiwan)	670
港澳台商独资经营企业	Enterprises with Funds from Hong Kong,Macao and Taiwan	2727
外商投资企业	Foreign Funded Enterprises	30845
中外合资经营企业	Joint-venture Enterprises	3432
中外合作经营企业	Cooperation Enterprises	
外资企业	Foreign Enterprises	27412

continued

(10 000yuan)

利税总额 Total Profits and Taxes	本年应付职工薪酬 Wages Payable This Year	本年应交增值税 Value-added Tax Payable This Year	从业人员平均人数(人) Annual Average Employed Persons(person)
2313096	**1218808**	**648819**	**148735**
496594	179023	160789	30943
945162	400596	289857	55331
70744	48701	30115	12354
136735	53490	40571	13712
1160455	716022	288277	67338
314997	125285	73528	32286
1998098	1093522	575291	116449
1592675	892843	420934	83723
472238	179020	145534	33024
248204	144987	81625	31549
-20	1959	726	439
2249277	1159965	627941	137623
201997	180603	83725	14001
154351	174126	82097	13113
47647	6477	1628	888
1010406	665170	315412	63981
613221	537265	183468	39189
397185	127905	131944	24792
584805	110410	160667	18434
452068	203782	68138	41207
316	285	241	110
368916	116316	49984	30175
82835	87181	17913	10922
21755	13559	2986	3023
-438	462	208	107
22193	13097	2778	2916
42065	45284	17892	8089
32130	16928	5468	3451
123	285	33	67
9811	28071	12391	4571

4-6 续表15

单位:万元 (2013)

指　标	Item	亏损企业亏损总额 Total Loss of Loss-suffering Enterprises
按工业行业大类分	**Grouped by Sector**	
煤炭开采和洗选业	Mining and Washing of Coal	2818
农副食品加工业	Processing of Food from Agricultural Products	2165
食品制造业	Manufacture of Foods	2579
酒、饮料和精制茶制造业	Manufacture of Wine, Beverage and Tea	9552
纺织业	Manufacture of Textile	
纺织服装、服饰业	Manufacture of Textile Wearing Apparel and Apparel Industry	
皮革、毛皮、羽毛及其制品和制鞋业	Manufacture of leather, Fur, Feather, Footwear and Related Products	
木材加工及木、竹、藤、棕、草制品业	Processing of Timber,Manufacture of Wood,Bamboo,Rattan,Palm and Straw Products	
家具制造业	Manufacture of Furniture	
造纸及纸制品业	Manufacture of Paper and Paper Products	
印刷和记录媒介复制业	Printing,Reproduction of Recording Media	
石油加工、炼焦及核燃料加工业	Processing of Petroleum,Coking, Processing of Nuclear Fuel	17382
化学原料及化学制品制造业	Manufacture of Raw Chemical Materials and Chemical Products	20670
医药制造业	Manufacture of Medicines	11143
橡胶和塑料制品业	Manufacture of Rubber and Plastics	10428
非金属矿物制品业	Manufacture of Non-metallic Mineral Products	2550
黑色金属冶炼及压延加工业	Smelting and Pressing of Ferrous Metals	4182
有色金属冶炼及压延加工业	Smelting and Pressing of Non-ferrous Metals	37935
金属制品业	Manufacture of Metal Products	1487
通用设备制造业	Manufacture of General Purpose Machinery	23072
专用设备制造业	Manufacture of Special Purpose Machinery	298
汽车制造业	Manufature of Automotive Industry	325
铁路、船舶、航空航天和其他运输设备制造业	Manufature of Railways, Shipbailding, Aerospace and Other Transporation Equipment	
电气机械及器材制造业	Manufacture of Electrical Machinery and Equipment	7867
仪器仪表制造业	Manufacture of Measuring Instruments	1887
废弃资源综合利用业	Vtilization Waste Resources	
电力、热力的生产和供应业	Production and Supply of Electric Power,Gas and Water	13613
燃气生产和供应业	Production and Supply of Gas	2467
水的生产和供应业	Production and Supply of Water	1392

continued

(10 000yuan)

利税总额 Total Profits and Taxes	本年应付职工薪酬 Wages Payable This Year	本年应交增值税 Value-added Tax Payable This Year	从业人员平均人数(人) Annual Average Employed Persons(person)
576213	527572	172799	38702
44602	12916	18611	3269
46994	15100	23173	6155
31773	9987	6198	2102
148618	24891	8809	7917
1069	3326	725	1164
5141	847	832	368
2166	624	485	201
2208	6469	458	705
5970	6991	2873	2363
736	1297	184	295
734241	135247	138196	17089
-1223	33169	7239	7314
3923	29253	6589	5196
11421	21869	7258	4276
62809	25079	16437	5464
8374	22004	1493	4514
50853	40375	25901	5290
20634	8578	3096	2285
11943	28995	11596	6165
11603	8848	1181	1681
2952	3571	21	1236
2749	719	394	248
29965	18078	3266	3667
3156	4355	1826	994
2276	578	1065	147
426586	211594	153174	17858
52757	8162	32321	993
12590	8314	2620	1077

4—7 规模以上工业企业主要经济指标(市区)

Main Economic Indicators of Industrial Enterprises above Designated Size(City)

单位:万元 (2013) (10 000 yuan)

指 标	Item	企业单位数(个) Number of Enterprises (unit)	# 亏损企业 Loss-suffering Enterprises	工业总产值(当年价格) Gross Output Value of Industrial (current prices)	工业销售产值(当年价格) Output Value of Industrial Sold (current prices)
总 计	**Total**	**129**	**38**	**9399106**	**9361947**
# 亏损企业	Loss-suffering Enterprises	38	38	3787639	3749571
按轻重工分	**Grouped by Light & Heavy Industries**				
轻工业	Light Industry	37	7	638863	623328
重工业	Heavy Industry	92	31	8760243	8738619
按企业规模分	**Grouped by Size of Enterprises**				
大型企业	Large Enterprises	9	3	7496330	7504596
中型企业	Medium-sized Enterprises	31	13	1033344	1021173
小型企业	Small Enterprises	85	19	852953	828175
微型企业	Micro-enterprises	4	3	16479	8003
按登记注册类型分	**Grouped by Status of Registration**				
内资企业	Domestic Funded	110	32	8836036	8808341
国有企业	State-owned Enterprises	3		3737075	3737075
中央企业	Central	1		3703220	3703220
地方企业	Local	2		33855	33855
有限责任公司	Limited Liability Corporations	51	12	1266645	1243324
国有独资公司	State Sole Funded Corporations	4	1	203712	208613
其他有限责任公司	Other Limited Liability Corporations	47	11	1062933	1034711
股份有限公司	Share-holding Corporations Limited	9	5	3215213	3186491
私营企业	Private Enterprises	47	15	617102	641451
私营有限责任公司	Private Limited Liability Corporations	46	14	614048	638453
私营股份有限公司	Private Share-holding Corporations Limited	1	1	3054	2998
港、澳、台商投资企业	Enterprises with Funds from Hong Kong,Macao and Taiwan	6	2	132527	123299
合资经营企业(港或澳、台资)	Joint-ventures Enterprises (Hongkong,Macao or Taiwan)	1	1	10373	9773
港澳台商独资经营企业	Enterprises with Funds from Hong Kong,Macao and Taiwan	5	1	122154	113526
外商投资企业	Foreign Funded Enterprises	13	4	430544	430308
中外合资经营企业	Joint-venture Enterprises	8	2	145696	136327
外资企业	Foreign Enterprises	5	2	284848	293981

4-7 续表1 continued

单位:万元 (2013) (10 000yuan)

指 标	Item	企业单位数(个) Number of Enterprises (unit)	# 亏损企业 Loss-suffering Enterprises	工业总产值(当年价格) Gross Output Value of Industrial (current prices)	工业销售产值(当年价格) Output Value of Industrial Sold (current prices)
按工业行业大类分	**Grouped by Sector**				
煤炭开采和洗选业	Mining and Washing of Coal	1		147355	175155
农副食品加工业	Processing of Food from Agricultural Products	11	2	116247	109022
食品制造业	Manufacture of Foods	7	2	249624	249099
酒、饮料和精制茶制造业	Manufacture of Wine, Beverage and Tea	1	1	5492	4113
纺织业	Manufacture of Textile	4		146239	139743
纺织服装、服饰业	Manufacture of Textile Wearing Apparel and Apparel Industry	2		12874	14574
造纸及纸制品业	Manufacture of Paper and Paper Products	2		10342	9539
印刷和记录媒介复制业	Printing,Reproduction of Recording Media	1		6517	6517
石油加工、炼焦及核燃料加工业	Processing of Petroleum,Coking, Processing of Nuclear Fuel	2	2	3192718	3178488
化学原料及化学制品制造业	Manufacture of Raw Chemical Materials and Chemical Products	14	8	219203	211866
医药制造业	Manufacture of Medicines	3		16624	15744
橡胶和塑料制品业	Manufacture of Rubber and Plastics	7	2	216327	214634
非金属矿物制品业	Manufacture of Non-metallic Mineral Products	12	2	222907	229328
黑色金属冶炼及压延加工业	Smelting and Pressing of Ferrous Metals	6	2	126890	121008
金属制品业	Manufacture of Metal Products	1		8042	6812
通用设备制造业	Manufacture of General Purpose Machinery	15	6	217298	226170
专用设备制造业	Manufacture of Special Purpose Machinery	7	1	42902	41559
汽车制造业	Manufature of Automotive Industry	1	1	2433	3650
铁路、船舶、航空航天和其他运输设备制造业	Manufature of Railways, Shipbailding, Aerospace and Other Transporation Equipment	2		6876	5809
电气机械及器材制造业	Manufacture of Electrical Machinery and Equipment	12	4	159583	138296
仪器仪表制造业	Manufacture of Measuring Instruments	1	1	37986	36751
废弃资源综合利用业	Recycling and Disposal of Waste	1		4300	3838
电力、热力的生产和供应业	Production and Supply of Electric Power,Gas and Water	9	2	3901827	3894620
燃气生产和供应业	Production and Supply of Gas	5	1	284182	281473
水的生产和供应业	Production and Supply of Water	2	1	44317	44140

4-7 续表2 continued

单位:万元 (2013) (10 000yuan)

指 标	Item	资产总计 Total Assets	流动资产合计 Total Working Capitas	# 存货 Stock	# 产成品 Finished Products
总 计	**Total**	**9342241**	**3312599**	**827876**	**234612**
# 亏损企业	Loss-suffering Enterprises	3116219	1323501	446623	112263
按轻重工分	**Grouped by Light & Heavy Industries**				
轻工业	Light Industry	966364	418761	165247	51572
重工业	Heavy Industry	8375877	2893839	662629	183040
按企业规模分	**Grouped by Size of Enterprises**				
大型企业	Large Enterprises	4716538	1034218	254485	52293
中型企业	Medium-sized Enterprises	2650205	1359794	342562	92104
小型企业	Small Enterprises	1942741	893008	214943	77217
微型企业	Micro-enterprises	32758	25579	15886	12998
按登记注册类型分	**Grouped by Status of Registration**				
内资企业	Domestic Funded	8412193	2793538	640406	170177
国有企业	State-owned Enterprises	2546100	435469	1190	187
中央企业	Central	2400124	410224	534	
地方企业	Local	145976	25245	657	187
有限责任公司	Limited Liability Corporations	3176966	1418950	292776	83022
国有独资公司	State Sole Funded Corporations	508776	135986	14446	1791
其他有限责任公司	Other Limited Liability Corporations	2668190	1282963	278330	81231
股份有限公司	Share-holding Corporations Limited	1671270	452162	214269	50367
私营企业	Private Enterprises	1017858	486958	132170	36601
私营有限责任公司	Private Limited Liability Corporations	1012870	484525	131574	36226
私营股份有限公司	Private Share-holding Corporations Limited	4988	2433	596	376
港、澳、台商投资企业	Enterprises with Funds from Hong Kong,Macao and Taiwan	272503	162165	38651	19564
合资经营企业(港或澳、台资)	Joint-ventures Enterprises (Hongkong, Macao or Taiwan)	75987	66663	6853	6853
港澳台商独资经营企业	Enterprises with Funds from Hong Kong,Macao and Taiwan	196516	95502	31798	12711
外商投资企业	Foreign Funded Enterprises	657545	356897	148819	44871
中外合资经营企业	Joint-venture Enterprises	324480	199700	86647	27057
外资企业	Foreign Enterprises	333065	157197	62173	17814

4-7 续表3 continued

单位:万元 (2013) (10 000yuan)

指标	Item	资产总计 Total Assets	流动资产合计 Total Working Capitas	# 存货 Stock	# 产成品 Finished Products
按工业行业大类分	**Grouped by Sector**				
煤炭开采和洗选业	Mining and Washing of Coal	275935	76010	19187	3867
农副食品加工业	Processing of Food from Agricultural Products	92769	56951	26205	6225
食品制造业	Manufacture of Foods	140306	45847	5663	1478
酒、饮料和精制茶制造业	Manufacture of Wine, Beverage and Tea	27984	8544	8343	4206
纺织业	Manufacture of Textile	318879	160589	93219	23911
纺织服装、服饰业	Manufacture of Textile Wearing Apparel and Apparel Industry	66933	58822	16898	10753
造纸及纸制品业	Manufacture of Paper and Paper Products	14662	8599	1810	250
印刷和记录媒介复制业	Printing,Reproduction of Recording Media	10182	4526	459	
石油加工、炼焦及核燃料加工业	Processing of Petroleum,Coking, Processing of Nuclear Fuel	1648677	687743	243681	43702
化学原料及化学制品制造业	Manufacture of Raw Chemical Materials and Chemical Products	471055	165832	59380	23776
医药制造业	Manufacture of Medicines	27675	15044	3745	1139
橡胶和塑料制品业	Manufacture of Rubber and Plastics	252500	160511	44693	26698
非金属矿物制品业	Manufacture of Non-metallic Mineral Products	390054	194391	21180	4796
黑色金属冶炼及压延加工业	Smelting and Pressing of Ferrous Metals	279883	123362	38237	12764
金属制品业	Manufacture of Metal Products	15947	5627	1765	482
通用设备制造业	Manufacture of General Purpose Machinery	513222	286384	89614	33393
专用设备制造业	Manufacture of Special Purpose Machinery	112406	56395	28218	4861
汽车制造业	Manufature of Automotive Industry	20414	12510	2513	
铁路、船舶、航空航天和其他运输设备制造业	Manufature of Railways, Shipbailding, Aerospace and Other Transporation Equipment	14784	7229	231	106
电气机械及器材制造业	Manufacture of Electrical Machinery and Equipment	232734	172620	80763	22086
仪器仪表制造业	Manufacture of Measuring Instruments	47557	40827	12348	2796
废弃资源综合利用业	Recycling and Disposal of Waste	3968	1844	285	100
电力、热力的生产和供应业	Production and Supply of Electric Power,Gas and Water	3470165	626895	11577	
燃气生产和供应业	Production and Supply of Gas	659046	298376	17097	7035
水的生产和供应业	Production and Supply of Water	234506	37120	768	187

4-7 续表4 continued

单位:万元 (2013) (10 000yuan)

指 标	Item	固定资产合计 Total Value of Fixed Assets	固定资产原价 Original Value of Fixed Assets	累计折旧 Accumulated Depreciation
总 计	**Total**	**4788772**	**7143646**	**2698826**
# 亏损企业	Loss-suffering Enterprises	1561874	2265577	846782
按轻重工分	**Grouped by Light & Heavy Industries**			
轻工业	Light Industry	355608	419441	112388
重工业	Heavy Industry	4433164	6724205	2586438
按企业规模分	**Grouped by Size of Enterprises**			
大型企业	Large Enterprises	3244796	5129503	2123521
中型企业	Medium-sized Enterprises	855135	1194898	374259
小型企业	Small Enterprises	683984	812526	199461
微型企业	Micro-enterprises	4856	6719	1585
按登记注册类型分	**Grouped by Status of Registration**			
内资企业	Domestic Funded	4496180	6681704	2521364
国有企业	State-owned Enterprises	2037164	3310734	1443567
中央企业	Central	1916639	3198084	1413509
地方企业	Local	120525	112650	30058
有限责任公司	Limited Liability Corporations	1153705	1476842	360733
国有独资公司	State Sole Funded Corporations	324894	464743	154009
其他有限责任公司	Other Limited Liability Corporations	828811	1012099	206725
股份有限公司	Share-holding Corporations Limited	1149281	1683086	644631
私营企业	Private Enterprises	156031	211043	72434
私营有限责任公司	Private Limited Liability Corporations	154035	208964	72350
私营股份有限公司	Private Share-holding Corporations Limited	1996	2079	83
港、澳、台商投资企业	Enterprises with Funds from Hong Kong,Macao and Taiwan	54565	75904	30884
合资经营企业(港或澳、台资)	Joint-ventures Enterprises (Hongkong, Macao or Taiwan)	8918	22293	13375
港澳台商独资经营企业	Enterprises with Funds from Hong Kong,Macao and Taiwan	45647	53610	17508
外商投资企业	Foreign Funded Enterprises	238027	386038	146579
中外合资经营企业	Joint-venture Enterprises	88383	109470	22104
外资企业	Foreign Enterprises	149644	276568	124474

4-7 续表5 continued

单位:万元 (2013) (10 000yuan)

指 标	Item	固定资产合计 Total Value of Fixed Assets	固定资产原价 Original Value of Fixed Assets	累计折旧 Accumulated Depreciation
按工业行业大类分	**Grouped by Sector**			
煤炭开采和洗选业	Mining and Washing of Coal	5869	6341	472
农副食品加工业	Processing of Food from Agricultural Products	29028	38649	11794
食品制造业	Manufacture of Foods	63613	75048	14590
酒、饮料和精制茶制造业	Manufacture of Wine, Beverage and Tea	13793	16775	2982
纺织业	Manufacture of Textile	34175	40928	7230
纺织服装、服饰业	Manufacture of Textile Wearing Apparel and Apparel Industry	7460	12381	4925
造纸及纸制品业	Manufacture of Paper and Paper Products	6034	8123	2089
印刷和记录媒介复制业	Printing,Reproduction of Recording Media	4152	7755	3626
石油加工、炼焦及核燃料加工业	Processing of Petroleum,Coking, Processing of Nuclear Fuel	884155	1330657	551378
化学原料及化学制品制造业	Manufacture of Raw Chemical Materials and Chemical Products	252763	318444	85595
医药制造业	Manufacture of Medicines	8032	14431	7425
橡胶和塑料制品业	Manufacture of Rubber and Plastics	84688	188433	103091
非金属矿物制品业	Manufacture of Non-metallic Mineral Products	130347	208093	78376
黑色金属冶炼及压延加工业	Smelting and Pressing of Ferrous Metals	84141	112154	29595
金属制品业	Manufacture of Metal Products	7581	8456	875
通用设备制造业	Manufacture of General Purpose Machinery	175516	267658	100849
专用设备制造业	Manufacture of Special Purpose Machinery	32537	36854	4317
汽车制造业	Manufature of Automotive Industry	3676	239	59
铁路、船舶、航空航天和其他运输设备制造业	Manufature of Railways,Shipbuilding,Aerospace and Other Transporation Equipment	1590	2283	693
电气机械及器材制造业	Manufacture of Electrical Machinery and Equipment	50009	58089	10506
仪器仪表制造业	Manufacture of Measuring Instruments	5787	5787	1335
废弃资源综合利用业	Recycling and Disposal of Waste	1658	2008	376
电力、热力的生产和供应业	Production and Supply of Electric Power,Gas and Water	2493669	3925169	1584957
燃气生产和供应业	Production and Supply of Gas	226772	264745	37973
水的生产和供应业	Production and Supply of Water	181726	194146	53720

4-7 续表6 continued

单位:万元 (2013) (10 000yuan)

指 标	Item	负债合计 Total Liabilities	流动负债合计 Total Working Liabilities	# 应付账款 Accounts Payable
总 计	**Total**	5856890	3604253	1217999
# 亏损企业	Loss-suffering Enterprises	2105569	1457928	396452
按轻重工分	Grouped by Light & Heavy Industries			
轻工业	Light Industry	474908	341217	58721
重工业	Heavy Industry	5381983	3263036	1159277
按企业规模分	**Grouped by Size of Enterprises**			
大型企业	Large Enterprises	2717970	1594703	770572
中型企业	Medium-sized Enterprises	1809221	1313889	242999
小型企业	Small Enterprises	1301446	668298	183491
微型企业	Micro-enterprises	28255	27363	20936
按登记注册类型分	**Grouped by Status of Registration**			
内资企业	Domestic Funded	5267048	3131879	1053261
国有企业	State-owned Enterprises	1566643	894151	503236
中央企业	Central	1452784	869698	497606
地方企业	Local	113859	24453	5631
有限责任公司	Limited Liability Corporations	2153058	1293109	282182
国有独资公司	State Sole Funded Corporations	343078	150482	29404
其他有限责任公司	Other Limited Liability Corporations	1809980	1142627	252778
股份有限公司	Share-holding Corporations Limited	1035540	525786	177674
私营企业	Private Enterprises	511807	418833	90169
私营有限责任公司	Private Limited Liability Corporations	508995	416022	90169
私营股份有限公司	Private Share-holding Corporations Limited	2811	2811	
港、澳、台商投资企业	Enterprises with Funds from Hong Kong,Macao and Taiwan	223920	187228	50840
合资经营企业(港或澳、台资)	Joint-ventures Enterprises (Hongkong,Macao or Taiwan)	74046	68046	1744
港澳台商独资经营企业	Enterprises with Funds from Hong Kong,Macao and Taiwan	149874	119182	49097
外商投资企业	Foreign Funded Enterprises	365923	285146	113897
中外合资经营企业	Joint-venture Enterprises	167848	116519	13996
外资企业	Foreign Enterprises	198075	168627	99901

4-7 续表7 continued

单位:万元 (2013) (10 000yuan)

指 标	Item	负债合计 Total Liabilities	流动负债合计 Total Working Liabilities	# 应付账款 Accounts Payable
按工业行业大类分	Grouped by Sector			
煤炭开采和洗选业	Mining and Washing of Coal	95152	54322	4728
农副食品加工业	Processing of Food from Agricultural Products	47446	38726	5746
食品制造业	Manufacture of Foods	90229	80732	20838
酒、饮料和精制茶制造业	Manufacture of Wine, Beverage and Tea	4028	4028	442
纺织业	Manufacture of Textile	110769	91939	-3934
纺织服装、服饰业	Manufacture of Textile Wearing Apparel and Apparel Industry	49123	46995	22679
造纸及纸制品业	Manufacture of Paper and Paper Products	8487	7048	1133
印刷和记录媒介复制业	Printing,Reproduction of Recording Media	3709	3709	1800
石油加工、炼焦及核燃料加工业	Processing of Petroleum,Coking, Processing of Nuclear Fuel	1017345	747887	180815
化学原料及化学制品制造业	Manufacture of Raw Chemical Materials and Chemical Products	279606	205214	50921
医药制造业	Manufacture of Medicines	9169	8058	1330
橡胶和塑料制品业	Manufacture of Rubber and Plastics	187146	180850	82207
非金属矿物制品业	Manufacture of Non-metallic Mineral Products	211607	205236	58469
黑色金属冶炼及压延加工业	Smelting and Pressing of Ferrous Metals	207290	130610	41871
金属制品业	Manufacture of Metal Products	9151	8351	523
通用设备制造业	Manufacture of General Purpose Machinery	291964	229072	67014
专用设备制造业	Manufacture of Special Purpose Machinery	79420	71315	15668
汽车制造业	Manufacture of Automotive Industry	8297	4792	242
铁路、船舶、航空航天和其他运输设备制造业	Manufature of Railways, Shipbuilding, Aerospace and Other Transporation Equipment	4478	4478	245
电气机械及器材制造业	Manufacture of Electrical Machinery and Equipment	154050	134429	53218
仪器仪表制造业	Manufacture of Measuring Instruments	36973	36466	13929
废弃资源综合利用业	Recycling and Disposal of Waste	2004	2004	211
电力、热力的生产和供应业	Production and Supply of Electric Power,Gas and Water	2298945	992848	553046
燃气生产和供应业	Production and Supply of Gas	523851	279108	38317
水的生产和供应业	Production and Supply of Water	126653	36037	6543

4-7 续表8

单位:万元 (2013)

指 标	Item	所有者权益合计 Owners' Equities	实收资本 Paid-up Capital
总 计	**Total**	**3484844**	**1923081**
# 亏损企业	Loss-suffering Enterprises	1013860	1055703
按轻重工分	**Grouped by Light & Heavy Industries**		
轻工业	Light Industry	483098	262877
重工业	Heavy Industry	3001747	1660204
按企业规模分	**Grouped by Size of Enterprises**		
大型企业	Large Enterprises	1998568	915058
中型企业	Medium-sized Enterprises	851883	669968
小型企业	Small Enterprises	629890	328157
微型企业	Micro-enterprises	4503	9898
按登记注册类型分	**Grouped by Status of Registration**		
内资企业	Domestic Funded	3144678	1697050
国有企业	State-owned Enterprises	979457	201450
中央企业	Central	947340	173022
地方企业	Local	32117	28429
有限责任公司	Limited Liability Corporations	1024940	653961
国有独资公司	State Sole Funded Corporations	165697	118967
其他有限责任公司	Other Limited Liability Corporations	859243	534994
股份有限公司	Share-holding Corporations Limited	634693	645129
私营企业	Private Enterprises	505588	196510
私营有限责任公司	Private Limited Liability Corporations	503412	195023
私营股份有限公司	Private Share-holding Corporations Limited	2176	1487
港、澳、台商投资企业	Enterprises with Funds from Hong Kong,Macao and Taiwan	48583	35557
合资经营企业(港或澳、台资)	Joint-ventures Enterprises (Hongkong, Macao or Taiwan)	1941	9700
港澳台商独资经营企业	Enterprises with Funds from Hong Kong,Macao and Taiwan	46642	25857
外商投资企业	Foreign Funded Enterprises	291583	190473
中外合资经营企业	Joint-venture Enterprises	156593	74331
外资企业	Foreign Enterprises	134990	116142

continued

(10 000yuan)

国家资本 State-owned Capital	集体资本 Collective-owned Capital	法人资本 Corporate Capital	个人资本 Personal Capital	港澳台资本 Capital frome Hong Kong, Macao and Taiwan	外商资本 Foreign Capital
792312	**35746**	**775146**	**156102**	**24166**	**139609**
554288	30950	324691	48244	6000	91530
33692		199765	21080	1386	6953
758620	35746	575381	135021	22780	132655
710962		103932	50374	15140	34650
38401	30950	478679	28107	6000	87831
41075	4796	191325	77621	3026	10314
1875		1210			6813
789687	35746	723556	148061		
201450					
173022					
28429					
32821	4046	595358	21736		
16967		102000			
15855	4046	493358	21736		
555076	28700	21343	40010		
340	3000	106855	86315		
340	3000	106638	85045		
		217	1270		
		1691		24166	9700
					9700
		1691		24166	
2625		49899	8041		129909
2625		49899	8041		13766
					116142

4-7 续表9

单位:万元 (2013)

指 标	Item	所有者权益合计 Owners' Equities	实收资本 Paid-up Capital
按工业行业大类分	**Grouped by Sector**		
煤炭开采和洗选业	Mining and Washing of Coal	180783	30000
农副食品加工业	Processing of Food from Agricultural Products	45214	18198
食品制造业	Manufacture of Foods	49722	30892
酒、饮料和精制茶制造业	Manufacture of Wine, Beverage and Tea	16267	100
纺织业	Manufacture of Textile	208111	60536
纺织服装、服饰业	Manufacture of Textile Wearing Apparel and Apparel Industry	17604	1100
造纸及纸制品业	Manufacture of Paper and Paper Products	6175	3500
印刷和记录媒介复制业	Printing,Reproduction of Recording Media	6472	5371
石油加工、炼焦及核燃料加工业	Processing of Petroleum,Coking, Processing of Nuclear Fuel	631332	625940
化学原料及化学制品制造业	Manufacture of Raw Chemical Materials and Chemical Products	191449	149904
医药制造业	Manufacture of Medicines	18506	10132
橡胶和塑料制品业	Manufacture of Rubber and Plastics	63440	78301
非金属矿物制品业	Manufacture of Non-metallic Mineral Products	178446	94123
黑色金属冶炼及压延加工业	Smelting and Pressing of Ferrous Metals	72354	60942
金属制品业	Manufacture of Metal Products	6796	6800
通用设备制造业	Manufacture of General Purpose Machinery	221258	137950
专用设备制造业	Manufacture of Special Purpose Machinery	32190	25562
汽车制造业	Manufacture of Automotive Industry	12117	10000
铁路、船舶、航空航天和其他运输设备制造业	Manufature of Railways, Shipbailding, Aerospace and Other Transporation Equipment	10305	2700
电气机械及器材制造业	Manufacture of Electrical Machinery and Equipment	89487	51963
仪器仪表制造业	Manufacture of Measuring Instruments	10584	6000
废弃资源综合利用业	Recycling and Disposal of Waste	1964	50
电力、热力的生产和供应业	Production and Supply of Electric Power,Gas and Water	1171220	322355
燃气生产和供应业	Production and Supply of Gas	135195	68990
水的生产和供应业	Production and Supply of Water	107854	121670

continued

(10 000yuan)

国家资本 State-owned Capital	集体资本 Collective-owned Capital	法人资本 Corporate Capital	个人资本 Personal Capital	港澳台资本 Capital frome Hong Kong, Macao and Taiwan	外商资本 Foreign Capital
			30000		
2740		4558	9791	600	510
		23372	7520		
		100			
		52843	1500		6193
750			100		250
		3500			
5371					
537940		88000			
6379	28700	104632	7663	2426	104
169		9493	470		
1000			8301		69000
2400	4796	81327	5600		
		33002	12800	15140	
			6800		
11199		34970	33043		58738
		20273	5289		
		10000			
			2700		
2750	2250	38300	3850		4813
				6000	
		50			
193788		107893	20674		
4165		64825			
23662		98008			

4-7 续表10

单位:万元 (2013)

指 标	Item	主营业务收入 Revenue from Principal Business
总 计	**Total**	**9444496**
#亏损企业	Loss-suffering Enterprises	3799480
按轻重工分	**Grouped by Light & Heavy Industries**	
轻工业	Light Industry	597336
重工业	Heavy Industry	8847161
按企业规模分	**Grouped by Size of Enterprises**	
大型企业	Large Enterprises	7512450
中型企业	Medium-sized Enterprises	1107456
小型企业	Small Enterprises	812366
微型企业	Micro-enterprises	12225
按登记注册类型分	**Grouped by Status of Registration**	
内资企业	Domestic Funded	8867783
国有企业	State-owned Enterprises	3738261
中央企业	Central	3704783
地方企业	Local	33478
有限责任公司	Limited Liability Corporations	1208285
国有独资公司	State Sole Funded Corporations	212114
其他有限责任公司	Other Limited Liability Corporations	996171
股份有限公司	Share-holding Corporations Limited	3238432
私营企业	Private Enterprises	682806
私营有限责任公司	Private Limited Liability Corporations	680243
私营股份有限公司	Private Share-holding Corporations Limited	2562
港、澳、台商投资企业	Enterprises with Funds from Hong Kong,Macao and Taiwan	123223
合资经营企业(港或澳、台资)	Joint-ventures Enterprises (Hongkong, Macao or Taiwan)	10235
港澳台商独资经营企业	Enterprises with Funds from Hong Kong,Macao and Taiwan	112987
外商投资企业	Foreign Funded Enterprises	453490
中外合资经营企业	Joint-venture Enterprises	145677
外资企业	Foreign Enterprises	307813

continued

(10 000yuan)

# 主营业务成本 Cost of Principal Business	# 主营业务税金及附加 Taxes and Other Charges on Principal Business	其他业务收入 Revenus from Other Business	其他业务利润 Other Profits	销售费用 Selling Costs	管理费用 Management Costs	# 税金 Taxex
8278717	**520725**	**152438**	**-12739**	**129806**	**250876**	**15429**
3144828	503137	38232	-18188	45759	119041	7100
463668	1569	20980	166	42649	26549	2147
7815049	519155	131458	-12905	87157	224327	13282
6681285	509762	56197	-14537	49513	135079	7082
903290	8327	30652	729	55505	70250	5196
683067	2623	65588	1069	24552	44155	3130
11077	13	1		236	1391	20
7799192	518066	102224	-16527	99471	208907	12550
3603759	9991	6140	939	46	41147	1593
3585973	9821	5142	814		39653	1331
17786	169	999	125	46	1494	262
986964	7493	72265	-299	56398	58528	5090
157607	940	1864	113	5174	10546	1567
829357	6553	70401	-412	51224	47982	3523
2615495	499420	12218	-17282	18067	83915	4320
592974	1162	11601	115	24960	25316	1546
591103	1150	11601	115	24690	25074	1542
1870	12			270	243	5
96768	350	1913	1105	8665	13152	492
9885	24	6	3	585	422	76
86883	326	1907	1102	8081	12730	417
382758	2309	48301	2684	21670	28816	2387
109719	239	1921	620	5612	11463	616
273038	2070	46380	2064	16058	17354	1771

4-7 续表11

单位:万元 (2013)

指 标	Item	主营业务收入 Revenue from Principal Business
按工业行业大类分	**Grouped by Sector**	
煤炭开采和洗选业	Mining and Washing of Coal	175155
农副食品加工业	Processing of Food from Agricultural Products	108835
食品制造业	Manufacture of Foods	192337
酒、饮料和精制茶制造业	Manufacture of Wine, Beverage and Tea	3420
纺织业	Manufacture of Textile	171515
纺织服装、服饰业	Manufacture of Textile Wearing Apparel and Apparel Industry	14574
造纸及纸制品业	Manufacture of Paper and Paper Products	9930
印刷和记录媒介复制业	Printing,Reproduction of Recording Media	6265
石油加工、炼焦及核燃料加工业	Processing of Petroleum,Coking, Processing of Nuclear Fuel	3189351
化学原料及化学制品制造业	Manufacture of Raw Chemical Materials and Chemical Products	215139
医药制造业	Manufacture of Medicines	15525
橡胶和塑料制品业	Manufacture of Rubber and Plastics	225702
非金属矿物制品业	Manufacture of Non-metallic Mineral Products	229921
黑色金属冶炼及压延加工业	Smelting and Pressing of Ferrous Metals	140909
金属制品业	Manufacture of Metal Products	7768
通用设备制造业	Manufacture of General Purpose Machinery	238400
专用设备制造业	Manufacture of Special Purpose Machinery	41037
汽车制造业	Manufacture of Automotive Industry	2153
铁路、船舶、航空航天和其他运输设备制造业	Manufature of Railways, Shipbailding, Aerospace and Other Transporation Equipment	6176
电气机械及器材制造业	Manufacture of Electrical Machinery and Equipment	149167
仪器仪表制造业	Manufacture of Measuring Instruments	36660
废弃资源综合利用业	Recycling and Disposal of Waste	3838
电力、热力的生产和供应业	Production and Supply of Electric Power,Gas and Water	3919717
燃气生产和供应业	Production and Supply of Gas	297273
水的生产和供应业	Production and Supply of Water	43729

continued

(10 000yuan)

# 主营业务成本 Cost of Principal Business	# 主营业务税金及附加 Taxes and Other Charges on Principal Business	其他业务收入 Revenus from Other Business	其他业务利润 Other Profits	销售费用 Selling Costs	管理费用 Management Costs	# 税金 Taxex
161879	3			3102	1772	34
92171	166	2140	30	5520	4255	361
149957	466	16659	-150	28739	4763	288
2795	245	13		190	610	188
133760	47	1005		740	4128	353
11140	78	48	11	1444	1426	89
7823	39	300	30	424	1052	10
4910	22	253	26	13	1184	
2571861	501648		-17291	13040	71949	3758
200761	396	839	-2101	8297	12628	817
9123	150	70	64	1539	3783	189
213803	1469	45431	1099	7891	8029	1018
174288	498	8157	11	14893	11089	1386
113235	318	2199	1387	5951	12610	807
6812	3	5	5	14	539	53
195369	1232	2477	1495	17290	25736	1793
31250	99	40322	410	1370	5904	335
1920				95	326	
4125	66	1264	45	238	868	77
130404	457	1709	1052	5860	6638	380
27393	130	164	-33	4896	5714	118
3150	5			130	101	6
3754113	11457	17985	1024	1973	49692	2226
252836	1459	10918	1	2731	12241	611
23840	272	482	145	3427	3837	534

4-7 续表12

单位:万元 （2013）

指 标	Item	财务费用 Financial Costs
总 计	**Total**	**186875**
# 亏损企业	Loss-suffering Enterprises	65678
按轻重工分	**Grouped by Light & Heavy Industries**	
轻工业	Light Industry	17623
重工业	Heavy Industry	169252
按企业规模分	**Grouped by Size of Enterprises**	
大型企业	Large Enterprises	97509
中型企业	Medium-sized Enterprises	52408
小型企业	Small Enterprises	36429
微型企业	Micro-enterprises	529
按登记注册类型分	**Grouped by Status of Registration**	
内资企业	Domestic Funded	177876
国有企业	State-owned Enterprises	50332
中央企业	Central	46605
地方企业	Local	3727
有限责任公司	Limited Liability Corporations	64876
国有独资公司	State Sole Funded Corporations	18032
其他有限责任公司	Other Limited Liability Corporations	46844
股份有限公司	Share-holding Corporations Limited	43888
私营企业	Private Enterprises	18780
私营有限责任公司	Private Limited Liability Corporations	18554
私营股份有限公司	Private Share-holding Corporations Limited	226
港、澳、台商投资企业	Enterprises with Funds from Hong Kong,Macao and Taiwan	4059
合资经营企业(港或澳、台资)	Joint-ventures Enterprises（Hongkong,Macao or Taiwan）	1
港澳台商独资经营企业	Enterprises with Funds from Hong Kong,Macao and Taiwan	4059
外商投资企业	Foreign Funded Enterprises	4939
中外合资经营企业	Joint-venture Enterprises	7179
外资企业	Foreign Enterprises	-2240

continued

(10 000yuan)

#利息支出 Interest Expense	营业利润 Operating Profits	利润总额 Total Profits	亏损企业亏损总额 Total Loss of Loss-suffering Enterprises	利税总额 Total Profits and Taxes
186993	**123571**	**133307**	**99932**	**945162**
67489	-93577	-99932	99932	531187
17460	47345	53727	4096	69351
169533	76226	79580	95836	875811
98266	71982	56113	35943	777663
53655	20765	36897	48092	108819
34523	33633	43403	12432	61679
549	-2809	-3106	3465	-2998
173712	107367	112241	77380	905285
49675	74636	67858		159927
45901	63975	56342		146614
3774	10661	11516		13313
62928	44417	60977	22629	129844
16523	19848	24862	414	38805
46405	24570	36115	22215	91039
43977	-32509	-44996	45797	574355
17132	20824	28402	8954	41159
16908	20882	28415	8942	41155
224	-58	-12	12	4
3448	1642	3845	2557	6298
1	-678	-670	670	-438
3448	2320	4515	1887	6736
9833	14562	17222	19994	33580
6703	10765	12789	3432	14682
3130	3796	4433	16562	18898

4-7 续表13

单位:万元 （2013）

指 标	Item	财务费用 Financial Costs
按工业行业大类分	**Grouped by Sector**	
煤炭开采和洗选业	Mining and Washing of Coal	4025
农副食品加工业	Processing of Food from Agricultural Products	2122
食品制造业	Manufacture of Foods	2862
酒、饮料和精制茶制造业	Manufacture of Wine, Beverage and Tea	-15
纺织业	Manufacture of Textile	6447
纺织服装、服饰业	Manufacture of Textile Wearing Apparel and Apparel Industry	297
造纸及纸制品业	Manufacture of Paper and Paper Products	604
印刷和记录媒介复制业	Printing,Reproduction of Recording Media	54
石油加工、炼焦及核燃料加工业	Processing of Petroleum,Coking, Processing of Nuclear Fuel	31153
化学原料及化学制品制造业	Manufacture of Raw Chemical Materials and Chemical Products	6500
医药制造业	Manufacture of Medicines	321
橡胶和塑料制品业	Manufacture of Rubber and Plastics	1741
非金属矿物制品业	Manufacture of Non-metallic Mineral Products	7713
黑色金属冶炼及压延加工业	Smelting and Pressing of Ferrous Metals	6330
金属制品业	Manufacture of Metal Products	403
通用设备制造业	Manufacture of General Purpose Machinery	2401
专用设备制造业	Manufacture of Special Purpose Machinery	1212
汽车制造业	Manufacture of Automotive Industry	137
铁路、船舶、航空航天和其他运输设备制造业	Manufature of Railways, Shipbailding, Aerospace and Other Transporation Equipment	119
电气机械及器材制造业	Manufacture of Electrical Machinery and Equipment	4611
仪器仪表制造业	Manufacture of Measuring Instruments	1076
废弃资源综合利用业	Recycling and Disposal of Waste	82
电力、热力的生产和供应业	Production and Supply of Electric Power,Gas and Water	79040
燃气生产和供应业	Production and Supply of Gas	23578
水的生产和供应业	Production and Supply of Water	4062

continued

(10 000yuan)

#利息支出 Interest Expense	营业利润 Operating Profits	利润总额 Total Profits
3619	4373	4377
2092	5394	7022
2732	5612	6777
	-405	-260
6637	26948	28494
182	217	267
460	125	148
54	108	338
31341	-5821	-15995
6817	-16040	-12734
320	680	1540
2361	-6379	-5686
7758	20084	28375
5349	3992	6423
404	-30	370
6201	-2868	-965
1225	4616	5166
240	-325	-325
122	1543	1764
4342	-950	-183
1010	-2614	-1887
59	369	359
76275	60875	55242
23278	15348	15195
4115	8718	9486

4-7 续表14

单位:万元 （2013） （10 000yuan）

指 标	Item	本年应付职工薪酬 Wages Payable This Year	本年应交增值税 Value-added Tax Payable This Year	从业人员平均人数(人) Annual Average Employed Persons(person)
总 计	**Total**	**400596**	**289857**	**55331**
#亏损企业	Loss-suffering Enterprises	106549	127904	18915
按轻重工分	Grouped by Light & Heavy Industries			
轻工业	Light Industry	37216	14048	8694
重工业	Heavy Industry	363380	275809	46637
按企业规模分	**Grouped by Size of Enterprises**			
大型企业	Large Enterprises	247916	210815	25786
中型企业	Medium-sized Enterprises	99897	63551	19337
小型企业	Small Enterprises	51776	15396	10076
微型企业	Micro-enterprises	1006	95	132
按登记注册类型分	**Grouped by Status of Registration**			
内资企业	Domestic Funded	350295	273943	45737
国有企业	State-owned Enterprises	167736	81837	13093
中央企业	Central	165279	80210	12718
地方企业	Local	2457	1628	375
有限责任公司	Limited Liability Corporations	87982	60662	14996
国有独资公司	State Sole Funded Corporations	16229	12345	2233
其他有限责任公司	Other Limited Liability Corporations	71753	48317	12763
股份有限公司	Share-holding Corporations Limited	62802	119858	10500
私营企业	Private Enterprises	31776	11586	7148
私营有限责任公司	Private Limited Liability Corporations	31584	11582	7080
私营股份有限公司	Private Share-holding Corporations Limited	192	5	68
港、澳、台商投资企业	Enterprises with Funds from Hong Kong,Macao and Taiwan	12350	2103	2722
合资经营企业(港或澳、台资)	Joint-ventures Enterprises (Hongkong,Macao or Taiwan)	462	208	107
港澳台商独资经营企业	Enterprises with Funds from Hong Kong,Macao and Taiwan	11888	1896	2615
外商投资企业	Foreign Funded Enterprises	37951	13810	6872
中外合资经营企业	Joint-venture Enterprises	13733	1420	2907
外资企业	Foreign Enterprises	24218	12391	3965

4-7 续表15

单位:万元　　(2013)　　(10 000yuan)

指　标	Item	本年应付职工薪酬 Wages Payable This Year	本年应交增值税 Value-added Tax Payable This Year	从业人员平均人数(人) Annual Average Employed Persons(person)
按工业行业大类分	**Grouped by Sector**			
煤炭开采和洗选业	Mining and Washing of Coal	3047		746
农副食品加工业	Processing of Food from Agricultural Products	6033	643	1384
食品制造业	Manufacture of Foods	7617	4115	1834
酒、饮料和精制茶制造业	Manufacture of Wine, Beverage and Tea	159	584	62
纺织业	Manufacture of Textile	3314	2731	958
纺织服装、服饰业	Manufacture of Textile Wearing Apparel and Apparel Industry	3326	725	1164
造纸及纸制品业	Manufacture of Paper and Paper Products	1589	345	513
印刷和记录媒介复制业	Printing,Reproduction of Recording Media	1060	173	215
石油加工、炼焦及核燃料加工业	Processing of Petroleum,Coking, Processing of Nuclear Fuel	43152	117880	5288
化学原料及化学制品制造业	Manufacture of Raw Chemical Materials and Chemical Products	25920	4735	5545
医药制造业	Manufacture of Medicines	3528	1472	757
橡胶和塑料制品业	Manufacture of Rubber and Plastics	19040	5626	3385
非金属矿物制品业	Manufacture of Non-metallic Mineral Products	14740	11052	2818
黑色金属冶炼及压延加工业	Smelting and Pressing of Ferrous Metals	14985	640	2912
金属制品业	Manufacture of Metal Products	893	6	156
通用设备制造业	Manufacture of General Purpose Machinery	28449	11430	5984
专用设备制造业	Manufacture of Special Purpose Machinery	6579	918	1018
汽车制造业	Manufacture of Automotive Industry	150		60
铁路、船舶、航空航天和其他运输设备制造业	Manufactureof Railways,Shipbuilding,Aerospaceand Other Transporation Equipment	623	393	188
电气机械及器材制造业	Manufacture of Electrical Machinery and Equipment	14141	1717	2375
仪器仪表制造业	Manufacture of Measuring Instruments	3656	1211	789
废弃资源综合利用业	Recycling and Disposal of Waste	82	50	22
电力、热力的生产和供应业	Production and Supply of Electric Power,Gas and Water	183093	88859	15285
燃气生产和供应业	Production and Supply of Gas	7434	31986	840
水的生产和供应业	Production and Supply of Water	7987	2565	1033

4—8 工业企业按工业总产值排序前50名

The Sort before 50 of Industrial Enterprises According to Industrial Output Value

(2013)

名 次 Number	企业名称 Company Name	法人代表 Legal Representative
1	宁夏电力公司	张福轩
2	中国石油天然气股份有限公司宁夏石化分公司	雍瑞生
3	神华宁夏煤业集团有限责任公司	王 俭
4	宁夏宝丰能源集团股份有限公司	刘元管
5	青铜峡铝业股份有限公司宁东分公司	黄 河
6	华电宁夏灵武发电有限公司	李天光
7	宁夏广银铝业有限公司	吴大奎
8	宁夏伊品生物科技股份有限公司	闫晓平
9	宁夏中银绒业国际集团有限公司	马生明
10	蒙牛乳业(银川)有限公司	黄 华
11	宁夏京能宁东发电有限责任公司	陆海军
12	神华国能宁夏煤电有限公司	马元坤
13	宁夏嘉源绒业集团有限公司	杨立功
14	宁夏通达煤业集团有限公司	李 萍
15	银川宝塔精细化工有限公司	孙淑兰
16	银川佳通轮胎有限公司	李怀靖
17	宁夏哈纳斯液化天然气有限公司	杜彦忠
18	宁夏宝塔能源化工有限公司	孙珩超
19	宁夏特米尔羊绒制品有限公司	杨建荣
20	宁夏泰瑞制药股份有限公司	王 义
21	宁夏北方精工钢结构实业有限公司	邵海潮
22	宁夏荣昌绒业集团有限公司	杨建荣
23	中铝宁夏能源集团有限公司	何怀兴
24	宁夏国华宁东发电有限公司	陈寅彪
25	宁夏小巨人机床有限公司	董庆富
26	宁夏天马冶化(集团)股份有限公司	马生军
27	宁夏启元药业有限公司	胡吉东
28	宁夏赛马水泥有限公司	王广林
29	宁夏哈纳斯天然气有限公司	杜彦忠
30	宁夏电投西夏热电有限公司	王建华
31	宁夏远大可建科技有限公司	肖 弈
32	宁夏远高新能源装备制造有限公司	赵建军
33	宁夏紫荆花纸业有限公司	纳巨波
34	宁夏太平洋生物科技有限公司	王 义
35	宁夏力成电气集团有限公司	陈庆成
36	宁夏昊王酒业有限公司	马 骧
37	银川隆基硅材料有限公司	李振国
38	宁夏共享装备有限公司	徐国强
39	宁夏国斌绒业有限公司	马国斌
40	宁夏大北农科技实业有限公司	邢泽光
41	银川兄弟彩兴化工有限公司	董 华
42	宁夏马斯特(集团)实业有限公司	汪 勇
43	宁夏兴唐米业集团有限公司	杨茂红
44	德泓(宁夏)国际纺织有限公司	回振丽
45	宁夏科进砼业有限公司	马建荣
46	宁夏昊王米业有限公司	王 忠
47	宁夏西夏嘉酿啤酒有限公司	王克勤
48	宁夏政泰龙汽车有限公司	魏自平
49	宁夏百川通清洁能源有限公司	闫树山
50	宁夏宝利达化工有限公司	党自利

注：神华宁夏煤业集团有限责任公司只含银川市数据。

a)The date of Shenhua Ningxia Coal Tndustry Group limited liability company only included Yinchua's date.

4—9 工业企业按固定资产原价排序前50名

The Sort before 50 of Industrial Enterprises According to Original Value of Fixed Assets

(2013)

名 次 Number	企业名称 Company Name	法人代表 Legal Representative
1	神华宁夏煤业集团有限责任公司	王 俭
2	宁夏电力公司	张福轩
3	中国石油天然气股份有限公司宁夏石化分公司	雍瑞生
4	华电宁夏灵武发电有限公司	李天光
5	宁夏宝丰能源集团股份有限公司	刘元管
6	青铜峡铝业股份有限公司宁东分公司	黄 河
7	宁夏京能宁东发电有限责任公司	陆海军
8	中铝宁夏能源集团有限公司	何怀兴
9	神华国能宁夏煤电有限公司	马元坤
10	宁夏伊品生物科技股份有限公司	闫晓平
11	宁夏国华宁东发电有限公司	陈寅彪
12	宁夏电投西夏热电有限公司	王建华
13	宁夏银星能源股份有限公司	王顺祥
14	宁夏启元药业有限公司	胡吉东
15	宁夏哈纳斯液化天然气有限公司	杜彦忠
16	华电国际宁夏新能源发电有限公司	季 军
17	宁夏泰瑞制药股份有限公司	王 义
18	宁夏赛马水泥有限公司	王广林
19	银川佳通轮胎有限公司	李怀靖
20	宁夏太平洋生物科技有限公司	王 义
21	宁夏中银绒业国际集团有限公司	马生明
22	宁夏宝塔能源化工有限公司	孙珩超
23	宁夏宁东水务有限责任公司	赵 欣
24	宁夏丰友化工股份有限公司	黄贤波
25	银川中铁水务集团有限公司	许海雁
26	宁夏电投银川热电有限公司	张泽文
27	宁夏银仪风力发电有限责任公司	王吉生
28	银川宝塔精细化工有限公司	孙淑兰
29	宁夏宁电光伏材料有限公司	梁 庆
30	龙源灵武风力发电有限公司	李星运
31	银川隆基硅材料有限公司	李振国
32	宁夏紫荆花纸业有限公司	纳巨波
33	蒙牛乳业(银川)有限公司	黄 华
34	宁夏小巨人机床有限公司	董庆富
35	宁夏西部热电有限公司	李可彬
36	西北轴承股份有限公司	张立忠
37	宁夏瀛海天琛建材有限公司	范海龙
38	舍弗勒(宁夏)有限公司	WOLFGONG
39	宁夏嘉源绒业集团有限公司	杨立功
40	宁夏远高新能源装备制造有限公司	赵建军
41	宁夏达力斯发电有限公司	陈光英
42	宁夏共享铸钢有限公司	彭 凡
43	宁夏共享装备有限公司	徐国强
44	宁夏北方精工钢结构实业有限公司	邵海潮
45	宁夏哈纳斯天然气有限公司	杜彦忠
46	宁夏清洁能源发展有限公司	张立宁
47	宁夏天马冶化(集团)股份有限公司	马生军
48	宁夏荣昌绒业集团有限公司	杨建荣
49	德泓(宁夏)国际纺织有限公司	回振丽
50	宁夏东义开特利镁业有限公司	穆锦龙

注：神华宁夏煤业集团有限责任公司只含银川市数据。

a)The date of Shenhua Ningxia Coal Tndustry Group limited liability company only included Yinchua's date.

4—10 工业企业按利税总额排序前50名

The Sort before 50 of Industrial Enterprises According to Total Profits and Taxes

(2013)

名 次 Number	企业名称 Company Name	法人代表 Legal Representative
1	中国石油天然气股份有限公司宁夏石化分公司	雍瑞生
2	神华宁夏煤业集团有限责任公司	王 俭
3	宁夏电力公司	张福轩
4	华电宁夏灵武发电有限公司	李天光
5	宁夏宝丰能源集团股份有限公司	刘元管
6	宁夏京能宁东发电有限责任公司	陆海军
7	宁夏广银铝业有限公司	吴大奎
8	宁夏哈纳斯天然气有限公司	杜彦忠
9	宁夏宝塔能源化工有限公司	孙珩超
10	宁夏中银绒业国际集团有限公司	马生明
11	神华国能宁夏煤电有限公司	马元坤
12	中铝宁夏能源集团有限公司	何怀兴
13	宁夏小巨人机床有限公司	董庆富
14	宁夏嘉源绒业集团有限公司	杨立功
15	宁夏赛马水泥有限公司	王广林
16	宁夏马斯特(集团)实业有限公司	汪 勇
17	宁夏伊品生物科技股份有限公司	闫晓平
18	宁夏西夏嘉酿啤酒有限公司	王克勤
19	宁夏昊王酒业有限公司	马 骧
20	宁夏荣昌绒业集团有限公司	杨建荣
21	宁夏特米尔羊绒制品有限公司	杨建荣
22	宁夏宁东水务有限责任公司	赵 欣
23	宁夏力成电气集团有限公司	陈庆成
24	宁夏大北农科技实业有限公司	邢泽光
25	宁夏电投西夏热电有限公司	王建华
26	德泓(宁夏)国际纺织有限公司	回振丽
27	蒙牛乳业(银川)有限公司	黄 华
28	宁夏科进砼业有限公司	马建荣
29	上海胜华(集团)宁夏电缆有限公司	马胜方
30	宁夏北方精工钢结构实业有限公司	邵海潮
31	银川隆基硅材料有限公司	李振国
32	宁夏伊顺园农工贸有限公司	底彦旗
33	银川泰丰生物科技有限公司	郝万亮
34	银川晶峰玻璃有限公司	王 峰
35	宁夏紫荆花纸业有限公司	纳巨波
36	宁夏电投银川热电有限公司	张泽文
37	宁夏塞北雪面粉有限公司	肖建国
38	宁夏通达煤业集团有限公司	李 萍
39	宁夏国华宁东发电有限公司	陈寅彪
40	徐州中煤(宁夏)钢结构建设有限公司	刘 洁
41	宁夏福之源生物油脂有限公司	马 茹
42	宁夏哈纳斯液化天然气有限公司	杜彦忠
43	宁夏共享装备有限公司	徐国强
44	宁夏圣火清洁能源有限公司	马连冲
45	泰山(银川)石膏有限公司	贾同春
46	银川佳通长城轮胎有限公司	李怀靖
47	宁夏宝丰能源催化有限公司	高建军
48	银川市威尔信商品混凝土工程有限公司	李 刚
49	宁夏共享模具有限公司	彭 凡
50	宁夏青龙塑料管材有限公司	方吉良

注：神华宁夏煤业集团有限责任公司只含银川市数据。

a)The date of Shenhua Ningxia Coal Tndustry Group limited liability company only included Yinchuan's date.

4—11 全市规模以上工业分行业产值能耗

Energy Consumption of Industrial Enterprises above Designated Size by Industries

(2013)

指 标	Item	综合能源消费量（吨标准煤）Comprehensive Energy Consumption (tons of SCE)	工业总产值（万元）Gross Industrial Output Value (10 000yuan)	产值单耗（吨标准煤/万元）Energy Consumption per Unit of Gross Industrial Output Value (tons of sce/10 000 yuan)
合 计	**Total**	**19880866.07**	**19032364.95**	**1.0446**
采矿业	**Mining**	**4478600.18**	**2262907.60**	**1.9791**
煤炭开采和洗选业	Mining and Washing of Coal	4478600.18	2262907.60	1.9791
制造业	**Manufacturing**	**6242867.52**	**11404813.58**	**0.5474**
农副食品加工业	Processing of Food from Agricultural Products	11784.34	421457.20	0.0280
食品制造业	Manufacture of Foods	583586.12	773773.46	0.7542
酒、饮料和精制茶制造业	Manufacture of Wine,Beverages and Tea	13658.13	146748.30	0.0931
纺织业	Manufacture of Textile	15935.20	1210252.66	0.0132
纺织服装、服饰业	Manufacture of Textile and Apparel	1155.80	12874.30	0.0898
皮革、毛皮、羽毛及其制品和制鞋业	Manufacture of Leather,Fur,Feather,Related Produscts and Shoe	895.55	57248.20	0.0156
木材加工及木、竹、藤、棕、草制品业	Processing of Timber,Manufacture of Wood,Bamboo,Rattan,Palm and Straw Products	1302.79	50895.70	0.0256
家具制造业	Manufacture of Furniture	212.73	36946.90	0.0058
造纸及纸制品业	Manufacture of Paper and Paper Products	50634.99	73045.59	0.6932
印刷业和记录媒介的复制	Printing and Reproduction of Recording Media	166.11	6517.60	0.0255
石油加工炼焦及核燃料加工业	Processing of Petroleum,Coking and Processing of Nuclear Fuel	2539072.56	4521231.90	0.5616
化学原料及化学制品制造业	Manufacture of Raw Chemical Materials and Chemical Products	563315.84	404791.00	1.3916
医药制造业	Manufacture of Medicines	363921.04	306511.00	1.1873
橡胶和塑料制品业	Manufacture of Rubber and Plastics	59951.23	234122.40	0.2561
非金属矿物制品业	Manufacture of Mon-metallic Mineral Products	512623.29	498575.30	1.0282
黑色金属冶炼及压延加工业	Smelting and Pressing of Ferrous Metals	356703.96	257133.15	1.3872
有色金属冶炼及压延加工业	Smelting and Pressing of Non-ferrous Metals	1130501.73	1245122.24	0.9079
金属制品业	Manufacture of Metal Products	10389.42	308310.18	0.0337
通用设备制造业	Manufacture of General Purpose Machinery	14335.72	230484.20	0.0622
专用设备制造业	Manufacture of Special purpose Machinery	1487.07	80329.26	0.0185
汽车制造业	Manufacture of Car	580.66	49229.10	0.0118
铁路、船舶、航空航天和其他运输设备制造业	Manufacture of Railway,Ship,Aviation and Transport Equipment	92.29	8097.90	0.0114
电气机械及器材制造业	Manufacture of Electrical Machinery and Equipment	9012.08	395154.03	0.0228
仪器仪表制造业	Manufacture of Measuring Instruments	740.00	66870.10	0.0111
废弃资源综合利用业	Recycling and Disposal of Waste	808.87	9091.90	0.0890
电力、燃气及水的生产和供应业	**Electric Power,Gas and Water Production and Supply**	**9159398.37**	**5364643.76**	**1.7074**
电力、热力的生产和供应业	Production and Supply of Electric Power and Heat Power	9036685.71	5058267.36	1.7865
燃气生产和供应业	Production and Supply of Gas	102327.46	262397.30	0.3900
水的生产和供应业	Production and Supply of Water	20385.20	43979.10	0.4635

4—12 全市规模以上工业企业能源购进、消费与库存情况

(2013)

指 标	Item	年初库存量 Inventory at the Beginning of the Year	购进量 Physical Quantity Purchased
原煤(吨)	Raw Coal(ton)	3394324.43	40223874.27
无烟煤(吨)	Anthracite Coal(ton)	193707.54	1242504.90
炼焦烟煤(吨)	Coking Coal(ton)	115801.71	3495697.07
一般烟煤(吨)	General Coal(ton)	3080672.49	35465649.30
褐煤(吨)	Lignite(ton)	4142.69	20023.00
洗精煤(吨)	Clean Coal(ton)	235614.44	2824646.51
其它洗煤(吨)	Other Washing Coal(ton)	1239.00	78099.37
煤制品(吨)	Coal Products(ton)	533.49	1415.14
焦炭(吨)	Coke(ton)	7775.47	111851.32
其它焦化产品(吨)	Other Coking Products(ton)	5543.28	28593.80
焦炉煤气(万立方米)	Coking Gas(10 000 cu.m)		11080.00
天然气(气态)(万立方米)	Natural Gas(gaseous state)(10 000 cu.m)		141378.56
液化天然气(液态)(吨)	Liquefied Natural(liquid state) Gas(ton)		30.80
原油(吨)	Crude Oil(ton)	107617.20	4607939.85
汽油(吨)	Gasoline(ton)	41.80	3693.76
煤油(吨)	Kerosene(ton)	7.41	161.92
柴油(吨)	Diesel Oil(ton)	829.00	18573.18
燃料油(吨)	Fuel Oil(ton)	5100.58	396238.89
液化石油气(吨)	Liquefied Petroleum Gas(ton)		3631.51
润滑油(吨)	Lubricating Oil(ton)		483.87
石油焦(吨)	Petroleum coke(ton)	45692.00	142481.82
其它石油制品(吨)	Other Petroleum Products(ton)	2034.64	22119.95
热力(百万千焦)	Heat(million kilo-joule)		70431.06
电力(万千瓦时)	Electricity(10 000 kwh)		1396777.01
煤矸石用于燃料(吨)	Coal Gangue as Fuel(ton)	49644.40	1758020.00
余热余压(百万千焦)	Waste Heat and Excess Pressure(million kilo-joule)		
其他燃料(吨标准煤)	Other Feul(tons of sce)	3192.71	53641.63
能源合计(吨标准煤)	Total Energy(tons of sce)		

Energy Purchase, Consumption and Inventory of Industrial Enterprises above Designated Size

购进额（万元）Purchased（10 000 yuan）	消费量 Consumption	# 工业生产消费 Industrial Production	# 用于原材料 Used for Raw Materials	# 非工业生产消费 Non-industrial	合计中运输工具消费 Total:Trans port consumption	年末库存量 Inventory at Year-end
1048740.81	44256655.83	44222089.41	2970160.74	34566.42		3732425.33
76919.04	1246198.17	1244925.17	182341.54	1273.00		174808.27
114177.32	4280878.54	4280878.54				167919.24
856941.25	38711011.12	38678582.70	2787819.20	32428.42		3383965.82
703.20	18568.00	17703.00		865.00		5732.00
242929.47	5649905.53	5649879.36	69005.15	26.17		123265.63
2427.14	77401.26	77401.26				1938.00
65.80	1306.28	1292.78		13.50		642.35
12394.61	110321.66	109310.66		1011.00		7527.79
6192.48	28732.23	28673.82	22607.88	58.41		5387.84
8310.00	67385,96	67385.96	5835.00			
194540.55	141416.51	141194.30	51286.10	222.18	15.49	
20.46	30.80	3.80		27.00		
2557221.24	4602474.00	4602474.00				100419.05
3309.65	4101.27	1999.47		2101.80	1919.15	45.20
153.98	160.61	160.61				6.70
14677.84	19356.43	17177.95		2178.49	3657.03	871.89
197880.59	389015.83	389015.83				14168.90
1757.32	3631.51	3631.51				
712.76	481.51	481.51				
26359.14	142272.00	142272.00				45901.82
16238.07	21764.99	21764.99				1282.70
741.88	11622920.31	11606407.31		16513.00		
607230.02	1902080.59	1881796.29		20284.37		
23459.49	1848383.26	1848383.26				17785.00
	681537.07	681537.07				
4197.01	54950.32	54882.32		68.00		4538.23
	45630895.64	45572324.66		58570.85		

4—13 全市规模以上工业企业能源购进、消费与库存附表情况

(2013)

指 标	Item	单 位	Unit	工业生产消费量 Industry Consumption	加工转换投入合计 Total Convert Input
原煤	Coal	吨	ton	43140773.81	37379621.61
无烟煤	Anthracite Coal	吨	ton	1058145.11	1053148.11
炼焦烟煤	Coking Coal	吨	ton	4280878.54	4280878.54
一般烟煤	General Coal	吨	ton	37786650.16	32045594.96
褐煤	Lignite	吨	ton	15100.00	
洗精煤	Clean Coal	吨	ton	5536724.71	5536724.71
其它洗煤	Other Washing Coal	吨	ton	10079.37	
煤制品	Coal Products	吨	ton		
焦炭	Coke	吨	ton		
其它焦化产品	Other Coking Products	吨	ton		
焦炉煤气	Coking Gas	万立方米	10 000 su.m	67385.96	
天然气(气态)	Natural Gas(gaseous state)	万立方米	10 000 su.m	135079.41	67075.77
液化天然气(液态)	Liquefied Natural(liquid state) Gas	吨	ton		
原油	Crude Oil	吨	ton	4602474.00	4602474.00
汽油	Gasoline	吨	ton	467.33	
煤油	Kerosene	吨	ton	2.08	
柴油	Diesel Oil	吨	ton	6739.69	265.14
燃料油	Fuel Oil	吨	ton	389015.83	387149.83
液化石油气	Liquefied Petroleum Gas	吨	ton		
炼厂干气	Net Gas of Plant	吨	ton		
石脑油	Naphtha	吨	ton		
润滑油	Lubricating Oil	吨	ton	481.51	
其它石油制品	Other Petroleum Products	吨	ton	21714.75	
热力	Heat	百万千焦	million kilo-joule	11535976.25	
电力	Electricity	万千瓦时	10 000 kwh	769520.70	
煤矸石用于燃料	Coal Gangue as Fuel	吨	ton	1848383.26	1767000.00
余热余压	Waste Heat and Excess Pressure	百万千焦	million kilo-joule	681537.07	681537.07
其他燃料	Other Fuel	吨标准煤	tons of SCE		
能源合计	Total Energy	吨标准煤	tons of SCE	42952357.48	36468217.97

Energy Purchase, Consumption and Inventory of Industrial Enterprises above Designated Size

火力发电 Thermal Power	供　热 Heating Supply	原煤入洗 Washing -dressing Coal	炼　焦 Coking	炼油及煤制油 Petroleum Refining and Coal Products	天然气液化 Natural Gas iquefying	能源加工转换产出 Output in Processing	回收利用 Recycling
24110838.98	1685185.65	10971382.65	11940.00	600274.33			
		1053148.11					
		4280878.54					
24110838.98	1685185.65	5637356.00	11940.00	600274.33			
			5536724.71			5597946.60	
						3306498.18	
						4041266.00	
						275159.51	
						56305.96	
2620.00	7470.00				56985.77		
						359299.87	
				4602474.00			
						2011408.60	
						70424.00	
265.14						1941156.00	
1414.97				385734.86		64818.00	
						291652.78	
						1310.00	
						33669.00	
						3680.00	
						26121493.14	
						5050044.65	
1767000.00						666123.70	
681537.07							681537.07
						152843.46	
15325197.50	1074796.15	7142759.72	4697670.11	7528009.22	699785.26	25668218.18	23240.41

4—14 全市规模以上工业分品种分行业能源消费

（2013）

指 标	Item	原 煤（吨）Coal（ton）
合 计	**Total**	**44256655.83**
采矿业	**Mining**	**11528381.54**
煤炭开采和洗选业	Mining and Washing of Coal	11528381.54
制造业	**Manufacturing**	**8914461.18**
农副食品加工业	Processing of Food from Agricultural Products	6738.29
食品制造业	Manufacture of Foods	967121.07
酒、饮料和精制茶制造业	Manufacture of Wine,Beverages and Tea	18152.49
纺织业	Manufacture of Textile	15650.74
纺织服装、服饰业	Manufacture of Textile and Apparel	282.00
皮革、毛皮、羽毛及其制品和制鞋业	Manufacture of Leather,Fur,Feather,Related Produsts and Shoe	1177.91
木材加工及木、竹、藤、棕、草制品业	Processing of Timber,Manufacture of Wood,Bamboo,Rattan,Palm,and Straw Products	
家具制造业	Manufacture of Furniture	
造纸及纸制品业	Manufacture of Paper and Paper Products	71811.00
印刷和记录媒介复制业	Printing and Reproduction of Recording Media	
文教、工美、体育和娱乐用品制造业	Manufacture of Culture and Edueation,Arts and crafts,Sports and Entertainment Prdcucts	
石油加工炼焦及核燃料加工业	Processing of Petroleum,Coking and Processing of Nuclear Fuel	6005528.78
化学原料及化学制品制造业	Manufacture of Raw Chemical Materials and Chemical Products	516012.12
医药制造业	Manufacture of Medicines	607904.52
橡胶和塑料制品业	Manufacture of Rubber and Plastics	8085.34
非金属矿物制品业	Manufacture of Non-metallic Mineral Products	667364.24
黑色金属冶炼和压延加工业	Smelting and Pressing of Ferrous Metals	7008.69
有色金属冶炼和压延加工业	Smelting and Pressing of Non-ferrous Metals	7413.35
金属制品业	Manufacture of Metal Products	9125.82
通用设备制造业	Manufacture of General Purpose Machinery	
专用设备制造业	Manufacture of Special purpose Machinery	122.00
汽车制造业	Manufacture of Car	
铁路、船舶、航空航天和其他运输设备制造业	Manufacture of Railway,Ship,Aviation and Transport Equipment	59.00
电气机械及器材制造业	Manufacture of Electrical Machinery and Equipment	4525.82
仪器仪表制造业	Manufacture of Measuring Instruments	
废弃资源综合利用业	Recycling and Disposal of Waste	378.00
电力、燃气及水的生产和供应业	**Electric Power,Gas and Water Production and Supply**	23813813.11
电力、热力的生产和供应	Production and Supply of Electric Power and Heat Power	23812579.61
燃气生产和供应业	Production and Supply of Gas	
水的生产和供应业	Production and Supply of Water	1233.50

Energy Consumption of Industrial Enterprises above Designated Size by Variety by Industries

无烟煤(吨) Anthracite Coal(ton)	炼焦烟煤(吨) Coking Coal(ton)	一般烟煤(吨) General Coal(ton)	褐煤(吨) Lignite(ton)	洗精煤(吨) Clean Coal (ton)
1246198.17	**4280878.54**	**38711011.12**	**18568.00**	**5649905.53**
1053148.11	**4280878.54**	**6194354.89**		
1053148.11	4280878.54	6194354.89		
193050.06		**8702843.12**	**18568.00**	**5649905.53**
		3553.29	3185.00	
3133.00		963988.07		
		18152.49		
25.20		15625.54		
282.00				
		1177.91		
		71811.00		
6240.00		5999288.78		5536724.71
182761.25		318150.87	15100.00	99046.45
		607904.52		
		8085.34		
578.61		666502.63	283.00	14108.20
		7008.69		
30.00		7383.35		
		9125.82		
				26.17
		122.00		
		4525.82		
		378.00		
		23813813.11		
		23812579.61		
		1233.50		

4-14 续表1

(2013)

指 标	Item	其它洗煤（吨） Other Washing Coal (ton)
合 计	**Total**	**77401.26**
采矿业	**Mining**	**10079.37**
煤炭开采和洗选业	Mining and Washing of Coal	10079.37
制造业	**Manufacturing**	**67321.89**
农副食品加工业	Processing of Food from Agricultural Products	
食品制造业	Manufacture of Foods	
酒、饮料和精制茶制造业	Manufacture of Wine,Beverages and Tea	
纺织业	Manufacture of Textile	
纺织服装、服饰业	Manufacture of Textile and Apparel	
皮革、毛皮、羽毛及其制品和制鞋业	Manufacture of Leather,Fur,Feather,Related Produsts and Shoe	
木材加工及木、竹、藤、棕、草制品业	Processing of Timber,Manufacture of Wood,Bamboo,Rattan,Palm,and Straw Products	
家具制造业	Manufacture of Furniture	
造纸及纸制品业	Manufacture of Paper and Paper Products	
印刷和记录媒介复制业	Printing and Reproduction of Recording Media	
文教、工美、体育和娱乐用品制造业	Manufacture of Culture and Education,Arts and crafts,Sports and Entertainment Prodcucts	
石油加工炼焦及核燃料加工业	Processing of Petroleum,Coking and Processing of Nuclear Fuel	
化学原料及化学制品制造业	Manufacture of Raw Chemical Materials and Chemical Products	
医药制造业	Manufacture of Medicines	
橡胶和塑料制品业	Manufacture of Rubber and Plastics	67321.89
非金属矿物制品业	Manufacture of Non-metallic Mineral Products	
黑色金属冶炼和压延加工业	Smelting and Pressing of Ferrous Metals	
有色金属冶炼和压延加工业	Smelting and Pressing of Non-ferrous Metals	
金属制品业	Manufacture of Metal Products	
通用设备制造业	Manufacture of General Purpose Machinery	
专用设备制造业	Manufacture of Special Purpose Machinery	
汽车制造业	Manufacture of Car	
铁路、船舶、航空航天和其他运输设备制造业	Manufacture of Railway,Ship,Aviation and Transport Equipment	
电气机械及器材制造业	Manufacture of Electrical Machinery and Equipment	
仪器仪表制造业	Manufacture of Measuring Instruments	
废弃资源综合利用业	Recycling and Disposal of Waste	
电力、燃气及水的生产和供应业	**Electric Power,Gas and Water Production and Supply**	
电力、热力的生产和供应	Production and Supply of Electric Power and Heat Power	
燃气生产和供应业	Production and Supply of Gas	
水的生产和供应业	Production and Supply of Water	

continued

煤制品（吨）Coal Products (ton)	焦　炭（吨）Coke (ton)	其它焦化产品（吨）Other Coking Products (ton)	焦炉煤气（万立方米）Coking Gas (10 000 cu.m)	天然气（气态）（万立方米）Natural Gas (Gaseous State) (10 000 cu.m)	液化天然气（液态）（吨）Liquefied Natrual Gas (Liquid State) (ton)
1306.28	110321.66	28732.23	67385.96	141416.51	30.80
				5042.64	
				5042.64	
1306.28	110321.66	28732.23	67385.96	69230.21	30.80
				263.76	
				522.60	28.90
				60.67	
				111.55	
				62.30	
				0.20	
				85.47	
				112.28	
		4671.00	66933.96	62961.00	
		17952.89	452.00	769.43	
				29.64	
		4693.99			
1306.28	110321.66	1414.35		943.55	
				2665.15	
				34.60	
				446.50	1.90
				16.14	
				144.57	
				67143.66	
				10090.00	
				57045.86	
				7.80	

4-14 续表2

(2013)

指 标	Item	原 油 (吨) Crude Oil (ton)
合 计	**Total**	**4602474.00**
采矿业	**Mining**	
煤炭开采和洗选业	Mining and Washing of Coal	
制造业	**Manufacturing**	**4602474.00**
农副食品加工业	Processing of Food from Agricultural Products	
食品制造业	Manufacture of Foods	
酒、饮料和精制茶制造业	Manufacture of Wine,Beverages and Tea	
纺织业	Manufacture of Textile	
纺织服装、服饰业	Manufacture of Textile and Apparel	
皮革、毛皮、羽毛及其制品和制鞋业	Manufacture of Leather,Fur,Feather,Related Produsts and Shoe	
木材加工及木、竹、藤、棕、草制品业	Processing of Timber,Manufacture of Wood,Bamboo,Rattan,Palm,and Straw Products	
家具制造业	Manufacture of Furniture	
造纸及纸制品业	Manufacture of Paper and Paper Products	
印刷和记录媒介复制业	Printing and Reproduction of Recording Media	
文教、工美、体育和娱乐用品制造业	Manufacture of Culture and Education,Arts and crafts,Sports and Entertainment Prodcucts	
石油加工炼焦及核燃料加工业	Processing of Petroleum,Coking and Processing of Nuclear Fuel	4602474.00
化学原料及化学制品制造业	Manufacture of Raw Chemical Materials and Chemical Products	
医药制造业	Manufacture of Medicines	
橡胶和塑料制品业	Manufacture of Rubber and Plastics	
非金属矿物制品业	Manufacture of Non-metallic Mineral Products	
黑色金属冶炼和压延加工业	Smelting and Pressing of Ferrous Metals	
有色金属冶炼和压延加工业	Smelting and Pressing of Non-ferrous Metals	
金属制品业	Manufacture of Metal Products	
通用设备制造业	Manufacture of General Purpose Machinery	
专用设备制造业	Manufacture of Special purpose Machinery	
汽车制造业	Manufacture of Car	
铁路、船舶、航空航天和其他运输设备制造业	Manufacture of Railway,Ship,Aviation and Transport Equipment	
电气机械及器材制造业	Manufacture of Electrical Machinery and Equipment	
仪器仪表制造业	Manufacture of Measuring Instruments	
废弃资源综合利用业	Recycling and Disposal of Waste	
电力、燃气及水的生产和供应业	**Electric Power,Gas and Water Production and Supply**	
电力、热力的生产和供应	Production and Supply of Electric Power and Heat Power	
燃气生产和供应业	Production and Supply of Gas	
水的生产和供应业	Production and Supply of Water	

continued

汽 油 (吨) Gasoline (ton)	煤 油 (吨) Kerosene (ton)	柴 油 (吨) Diesel Oil (ton)	燃料油 (吨) Fuel Oil (ton)	液化石油气 (吨) Liquefied Petroleum Gas (ton)	润滑油 (吨) Lubricating Oil (ton)
4101.27	**160.61**	**19356.43**	**389015.83**	**3631.51**	**481.51**
485.72	**2.08**	**4791.35**			**481.51**
485.72	2.08	4791.35			481.51
2758.67	**158.53**	**13979.46**	**387600.86**	**3631.51**	
275.07		169.69			
267.21		178.87			
47.37		33.42			
74.83		0.88			
41.40					
1.00					
51.25					
32.24		69.61			
18.00					
		18.00			
424.10		827.53	387600.86		
247.03	5.24	580.42		3631.51	
28.70		120.60			
47.25		47.51			
208.31	82.51	9731.55			
96.83		319.22			
4.27		1318.21			
147.00		44.97			
306.76	70.14	107.65			
44.83	0.64	113.63			
250.55		90.03			
128.81		207.67			
		18.00			
856.88		**585.62**	**1414.97**		
582.49		583.44	1414.97		
106.34					
168.05		2.18			

4-14 续表3

(2013)

指 标	Item	石油焦（吨）Petroleum Coke (ton)	其它石油制品（吨）Other Petroleum Products (ton)
合 计	**Total**	**142272.00**	**21764.99**
采矿业	**Mining**		**2836.75**
煤炭开采和洗选业	Mining and Washing of Coal		2836.75
制造业	**Manufacturing**	**142272.00**	**18928.24**
农副食品加工业	Processing of Food from Agricultural Products		
食品制造业	Manufacture of Foods		
酒、饮料和精制茶制造业	Manufacture of Wine,Beverages and Tea		
纺织业	Manufacture of Textile		
纺织服装、服饰业	Manufacture of Textile and Apparel		
皮革、毛皮、羽毛及其制品和制鞋业	Manufacture of Leather,Fur,Feather,Related Produsts and Shoe		
木材加工及木、竹、藤、棕、草制品业	Processing of Timber,Manufacture of Wood,Bamboo,Rattan,Palm,and Straw Products		
家具制造业	Manufacture of Furniture		
造纸及纸制品业	Manufacture of Paper and Paper Products		
印刷和记录媒介复制业	Printing and Reproduction of Recording Media		
文教、工美、体育和娱乐用品制造业	Manufacture of Culture and Education,Arts and crafts,Sports and Entertainment Prodcucts		
石油加工炼焦及核燃料加工业	Processing of Petroleum,Coking and Processing of Nuclear Fuel		18878.00
化学原料及化学制品制造业	Manufacture of Raw Chemical Materials and Chemical Products		
医药制造业	Manufacture of Medicines		
橡胶和塑料制品业	Manufacture of Rubber and Plastics		
非金属矿物制品业	Manufacture of Non-metallic Mineral Products		
黑色金属冶炼和压延加工业	Smelting and Pressing of Ferrous Metals		
有色金属冶炼和压延加工业	Smelting and Pressing of Non-ferrous Metals	142272.00	
金属制品业	Manufacture of Metal Products		
通用设备制造业	Manufacture of General Purpose Machinery		50.24
专用设备制造业	Manufacture of Special purpose Machinery		
汽车制造业	Manufacture of Car		
铁路、船舶、航空航天和其他运输设备制造业	Manufacture of Railway,Ship,Aviation and Transport Equipment		
电气机械及器材制造业	Manufacture of Electrical Machinery and Equipment		
仪器仪表制造业	Manufacture of Measuring Instruments		
废弃资源综合利用业	Recycling and Disposal of Waste		
电力、燃气及水的生产和供应业	**Electric Power,Gas and Water Production and Supply**		
电力、热力的生产和供应	Production and Supply of Electric Power and Heat Power		
燃气生产和供应业	Production and Supply of Gas		
水的生产和供应业	Production and Supply of Water		

continued

热　力（百万千焦）Heat (million kilo-joule)	电　力（万千瓦时）Electricity (10 000 kwh)	煤矸石用于燃料（吨）Coal Gangue as Fuel (ton)	城市垃圾用于燃料（吨）City Garbage as Fuel (ton)	生物质废料用于燃料（吨）Material Waste as Fuel (ton)	余热余压（百万千焦）Waste Heat and Excess Pressure (million kilo-joule)	其他燃料（吨标准煤）Other Feul (tons of SCE)
11622920.31	**1902080.59**	**1848383.26**			**681537.07**	**54950.32**
	145018.31	**788615.00**				
	145018.31	788615.00				
11622920.31	**1357479.25**	**81383.26**			**681537.07**	**54950.32**
	4092.52					
8398616.88	66564.55					
	2135.51					
	2963.42					
	166.80					
	88.56					
	344.87					
	174.52					
897146.00	8670.18					
	119.00					
			119.00			
	118712.25	81383.26				
	79500.78					
2292729.43	44007.17					
	11935.70					
	65988.61				681537.07	
	163935.04					54950.32
	772423.93					
	3112.83					
25391.00	6750.82					
	928.58					
	472.46					
				472.46		
576.00	3575.46					
8461.00	385.41					
	417.12					
	399583.03	**978385.00**				
	356374.73	978385.00				
	27495.10					
	15713.20					

4—15 规模以上工业分行业产值能耗(市区)

Energy Consumption of Industrial Enterprises above Designated Size by Industries (City)

(2013)

指 标	Item	综合能源消费量(吨标准煤) Comprehensive Energy Consumption (tons of SCE)	工业总产值(万元) Gross Industrial Output Value (10 000yuan)	产值单耗(吨标准煤/万元) Energy Consumption per Unit of Gross Industrial Output Value (tons of SCE/10 000 yuan)
合 计	**Total**	**3583947.99**	**9295579.81**	**0.3856**
采矿业	**Mining**	**16349.29**	**147354.70**	**0.1110**
煤炭开采和洗选业	Mining and Washing of Coal	16349.29	147354.70	0.1110
制造业	**Manufacturing**	**2731970.03**	**4952998.91**	**0.5516**
农副食品加工业	Processing of Food from Agricultural Products	4605.48	104595.50	0.0440
食品制造业	Manufacture of Foods	10225.02	239981.90	0.0426
酒、饮料和精制茶制造业	Manufacture of Wine,Beverages and Tea	408.07	5491.60	0.0743
纺织业	Manufacture of Textile	2004.24	144933.50	0.0138
纺织服装、服饰业	Manufacture of Textile and Apparel	1155.80	12874.30	0.0898
造纸及纸制品业	Manufacture of Paper and Paper Products	1504.43	10341.80	0.1455
印刷和记录媒介复制业	Printing and Reproduction of Recording Media	166.11	6517.60	0.0255
石油加工、炼焦及核燃料加工业	Processing of Petroleum,Coking and Processing of Nuclear Fuel	1752075.20	3192717.90	0.5488
化学原料及化学制品制造业	Manufacture of Raw Chemical Materials and Chemical Products	472765.68	259258.80	1.8235
医药制造业	Manufacture of Medicines	203.51	13986.70	0.0146
橡胶和塑料制品业	Manufacture of Rubber and Plastics	56605.59	182569.20	0.3101
非金属矿物制品业	Manufacture of Non-metallic Mineral Products	309965.64	196448.51	1.5778
黑色金属冶炼及压延加工业	Smelting and Pressing of Ferrous Metals	95957.58	126295.20	0.7598
金属制品业	Manufacture of Metal Products	862.81	11287.00	0.0764
通用设备制造业	Manufacture of General Purpose Machinery	14264.74	218307.10	0.0653
专用设备制造业	Manufacture of Special purpose Machinery	974.40	21488.40	0.0453
铁路、船舶、航空航天和其他运输设备制造业	Manufacture of Railway,Ship,Aviation and Transport Equipment	18.47	4125.90	0.0045
电气机械及器材制造业	Manufacture of Electrical Machinery and Equipment	6874.16	155239.00	0.0443
仪器仪表制造业	Manufacture of Measuring Instruments	615.47	42239.00	0.0146
废弃资源综合利用业	Recycling and Disposal of Waste	717.63	4300.00	0.1669
电力、燃气及水的生产和供应业	**Electric Power,Gas and Water Production and Supply**	**835628.67**	**4195226.20**	**0.1992**
电力、热力的生产和供应业	Production and Supply of Electric Power and Heat Power	712942.62	3910394.70	0.1823
燃气生产和供应业	Production and Supply of Gas	102300.85	240852.40	0.4247
水的生产和供应业	Production and Supply of Water	20385.20	43979.10	0.4635

4—16 规模以上工业企业能源购进、消费与库存情况(市区)

Energy Purchase, Consumption and Inventory of Industrial Enterprises above Designated Size (City)

(2013)

指 标	Item	年初库存量 Inventory at the Beginning of the Year	购进量 Physical Quantity Purchased
原煤(吨)	Raw Coal(ton)	509434.45	5737036.95
无烟煤(吨)	Anthracite Coal(ton)	190140.89	1238910.15
炼焦烟煤(吨)	Coking Coal(ton)	115801.71	873697.07
一般烟煤(吨)	General Coal(ton)	203491.85	3624429.73
褐煤(吨)	Lignite(ton)		
洗精煤(吨)	Clean Coal(ton)	25841.90	49813.18
其它洗煤(吨)	Other Washing Coal(ton)	1239.00	68020.00
焦炭(吨)	Coke(ton)	979.47	11425.32
其它焦化产品(吨)	Other Coking Products(ton)	3847.00	17922.45
焦炉煤气(万立方米)	Coking Gas(10 000 cu.m)		11080.00
天然气(气态)(万立方米)	Natural Gas(gaseous state)(10 000 cu.m)		133332.91
液化天然气(液态)(吨)	Liquefied Natural Gas(liquid state) (ton)		1.90
原油(吨)	Crude Oil(ton)	106565.00	4574492.00
汽油(吨)	Gasoline(ton)	38.16	1799.15
煤油(吨)	Kerosene(ton)	7.33	71.86
柴油(吨)	Diesel Oil(ton)	268.93	8189.85
燃料油(吨)	Fuel Oil(ton)		216441.00
液化石油气(吨)	Liquefied Petroleum Gas(ton)		3631.51
其它石油制品(吨)	Other Petroleum Products(ton)	966.40	19231.64
热力(百万千焦)	Heat(million kilo-joule)		34428.00
电力(万千瓦时)	Electricity(10 000 kwh)		286254.75
余热余压(百万千焦)	Waste Heat and Excess Pressure(million kilo-joule)		
其他燃料(吨标准煤)	Other Feul(tons of SCE)	2903.10	17314.05
能源合计(吨标准煤)	Total Energy(tons of SCE)		

4-16 续表1

(2013)

指 标	Item	购进额（万元）Purchased（10 000 yuan）	消费量 Consumption
原煤(吨)	Raw Coal(ton)	2263068.67	5427480.98
无烟煤(吨)	Anthracite Coal(ton)	767639.47	1242590.26
炼焦烟煤(吨)	Coking Coal(ton)	512493.23	821579.54
一般烟煤(吨)	General Coal(ton)	982935.97	3363311.18
褐煤(吨)	Lignite(ton)		
洗精煤(吨)	Clean Coal(ton)	64580.66	55001.12
其它洗煤(吨)	Other Washing Coal(ton)	21802.00	67321.89
焦炭(吨)	Coke(ton)	22851.37	10673.00
其它焦化产品(吨)	Other Coking Products(ton)	44646.08	17952.89
焦炉煤气(万立方米)	Coking Gas(10 000 cu.m)	83100.00	11080.00
天然气(气态)(万立方米)	Natural Gas(gaseous state)(10 000 cu.m)	1844906.22	133332.91
液化天然气(液态)(吨)	Liquefied Natural Gas(liquid state)(ton)	11.95	1.90
原油(吨)	Crude Oil(ton)	25384673.00	4569108.00
汽油(吨)	Gasoline(ton)	17091.06	2210.46
煤油(吨)	Kerosene(ton)	883.26	70.78
柴油(吨)	Diesel Oil(ton)	64443.25	8932.89
燃料油(吨)	Fuel Oil(ton)	1123838.00	211462.00
液化石油气(吨)	Liquefied Petroleum Gas(ton)	17573.15	3631.51
其它石油制品(吨)	Other Petroleum Products(ton)	115889.60	18928.24
热力(百万千焦)	Heat(million kilo-joule)	5996.02	34428.00
电力(万千瓦时)	Electricity(10 000 kwh)	1343383.33	331128.22
余热余压(百万千焦)	Waste Heat and Excess Pressure(million kilo-joule)		681537.07
其他燃料(吨标准煤)	Other Feul(tons of SCE)	17700.00	15853.00
能源合计(吨标准煤)	Total Energy(tons of SCE)		13012067.45

continued

# 工业生产消费 Industrial Production	# 用于原材料 Vsed for Raw Materials	# 非工业生产消费 Non-industrial	合计中运输工具消费 Total:Transport Consumption	年末库存量 Inventory at Year-end
5426080.46	354832.32	1400.52		799142.55
1241347.26	182341.54	1243.00		174493.43
821579.54				167919.24
3363153.66	172490.78	157.52		456729.88
54974.95	54974.95	26.17		20653.06
67321.89				1938.00
10673.00				1731.79
17952.89	17952.89			3816.56
11080.00	5835.00			
133213.15	51282.00	119.76		
		1.90		
4569108.00				99284.00
1246.97		963.49	1430.99	45.08
70.78				6.40
8014.21		918.68	1826.29	347.99
211462.00				6845.00
3631.51				
18928.24				1269.71
34428.00				
329305.51		1822.76		
681537.07				
15853.00				4364.15
13004692.14		7375.42		

4—17 规模以上工业企业能源购进、消费与库存附表情况(市区)

(2013)

指 标	Item	单 位	Unit	工业生产消费量 Industry Consumption	加工转换投入合计 Total Convert Input
原煤	Coal	吨	ton	4938474.58	4294068.91
无烟煤	Anthracite Coal	吨	ton	1058145.11	1053148.11
炼焦烟煤	Coking Coal	吨	ton	821579.54	821579.54
一般烟煤	General Coal	吨	ton	3058749.93	2419341.26
褐煤	Lignite	吨	ton		
洗精煤	Clean Coal	吨	ton		
其它洗煤	Other Washing Coal	吨	ton		
焦炉煤气	Coking Gas	万立方米	10 000 cu.m	11080.00	
天然气(气态)	Natural Gas(gaseous state)	万立方米	10 000 cu.m	130036.77	67075.77
液化天然气(液态)	Liquefied Natural Gas(liquid state)	吨	ton		
原油	Crude Oil	吨	ton	4569108.00	4569108.00
汽油	Gasoline	吨	ton	54.29	
煤油	Kerosene	吨	ton		
柴油	Diesel Oil	吨	ton	1929.39	111.00
燃料油	Fuel Oil	吨	ton	211462.00	209596.00
液化石油气	Liquefied Petroleum Gas	吨	ton		
炼厂干气	Refinery Gas	吨	ton		
石脑油	Naphtha	吨	ton		
其它石油制品	Other Petroleum Products	吨	ton	18878.00	
热力	Heat	百万千焦	million kilo-joule		
电力	Electricity	万千瓦时	10 000 kwh	166895.97	
余热余压	Waste Heat and Excess Pressure	百万千焦	million kilo-joule	681537.07	681537.07
能源合计	Total Energy	吨标准煤	tons of SCE	12276000.50	10782850.12

Energy Purchase, Consumption and Inventory of Industrial Enterprises above Designated Size(City)

火力发电 Thermal Power	供　热 Heating Supply	原煤入洗 Washing of Raw Coal	炼油及煤制油 Petroleum Refining and Coal Products	天然气液化 Natural Gas Liquefying	能源加工转换产出 Output in Processing	回收利用 Recycling
1693230.02	726111.24	1874727.65				
		1053148.11				
		821579.54				
1693230.02	726111.24					
					1755856.91	
					97712.72	
2620.00	7470.00			56985.77		
					359299.87	
			4569108.00			
					1921457.00	
					70424.00	
111.00					1882190.00	
			209596.00		64818.00	
					247042.00	
					1310.00	
					33669.00	
					13309365.78	
					347467.01	
681537.07						681537.07
1064414.51	533817.69	1657976.13	6826856.53	699785.26	9397503.74	23240.41

4—18 规模以上工业分品种分行业能源消费（市区）

（2013）

指 标	Item	原 煤（吨）Coal (ton)	无烟煤（吨）Anthracite Coal (ton)
合 计	**Total**	**5427480.98**	**1242590.26**
采矿业	**Mining**	**1874727.65**	**1053148.11**
煤炭开采和洗选业	Mining and Washing of coal	1874727.65	1053148.11
制造业	**Manufacturing**	**1222528.57**	**189442.15**
农副食品加工业	Processing of Food from Agricultural Products	1235.94	
食品制造业	Manufacture of Foods	1546.69	
酒、饮料和精制茶制造业	Manufacture of Wine,Beverages and Tea		
纺织业	Manufacture of Textile		
纺织服装、服饰业	Manufacture of Textile and Apparel	282.00	282.00
造纸和纸制品业	Manufacture of Paper and Paper Products		
印刷和记录媒介复制业	Printing and Reproduction of Recording Media		
石油加工炼焦及核燃料加工业	Processing of Petroleum,Coking and Processing of Nuclear Fuel	364606.00	6240.00
化学原料及化学制品制造业	Manufacture of Raw Chemical Materials and Chemical Products	444750.07	182341.54
医药制造业	Manufacture of Medicines		
橡胶和塑料制品业	Manufacture of Rubber and Plastics	7135.34	
非金属矿物制品业	Manufacture of Non-metallic Mineral Products	398038.07	578.61
黑色金属冶炼及压延加工业	Smelting and Pressing of Ferrous Metals	796.46	
金属制品业	Manufacture of Metal Products		
通用设备制造业	Manufacture of General Purpose Machinery		
专用设备制造业	Manufacture of Special purpose Machinery		
铁路、船舶、航空航天和其他运输设备制造业	Manufacture of Railway,Ship,Aviation and Transport Equipment		
电气机械及器材制造业	Manufacture of Electrical Machinery and Equipment	3860.00	
仪器仪表制造业	Manufacture of Measuring Instruments		
废弃资源综合利用业	Recycling and Disposal of Waste	278.00	
电力、燃气及水的生产和供应业	**Electric Power,Gas and Water Production and Supply**	**2330224.76**	
电力、热力的生产和供应业	Production and Supply of Electric Power and Heat Power	2328991.26	
燃气生产和供应业	Production and Supply of Gas		
水的生产和供应业	Production and Supply of Water	1233.50	

Energy Consumption of Industrial Enterprises above Designated Size by Variety by Industries(City)

炼焦烟煤(吨) Coking coal (ton)	一般烟煤(吨) General Coal (ton)	洗精煤(吨) Clean Coal (ton)	其它洗煤(吨) Other Washing Coal (ton)	焦 炭(吨) Coke (ton)	其它焦化产品(吨) Other Coking Products (ton)	焦炉煤气(万立方米) Coking Gas (10 000 cu.m)	天然气(气态)(万立方米) Natural Gas (Gaseous State) (10 000 cu.m)
821579.54	**3363311.18**	**55001.12**	**67321.89**	**10673.00**	**17952.89**	**11080.00**	**133332.91**
821579.54							
821579.54							
	1033086.42	**55001.12**	**67321.89**	**10673.00**	**17952.89**	**11080.00**	**66189.25**
	1235.94						177.09
	1546.69						463.57
							13.16
							106.91
							62.30
							111.64
	358366.00					11080.00	62961.00
	262408.53	54974.95			17952.89		769.43
	7135.34		67321.89				8.33
	397459.46						
	796.46			10673.00			943.55
							2.30
		26.17					445.81
							12.57
	3860.00						111.59
	278.00						
	2330224.76						**67143.66**
	2328991.26						10090.00
							57045.86
	1233.50						7.80

4-18 续表1

(2013)

指 标	Item	液化天然气（液态）(吨) Liquefied Natural Gas(Liquid State) (ton)
合 计	**Total**	**1.90**
采矿业	**Mining**	
煤炭开采和洗选业	Mining and Washing of coal	
制造业	**Manufacturing**	**1.90**
农副食品加工业	Processing of Food from Agricultural Products	
食品制造业	Manufacture of Foods	
酒、饮料和精制茶制造业	Manufacture of Wine,Beverages and Tea	
纺织业	Manufacture of Textile	
纺织服装、服饰业	Manufacture of Textile and Apparel	
造纸和纸制品业	Manufacture of Paper and Paper Products	
印刷和记录媒介复制业	Printing and Reproduction of Recording Media	
石油加工炼焦及核燃料加工业	Processing of Petroleum,Coking and Processing of Nuclear Fuel	
化学原料及化学制品制造业	Manufacture of Raw Chemical Materials and Chemical Products	
医药制造业	Manufacture of Medicines	
橡胶和塑料制品业	Manufacture of Rubber and Plastics	
非金属矿物制品业	Manufacture of Non-metallic Mineral Products	
黑色金属冶炼及压延加工业	Smelting and Pressing of Ferrous Metals	
金属制品业	Manufacture of Metal Products	
通用设备制造业	Manufacture of General Purpose Machinery	1.90
专用设备制造业	Manufacture of Special purpose Machinery	
铁路、船舶、航空航天和其他运输设备制造业	Manufacture of Railway,Ship,Aviation and Transport Equipment	
电气机械及器材制造业	Manufacture of Electrical Machinery and Equipment	
仪器仪表制造业	Manufacture of Measuring Instruments	
废弃资源综合利用业	Recycling and Disposal of Waste	
电力、燃气及水的生产和供应业	**Electric Power,Gas and Water Production and Supply**	
电力、热力的生产和供应业	Production and Supply of Electric Power and Heat Power	
燃气生产和供应业	Production and Supply of Gas	
水的生产和供应业	Production and Supply of Water	

continued

原　油 （吨） Crude Oil （ton）	汽　油 （吨） Gasoline （ton）	煤　油 （吨） Kerosene （ton）	柴　油 （吨） Diesel Oil （ton）	燃料油 （吨） Fuel Oil （ton）
4569108.00	**2210.46**	**70.78**	**8932.89**	**211462.00**
			222.42	
			222.42	
4569108.00	1608.16	70.78	8301.41	211462.00
	91.67		67.63	
	17.33		15.86	
	3.00			
	8.68		0.88	
	41.40			
	32.24		8.25	
	18.00			
4569108.00	419.00		823.00	211462.00
	189.91		484.86	
	9.78			
	9.41		4.51	
	111.45		6296.62	
	78.02		223.93	
	30.43		6.72	
	293.76	70.14	74.65	
	20.90	0.64	0.88	
	4.16			
	123.27		67.95	
	105.75		207.67	
			18.00	
	602.30		**409.06**	
	341.11		406.88	
	93.14			
	168.05		2.18	

4-18 续表2

(2013)

指 标	Item	液化石油气(吨) Liquefied Petroleum Gas (ton)
合 计	**Total**	**3631.51**
采矿业	**Mining**	
煤炭开采和洗选业	Mining and Washing of coal	
制造业	**Manufacturing**	**3631.51**
农副食品加工业	Processing of Food from Agricultural Products	
食品制造业	Manufacture of Foods	
酒、饮料和精制茶制造业	Manufacture of Wine,Beverages and Tea	
纺织业	Manufacture of Textile	
纺织服装、服饰业	Manufacture of Textile and Apparel	
造纸和纸制品业	Manufacture of Paper and Paper Products	
印刷和记录媒介复制业	Printing and Reproduction of Recording Media	
石油加工炼焦及核燃料加工业	Processing of Petroleum,Coking and Processing of Nuclear Fuel	
化学原料及化学制品制造业	Manufacture of Raw Chemical Materials and Chemical Products	3631.51
医药制造业	Manufacture of Medicines	
橡胶和塑料制品业	Manufacture of Rubber and Plastics	
非金属矿物制品业	Manufacture of Non-metallic Mineral Products	
黑色金属冶炼及压延加工业	Smelting and Pressing of Ferrous Metals	
金属制品业	Manufacture of Metal Products	
通用设备制造业	Manufacture of General Purpose Machinery	
专用设备制造业	Manufacture of Special purpose Machinery	
铁路、船舶、航空航天和其他运输设备制造业	Manufacture of Railway,Ship,Aviation and Transport Equipment	
电气机械及器材制造业	Manufacture of Electrical Machinery and Equipment	
仪器仪表制造业	Manufacture of Measuring Instruments	
废弃资源综合利用业	Recycling and Disposal of Waste	
电力、燃气及水的生产和供应业	**Electric Power,Gas and Water Production and Supply**	
电力、热力的生产和供应业	Production and Supply of Electric Power and Heat Power	
燃气生产和供应业	Production and Supply of Gas	
水的生产和供应业	Production and Supply of Water	

continued

其它石油制品（吨） Other Petroleum Products (ton)	热 力（百万千焦） Heat (million kilo-joule)	电 力（万千瓦时） Electricity (10 000 kwh)	余热余压（百万千焦） Waste Heat and Excess Pressure (million kilo-joule)	其他燃料（吨标准煤） Other Feul (tons of SCE)
18928.24	**34428.00**	**331128.22**	**681537.07**	**15853.00**
		1014.54		
		1014.54		
18928.24	**34428.00**	**248336.12**	**681537.07**	**15853.00**
		1231.40		
		2515.62		
		192.20		
		571.60		
		166.80		
		144.74		
		119.00		
18878.00		71516.00		
		66544.35		
		167.84		
		9693.46		
		36808.72	681537.07	
		47477.70		15853.00
		771.17		
50.24	25391.00	6693.06		
		654.50		
		10.05		
	576.00	2372.83		
	8461.00	284.08		
		401.00		
		81777.56		
		38579.67		
		27484.69		
		15713.20		

4—19 全市规模以上工业企业水消费

Water Consumption of Industrial Enterprises above Designated Size

(2013)

指　标	Item	数　量 (万立方米) Amount (10 000cu.m)	金　额 (万元) Sum (10 000yuan)
取水总量	Total Water	37558.72	39265.57
陆地地表水	Land Surface Water	12991.85	1675.94
陆地湖咸水	Land Lake Water	0.05	
地下水	Groundwater	13295.93	3167.49
地下咸水	Saline Groundwater	3	1.50
自来水	Tap	9664.82	29484.01
其他水	Others	1606.11	4938.13
雨水收集利用	Using of Rain Water Collection	0.01	
再生水(中水)	Reclaimed Water	811.25	2597.50
重复用水量	Repeated Water Consumption	206508.64	
废水排放量	Wastewater Emissions	5492.43	

注：神华宁夏煤业集团有限责任公司为全部数据，未劈分

a)The date of Shenhua Ningxia Coal Tndustry Group Limited liability company wrer all data.

4—20 全市规模以上工业企业水消费(市区)

Water Consumption of Industrial Enterprises above Designated Size(City)

(2013)

指　标	Item	数　量 (万立方米) Amount (10 000cu.m)	金　额 (万元) Sum (10 000yuan)
取水总量	Total Water	33205.14	32359.18
陆地地表水	Land Surface Water	12210.28	1339.69
地下水	Groundwater	11787.64	2564.34
自来水	Tap	7601.5	23517.86
其他水	Others	1605.73	4937.28
再生水(中水)	Reclaimed Water	811.25	2597.50
重复用水量	Repeated Water Consumption	139264.04	
废水排放量	Waste Water Emissions	4198.24	

主要统计指标解释

【工业总产值】 是指工业企业在本年内生产的以货币形式表现的工业最终产品和提供工业劳务活动的总价值量。

工业总产值计算应遵循的三个原则：工业生产的原则、最终产品的原则、“工厂法”原则。

工业总产值的内容包括三部分：生产的成品价值、对外加工费收入、自制半成品在制品期末期初差额价值。

【工业增加值】 是指工业企业在报告期内以货币表现的工业生产活动的最终成果。工业增加值有两种计算方法：一是生产法，即工业总产值减去工业中间投入；二是收入法（又称要素分配法），即从收入的角度出发，根据生产要素在生产过程中应得到的收入份额计算，具体构成项目有固定资产折旧、劳动者报酬、生产税净值、营业盈余。

生产法计算公式为：

工业增加值=工业总产值-工业中间投入+本年应交增值税

收入法（分配法）计算公式为：

工业增加值=固定资产折旧+劳动者报酬+生产税净额+营业盈余

【实收资本】 指企业投资者实际投入的资本（或股本），包括货币、实物、无形资产等各种形式的投入。实收资本按投资主体可分为国家资本、集体资本、法人资本、个人资本、港澳台资本和外商资本。

【资产总计】 指企业拥有或控制的能以货币计量的经济资源，包括各种财产、债权和其他权利。资产按其流动性（即资产的变现能力和支付能力）划分为：流动资产、长期投资、固定资产、无形资产、递延资产和其他资产。

固定资产指企业使用期限超过一年的房屋、建筑物、机器、机械、运输工具以及其他与生产、经营有关的设备、器具、工具等。不属于生产经营主要设备的物品，单位价值在2000元以上，并且使用年限超过2年的，也应当作为固定资产。

流动资产指企业可以在一年内或者超过一年的一个生产周期内变现或者耗用的资产，包括现金及各种存款、短期投资、应收及预付款项、存货等。

【负债合计】 指企业所承担的能以货币计量，将以资产或劳务偿付的债务。偿还形式包括货币、资产或提供劳务。负债一般按偿还期长短分为流动负债和长期负债。

流动负债指企业在一年内或超过一年的一个营业周期内需要偿还的债务，包括短期借款、应付票据、应付帐款、预收帐款、应付工资、应交税金、应付利润、预提费用等。

长期负债指企业偿还期在一年以上或者超过一年的一个营业周期以上的债务，包括长期借款、长期应付款、应付债券等。

【所有者权益合计】 指企业投资人对企业净资产的所有权。企业净资产等于企业全部资产减去全部负债后的余额，包括实收资本、资本公积金、盈余公积金和未分配利润等。

【利税总额】 指企业利润总额、产品销售税金及附加和应交增值税之和。

【购进量】 根据企业生产、经营性质划分，购进量分两种情况，一种是能源经销企业（批发、零售企业）用于销售的能源购进数量，另一种是能源使用企业用于消费的能源购进数量，这两种能源购进量分别在不同表式中统计。

能源经销企业能源购进量，指能源经销企业在报告期内购入的、用于销售的各种一次能源和二次能源。

能源使用企业能源购进量，指能源使用单位在报告期内外购的、用于本企业消费的各种一次能源和二次能源。

【能源消费量】 工业企业的能源消费量指工业企业在生产过程中作为燃料、动力、原料、辅助材料使用的能源以及工艺用能、非生产用能。作为能源加工转换企业，还要包括能源加工转换的投入量。

【综合能源消费量】 指报告期内工业企业在工业生产活动中实际消费的各种能源的总和净值。计算综合能源消费量时，需要先将使用的各种能源折算成标准燃料后再进行计算。

计算方法如下：综合能源消费量=工业生产的能源合计-加工转换产出能源合计-回收利用能源合计

【取水量】 指企业从各种水源直接提取或者从市场购买的用于厂区、办公区内工业生产活动的水量，以实际获得的新水量为准。包括企业取自地表、地下、城镇供水工程的水，外购的再生水（中水）、其他水或水的产品，以及企业为生产外供水或水产品而取用的水。不包括重复用水量、直流冷却水量、未利用直接排放的矿井水和雨水量、污水处理企业处理的污（废）水量、水力发电动力用水量。

固定资产投资

Investment in Fixed Assets

5-1 主要年份全社会固定资产投资

Total Investment in Fixed Assets of the Whole Country in Main Years

单位:万元、平方米 (10 000 yuan, sq.m)

年 份 Year	全社会固定资产投资 Total Investment in Fixed Assets	基本建设投资 Infrastructure	更新改造投资 Renovation and Reformation Investment	房地产开发投资 Real Estate	住宅 Residence	新增固定资产 Newly Increased Fixed Assets	各类房屋施工面积 Floor Space under Construction	住宅面积 Floor Space of Residence	各类房屋竣工面积 Floor Space Completed	住宅面积 Floor Space of Residence
1950	53	53				31	1467	1143	1100	800
1951	108	108				48	8000	5571	6000	3900
1952	445	445				224	6133	2857	4600	2000
1953	524	524				256	15600	5000	11700	3500
1954	715	715				387	26133	11231	19600	7300
1955	641	641				314	37733	18000	28300	11700
1956	667	667				363	70286	26462	49200	17200
1957	447	447				218	33857	13538	23700	8800
1958	2313	2313				750	383541	201987	272755	131987
1959	4840	4840				1048	441690	215213	318090	133746
1960	6397	6397				4188	463863	271040	332120	167240
1961	2400	2400				497	237231	130333	154200	78200
1962	666	666				464	29846	3833	19400	2300
1963	1066	1066				830	68462	18667	44500	11200
1964	2403	2403				2006	160923	75273	104600	41400
1965	4927	4927				3498	224061	100913	147599	56322
1966	5727	5727				3809	525333	248545	315200	136700
1967	3313	3313				349	58828	3091	37095	1700
1968	3776	3776				688	864784	43285	523517	26349
1969	3261	3261				1872	828898	143303	502565	72603
1970	4623	4623				2113	609499	29600	370699	14800
1971	5050	5050				2110	271931	162000	186198	81000
1972	4957	4957				2985	272935	126620	171547	66720
1973	5294	5294				3077	316289	124406	195381	64606
1974	5599	5599				3477	345613	129454	138739	46787
1975	6065	6065				4091	367316	126226	175353	56230
1976	5950	5950				3002	404323	130909	157000	57854
1977	6047	6047				4564	402883	131114	179555	60785
1978	8560	8376				5243	502900	148000	227020	72000
1979	11905	10919	862			8008	837493	388562	311284	134805
1980	16265	13699	2362			12648	1070119	524200	610119	284000
1981	15339	10653	3726			12949	1031995	542744	637528	315157
1982	18258	12208	4566			14997	1587654	997424	1186744	766054
1983	21385	11012	8241			15461	1093897	618285	498977	320511
1984	29330	15407	9384			19559	1887950	995322	1142746	686193

5-1 continued

单位:万元、平方米 (10 000 yuan, sq.m)

年 份 Year	全社会固定资产投资 Total Investment in Fixed Assets	基本建设投资 Infrastructure	更新改造投资 Renovation and Reformation Investment	房地产开发投资 Real Estate	住宅 Residence	新增固定资产 Newly Increased Fixed Assets	各类房屋施工面积 Floor Space under Construction	住宅面积 Floor Space of Residence	各类房屋竣工面积 qFloor Space Completed	住宅面积 Floor Space of Residence
1985	55005	34872	13160			30347	2255500	1109428	1241225	701528
1986	66084	43894	17423			39289	2037959	943686	1346280	744614
1987	75101	51668	18597			55585	1532013	582122	965840	395009
1988	56292	33375	13822			33629	1409844	674239	982568	495398
1989	56419	29761	16852			38038	1158405	591582	781511	413010
1990	65500	36431	17340	2149	1764	48913	1398073	802355	939523	600655
1991	87636	44318	21405	8965	8372	60555	1899668	1195878	1303969	906242
1992	146519	78744	37615	13663	10400	151708	2410361	1324909	1578398	974386
1993	194002	84407	52851	22540	12104	173246	2969490	1811726	1987984	1384739
1994	246885	126134	66092	24037	19790	219909	2311284	1283794	1610092	990857
1995	227456	105098	43262	38376	28000	189329	2410970	1532772	1530400	1167180
1996	315463	154291	83632	41086	28111	252909	2600454	1442603	1761583	1178097
1997	380733	191802	60937	48590	31059	314142	4038255	2892013	3014031	2307205
1998	511270	277336	75541	88455	58856	359110	3931877	2559940	2611550	1799054
1999	516344	256873	70575	104919	59640	378007	4396176	2519022	3274393	1995085
2000	523923	204858	104399	126616	74690	525341	4552693	2652779	3115842	2087221
2001	560558	201025	106508	177941	98121	516897	4569637	2653177	3061367	1947532
2002	729627	326252	91328	240498	164659	479996	5766251	3485057	3093144	1992760
2003	1433939	620045	186981	393550	279647	1015596	9967477	6478985	6115154	4313808
2004	1717373	616663	257489	488078	295523	1007747	10510923	5643948	5390303	3441758
2005	2016507	905404	239750	566134	346375	1113990	11297484	6752154	6188935	4246691
2006	2328456	1284219	257813	576808	405861	1429210	11564933	6798205	5792179	3747578
2007	2926906	1689254	368149	627154	443118	1337848	12610230	7419524	6053179	4212773
2008	3656897	2280467	355143	786051	569594	2322089	13430521	8285362	5673344	3672797
2009	4921031	3307601	388898	995984	743543	2944037	17293716	10113633	6291230	4380586
2010	6486862	3927344	396627	1608188	1160756	2026383	25667621	14592765	6505184	4534215
2011	7338479	4194479	860018	2076719	1436173	6861875	34052766	18774469	8943919	4939024
2012	9187292	5226518	991762	2757023	1755066	3850184	39484833	22688905	8143678	6131097
2013	11490012	7255830	710424	3308094	1956800	5474655	60870147	27188302	7258174	5159194

注:1.自2003年起全社会固定资产投资包括区统计局反馈不分地区项目投资。2008年分组指标不含农户投资。
2.自2011年始,固定资产投资计划总投资起点由50万元调整为500万元,故,依据自治区统计局反馈数据对2010年数据进行修订。

a) Since 2003, the total social investment in fixed assets including District Statistics Bureau feedback data that not classified region Project investment. The group index exchuding farmer investment in 2008.

b) Since 2011, the total Planned investment in fixed assets investment starting point adjustment from 50 million to 500 million, 2010 data rivised in accordance with the Regional Bareau of feed back data.

5-2 主要年份按行业分的城镇固定资产投资

单位：万元　　(2013)

指　标	Item	2006年	2007年
按国民经济行业分	**Grouped by Sector**	**2131519**	**2681405**
第一产业	**Primary Industry**	**10671**	**6066**
农林牧渔业	Agriculture,Forestry,Animal Husbandary and Fishery	10671	6066
第二产业	**Secondary Industry**	**1018050**	**1554617**
工业	Industry	1011130	1553322
采矿业	Mining	178502	374274
制造业	Manufacturing	428972	745179
电力、燃气及水的生产和供应业	Production and Supply of Electricity,Gas and Water	403656	433869
建筑业	Construction	6920	1295
第三产业	**Tertiary Industry**	**1102798**	**1120722**
批发和零售业	Wholesale and Retail Trades	10419	14939
交通运输、仓储和邮电业	Transport,Storang and Post	38192	62187
住宿和餐饮业	Hotels and Catering Services	19605	16276
信息传输、软件和信息技术服务业	Information Transmission,Computer Services and Software	18123	7407
金融业	Financial Intermediation	5552	2353
房地产业	Real Estate	579990	648083
租赁和商务服务业	Leasing and Business Sewices	8000	4000
科学研究和技术服务业	Scientific Research and Technical Service	1067	2084
水利、环境和公共设施管理业	Management of Water Conservancy,Environment and Public Facilities	186496	128275
居民服务、修理和其他服务业	Services to Households and Other Services	650	
教育	Education	83565	84634
卫生和社会工作	Health and Social Work	41221	43446
文化、体育和娱乐业	Culture,Sports and Entertainment	26815	72346
公共管理、社会保障和社会组织	Public Management,Social Security and Social Organizations	83103	34692
国际组织	International Organizations		

注：1.自2003年起全社会固定资产投资包括区统计局反馈不分地区项目投资。2008年分组指标不含农户投资。自2011年起，行业数据以国家统计局新编写的《2011年国民经济行业分类注释》划分。

2.自2011年始，固定资产投资计划总投资起点由50万元调整为500万元，故，依据自治区统计局反馈数据对2010年数据进行修订。

3.按照国家统计局2013年三次产业划分规定，农、林、牧、渔业中的农、林、牧、渔服务业，采矿业中的开采辅助活动，制造业中的金属制品、机械和设备修理业三个大类调入第三产业。故，第三产业分项和不等于总量。

Total Investment in Fixed Assets By Sector in Main Years

(10 000 yuan)

2008年	2009年	2010年	2011年	2012年	2013年
3392333	**4662067**	**5411380**	**7026745**	**8531538**	**10619200**
49172	**66019**	**61303**	**37978**	**48383**	**33630**
49172	66019	61303	37978	15045	33630
1985045	**2891341**	**2371644**	**3334368**	**4087744**	**4414842**
1983815	2890288	2367224	3328168	4069264	4409909
440974	464120	452482	569798	743269	398204
1336429	1459230	1127564	2190023	2824876	3473965
206412	966938	787178	568347	501119	537740
1230	1053	4420	6200	18480	4933
1358116	**1704707**	**2978433**	**3654399**	**4395411**	**6170728**
40059	32203	96385	238434	100042	147261
51716	61454	331359	271341	221943	341455
8047	19253	23048	30568	33296	49390
812		29737	53262	69354	66523
1005	8101				5800
884771	1050472	1919268	2355861	3316487	4344547
11906	5799	10577	10	53577	78593
1100	1900	5495	9959	2900	9859
184564	213083	309863	422934	328938	711746
	220			74766	23117
43912	133619	89425	107342	65197	90236
26473	38394	36829	22679	58690	57726
65214	41284	38292	45482	29481	40841
38537	98925	88155	96527	40740	181615

a) Since 2003, the total social investment in fixed assets including District Statistics Bureau feedback data that not classifiedr

b) Since 2011, the total Planned investment in fixed assets investment starting point adjustment from 50 million to 500 million, 2010 data rivised in accordance with the Regional Bareau of feed back data.

c) According to provisions of the three divisions of industry by National Bureau of Statistics in 2013, the services of agriculture, forestry, animal husbandry and fishery, mining auxiliary activities of mining industry, metal products, machinery and equipment repair of maunfacture industry which transferred to the tertiary industry. So, tertiary industry component and is not equal to the total.

5-3 全社会固定资产投资及房屋建筑面积

单位:万元、平方米 (2013)

指 标	Item	总 计 Total
全社会固定资产投资	**Total Investment in Fixed Assets**	**11490012**
#住宅	Residence	2372705
国有经济控股	State-owned	5134406
新建	New Construction	6230574
扩建	Expansion	1294666
改建和技术改造	Reconstruction and Renovation	417404
迁建	Relocation	65334
单纯购置	Simply Purchase	3709
房地产开发投资	Real Estate Investment	3308094
农户投资	Farmers Investment	170231
按隶属关系分	**Grouped by Jurisdiction of Management**	
中央	Central Investment	2219429
地方	Local Investment	9100352
自治区	Autonomous Regions	1144180
地市县属	Cities of County	1583501
其他	Others	6372671
各类房屋施工面积	**Floor Space under Construction**	**60870147**
#住宅	Residence	27188302
新建	New Construction	12254680
扩建	Expansion	13016929
改建和技术改造	Reconstruction and Renovation	247550
迁建	Relocation	124438
房地产开发	Real Estate	35226550
各类房屋竣工面积	**Floor Space Completed**	**7258174**
#住宅	Residence	5159194
新建	New Construction	514967
扩建	Expansion	111773
改建和技术改造	Reconstruction and Renovation	199109
迁建	Relocation	
房地产开发	Real Estate	6432325

注:1. 分组指标不含不分地区投资。

2. 自2011年始,固定资产投资计划总投资起点由50万元调整为500万元,故,依据自治区统计局反馈数据对2010年数据进行修订。

a) Packet index excluding non- regional projects.

b) Since 2011, the total Planned investment in fixed assets investment starting point adjustment from 50 million to 500 million, 2010 data rivised in accordance with the Regional Bareau of feed back data.

Total Investment in Fixed Assets in the Whole Country and Area of Aousing Construction

(10 000 yuan, sq.m)

市 区 City	永宁县 Yongning	贺兰县 Helan	灵武市 Lingwu
4705429	**1431964**	**1416061**	**3936558**
1306465	533608	320911	211721
1527468	749622	237765	2619551
1911194	672609	859854	2786917
374634	118326	36992	764714
92558	121001	22324	181521
20689	44645		
	3709		
2293964	404589	451530	158011
12390	67085	45361	45395
428750	114215	46365	1630099
4264289	1250664	1324335	2261064
434647	78550	5080	625903
613209	572215	41927	356150
3216433	599899	1277328	1279011
40011438	**6742815**	**8684354**	**5431540**
14794070	4865706	4662908	2865618
3759074	2398315	2365037	3732254
12365835	447500	34174	169420
47866	21800	46296	131588
29704	94734		
23808959	3780466	6238847	1398278
4434461	**577094**	**1435524**	**811095**
3180846	485547	1148606	344195
78716	237160	3740	195351
57373	8500		45900
45721	21800		131588
4252651	309634	1431784	438256

5-4 按国民经济行业分的固定资产投资

单位:万元 (2013)

指 标	Item	总 计 Total 2013年	2012年
本年资金来源合计	**Total of Sources of Funds This Year**	**12564725**	**9454939**
上年末结余资金	**Non-balance Funds Last Year**	**649749**	**689407**
本年资金来源小计	**Subtotal of Sources of Funds This Year**	**11914976**	**8765532**
按资金来源分	**Grouped by Fund Sources**		
国家预算内资金	State Budget	468499	313726
国内贷款	Demestic Loans	3090696	2056431
债券	Bonds	7764	
利用外资	Foreign Investment	26896	17125
自筹资金	Self-raising Funds	5748215	4420727
其他资金	Others	2572906	1957523
按国民经济行业分	**Grouped by Sector**	**11319781**	**9037009**
第一产业	Primary Industry	94976	105483
农、林、牧、渔业	Agriculture,Forestry,Animal Husbandary and Fishery	94976	105483
第二产业	Secondary Industry	4560588	4384096
工业	Industry	4553824	4354676
采矿业	Mining	414542	861150
制造业	Manufacturing	3595723	2937961
电力、燃气及水的生产和供应业	Production and Supply of Electricity,Gas and Water	543559	555565
建筑业	Construction	6764	29420
第三产业	Tertiary Industry	6664217	4547430
批发和零售业	Wholesale and Retail Trades	172497	118701
交通运输、仓储和邮政业	Transport,Storage and Post	475742	253043
住宿和餐饮业	Hotels and Catering Services	84540	33296
信息传输、计算机服务和软件业	Information Transmission,Computer Services and Software	66523	69354
金融业	Financial Intermediation	5800	
房地产业	Real Estate	4483250	3389772
租赁和商务服务业	Leasing and Business Services	86593	53577
科学研究、技术服务和地质勘查业	Scientific Research,Technical Service and Geologic Prospecting	9859	2900
水利、环境和公共设施管理业	Management of Water Conservancy,Environment and Public Facilities	755839	336349
居民服务和其他服务业	Services to Households and Other Services	88661	81345
教育	Education	98790	73277
卫生、社会保障和社会福利业	Health,Social Security and Social Welfare	58176	58690
文化、体育和娱乐业	Culture,Sports and Entertainment	40841	29481
公共管理和社会组织	Public Management and Social Organizations	186079	47645
新增固定资产	**Newly Increased Fixed Assets**	**5474655**	**3850184**
固定资产交付使用率(%)	**Rate of Projects of Fixed Assets Completed and Put into Use(%)**	**48.4**	**42.6**

注:1. 该表不含农户投资

2. 自2011年始,固定资产投资计划总投资起点由50万元调整为500万元,故,依据自治区统计局反馈数据对2010年数据进行修订。

3.按照国家统计局2013年三次产业划分规定,农、林、牧、渔业中的农、林、牧、渔服务业,采矿业中的开采辅助活动,制造业中的金属制品、机械和设备修理业三个大类调入第三产业。故,第三产业分项和不等于总量。

Total Investment in Fixed Assets By Sector

(10 000 yuan)

市 区 City		永宁县 Yongning		贺兰县 Helan		灵武市 Lingwu		不分地区 Regardless of the Areas	
2013年	2012年	2013年	2012年	2013年	2012年	2013年	2012年	2013年	2012年
6592899	**4632785**	**1026267**	**981876**	**1255849**	**1074501**	**3689710**	**2754299**		**11478**
540808	**542863**	**2422**		**91496**	**88361**	**15023**	**58183**		
6052091	**4089922**	**1023845**	**981876**	**1164353**	**986140**	**3674687**	**2696116**		**11478**
308302	222082	16812	20322	54659	38889	88726	32433		
1106823	548521	121802	60450	74520	91252	1787551	1350208		6000
						7764			
13800	15500	1096	1625			12000			
2467087	1699701	850514	863651	792755	644433	1637859	1207464		5478
2156079	1604118	33621	35828	242419	211566	140787	106011		
4693039	**3765506**	**1364879**	**1038816**	**1370700**	**1032052**	**3891163**	**3186717**		**13918**
9820	8965	18052	47607	32902	40896	34202	8015		
9820	8965	18052	47607	32902	40896	34202	8015		
870852	730983	204679	424321	435717	336783	3049340	2892009		
866094	715767	204679	424321	433711	322579	3049340	2892009		
99411	276672				16775	315131	567703		
634010	338670	177562	350271	373704	275889	2410447	1973131		
132673	100425	27117	74050	60007	29915	323762	351175		
4758	15216			2006	14204				
3812367	3025558	1142148	566888	902081	654373	807621	286693		13918
82752	9680	12236	13371	71836	87951	5673	7699		
253531	182290	77250	17040	98551	14456	46410	31257		8000
55440			22664	29100	10632				
66523	58436						5000		5918
5800									
2715896	2430603	825887	413851	618686	421054	322781	124264		
81981	41577	4612			12000				
5280	600		1500		800	4579			
265697	161803	71886	17940	53901	55470	364355	101136		
	8374	88661	70861		1360		750		
74931	56367	7004		7470	9880	9385	7030		
51174	22215			6042	36475	960			
33141	21824					7700	7657		
114220	31789	32116	9661	3195	4295	36548	1900		
2982963	**2047046**	**645999**	**519594**	**930847**	**565817**	**914846**	**711809**		**5918**
63.6	**54.4**	**47.3**	**50.0**	**67.9**	**54.8**	**23.5**	**22.3**		**42.5**

a) The data in above table does not include the farmers investment.

b) Since 2011, the total planned investment in fixed assets investment starting point adjustment from 50 million to 500 million, 2010 data rivised in accordance with the Regional Bareau of feed back data.

c) According to provisions of the three divisions of industry by National Bureau of Statistics in 2013, the services of agriculture, forestry, animal husbandry and fishery, mining auxiliary activities of mining industry, metal products, machinery and equipment repair of maunfacture industry which transferred to the tertiary industry. So, tertiary industry component and is not equal to the total.

5-5 各种分组的固定资产投资

单位：万元 （2013）

指 标	Item	总 计 Total	
		2013年	2012年
自开始建设至本年底累计完成投资	Investment Completed This Year	28011120	21217699
本年完成投资	**Investment Completed This Year**	**11319781**	**9037009**
#住宅	Residence	2372705	1904169
按构成分	**Grouped by Structure**		
建筑工程	Construction	6662458	5613385
安装工程	Installation	1162848	746513
设备工器具购置	Purchase of Equipment and Instruments	2095484	1536615
其他费用	Others	1398991	1140496
按建设性质分(不含房地产)	**Grouped by Type of Construction(Except Real Estate)**		
#新建	New Construction	6230574	3873251
扩建	Expansion	1294666	1817101
改建和技术改造	Reconstruction and Renovation	417404	574725
按经济类型分	**Grouped by Economic Types**		
内资	Domestic Funds	11085925	8673561
国有	State-owned Enterprises	2370803	1248033
有限责任公司	Limited Liability Corporations	3314354	2860837
国有独资公司	State Sole Funded Corporations	1802451	1208437
其他有限责任公司	Other Limited Liability Corporations	1511903	1652400
股份有限公司	Share-holding Corporations Ltd.	791417	743292
私营	Private Enterprises	4578039	3711142
其他内资	Other Domestic Funds	17812	101654
港、澳、台商投资	Enterprises with Sole Investment from Hongkong,Macao and Taiwan	122270	169552
外商投资	Foreign Share-holding Corporations Ltd.	96586	187660

注：1. 该表不含农户投资。
2. 本年实际征用和购置土地面积包含无偿划拨土地
3. 自2011年始，固定资产投资计划总投资起点由50万元调整为500万元，故，依据自治区统计局反馈数据对2010年数据进行修订。

Total Investment in Fixed Assets By Classification

(10 000 yuan)

市 区 City		永宁县 Yongning		贺兰县 Helan		灵武市 Lingwu		不分地区 Regardless of the Areas	
2013年	2012年	2013年	2012年	2013年	2012年	2013年	2012年	2013年	2012年
10795892	8139625	2462867	1706603	2950604	2031127	11801757	9136426		203918
4693039	**3765506**	**1364879**	**1038816**	**1370700**	**1032052**	**3891163**	**3186717**		**13918**
1306465	1395772	533608	155296	320911	279836	211721	73265		
3135873	2624393	1113423	888774	1061952	815233	1351210	1277135		7850
450591	293770	57941	63240	80023	75333	574293	313107		1063
380871	256131	63327	39978	139011	70382	1512275	1166066		4058
725704	591212	130188	46824	89714	71104	453385	430409		947
1911194	949987	672609	805377	859854	501479	2786917	1602490		13918
374634	642735	118326	33182	36992	84521	764714	1056663		
92558	55329	121001	64497	22324	49198	181521	405701		
4521867	3462420	1336368	998210	1362319	1017296	3865371	3181717		13918
837474	619615	654258	167934	215662	99722	663409	346844		13918
1020540	927352	359298	336701	469238	569820	1465278	1026964		
269009	270478	84064	20309	17593	33385	1431785	884265		
751531	656874	275234	316392	451645	536435	33493	142699		
241068	109532	21692	14300	4300	3000	524357	616460		
2414453	1794604	296120	479275	655139	245814	1212327	1191449		
1332	11014			16480	90640				
88097	161552			8381	8000	25792			
68075	141534	28511	40606		520		5000		

a) The data in above table does not include the farmers investment.

b) The actual acpuisition and purchase of the land area contains the free allocation of land this year.

c) Since 2011, the total Planned investment in fixed assets investment starting point adjustment from 50 million to 500 million, 2010 data rivised in accordance with the Regional Bareau of feed back data.

5-6 城镇固定资产投资

Investment in Fixed Assets in Urban Area

单位:万元 (10 000 yuan)

指　标	Item	2013年	2012年
合 计	**Total**	**10619200**	**8531538**
按隶属关系分	**Grouped by Jurisdiction of Management**		
中央	Central Investment	2212646	1571340
地方	Local Investment	8406554	6960198
自治区	Autonomous Regions	1067478	2151561
地市县属	Prefecture Cities and County	1324099	1017314
地区	Region	573990	549545
县	County	750109	467769
其他	Others	6014977	3791323
按建设性质分(不含房地产)	**Grouped by Type of Construction(except real estate)**		
# 新建	New Construction	5639463	3509377
扩建	Expansion	1261561	1785799
改建和技术改造	Reconstruction and Renovation	339179	464430
按登记注册类型分	**Grouped by Registration Types**		
内资	Domestic Funds	10373344	8174846
国有	State-owned Enterprises	1991656	1135082
有限责任公司	Limited Liability Corporations	3281874	2693960
国有独资公司	State Sole Funded Corporations	1798549	1208437
其他有限责任公司	Other Limited Liability Corporations	1483325	1485523
股份有限公司	Share-holding Corporations Ltd	778617	740292
私营	Private Enterprises	4310345	3522918
其他内资	Other Domestic Funds	10852	82594
港澳台商投资	Enterprises with Sole Investment from Hongkong,Macao and Taiwan	122270	169552
合资经营	Joint-ventures Enterprises	109670	169552
港澳台商独资经营	Enterprises with Sole Investment from Hongkong,Macao and Taiwan	12600	

5-6 续表 continued

单位:万元 (10 000 yuan)

指 标	Item	2013年	2012年
外商投资	Foreign Funded Enterprises	96586	187140
外商合资经营	Joint-venture Enterprises	30608	14768
外商合作经营	Cooperation Enterprises		
外商独资	Foreign Sole Funded Enterprises	65978	172372
按国民经济行业分	**Grouped by Sector**		
第一产业	Primary Industry	33630	48383
农、林、牧、渔业	Agriculture,Forestry,Animal Husbandary and Fishery	33630	48383
第二产业	Secondary Industry	4414842	4087744
工业	Industry	4409909	4069264
采矿业	Mining	398204	743269
制造业	Manufacturing	3473965	2824876
电力、燃气及水的生产和供应业	Production and Supply of Electricity,Gas and Water	537740	501119
建筑业	Construction	4933	18480
第三产业	Tertiary Industry	6170728	4395411
批发和零售业	Wholesale and Retail Trades	147261	100042
交通运输、仓储和邮政业	Transport,Storage and Post	341455	221943
住宿和餐饮业	Hotels and Catering Services	49390	33296
信息传输、计算机服务和软件业	Information Transmission,Computer Services and Software	6623	69354
金融业	Financial Intermediation	5800	
房地产业	Real Estate	4344547	3316487
租赁和商务服务业	Leasing and Business Services	78593	53577
科学研究、技术服务和地质勘查业	Scientific Research,Technical Service and Geologic Prospecting	9859	2900
水利、环境和公共设施管理业	Management of Water Conservancy,Environment and Public Facilities	711746	328938
居民服务和其他服务业	Services to Households and Other Services	23117	74766
教育	Education	90236	65197
卫生、社会保障和社会福利业	Health,Social Security and Social Welfare	57726	58690
文化、体育和娱乐业	Culture,Sports and Entertainment	40841	29481
公共管理和社会组织	Public Management and Social Organizations	181615	40740

注:1. 该表不含农户投资

2. 自2011年始,固定资产投资计划总投资起点由50万元调整为500万元,故,依据自治区统计局反馈数据对2010年数据进行修订。

3. 按照国家统计局2013年三次产业划分规定,农、林、牧、渔业中的农、林、牧、渔服务业,采矿业中的开采辅助活动,制造业中的金属制品、机械和设备修理业三个大类调入第三产业。故,第三产业分项和不等于总量。

a) The data in above table does not include the farmers investment.

b) Since 2011, the total Planned investment in fixed assets investment starting point adjustment from 50 million to 500 million, 2010 data rivised in accordance with the Regional Bareau of feed back data.

c) According to provisions of the three divisions of industry by National Bureau of Statistics in 2013, the services of agriculture, forestry, animal husbandry and fishery, mining auxiliary activities of mining industry, metal products, machinery and equipment repair of maunfacture industry which transferred to the tertiary industry. So, tertiary industry component and is not equal to the total.

5-7 固定资产投资效果

（2013）

指　标	Item	单 位	Unit	合 计 Total
建设项目投产率	**Rate of Construction Projects and Put into Produce**	%	%	**51.1**
本年施工项目	Projects under Construction This Year	个	unit	1091
#农村非农户	Non-farm Households in Rural	个	unit	190
本年竣工项目	Projects Completed This Year	个	unit	558
#农村非农户	Non-farm Households in Rural	个	unit	120
固定资产交付使用率	**Rate of Projects of Fixed Assets Completed and Put into Use**	%	%	**48.4**
本年新增固定资产	Newly Increased Fixed Assets This Year	万元	10 000 yuan	5474655
#农村非农户	Non-farm Households in Rural	万元	10 000 yuan	413145
本年完成投资额	Investment Completed This Year	万元	10 000 yuan	11319781
#农村非农户	Non-farm Households in Rural	万元	10 000 yuan	700581
建设周期	**Construction Period**	**年**	**year**	**4.1**
计划总投资	Total Planned Investment	万元	10 000 yuan	46399601
#农村非农户	Non-farm Households in Rural	万元	10 000 yuan	1675089
本年完成投资	Investment Completed This Year	万元	10 000 yuan	11319781
#农村非农户	Non-farm Households in Rural	万元	10 000 yuan	700581
房屋建筑面积竣工率	**Rate of Floor Space of Buildings Completed**	%	%	**11.9**
施工面积	Floor Space of Buildings Under Construction	平方米	sq.m	60870147
#农村非农户	Non-farm Households in Rural	平方米	sq.m	1410107
竣工面积	Floor Space of Buildings Completed	平方米	sq.m	7258174
#农村非农户	Non-farm Households in Rural	平方米	sq.m	68866

注：1. 该表不含农户投资

2. 自2011年始，固定资产投资计划总投资起点由50万元调整为500万元，故，依据自治区统计局反馈数据对2010年数据进行修订。

a) The data in above table does not include the farmers investment.

b) Since 2011, the total Planned investment in fixed assets investment starting point adjustment from 50 million to 500 million, 2010 data rivised in accordance with the Regional Bareau of feed back data.

The Effect of Fixed Assets Investment

新 建 New Construction	扩 建 Expansion	改建和技术改造 Reconstruction and Renovation	迁 建 Relocation	单纯购置 Simply Purchase	房地产开发 Real Estate
45.0	**58.8**	**80.0**	**37.5**		
807	136	140	8		
137	24	29			
363	80	112	3		
82	14	24			
33.1	**47.0**	**79.2**	**31.6**	**19.9**	**74.2**
2060846	608345	330635	20623	737	2453469
351672	24675	36798			
6230574	1294666	417404	65334	3709	3308094
589251	33105	78225			
4.1	**3.0**	**1.8**	**2.1**	**1.0**	**4.8**
25713282	3948092	768363	136348	3737	15829779
1422721	87151	165217			
6230574	1294666	417404	65334	3709	3308094
589251	33105	78225			
4.2	**0.9**	**80.4**			**18.3**
12254680	13016929	247550	124438		35226550
1364851	20490	24766			
514967	111773	199109			6432325
41300	2800	24766			

5-8 主要重点项目建设情况

单位:万元　　　　　　　　　　　　　　　　　　　　　　　　　　　　　　　　　　（2013）

项目名称 Project Name	开工时间 Start Time	竣工时间 Completion Time
宁夏大剧院	200904	
合成氨、尿素项目	200907	
120万吨/煤基多联产	201006	
宁夏国电英力特宁东自备热电厂新建工程	201009	
宁夏回族自治区儿童医院	201104	
银川市妇女儿童活动中心	201204	
(MTO)焦化废气综合利用制烯烃项目	201204	
宁夏石化公司年产45万吨合成氨/80万吨尿素	201206	
唐徕公园整治扩建六期	201207	
银川韩美林艺术馆	201208	
银川舰安置工程	201301	201312
保税区基础设施建设	201301	201312
新华西街跨唐徕渠桥工程(桥)	201302	201312
湖滨西街跨唐徕渠道路桥梁工程(桥)	201302	201312
凤凰南街(六盘山路-双庆路)	201302	
金凤十二街(六盘山路-南环高速)	201302	
黄河银川段岸线提升	201303	
科技园人才科技大厦	201303	
幼儿师范学校综合楼	201303	
滨河新区生态建设综合治理	201304	
迎宾大道绿化改造	201304	201311
银川市公安局看守所拘留所戒毒所迁建项目	201304	
市民大厅及规划展示馆	201306	
滨河新区横城花园安置区A地(一期)	201307	

Coustruction Condition of Major Keystone Project

(10 000 yuan)

计划总投资 Total Planned Investment	累计完成投资 Accumulated Completion Investment	本年计划 Planned This Year	本年完成投资 Completion Investment This Year
44996	34669	3143	3143
451350	475984	25491	25491
371700	355645	47440	47440
289000	201009	48198	48198
27769	18122	7461	7461
6987	3495	1295	1295
1415292	1105161	433183	433183
249826	205500	143500	143500
15771	12960	10000	7060
5000	5215	2322	2322
13000	13000	13000	13000
35000	34000	35000	34000
2940	1382	1354	1382
1496	1001	1001	1001
4872	4567	4567	4567
4561	3587	3587	3587
19247	5550	5550	5550
21725	18000	18000	18000
4428	2700	2700	2700
29366	17500	17500	17500
2500	1700	2500	1700
52041	25753	25753	25753
89698	35375	35375	35375
29051	7000	7000	7000

5-9 房地产开发企业投资情况

单位:个、万元、平方米 (2013)

指 标	Item	总 计 Total
企业个数	**Number of Enterprises**	**281**
计划总投资	Total Planned Investment	15829779
自开始建设累计完成投资	Accumulative Investment Actually Completed Since Starting of Construction up to the End of This Year	9554360
本年完成投资	Investment Completed This Year	3308094
配套工程投资	Project Investment	36600
按构成分	**Grouped by Structure**	
建筑工程	Construction	2538789
安装工程	Installation	260945
设备工器具购置	Purchase of Equipment and Instruments	15713
其他费用	Others	492647
#旧建筑物购置费	Purchased Costs of Older Buildings	16840
土地购置费	Toatal Value of Land Purchased	303515
按工程用途分	**Grouped by Use of Project**	
住宅	Residence	1956800
#90平方米以下住房	Housing of 90 Square Meters Below	497660
144平方米以上住房	Housing of 144 Square Meters Above	399363
别墅、高档公寓	Villas, High-grade Apartments	117721
办公楼	Office Buildings	154470
商业营业用房	Houses for Business Use	706523
其他	Others	490301
本年新增固定资产	Newly Increased Fixed Assets This Year	2453469
本年资金来源合计	Total Funds This Year	5297196
上年末结余资金	Non-balance Funds Last Year	608076
本年资金来源小计	Subtotal of Sources of Funds This Year	4689120
国内贷款	Demestic Loans	712062
#银行贷款	Bank loans	670562
非银行金融机构贷款	Loans of Non-bank Financial Institutions	41500
自筹资金	Self-raising Funds	1457804
#自有资金	Own Funds	599683
股东投入资金	Shave holders' Funds Invested	148592
借入资金	Borroued Funds	266034
其他资金来源	Others	2519254
#定金及预收款	Deposit and Payment	1703505
个人按揭贷款	Individual Mortgage Loans	586626
本年各项应付款合计	Total Payable of All	907003
#工程款	Projects Receivable	618398
待开发土地面积	Land Space Pending Development	2242034
本年购置土地面积	Land Space Purchased This Year	1749911
本年土地成交价款	Land Transaction Price This Year	168501
#拆迁补偿费	Relocation Compensation Fee	14257
土地使用权出让金	Transfer Fee of Land Use Right	127900
契税	Deed Tax	1776

Investment Statistics on Enterprises for Real Estate Development

(unit, 10 000yuan, sq.m)

国有经济 State-owned Enterprises	私营经济 Private Enterprises	其他有限责任公司 Other Limited Liability Corporations	外商投资 Foreign Funded Enterprises
9	**206**	**62**	**4**
2045375	9217290	3543893	1023221
1378375	5272843	2243537	659605
351474	1912058	900856	143706
	28276	8324	
310257	1490082	626707	111743
8758	153242	90284	8661
1522	12401	1790	
30937	256333	182075	23302
	16840		
	159725	136225	7565
239805	1126165	462142	128688
91931	275204	114816	15709
9712	189624	151818	48209
4174	42115	61284	10148
4433	88891	61146	
59553	403562	239904	3504
47683	293440	137664	11514
223235	1780177	301934	148123
531915	3176276	1304080	284925
131186	310765	150741	15384
400729	2865511	1153339	269541
180407	367336	75821	88498
180407	327336	74321	88498
	40000	1500	
39120	826316	573477	18891
22693	249136	326172	1682
	92850	55742	
5299	224910	18616	17209
181202	1671859	504041	162152
91509	1119187	348830	143979
58409	384527	126077	17613
100563	467008	303434	35998
83525	293026	205849	35998
2726	1988173	251135	
	1043790	607439	98682
	95385	43581	29535
	12373	1884	
	64078	34287	29535
	1463	313	

5-9 续表1

单位:个、万元、平方米 （2013）

指 标	Item	银川市 Yinchuan
企业个数	**Number of Enterprises**	**281**
计划总投资	Total Planned Investment	15829779
自开始建设累计完成投资	Accumulative Investment Actually Completed Since Starting of Construction up to the End of This Year	9554360
本年完成投资	Investment Completed This Year	3308094
配套工程投资	Project Investment	36600
按构成分	**Grouped by Structure**	
建筑工程	Construction	2538789
安装工程	Installation	260945
设备工器具购置	Purchase of Equipment and Instruments	15713
其他费用	Others	492647
#旧建筑物购置费	Purchased Costs of Older Buildings	16840
土地购置费	Toatal Value of Land Purchased	303515
按工程用途分	**Grouped by Use of Project**	
住宅	Residence	1956800
#90平方米以下住房	Housing of 90 Square Meters Below	497660
144平方米以上住房	Housing of 144 Square Meters Above	399363
别墅、高档公寓	Villas, High-grade Apartments	117721
办公楼	Office Buildings	154470
商业营业用房	Houses for Business Use	706523
其他	Others	490301
本年新增固定资产	Newly Increased Fixed Assets This Year	2453469
本年资金来源合计	Total Funds This Year	5297196
上年末结余资金	Non-balance Funds Last Year	608076
本年资金来源小计	Subtotal of Sources of Funds This Year	4689120
国内贷款	Demestic Loans	712062
#银行贷款	Bank loans	670562
非银行金融机构贷款	Loans of Non-bank Financial Institutions	41500
自筹资金	Self-raising Funds	1457804
#自有资金	Own Funds	599683
股东投入资金	Shave holders' Funds Invested	148592
借入资金	Borroued Funds	266034
其他资金来源	Others	2519254
#定金及预收款	Deposit and Payment	1703505
个人按揭贷款	Individual Mortgage Loans	586626
本年各项应付款合计	Total Payable of All	907003
#工程款	Projects Receivable	618398
待开发土地面积	Land Space Pending Development	2242034
本年购置土地面积	Land Space Purchased This Year	1749911
本年土地成交价款	Land Transaction Price This Year	168501
#拆迁补偿费	Relocation Compensation Fee	14257
土地使用权出让金	Transfer Fee of Land Use Right	127900
契税	Deed Tax	1776

continued

(unit, 10 000yuan, sq.m)

市 区 City	兴庆区 Xingqing	金凤区 Jinfeng	西夏区 Xixia	永宁县 Yongning	贺兰县 Helan	灵武市 Lingwu
212	**125**	**73**	**14**	**20**	**29**	**20**
11206196	3106291	7170367	929538	1282183	2667426	673974
6793874	2095229	4134965	563680	737017	1574406	449063
2293964	732945	1353367	207652	404589	451530	158011
29128	10900	12385	5843	1300	5672	500
1725400	526599	1029832	168969	330894	351641	130854
155953	74972	65153	15828	30205	61616	13171
9856	4534	3947	1375	200	3000	2657
402755	126840	254435	21480	43290	35273	11329
16840	12335	4505				
246601	70281	164057	12263	28772	18302	9840
1304183	334474	806710	162999	262238	309646	80733
324419	137365	153116	33938	112655	49288	11298
304232	87247	214521	2464	16817	69828	8486
36446	16467	19979		34345	41140	5790
122729	33740	86289	2700	5625	23588	2528
491592	219692	252688	19212	91857	59478	63596
375460	145039	207680	22741	44869	58818	11154
1816204	473035	1236423	106746	86430	452676	98159
4350594	2675185	1544264	131145	253431	466472	226699
511393	378154	125182	8057	1222	89712	5749
3839201	2297031	1419082	123088	252209	376760	220950
679141	397558	274883	6700		32921	
639541	371058	261783	6700		31021	
39600	26500	13100			1900	
1045767	623258	357518	64991	223229	108012	80796
347334	158589	173075	15670	170761	58067	23521
135703	88829	43874	3000	3089	9800	
212053	150820	61233		31519	15510	6952
2114293	1276215	786681	51397	28980	235827	140154
1444752	887776	536602	20374	25484	163599	69670
444989	279858	162782	2349	3496	67657	70484
734363	390218	292409	51736	37284	129590	5766
555599	278057	234843	42699	14543	46570	1686
2129751	1530750	599001			61283	51000
1617856	466923	921894	229039		21221	110834
162848	59561	90367	12920		752	4901
14257	7856	6401				
122247	33843	79684	8720		752	4901
1776	854	922				

5-9 续表2

单位:个、万元、平方米 （2013）

指 标	Item	一 级 First Grade
企业个数	**Number of Enterprises**	**10**
计划总投资	Total Planned Investment	4461290
自开始建设累计完成投资	Accumulative Investment Actually Completed Since Starting of Construction up to the End of This Year	2351609
本年完成投资	Investment Completed This Year	591956
配套工程投资	Project Investment	11430
按构成分	**Grouped by Structure**	
建筑工程	Construction	514137
安装工程	Installation	21446
设备工器具购置	Purchase of Equipment and Instruments	2165
其他费用	Others	54208
#旧建筑物购置费	Purchased Costs of Older Buildings	2320
土地购置费	Toatal Value of Land Purchased	27613
按工程用途分	**Grouped by Use of Project**	
住宅	Residence	369559
#90平方米以下住房	Housing of 90 Square Meters Below	74358
144平方米以上住房	Housing of 144 Square Meters Above	47257
别墅、高档公寓	Villas, High-grade Apartments	3165
办公楼	Office Buildings	18702
商业营业用房	Houses for Business Use	70871
其他	Others	132824
本年新增固定资产	Newly Increased Fixed Assets This Year	972380
本年资金来源合计	Total Funds This Year	1069564
上年末结余资金	Non-balance Funds Last Year	108393
本年资金来源小计	Subtotal of Sources of Funds This Year	961171
国内贷款	Demestic Loans	190352
#银行贷款	Bank loans	190352
非银行金融机构贷款	Loans of Non-bank Financial Institutions	
自筹资金	Self-raising Funds	190628
#自有资金	Own Funds	16897
股东投入资金	Shave holders' Funds Invested	
借入资金	Borroued Funds	69943
其他资金来源	Others	580191
#定金及预收款	Deposit and Payment	433834
个人按揭贷款	Individual Mortgage Loans	102176
本年各项应付款合计	Total Payable of All	59715
#工程款	Projects Receivable	46634
待开发土地面积	Land Space Pending Development	712404
本年购置土地面积	Land Space Purchased This Year	89936
本年土地成交价款	Land Transaction Price This Year	18006
#拆迁补偿费	Relocation Compensation Fee	3400
土地使用权出让金	Transfer Fee of Land Use Right	14606
契税	Deed Tax	239

continued

(unit,10 000yuan,sq.m)

资质等级 Qualification Criteria				
二　级 Second Grade	三　级 Third Grade	四　级 Forth Grade	暂　定 Tentative	其　他 Others
56	**70**	**52**	**89**	**4**
4197463	2360619	1902870	2702809	204728
2638056	1706954	1174798	1531817	151126
995717	593107	363938	752060	11316
12766	5822	971	5611	
739563	458061	280706	535006	11316
90273	54772	42170	52284	
1577	4923	2353	4695	
164304	75351	38709	160075	
6100	85	2185	6150	
101135	63194	10547	101026	
600897	355140	222566	397860	10778
115108	120075	90924	86417	10778
96578	85471	39538	130519	
7420	33297	17343	56496	
46700	28888	11005	49175	
218343	153213	60100	203923	73
129777	55866	70267	101102	465
736449	277655	174097	269847	23041
1297092	1088582	559996	1180142	101820
66310	181179	134103	60150	57941
1230782	907403	425893	1119992	43879
176041	64650	81291	168728	31000
159391	62800	81291	145728	31000
16650	1850		23000	
244723	344525	151222	515578	11128
137070	210460	27138	208118	
675	26589	10170	111158	
42514	59121	20386	74070	
810018	498228	193380	435686	1751
488246	345332	127521	307778	794
231651	111842	45858	94142	957
174685	237907	131558	283367	19771
139829	136213	80975	194976	19771
480870	470656	182076	396028	
501056	540188	20705	598026	
29419	40333	7882	72861	
1884	1117	2414	5442	
23340	25908	1208	62838	
130	778	36	593	

5-10 房地产开发企业经营情况

单位:万元 (2013)

指 标	Item	总 计 Total
年初存货	**Stock in Early**	**6326071**
年末资产负债	**Assets and Liabilities at Year-end**	
流动资产合计	Total Circulating Funds	13252894
#应收账款	Projects Receivable	301311
存货	Stock	8294118
固定资产合计	Total Investment Assets	601755
固定资产原价	Original Value of Fixed Assets	646762
累计折旧	Accumulated Depreciation	101573
#本年折旧	Depreciation This Year	24936
在建工程	Construction in Process	509882
资产总计	Total Assets	14782849
流动负债合计	Total Liquid Liabilities	10730831
#应付账款	Projects Payment	1425230
非流动负债合计	Total Non-Liquid Liabilities	1473233
负债合计	Total Liabilities	12204064
所有者权益合计	Total Equity	2578785
#实收资本	Paid-in Capitals	1651674
损益及分配	**Profit, loss and Distribution**	
营业收入	Total Revenue	2569680
#主营业务收入	Revenue from Principal Business	2550964
土地转让收入	Land Transferred	1
商品房屋销售收入	Sales Income of Commercial Flat	2519102
房屋出租收入	Income of Renting House	26468
其他收入	Others	5393
营业成本	Business Costs	1957075
#主营业务成本	Cost of Principal Business	1946282
营业税金及附加	Business Taxes and Other Charges	177034
#主营业务税金及附加	Taxes and Other Charges on Principal Business	175443
其他业务利润	Profits from Other Businesses	20641
销售费用	Saling Costs	81347
管理费用	Management Costs	154735
#税金	Taxes	14618
差旅费	Travel Expenses	
工会经费	Union Fund	
财务费用	Finance Costs	39464
#利息收入	Interest Income	2602
利息支出	Interest Expense	35192
资产减值损失	Impairment of Awwets	-5456
公允价值变动收益	Fair Value Gain	
投资收益	Investment Income	7909
营业利润	Business Profits	190980
营业外收入	Income of Extra-business	6887
#补贴收入	Subsidy Income	3287
营业外支出	Expenditure of Extra-business	15232
利润总额	Total Profits	187496
应交所得税	Tax Payable	57611
工资、福利费	**Wages and Welfare**	
本年应付工资总额	Total Wages This Year	70832

Operating Statistics on Enterprises for Real Estate Development

(10 000yuan)

国有经济 State-owned Enterprises	私营经济 Private Enterprises	其他有限责任公司 Other Limited Liability Corporations	外商投资 Foreign Funded Enterprises
432682	**3986758**	**1365941**	**540690**
1140241	8243719	2954724	914210
28009	211480	60186	1636
581070	5114750	1915065	683233
25007	489097	87286	365
29510	470090	111290	35872
4714	75635	17230	3994
752	17172	5733	1279
95292	258593	155997	
1282201	9231476	3320284	948888
860171	7037393	2085638	747629
152797	934602	266810	71021
178662	742964	494867	56740
1038833	7780356	2580506	804369
243368	1451119	739779	144519
61529	975093	502906	112146
225664	1476252	741068	126696
211941	1472261	740066	126696
	1		
209802	1445022	737583	126695
1729	23628	1111	
410	3609	1372	2
157281	1131788	575886	92120
157205	1124362	572595	92120
13686	102991	53124	7233
13096	102140	52974	7233
402	17982	1392	865
6144	44363	24410	6430
10260	104153	35488	4834
1497	10191	2736	194
448	36187	1775	1054
178	1403	677	344
527	33024	1631	10
-6051	20	575	
-5	7818	96	
44085	78573	52432	15890
355	3859	2552	121
238	2998	23	28
-387	10668	3900	1051
44822	76551	51163	14960
11105	27276	19230	
6053	41497	20117	3165

5-10　续表1

单位:万元　　　　(2013)

指　标	Item	银川市 Yinchuan
年初存货	**Stock in Early**	**6326071**
年末资产负债	**Assets and Liabilities at Year-end**	
流动资产合计	Total Circulating Funds	13252894
#应收账款	Projects Receivable	301311
存货	Stock	8294118
固定资产合计	Total Investment Assets	601755
固定资产原价	Original Value of Fixed Assets	646762
累计折旧	Accumulated Depreciation	101573
#本年折旧	Depreciation This Year	24936
在建工程	Construction in Process	509882
资产总计	Total Assets	14782849
流动负债合计	Total Liquid Liabilities	10730831
#应付账款	Projects Payment	1425230
非流动负债合计	Total Non-Liquid Liabilities	1473233
负债合计	Total Liabilities	12204064
所有者权益合计	Total Equity	2578785
#实收资本	Paid-in Capitals	1651674
损益及分配	**Profit, loss and Distribution**	
营业收入	Total Revenue	2569680
#主营业务收入	Revenue from Principal Business	2550964
土地转让收入	Land Transferred	1
商品房屋销售收入	Sales Income of Commercial Flat	2519102
房屋出租收入	Income of Renting House	26468
其他收入	Others	5393
营业成本	Business Costs	1957075
#主营业务成本	Cost of Principal Business	1946282
营业税金及附加	Business Taxes and Other Charges	177034
#主营业务税金及附加	Taxes and Other Charges on Principal Business	175443
其他业务利润	Profits from Other Businesses	20641
销售费用	Saling Costs	81347
管理费用	Management Costs	154735
#税金	Taxes	14618
差旅费	Travel Expenses	
工会经费	Union Fund	
财务费用	Finance Costs	39464
#利息收入	Interest Income	2602
利息支出	Interest Expense	35192
资产减值损失	Impairment of Awwets	-5456
公允价值变动收益	Fair Value Gain	
投资收益	Investment Income	7909
营业利润	Business Profits	190980
营业外收入	Income of Extra-business	6887
#补贴收入	Subsidy Income	3287
营业外支出	Expenditure of Extra-business	15232
利润总额	Total Profits	187496
应交所得税	Tax Payable	57611
工资、福利费	**Wages and Welfare**	
本年应付工资总额	Total Wages This Year	70832

continued

(10 000yuan)

市 区 City	兴庆区 Xingqing	金凤区 Jinfeng	西夏区 Xixia	永宁县 Yongning	贺兰县 Helan	灵武市 Lingwu
5228539	**3108812**	**1933967**	**185760**	**303434**	**589810**	**204288**
10746786	6357350	3734444	654992	986232	1068582	451294
196972	142437	50537	3998	75665	20831	7843
6654695	3867721	2445866	341108	653148	700194	286081
318834	180645	115798	22391	187812	87262	7847
413591	215725	169909	27957	187734	34235	11202
88170	53416	29031	5723	4998	5927	2478
20521	9994	9469	1058	2261	1543	611
455456	262508	162151	30797	15572	36909	1945
11942607	7100376	4115005	727226	1237966	1129380	472896
8574906	5349940	2737814	487152	832728	914614	408583
1010165	537279	320084	152802	255754	127915	31396
1269394	674418	491241	103735	135558	62181	6100
9844299	6024358	3229054	590887	968285	976797	414683
2098308	1076020	885950	136338	269680	152584	58213
1360463	683299	561866	115298	113772	124208	53231
2077332	1194227	823543	59562	141408	305853	45087
2059636	1177732	822816	59088	141408	304833	45087
						1
2032325	1155734	820121	56470	138311	304267	44199
22725	19021	2018	1686	3050	557	136
4586	2977	677	932	47	9	751
1584115	894605	643422	46088	100288	234915	37757
1575133	888938	640184	46011	100275	234476	36398
140266	82779	53365	4122	12342	18302	6124
139155	82081	52974	4100	12244	18297	5747
19165	14060	4685	420	288	165	1023
61599	32609	23937	5053	8368	9722	1658
124421	74470	42304	7647	14075	10935	5304
11408	7754	2920	734	1473	1506	231
31855	24677	6234	944	1631	5333	645
2347	960	951	436	104	116	35
29166	24013	4111	1042	1223	4647	156
-5439	-6046		607		-17	
7901	7103	796	2	5	3	
164637	109151	60328	-4842	4710	26675	-5042
5007	3490	1370	147	1047	211	622
3287	2468	780	39			
13554	6568	6628	358	468	1003	207
160951	109683	56321	-5053	5289	25883	-4627
44354	28107	15613	634	3257	9253	747
56760	30394	21868	4498	5048	6953	2071

5-10 续表2

单位:万元 (2013)

指 标	Item	一 级 First Grade
年初存货	**Stock in Early**	**1530235**
年末资产负债	**Assets and Liabilities at Year-end**	
流动资产合计	Total Circulating Funds	2435759
#应收账款	Projects Receivable	53992
存货	Stock	1719504
固定资产合计	Total Investment Assets	45945
固定资产原价	Original Value of Fixed Assets	62339
累计折旧	Accumulated Depreciation	16393
#本年折旧	Depreciation This Year	2648
在建工程	Construction in Process	153477
资产总计	Total Assets	2832429
流动负债合计	Total Liquid Liabilities	1977410
#应付账款	Projects Payment	232943
非流动负债合计	Total Non-Liquid Liabilities	435338
负债合计	Total Liabilities	2412748
所有者权益合计	Total Equity	419681
#实收资本	Paid-in Capitals	126950
损益及分配	**Profit, loss and Distribution**	
营业收入	Total Revenue	593729
#主营业务收入	Revenue from Principal Business	580379
土地转让收入	Land Transferred	
商品房屋销售收入	Sales Income of Commercial Flat	577099
房屋出租收入	Income of Renting House	2967
其他收入	Others	313
营业成本	Business Costs	440139
#主营业务成本	Cost of Principal Business	436006
营业税金及附加	Business Taxes and Other Charges	37547
#主营业务税金及附加	Taxes and Other Charges on Principal Business	36878
其他业务利润	Profits from Other Businesses	8979
销售费用	Saling Costs	12773
管理费用	Management Costs	27629
#税金	Taxes	4113
差旅费	Travel Expenses	
工会经费	Union Fund	
财务费用	Finance Costs	12965
#利息收入	Interest Income	901
利息支出	Interest Expense	13337
资产减值损失	Impairment of Awwets	-6051
公允价值变动收益	Fair Value Gain	
投资收益	Investment Income	8103
营业利润	Business Profits	83660
营业外收入	Income of Extra-business	1667
#补贴收入	Subsidy Income	545
营业外支出	Expenditure of Extra-business	2406
利润总额	Total Profits	85614
应交所得税	Tax Payable	17487
工资、福利费	**Wages and Welfare**	
本年应付工资总额	Total Wages This Year	10844

continued

(10 000yuan)

资质等级 Qualification Criteria				
二 级 Second Grade	三 级 Third Grade	四 级 Forth Grade	暂 定 Tentative	其 他 Others
1719918	**1349809**	**601505**	**1091499**	**33105**
3442653	2762797	1325746	2973874	312065
71522	85274	25169	60587	4767
2177963	1794617	800206	1745639	56189
303340	72830	113975	65606	59
354371	93036	66515	70260	241
42672	23809	7614	10901	184
9133	6160	1866	5115	14
155292	10470	36913	153730	
3940341	2968488	1423497	3305970	312124
2890736	2413415	1124205	2063924	261141
441243	411389	69482	260902	9271
300752	140050	88021	463872	45200
3191488	2553464	1212227	2527796	306341
748852	415024	211270	778173	5785
361440	368664	184526	607694	2400
792369	528412	338406	316764	
789468	528133	337260	315724	
		1		
771731	523688	336434	310150	
17218	2490	523	3270	
519	1955	301	2305	
590800	427510	260034	238592	
590146	425559	259650	234921	
57306	35733	23952	22496	
56938	35327	23907	22393	
8329	1498	1331	314	190
19558	17116	10522	20219	1159
44719	33787	18990	28697	913
4242	2601	1559	2059	44
15712	4402	800	5583	2
296	216	146	1020	23
12272	4368	425	4790	
-19		-13	627	
-221	48	-30	9	
69243	12856	25194	1911	-1884
2051	1900	675	594	
1	27	2671	43	
6825	3540	935	1834	-308
64163	11265	27351	679	-1576
16941	8117	9441	5625	
17271	15746	9033	17510	428

5-11 房地产开发施工、竣工房屋面积

单位:平方米、万元、套 （2013）

指 标	Item	总 计 Total
房屋施工面积	**Floor Space of Buildings under Construction**	**35226550**
住宅	Residence	22558405
#90平方米以下住房	Housing of 90 Square Meters Below	5798049
144平方米以上住房	Housing of 144 Square Meters Above	3988633
别墅、高档公寓	Villas and High-grade Apartments	902482
办公楼	Office Buildings	1420000
商业营业用房	Houses for Business Use	6594872
其他	Others	4653273
本年新开工面积	Started This Year	12585802
住宅	Residence	7804313
#90平方米以下住房	Housing of 90 Square Meters Below	1783220
144平方米以上住房	Housing of 144 Square Meters Above	607757
别墅、高档公寓	Villas and High-grade Apartments	398956
办公楼	Office Buildings	514710
商业营业用房	Houses for Business Use	2545317
其他	Others	1721462
房屋竣工面积	**Floor Space of Buildings Completed**	**6432325**
住宅	Residence	4915214
#90平方米以下住房	Housing of 90 Square Meters Below	1353747
144平方米以上住房	Housing of 144 Square Meters Above	975019
别墅、高档公寓	Villas and High-grade Apartments	191293
办公楼	Office Buildings	79574
商业营业用房	Houses for Business Use	692560
其他	Others	744977
不可销售面积	Non-sales Floor Space of Buildings	1275129
住宅	Residence	834738
#90平方米以下住房	Housing of 90 Square Meters Below	451780
144平方米以上住房	Housing of 144 Square Meters Above	126537
别墅、高档公寓	Villas and High-grade Apartments	
办公楼	Office Buildings	8788
商业营业用房	Houses for Business Use	33397
其他	Others	398206
商品住宅竣工套数	**Number of Commercialized Buildings Completed**	**43826**
#90平方米以下住房	Housing of 90 Square Meters Below	16766
144平方米以上住房	Housing of 144 Square Meters Above	5283
别墅、高档公寓	Villas and High-grade Apartments	782
竣工房屋价值	**Value of Buildings Completed**	**2138468**
住宅	Residence	1367567
#90平方米以下住房	Housing of 90 Square Meters Below	342901
144平方米以上住房	Housing of 144 Square Meters Above	310170
别墅、高档公寓	Villas and High-grade Apartments	64592
办公楼	Office Buildings	31564
商业营业用房	Houses for Business Use	547175
其他	Others	192162

Floor Space of Buildings under Construction and Completed for Real Estate Development

(sq.m,10 000yuan,set)

国有经济 State-owned Enterprises	私营经济 Private Enterprises	其他有限责任公司 Other Limited Liability Corporations"	外商投资 Foreign Funded Enterprises
4002686	**21060179**	**9254454**	**909231**
3155588	13387012	5286347	729458
1651253	2752363	1207107	187326
269475	2353382	1131289	234487
63825	400150	402263	36244
72516	880970	466514	
319902	3984103	2253291	37576
454680	2808094	1248302	142197
1295015	7251149	3900469	139169
1033666	4576660	2059573	134414
205252	874550	643979	59439
27486	364710	201260	14301
13743	149470	199499	36244
53939	330356	130415	
28485	1335821	1176256	4755
178925	1008312	534225	
969489	**4320198**	**679340**	**463298**
774078	3245022	511568	384546
243998	971422	100893	37434
74296	550655	134397	215671
39152	42605	109536	
18577	25718	35279	
79004	547327	54190	12039
97830	502131	78303	66713
94280	1135450	45399	
2088	832650		
2088	449692		
	126537		
	6676	2112	
	33397		
92192	262727	43287	
7069	**30220**	**4129**	**2408**
2956	12159	1221	430
372	3358	549	1004
146	281	355	
221728	**1572980**	**195637**	**148123**
172775	934188	137989	122615
61760	241166	30245	9730
21996	184210	31880	72084
12920	11958	39714	
6315	7195	18054	
23636	497798	21727	4014
19002	133799	17867	21494

5-11 续表1

单位:平方米、万元、套 (2013)

指 标	Item	银川市 Yinchuan
房屋施工面积	**Floor Space of Buildings under Construction**	**35226550**
住宅	Residence	22558405
#90平方米以下住房	Housing of 90 Square Meters Below	5798049
144平方米以上住房	Housing of 144 Square Meters Above	3988633
别墅、高档公寓	Villas and High-grade Apartments	902482
办公楼	Office Buildings	1420000
商业营业用房	Houses for Business Use	6594872
其他	Others	4653273
本年新开工面积	Started This Year	12585802
住宅	Residence	7804313
#90平方米以下住房	Housing of 90 Square Meters Below	1783220
144平方米以上住房	Housing of 144 Square Meters Above	607757
别墅、高档公寓	Villas and High-grade Apartments	398956
办公楼	Office Buildings	514710
商业营业用房	Houses for Business Use	2545317
其他	Others	1721462
房屋竣工面积	**Floor Space of Buildings Completed**	**6432325**
住宅	Residence	4915214
#90平方米以下住房	Housing of 90 Square Meters Below	1353747
144平方米以上住房	Housing of 144 Square Meters Above	975019
别墅、高档公寓	Villas and High-grade Apartments	191293
办公楼	Office Buildings	79574
商业营业用房	Houses for Business Use	692560
其他	Others	744977
不可销售面积	Non-sales Floor Space of Buildings	1275129
住宅	Residence	834738
#90平方米以下住房	Housing of 90 Square Meters Below	451780
144平方米以上住房	Housing of 144 Square Meters Above	126537
别墅、高档公寓	Villas and High-grade Apartments	
办公楼	Office Buildings	8788
商业营业用房	Houses for Business Use	33397
其他	Others	398206
商品住宅竣工套数	**Number of Commercialized Buildings Completed**	**43826**
#90平方米以下住房	Housing of 90 Square Meters Below	16766
144平方米以上住房	Housing of 144 Square Meters Above	5283
别墅、高档公寓	Villas and High-grade Apartments	782
竣工房屋价值	**Value of Buildings Completed**	**2138468**
住宅	Residence	1367567
#90平方米以下住房	Housing of 90 Square Meters Below	342901
144平方米以上住房	Housing of 144 Square Meters Above	310170
别墅、高档公寓	Villas and High-grade Apartments	64592
办公楼	Office Buildings	31564
商业营业用房	Houses for Business Use	547175
其他	Others	192162

continued

(sq.m,10 000yuan,set)

市　区 City	兴庆区 Xingqing	金凤区 Jinfeng	西夏区 Xixia	永宁县 Yongning	贺兰县 Helan	灵武市 Lingwu
23808959	**7109086**	**14131193**	**2568680**	**3780466**	**6238847**	**1398278**
14781472	3278247	9546856	1956369	2325358	4443586	1007989
4186107	1103374	2128951	953782	814078	611501	186363
2865133	680529	2150927	33677	95608	987389	40503
244391	108322	125529	10540	148805	476014	33272
1008714	346209	630415	32090	225328	177587	8371
4301764	2320544	1710366	270854	848390	1172655	272063
3717009	1164086	2243556	309367	381390	445019	109855
8401936	2184297	5244694	972945	1724661	1720093	739112
4857300	759253	3278757	819290	1206695	1161163	579155
1281979	311182	655422	315375	203553	178001	119687
364836	120063	242443	2330	53502	163991	25428
97370	61433	35937		148805	134584	18197
317831	184967	132864		56651	137152	3076
1852076	819271	1011268	21537	280188	289162	123891
1374729	420806	821805	132118	181127	132616	32990
4252651	**1343558**	**2465239**	**443854**	**309634**	**1431784**	**438256**
3180846	841464	1958038	381344	277567	1148606	308195
1002028	438703	381909	181416	111792	155605	84322
707093	221472	480221	5400	1579	255198	11149
11137	11137				178124	2032
46115	37680	8435		2367	28016	3076
416287	291945	122908	1434	29700	137881	108692
609403	172469	375858	61076		117281	18293
1107681	534684	509833	63164	46953	101073	19422
779970	439414	338468	2088	46953	2856	4959
423081	249719	171274	2088	27259		1440
125957	125957					580
5712	2112	3600				3076
31957	28849	3108				1440
290042	64309	164657	61076		98217	9947
28689	**8048**	**16571**	**4070**	**2901**	**9193**	**3043**
12534	5323	4895	2316	1256	1893	1083
3990	1400	2566	24	8	1215	70
208	208				570	4
1582143	**368083**	**1109219**	**104841**	**71379**	**386834**	**98112**
944280	206389	651601	86290	61490	294972	66825
266948	101190	110717	55041	24181	33063	18709
240734	56557	181909	2268	394	66812	2230
3331	3331				60945	316
17516	14209	3307		836	12734	478
456374	103355	352704	315	9053	54206	27542
163973	44130	101607	18236		24922	3267

5-11 续表2

单位:平方米、万元、套 (2013)

指 标	Item	一 级 First Grade
房屋施工面积	**Floor Space of Buildings under Construction**	**7290084**
住宅	Residence	5010821
#90平方米以下住房	Housing of 90 Square Meters Below	1073636
144平方米以上住房	Housing of 144 Square Meters Above	1065013
别墅、高档公寓	Villas and High-grade Apartments	53433
办公楼	Office Buildings	256383
商业营业用房	Houses for Business Use	673010
其他	Others	1349870
本年新开工面积	Started This Year	2187152
住宅	Residence	1275974
#90平方米以下住房	Housing of 90 Square Meters Below	141111
144平方米以上住房	Housing of 144 Square Meters Above	55702
别墅、高档公寓	Villas and High-grade Apartments	2200
办公楼	Office Buildings	186714
商业营业用房	Houses for Business Use	289669
其他	Others	434795
房屋竣工面积	**Floor Space of Buildings Completed**	**2041268**
住宅	Residence	1560305
#90平方米以下住房	Housing of 90 Square Meters Below	414469
144平方米以上住房	Housing of 144 Square Meters Above	436774
别墅、高档公寓	Villas and High-grade Apartments	39152
办公楼	Office Buildings	18862
商业营业用房	Houses for Business Use	136491
其他	Others	325610
不可销售面积	Non-sales Floor Space of Buildings	812075
住宅	Residence	545869
#90平方米以下住房	Housing of 90 Square Meters Below	194229
144平方米以上住房	Housing of 144 Square Meters Above	125957
别墅、高档公寓	Villas and High-grade Apartments	
办公楼	Office Buildings	
商业营业用房	Houses for Business Use	24252
其他	Others	241954
商品住宅竣工套数	**Number of Commercialized Buildings Completed**	**13028**
#90平方米以下住房	Housing of 90 Square Meters Below	4944
144平方米以上住房	Housing of 144 Square Meters Above	2580
别墅、高档公寓	Villas and High-grade Apartments	146
竣工房屋价值	**Value of Buildings Completed**	**963852**
住宅	Residence	509609
#90平方米以下住房	Housing of 90 Square Meters Below	115802
144平方米以上住房	Housing of 144 Square Meters Above	156103
别墅、高档公寓	Villas and High-grade Apartments	12920
办公楼	Office Buildings	6372
商业营业用房	Houses for Business Use	358203
其他	Others	89668

continued

(sq.m,10 000yuan,set)

资质等级 Qualification Criteria				
二 级 Second Grade	三 级 Third Grade	四 级 Forth Grade	暂 定 Tentative	其 他 Others
9226830	**6882738**	**4545148**	**6556679**	**725071**
6188487	4483395	2577327	3640938	657437
1302002	1071826	918179	825960	606446
741203	922561	500867	758989	
116993	262066	167654	302336	
197523	277287	385011	303796	
1750543	1317709	1060446	1769974	23190
1090277	804347	522364	841971	44444
3245519	2963053	865321	3130914	193843
2134353	2035347	560118	1612828	185693
405138	407312	122836	572121	134702
73935	144466	42659	290995	
17791	96396	7101	275468	
32655	55960	132040	107341	
623234	566255	109869	956290	
455277	305491	63294	454455	8150
1984182	**1266398**	**308179**	**754941**	**77357**
1509504	1042724	218653	506671	77357
396282	345542	38260	81837	77357
193875	138917	27147	178306	
18320	80446	53375		
26532	22219	11961		
263332	93209	42178	157350	
184814	108246	35387	90920	
53097	302058	51389	54422	2088
13018	245180	23624	4959	2088
10328	225486	18209	1440	2088
			580	
6676	2112			
	2446	5259	1440	
33403	52320	22506	48023	
14535	**9710**	**1617**	**4000**	**936**
5221	4056	528	1081	936
1194	573	155	781	
234	271	131		
573929	**262215**	**92197**	**223234**	**23041**
422006	210171	63484	139256	23041
113878	63753	11235	15192	23041
54007	34673	4893	60494	
4831	24133	22708		
8287	9755	7150		
90499	26399	12042	60032	
53137	15890	9521	23946	

5-12 房地产开发商品房销售与出租情况

单位:平方米、万元、套 (2013)

指标	Item	总计 Total
出租房屋面积	**Floor Space of Buildings Rented**	**299016**
住宅	Residence	19562
#90平方米以下住房	Housing of 90 Square Meters Below	19562
144平方米以上住房	Housing of 144 Square Meters Above	
别墅、高档公寓	Villas and High-grade Apartments	
办公楼	Office Buildings	25983
商业营业用房	Houses for Business Use	234301
其他	Others	19170
商品房销售面积	**Floor Space of Commercialized Buildings Sold**	**6121084**
住宅	Residence	5430865
#90平方米以下住房	Housing of 90 Square Meters Below	936483
144平方米以上住房	Housing of 144 Square Meters Above	886971
别墅、高档公寓	Villas and High-grade Apartments	151710
办公楼	Office Buildings	50044
商业营业用房	Houses for Business Use	547821
其他	Others	92354
现房销售面积	Floor Space of Existing Buildings Sold	1685808
住宅	Residence	1301272
#90平方米以下住房	Housing of 90 Square Meters Below	365872
144平方米以上住房	Housing of 144 Square Meters Above	213156
别墅、高档公寓	Villas and High-grade Apartments	24605
办公楼	Office Buildings	18893
商业营业用房	Houses for Business Use	302502
其他	Others	63141
期房销售面积	Floor Space of Forward Buildings Sold	4435276
住宅	Residence	4129593
#90平方米以下住房	Housing of 90 Square Meters Below	570611
144平方米以上住房	Housing of 144 Square Meters Above	673815
别墅、高档公寓	Villas and High-grade Apartments	127105
办公楼	Office Buildings	31151
商业营业用房	Houses for Business Use	245319
其他	Others	29213
商品房销售额	**Total Sale of Commercialized Buildings**	**2972413**
住宅	Residence	2456674
#90平方米以下住房	Housing of 90 Square Meters Below	400206
144平方米以上住房	Housing of 144 Square Meters Above	500040
别墅、高档公寓	Villas and High-grade Apartments	106838
办公楼	Office Buildings	39994
商业营业用房	Houses for Business Use	432508
其他	Others	43237
现房销售额	Total Sale of Existing Buildings	786730
住宅	Residence	551990
#90平方米以下住房	Housing of 90 Square Meters Below	133789
144平方米以上住房	Housing of 144 Square Meters Above	118573
别墅、高档公寓	Villas and High-grade Apartments	15078

Saled and Rented of Real Estate Commercialized Buildings

(sq.m,10 000yuan,set)

国有经济 State-owned Enterprises	私营经济 Private Enterprises	其他有限责任公司 Other Limited Liability Corporations"	外商投资 Foreign Funded Enterprises
18941	**260831**	**19244**	
	19562		
	19562		
15305	3747	6931	
3636	225820	4845	
	11702	7468	
789083	**3694879**	**1335442**	**301680**
730670	3219661	1207412	273122
225329	404874	264125	42155
45675	536338	210532	94426
10216	29506	110464	1524
4567	28875	4457	12145
36590	410502	94554	6175
17256	35841	29019	10238
367620	1114870	144756	58562
327476	834088	98863	40845
210633	127514	24798	2927
34053	113208	32372	33523
2553	13224	8449	379
116	6288	4457	8032
22772	260003	18446	1281
17256	14491	22990	8404
421463	2580009	1190686	243118
403194	2385573	1108549	232277
14696	277360	239327	39228
11622	423130	178160	60903
7663	16282	102015	1145
4451	22587		4113
13818	150499	76108	4894
	21350	6029	1834
317722	**1788867**	**674129**	**191695**
275901	1428354	580687	171732
74758	183119	119696	22633
22223	286860	114542	76415
5804	19144	80689	1201
4716	24743	3825	6710
31234	313348	80337	7589
5871	22422	9280	5664
136459	541820	71137	37314
112355	365318	45680	28637
67012	54571	10722	1484
15567	62171	16180	24655
1419	8177	5194	288

5-12 续表1

单位:平方米、万元、套 (2013)

指 标	Item	总 计 Total
办公楼	Office Buildings	12713
商业营业用房	Houses for Business Use	197176
其他	Others	24851
期房销售额	Total Sale of Forward Buildings	2185683
住宅	Residence	1904684
# 90平方米以下住房	Housing of 90 Square Meters Below	266417
144平方米以上住房	Housing of 144 Square Meters Above	381467
别墅、高档公寓	Villas and High-grade Apartments	91760
办公楼	Office Buildings	27281
商业营业用房	Houses for Business Use	235332
其他	Others	18386
商品住宅销售套数	**Total Number of Flats of Commercialized Residential Buildings Sold**	**48748**
# 90平方米以下住房	Housing of 90 Square Meters Below	12751
144平方米以上住房	Housing of 144 Square Meters Above	5121
别墅、高档公寓	Villas and High-grade Apartments	1045
现房住宅销售套数	Total Number of Flats of Existing Residential Buildings Sold	12248
# 90平方米以下住房	Housing of 90 Square meters Below	4753
144平方米以上住房	Housing of 144 Square meters Above	1143
别墅、高档公寓	Villas and High-grade Apartments	104
期房住宅销售套数	Total Number of Flats of Forward Residential Buildings Sold	36500
# 90平方米以下住房	Housing of 90 Square meters Below	7998
144平方米以上住房	Housing of 144 Square meters Above	3978
别墅、高档公寓	Villas and High-grade Apartments	941
待售面积	**Unsold Area**	**5113336**
住宅	Residence	3509679
# 90平方米以下住房	Housing of 90 Square Meters Below	987844
144平方米以上住房	Housing of 144 Square Meters Above	856594
别墅、高档公寓	Villas and High-grade Apartments	110421
办公楼	Office Buildings	189149
商业营业用房	Houses for Business Use	873689
其他	Others	540819
待售1-3年面积	Unsold Area of 1-3 year	2310437
住宅	Residence	1529984
# 90平方米以下住房	Housing of 90 Square Meters Below	459349
144平方米以上住房	Housing of 144 Square Meters Above	369584
别墅、高档公寓	Villas and High-grade Apartments	54585
办公楼	Office Buildings	90176
商业营业用房	Houses for Business Use	435326
其他	Others	254951
待售3年以上面积	Unsold Area above 3 year	98837
住宅	Residence	23491
# 90平方米以下住房	Housing of 90 Square Meters Below	2876
144平方米以上住房	Housing of 144 Square Meters Above	7160
别墅、高档公寓	Villas and High-grade Apartments	2546
办公楼	Office Buildings	7352
商业营业用房	Houses for Business Use	62080
其他	Others	5914

continued

(sq.m, 10 000yuan, set)

国有经济 State-owned Enterprises	私营经济 Private Enterprises	其他有限责任公司 Other Limited Liability Corporations"	外商投资 Foreign Funded Enterprises
129	4743	3825	4016
18104	163771	14502	799
5871	7988	7130	3862
181263	1247047	602992	154381
163546	1063036	535007	143095
7746	128548	108974	21149
6656	224689	98362	51760
4385	10967	75495	913
4587	20000		2694
13130	149577	65835	6790
	14434	2150	1802
6840	**28415**	**11308**	**2185**
2902	5683	3652	514
251	3240	1151	479
34	301	704	6
3595	7577	849	227
2692	1685	331	45
201	634	161	147
9	65	29	1
3245	20838	10459	1958
210	3998	3321	469
50	2606	990	332
25	236	675	5
1160024	**3166228**	**625456**	**161628**
1006735	2024953	366962	111029
506169	396342	82524	2809
143439	492228	146261	74666
23765	38318	42562	5776
30303	149147	9157	542
61150	650240	161280	1019
61836	341888	88057	49038
444461	1415932	391843	58201
355682	906854	236507	30941
247344	147629	64376	
44510	235805	79202	10067
9878	14572	30135	
13740	66737	9157	542
15708	320193	98494	931
59331	122148	47685	25787
9901	85992	2944	
2546	20744	201	
	2803	73	
2546	4614		
2546			
2437	4915		
4918	54419	2743	
	5914		

5-12　续表2

单位:平方米、万元、套 （2013）

指　标	Item	银川市 Yinchuan
出租房屋面积	**Floor Space of Buildings Rented**	**299016**
住宅	Residence	19562
#90平方米以下住房	Housing of 90 Square Meters Below	19562
144平方米以上住房	Housing of 144 Square Meters Above	
别墅、高档公寓	Villas and High-grade Apartments	
办公楼	Office Buildings	25983
商业营业用房	Houses for Business Use	234301
其他	Others	19170
商品房销售面积	**Floor Space of Commercialized Buildings Sold**	**6121084**
住宅	Residence	5430865
#90平方米以下住房	Housing of 90 Square Meters Below	936483
144平方米以上住房	Housing of 144 Square Meters Above	886971
别墅、高档公寓	Villas and High-grade Apartments	151710
办公楼	Office Buildings	50044
商业营业用房	Houses for Business Use	547821
其他	Others	92354
现房销售面积	Floor Space of Existing Buildings Sold	1685808
住宅	Residence	1301272
#90平方米以下住房	Housing of 90 Square Meters Below	365872
144平方米以上住房	Housing of 144 Square Meters Above	213156
别墅、高档公寓	Villas and High-grade Apartments	24605
办公楼	Office Buildings	18893
商业营业用房	Houses for Business Use	302502
其他	Others	63141
期房销售面积	Floor Space of Forward Buildings Sold	4435276
住宅	Residence	4129593
#90平方米以下住房	Housing of 90 Square Meters Below	570611
144平方米以上住房	Housing of 144 Square Meters Above	673815
别墅、高档公寓	Villas and High-grade Apartments	127105
办公楼	Office Buildings	31151
商业营业用房	Houses for Business Use	245319
其他	Others	29213
商品房销售额	**Total Sale of Commercialized Buildings**	**2972413**
住宅	Residence	2456674
#90平方米以下住房	Housing of 90 Square Meters Below	400206
144平方米以上住房	Housing of 144 Square Meters Above	500040
别墅、高档公寓	Villas and High-grade Apartments	106838
办公楼	Office Buildings	39994
商业营业用房	Houses for Business Use	432508
其他	Others	43237
现房销售额	Total Sale of Existing Buildings	786730
住宅	Residence	551990
#90平方米以下住房	Housing of 90 Square Meters Below	133789
144平方米以上住房	Housing of 144 Square Meters Above	118573
别墅、高档公寓	Villas and High-grade Apartments	15078

continued

(sq.m, 10 000yuan, set)

市 区 City	兴庆区 Xingqing	金凤区 Jinfeng	西夏区 Xixia	永宁县 Yongning	贺兰县 Helan	灵武市 Lingwu
281229	**258748**	**20049**	**2432**	**93**		**17694**
19562	19562					
19562	19562					
22907	22907					3076
230704	208811	19461	2432	93		3504
8056	7468	588				11114
4181250	**1141469**	**2559198**	**480583**	**476904**	**1065016**	**397914**
3659231	756246	2440533	462452	433809	1014216	323609
629681	196380	280060	153241	147998	121238	37566
708230	196045	496551	15634	14613	148571	15557
82027	20774	61253		1145	68053	485
45593	24518	21075			4451	
393678	336037	43910	13731	41218	39060	73865
82748	24668	53680	4400	1877	7289	440
1045059	400409	529876	114774	172425	249284	219040
765411	217376	448451	99584	148700	221687	165474
269245	93724	106478	69043	31038	45747	19842
148182	33955	111987	2240	5855	48295	10824
7790	6025	1765			16815	
18893	8180	10713				
202606	169796	20746	12064	21848	24922	53126
58149	5057	49966	3126	1877	2675	440
3136191	741060	2029322	365809	304479	815732	178874
2893820	538870	1992082	362868	285109	792529	158135
360436	102656	173582	84198	116960	75491	17724
560048	162090	384564	13394	8758	100276	4733
74237	14749	59488		1145	51238	485
26700	16338	10362			4451	
191072	166241	23164	1667	19370	14138	20739
24599	19611	3714	1274		4614	
2222473	**760868**	**1268809**	**192796**	**176747**	**439239**	**133954**
1804642	447405	1174698	182539	148746	409708	93578
288511	106391	123623	58497	54990	44803	11902
412824	132200	271809	8815	5416	76900	4900
57385	14748	42637		913	48385	155
35407	17976	17431			4587	
341182	278172	53366	9644	27866	23259	40201
41242	17315	23314	613	135	1685	175
554277	232784	271196	50297	59340	100453	72660
374734	109648	223028	42058	46528	84740	45988
100847	37296	37335	26216	10076	16800	6066
92733	21660	69264	1809	1943	20532	3365
6683	4599	2084			8395	

5-12 续表3

单位:平方米、万元、套 (2013)

指 标	Item	银川市 Yinchuan
办公楼	Office Buildings	12713
商业营业用房	Houses for Business Use	197176
其他	Others	24851
期房销售额	Total Sale of Forward Buildings	2185683
住宅	Residence	1904684
#90平方米以下住房	Housing of 90 Square Meters Below	266417
144平方米以上住房	Housing of 144 Square Meters Above	381467
别墅、高档公寓	Villas and High-grade Apartments	91760
办公楼	Office Buildings	27281
商业营业用房	Houses for Business Use	235332
其他	Others	18386
商品住宅销售套数	**Total Number of Flats of Commercialized Residential Buildings Sold**	**48748**
#90平方米以下住房	Housing of 90 Square Meters Below	12751
144平方米以上住房	Housing of 144 Square Meters Above	5121
别墅、高档公寓	Villas and High-grade Apartments	1045
现房住宅销售套数	Total Number of Flats of Existing Residential Buildings Sold	12248
#90平方米以下住房	Housing of 90 Square meters Below	4753
144平方米以上住房	Housing of 144 Square meters Above	1143
别墅、高档公寓	Villas and High-grade Apartments	104
期房住宅销售套数	Total Number of Flats of Forward Residential Buildings Sold	36500
#90平方米以下住房	Housing of 90 Square meters Below	7998
144平方米以上住房	Housing of 144 Square meters Above	3978
别墅、高档公寓	Villas and High-grade Apartments	941
待售面积	**Unsold Area**	**5113336**
住宅	Residence	3509679
#90平方米以下住房	Housing of 90 Square Meters Below	987844
144平方米以上住房	Housing of 144 Square Meters Above	856594
别墅、高档公寓	Villas and High-grade Apartments	110421
办公楼	Office Buildings	189149
商业营业用房	Houses for Business Use	873689
其他	Others	540819
待售1-3年面积	Unsold Area of 1-3 year	2310437
住宅	Residence	1529984
#90平方米以下住房	Housing of 90 Square Meters Below	459349
144平方米以上住房	Housing of 144 Square Meters Above	369584
别墅、高档公寓	Villas and High-grade Apartments	54585
办公楼	Office Buildings	90176
商业营业用房	Houses for Business Use	435326
其他	Others	254951
待售3年以上面积	Unsold Area above 3 year	98837
住宅	Residence	23491
#90平方米以下住房	Housing of 90 Square Meters Below	2876
144平方米以上住房	Housing of 144 Square Meters Above	7160
别墅、高档公寓	Villas and High-grade Apartments	2546
办公楼	Office Buildings	7352
商业营业用房	Houses for Business Use	62080
其他	Others	5914

continued

(sq.m, 10 000yuan, set)

市　区 City	兴庆区 Xingqing	金凤区 Jinfeng	西夏区 Xixia	永宁县 Yongning	贺兰县 Helan	灵武市 Lingwu
12713	6473	6240				
143140	114393	20991	7756	12677	14862	26497
23690	2270	20937	483	135	851	175
1668196	528084	997613	142499	117407	338786	61294
1429908	337757	951670	140481	102218	324968	47590
187664	69095	86288	32281	44914	28003	5836
320091	110540	202545	7006	3473	56368	1535
50702	10149	40553		913	39990	155
22694	11503	11191			4587	
198042	163779	32375	1888	15189	8397	13704
17552	15045	2377	130		834	
32511	**7334**	**20293**	**4884**	**4479**	**8752**	**3006**
8938	3155	3709	2074	1897	1443	473
4188	1133	2971	84	81	755	97
790	253	537		5	240	10
7275	2286	3806	1183	1492	1983	1498
3632	1357	1347	928	354	537	230
802	187	603	12	32	243	66
48	38	10			56	
25236	5048	16487	3701	2987	6769	1508
5306	1798	2362	1146	1543	906	243
3386	946	2368	72	49	512	31
742	215	527		5	184	10
3455067	**976098**	**1877250**	**601719**	**388513**	**885533**	**384223**
2230224	400990	1295609	533625	347442	689498	242515
741510	158352	294492	288666	43272	165326	37736
651969	106668	488520	56781	741	160141	43743
46775	20715	26060			61614	2032
162827	114086	28437	20304	2366	21380	2576
606302	322619	240109	43574	35296	100204	131887
455714	138403	313095	4216	3409	74451	7245
1543930	467634	907520	168776	261762	397006	107739
955051	142401	686389	126261	221039	297426	56468
355188	79728	211281	64179	40933	55331	7897
259725	20056	239669		148	102406	7305
15559	5681	9878			36994	2032
85234	56033	8897	20304	2366		2576
300933	195943	86447	18543	34948	50846	48599
202712	73257	125787	3668	3409	48734	96
82765	48599	33287	879		2129	13943
17924	16425	1426	73		2129	3438
2876	2803		73			
5031	3879	1152			2129	
417	417				2129	
7352	5230	2122				
51575	24657	26112	806			10505
5914	2287	3627				

5-12 续表4

单位:平方米、万元、套 （2013）

指 标	Item	一 级 First Grade
出租房屋面积	**Floor Space of Buildings Rented**	
住宅	Residence	
#90平方米以下住房	Housing of 90 Square Meters Below	
144平方米以上住房	Housing of 144 Square Meters Above	
别墅、高档公寓	Villas and High-grade Apartments	
办公楼	Office Buildings	
商业营业用房	Houses for Business Use	
其他	Others	
商品房销售面积	**Floor Space of Commercialized Buildings Sold**	**1211465**
住宅	Residence	1100321
#90平方米以下住房	Housing of 90 Square Meters Below	55127
144平方米以上住房	Housing of 144 Square Meters Above	210795
别墅、高档公寓	Villas and High-grade Apartments	15086
办公楼	Office Buildings	17318
商业营业用房	Houses for Business Use	74485
其他	Others	19341
现房销售面积	Floor Space of Existing Buildings Sold	303382
住宅	Residence	244877
#90平方米以下住房	Housing of 90 Square Meters Below	28346
144平方米以上住房	Housing of 144 Square Meters Above	59385
别墅、高档公寓	Villas and High-grade Apartments	3939
办公楼	Office Buildings	1874
商业营业用房	Houses for Business Use	46942
其他	Others	9689
期房销售面积	Floor Space of Forward Buildings Sold	908083
住宅	Residence	855444
#90平方米以下住房	Housing of 90 Square Meters Below	26781
144平方米以上住房	Housing of 144 Square Meters Above	151410
别墅、高档公寓	Villas and High-grade Apartments	11147
办公楼	Office Buildings	15444
商业营业用房	Houses for Business Use	27543
其他	Others	9652
商品房销售额	**Total Sale of Commercialized Buildings**	**646535**
住宅	Residence	529516
#90平方米以下住房	Housing of 90 Square Meters Below	28363
144平方米以上住房	Housing of 144 Square Meters Above	135913
别墅、高档公寓	Villas and High-grade Apartments	10496
办公楼	Office Buildings	13906
商业营业用房	Houses for Business Use	85681
其他	Others	17432
现房销售额	Total Sale of Existing Buildings	184968
住宅	Residence	123216
#90平方米以下住房	Housing of 90 Square Meters Below	13191
144平方米以上住房	Housing of 144 Square Meters Above	36622
别墅、高档公寓	Villas and High-grade Apartments	3215

continued

(sq.m, 10 000yuan, set)

资质等级 Qualification Criteria				
二 级 Second Grade	三 级 Third Grade	四 级 Forth Grade	暂 定 Tentative	其 他 Others
252979	**16474**	**4175**	**25388**	
19562				
19562				
3076	6931	671	15305	
221276	5885	3504	3636	
9065	3658		6447	
2099769	**1158555**	**559314**	**879215**	**212766**
1912292	952861	489647	767220	208524
241827	234566	98364	109496	197103
320422	182177	72641	100048	888
19023	27874	26563	63164	
23773	4921	797	1351	1884
117980	186734	62095	104169	2358
45724	14039	6775	6475	
540336	481987	51440	95897	212766
422771	307536	37068	80496	208524
77176	48485	6319	8443	197103
73432	63136	11642	4673	888
10363	2225	4499	3579	
9765	4457	797	116	1884
66536	159859	13510	13297	2358
41264	10135	65	1988	
1559433	676568	507874	783318	
1489521	645325	452579	686724	
164651	186081	92045	101053	
246990	119041	60999	95375	
8660	25649	22064	59585	
14008	464		1235	
51444	26875	48585	90872	
4460	3904	6710	4487	
950545	**532704**	**303246**	**475665**	**63718**
805356	421531	252561	386687	61023
108339	94145	56747	54505	58107
147778	109618	37472	68904	355
10523	22238	20834	42747	
15053	4382	735	4429	1489
114596	102414	47535	81076	1206
15540	4377	2415	3473	
264336	208656	30740	34312	63718
200856	122854	18857	25184	61023
37287	17453	4162	3589	58107
38303	34312	6607	2374	355
5127	1757	3035	1944	

5-12 续表5

单位:平方米、万元、套 （2013）

指 标	Item	一 级 First Grade
办公楼	Office Buildings	1210
商业营业用房	Houses for Business Use	53703
其他	Others	6839
期房销售额	Total Sale of Forward Buildings	461567
住宅	Residence	406300
#90平方米以下住房	Housing of 90 Square Meters Below	15172
144平方米以上住房	Housing of 144 Square Meters Above	99291
别墅、高档公寓	Villas and High-grade Apartments	7281
办公楼	Office Buildings	12696
商业营业用房	Houses for Business Use	31978
其他	Others	10593
商品住宅销售套数	**Total Number of Flats of Commercialized Residential Buildings Sold**	**8896**
#90平方米以下住房	Housing of 90 Square Meters Below	783
144平方米以上住房	Housing of 144 Square Meters Above	1168
别墅、高档公寓	Villas and High-grade Apartments	110
现房住宅销售套数	Total Number of Flats of Existing Residential Buildings Sold	2099
#90平方米以下住房	Housing of 90 Square meters Below	365
144平方米以上住房	Housing of 144 Square meters Above	322
别墅、高档公寓	Villas and High-grade Apartments	18
期房住宅销售套数	Total Number of Flats of Forward Residential Buildings Sold	6797
#90平方米以下住房	Housing of 90 Square meters Below	418
144平方米以上住房	Housing of 144 Square meters Above	846
别墅、高档公寓	Villas and High-grade Apartments	92
待售面积	**Unsold Area**	**1374470**
住宅	Residence	969493
#90平方米以下住房	Housing of 90 Square Meters Below	155867
144平方米以上住房	Housing of 144 Square Meters Above	369492
别墅、高档公寓	Villas and High-grade Apartments	34171
办公楼	Office Buildings	79306
商业营业用房	Houses for Business Use	148373
其他	Others	177298
待售1-3年面积	Unsold Area of 1-3 year	438649
住宅	Residence	315966
#90平方米以下住房	Housing of 90 Square Meters Below	32683
144平方米以上住房	Housing of 144 Square Meters Above	201915
别墅、高档公寓	Villas and High-grade Apartments	9878
办公楼	Office Buildings	48691
商业营业用房	Houses for Business Use	27353
其他	Others	46639
待售3年以上面积	Unsold Area above 3 year	10069
住宅	Residence	3659
#90平方米以下住房	Housing of 90 Square Meters Below	
144平方米以上住房	Housing of 144 Square Meters Above	3495
别墅、高档公寓	Villas and High-grade Apartments	2546
办公楼	Office Buildings	
商业营业用房	Houses for Business Use	6410
其他	Others	

continued

(sq.m, 10 000yuan, set)

资质等级 Qualification Criteria				
二级 Second Grade	三级 Third Grade	四级 Forth Grade	暂定 Tentative	其他 Others
5325	3825	735	129	1489
43942	78386	11141	8798	1206
14213	3591	7	201	
686209	324048	272506	441353	
604500	298677	233704	361503	
71052	76692	52585	50916	
109475	75306	30865	66530	
5396	20481	17799	40803	
9728	557		4300	
70654	24028	36394	72278	
1327	786	2408	3272	
16842	**8883**	**4672**	**6915**	**2540**
3477	3026	1512	1508	2445
2008	988	401	551	5
159	114	124	538	
3927	2683	308	691	2540
1132	597	96	118	2445
415	321	57	23	5
52	7	10	17	
12915	6200	4364	6224	
2345	2429	1416	1390	
1593	667	344	528	
107	107	114	521	
1566140	**1151490**	**411144**	**319800**	**290292**
984290	942970	191040	193871	228015
239291	289961	66311	18518	217896
225531	174730	44662	39160	3019
22949	11314	27219	14768	
37325	14839	42253	15426	
372672	114120	129214	97033	12277
171853	79561	48637	13470	50000
613936	511923	250119	230322	265488
328941	404339	127041	143487	210210
98538	54153	56626	17258	200091
36534	68185	32965	26966	3019
9609	3635	19233	12230	
25003	9157	1590	5735	
179944	66400	78660	77691	5278
80048	32027	42828	3409	50000
44909	27462	3356	6042	6999
15334	4425	73		
2803		73		
3665				
1026	3889		2437	
23175	19148	2743	3605	6999
5374		540		

5—13 房地产开发企业资质等级一、二级企业名单

The List of Real Estate Development Enterprise by Qualthication Clriteria of Frist and Second Grade

(2013)

单位名称 Unit Name	法人代表 Legal Representative	资质等级 Qualification Criteria	经济类型 Economic Types
宁夏新材房地产开发有限公司	朱宝良	一级	私营有限责任公司
宁夏住宅建设发展(集团)有限公司	王新生	一级	私营有限责任公司
宁夏正丰房地产开发有限公司	郑国祥	一级	私营有限责任公司
宁夏中房实业集团股份有限公司	方　陆	一级	私营有限责任公司
银川建发集团股份有限公司	杨　伟	一级	私营有限责任公司
银川众一集团房地产开发有限公司	雷光新	一级	私营有限责任公司
宁夏民生房地产开发有限公司	刘文锦	一级	私营有限责任公司
宁夏银帝房地产开发有限公司	朱奕龙	一级	私营有限责任公司
宁夏亘元房地产开发有限公司	白武新	一级	国有独资公司
宁夏长城集团房地产开发有限公司	王　涛	一级	私营有限责任公司
宁夏荣恒房地产集团有限责任公司	梁志东	二级	私营有限责任公司
宁夏银基房地产开发有限责任公司	韩建华	二级	私营有限责任公司
宁夏天成市场开发有限责任公司	王　琪	二级	私营有限责任公司
银川神州房地产开发有限公司	桑建华	二级	私营有限责任公司
宁夏房地产综合开发有限公司	刘胜冬	二级	私营有限责任公司
银川大地房地产开发有限责任公司	齐　宁	二级	私营有限责任公司
银川市白云房地产开发有限公司	朱宏魁	二级	其他有限责任公司
宁夏昆仑房地产开发有限公司	党建宁	二级	私营有限责任公司
宁夏华尊立达房地产开发集团有限公司	张　达	二级	私营有限责任公司
宁夏灵隆房地产开发有限责任公司	官国福	二级	私营有限责任公司
宁夏瑞信房地产开发有限公司	曹香瑞	二级	私营有限责任公司
宁夏房地产开发集团有限公司	王惠宁	二级	国有独资公司
宁夏云天房地产开发集团有限公司	妥　云	二级	私营有限责任公司
宁夏荣昌众汇房地产开发有限公司	杨建荣	二级	私营有限责任公司
宁夏蓝山投资置业有限公司	肖　奕	二级	私营有限责任公司
宁夏圣雪绒房地产开发有限公司	侯羽乾	二级	私营有限责任公司
宁夏隆湖房地产开发集团有限公司	徐　毅	二级	私营有限责任公司
宁夏天骏房地产开发有限公司	李　俊	二级	私营有限责任公司
宁夏北方温和房地产开发有限公司	温炳成	二级	私营有限责任公司
宁夏银川龙马房地产开发有限公司	倪吉乐	二级	私营有限责任公司
宁夏吉泰房地产开发有限公司	侯智斌	二级	私营有限责任公司
宁夏富兴达房地产开发集团有限公司	刘良富	二级	私营有限责任公司
宁夏吉运开发建设集团有限公司	尤天彪	二级	私营有限责任公司
银川开发区宏建房地产开发有限公司	陈述清	二级	私营有限责任公司
宁夏英力特房地产开发有限公司	成璐毅	二级	其他有限责任公司
宁夏富龙房地产开发有限公司	马学明	二级	私营有限责任公司
宁夏中恒房地产开发有限公司	王志乾	二级	私营有限责任公司
宁夏派胜房地产开发有限公司	张学鹏	二级	其他有限责任公司
宁夏新思路房地产开发有限公司	陈　舒	二级	私营有限责任公司
宁夏舜天房地产开发有限公司	马小奇	二级	其他有限责任公司
宁夏建工集团房地产开发有限公司	刘文秀	二级	国有独资公司
银川市规划建筑设计院房地产开发有限公司	黄民生	二级	其他有限责任公司
拉普斯置业有限公司	杜寿鹏	二级	外资企业
宁夏瑞兴房地产开发有限公司	倪　伟	二级	私营有限责任公司
宁夏浩海房地产开发集团有限公司	王海军	二级	私营有限责任公司
宁夏鼎城房地产开发有限公司	王耀武	二级	私营有限责任公司
宁夏建元房地产开发有限公司	施建文	二级	私营有限责任公司
银川市通城置业集团房地产有限公司	席　华	二级	私营有限责任公司
宁夏鑫业房地产开发有限公司	张长寿	二级	私营有限责任公司
宁夏共享地产有限公司	霍　飞	二级	其他有限责任公司
宁夏恒诺房地产开发有限公司	范国添	二级	私营有限责任公司
宁夏汇融房地产开发有限公司	任彦豹	二级	私营有限责任公司
银川隆光置业有限公司	王继光	二级	私营有限责任公司
宁夏海利达房地产开发有限公司	王　海	二级	私营有限责任公司
宁夏鑫祥房地产开发有限公司	杨智祥	二级	私营有限责任公司
银川颐安建设集团有限公司	孙万国	二级	私营有限责任公司
宁夏燕葆房地产开发有限公司	李宝华	二级	私营有限责任公司
宁夏金色阳光房地产开发有限公司	祁立峰	二级	私营有限责任公司
银川市望远庆丰房地产开发有限公司	唐旭辉	二级	私营有限责任公司
宁夏土木基业房地产开发有限公司	何　刚	二级	私营有限责任公司
银川先泽房地产开发有限公司	喻祖洪	二级	其他有限责任公司
宁夏地德人和房地产开发有限公司	李志海	二级	私营有限责任公司
宁夏恒昱源房地产开发有限公司	魏自平	二级	私营有限责任公司
宁夏众一发展集团有限公司	袁责钧	二级	私营有限责任公司

主要统计指标解释

【全社会固定资产投资】 固定资产投资额是以货币表现的建造和购置固定资产活动的工作量，它是反映固定资产投资规模、速度、比例关系和使用方向的综合性指标。全社会固定资产投资按经济类型分，包括国有经济单位投资、城乡集体经济单位投资、其他各种经济类型的单位投资和城乡居民个人投资。全社会固定资产投资总额分为基本建设、更新改造、其他固定资产投资和房地产开发投资四个部分；城乡集体经济单位投资包括城镇集体所有制单位投资和农村集体所有制单位投资；其他各种经济类型单位投资包括联营经济、股份制经济、中外合资经营、中外合作经营、外资、与大陆合资经营、与大陆合作经营、港澳台独资及其他经济的单位投资。城乡居民个人投资包括城市、县城、镇、工矿区所辖范围内的个人建房和农村个人建房及购买生产性固定资产的投资。

【基本建设投资】 基本建设是企业、事业、行政单位以扩大生产能力或工程效益为主要目的的新建、扩建工程及有关工作。包括(1)列入中央和各级地方本年基本建设计划的建设项目，以及虽未列入本年基本建设计划，但使用以前年度基建计划内结转投资(包括利用基建设备材料)在本年继续施工的建设项目；(2)本年基本建设计划内投资与更新改造计划内投资结合安排的新建项目和新增生产能力(或工程效益)达到大中型项目标准的扩建项目，以及为改变生产力布局而进行的全厂性迁建项目；(3)国有单位既未列入基建计划，也未列入更新改造计划的总投资在50万元以上的新、扩建、恢复项目和为改变生产力布局而进行的全厂性迁建项目，以及行政、事业单位增建业务用房和行政单位增建生活福利设施的项目。

【更新改造投资】 更新改造指企业、事业单位对原有设施进行固定资产更新和技术改造，以及相应配套的工程和有关工作(不包括大修理和维护工程)。包括：(1)列入中央和各级地方本年更新改造计划的项目和虽未列入本年更新改造计划，但使用上年更新改造计划内结转的投产在本年继续施工的项目；(2)本年更新改造计划内投资与基本建设计划内投资结合安排的对企、事业单位原有设施进行技术改造或更新的项目和增建主要生产车间、分厂等其新增生产能力(或工程效益)未达到大中型项目标准的项目，以及由于城市环境保护和安全生产的需要而进行的迁建工作；(3)国有企、事业既未列入基建计划也未列入更新改造计划，总投资在50万元以上的属于改建式更新改造性质的项目，以及由于城市环境保护和安全生产的需要而进行的迁建工程。

【房地产开发投资】 包括各种经济类型的房地产开发公司、商品房建设公司及其他房地产开发单位统一开发的包括统代建、拆迁还建的住宅、厂房、仓库、饭店、宾馆、度假村、写字楼、办公楼等房屋建筑物和配套的服务设施、土地开发工程，如道路、给水、排水、供电、供热、通讯、平整场地等基础设施工程的投资。包括实际从事房地产开发或经营活动的附营房地产开发单位。

【其他固定资产投资】 全社会固定资产投资中未列入基本建设、更新改造和房地产开发投资的建造和购置固定资产的活动。包括：(1)国有单位按规定不纳入基本建设计划和更新改造计划管理，计划总投资或实际需要总投资在50万元以上的工程。(2)城镇集体经济单位固定投资。(3)除国有、城镇集体以外的联营经济、股份制经济、外商投资经济、港澳台投资经济及其他经济类型的企、事业单位建造和购置固定资产其计划总投资在50万元以上的、未列入基本建设计划和更新改造计划的项目。

【新增固定资产】 指通过投资活动所形成的新的固定资产价值。包括本年内建成投入生产或交付使用的工程价值和达到固定资产标准的设备、工具、器具的价值及有关应摊入的费用。它是以价值形成表示的固定资产投资成果的综合性指标，可以综合反映不同时期、不同部门、不同地区的固定资产投资成果。

【建设项目投产率】 指一定时期内全部建成投入生产项目个数占同期正式施工项目个数的比率。它是从项目建设速度的角度反映投资效果的指标。

【固定资产交付使用率】 指一定时期新增固定资产与同期完成投资额的比率。它是反映各个时期固定资产动用速度，衡量建设过程中宏观投资效果的一个综合性指标。

【商品房销售面积】 指报告期内出售商品房屋的合同总面积(即双方签署的正式买卖合同中所确定的建筑面积)。由现房销售建筑面积和期房销售建筑面积两部分组成。

【商品房销售额】 指报告期内出售商品房屋的合同总价款(即双方签署的正式买卖合同中所确定的合同总价)。该指标与商品房销售面积同口径，由现房销售额和期房销售额两部分组成。

【规划用地面积】 指根据经有关部门批准的项目规划，建设项目需要使用的土地面积。

【本年实际征用和购置土地面积】 指报告期内通过征用等各种方式获得使用权的土地面积。

【本年实际征用和购置土地成交价款】 指报告期内征用和购置土地进行土地使用权交易活动的最终金额。征用和购置的土地成交价款与征用和购置土地面积同口径，目的是正确计算平均土地征用和购置价格。

建筑业

Construction

6-1 主要年份建筑业主要指标

Main Indicators on Construction Enterprises in Main Years

指 标	Item	单位	Unit	2005年	2010年	2011年	2012年	2013年
企业个数	**Number of Enterprises**	**个**	**unit**	**283**	**301**	**318**	**331**	**344**
建筑业总产值	**Gross Output Value of Construction**	**万元**	**10 000yuan**	**809251**	**2258512**	**2677155**	**2829250**	**3750575**
#一、二级企业	First and Second Grade	万元	10 000yuan	645233	1902884	2157079	2277545	3219796
按构成分	**Grouped by Composition**							
建筑工程产值	Output Value of Construction	万元	10 000yuan	712100	2096456	2530561	2685345	3603530
安装工程产值	Output Value of Installation	万元	10 000yuan	94899	147174	138147	136283	128625
其他产值	Other Output Value	万元	10 000yuan	2252	14883	8447	7622	18421
按登记注册类型分	**Grouped by Status of Registration**							
国有企业	State-owned Enterprises	万元	10 000yuan	286807	775782	819073	771179	1092670
集体企业	Collective-owned Enterprises	万元	10 000yuan	10742	8893	11851	10080	18531
有限责任公司	Limited Liabilities Corporations	万元	10 000yuan	281923	424140	508423	652699	727406
股份有限公司	Share-holding Corporations Limited	万元	10 000yuan	54618	185285	153613	102399	241553
私营企业	Private Enterprises	万元	10 000yuan	174982	848844	1137618	1274610	1638921
港澳台投资企业	Funds from Hong Kong, Macao and Taiwan	万元	10 000yuan	180	7			
外商投资企业	Foreign Funded	万元	10 000yuan		15561	46576	18283	31494
按建筑行业分	Grouped by Construction Sector							
房屋建筑业	House Building	万元	10 000yuan	450834	1343136	1703452	1967393	2702579
土木工程建筑业	Civil Engineering	万元	10 000yuan	310988	833053	863385	757592	942108
建筑安装业	Construction Installation	万元	10 000yuan	21027	29478	30764	42069	45283
建筑装饰和其他建筑业	Construction Decoration and Other Construction	万元	10 000yuan	26401	52845	79553	62196	60605
竣工产值	Output Value of Construction Completed	万元	10 000yuan	734117	1615322	2415940	2344996	3067652
房屋施工面积	Floor Space of Buildings under Construction	万平方米	10 000sq.m	770	1642	2139	2385	3327
房屋竣工面积	Floor Space of Buildings Completed	万平方米	10 000sq.m	416	650	879	948	1330
期末从业人员	Number of Employed Persons	人	person	47829	57215	64232	53864	70894
工程结算收入	Revenue of Project Settlement Accounts	万元	10 000yuan	778770	2344778	2643462	2799130	3803254
工程结算利润	Profits of Project Settlement Accounts	万元	10 000yuan	45563	110966	132479	176711	174260
利税总额	Total Taxes and Profits	万元	10 000yuan	33265	132564	151769	165473	177330

注：本表不包含劳务分包建筑企业数据。

a) The date in above table doesn't include labor suvcontracting construction enterprise data.

6—2 全部建筑业企业主要指标

单位:万元、人 (2013)

指 标	Item	企业数(个) Number of Enterprises (unit)	#有工作量的企业数 Number of Workload Enterprises
总 计	**Total**	**367**	**331**
#一、二级企业	First and Second Grade	166	160
按地区分	**Grouped by County**		
市区	City	319	286
兴庆区	Xingqing	179	159
西夏区	Xixia	26	25
金凤区	Jinfeng	114	102
永宁县	Yongning	2	2
贺兰县	Helan	22	20
灵武市	Lingwu	24	23
按登记注册类型分	**Grouped by Status of Registration**		
内资企业	Domestic Funded	365	329
国有企业	State-owned Enterprises	24	23
集体企业	Collective-owned Enterprises	1	1
有限责任公司	Limited Liabilities Corporations	52	48
国有独资公司	State Sole Funded Corporations	10	9
其他有限责任公司	Other Limited Liabilities Corporations	42	39
股份有限公司	Share-holding Corporations Limited	1	1
私营企业	Private Enterprises	287	256
私营有限责任公司	Private Limited Liabilities Corporations	285	254
私营股份有限公司	Private Share-holding Corporations Ltd.	2	2
外商投资企业	Foreign Funded	2	2
中外合资经营企业	Domestic and Foreign Joint Funded Enterprises	2	2
按国民经济行业分(2011)	**Grouped by Sector(2011)**		
房屋建筑业	House Building	166	151
房屋建筑业	House Building	166	151
土木工程建筑业	Civil Engineering	83	72
铁路、道路、隧道和桥梁工程建筑	Railway, Road, Tunnel and Bridge	24	19
公路工程建筑	Road	9	7
市政道路工程建筑	Municipal Works	15	12
水利和内河港口工程建筑	Water and River Ports	23	22
水源及供水设施工程建筑	Construction of Water Source and Supply Water Facility	22	21
河湖治理及防洪设施工程建筑	Construciton of River Lake Administer and Hood Control Facility	1	1
工矿工程建筑	Mining	10	9
架线和管道工程建筑	Frame Line and Pipeline	18	17
架线及设备工程建筑	Frame Line Equipment Engineering	14	13
管道工程建筑	Pipeline	4	4
其他土木工程建筑	Other Civil Engineering	8	5

Main Indicators on Construction Enterprises

(10 000yuan, person)

企业总产值 Total Output Value of Enterprises	#建筑业总产值 Total Output Value of Construction	营业收入 Business Revenue	#主营业务收入 Revenue from Principal Business	税金 Taxes	利润总额 Total Profits	年末从业人数 Employed Persons at Year-end
3829628	**3763687**	**3889864**	**3818738**	**5864**	**52490**	**72221**
3262717	3228198	3331297	3274225	4329	31908	56636
3016458	2956640	3021216	2956213	4501	33097	58705
2009290	1995540	1907882	1896183	2293	33004	31660
186887	175706	184815	177350	213	14054	4663
820281	785393	928518	882680	1995	-13961	22382
98305	98298	98305	98298	6	1778	657
502138	496054	519980	513894	820	6221	6392
212728	212695	250364	250332	538	11394	6467
3797320	3732193	3832594	3782419	5765	52305	70987
1109938	1092670	1124391	1107121	1443	-10149	11969
18531	18531	18541	18541	22	1383	180
735850	727720	826070	817396	1599	12806	24288
189007	188040	223661	222038	173	1768	4701
546843	539680	602409	595358	1426	11038	19587
241986	241553	232621	232188	203	6957	1364
1691016	1651719	1630970	1607172	2498	41309	33186
1672552	1634987	1608893	1586828	2486	38569	32834
18464	16732	22076	20345	12	2740	352
32308	31494	57270	36319	99	185	1234
32308	31494	57270	36319	99	185	1234
2761927	2714800	2695082	2664949	2857	50613	48023
2761927	2714800	2695082	2664949	2857	50613	48023
950409	942108	1060499	1031279	2245	1547	18823
499590	498991	502705	502098	663	20026	4748
296425	295968	282370	281912	243	7798	1860
203164	203023	220335	220185	421	12228	2888
202715	201823	195106	194224	684	3633	4460
201120	200227	193548	192665	676	3616	4322
1596	1596	1559	1559	8	17	138
141345	137806	218250	194573	394	-26640	4533
103690	100484	141402	137351	486	4020	4956
95782	92576	133327	131557	378	3425	4788
7908	7908	8075	5794	108	595	168
3069	3004	3037	3033	18	509	126

6-2 续表

单位:万元、人 (2013)

指 标	Item	企业数(个) Number of Enterprises (unit)	#有工作量的企业数 Number of Workload Enterprises
建筑安装业	Construction Installation	55	53
电气安装	Electric Installation	39	38
管道和设备安装	Pipeline and Equipment	3	3
其他建筑安装业	Other Construction Installation	13	12
建筑装饰和其他建筑业	Construction Decoration and Other Construction	63	55
建筑装饰业	Construction Decoration	52	47
工程准备活动	Other Construction	10	7
建筑物拆除活动	Building Demolishes	6	5
其他工程准备活动	Other Construction	4	2
其它未列明建筑业	Not listed other Constructior	1	1
按控股情况分	**Grouped by Controlling Stake**		
国有控股	State-owned	43	39
集体控股	Collective-owned	3	3
私人控股	Private	308	276
外商控股	Foreign	2	2
其他	Others	11	11
按企业规模分	**Grouped by Enterprises Scale**		
大型	Large-Scale	4	4
中型	Medium-Scale	75	75
小型	Small-Scale	183	175
微型	Miniatrue	105	77
按营业状态分	**Grouped by Operating Status**		
营业	Operating	360	327
停业(歇业)	Turn Off(go out of business)	6	3
当年关闭	Turn Off at Current Year	1	1
按企业资质等级分	**Grouped by Qualification Criteria**		
施工总承包	General Contractors	174	161
特级	Special Grade	1	1
一级	First Grade	11	11
二级	Second Grade	67	67
三级及以下	Third Grade and Below	95	82
专业承包	Professional Contractors	170	150
一级	First Grade	8	8
二级	Second Grade	64	61
三级及以下	Third Grade and Below	98	81
劳务分包	Labour Subcontractors	23	20
一级	First Grade	15	12
三级及以下	Third Grade and Below	8	8

continued

(10 000yuan, person)

企业总产值 Total Output Value of Enterprises	# 建筑业总产值 Total Output Value of Construction	营业收入 Business Revenue	# 主营业务收入 Revenue from Principal Business	税　金 Taxes	利润总额 Total Profits	年末从业人数 Employed Persons at Year-end
55029	46171	60529	50689	313	1033	2763
46027	38817	47639	39759	268	890	2411
574	574	494	494		-3	21
8428	6781	12397	10436	45	145	331
62265	60608	73753	71821	449	-703	2612
55101	53592	66707	64923	423	-399	2278
7161	7013	7041	6893	26	-305	316
5826	5826	5326	5326	21	70	214
1334	1187	1715	1567	5	-375	102
3	3	6	5			18
1355711	1337397	1460451	1441479	1723	-7735	18706
77528	76815	77432	74439	288	866	2641
2282610	2237779	2171254	2144998	3608	54023	45431
32308	31494	57270	36319	99	185	1234
81472	80202	123456	121502	146	5152	4209
1041266	1034753	1054596	1048084	1124	11350	6485
2052747	2030301	2211592	2171166	2732	29308	40684
687287	653818	607655	584524	1842	12269	22581
48329	44814	16021	14964	166	-437	2471
3828217	3762276	3884707	3813581	5858	52278	72205
211	211	4863	4863	5	212	
1200	1200	294	294			16
3541837	3505179	3537404	3494258	4482	42564	56907
43022	43022	74210	73554		1291	1968
1433240	1422660	1452425	1441844	1603	-8928	14222
1569370	1559137	1536875	1507655	1769	31648	29341
496206	480361	473895	471205	1110	18554	11376
274679	245396	336975	308996	1378	9613	11581
54445	54367	59726	59648	141	-2780	1544
154239	140610	199830	183293	813	10784	6951
65996	50419	77420	66055	424	1608	3086
13112	13112	15485	15484	4	313	3733
8403	8403	8233	8231	4	-107	2610
4710	4710	7252	7252	1	420	1123

6—3 建筑业总产值

单位:万元 (2013)

指　标	Item	企业数（个）Number of Enterprises (unit)	#有工作量的企业数 Number of Workload Enterprises
总　计	**Total**	**344**	**311**
#一、二级企业	First and Second Grade	151	148
按地区分	**Grouped by County**		
市区	City	299	269
兴庆区	Xingqing	167	150
西夏区	Xixia	22	21
金凤区	Jinfeng	110	98
永宁县	Yongning	2	2
贺兰县	Helan	20	18
灵武市	Lingwu	23	22
按登记注册类型分	**Grouped by Status of Registration**		
内资企业	Domestic Funded	342	309
国有企业	State-owned Enterprises	24	23
集体企业	Collective-owned Enterprises	1	1
有限责任公司	Limited Liabilities Corporations	51	47
国有独资公司	State Sole Funded Corporations	9	8
其他有限责任公司	Other Limited Liabilities Corporations	42	39
股份有限公司	Share-holding Corporations Limited	1	1
私营企业	Private Enterprises	265	237
私营有限责任公司	Private Limited Liabilities Corporations	263	235
私营股份有限公司	Private Share-holding Corporations Ltd.	2	2
外商投资企业	Foreign Funded	2	2
中外合资经营企业	Domestic and Foreign Joint Funded Enterprises	2	2
按国民经济行业分(2011)	**Grouped by Sector(2011)**		
房屋建筑业	House Building	148	136
房屋建筑业	House Building	148	136
土木工程建筑业	Civil Engineering	83	72
铁路、道路、隧道和桥梁工程建筑	Railway, Road, Tunnel and Bridge	24	19
公路工程建筑	Road	9	7
市政道路工程建筑	Municipal Works	15	12
水利和内河港口工程建筑	Water and River Ports	23	22
水源及供水设施工程建筑	Construction of Water Source and Supply Water Facility	22	21
河湖治理及防洪设施工程建筑	Construciton of River Lake Administer and Hood Control Facility	1	1
工矿工程建筑	Mining	10	9
架线和管道工程建筑	Frame Line and Pipeline	18	17
架线及设备工程建筑	Frame Line Equipment Engineering	14	13
管道工程建筑	Pipeline	4	4
其他土木工程建筑	Other Civil Engineering	8	5

Total Output Value of Construction

(10 000yuan)

建筑业总产值 Total Output Value of Construction	#装饰装修产值 Output Value of Decoration	#在外省完成的产值 Output Value of Completed Outside the Province	建筑工程产值 Output Value of Construction"	安装工程产值 Output Value of Installation	其他产值 Others	竣工产值 Output Value of Construction Completed
3750575	**64110**	**344825**	**3603530**	**128625**	**18421**	**3067652**
3219796	56879	337095	3099058	104442	16296	2610167
2943892	63595	178811	2807189	124628	12076	2695954
1985472	30981	108976	1954744	29757	971	1835687
174111	10608	16201	164598	860	8653	136676
784309	22005	53634	687847	94011	2452	723591
98298			98298			21130
496041	318	166014	485699	3997	6345	254528
212343	197		212343			96041
3719081	63942	313498	3572036	128625	18421	3037216
1092670		211596	1049734	27297	15639	1157566
18531			18531			10901
727406	14116	43206	670860	56215	330	547368
187726	857	5722	186645	1081		177356
539680	13259	37484	484216	55134	330	370012
241553		41671	241553			143833
1638921	49826	17025	1591357	45113	2451	1177548
1622190	49826	17025	1574625	45113	2451	1162865
16732			16732			14683
31494	167	31327	31494			30437
31494	167	31327	31494			30437
2702579	10216	236813	2684611	11629	6339	2339177
2702579	10216	236813	2684611	11629	6339	2339177
942108	306	101767	838649	91704	11755	637213
498991		41671	498991			278401
295968		41671	295968			155634
203023			203023			122767
201823		18653	198241	2941	641	139708
200227		18653	196645	2941	641	138512
1596			1596			1196
137806		40486	104708	24396	8702	123435
100484	306	950	33705	64367	2412	92871
92576	306		27647	62517	2412	85319
7908		950	6058	1850		7552
3004		7	3004			2798

6-3 续表

单位:万元 （2013）

指 标	Item	企业数（个）Number of Enterprises (unit)	#有工作量的企业数 Number of Workload Enterprises
建筑安装业	Construction Installation	51	49
电气安装	Electric Installation	39	38
其他建筑安装业	Other Construction Installation	12	11
建筑装饰和其他建筑业	Construction Decoration and Other Construction	62	54
建筑装饰业	Construction Decoration	52	47
工程准备活动	Other Construction	10	7
建筑物拆除活动	Building Demolishes	6	5
其他工程准备活动	Other Construction	4	2
按控股情况分	**Grouped by Controlling Stake**		
国有控股	State-owned	42	38
集体控股	Collective-owned	3	3
私人控股	Private	286	257
外商控股	Foreign	2	2
其他	Others	11	11
按企业规模分	**Grouped by Enterprises Scale**		
大型	Large-Scale	4	4
中型	Medium-Scale	75	75
小型	Small-Scale	180	172
微型	Miniatrue	85	60
按营业状态分	**Grouped by Operating Status**		
营业	Operating	337	307
停业(歇业)	Turn Off(go out of business)	6	3
当年关闭	Turn Off at Current Year	1	1
按企业资质等级分	**Grouped by Qualification Criteria**		
施工总承包	General Contractors	174	161
特级	Special Grade	1	1
一级	First Grade	11	11
二级	Second Grade	67	67
三级及以下	Third Grade and Below	95	82
专业承包	Professional Contractors	170	150
一级	First Grade	8	8
二级	Second Grade	64	61
三级及以下	Third Grade and Below	98	81

continued

(10 000yuan)

建筑业总产值 Total Output Value of Construction"	# 装饰装修产值 Output Value of Decoration	# 在外省完成的产值 Output Value of Completed Outside the Province	建筑工程产值 Output Value of Construction	安装工程产值 Output Value of Installation	其他产值 Others	竣工产值 Output Value of Construction Completed
45283	4360	3958	24066	20891	327	39652
38817	400	922	20106	18384	327	33455
6467	3960	3036	3960	2506		6197
60605	49228	2287	56204	4401		51611
53592	49228	957	49191	4401		44632
7013		1330	7013			6979
5826		1330	5826			5793
1187			1187			1187
1337083	11465	217425	1293066	28378	15639	1344210
76815		437	47197	29288	330	71310
2224981	52477	64227	2166716	55813	2451	1559134
31494	167	31327	31494			30437
80202		31409	65056	15146		62563
1034753		213213	1028417		6336	1051432
2030301	1790	105884	1944201	76476	9624	1428277
646789	58402	25541	595186	49509	2094	564911
38732	3917	188	35726	2639	367	23032
3749164	64006	344825	3602126	128617	18421	3067541
211	104		204	7		111
1200			1200			
3505179	3447	312493	3429977	59239	15963	2855826
43022			43022			47477
1422660	35	235781	1388437	27246	6977	1326821
1559137	2024	70268	1519187	30967	8983	1063759
480361	1388	6444	479332	1026	3	417769
245396	60662	32332	173552	69386	2457	211826
54367	25293	12802	54367			41443
140610	29527	18244	94045	46229	336	130665
50419	5842	1286	25140	23157	2122	39717

6—4 建筑业合同签订及承包工程完成情况

单位:万元 （2013）

指 标	Item	签订的合同额 Total Value of Contracts	上年结转合同额 Value from Contracts Signed in Last Year
总 计	**Total**	**6404894**	**2047867**
#一、二级企业	First and Second Grade	5667812	1807268
按地区分	**Grouped by County**		
市区	City	4824437	1695069
兴庆区	Xingqing	3411768	1317123
西夏区	Xixia	211285	12249
金凤区	Jinfeng	1201384	365696
永宁县	Yongning	204457	33008
贺兰县	Helan	1048860	283962
灵武市	Lingwu	327140	35828
按登记注册类型分	**Grouped by Status of Registration**		
内资企业	Domestic Funded	6373400	2047867
国有企业	State-owned Enterprises	1852079	708357
集体企业	Collective-owned Enterprises	34156	586
有限责任公司	Limited Liabilities Corporations	1251981	402218
国有独资公司	State Sole Funded Corporations	433884	150604
其他有限责任公司	Other Limited Liabilities Corporations	818096	251613
股份有限公司	Share-holding Corporations Limited	655455	200622
私营企业	Private Enterprises	2579729	736084
私营有限责任公司	Private Limited Liabilities Corporations	2562053	734244
私营股份有限公司	Private Share-holding Corporations Ltd.	17676	1841
外商投资企业	Foreign Funded	31494	
中外合资经营企业	Domestic and Foreign Joint Funded Enterprises	31494	
按国民经济行业分(2011)	**Grouped by Sector(2011)**		
房屋建筑业	House Building	4618704	1557636
房屋建筑业	House Building	4618704	1557636
土木工程建筑业	Civil Engineering	1646614	467197
铁路、道路、隧道和桥梁工程建筑	Railway, Road, Tunnel and Bridge	1038625	345708
公路工程建筑	Road	735446	250167
市政道路工程建筑	Municipal Works	303179	95541
水利和内河港口工程建筑	Water and River Ports	277258	67944
水源及供水设施工程建筑	Construction of Water Source and Supply Water Facility	274529	67944
河湖治理及防洪设施工程建筑	Construciton of River Lake Administer and Hood Control Facility	2729	
工矿工程建筑	Mining	223086	36024
架线和管道工程建筑	Frame Line and Pipeline	103677	16232
架线及设备工程建筑	Frame Line Equipment Engineering	95746	15981
管道工程建筑	Pipeline	7930	251
其他土木工程建筑	Other Civil Engineering	3968	1290

Contracts Signed and Completion of Contracted Projects by Construction Enterprises

(10 000yuan)

本年新签合同额 Value from New Contracts Signed in This Year	直接从建设单位承揽工程完成的产值 Completed Output Value of Projects Contracted Directly from Investors	自行完成施工产值 Own-completed Output Value	分包出去工程的产值 Output Value of Out-sourced Projects	从建设单位以外承揽工程完成的产值 Completed Output Value of Projects Contracted from Non-investors
4357027	**3748887**	**3595472**	**153414**	**155103**
3860545	3250634	3102606	148029	117190
3129368	2910605	2790360	120246	153533
2094645	1991314	1878074	113240	107398
199035	176096	173535	2561	576
835688	743195	738750	4445	45559
171449	98298	98298		
764898	495499	494471	1028	1570
291312	244484	212343	32141	
4325533	3717393	3563978	153414	155103
1143722	1004890	1002329	2561	90341
33570	18531	18531		
849763	846456	700988	145468	26418
283280	276504	163264	113240	24461
566483	569952	537724	32228	1956
454833	241553	241553		
1843645	1605963	1600577	5386	38344
1827810	1589231	1583846	5386	38344
15835	16732	16732		
31494	31494	31494		
31494	31494	31494		
3061067	2672337	2553712	118626	148868
3061067	2672337	2553712	118626	148868
1179417	971616	936914	34702	5194
692917	498991	498991		
485278	295968	295968		
207639	203023	203023		
209314	197205	197205		4618
206586	195610	195610		4618
2729	1596	1596		
187063	172508	137806	34702	
87445	100484	100484		
79765	92576	92576		
7680	7908	7908		
2679	2427	2427		576

6-4 续表

单位:万元 （2013）

指 标	Item	签订的合同额 Total Value of Contracts	上年结转合同额 Value from Contracts Signed in Last Year
建筑安装业	Construction Installation	67002	16136
电气安装	Electric Installation	51407	10093
其他建筑安装业	Other Construction Installation	15594	6043
建筑装饰和其他建筑业	Construction Decoration and Other Construction	72575	6898
建筑装饰业	Construction Decoration	65562	6875
工程准备活动	Other Construction	7013	23
建筑物拆除活动	Building Demolishes	5826	23
其他工程准备活动	Other Construction	1187	
按控股情况分	**Grouped by Controlling Stake**		
国有控股	State-owned	2375172	863146
集体控股	Collective-owned	87089	12053
私人控股	Private	3792443	1159344
外商控股	Foreign	31494	
其他	Others	118696	13323
按企业规模分	**Grouped by Enterprises Scale**		
大型	Large-Scale	2081100	822153
中型	Medium-Scale	3321506	924111
小型	Small-Scale	953244	288185
微型	Miniatrue	49044	13418
按营业状态分	**Grouped by Operating Status**		
营业	Operating	6401779	2047067
停业(歇业)	Turn Off(go out of business)	911	800
当年关闭	Turn Off at Current Year	2204	
按企业资质等级分	**Grouped by Qualification Criteria**		
施工总承包	General Contractors	6077746	1996092
特级	Special Grade	188541	19992
一级	First Grade	2742707	1079560
二级	Second Grade	2477676	667952
三级及以下	Third Grade and Below	668822	228588
专业承包	Professional Contractors	327148	51775
一级	First Grade	66302	2140
二级	Second Grade	192587	37623
三级及以下	Third Grade and Below	68260	12012

continued

(10 000yuan)

本年新签合同额 Value from New Contracts Signed in This Year	直接从建设单位承揽工程完成的产值 Completed Output Value of Projects Contracted Directly from Investors	自行完成施工产值 Own-completed Output Value	分包出去工程的产值 Output Value of Out-sourced Projects	从建设单位以外承揽工程完成的产值 Completed Output Value of Projects Contracted from Non-investors
50866	45340	45253	87	30
41314	38874	38787	87	30
9552	6467	6467		
65677	59594	59594		1011
58687	52581	52581		1011
6990	7013	7013		
5803	5826	5826		
1187	1187	1187		
1512026	1369646	1221704	147942	115379
75035	76815	76815		
2633099	2190729	2185257	5473	39724
31494	31494	31494		
105373	80202	80202		
1258947	946533	946533		88220
2397395	2155215	2002915	152300	27386
665059	608410	607296	1115	39493
35626	38728	38728		4
4354712	3747475	3594061	153414	155103
111	211	211		
2204	1200	1200		
4081654	3501819	3352850	148969	152330
168549	156261	43022	113240	
1663147	1316664	1316664		105996
1809724	1585032	1550331	34702	8807
440235	443861	442833	1028	37527
275373	247068	242623	4445	2773
64161	54367	54367		
154964	138309	138222	87	2388
56248	54391	50033	4358	385

6—5 房屋建筑施工面积及竣工面积

单位:平方米 （2013）

指 标	Item	房屋建筑施工面积 Floor Space of Buildings under Construction	本年新开工面积 Floor Space of New Buildings in This Year
总 计	**Total**	**33267303**	**13659513**
#一、二级企业	First and Second Grade	28381861	11330786
按地区分	**Grouped by County**		
市区	City	27927060	10484526
兴庆区	Xingqing	19569755	5792355
西夏区	Xixia	1148918	1047745
金凤区	Jinfeng	7208387	3644426
永宁县	Yongning	1191039	949141
贺兰县	Helan	2516862	1136325
灵武市	Lingwu	1632342	1089521
按登记注册类型分	**Grouped by Status of Registration**		
内资企业	Domestic Funded	33267303	13659513
国有企业	State-owned Enterprises	13114251	2438944
集体企业	Collective-owned Enterprises	242457	225721
有限责任公司	Limited Liabilities Corporations	5788654	2474923
国有独资公司	State Sole Funded Corporations	2136230	593633
其他有限责任公司	Other Limited Liabilities Corporations	3652424	1881290
私营企业	Private Enterprises	14121941	8519925
私营有限责任公司	Private Limited Liabilities Corporations	13806048	8403740
私营股份有限公司	Private Share-holding Corporations Ltd.	315893	116185
按国民经济行业分(2011)	**Grouped by Sector(2011)**		
房屋建筑业	House Building	32869968	13421375
房屋建筑业	House Building	32869968	13421375
土木工程建筑业	Civil Engineering	397335	238138
水利和内河港口工程建筑	Water and River Ports	63400	51023
水源及供水设施工程建筑	Construction of Water Source and Supply Water Facility	63400	51023
工矿工程建筑	Mining	274318	130665
架线和管道工程建筑	Frame Line and Pipeline	59617	56450
架线及设备工程建筑	Frame Line Equipment Engineering	59617	56450
按控股情况分	**Grouped by Controlling Stake**		
国有控股	State-owned	15275348	3035507
集体控股	Collective-owned	302074	282171
私人控股	Private	17345364	10083303
其他	Others	344517	258532
按企业规模分	**Grouped by Enterprises Scale**		
大型	Large-Scale	12359772	1542147
中型	Medium-Scale	15404712	9422291
小型	Small-Scale	5209402	2401658
微型	Miniatrue	293417	293417
按营业状态分	**Grouped by Operating Status**		
营业	Operating	33267303	13659513
按企业资质等级分	**Grouped by Qualification Criteria**		
施工总承包	General Contractors	33212210	13607420
特级	Special Grade	176955	62178
一级	First Grade	14798154	2851412
二级	Second Grade	13406752	8417196
三级及以下	Third Grade and Below	4830349	2276634
专业承包	Professional Contractors	55093	52093
三级及以下	Third Grade and Below	55093	52093

Floor Space of Buildings Constructed and Completed

(sq.m)

实行投标承包面积 Floor Space of Contracted Projects	本年新开工面积 Floor Space of New Buildings in This Year	房屋建筑竣工面积 Floor Space of Buildings Completed	住宅房屋 Residence
33080888	**13570641**	**13305293**	**7307076**
28200446	11243914	10823157	5463881
27740645	10395654	11898328	6574665
19438632	5703483	8835288	4473736
1148918	1047745	475366	254323
7153095	3644426	2587674	1846606
1191039	949141	188673	182306
2516862	1136325	819569	366454
1632342	1089521	398723	183651
33080888	13570641	13305293	7307076
13104600	2438944	6108151	2593777
242457	225721	49598	49598
5788654	2474923	2298167	1193111
2136230	593633	1078175	382361
3652424	1881290	1219992	810750
13945177	8431053	4849377	3470590
13745756	8401740	4590882	3470590
199421	29313	258495	
32693204	13332503	13176633	7307076
32693204	13332503	13176633	7307076
387684	238138	128660	
53749	51023	12917	
53749	51023	12917	
274318	130665	89361	
59617	56450	26382	
59617	56450	26382	
15265697	3035507	7188016	2976138
302074	282171	75980	49598
17168600	9994431	5881880	4124414
344517	258532	159417	156926
12359772	1542147	5829704	2447201
15223297	9335419	5084779	3067584
5204402	2399658	2242446	1661153
293417	293417	148364	131138
33080888	13570641	13305293	7307076
33030795	13520548	13279511	7298876
176955	62178	41417	31741
14788503	2851412	6746700	2849269
13234988	8330324	4035040	2582871
4830349	2276634	2456354	1834995
50093	50093	25782	8200
50093	50093	25782	8200

6-5 续表1

单位:平方米 (2013)

指 标	Item	商业及服务用房屋 Business and Service	商厦房屋(批发和零售用房) Commercial (wholesale and retail trade)
总 计	**Total**	**1176374**	**829634**
#一、二级企业	First and Second Grade	807029	655509
按地区分	**Grouped by County**		
市区	City	951519	825157
兴庆区	Xingqing	574703	476701
西夏区	Xixia	45415	45415
金凤区	Jinfeng	331401	303041
永宁县	Yongning		
贺兰县	Helan	45428	4477
灵武市	Lingwu	179427	
按登记注册类型分	**Grouped by Status of Registration**		
内资企业	Domestic Funded	1176374	829634
国有企业	State-owned Enterprises	317470	222220
集体企业	Collective-owned Enterprises		
有限责任公司	Limited Liabilities Corporations	205131	180675
国有独资公司	State Sole Funded Corporations	57732	57732
其他有限责任公司	Other Limited Liabilities Corporations	147399	122943
私营企业	Private Enterprises	653773	426739
私营有限责任公司	Private Limited Liabilities Corporations	477496	426739
私营股份有限公司	Private Share-holding Corporations Ltd.	176277	
按国民经济行业分(2011)	**Grouped by Sector(2011)**		
房屋建筑业	House Building	1176374	829634
房屋建筑业	House Building	1176374	829634
土木工程建筑业	Civil Engineering		
水利和内河港口工程建筑	Water and River Ports		
水源及供水设施工程建筑	Construction of Water Source and Supply Water Facility		
工矿工程建筑	Mining		
架线和管道工程建筑	Frame Line and Pipeline		
架线及设备工程建筑	Frame Line Equipment Engineering		
按控股情况分	**Grouped by Controlling Stake**		
国有控股	State-owned	375202	279952
集体控股	Collective-owned		
私人控股	Private	799732	548242
其他	Others	1440	1440
按企业规模分	**Grouped by Enterprises Scale**		
大型	Large-Scale	96276	57732
中型	Medium-Scale	742630	630897
小型	Small-Scale	321355	124892
微型	Miniatrue	16113	16113
按营业状态分	**Grouped by Operating Status**		
营业	Operating	1176374	829634
按企业资质等级分	**Grouped by Qualification Criteria**		
施工总承包	General Contractors	1174374	827634
特级	Special Grade		
一级	First Grade	226781	131531
二级	Second Grade	580248	523978
三级及以下	Third Grade and Below	367345	172125
专业承包	Professional Contractors	2000	2000
三级及以下	Third Grade and Below	2000	2000

continued

(10 000yuan)

宾馆用房屋（住宿用房） Hotel (hoteling)	餐饮用房屋（餐饮用房） Catering (catering services)	商务会展用房屋 Commercial Exhibition	其他商业及服务用房屋（居民服务业用房） Other Business and Service (other services)	办公用房屋 Offices	科研、教育、医疗用房屋 Scientific Research, Education and Medical
16029	**57373**	**42166**	**231172**	**1650562**	**1530061**
	55445	42166	53909	1535533	1526668
16029	15679	42166	52488	1535801	1470655
16029	13751	17659	50563	1398277	1370822
				10389	21639
	1928	24507	1925	127135	78194
				6367	
	38544		2407	101804	54271
	3150		176277	6590	5135
16029	57373	42166	231172	1650562	1530061
	48844		46406	1233811	1196494
	3451	17659	3346	198208	181507
				152929	95821
	3451	17659	3346	45279	85686
16029	5078	24507	181420	218543	152060
16029	5078	24507	5143	185499	152060
			176277	33044	
16029	57373	42166	231172	1614173	1530061
16029	57373	42166	231172	1614173	1530061
				36389	
				540	
				540	
				15589	
				20260	
				20260	
	48844		46406	1386740	1292315
				20260	
16029	8529	42166	184766	242511	237746
				1051	
	38544			1363768	1243839
	18829	42166	50738	175354	270574
16029			180434	111440	15648
16029	57373	42166	231172	1650562	1530061
16029	57373	42166	231172	1650562	1530061
					9676
	48844		46406	1387655	1310091
	6601	42166	7503	147878	206901
16029	1928		177263	115029	3393

6-5 续表2

单位:平方米 (2013)

指 标	Item	科学研究用房屋 Scientific Research	教育用房屋 Education
总 计	**Total**	**18027**	**1497200**
#一、二级企业	First and Second Grade	18027	1497200
按地区分	**Grouped by County**		
市区	City	18027	1438534
兴庆区	Xingqing	18027	1349150
西夏区	Xixia		20733
金凤区	Jinfeng		68651
永宁县	Yongning		
贺兰县	Helan		53531
灵武市	Lingwu		5135
按登记注册类型分	**Grouped by Status of Registration**		
内资企业	Domestic Funded	18027	1497200
国有企业	State-owned Enterprises		1195374
集体企业	Collective-owned Enterprises		
有限责任公司	Limited Liabilities Corporations	16327	164440
国有独资公司	State Sole Funded Corporations		95821
其他有限责任公司	Other Limited Liabilities Corporations	16327	68619
私营企业	Private Enterprises	1700	137386
私营有限责任公司	Private Limited Liabilities Corporations	1700	137386
私营股份有限公司	Private Share-holding Corporations Ltd.		
按国民经济行业分(2011)	**Grouped by Sector(2011)**		
房屋建筑业	House Building	18027	1497200
房屋建筑业	House Building	18027	1497200
土木工程建筑业	Civil Engineering		
水利和内河港口工程建筑	Water and River Ports		
水源及供水设施工程建筑	Construction of Water Source and Supply Water Facility		
工矿工程建筑	Mining		
架线和管道工程建筑	Frame Line and Pipeline		
架线及设备工程建筑	Frame Line Equipment Engineering		
按控股情况分	**Grouped by Controlling Stake**		
国有控股	State-owned		1291195
集体控股	Collective-owned		
私人控股	Private	18027	206005
其他	Others		
按企业规模分	**Grouped by Enterprises Scale**		
大型	Large-Scale		1243839
中型	Medium-Scale	18027	241106
小型	Small-Scale		12255
微型	Miniatrue		
按营业状态分	**Grouped by Operating Status**		
营业	Operating	18027	1497200
按企业资质等级分	**Grouped by Qualification Criteria**		
施工总承包	General Contractors	18027	1497200
特级	Special Grade		9676
一级	First Grade	18027	1292064
二级	Second Grade		195460
三级及以下	Third Grade and Below		
专业承包	Professional Contractors		
三级及以下	Third Grade and Below		

continued

(sq.m)

医疗用房屋（卫生医疗用房）Medical (health and medical)	文化、体育、娱乐用房屋 Culture,Sports and Entertainment	厂房及建筑物 Workshop and Buildings	#厂　房 Workshop	仓　库 Warehouse	其他未列明的房屋建筑物 Other Buildings
14834	**140380**	**792043**	**788613**	**87706**	**621091**
11441	140380	670358	667158	85482	593826
14094	125022	626407	626177	16527	597732
3645	112321	528354	528124	14057	363018
906	1947	3090	3090	2470	136093
9543	10754	94963	94963		98621
740	15251	144085	144085	71179	21097
	107	21551	18351		2262
14834	140380	792043	788613	87706	621091
1120	29235	380214	380214	82715	274435
740	92905	187922	187922	297	239086
		173987	173987		215345
740	92905	13935	13935	297	23741
12974	18240	223907	220477	4694	107570
12974	18240	175141	171711	4694	107162
		48766	48766		408
14834	140380	705894	702464	87706	614969
14834	140380	705894	702464	87706	614969
		86149	86149		6122
		12377	12377		
		12377	12377		
		73772	73772		
					6122
					6122
1120	29235	554201	554201	82715	491470
					6122
13714	111145	237842	234412	4991	123499
	15251	355748	355748	71179	236442
11441	122029	370587	367157	16527	319494
3393	3100	64595	64595		65155
		1113	1113		
14834	140380	792043	788613	87706	621091
14834	140380	776461	773031	87706	621091
	28687	554939	554939	82715	306563
11441	111693	115419	112219	2767	287263
3393		106103	105873	2224	27265
		15582	15582		
		15582	15582		

6—6 房屋建筑竣工价值

单位:万元 (2013)

指 标	Item	竣工房屋价值 Output Value of Buildings Completed	住宅房屋 Residence	商业及服务用房屋 Business and Service
总 计	**Total**	**1685010**	**924235**	**154974**
#一、二级企业	First and Second Grade	1404827	716182	117554
按地区分	**Grouped by County**			
市区	City	1508652	832163	142763
兴庆区	Xingqing	1081303	542138	97083
西夏区	Xixia	64973	39129	4836
金凤区	Jinfeng	362376	250896	40845
永宁县	Yongning	21130	19924	
贺兰县	Helan	124253	48951	8162
灵武市	Lingwu	30975	23197	4049
按登记注册类型分	**Grouped by Status of Registration**			
内资企业	Domestic Funded	1685010	924235	154974
国有企业	State-owned Enterprises	767472	324315	41719
集体企业	Collective-owned Enterprises	7415	7415	
有限责任公司	Limited Liabilities Corporations	290329	172757	23923
国有独资公司	State Sole Funded Corporations	102999	40338	6285
其他有限责任公司	Other Limited Liabilities Corporations	187330	132419	17638
私营企业	Private Enterprises	619794	419749	89332
私营有限责任公司	Private Limited Liabilities Corporations	607465	419749	85683
私营股份有限公司	Private Share-holding Corporations Ltd.	12329		3649
按国民经济行业分(2011)	**Grouped by Sector(2011)**			
房屋建筑业	House Building	1659499	924235	154974
房屋建筑业	House Building	1659499	924235	154974
土木工程建筑业	Civil Engineering	25511		
水利和内河港口工程建筑	Water and River Ports	2840		
水源及供水设施工程建筑	Construction of Water Source and Supply Water Facility	2840		
工矿工程建筑	Mining	19082		
架线和管道工程建筑	Frame Line and Pipeline	3590		
架线及设备工程建筑	Frame Line Equipment Engineering	3590		
按控股情况分	**Grouped by Controlling Stake**			
国有控股	State-owned	870510	364653	48004
集体控股	Collective-owned	11005	7415	
私人控股	Private	770360	519528	106812
其他	Others	33136	32639	158
按企业规模分	**Grouped by Enterprises Scale**			
大型	Large-Scale	698159	293387	13536
中型	Medium-Scale	714957	425830	111140
小型	Small-Scale	258219	194082	27770
微型	Miniatrue	13675	10936	2527
按营业状态分	**Grouped by Operating Status**			
营业	Operating	1685010	924235	154974
按企业资质等级分	**Grouped by Qualification Criteria**			
施工总承包	General Contractors	1682000	922616	154462
特级	Special Grade	4382	3532	
一级	First Grade	823132	345512	33900
二级	Second Grade	577313	367138	83654
三级及以下	Third Grade and Below	277173	206434	36908
专业承包	Professional Contractors	3010	1620	512
三级及以下	Third Grade and Below	3010	1620	512

Output Value of Floor Space of Buildings Completed

(10 000yuan)

商厦房屋（批发和零售用房）Commercial (wholesale and retail trade)	宾馆用房屋（住宿用房）Hotel (hoteling)	餐饮用房屋（餐饮用房）Catering (catering services)	商务会展用房屋 Commercial Exhibition	其他商业及服务用房屋（居民服务业用房）Other Business and Service (other services)	办公用房屋 Offices
122188	**1235**	**11115**	**9709**	**10727**	**208900**
90049		10845	9709	6951	190672
121611	1235	3463	9709	6745	187930
85430	1235	3193	1457	5768	164271
4836					1841
31346		270	8252	977	21819
					1206
577		7251		334	18874
		400		3649	890
122188	1235	11115	9709	10727	208900
26825		9823		5070	155239
20662		621	1457	1183	21721
6285					14000
14377		621	1457	1183	7721
74701	1235	670	8252	4474	31941
74701	1235	670	8252	825	31244
				3649	697
122188	1235	11115	9709	10727	201807
122188	1235	11115	9709	10727	201807
					7094
					125
					125
					3930
					3039
					3039
33110		9823		5070	169238
					3039
88920	1235	1291	9709	5657	36284
158					339
6285		7251			163936
91187		3864	9709	6381	28489
22189	1235			4346	16475
2527					
122188	1235	11115	9709	10727	208900
121676	1235	11115	9709	10727	208900
19006		9823		5070	170194
71043		1022	9709	1881	20478
31627	1235	270		3776	18228
512					
512					

6-6 续表

单位:万元 (2013)

指 标	Item	科研、教育、医疗用房屋 Scientific Research, Education and Medical	科学研究用房屋 Scientific Research	教育用房屋 Education
总 计	**Total**	**196596**	**2547**	**191466**
#一、二级企业	First and Second Grade	195972	2547	191466
按地区分	**Grouped by County**			
市区	City	184497	2547	179489
兴庆区	Xingqing	169001	2547	165847
西夏区	Xixia	2098		1937
金凤区	Jinfeng	13398		11705
永宁县	Yongning			
贺兰县	Helan	11044		10921
灵武市	Lingwu	1055		1055
按登记注册类型分	**Grouped by Status of Registration**			
内资企业	Domestic Funded	196596	2547	191466
国有企业	State-owned Enterprises	148071		147879
集体企业	Collective-owned Enterprises			
有限责任公司	Limited Liabilities Corporations	22664	2182	20359
国有独资公司	State Sole Funded Corporations	8736		8736
其他有限责任公司	Other Limited Liabilities Corporations	13928	2182	11623
私营企业	Private Enterprises	25861	365	23228
私营有限责任公司	Private Limited Liabilities Corporations	25861	365	23228
私营股份有限公司	Private Share-holding Corporations Ltd.			
按国民经济行业分(2011)	**Grouped by Sector(2011)**			
房屋建筑业	House Building	196596	2547	191466
房屋建筑业	House Building	196596	2547	191466
土木工程建筑业	Civil Engineering			
水利和内河港口工程建筑	Water and River Ports			
水源及供水设施工程建筑	Construction of Water Source and Supply Water Facility			
工矿工程建筑	Mining			
架线和管道工程建筑	Frame Line and Pipeline			
架线及设备工程建筑	Frame Line Equipment Engineering			
按控股情况分	**Grouped by Controlling Stake**			
国有控股	State-owned	156807		156615
集体控股	Collective-owned			
私人控股	Private	39789	2547	34851
其他	Others			
按企业规模分	**Grouped by Enterprises Scale**			
大型	Large-Scale	148891		148891
中型	Medium-Scale	44782	2547	40276
小型	Small-Scale	2923		2299
微型	Miniatrue			
按营业状态分	**Grouped by Operating Status**			
营业	Operating	196596	2547	191466
按企业资质等级分	**Grouped by Qualification Criteria**			
施工总承包	General Contractors	196596	2547	191466
特级	Special Grade	850		850
一级	First Grade	160628	2547	158081
二级	Second Grade	34494		32535
三级及以下	Third Grade and Below	624		
专业承包	Professional Contractors			
三级及以下	Third Grade and Below			

continued

(10 000yuan)

医疗用房屋（卫生医疗用房）Medical (health and medical)	文化、体育、娱乐用房屋 Culture,Sports and Entertainment	厂房及建筑物 Workshop and Buildings	#厂　房 Workshop	仓　库 Warehouse	其他未列明的房屋建筑物 Other Buildings
2583	**20461**	**97824**	**97394**	**12769**	**69251**
1959	20461	86077	85757	12691	65219
2460	17359	76085	75975	3879	63976
606	14353	57912	57802	1679	34867
161	450	439	439	2200	13980
1693	2556	17734	17734		15129
123	3083	20120	20120	8889	5130
	19	1619	1299		145
2583	20461	97824	97394	12769	69251
193	5305	53998	53998	10421	28405
123	8437	17323	17323	69	23434
		15927	15927		17713
123	8437	1396	1396	69	5721
2268	6719	26503	26073	2278	17412
2268	6719	18564	18134	2278	17368
		7939	7939		44
2583	20461	79957	79527	12769	68700
2583	20461	79957	79527	12769	68700
		17867	17867		551
		2715	2715		
		2715	2715		
		15152	15152		
					551
					551
193	5305	69925	69925	10421	46157
					551
2391	15157	27899	27469	2347	22544
	3083	43594	43594	8889	22844
1959	17060	47066	46636	3879	36710
624	318	6953	6953		9698
		212	212		
2583	20461	97824	97394	12769	69251
2583	20461	96946	96516	12769	69251
	5213	69939	69939	10421	27326
1959	15249	16138	15818	2269	37893
624		10869	10759	78	4032
		879	879		
		879	879		

6—7 建筑业企业自有施工机械设备及劳动人员情况

(2013)

指 标	Item	年末自有施工机械设备净值(万元) Net Value of Machinery and Equipment Owned (10 000 yuan)
总 计	**Total**	**74093**
#一、二级企业	First and Second Grade	60964
按地区分	**Grouped by County**	
市区	City	52138
兴庆区	Xingqing	33209
西夏区	Xixia	4402
金凤区	Jinfeng	14526
永宁县	Yongning	1085
贺兰县	Helan	9277
灵武市	Lingwu	11593
按登记注册类型分	**Grouped by Status of Registration**	
内资企业	Domestic Funded	74093
国有企业	State-owned Enterprises	18168
集体企业	Collective-owned Enterprises	397
有限责任公司	Limited Liabilities Corporations	18358
国有独资公司	State Sole Funded Corporations	2017
其他有限责任公司	Other Limited Liabilities Corporations	16341
股份有限公司	Share-holding Corporations Limited	7028
私营企业	Private Enterprises	30141
私营有限责任公司	Private Limited Liabilities Corporations	30141
私营股份有限公司	Private Share-holding Corporations Ltd.	
外商投资企业	Foreign Funded	
中外合资经营企业	Domestic and Foreign Joint Funded Enterprises	
按国民经济行业分(2011)	**Grouped by Sector(2011)**	
房屋建筑业	House Building	34470
房屋建筑业	House Building	34470
土木工程建筑业	Civil Engineering	29850
铁路、道路、隧道和桥梁工程建筑	Railway, Road, Tunnel and Bridge	11569
公路工程建筑	Road	7379
市政道路工程建筑	Municipal Works	4190
水利和内河港口工程建筑	Water and River Ports	4504
水源及供水设施工程建筑	Construction of Water Source and Supply Water Facility	4370
河湖治理及防洪设施工程建筑	Construciton of River Lake Administer and Hood Control Facility	134
工矿工程建筑	Mining	12954
架线和管道工程建筑	Frame Line and Pipeline	746
架线及设备工程建筑	Frame Line Equipment Engineering	645
管道工程建筑	Pipeline	101
其他土木工程建筑	Other Civil Engineering	78

Machinery and Equipment Owned and Employed Persons by Construction Enterprises

年末自有施工机械设备总台数(台) Number of Machinery and Equipment Owned (set)	年末自有施工机械设备总功率(千瓦) Total Power of Machinery and Equipment Owned (kw)	期末从业人员数(人) Number of Employed Persons at Year-end (person)	工程技术人员(人) Engineering Persons (person)	一级建造师(人) First Construction Engineer (person)
16245	**388669**	**68488**	**17249**	**558**
11955	296610	54026	13747	461
13294	273369	55039	14963	471
7734	154929	28227	9052	302
1608	35625	4529	1110	32
3952	82815	22283	4801	137
198	2178	657	175	21
1712	79828	6370	1145	61
1041	33294	6422	966	5
16245	388669	67254	17176	546
3682	87307	11969	4144	124
134	1222	180	102	
3245	89808	24204	4280	160
347	4713	4617	1274	42
2898	85095	19587	3006	118
205	13930	1364	725	28
8979	196402	29537	7925	234
8979	196402	29185	7761	233
		352	164	1
		1234	73	12
		1234	73	12
10765	229945	44413	10767	345
10765	229945	44413	10767	345
3218	117065	18823	5126	160
911	49163	4748	1900	84
313	20810	1860	851	48
598	28353	2888	1049	36
646	28503	4460	1154	24
633	27259	4322	1140	23
13	1244	138	14	1
1037	22063	4533	1035	42
458	12636	4956	977	9
215	11636	4788	859	7
243	1000	168	118	2
166	4700	126	60	1

6-7 续表

(2013)

指 标	Item	年末自有施工机械设备净值(万元) Net Value of Machinery and Equipment Owned (10 000 yuan)
建筑安装业	Construction Installation	3819
电气安装	Electric Installation	811
其他建筑安装业	Other Construction Installation	3008
建筑装饰和其他建筑业	Construction Decoration and Other Construction	5954
建筑装饰业	Construction Decoration	1002
工程准备活动	Other Construction	4952
建筑物拆除活动	Building Demolishes	1331
其他工程准备活动	Other Construction	3621
按控股情况分	**Grouped by Controlling Stake**	
国有控股	State-owned	27185
集体控股	Collective-owned	725
私人控股	Private	42035
外商控股	Foreign	
其他	Others	4148
按企业规模分	**Grouped by Enterprises Scale**	
大型	Large-Scale	13872
中型	Medium-Scale	36275
小型	Small-Scale	19787
微型	Miniatrue	4159
按营业状态分	**Grouped by Operating Status**	
营业	Operating	73444
停业(歇业)	Closed(go out of business)	649
当年关闭	Turn Off at Current Year	
按企业资质等级分	**Grouped by Qualification Criteria**	
施工总承包	General Contractors	58418
特级	Special Grade	1434
一级	First Grade	22906
二级	Second Grade	26160
三级及以下	Third Grade and Below	7918
专业承包	Professional Contractors	15675
一级	First Grade	976
二级	Second Grade	9488
三级及以下	Third Grade and Below	5211

continued

年末自有施工机械设备总台数(台) Number of Machinery and Equipment Owned (set)	年末自有施工机械设备总功率(千瓦) Total Power of Machinery and Equipment Owned (kw)	期末从业人员数(人) Number of Employed Persons at Year-end (person)	工程技术人员(人) Engineering Persons (person)	一级建造师(人) First Construction Engineer (person)
960	16977	2658	604	18
293	9424	2411	500	11
667	7553	247	104	7
1302	24682	2594	752	35
1150	5232	2278	596	21
152	19450	316	156	14
92	5039	214	99	9
60	14411	102	57	5
4120	99517	18622	5694	175
199	6429	2641	312	3
11046	256231	41782	10175	358
		1234	73	12
880	26492	4209	995	10
1525	45761	6485	2854	80
8238	195988	40684	8768	300
5536	130938	20192	5093	163
946	15982	1127	534	15
16119	388488	68472	17246	558
126	181			
		16	3	
12984	309367	56907	13943	458
150	2843	1968	553	21
3965	83442	14222	4988	179
5816	148832	29341	5795	200
3053	74250	11376	2607	58
3261	79302	11581	3306	100
318	5934	1544	335	35
1706	55559	6951	2076	26
1237	17809	3086	895	39

6—8 建筑业企业财务状况

单位:万元 (2013)

指标	Item	年初存货 Stock	资产总计 Total Funds
总 计	**Total**	**478153**	**3341986**
#一、二级企业	First and Second Grade	377633	2667131
按地区分	**Grouped by County**		
市区	City	362971	2755763
永宁县	Yongning	1382	55840
贺兰县	Helan	76830	333161
灵武市	Lingwu	36970	197222
按登记注册类型分	**Grouped by Status of Registration**		
内资企业	Domestic Funded	476979	3251798
国有企业	State-owned Enterprises	146397	816871
集体企业	Collective-owned Enterprises	1111	13239
有限责任公司	Limited Liabilities Corporations	88074	725300
国有独资公司	State Sole Funded Corporations	6662	229967
其他有限责任公司	Other Limited Liabilities Corporations	81412	495333
股份有限公司	Share-holding Corporations Limited	12955	222210
私营企业	Private Enterprises	228442	1474177
私营有限责任公司	Private Limited Liabilities Corporations	226904	1448728
私营股份有限公司	Private Share-holding Corporations Ltd.	1538	25449
港、澳、台商投资企业	Enterprises with Funds from Hong Kong,Macao and Taiwan		
港、澳、台商独资经营企业	Enterprises with Sole Investment		
外商投资企业	Foreign Funded	1175	90189
中外合资经营企业	Domestic and Foreign Joint Funded Enterprises	1175	90189
外资企业	Foreign-funded Enterprises		
按国民经济行业分	**Grouped by Sector**		
房屋建筑业	Building and Civil Engineering	326676	2119300
土木工程建筑业	Civil Engineering	122191	1021988
铁路、道路、隧道和桥梁工程建筑	Railway, Road, Tunnel and Bridge	56127	488097
水利和内河港口工程建筑	Water and River Ports	22878	167115
工矿工程建筑	Mining	16881	219308
架线和管道工程建筑	Frame Line and Pipeline	25822	139120
其他土木工程建筑	Other Civil Engineering	484	8348
建筑安装业	Construction Installation	9885	76021
建筑装饰和其他建筑业	Construction Decoration and Other Construction	19401	124678
建筑装饰业	Construction Decoration	16198	86239
工程准备活动	Other Construction	3203	38439
按控股情况分	**Grouped by Controlling Stake**		
国有控股	State-owned	156518	1098252
集体控股	Collective-owned	4478	53453
私人控股	Private	280986	1988016
港澳台商控股	Hong Kong,Macao and Taiwan		
外商控股	Foreign	1175	90189
其他	Others	34997	112077
按营业状态分	**Grouped by Operating Status**		
营业	Operating	477068	3329305
停业(歇业)	Closed(go out of business)	826	11921
当年关闭	Turn off at Current Year	258	761
按企业资质等级分	Grouped by Qualification Criteria		
施工总承包	General Contractors	406643	2873218
特级	Special Grade	1145	101800
一级	First Grade	173326	1138272
二级	Second Grade	145010	1114106
三级及以下	Third Grade and Below	87162	519040
专业承包	Professional Contractors	71510	468768
一级	First Grade	13058	46331
二级	Second Grade	45095	266622
三级及以下	Third Grade and Below	13358	155815

注:本表数据为全部建筑业企业财务状况,6-2表财务数据为有工作量建筑业企业数据。

a) Data in above table are for the financial data of all construction enterprises, 6-2 table for the workload of the construction enterprise data.

Financial Indicators on Construction Enterprises

(10 000yuan)

流动资产合计 Total Circulating Funds	应收工程款 Projects Receivable	存 货 Stock	固定资产合计 Total Investment Assets	固定资产原价 Original Value of Fixed Assets	累计折旧 Accumulated Depreciation	本年折旧 Depreciation This Year
2846041	**1060023**	**564339**	**274775**	**413658**	**179492**	**28420**
2270141	881441	422143	212600	328056	147446	21635
2322159	884628	386170	227607	333329	144467	20665
54852	44315	1286	968	1332	364	43
299083	96278	123846	26197	38840	13352	2096
169947	34802	53037	20003	40158	21309	5616
2772863	1019674	563036	259737	391304	172170	26465
732407	317188	151819	58144	107493	51363	5101
9251	3485	1489	397	625	228	12
587541	180983	114556	52911	95868	49533	9197
157645	48671	8953	11099	17752	9858	1488
429896	132311	105604	41812	78115	39675	7709
182511	59592	23240	36875	20406	7635	156
1261153	458427	271931	111410	166912	63411	11999
1236832	445703	271644	110496	165453	62867	11932
24321	12725	288	914	1459	544	66
73178	40349	1304	15038	22355	7322	1954
73178	40349	1304	15038	22355	7322	1954
1848794	669341	420140	126370	193956	71325	10665
849565	336967	121833	119399	182556	93399	14846
419483	170801	54637	53174	53615	24981	2091
135783	39526	27338	17153	27274	14238	2834
175031	89728	7360	36412	80757	44359	8200
112178	34331	31461	12141	19453	8863	1597
7091	2581	1038	519	1456	958	124
62225	29158	9135	10475	13268	4710	1101
85456	24556	13232	18531	23878	10057	1807
68829	19941	12241	9238	8988	3545	650
16627	4615	991	9293	14890	6513	1157
931380	375168	164147	78389	150110	76978	10610
37011	12990	4513	4377	9144	4768	762
1706760	606643	360928	167407	214396	82023	13716
73178	40349	1304	15038	22355	7322	1954
97713	24873	33447	9565	17654	8401	1378
2836474	1051510	563676	274333	412193	178468	28366
8862	8048	433	385	1379	994	48
705	465	231	56	87	30	5
2489363	925657	490592	212781	323877	140311	21426
46705	8191	1009	1990	4011	2025	392
1023839	401077	198655	92659	127927	60059	6097
948782	371461	165127	79841	137046	59386	10854
470037	144928	125802	38291	54893	18841	4084
356677	134366	73747	61995	89782	39181	6994
37966	21009	5218	5845	7076	2980	636
212848	79703	52135	32266	51996	22997	3658
105863	33654	16394	23884	30709	13205	2700

6-8 续表1

单位:万元 (2013)

指 标	Item	在建工程 Construction in Process	负债合计 Total Liabilities
总 计	**Total**	**28182**	**2459938**
#一、二级企业	First and Second Grade	21654	2040617
按地区分	**Grouped by County**		
市区	City	27171	2033368
永宁县	Yongning		47505
贺兰县	Helan	607	282692
灵武市	Lingwu	404	96374
按登记注册类型分	**Grouped by Status of Registration**		
内资企业	Domestic Funded	28182	2400006
国有企业	State-owned Enterprises	1262	711698
集体企业	Collective-owned Enterprises		7032
有限责任公司	Limited Liabilities Corporations	5251	559343
国有独资公司	State Sole Funded Corporations	2761	177791
其他有限责任公司	Other Limited Liabilities Corporations	2490	381552
股份有限公司	Share-holding Corporations Limited	16469	188702
私营企业	Private Enterprises	5201	933231
私营有限责任公司	Private Limited Liabilities Corporations	5201	920220
私营股份有限公司	Private Share-holding Corporations Ltd.		13011
港、澳、台商投资企业	Enterprises with Funds from Hong Kong,Macao and Taiwan		
港、澳、台商独资经营企业	Enterprises with Sole Investment		
外商投资企业	Foreign Funded		59933
中外合资经营企业	Domestic and Foreign Joint Funded Enterprises		59933
外资企业	Foreign-funded Enterprises		
按国民经济行业分	**Grouped by Sector**		
房屋建筑业	Building and Civil Engineering	2529	1593899
土木工程建筑业	Civil Engineering	21845	763740
铁路、道路、隧道和桥梁工程建筑	Railway, Road, Tunnel and Bridge	16874	361177
水利和内河港口工程建筑	Water and River Ports	3890	116188
工矿工程建筑	Mining		188522
架线和管道工程建筑	Frame Line and Pipeline	1077	94672
其他土木工程建筑	Other Civil Engineering	5	3181
建筑安装业	Construction Installation	898	39319
建筑装饰和其他建筑业	Construction Decoration and Other Construction	2911	62980
建筑装饰业	Construction Decoration	2748	42519
工程准备活动	Other Construction	163	20461
按控股情况分	**Grouped by Controlling Stake**		
国有控股	State-owned	4023	921489
集体控股	Collective-owned		37441
私人控股	Private	24160	1360118
港澳台商控股	Hong Kong,Macao and Taiwan		
外商控股	Foreign		59933
其他	Others		80958
按营业状态分	**Grouped by Operating Status**		
营业	Operating	28182	2450850
停业(歇业)	Closed(go out of business)		8531
当年关闭	Turn off at Current Year		557
按企业资质等级分	**Grouped by Qualification Criteria**		
施工总承包	General Contractors	20518	2211081
特级	Special Grade	4	66369
一级	First Grade	17155	1038532
二级	Second Grade	2176	762913
三级及以下	Third Grade and Below	1183	343267
专业承包	Professional Contractors	7664	248857
一级	First Grade		27341
二级	Second Grade	2319	145462
三级及以下	Third Grade and Below	5345	76055

continued

(10 000yuan)

流动负债合计 Total Liquid Liabilities	非流动负债合计 Total Non-Liquid Liabilities	所有者权益合计 Owners' Equity	实收资本 Paid-in Capitals	国家资本 State-owned Capitals	集体资本 Collective-owned Capitals	法人资本 Corporate Capitals	个人资本 Personal Capitals	港澳台资本 Capitals of Hongkong, Macao and Taiwan	外商资本 Foreign Capitals
2406174	**45289**	**882048**	**642194**	**116599**	**25338**	**122939**	**377317**		
2009781	25110	626514	440742	107540	21354	76124	235724		
1996654	31370	722395	533745	102034	20273	84187	327251		
37005	10500	8335	7238	536			6702		
279288	350	50470	37742	1333	2562	17129	16718		
93227	3069	100848	63469	12697	2503	21623	26646		
2346241	45289	851792	626594	116599	25338	122489	362167		
707912	3474	105173	74911	56415		18496			
7014	12	6207	2503		2503				
549752	4058	165957	134496	60155	22169	34799	17374		
174044	3669	52176	40529	39849	680				
375708	389	113781	93967	20306	21489	34799	17374		
188702		33509	2039				2039		
892861	37746	540946	412645	30	666	69194	342755		
879850	37746	528508	404778	30	666	67994	336088		
13011		12438	7867			1200	6667		
59933		30256	15600			450	15150		
59933		30256	15600			450	15150		
1552613	35989	525401	363365	61401	12845	84420	204699		
754517	6713	258248	192099	48473	11393	25207	107025		
361177		126920	69127		666	19389	49072		
107002	6707	50926	31211	12099	680	5410	13022		
188519	-8	30786	52038	34088		7	17943		
94655	4	44448	35594	276	10047	180	25090		
3165	10	5167	4130	2010		221	1899		
36969	2130	36702	32341	4830		1867	25644		
62074	458	61698	54389	1895	1100	11445	39949		
42001	70	43719	37606	895	1100	9445	26166		
20073	388	17978	16783	1000		2000	13783		
913955	7142	176763	133993	113036	818	19851	287		
37423	12	16013	8489		8489				
1314292	37747	627898	456936	563	9470	88236	358667		
59933		30256	15600			450	15150		
80570	388	31119	27176	3000	6561	14402	3213		
2399500	43289	878455	639127	116474	25338	122939	374375		
6117	2000	3389	2767	125			2642		
557		204	300				300		
2166652	36656	662137	479452	87160	19377	104676	268239		
66369		35430	28218	28218					
1027472	11061	99740	76886	30851		25524	20512		
744277	13446	351193	241613	21307	15393	38682	166231		
328534	12149	175773	132735	6784	3984	40471	81496		
239522	8633	219911	162742	29439	5961	18263	109079		
26945	201	18991	19286	10103		800	8383		
144718	402	121160	74739	17061	5961	11118	40599		
67859	8030	79761	68717	2275		6345	60097		

6-8 续表2

单位:万元 (2013)

指 标	Item	营业收入 Business Revenue	主营业务收入 Revenue from Principal Business
总 计	**Total**	**3886120**	**3814358**
#一、二级企业	First and Second Grade	3323258	3266188
按地区分	**Grouped by County**		
市区	City	3015864	2950225
永宁县	Yongning	98305	98298
贺兰县	Helan	521939	515855
灵武市	Lingwu	250012	249980
按登记注册类型分	**Grouped by Status of Registration**		
内资企业	Domestic Funded	3828850	3778039
国有企业	State-owned Enterprises	1124391	1107121
集体企业	Collective-owned Enterprises	18541	18541
有限责任公司	Limited Liabilities Corporations	823367	814683
国有独资公司	State Sole Funded Corporations	220958	219325
其他有限责任公司	Other Limited Liabilities Corporations	602409	595358
股份有限公司	Share-holding Corporations Limited	232621	232188
私营企业	Private Enterprises	1629929	1605506
私营有限责任公司	Private Limited Liabilities Corporations	1607853	1585161
私营股份有限公司	Private Share-holding Corporations Ltd.	22076	20345
港、澳、台商投资企业	Enterprises with Funds from Hong Kong,Macao and Taiwan		
港、澳、台商独资经营企业	Enterprises with Sole Investment		
外商投资企业	Foreign Funded	57270	36319
中外合资经营企业	Domestic and Foreign Joint Funded Enterprises	57270	36319
外资企业	Foreign-funded Enterprises		
按国民经济行业分	**Grouped by Sector**		
房屋建筑业	Building and Civil Engineering	2691197	2661064
土木工程建筑业	Civil Engineering	1063579	1033722
铁路、道路、隧道和桥梁工程建筑	Railway, Road, Tunnel and Bridge	502765	502158
水利和内河港口工程建筑	Water and River Ports	195375	194483
工矿工程建筑	Mining	218877	194573
架线和管道工程建筑	Frame Line and Pipeline	143503	139451
其他土木工程建筑	Other Civil Engineering	3060	3056
建筑安装业	Construction Installation	57400	47560
建筑装饰和其他建筑业	Construction Decoration and Other Construction	73944	72012
建筑装饰业	Construction Decoration	66903	65120
工程准备活动	Other Construction	7041	6893
按控股情况分	**Grouped by Controlling Stake**		
国有控股	State-owned	1457748	1438767
集体控股	Collective-owned	77432	74439
私人控股	Private	2170214	2143331
港澳台商控股	Hong Kong,Macao and Taiwan		
外商控股	Foreign	57270	36319
其他	Others	123456	121502
按营业状态分	**Grouped by Operating Status**		
营业	Operating	3880963	3809201
停业(歇业)	Closed(go out of business)	4863	4863
当年关闭	Turn off at Current Year	294	294
按企业资质等级分	**Grouped by Qualification Criteria**		
施工总承包	General Contractors	3544397	3501250
特级	Special Grade	74210	73554
一级	First Grade	1452425	1441844
二级	Second Grade	1536875	1507655
三级及以下	Third Grade and Below	480888	478198
专业承包	Professional Contractors	341723	313108
一级	First Grade	59726	59648
二级	Second Grade	200023	183487
三级及以下	Third Grade and Below	81975	69973

continued

(10 000yuan)

营业成本 Business Costs	主营业务成本 Costs of Principal Business	营业税金及附加 Business Taxes and Other Charges	主营业务税金及附加 Taxes and Other Charges on Principal Business	其他业务利润 Profits from Other Businesses	销售费用 Selling Costs	管理费用 Management Costs
3576836	**3518649**	**119630**	**117178**	**18664**	**3030**	**111355**
3083127	3039159	102474	100702	16536	1219	85734
2781993	2725540	93268	92472	12598	2968	89016
92712	92712	3232	3232		57	240
480825	480813	16342	16041	6066	6	13540
221307	219585	6787	5432			8559
3524492	3484384	118746	116294	15791	3030	107997
1066406	1055568	35568	34979	10135	299	30715
16008	16008	636	636			398
759740	753264	24019	22849	1941	272	25658
208795	207171	6848	6800	-39		4640
550945	546093	17171	16048	1980	272	21017
210029	210029	7844	7844	413	8	6693
1472311	1449536	50680	49986	3303	2452	44533
1454242	1434578	50585	49892	3229	2452	43214
18069	14958	94	94	74		1319
52344	34265	884	884	2873		3357
52344	34265	884	884	2873		3357
2486633	2460827	83829	82768	9598	1184	54169
979207	956225	31499	30303	6638	570	44792
447349	447297	16835	16835	555	123	13503
176839	176413	5294	5286	445	93	9040
228898	208780	4626	3527	4058	80	12372
123680	121296	4647	4557	1577	271	9321
2441	2441	97	97	3	3	556
46854	39044	1882	1693	2116	1059	6243
64142	62553	2421	2414	312	218	6151
58554	57084	2186	2184	312	149	4976
5588	5470	235	230		69	1175
1379479	1366981	44547	42907	10100	300	41105
69895	68031	2729	2642	1043	132	2640
1966265	1941782	68249	67556	4016	2550	57980
52344	34265	884	884	2873		3357
108853	107589	3221	3189	633	48	6272
3572645	3514458	119462	117010	18664	3028	110988
3945	3945	160	160		2	334
246	246	8	8			33
3286223	3253753	109230	107356	12104	1321	80767
69686	69248	2199	2199	218		1387
1374581	1372745	46684	46309	8671	8	31543
1414866	1388978	45763	44689	3199	381	31952
427090	422782	14585	14158	15	932	15885
290613	264897	10400	9822	6560	1710	30588
56199	56122	2162	2162	1	243	3096
167796	152066	5667	5342	4447	588	17755
66618	56709	2571	2318	2113	879	9736

单位:万元 (2013)

指 标	Item	税金 Taxes
总 计	**Total**	**5880**
#一、二级企业	First and Second Grade	4332
按地区分	**Grouped by County**	
市区	City	4514
永宁县	Yongning	6
贺兰县	Helan	823
灵武市	Lingwu	538
按登记注册类型分	**Grouped by Status of Registration**	
内资企业	Domestic Funded	5782
国有企业	State-owned Enterprises	1443
集体企业	Collective-owned Enterprises	22
有限责任公司	Limited Liabilities Corporations	1602
国有独资公司	State Sole Funded Corporations	175
其他有限责任公司	Other Limited Liabilities Corporations	1427
股份有限公司	Share-holding Corporations Limited	203
私营企业	Private Enterprises	2512
私营有限责任公司	Private Limited Liabilities Corporations	2500
私营股份有限公司	Private Share-holding Corporations Ltd.	12
港、澳、台商投资企业	Enterprises with Funds from Hong Kong,Macao and Taiwan	
港、澳、台商独资经营企业	Enterprises with Sole Investment	
外商投资企业	Foreign Funded	99
中外合资经营企业	Domestic and Foreign Joint Funded Enterprises	99
外资企业	Foreign-funded Enterprises	
按国民经济行业分	**Grouped by Sector**	
房屋建筑业	Building and Civil Engineering	2858
土木工程建筑业	Civil Engineering	2253
铁路、道路、隧道和桥梁工程建筑	Railway, Road, Tunnel and Bridge	666
水利和内河港口工程建筑	Water and River Ports	686
工矿工程建筑	Mining	397
架线和管道工程建筑	Frame Line and Pipeline	486
其他土木工程建筑	Other Civil Engineering	19
建筑安装业	Construction Installation	313
建筑装饰和其他建筑业	Construction Decoration and Other Construction	456
建筑装饰业	Construction Decoration	430
工程准备活动	Other Construction	26
按控股情况分	**Grouped by Controlling Stake**	
国有控股	State-owned	1726
集体控股	Collective-owned	288
私人控股	Private	3621
港澳台商控股	Hong Kong,Macao and Taiwan	
外商控股	Foreign	99
其他	Others	146
按营业状态分	**Grouped by Operating Status**	
营业	Operating	5875
停业(歇业)	Closed(go out of business)	5
当年关闭	Turn off at Current Year	
按企业资质等级分	**Grouped by Qualification Criteria**	
施工总承包	General Contractors	4488
特级	Special Grade	
一级	First Grade	1603
二级	Second Grade	1769
三级及以下	Third Grade and Below	1116
专业承包	Professional Contractors	1392
一级	First Grade	141
二级	Second Grade	819
三级及以下	Third Grade and Below	432

continued

(10 000yuan)

财务费用 Financial Costs			资产减值损失 Empairment of Assets	公允价值变动收益 Fair Value Gain	投资收益 Investment Income	营业利润 Business Profits	补贴收入 Subsidy Income	营业外收入 Income Expect Business
	利息收入 Interest Income	利息支出 Interest Expense						
29727	**494**	**19945**	**4122**	**1**	**1640**	**45119**	**1121**	**9875**
25026	470	16057	4109	1	1774	26136	971	8900
19448	463	16638	1576	1	1630	31014	774	3925
272		273				1793		73
7791	-2	912	2513		10	932	348	5556
2217	33	2121	33			11379		321
29152	502	19374	4122	1	1640	45007	1121	9763
8676	121	1936	3236		860	-16435	699	6705
117		117				1383		
1742	62	1846	885	1	823	11456	381	993
-99	12	-58	84			699	381	533
1842	50	1904	802	1	823	10757		461
622	189	635			64	7490		107
17996	130	14841	1		-107	41114	41	1958
17759	225	14583	1		-107	38757	41	1561
237	-95	258				2358		397
575	-7	571				111		112
575	-7	571				111		112
19583	35	10799	3544		-62	45450	693	7945
7619	367	6916	553	1	1697	-163	429	1892
4629	269	3980			129	20456	9	283
1151	14	1204	40		1	2918	420	614
1138	53	1177	-244		846	-27910		959
704	28	556	757	1	284	4407		36
-3	3				438	-34		
485	85	360	1			877		20
2040	8	1870	25		5	-1046		18
1578	7	1428	25		5	-559		17
462	1	441				-487		1
8545	164	1878	3377		1298	-15524	1080	7627
488	12	505	637			912		24
20064	325	16915	1		58	54436	41	2085
575	-7	571				111		112
56	1	76	108	1	284	5183		27
29504	494	19720	4122	1	1640	44913	1121	9875
216		218				206		
6		6						
25947	348	16673	3352		260	37091	946	9147
-77	4	-77	19			997	261	334
11339	301	4176	2618		130	-14209	676	6557
11161	24	9594	702		130	32179	9	1653
3524	19	2981	13			18123		603
3780	147	3271	770	1	1380	8028	176	728
428	9	422	25			-2427	24	140
2175	133	1944	746	1	1514	9596	2	217
1177	5	906			-134	859	150	371

6-8 续表4

单位:万元 (2013)

指 标	Item	营业外支出 Expenses Expect Business	利润总额 Total Profits
总 计	**Total**	**4886**	**51326**
#一、二级企业	First and Second Grade	4408	31847
按地区分	**Grouped by County**		
市区	City	3978	32178
永宁县	Yongning	88	1778
贺兰县	Helan	336	6155
灵武市	Lingwu	484	11216
按登记注册类型分	**Grouped by Status of Registration**		
内资企业	Domestic Funded	4848	51141
国有企业	State-owned Enterprises	1219	-10156
集体企业	Collective-owned Enterprises		1383
有限责任公司	Limited Liabilities Corporations	939	11934
国有独资公司	State Sole Funded Corporations	241	991
其他有限责任公司	Other Limited Liabilities Corporations	698	10943
股份有限公司	Share-holding Corporations Limited	640	6957
私营企业	Private Enterprises	2051	41024
私营有限责任公司	Private Limited Liabilities Corporations	2036	38284
私营股份有限公司	Private Share-holding Corporations Ltd.	15	2740
港、澳、台商投资企业	Enterprises with Funds from Hong Kong,Macao and Taiwan		
港、澳、台商独资经营企业	Enterprises with Sole Investment		
外商投资企业	Foreign Funded	39	185
中外合资经营企业	Domestic and Foreign Joint Funded Enterprises	39	185
外资企业	Foreign-funded Enterprises		
按国民经济行业分	**Grouped by Sector**		
房屋建筑业	Building and Civil Engineering	2907	50520
土木工程建筑业	Civil Engineering	1677	1247
铁路、道路、隧道和桥梁工程建筑	Railway, Road, Tunnel and Bridge	784	19954
水利和内河港口工程建筑	Water and River Ports	271	3261
工矿工程建筑	Mining	488	-26677
架线和管道工程建筑	Frame Line and Pipeline	130	4313
其他土木工程建筑	Other Civil Engineering	4	396
建筑安装业	Construction Installation	275	622
建筑装饰和其他建筑业	Construction Decoration and Other Construction	28	-1063
建筑装饰业	Construction Decoration	25	-567
工程准备活动	Other Construction	3	-496
按控股情况分	**Grouped by Controlling Stake**		
国有控股	State-owned	1907	-8578
集体控股	Collective-owned	70	866
私人控股	Private	2812	53701
港澳台商控股	Hong Kong,Macao and Taiwan		
外商控股	Foreign	39	185
其他	Others	58	5152
按营业状态分	**Grouped by Operating Status**		
营业	Operating	4883	51123
停业(歇业)	Closed(go out of business)	3	203
当年关闭	Turn off at Current Year		
按企业资质等级分	**Grouped by Qualification Criteria**		
施工总承包	General Contractors	3939	42289
特级	Special Grade	40	1291
一级	First Grade	1268	-8928
二级	Second Grade	2184	31648
三级及以下	Third Grade and Below	448	18279
专业承包	Professional Contractors	947	9037
一级	First Grade	516	-2780
二级	Second Grade	400	10617
三级及以下	Third Grade and Below	31	1199

continued

(10 000yuan)

应交所得税 Tax Payable	应付职工薪酬(本年贷方累计发生额) Deal with Wages(volume of gredit side)	在境外完成的营业收入 Overseas Revenues
34221	**358382**	**1736**
27144	295207	1736
27042	295216	1736
1723	94	
2690	24699	
2766	38373	
34191	353375	1736
6117	61285	1736
28	2950	
6631	103044	
1749	20115	
4882	82930	
1104	10738	
20313	175358	
20102	174205	
211	1153	
30	5006	
30	5006	
25506	233956	
7241	107455	1736
3519	34422	
1703	23161	
378	34471	1736
1588	14807	
54	595	
488	8249	
986	8723	
958	7106	
28	1616	
8184	96480	1736
633	10060	
23698	235653	
30	5006	
1677	11183	
34162	358304	1736
59	54	
	23	
30305	319532	1736
1248	12892	
5223	65413	1736
17509	190032	
6325	51195	
3916	38850	
856	4508	
2309	22362	
752	11979	

6—9 劳务分包建筑业企业生产经营情况

单位:万元 （2013）

指 标	Item	企业数(个) Number of Enterprises (unit)	有工作量的企业数 Number of Enter Prise with Workload	建筑业总产值 Total Output Value of Construction
总 计	**Total**	**23**	**20**	**13112**
# 一、二级企业	First and Second Grade	15	12	8403
按地区分	**Grouped by County**			
市区	City	20	17	12747
永宁县	Yongning			
贺兰县	Helan	2	2	13
灵武市	Lingwu	1	1	352
按登记注册类型分	**Grouped by Status of Registration**			
内资企业	Domestic Funded	23	20	13112
有限责任公司	Limited Liabilities Corporations	1	1	314
国有独资公司	State Sole Funded Corporations	1	1	314
其他有限责任公司	Other Limited Liabilities Corporations			
私营企业	Private Enterprises	22	19	12798
私营有限责任公司	Private Limited Liabilities Corporations	22	19	12798
按国民经济行业分	**Grouped by Sector**			
房屋建筑业	Building and Civil Engineering	18	15	12221
土木工程建筑业	Civil Engineering			
建筑安装业	Construction Installation	4	4	888
建筑装饰和其他建筑业	Construction Decoration and Other Construction	1	1	3
按控股情况分	**Grouped by Controlling Stake**			
国有控股	State-owned	1	1	314
私人控股	Private	22	19	12798
按营业状态分	Grouped by Operating Status			
营业	Operating	23	20	13112
当年关闭	Turn off at Current Year			
按企业资质等级分	**Grouped by Qualification Criteria**			
劳务分包	General Contractors	23	20	13112
一级	First Grade	15	12	8403
二级	Second Grade			
不分级	Not Grade	8	8	4710

Production and Business Statistics of Labour Subcontractors in Construction Industry

(10 000yuan)

装饰装修产值 Dueput Value of Decoration	固定资产原价 Original Value of Fixed Assets	本年折旧 Depreciation This Year	资产总计 Total Capital	负债合计 Total Liabilities	实收资本 Paid-in Capitals	营业收入 Business Revenue
	297	51	3751	1409	1588	15485
	231	32	1678	475	1158	8233
	277	47	3702	1413	1536	15126
	21	4	49	-4	51	7
						352
	297	51	3751	1409	1588	15485
	43	4	950	371	100	2972
	43	4	950	371	100	2972
	254	47	2800	1039	1488	12513
	254	47	2800	1039	1488	12513
	210	29	2143	619	1238	12014
	66	19	1561	795	300	3466
	21	4	47	-5	50	6
	43	4	950	371	100	2972
	254	47	2800	1039	1488	12513
	297	51	3751	1409	1588	15485
	297	51	3751	1409	1588	15485
	231	32	1678	475	1158	8233
	66	19	2073	934	430	7252

6-9 续表1

单位:万元 (2013)

指标	Item	主营业务收入 Revenue from Principal Business	营业成本 Business Costs	主营业务成本 Costs of Principal Business
总计	**Total**	**15484**	**14457**	**14456**
#一、二级企业	First and Second Grade	8231	8127	8126
按地区分	**Grouped by County**			
市区	City	15126	14207	14207
永宁县	Yongning			
贺兰县	Helan	6	4	3
灵武市	Lingwu	352	246	246
按登记注册类型分	**Grouped by Status of Registration**			
内资企业	Domestic Funded	15484	14457	14456
有限责任公司	Limited Liabilities Corporations	2972	2283	2283
国有独资公司	State Sole Funded Corporations	2972	2283	2283
其他有限责任公司	Other Limited Liabilities Corporations			
私营企业	Private Enterprises	12512	12175	12174
私营有限责任公司	Private Limited Liabilities Corporations	12512	12175	12174
按国民经济行业分	**Grouped by Sector**			
房屋建筑业	Building and Civil Engineering	12014	11764	11764
土木工程建筑业	Civil Engineering			
建筑安装业	Construction Installation	3466	2690	2690
建筑装饰和其他建筑业	Construction Decoration and Other Construction	5	3	3
按控股情况分	**Grouped by Controlling Stake**			
国有控股	State-owned	2972	2283	2283
私人控股	Private	12512	12175	12174
按营业状态分	**Grouped by Operating Status**			
营业	Operating	15484	14457	14456
当年关闭	Turn off at Current Year			
按企业资质等级分	**Grouped by Qualification Criteria**			
劳务分包	General Contractors	15484	14457	14456
一级	First Grade	8231	8127	8126
二级	Second Grade			
不分级	Not Grade	7252	6330	6330

continued

(10 000yuan)

营业税金及附加 Business Taxes and Other Charges	主营业务税金及附加 Taxes and Other Charges on Principal Business	销售费用 Sale Costs	管理费用 Management Costs	税　金 Taxes	财务费用 Financial Costs	营业利润 Business Profits	利润总额 Total Profits
132	**132**	**2**	**587**	**4**	**2**	**306**	**306**
87	87	2	135	4	1	−118	−114
121	121	0	514	4	1	283	283
1		2				2	2
11	11		72		1	22	22
132	132	2	587	4	2	306	306
17	17		268			405	405
17	17		268			405	405
115	115	2	319	4	2	−99	−99
115	115	2	319	4	2	−99	−99
99	99		250	4	2	−101	−97
33	33		337			407	403
		2					
17	17		268			405	405
115	115	2	319	4	2	−99	−99
132	132	2	587	4	2	306	306
132	132	2	587	4	2	306	306
87	87	2	135	4	1	−118	−114
45	45		452				

6-9 续表2

单位:万元 (2013)

指 标	Item	应付职工薪酬（本年贷方累计发生额）Deal with Wages（volume of gredit side）
总 计	**Total**	**11509**
#一、二级企业	First and Second Grade	7378
按地区分	**Grouped by County**	
市区	City	11342
永宁县	Yongning	
贺兰县	Helan	43
灵武市	Lingwu	124
按登记注册类型分	**Grouped by Status of Registration**	
内资企业	Domestic Funded	11509
有限责任公司	Limited Liabilities Corporations	543
国有独资公司	State Sole Funded Corporations	543
其他有限责任公司	Other Limited Liabilities Corporations	
私营企业	Private Enterprises	10966
私营有限责任公司	Private Limited Liabilities Corporations	10966
按国民经济行业分	**Grouped by Sector**	
房屋建筑业	Building and Civil Engineering	10853
土木工程建筑业	Civil Engineering	
建筑安装业	Construction Installation	613
建筑装饰和其他建筑业	Construction Decoration and Other Construction	43
按控股情况分	**Grouped by Controlling Stake**	
国有控股	State-owned	543
私人控股	Private	10966
按营业状态分	**Grouped by Operating Status**	
营业	Operating	11509
当年关闭	Turn off at Current Year	
按企业资质等级分	**Grouped by Qualification Criteria**	
劳务分包	General Contractors	11509
一级	First Grade	7378
二级	Second Grade	
不分级	Not Grade	

continued

（10 000yuan）

全部从业人员平均人数(人) Average Number of Total Persons Employed(person)	期末从业人员数(人) Number of Employed Persons (person)	# 工程技术人员 Engineering Persons	# 现场施工人员 Site Construction Persons
2786	**3738**	**116**	**3589**
1749	2615	48	2503
2722	3671	68	3531
19	22	3	13
45	45	45	45
2786	3738	116	3589
76	84	7	67
76	84	7	67
2710	3654	109	3522
2710	3654	109	3522
2669	3615	102	3497
102	105	12	80
15	18	2	12
76	84	7	67
2710	3654	109	3522
2786	3738	116	3589
2786	3738	116	3589
1749	2615	48	2503
1037	1123	68	1086

6—10　全部建筑业企业主要指标(市区)

单位:万元、人　　　　(2013)

指　标	Item	企业数(个) Number of Enterprises (unit)	#有工作量的企业数 Number of Workload Enterprises
总　计	**Total**	**319**	**286**
#一、二级企业	First and Second Grade	147	141
按辖区分	**Grouped by County**		
兴庆区	Xingqing	319	286
西夏区	Xixia	179	159
金凤区	Jinfeng	26	25
按登记注册类型分	**Grouped by Status of Registration**	114	102
内资企业	Domestic Funded		
国有企业	State-owned Enterprises	317	284
有限责任公司	Limited Liabilities Corporations	22	21
国有独资公司	State Sole Funded Corporations	42	38
其他有限责任公司	Other Limited Liabilities Corporations	10	9
股份有限公司	Share-holding Corporations Limited	32	29
私营企业	Private Enterprises	1	1
私营有限责任公司	Private Limited Liabilities Corporations	252	224
私营股份有限公司	Private Share-holding Corporations Ltd.	251	223
外商投资企业	Foreign Funded	1	1
中外合资经营企业	Domestic and Foreign Joint Funded Enterprises	2	2
按国民经济行业分(2011)	**Grouped by Sector(2011)**	2	2
房屋建筑业	House Building		
房屋建筑业	House Building	135	122
土木工程建筑业	Civil Engineering	71	60
铁路、道路、隧道和桥梁工程建筑	Railway, Road, Tunnel and Bridge	20	15
公路工程建筑	Road	7	5
市政道路工程建筑	Municipal Works	13	10
水利和内河港口工程建筑	Water and River Ports	17	16
水源及供水设施工程建筑	Construction of Water Source and Supply Water Facility	16	15
河湖治理及防洪设施工程建筑	Construciton of River Lake Administer and Hood Control Facility	1	1
工矿工程建筑	Mining	8	7
架线和管道工程建筑	Frame Line and Pipeline	18	17
架线及设备工程建筑	Frame Line Equipment Engineering	14	13
管道工程建筑	Pipeline	4	4
其他土木工程建筑	Other Civil Engineering	8	5

Main Indicators on Construction Enterprises (City)

(10 000 yuan, person)

企业总产值 Total Output Value of Enterprises	#建筑业总产值 Total Output Value of Construction	营业收入 Business Revenue	#主营业务收入 Revenue from Principal Business	税金 Taxes	利润总额 Total Profits	年末从业人数 Employed Persons at Year-end
3016458	**2956640**	**3021216**	**2956213**	**4501**	**33097**	**58705**
2594132	2565723	2610620	2559660	3429	17541	45529
3016458	2956640	3021216	2956213	4501	33097	58705
2009290	1995540	1907882	1896183	2293	33004	31660
186887	175706	184815	177350	213	14054	4663
820281	785393	928518	882680	1995	-13961	22382
2984150	2925145	2963945	2919894	4402	32912	57471
723081	711836	727274	716027	924	-14157	9248
626703	618618	665520	656890	1260	11643	19761
189007	188040	223661	222038	173	1768	4701
437696	430578	441859	434852	1087	9875	15060
241986	241553	232621	232188	203	6957	1364
1392379	1353138	1338530	1314789	2015	28470	27098
1376610	1339100	1319380	1297370	2005	26989	26926
15769	14038	19150	17418	10	1481	172
32308	31494	57270	36319	99	185	1234
32308	31494	57270	36319	99	185	1234
2064504	2023455	1979290	1955235	2059	33827	37056
835268	827013	908279	879104	1716	-891	16319
479267	478668	484735	484128	466	19382	4548
284897	284439	271224	270767	240	7605	1790
194370	194229	213511	213361	226	11777	2758
133079	132199	134213	133343	435	2034	3252
131483	130603	132654	131784	427	2017	3114
1596	1596	1559	1559	8	17	138
116164	112658	144893	121250	311	-26835	3437
103690	100484	141402	137351	486	4020	4956
95782	92576	133327	131557	378	3425	4788
7908	7908	8075	5794	108	595	168
3069	3004	3037	3033	18	509	126

6-10 续表

单位:万元 (2013)

指 标	Item	企业数(个) Number of Enterprises (unit)	# 有工作量的企业数 Number of Workload Enterprises
建筑安装业	Construction Installation	54	52
电气安装	Electric Installation	39	38
管道和设备安装	Pipeline and Equipment	3	3
其他建筑安装业	Other Construction Installation	12	11
建筑装饰和其他建筑业	Construction Decoration and Other Construction	59	52
建筑装饰业	Construction Decoration	50	45
工程准备活动	Other Construction	9	7
建筑物拆除活动	Building Demolishes	6	5
其他工程准备活动	Other Construction	3	2
按控股情况分	**Grouped by Controlling Stake**		
国有控股	State-owned	37	33
集体控股	Collective-owned	2	2
私人控股	Private	268	239
外商控股	Foreign	2	2
其他	Others	10	10
按企业规模分	**Grouped by Enterprises Scale**		
大型	Large-Scale	3	3
中型	Medium-Scale	59	59
小型	Small-Scale	161	155
微型	Miniatrue	96	69
按营业状态分	**Grouped by Operating Status**		
营业	Operating	312	282
停业(歇业)	Closed(go out of business)	6	3
当年关闭	Turn Off at Current Year	1	1
按企业资质等级分	**Grouped by Qualification Criteria**		
施工总承包	General Contractors	138	126
特级	Special Grade	1	1
一级	First Grade	10	10
二级	Second Grade	54	54
三级及以下	Third Grade and Below	73	61
专业承包	Professional Contractors	161	143
一级	First Grade	7	7
二级	Second Grade	62	59
三级及以下	Third Grade and Below	92	77
劳务分包	Labour Subcontractors	20	17
一级	First Grade	13	10
三级及以下	Third Grade and Below	7	7

continued

(10 000 yuan, person)

企业总产值 Total Output Value of Enterprises	#建筑业总产值 Total Output Value of Construction	营业收入 Business Revenue	#主营业务收入 Revenue from Principal Business	税　金 Taxes	利润总额 Total Profits	年末从业人数 Employed Persons at Year-end
54939	46082	60360	50520	307	1022	2755
46027	38817	47639	39759	268	890	2411
574	574	494	494		-3	21
8339	6691	12228	10268	39	135	323
61747	60090	73286	71354	418	-862	2575
54586	53077	66246	64462	392	-557	2259
7161	7013	7041	6893	26	-305	316
5826	5826	5326	5326	21	70	214
1334	1187	1715	1567	5	-375	102
924266	912014	966209	953299	1099	-11545	14324
58997	58285	58891	55898	266	-516	2461
1929600	1884829	1825190	1798995	2891	39882	36499
32308	31494	57270	36319	99	185	1234
71288	70018	113655	111702	145	5092	4187
655890	655400	658846	658356	605	7372	3800
1758111	1735698	1859597	1819203	2401	15938	32432
565122	531721	487976	464913	1366	10238	20129
37335	33820	14797	13741	129	-451	2344
3015047	2955228	3016059	2951056	4495	32885	58689
211	211	4863	4863	5	212	
1200	1200	294	294			16
2737003	2706413	2676758	2639679	3165	23535	43789
43022	43022	74210	73554		1291	1968
1047865	1043307	1056675	1052117	1084	-12905	11537
1291813	1281613	1217251	1188063	1397	21347	21175
354303	338471	328623	325946	684	13803	9109
266708	237480	329331	301408	1331	9272	11250
54248	54170	59529	59451	134	-2829	1538
148795	135222	194730	178249	811	10746	6723
63665	48088	75073	63707	387	1354	2989
12747	12747	15126	15126	4	290	3666
8390	8390	8226	8226	4	-109	2588
4358	4358	6900	6900	1	399	1078

6—11 建筑业总产值(市区)

单位:万元 (2013)

指 标	Item	企业数(个) Number of Enterprises (unit)	#有工作量的企业数 Number of Workload Enterprises
总 计	**Total**	**299**	**269**
#一、二级企业	First and Second Grade	134	131
按辖区分	**Grouped by County**		
兴庆区	Xingqing	167	150
西夏区	Xixia	22	21
金凤区	Jinfeng	110	98
按登记注册类型分	**Grouped by Status of Registration**		
内资企业	Domestic Funded	297	267
国有企业	State-owned Enterprises	22	21
有限责任公司	Limited Liabilities Corporations	41	37
国有独资公司	State Sole Funded Corporations	9	8
其他有限责任公司	Other Limited Liabilities Corporations	32	29
股份有限公司	Share-holding Corporations Limited	1	1
私营企业	Private Enterprises	233	208
私营有限责任公司	Private Limited Liabilities Corporations	232	207
私营股份有限公司	Private Share-holding Corporations Ltd.	1	1
外商投资企业	Foreign Funded	2	2
中外合资经营企业	Domestic and Foreign Joint Funded Enterprises	2	2
按国民经济行业分(2011)	**Grouped by Sector(2011)**		
房屋建筑业	House Building	119	109
房屋建筑业	House Building	119	109
土木工程建筑业	Civil Engineering	71	60
铁路、道路、隧道和桥梁工程建筑	Railway, Road, Tunnel and Bridge	20	15
公路工程建筑	Road	7	5
市政道路工程建筑	Municipal Works	13	10
水利和内河港口工程建筑	Water and River Ports	17	16
水源及供水设施工程建筑	Construction of Water Source and Supply Water Facility	16	15
河湖治理及防洪设施工程建筑	Construciton of River Lake Administer and Hood Control Facility	1	1
工矿工程建筑	Mining	8	7
架线和管道工程建筑	Frame Line and Pipeline	18	17
架线及设备工程建筑	Frame Line Equipment Engineering	14	13
管道工程建筑	Pipeline	4	4
其他土木工程建筑	Other Civil Engineering	8	5

Total Output Value of Construction(City)

(10 000 yuan)

建筑业总产值 Total Output Value of Construction	#装饰装修产值 Output Value of Decoration	#在外省完成的产值 Output Value of Completed Outside the Province	建筑工程产值 Output Value of Construction	安装工程产值 Output Value of Installation	其他产值 Others	竣工产值 Output Value of Construction Completed
2943892	**63595**	**178811**	**2807189**	**124628**	**12076**	**2695954**
2557333	56682	171080	2446848	100534	9951	2306543
1985472	30981	108976	1954744	29757	971	1835687
174111	10608	16201	164598	860	8653	136676
784309	22005	53634	687847	94011	2452	723591
2912398	63427	147484	2775695	124628	12076	2665518
711836		45582	675246	27297	9294	956699
618304	14116	43206	561759	56215	330	511143
187726	857	5722	186645	1081		177356
430578	13259	37484	375114	55134	330	333787
241553		41671	241553			143833
1340705	49311	17025	1297137	41116	2451	1053843
1326667	49311	17025	1283100	41116	2451	1042809
14038			14038			11034
31494	167	31327	31494			30437
31494	167	31327	31494			30437
2011596	10216	71443	2003872	7722	3	2017204
2011596	10216	71443	2003872	7722	3	2017204
827013	306	101122	723563	91704	11746	588092
478668		41671	478668			268262
284439		41671	284439			154289
194229			194229			113973
132199		18653	128617	2941	641	102206
130603		18653	127021	2941	641	101010
1596			1596			1196
112658		39842	79569	24396	8693	121955
100484	306	950	33705	64367	2412	92871
92576	306		27647	62517	2412	85319
7908		950	6058	1850		7552
3004		7	3004			2798

6-11 续表

单位:万元 (2013)

指 标	Item	企业数(个) Number of Enterprises (unit)	# 有工作量的企业数 Number of Workload Enterprises
建筑安装业	Construction Installation	50	48
电气安装	Electric Installation	39	38
其他建筑安装业	Other Construction Installation	11	10
建筑装饰和其他建筑业	Construction Decoration and Other Construction	59	52
建筑装饰业	Construction Decoration	50	45
工程准备活动	Other Construction	9	7
建筑物拆除活动	Building Demolishes	6	5
其他工程准备活动	Other Construction	3	2
按控股情况分	**Grouped by Controlling Stake**		
国有控股	State-owned	36	32
集体控股	Collective-owned	2	2
私人控股	Private	249	223
外商控股	Foreign	2	2
其他	Others	10	10
按企业规模分	**Grouped by Enterprises Scale**		
大型	Large-Scale	3	3
中型	Medium-Scale	59	59
小型	Small-Scale	158	152
微型	Miniatrue	79	55
按营业状态分	**Grouped by Operating Status**		
营业	Operating	292	265
停业(歇业)	Closed(go out of business)	6	3
当年关闭	Turn Off at Current Year	1	1
按企业资质等级分	**Grouped by Qualification Criteria**		
施工总承包	General Contractors	138	126
特级	Special Grade	1	1
一级	First Grade	10	10
二级	Second Grade	54	54
三级及以下	Third Grade and Below	73	61
专业承包	Professional Contractors	161	143
一级	First Grade	7	7
二级	Second Grade	62	59
三级及以下	Third Grade and Below	92	77

continued

(10 000 yuan)

建筑业总产值 Total Output Value of Construction	# 装饰装修产值 Output Value of Decoration	# 在外省完成的产值 Output Value of Completed Outside the Province	建筑工程产值 Output Value of Construction	安装工程产值 Output Value of Installation	其他产值 Others	竣工产值 Output Value of Construction Completed
45194	4360	3958	24066	20801	327	39563
38817	400	922	20106	18384	327	33455
6377	3960	3036	3960	2417		6107
60090	48713	2287	55689	4401		51096
53077	48713	957	48676	4401		44117
7013		1330	7013			6979
5826		1330	5826			5793
1187			1187			1187
911700	11465	51411	874028	28378	9294	1140452
58285		437	28667	29288	330	60409
1872396	51962	64227	1818128	51817	2451	1402094
31494	167	31327	31494			30437
70018		31409	54872	15146		62563
655400		47843	655400			852045
1735698	1790	105884	1649597	76476	9624	1317906
524692	58402	24896	477005	45602	2085	503787
28103	3402	188	25186	2550	367	22216
2942481	63491	178811	2805785	124620	12076	2695843
211	104		204	7		111
1200			1200			
2706413	3447	147123	2637547	59239	9627	2489867
43022			43022			47477
1043307	35	70411	1015420	27246	641	1127434
1281613	2024	70268	1241663	30967	8983	962931
338471	1388	6444	337442	1026	3	352024
237480	60147	31688	169642	65389	2448	206087
54170	25096	12802	54170			41246
135222	29527	17600	92574	42322	327	127454
48088	5524	1286	22899	23068	2122	37387

6—12 建筑业合同签订及承包工程完成情况(市区)

单位:万元 (2013)

指 标	Item	签订的合同额 Total Value of Contracts	上年结转合同额 Value from Contracts Signed in Last Year
总 计	**Total**	**4824437**	**1695069**
#一、二级企业	First and Second Grade	4305833	1497869
按辖区分	**Grouped by County**		
兴庆区	Xingqing	3411768	1317123
西夏区	Xixia	211285	12249
金凤区	Jinfeng	1201384	365696
按登记注册类型分	**Grouped by Status of Registration**		
内资企业	Domestic Funded	4792942	1695069
国有企业	State-owned Enterprises	994171	481957
有限责任公司	Limited Liabilities Corporations	1086731	365480
国有独资公司	State Sole Funded Corporations	433884	150604
其他有限责任公司	Other Limited Liabilities Corporations	652846	214875
股份有限公司	Share-holding Corporations Limited	655455	200622
私营企业	Private Enterprises	2056586	647010
私营有限责任公司	Private Limited Liabilities Corporations	2041837	645362
私营股份有限公司	Private Share-holding Corporations Ltd.	14749	1648
外商投资企业	Foreign Funded	31494	
中外合资经营企业	Domestic and Foreign Joint Funded Enterprises	31494	
按国民经济行业分(2011)	**Grouped by Sector(2011)**		
房屋建筑业	House Building	3204109	1229473
房屋建筑业	House Building	3204109	1229473
土木工程建筑业	Civil Engineering	1481374	442644
铁路、道路、隧道和桥梁工程建筑	Railway, Road, Tunnel and Bridge	1021306	342184
公路工程建筑	Road	727274	246643
市政道路工程建筑	Municipal Works	294032	95541
水利和内河港口工程建筑	Water and River Ports	179639	47446
水源及供水设施工程建筑	Construction of Water Source and Supply Water Facility	176910	47446
河湖治理及防洪设施工程建筑	Construciton of River Lake Administer and Hood Control Facility	2729	
工矿工程建筑	Mining	172785	35493
架线和管道工程建筑	Frame Line and Pipeline	103677	16232
架线及设备工程建筑	Frame Line Equipment Engineering	95746	15981

Contracts Signed and Completion of Contracted Projects by Construction Enterprises (City)

(10 000 yuan)

本年新签合同额 Value from New Contracts Signed in This Year	直接从建设单位承揽工程完成的产值 Completed Output Value of Projects Contracted Directly from Investors	自行完成施工产值 Own-completed Output Value	分包出去工程的产值 Output Value of Out-sourced Projects	从建设单位以外承揽工程完成的产值 Completed Output Value of Projects Contracted from Non-investors
3129368	**2910605**	**2790360**	**120246**	**153533**
2807964	2556031	2440143	115888	117190
2094645	1991314	1878074	113240	107398
199035	176096	173535	2561	576
835688	743195	738750	4445	45559
3097874	2879111	2758865	120246	153533
512214	624056	621495	2561	90341
721251	706593	593266	113327	25038
283280	276504	163264	113240	24461
437971	430089	430002	87	576
454833	241553	241553		
1409576	1306908	1302550	4358	38154
1396475	1292871	1288513	4358	38154
13101	14038	14038		
31494	31494	31494		
31494	31494	31494		
1974636	1980516	1862918	117598	148678
1974636	1980516	1862918	117598	148678
1038730	825760	823199	2561	3814
679122	478668	478668		
480631	284439	284439		
198491	194229	194229		
132193	128961	128961		3238
129464	127366	127366		3238
2729	1596	1596		
137292	115219	112658	2561	
87445	100484	100484		
79765	92576	92576		

6-12 续表

单位:万元 （2013）

指　标	Item	签订的合同额 Total Value of Contracts	上年结转合同额 Value from Contracts Signed in Last Year
管道工程建筑	Pipeline	7930	251
其他土木工程建筑	Other Civil Engineering	3968	1290
建筑安装业	Construction Installation	66912	16096
电气安装	Electric Installation	51407	10093
其他建筑安装业	Other Construction Installation	15505	6003
建筑装饰和其他建筑业	Construction Decoration and Other Construction	72041	6856
建筑装饰业	Construction Decoration	65028	6833
工程准备活动	Other Construction	7013	23
建筑物拆除活动	Building Demolishes	5826	23
其他工程准备活动	Other Construction	1187	
按控股情况分	**Grouped by Controlling Stake**		
国有控股	State-owned	1443207	634575
集体控股	Collective-owned	52933	11468
私人控股	Private	3185360	1038389
外商控股	Foreign	31494	
其他	Others	111443	10637
按企业规模分	**Grouped by Enterprises Scale**		
大型	Large-Scale	1224672	596283
中型	Medium-Scale	2805255	840507
小型	Small-Scale	758955	244942
微型	Miniatrue	35554	13336
按营业状态分	**Grouped by Operating Status**		
营业	Operating	4821321	1694269
停业(歇业)	Closed(go out of business)	911	800
当年关闭	Turn Off at Current Year	2204	
按企业资质等级分	**Grouped by Qualification Criteria**		
施工总承包	General Contractors	4512878	1650648
特级	Special Grade	188541	19992
一级	First Grade	1886279	853690
二级	Second Grade	1985791	590882
三级及以下	Third Grade and Below	452267	186084
专业承包	Professional Contractors	311558	44421
一级	First Grade	66105	2117
二级	Second Grade	179117	31188
三级及以下	Third Grade and Below	66337	11116

continued

(10 000 yuan)

本年新签合同额 Value from New Contracts Signed in This Year	直接从建设单位承揽工程完成的产值 Completed Output Value of Projects Contracted Directly from Investors	自行完成施工产值 Own-completed Output Value	分包出去工程的产值 Output Value of Out-sourced Projects	从建设单位以外承揽工程完成的产值 Completed Output Value of Projects Contracted from Non-investors
7680	7908	7908		
2679	2427	2427		576
50817	45251	45164	87	30
41314	38874	38787	87	30
9502	6377	6377		
65185	59079	59079		1011
58195	52066	52066		1011
6990	7013	7013		
5803	5826	5826		
1187	1187	1187		
808632	912122	796321	115801	115379
41465	58285	58285		
2146971	1838687	1834242	4445	38154
31494	31494	31494		
100806	70018	70018		
628389	567180	567180		88220
1964748	1828471	1708312	120159	27386
514013	486856	486768	87	37923
22218	28099	28099		4
3127053	2909194	2788948	120246	153533
111	211	211		
2204	1200	1200		
2862231	2671454	2555653	115801	150760
168549	156261	43022	113240	
1032589	937311	937311		105996
1394910	1275367	1272806	2561	8807
266183	302514	302514		35958
267137	239152	234707	4445	2773
63988	54170	54170		
147929	132921	132834	87	2388
55221	52061	47703	4358	385

6—13 房屋建筑施工面积及竣工面积(市区)

单位:平方米 (2013)

指标	Item	房屋建筑施工面积 Floor Space of Buildings under Construction	本年新开工面积 Floor Space of New Buildings in This Year
总 计	**Total**	**27927060**	**10484526**
#一、二级企业	First and Second Grade	24423185	9157255
按辖区分	**Grouped by County**		
兴庆区	Xingqing	19569755	5792355
西夏区	Xixia	1148918	1047745
金凤区	Jinfeng	7208387	3644426
按登记注册类型分	**Grouped by Status of Registration**		
内资企业	Domestic Funded	27927060	10484526
国有企业	State-owned Enterprises	11665768	2112129
有限责任公司	Limited Liabilities Corporations	5527138	2286276
国有独资公司	State Sole Funded Corporations	2136230	593633
其他有限责任公司	Other Limited Liabilities Corporations	3390908	1692643
私营企业	Private Enterprises	10734154	6086121
私营有限责任公司	Private Limited Liabilities Corporations	10594538	5976105
私营股份有限公司	Private Share-holding Corporations Ltd.	139616	110016
按国民经济行业分(2011)	**Grouped by Sector(2011)**		
房屋建筑业	House Building	27529725	10246388
房屋建筑业	House Building	27529725	10246388
土木工程建筑业	Civil Engineering	397335	238138
水利和内河港口工程建筑	Water and River Ports	63400	51023
水源及供水设施工程建筑	Construction of Water Source and Supply Water Facility	63400	51023
工矿工程建筑	Mining	274318	130665
架线和管道工程建筑	Frame Line and Pipeline	59617	56450
架线及设备工程建筑	Frame Line Equipment Engineering	59617	56450
按控股情况分	**Grouped by Controlling Stake**		
国有控股	State-owned	13801998	2705762
集体控股	Collective-owned	59617	56450
私人控股	Private	13720928	7463782
其他	Others	344517	258532
按企业规模分	**Grouped by Enterprises Scale**		
大型	Large-Scale	10911289	1215332
中型	Medium-Scale	12711588	7421339
小型	Small-Scale	4083914	1627586
微型	Miniatrue	220269	220269
按营业状态分	**Grouped by Operating Status**		
营业	Operating	27927060	10484526
按企业资质等级分	**Grouped by Qualification Criteria**		
施工总承包	General Contractors	27884549	10445015
特级	Special Grade	176955	62178
一级	First Grade	13349671	2524597
二级	Second Grade	10896559	6570480
三级及以下	Third Grade and Below	3461364	1287760
专业承包	Professional Contractors	42511	39511
三级及以下	Third Grade and Below	42511	39511

Floor Space of Buildings Constructed and Completed (City)

(sq.m)

实行投标承包面积 Floor Space of Contracted Projects	本年新开工面积 Floor Space of New Buildings in This Year	房屋建筑竣工面积 Floor Space of Buildings Completed	住宅房屋 Residence	商业及服务用房屋 Business and Service	商厦房屋(批发和零售用房) Commercial (wholesale, retail trade)	宾馆用房屋(住宿用房) Hotel (hoteling)	餐饮用房屋(餐饮用房) Catering (catering services)	商务会展用房屋 Commercial Exhibition	其他商业及服务用房屋(居民服务业用房) Other Business and Service (other services)
27740645	**10395654**	**11898328**	**6574665**	**951519**	**825157**	**16029**	**15679**	**42166**	**52488**
24241770	9070383	9900404	4982786	763914	655509		13751	42166	52488
19438632	5703483	8835288	4473736	574703	476701	16029	13751	17659	50563
1148918	1047745	475366	254323	45415	45415				
7153095	3644426	2587674	1846606	331401	303041		1928	24507	1925
27740645	10395654	11898328	6574665	951519	825157	16029	15679	42166	52488
11656117	2112129	5564061	2424496	278926	222220		10300		46406
5527138	2286276	2214071	1151314	203710	180675		3451	17659	1925
2136230	593633	1078175	382361	57732	57732				
3390908	1692643	1135896	768953	145978	122943		3451	17659	1925
10557390	5997249	4120196	2998855	468883	422262	16029	1928	24507	4157
10534246	5974105	4037978	2998855	468883	422262	16029	1928	24507	4157
23144	23144	82218							
27352961	10157516	11769668	6574665	951519	825157	16029	15679	42166	52488
27352961	10157516	11769668	6574665	951519	825157	16029	15679	42166	52488
387684	238138	128660							
53749	51023	12917							
53749	51023	12917							
274318	130665	89361							
59617	56450	26382							
59617	56450	26382							
13792347	2705762	6642236	2806857	336658	279952		10300		46406
59617	56450	26382							
13544164	7374910	5070293	3610882	613421	543765	16029	5379	42166	6082
344517	258532	159417	156926	1440	1440				
10911289	1215332	5285614	2277920	57732	57732				
12530173	7334467	4612777	2661727	737073	630897		15679	42166	48331
4078914	1625586	1852686	1503880	140601	120415	16029			4157
220269	220269	147251	131138	16113	16113				
27740645	10395654	11898328	6574665	951519	825157	16029	15679	42166	52488
27703134	10358143	11885128	6566465	949519	823157	16029	15679	42166	52488
176955	62178	41417	31741						
13340020	2524597	6202610	2679988	188237	131531		10300		46406
10724795	6483608	3656377	2271057	575677	523978		3451	42166	6082
3461364	1287760	1984724	1583679	185605	167648	16029	1928		
37511	37511	13200	8200	2000	2000				
37511	37511	13200	8200	2000	2000				

6-13 续表

单位:万元 （2013）

指 标	Item	办公用房屋 Offices	科研、教育、医疗用房屋 Scientific Research, Education and Medical
总 计	**Total**	**1535801**	**1470655**
#一、二级企业	First and Second Grade	1452464	1467262
按辖区分	Grouped by County		
兴庆区	Xingqing	1398277	1370822
西夏区	Xixia	10389	21639
金凤区	Jinfeng	127135	78194
按登记注册类型分	**Grouped by Status of Registration**		
内资企业	Domestic Funded	1535801	1470655
国有企业	State-owned Enterprises	1170503	1174036
有限责任公司	Limited Liabilities Corporations	190833	149694
国有独资公司	State Sole Funded Corporations	152929	95821
其他有限责任公司	Other Limited Liabilities Corporations	37904	53873
私营企业	Private Enterprises	174465	146925
私营有限责任公司	Private Limited Liabilities Corporations	141421	146925
私营股份有限公司	Private Share-holding Corporations Ltd.	33044	
按国民经济行业分(2011)	**Grouped by Sector(2011)**		
房屋建筑业	House Building	1499412	1470655
房屋建筑业	House Building	1499412	1470655
土木工程建筑业	Civil Engineering	36389	
水利和内河港口工程建筑	Water and River Ports	540	
水源及供水设施工程建筑	Construction of Water Source and Supply Water Facility	540	
工矿工程建筑	Mining	15589	
架线和管道工程建筑	Frame Line and Pipeline	20260	
架线及设备工程建筑	Frame Line Equipment Engineering	20260	
按控股情况分	**Grouped by Controlling Stake**		
国有控股	State-owned	1323432	1269857
集体控股	Collective-owned	20260	
私人控股	Private	191058	200798
其他	Others	1051	
按企业规模分	**Grouped by Enterprises Scale**		
大型	Large-Scale	1300460	1221381
中型	Medium-Scale	155593	233626
小型	Small-Scale	79748	15648
微型	Miniatrue		
按营业状态分	**Grouped by Operating Status**		
营业	Operating	1535801	1470655
按企业资质等级分	**Grouped by Qualification Criteria**		
施工总承包	General Contractors	1535801	1470655
特级	Special Grade		9676
一级	First Grade	1324347	1287633
二级	Second Grade	128117	169953
三级及以下	Third Grade and Below	83337	3393
专业承包	Professional Contractors		
三级及以下	Third Grade and Below		

continued

(sq.m)

科学研究用房屋 Scientific Research	教育用房屋 Education	医疗用房屋（卫生医疗用房） Medical (health and medical)	文化、体育、娱乐用房屋 Culture, Sports and Entertainment	厂房及建筑物 Workshop and Buildings	#厂 房 Workshop	仓 库 Warehouse	其他未列明的房屋建筑物 Other Buildings
18027	**1438534**	**14094**	**125022**	**626407**	**626177**	**16527**	**597732**
18027	1438534	10701	125022	524186	524186	14303	570467
18027	1349150	3645	112321	528354	528124	14057	363018
	20733	906	1947	3090	3090	2470	136093
	68651	9543	10754	94963	94963		98621
18027	1438534	14094	125022	626407	626177	16527	597732
	1172916	1120	13984	237242	237242	11536	253338
16327	133367		92905	187922	187922	297	237396
	95821			173987	173987		215345
16327	37546		92905	13935	13935	297	22051
1700	132251	12974	18133	201243	201013	4694	106998
1700	132251	12974	18133	152477	152247	4694	106590
				48766	48766		408
18027	1438534	14094	125022	540258	540028	16527	591610
18027	1438534	14094	125022	540258	540028	16527	591610
				86149	86149		6122
				12377	12377		
				12377	12377		
				73772	73772		
							6122
							6122
	1268737	1120	13984	411229	411229	11536	468683
							6122
18027	169797	12974	111038	215178	214948	4991	122927
	1221381			212776	212776		215345
18027	204898	10701	121922	367387	367157	16527	318922
	12255	3393	3100	46244	46244		63465
18027	1438534	14094	125022	626407	626177	16527	597732
18027	1438534	14094	125022	623407	623177	16527	597732
	9676						
18027	1269606		13436	411967	411967	11536	285466
	159252	10701	111586	112219	112219	2767	285001
		3393		99221	98991	2224	27265
				3000	3000		
				3000	3000		

6—14 房屋建筑竣工价值(市区)

单位:万元 (2013)

指 标	Item	竣工房屋价值 Output Value of Buildings Completed	住宅房屋 Residence	商业及服务用房屋 Business and Service
总 计	**Total**	**1508652**	**832163**	**142763**
#一、二级企业	First and Second Grade	1268990	653546	109697
按辖区分	**Grouped by County**			
兴庆区	Xingqing	1081303	542138	97083
西夏区	Xixia	64973	39129	4836
金凤区	Jinfeng	362376	250896	40845
按登记注册类型分	**Grouped by Status of Registration**			
内资企业	Domestic Funded	1508652	832163	142763
国有企业	State-owned Enterprises	681564	299677	34468
有限责任公司	Limited Liabilities Corporations	274787	165233	23717
国有独资公司	State Sole Funded Corporations	102999	40338	6285
其他有限责任公司	Other Limited Liabilities Corporations	171788	124895	17432
私营企业	Private Enterprises	552302	367253	84578
私营有限责任公司	Private Limited Liabilities Corporations	543622	367253	84578
私营股份有限公司	Private Share-holding Corporations Ltd.	8680		
按国民经济行业分(2011)	**Grouped by Sector(2011)**			
房屋建筑业	House Building	1483141	832163	142763
房屋建筑业	House Building	1483141	832163	142763
土木工程建筑业	Civil Engineering	25511		
水利和内河港口工程建筑	Water and River Ports	2840		
水源及供水设施工程建筑	Construction of Water Source and Supply Water Facility	2840		
工矿工程建筑	Mining	19082		
架线和管道工程建筑	Frame Line and Pipeline	3590		
架线及设备工程建筑	Frame Line Equipment Engineering	3590		
按控股情况分	**Grouped by Controlling Stake**			
国有控股	State-owned	784563	340015	40753
集体控股	Collective-owned	3590		
私人控股	Private	687364	459509	101852
其他	Others	33136	32639	158
按企业规模分	**Grouped by Enterprises Scale**			
大型	Large-Scale	612250	268749	6285
中型	Medium-Scale	652603	375495	110407
小型	Small-Scale	230336	176982	23544
微型	Miniatrue	13464	10936	2527
按营业状态分	**Grouped by Operating Status**			
营业	Operating	1508652	832163	142763
按企业资质等级分	**Grouped by Qualification Criteria**			
施工总承包	General Contractors	1506221	830543	142251
特级	Special Grade	4382	3532	
一级	First Grade	737223	320874	26649
二级	Second Grade	527385	329140	83048
三级及以下	Third Grade and Below	237231	176998	32555
专业承包	Professional Contractors	2431	1620	512
三级及以下	Third Grade and Below	2431	1620	512

Output Value of Floor Space of Buildings Completed (City)

(10 000 yuan)

商厦房屋（批发和零售用房）Commercial (wholesale, retail trade)	宾馆用房屋（住宿用房）Hotel (hoteling)	餐饮用房屋（餐饮用房）Catering (catering services)	商务会展用房屋 Business Exhibition	其他商业及服务用房屋（居民服务业用房）Other Business and Service (other services)	办公用房屋 Offices	科研、教育、医疗用房屋 Scientific Research, Education and Medical
121611	**1235**	**3463**	**9709**	**6745**	**187930**	**184497**
90049		3193	9709	6745	174922	183873
85430	1235	3193	1457	5768	164271	169001
4836					1841	2098
31346		270	8252	977	21819	13398
121611	1235	3463	9709	6745	187930	184497
26825		2572		5070	143006	143295
20662		621	1457	977	20214	16396
6285					14000	8736
14377		621	1457	977	6215	7660
74124	1235	270	8252	697	24710	24806
74124	1235	270	8252	697	24013	24806
					697	
121611	1235	3463	9709	6745	180837	184497
121611	1235	3463	9709	6745	180837	184497
					7094	
					125	
					125	
					3930	
					3039	
					3039	
33110		2572		5070	157006	152031
					3039	
88343	1235	891	9709	1675	27547	32466
158					339	
6285					151703	144114
91187		3463	9709	6048	24972	37459
21612	1235			697	11255	2923
2527						
121611	1235	3463	9709	6745	187930	184497
121099	1235	3463	9709	6745	187930	184497
						850
19006		2572		5070	157961	155852
71043		621	9709	1675	16961	27171
31050	1235	270			13008	624
512						
512						

6-14 续表

单位:万元　　　　　　　　　　　　　　　　　　　　　　　　　　　　　　　　　　　　　(2013)

指　标	Item	科学研究用房屋 Scientific Research	教育用房屋 Education
总　计	**Total**	**2547**	**179489**
#一、二级企业	First and Second Grade	2547	179489
按辖区分	**Grouped by County**		
兴庆区	Xingqing	2547	165847
西夏区	Xixia		1937
金凤区	Jinfeng		11705
按登记注册类型分	**Grouped by Status of Registration**		
内资企业	Domestic Funded	2547	179489
国有企业	State-owned Enterprises		143103
有限责任公司	Limited Liabilities Corporations	2182	14214
国有独资公司	State Sole Funded Corporations		8736
其他有限责任公司	Other Limited Liabilities Corporations	2182	5478
私营企业	Private Enterprises	365	22173
私营有限责任公司	Private Limited Liabilities Corporations	365	22173
私营股份有限公司	Private Share-holding Corporations Ltd.		
按国民经济行业分(2011)	**Grouped by Sector(2011)**		
房屋建筑业	House Building	2547	179489
房屋建筑业	House Building	2547	179489
土木工程建筑业	Civil Engineering		
水利和内河港口工程建筑	Water and River Ports		
水源及供水设施工程建筑	Construction of Water Source and Supply Water Facility		
工矿工程建筑	Mining		
架线和管道工程建筑	Frame Line and Pipeline		
架线及设备工程建筑	Frame Line Equipment Engineering		
按控股情况分	**Grouped by Controlling Stake**		
国有控股	State-owned		151839
集体控股	Collective-owned		
私人控股	Private	2547	27651
其他	Others		
按企业规模分	**Grouped by Enterprises Scale**		
大型	Large-Scale		144114
中型	Medium-Scale	2547	33076
小型	Small-Scale		2299
微型	Miniatrue		
按营业状态分	**Grouped by Operating Status**		
营业	Operating	2547	179489
按企业资质等级分	**Grouped by Qualification Criteria**		
施工总承包	General Contractors	2547	179489
特级	Special Grade		850
一级	First Grade	2547	153304
二级	Second Grade		25335
三级及以下	Third Grade and Below		
专业承包	Professional Contractors		
三级及以下	Third Grade and Below		

continued

(10 000 yuan)

医疗用房屋（卫生医疗用房）Medical (health and medical)	文化、体育、娱乐用房屋 Culture, Sports and Entertainment	厂房及建筑物 Workshop and Buildings	#厂　房 Workshop	仓　库 Warehouse	其他未列明的房屋建筑物 Other Buildings
2460	**17359**	**76085**	**75975**	**3879**	**63976**
1836	17359	65848	65848	3801	59944
606	14353	57912	57802	1679	34867
161	450	439	439	2200	13980
1693	2556	17734	17734		15129
2460	17359	76085	75975	3879	63976
193	2222	34090	34090	1532	23275
	8437	17323	17323	69	23396
		15927	15927		17713
	8437	1396	1396	69	5683
2268	6700	24672	24562	2278	17305
2268	6700	16733	16623	2278	17261
		7939	7939		44
2460	17359	58218	58108	3879	63425
2460	17359	58218	58108	3879	63425
		17867	17867		551
		2715	2715		
		2715	2715		
		15152	15152		
					551
					551
193	2222	50017	50017	1532	40988
					551
2268	15138	26068	25958	2347	22437
		23685	23685		17713
1836	17041	46746	46636	3879	36603
624	318	5654	5654		9660
2460	17359	76085	75975	3879	63976
2460	17359	75785	75675	3879	63976
	2130	50030	50030	1532	22196
1836	15230	15818	15818	2269	37748
624		9936	9826	78	4032
		300	300		
		300	300		

6—15 建筑业企业自有施工机械设备及劳动人员情况(市区)

(2013)

指 标	Item	年末自有施工机械设备净值(万元) Net Value of Machinery and Equipment Owned at Year-end (10 000 yuan)
总 计	**Total**	**52138**
#一、二级企业	First and Second Grade	40243
按辖区分	**Grouped by County**	
兴庆区	Xingqing	33209
西夏区	Xixia	4402
金凤区	Jinfeng	14526
按登记注册类型分	**Grouped by Status of Registration**	
内资企业	Domestic Funded	52138
国有企业	State-owned Enterprises	12294
有限责任公司	Limited Liabilities Corporations	8647
国有独资公司	State Sole Funded Corporations	2017
其他有限责任公司	Other Limited Liabilities Corporations	6630
股份有限公司	Share-holding Corporations Limited	7028
私营企业	Private Enterprises	24169
私营有限责任公司	Private Limited Liabilities Corporations	24169
私营股份有限公司	Private Share-holding Corporations Ltd.	
外商投资企业	Foreign Funded	
中外合资经营企业	Domestic and Foreign Joint Funded Enterprises	
按国民经济行业分(2011)	**Grouped by Sector(2011)**	
房屋建筑业	House Building	22051
房屋建筑业	House Building	22051
土木工程建筑业	Civil Engineering	20368
铁路、道路、隧道和桥梁工程建筑	Railway, Road, Tunnel and Bridge	10235
公路工程建筑	Road	7342
市政道路工程建筑	Municipal Works	2893
水利和内河港口工程建筑	Water and River Ports	3042
水源及供水设施工程建筑	Construction of Water Source and Supply Water Facility	2908
河湖治理及防洪设施工程建筑	Construciton of River Lake Administer and Hood Control Facility	134
工矿工程建筑	Mining	6267
架线和管道工程建筑	Frame Line and Pipeline	746
架线及设备工程建筑	Frame Line Equipment Engineering	645
管道工程建筑	Pipeline	101
其他土木工程建筑	Other Civil Engineering	78

Machinery and Equipment Owned and Employed Persons by Construction Enterprises (City)

年末自有施工机械设备总台数（台）Number of Machinery and Equipment Owned at Year-end (set)	年末自有施工机械设备总功率（千瓦）Total Power of Machinery and Equipment Owned at Year-end (kw)	期末从业人员数（人）Number of Employed Persons at Year-end (person)	工程技术人员（人）Engineering Persons (person)	一级建造师（人）First Construction Engineer (person)
13294	**273369**	**55039**	**14963**	**471**
9424	215426	42941	12132	379
7734	154929	28227	9052	302
1608	35625	4529	1110	32
3952	82815	22283	4801	137
13294	273369	53805	14890	459
3003	61370	9248	3684	101
2552	56975	19677	3757	125
347	4713	4617	1274	42
2205	52262	15060	2483	83
205	13930	1364	725	28
7534	141094	23516	6724	205
7534	141094	23344	6568	204
		172	156	1
		1234	73	12
		1234	73	12
7998	131316	33495	8882	262
7998	131316	33495	8882	262
3073	100578	16319	4735	156
848	43014	4548	1779	83
286	18095	1790	802	47
562	24919	2758	977	36
588	22932	3252	973	24
575	21688	3114	959	23
13	1244	138	14	1
1013	17296	3437	946	39
458	12636	4956	977	9
215	11636	4788	859	7
243	1000	168	118	2
166	4700	126	60	1

6-15 续表

(2013)

指 标	Item	年末自有施工机械设备净值(万元) Net Value of Machinery and Equipment Owned at Year-end (10 000 yuan)
建筑安装业	Construction Installation	3766
电气安装	Electric Installation	811
其他建筑安装业	Other Construction Installation	2955
建筑装饰和其他建筑业	Construction Decoration and Other Construction	5953
建筑装饰业	Construction Decoration	1001
工程准备活动	Other Construction	4952
建筑物拆除活动	Building Demolishes	1331
其他工程准备活动	Other Construction	3621
按控股情况分	**Grouped by Controlling Stake**	
国有控股	State-owned	14408
集体控股	Collective-owned	328
私人控股	Private	33291
外商控股	Foreign	
其他	Others	4112
按企业规模分	**Grouped by Enterprises Scale**	
大型	Large-Scale	7997
中型	Medium-Scale	22205
小型	Small-Scale	17831
微型	Miniatrue	4105
按营业状态分	**Grouped by Operating Status**	
营业	Operating	51489
停业(歇业)	Closed(go out of business)	649
当年关闭	Turn Off at Current Year	
按企业资质等级分	**Grouped by Qualification Criteria**	
施工总承包	General Contractors	36540
特级	Special Grade	1434
一级	First Grade	17031
二级	Second Grade	11315
三级及以下	Third Grade and Below	6760
专业承包	Professional Contractors	15598
一级	First Grade	975
二级	Second Grade	9488
三级及以下	Third Grade and Below	5134

continued

年末自有施工机械设备总台数(台) Number of Machinery and Equipment Owned at Year-end (set)	年末自有施工机械设备总功率(千瓦) Total Power of Machinery and Equipment Owned at Year-end (kw)	期末从业人员数(人) Number of Employed Persons at Year-end (person)	工程技术人员(人) Engineering Persons (person)	一级建造师(人) First Construction Engineer (person)
953	16797	2650	601	18
293	9424	2411	500	11
660	7373	239	101	7
1270	24678	2575	745	35
1118	5228	2259	589	21
152	19450	316	156	14
92	5039	214	99	9
60	14411	102	57	5
3401	67433	14240	5045	148
65	5207	2461	210	3
8975	176952	32917	8651	299
		1234	73	12
853	23777	4187	984	9
846	19824	3800	2409	57
6432	138636	32432	7710	244
5109	99111	17740	4343	156
907	15798	1067	501	14
13168	273188	55023	14960	471
126	181			
		16	3	
10078	194340	43789	11735	371
150	2843	1968	553	21
3286	57505	11537	4543	156
3996	93589	21175	4653	141
2646	40403	9109	1986	53
3216	79029	11250	3228	100
286	5930	1538	331	35
1706	55559	6723	2052	26
1224	17540	2989	845	39

6—16 建筑业企业财务状况(市区)

单位:万元 (2013)

指 标	Item	年初存货 Stock	资产总计 Total Funds
总 计	**Total**	**362971**	**2755763**
#一、二级企业	First and Second Grade	295863	2126368
按辖区分	**Grouped by County**		
兴庆区	Xingqing	203221	1612176
西夏区	Xixia	6830	181114
金凤区	Jinfeng	152920	962473
按登记注册类型分	**Grouped by Status of Registration**		
内资企业	Domestic Funded	361796	2665574
国有企业	State-owned Enterprises	82050	579003
集体企业	Collective-owned Enterprises		
有限责任公司	Limited Liabilities Corporations	82040	655504
国有独资公司	State Sole Funded Corporations	6662	229967
其他有限责任公司	Other Limited Liabilities Corporations	75378	425537
股份有限公司	Share-holding Corporations Limited	12955	222210
私营企业	Private Enterprises	184752	1208857
私营有限责任公司	Private Limited Liabilities Corporations	183255	1185731
私营股份有限公司	Private Share-holding Corporations Ltd.	1497	23127
港、澳、台商投资企业	Enterprises with Funds from Hong Kong,Macao and Taiwan		
港、澳、台商独资经营企业	Enterprises with Sole Investment		
外商投资企业	Foreign Funded	1175	90189
中外合资经营企业	Domestic and Foreign Joint Funded Enterprises	1175	90189
外资企业	Foreign-funded Enterprises		
按国民经济行业分	**Grouped by Sector**		
房屋建筑业	Building and Civil Engineering	217168	1638188
土木工程建筑业	Civil Engineering	117078	924519
铁路、道路、隧道和桥梁工程建筑	Railway, Road, Tunnel and Bridge	53927	459246
水利和内河港口工程建筑	Water and River Ports	20657	128755
工矿工程建筑	Mining	16189	189051
架线和管道工程建筑	Frame Line and Pipeline	25822	139120
其他土木工程建筑	Other Civil Engineering	484	8348
建筑安装业	Construction Installation	9843	74371
建筑装饰和其他建筑业	Construction Decoration and Other Construction	18881	118686
建筑装饰业	Construction Decoration	15695	83712
工程准备活动	Other Construction	3186	34974
按控股情况分	**Grouped by Controlling Stake**		
国有控股	State-owned	88912	818972
集体控股	Collective-owned	3367	40214
私人控股	Private	236289	1703272
港澳台商控股	Hong Kong,Macao and Taiwan		
外商控股	Foreign	1175	90189
其他	Others	33228	103116
按营业状态分	**Grouped by Operating Status**		
营业	Operating	361886	2743081
停业(歇业)	Closed(go out of business)	826	11921
当年关闭	Turn off at Current Year	258	761
按企业资质等级分	**Grouped by Qualification Criteria**		
施工总承包	General Contractors	292939	2305832
特级	Special Grade	1145	101800
一级	First Grade	109022	901980
二级	Second Grade	129488	920000
三级及以下	Third Grade and Below	53285	382053
专业承包	Professional Contractors	70031	449931
一级	First Grade	12911	45164
二级	Second Grade	44442	259225
三级及以下	Third Grade and Below	12678	145542

Financial Indicators on Construction Enterprises (City)

(10 000 yuan)

流动资产合计 Total Circulating Funds	应收工程款 Projects Receivable	存货 Stock	固定资产合计 Total Investment Assets	固定资产原价 Original Value of Fixed Assets	累计折旧 Accumulated Depreciation	本年折旧 Depreciation This Year
2322159	**884628**	**386170**	**227607**	**333329**	**144467**	**20665**
1830990	720559	296082	174495	259963	116502	14627
1376747	486379	226950	127488	165520	73249	8587
162097	92457	15705	10568	22276	11876	1253
783315	305792	143516	89551	145532	59342	10825
2248982	844279	384867	212570	310974	137145	18710
516063	238225	55646	41344	82671	42743	3849
530727	169167	107458	40042	66167	32651	5070
157645	48671	8953	11099	17752	9858	1488
373082	120496	98506	28943	48415	22793	3583
182511	59592	23240	36875	20406	7635	156
1019682	377296	198522	94308	141730	54115	9634
997518	365369	198345	93448	140465	53710	9568
22164	11927	178	860	1265	405	66
73178	40349	1304	15038	22355	7322	1954
73178	40349	1304	15038	22355	7322	1954
1408559	506684	249576	95945	149788	56530	8674
769526	325129	114816	105044	148977	74124	9270
397387	167271	51225	49279	47603	22863	1848
101162	31427	24480	13513	20696	11250	1393
151708	89520	6613	29592	59769	30190	4308
112178	34331	31461	12141	19453	8863	1597
7091	2581	1038	519	1456	958	124
60775	28531	9093	10301	12997	4613	1090
83299	24284	12685	16317	21567	9199	1631
66930	19670	11711	8670	8324	3436	627
16370	4615	974	7647	13243	5763	1003
682181	289666	65089	53070	102125	53716	5434
27760	9506	3024	3979	8519	4540	750
1450038	522576	285822	146206	183752	71313	11224
73178	40349	1304	15038	22355	7322	1954
89003	22532	30932	9314	16578	7576	1303
2312592	876115	385507	227166	331863	143443	20611
8862	8048	433	385	1379	994	48
705	465	231	56	87	30	5
1978822	754793	314737	169274	247872	106710	13941
46705	8191	1009	1990	4011	2025	392
808824	322322	102523	75991	103574	51776	4900
778868	300272	137811	61254	98680	39253	5537
344426	124007	73393	30039	41607	13656	3112
343337	129835	71434	58333	85457	37757	6724
37355	20812	5045	5289	6426	2885	614
205944	77152	50703	31961	51283	22587	3576
100038	31871	15686	21083	27748	12285	2534

6-16 续表1

单位:万元 (2013)

指　标	Item	在建工程 Construction in Process	负债合计 Total Liabilities
总　计	**Total**	**27171**	**2033368**
#一、二级企业	First and Second Grade	20699	1636474
按辖区分	**Grouped by County**		
兴庆区	Xingqing	25177	1233197
西夏区	Xixia	163	115810
金凤区	Jinfeng	1831	684361
按登记注册类型分	**Grouped by Status of Registration**		
内资企业	Domestic Funded	27171	1973436
国有企业	State-owned Enterprises	665	489971
集体企业	Collective-owned Enterprises		
有限责任公司	Limited Liabilities Corporations	5201	517108
国有独资公司	State Sole Funded Corporations	2761	177791
其他有限责任公司	Other Limited Liabilities Corporations	2440	339317
股份有限公司	Share-holding Corporations Limited	16469	188702
私营企业	Private Enterprises	4836	777654
私营有限责任公司	Private Limited Liabilities Corporations	4836	765593
私营股份有限公司	Private Share-holding Corporations Ltd.		12061
港、澳、台商投资企业	Enterprises with Funds from Hong Kong,Macao and Taiwan		
港、澳、台商独资经营企业	Enterprises with Sole Investment		
外商投资企业	Foreign Funded		59933
中外合资经营企业	Domestic and Foreign Joint Funded Enterprises		59933
外资企业	Foreign-funded Enterprises		
按国民经济行业分	**Grouped by Sector**		
房屋建筑业	Building and Civil Engineering	1577	1220909
土木工程建筑业	Civil Engineering	21795	712692
铁路、道路、隧道和桥梁工程建筑	Railway, Road, Tunnel and Bridge	16874	347221
水利和内河港口工程建筑	Water and River Ports	3840	98882
工矿工程建筑	Mining		168737
架线和管道工程建筑	Frame Line and Pipeline	1077	94672
其他土木工程建筑	Other Civil Engineering	5	3181
建筑安装业	Construction Installation	898	38334
建筑装饰和其他建筑业	Construction Decoration and Other Construction	2901	61433
建筑装饰业	Construction Decoration	2738	42325
工程准备活动	Other Construction	163	19108
按控股情况分	**Grouped by Controlling Stake**		
国有控股	State-owned	3426	671981
集体控股	Collective-owned		30409
私人控股	Private	23745	1194937
港澳台商控股	Hong Kong,Macao and Taiwan		
外商控股	Foreign		59933
其他	Others		76109
按营业状态分	**Grouped by Operating Status**		
营业	Operating	27171	2024280
停业(歇业)	Closed(go out of business)		8531
当年关闭	Turn off at Current Year		557
按企业资质等级分	**Grouped by Qualification Criteria**		
施工总承包	General Contractors	19517	1793234
特级	Special Grade	4	66369
一级	First Grade	16558	817352
二级	Second Grade	1822	651720
三级及以下	Third Grade and Below	1133	257793
专业承包	Professional Contractors	7654	240135
一级	First Grade		27184
二级	Second Grade	2319	140219
三级及以下	Third Grade and Below	5335	72732

continued

(10 000 yuan)

流动负债合计 Total Liquid Liabilities	非流动负债合计 Total Non-Liquid Liabilities	所有者权益合计 Owners' Equity	实收资本 Paid-in Capitals	国家资本 State-owned Capitals	集体资本 Collective-owned Capitals	法人资本 Corporate Capitals	个人资本 Personal Capitals
1996654	**31370**	**722395**	**533745**	**102034**	**20273**	**84187**	**327251**
1622118	11688	489894	347088	66512	16289	60232	204055
1203359	26674	378979	288580	56064	7726	59030	165760
115856	-46	65304	40030	22951		3005	14074
677439	4742	278112	205135	23018	12547	22152	147418
1936721	31370	692139	518145	102034	20273	83737	312101
486539	3119	89032	65562	55615		9948	
510571	4057	138396	111503	46389	19607	29819	15689
174044	3669	52176	40529	39849	680		
336527	388	86220	70975	6540	18927	29819	15689
188702		33509	2039				2039
750909	24194	431203	339041	30	666	43971	294374
738847	24194	420138	332374	30	666	43971	287707
12061		11065	6667				6667
59933		30256	15600			450	15150
59933		30256	15600			450	15150
1196672	22071	417279	292683	61401	7780	51548	171954
703471	6712	211827	156952	33907	11393	20427	91224
347221		112025	56341		666	15389	40286
89697	6706	29873	21660	10343	680	4630	6007
168734	-8	20314	39228	21278		7	17943
94655	4	44448	35594	276	10047	180	25090
3165	10	5167	4130	2010		221	1899
35984	2130	36037	32026	4830		1867	25329
60527	458	57252	52084	1895	1100	10345	38744
41807	70	41386	36506	895	1100	8345	26166
18720	388	15866	15578	1000		2000	12578
664802	6788	146991	111127	99004	818	11103	203
30409		9805	5986		5986		
1165790	24194	508335	377856	30	6908	62232	308685
59933		30256	15600			450	15150
75721	388	27007	23176	3000	6561	10402	3213
1989980	29370	718801	530678	101908	20273	84187	324309
6117	2000	3389	2767	125			2642
557		204	300				300
1765854	22736	512598	378009	73395	14312	67024	223279
66369		35430	28218	28218			
806645	10706	84628	68337	30851		16975	20512
649209	378	268280	187526	9297	10328	32139	135762
243630	11652	124260	93928	5028	3984	17911	67005
230800	8633	209796	155736	28639	5961	17163	103973
26788	201	17981	18486	10103			8383
139475	402	119005	72739	16261	5961	11118	39399
64536	8030	72810	64511	2275		6045	56191

6-16 续表2

单位：万元 (2013)

指　标	Item	营业收入 Business Revenue	主营业务收入 Revenue from Principal Business
总　计	**Total**	**3015864**	**2950225**
#一、二级企业	First and Second Grade	2528379	2478074
按辖区分	**Grouped by County**		
兴庆区	Xingqing	1901114	1888779
西夏区	Xixia	180654	173188
金凤区	Jinfeng	934096	888258
按登记注册类型分	**Grouped by Status of Registration**		
内资企业	Domestic Funded	2958594	2913906
国有企业	State-owned Enterprises	727274	716027
集体企业	Collective-owned Enterprises		
有限责任公司	Limited Liabilities Corporations	662816	654178
国有独资公司	State Sole Funded Corporations	220958	219325
其他有限责任公司	Other Limited Liabilities Corporations	441859	434852
股份有限公司	Share-holding Corporations Limited	232621	232188
私营企业	Private Enterprises	1335882	1311514
私营有限责任公司	Private Limited Liabilities Corporations	1316732	1294095
私营股份有限公司	Private Share-holding Corporations Ltd.	19150	17418
港、澳、台商投资企业	Enterprises with Funds from Hong Kong,Macao and Taiwan		
港、澳、台商独资经营企业	Enterprises with Sole Investment		
外商投资企业	Foreign Funded	57270	36319
中外合资经营企业	Domestic and Foreign Joint Funded Enterprises	57270	36319
外资企业	Foreign-funded Enterprises		
按国民经济行业分	**Grouped by Sector**		
房屋建筑业	Building and Civil Engineering	1973792	1949737
土木工程建筑业	Civil Engineering	911359	881547
铁路、道路、隧道和桥梁工程建筑	Railway, Road, Tunnel and Bridge	484795	484188
水利和内河港口工程建筑	Water and River Ports	134481	133602
工矿工程建筑	Mining	145521	121250
架线和管道工程建筑	Frame Line and Pipeline	143503	139451
其他土木工程建筑	Other Civil Engineering	3060	3056
建筑安装业	Construction Installation	57231	47391
建筑装饰和其他建筑业	Construction Decoration and Other Construction	73482	71551
建筑装饰业	Construction Decoration	66442	64658
工程准备活动	Other Construction	7041	6893
按控股情况分	**Grouped by Controlling Stake**		
国有控股	State-owned	963506	950587
集体控股	Collective-owned	58891	55898
私人控股	Private	1822542	1795720
港澳台商控股	Hong Kong,Macao and Taiwan		
外商控股	Foreign	57270	36319
其他	Others	113655	111702
按营业状态分	**Grouped by Operating Status**		
营业	Operating	3010707	2945069
停业(歇业)	Closed(go out of business)	4863	4863
当年关闭	Turn off at Current Year	294	294
按企业资质等级分	**Grouped by Qualification Criteria**		
施工总承包	General Contractors	2682895	2645817
特级	Special Grade	74210	73554
一级	First Grade	1056675	1052117
二级	Second Grade	1217251	1188063
三级及以下	Third Grade and Below	334760	332083
专业承包	Professional Contractors	332969	304409
一级	First Grade	59529	59451
二级	Second Grade	194924	178443
三级及以下	Third Grade and Below	78516	66514

continued

(10 000 yuan)

营业成本 Business Costs	主营业务成本 Costs of Principal Business	营业税金及附加 Business Taxes and Other Charges	主营业务税金及附加 Taxes and Other Charges on Principal Business	其他业务利润 Profits from Other Businesses	销售费用 Selling Costs	管理费用 Management Costs	税金 Taxes
2781993	**2725540**	**93268**	**92472**	**12598**	**2968**	**89016**	**4514**
2353801	2310282	78641	78173	10252	1157	65941	3432
1753931	1744737	59740	59612	3241	1653	43640	2303
153832	148496	5523	5272	1870	99	7450	213
874230	832307	28005	27588	7488	1216	37927	1998
2729649	2691274	92385	91589	9725	2968	85659	4415
700561	689727	23265	22978	4115	295	19903	924
610429	603954	20319	20153	1941	272	19366	1263
208795	207171	6848	6800	-39		4640	175
401634	396783	13471	13352	1980	272	14725	1088
210029	210009	7844	7844	413	8	6693	203
1208630	1187585	40957	40614	3256	2393	39697	2025
1192014	1172627	40868	40526	3182	2393	38588	2015
16616	14958	88	88	74		1110	10
52344	34265	884	884	2873		3357	99
52344	34265	884	884	2873		3357	99
1831731	1807658	60907	60499	3532	1126	38191	2057
839701	816720	28083	27891	6638	566	38558	1724
432048	431996	16228	16228	555	123	12276	469
121300	120874	3537	3530	445	93	7469	437
160232	140114	3574	3479	4058	76	8937	315
123680	121296	4647	4557	1577	271	9321	486
2441	2441	97	97	3	3	556	19
46766	38955	1876	1687	2116	1059	6210	307
63795	62206	2403	2396	312	218	6057	425
58364	56893	2168	2167	312	149	4882	399
5431	5313	235	230		69	1175	26
923081	910587	30596	30261	4081	296	25239	1102
53888	52024	2093	2006	1043	132	2241	266
1652843	1630090	56813	56471	3969	2492	52300	2902
52344	34265	884	884	2873	0	3357	99
99838	98573	2883	2851	633	48	5879	145
2777802	2721349	93100	92304	12598	2966	88649	4509
3945	3945	160	160		2	334	5
246	246	8	8			33	
2498939	2468194	83066	82848	6084	1264	59062	3169
69686	69248	2199	2199	218		1387	
1009931	1008099	34430	34357	2652	8	20840	1084
1124497	1098610	36475	36406	3199	324	24688	1397
294825	292238	9963	9887	15	932	12147	688
283054	257346	10202	9624	6514	1704	29954	1345
56071	55994	2155	2155	1	243	3085	134
163302	147580	5581	5256	4400	582	17327	817
63681	53771	2466	2213	2113	879	9542	394

单位:万元 (2013)

指 标	Item	财务费用 Financial Costs	利息收入 Interest Income
总 计	**Total**	**19448**	**463**
#一、二级企业	First and Second Grade	15983	430
按辖区分	**Grouped by County**		
兴庆区	Xingqing	7997	306
西夏区	Xixia	1033	51
金凤区	Jinfeng	10417	106
按登记注册类型分	**Grouped by Status of Registration**		
内资企业	Domestic Funded	18873	471
国有企业	State-owned Enterprises	1859	117
集体企业	Collective-owned Enterprises		
有限责任公司	Limited Liabilities Corporations	1763	52
国有独资公司	State Sole Funded Corporations	-99	12
其他有限责任公司	Other Limited Liabilities Corporations	1863	40
股份有限公司	Share-holding Corporations Limited	622	189
私营企业	Private Enterprises	14629	113
私营有限责任公司	Private Limited Liabilities Corporations	14391	208
私营股份有限公司	Private Share-holding Corporations Ltd.	238	-96
港、澳、台商投资企业	Enterprises with Funds from Hong Kong,Macao and Taiwan		
港、澳、台商独资经营企业	Enterprises with Sole Investment		
外商投资企业	Foreign Funded	575	-7
中外合资经营企业	Domestic and Foreign Joint Funded Enterprises	575	-7
外资企业	Foreign-funded Enterprises		
按国民经济行业分	**Grouped by Sector**		
房屋建筑业	Building and Civil Engineering	9828	8
土木工程建筑业	Civil Engineering	7127	363
铁路、道路、隧道和桥梁工程建筑	Railway, Road, Tunnel and Bridge	4455	275
水利和内河港口工程建筑	Water and River Ports	815	22
工矿工程建筑	Mining	1155	35
架线和管道工程建筑	Frame Line and Pipeline	704	28
其他土木工程建筑	Other Civil Engineering	-3	3
建筑安装业	Construction Installation	454	85
建筑装饰和其他建筑业	Construction Decoration and Other Construction	2040	8
建筑装饰业	Construction Decoration	1578	7
工程准备活动	Other Construction	462	1
按控股情况分	**Grouped by Controlling Stake**		
国有控股	State-owned	1756	133
集体控股	Collective-owned	371	12
私人控股	Private	16685	318
港澳台商控股	Hong Kong,Macao and Taiwan		
外商控股	Foreign	575	-7
其他	Others	61	8
按营业状态分	**Grouped by Operating Status**		
营业	Operating	19225	463
停业(歇业)	Closed(go out of business)	216	
当年关闭	Turn off at Current Year	6	
按企业资质等级分	**Grouped by Qualification Criteria**		
施工总承包	General Contractors	15811	317
特级	Special Grade	-77	4
一级	First Grade	4523	296
二级	Second Grade	8931	-8
三级及以下	Third Grade and Below	2433	25
专业承包	Professional Contractors	3637	146
一级	First Grade	427	9
二级	Second Grade	2102	133
三级及以下	Third Grade and Below	1108	5

continued

(10 000 yuan)

利息支出 Interest Expense	资产减值损失 Empairment of Assets	公允价值变动收益 Fair Value Gain	投资收益 Investment Income	营业利润 Business Profits	补贴收入 Subsidy Income
16638	**1576**	**1**	**1630**	**31014**	**774**
13859	1545	1	1764	15868	362
6562	415		223	32965	720
1090	25		1068	12547	54
8987	1137	1	339	-14498	
16067	1576	1	1630	30903	774
1929	723		850	-15269	354
1844	853	1	823	10220	381
-58	84			699	381
1902	769	1	823	9521	
635			64	7490	
11660	1		-107	28463	39
11402	1		-107	27365	39
258				1099	
571				111	
571				111	
8052	998		-62	33937	345
6388	553	1	1687	-2742	429
3801			129	19795	9
854	40			1226	420
1177	-244		836	-28137	
556	757	1	284	4407	
			438	-34	
329	1			867	
1870	25		5	-1048	
1428	25		5	-717	
441				-330	
1871	831		1288	-14220	735
388	637			-470	
13733	1		58	40470	39
571			0	111	
76	108	1	284	5123	
16414	1576	1	1630	30808	774
218				206	
6					
13509	806		260	23212	600
-77	19			997	261
4169	105		130	-13023	330
7398	670		130	21795	9
2020	13			13443	
3129	770	1	1370	7803	174
422	25			-2477	24
1870	746	1	1504	9574	
837			-134	706	150

6-16 续表4

单位:万元 (2013)

指 标	Item	营业外收入 Income Expect Business
总 计	**Total**	**3925**
#一、二级企业	First and Second Grade	2704
按辖区分	**Grouped by County**	
兴庆区	Xingqing	1709
西夏区	Xixia	404
金凤区	Jinfeng	1811
按登记注册类型分	**Grouped by Status of Registration**	
内资企业	Domestic Funded	3813
国有企业	State-owned Enterprises	1273
集体企业	Collective-owned Enterprises	
有限责任公司	Limited Liabilities Corporations	596
国有独资公司	State Sole Funded Corporations	533
其他有限责任公司	Other Limited Liabilities Corporations	64
股份有限公司	Share-holding Corporations Limited	107
私营企业	Private Enterprises	1837
私营有限责任公司	Private Limited Liabilities Corporations	1440
私营股份有限公司	Private Share-holding Corporations Ltd.	397
港、澳、台商投资企业	Enterprises with Funds from Hong Kong,Macao and Taiwan	
港、澳、台商独资经营企业	Enterprises with Sole Investment	
外商投资企业	Foreign Funded	112
中外合资经营企业	Domestic and Foreign Joint Funded Enterprises	112
外资企业	Foreign-funded Enterprises	
按国民经济行业分	**Grouped by Sector**	
房屋建筑业	Building and Civil Engineering	2406
土木工程建筑业	Civil Engineering	1482
铁路、道路、隧道和桥梁工程建筑	Railway, Road, Tunnel and Bridge	283
水利和内河港口工程建筑	Water and River Ports	530
工矿工程建筑	Mining	632
架线和管道工程建筑	Frame Line and Pipeline	36
其他土木工程建筑	Other Civil Engineering	0
建筑安装业	Construction Installation	20
建筑装饰和其他建筑业	Construction Decoration and Other Construction	17
建筑装饰业	Construction Decoration	16
工程准备活动	Other Construction	1
按控股情况分	**Grouped by Controlling Stake**	
国有控股	State-owned	1809
集体控股	Collective-owned	24
私人控股	Private	1953
港澳台商控股	Hong Kong,Macao and Taiwan	
外商控股	Foreign	112
其他	Others	27
按营业状态分	**Grouped by Operating Status**	
营业	Operating	3925
停业(歇业)	Closed(go out of business)	
当年关闭	Turn off at Current Year	
按企业资质等级分	**Grouped by Qualification Criteria**	
施工总承包	General Contractors	3225
特级	Special Grade	334
一级	First Grade	1139
二级	Second Grade	1235
三级及以下	Third Grade and Below	517
专业承包	Professional Contractors	700
一级	First Grade	140
二级	Second Grade	190
三级及以下	Third Grade and Below	370

continued

(10 000 yuan)

营业外支出 ExpensesExpect Business	利润总额 Total Profits	应交所得税 Tax Payable	应付职工薪酬（本年贷方累计发生额） Deal with Wages (volume of gredit side)	建筑业企业在境外完成的营业收入 Overseas Revenues
3978	**32178**	**27042**	**295216**	**1736**
3597	16192	20857	235355	1736
2298	32367	13659	161008	
610	13567	3853	23102	
1070	-13757	9530	111106	1736
3940	31993	27012	290210	1736
960	-14163	5129	47126	1736
468	10771	6034	85489	
241	991	1749	20115	
228	9781	4284	65375	
640	6957	1104	10738	
1872	28429	14746	146857	
1857	26948	14553	146310	
15	1481	193	547	
39	185	30	5006	
39	185	30	5006	
2551	33822	19123	191907	
1126	-1191	6455	86511	1736
767	19311	3356	33325	
94	1662	1081	16460	
131	-26873	378	21324	1736
130	4313	1588	14807	
4	396	54	595	
275	612	484	8216	
26	-1065	980	8582	
23	-725	952	7044	
3	-340	28	1538	
1203	-12388	7187	67866	1736
70	-516	605	7110	
2609	39806	17560	204244	
39	185	30	5006	
58	5092	1660	10990	
3975	31975	26983	295139	1736
3	203	59	54	
			23	
3046	23381	23180	257149	1736
40	1291	1248	12892	
1013	-12905	4235	51323	1736
1683	21347	13462	157607	
311	13649	4235	35327	
932	8796	3862	38067	
515	-2829	855	4479	
387	10579	2305	21946	
30	1046	702	11642	

6—17 劳务分包建筑业企业生产经营情况(市区)

单位:万元 (2013)

指　标	Item	企业数(个) Number of Enterprises(unit)	有工作量的企业数 Number of Enter Prise with Workload	建筑业总产值 Total Output Value of Construction
总　计	**Total**	**20**	**17**	**12747**
#一、二级企业	First and Second Grade	13	10	8390
按辖区分	**Grouped by County**			
兴庆区	Xingqing	12	9	10068
西夏区	Xixia	4	4	1595
金凤区	Jinfeng	4	4	1084
按登记注册类型分	**Grouped by Status of Registration**			
内资企业	Domestic Funded	20	17	12747
有限责任公司	Limited Liabilities Corporations	1	1	314
国有独资公司	State Sole Funded Corporations	1	1	314
其他有限责任公司	Other Limited Liabilities Corporations			
私营企业	Private Enterprises	19	16	12433
私营有限责任公司	Private Limited Liabilities Corporations	19	16	12433
按国民经济行业分	**Grouped by Sector**			
房屋建筑业	Building and Civil Engineering	16	13	11859
土木工程建筑业	Civil Engineering			
建筑安装业	Construction Installation	4	4	888
建筑装饰和其他建筑业	Construction Decoration and Other Construction			
按控股情况分	**Grouped by Controlling Stake**			
国有控股	State-owned	1	1	314
私人控股	Private	19	16	12433
按营业状态分	**Grouped by Operating Status**			
营业	Operating	20	17	12747
当年关闭	Turn off at Current Year			
按企业资质等级分	**Grouped by Qualification Criteria**			
劳务分包	General Contractors	20	17	12747
一级	First Grade	13	10	8390
二级	Second Grade			
不分级	Not Grade	7	7	4358

Production and Business Statistics of Labour Subcontractors in Construction Industry (City)

(10 000 yuan)

装饰装修产值 Dueput Value of Decoration	固定资产原价 Original Value of Fixed Assets	本年折旧 Depreciation This Year	资产总计 Total Capital	负债合计 Total Liabilities	实收资本 Paid-in Capitals	营业收入 Business Revenue
	277	**47**	**3702**	**1413**	**1536**	**15126**
	210	29	1629	479	1106	8226
	164	31	1404	687	694	9915
	88	12	1108	402	210	4162
	25	5	1190	324	633	1049
	277	47	3702	1413	1536	15126
	43	4	950	371	100	2972
	43	4	950	371	100	2972
	234	43	2751	1043	1436	12154
	234	43	2751	1043	1436	12154
	210	29	2141	618	1236	11660
	66	19	1561	795	300	3466
	43	4	950	371	100	2972
	234	43	2751	1043	1436	12154
	277	47	3702	1413	1536	15126
	277	47	3702	1413	1536	15126
	210	29	1629	479	1106	8226
	66	19	2073	934	430	6900

6-17 续表1

单位:万元 (2013)

指 标	Item	主营业务收入 Revenue from Principal Business	营业成本 Business Costs	主营业务成本 Costs of Principal Business
总 计	**Total**	**15126**	**14207**	**14207**
#一、二级企业	First and Second Grade	8226	8124	8124
按辖区分	**Grouped by County**			
兴庆区	Xingqing	9915	9748	9748
西夏区	Xixia	4162	3401	3401
金凤区	Jinfeng	1049	1059	1059
按登记注册类型分	**Grouped by Status of Registration**			
内资企业	Domestic Funded	15126	14207	14207
有限责任公司	Limited Liabilities Corporations	2972	2283	2283
国有独资公司	State Sole Funded Corporations	2972	2283	2283
其他有限责任公司	Other Limited Liabilities Corporations			
私营企业	Private Enterprises	12154	11925	11925
私营有限责任公司	Private Limited Liabilities Corporations	12154	11925	11925
按国民经济行业分	**Grouped by Sector**			
房屋建筑业	Building and Civil Engineering	11660	11517	11517
土木工程建筑业	Civil Engineering			
建筑安装业	Construction Installation	3466	2690	2690
建筑装饰和其他建筑业	Construction Decoration and Other Construction			
按控股情况分	**Grouped by Controlling Stake**			
国有控股	State-owned	2972	2283	2283
私人控股	Private	12154	11925	11925
按营业状态分	**Grouped by Operating Status**			
营业	Operating	15126	14207	14207
当年关闭	Turn off at Current Year			
按企业资质等级分	**Grouped by Qualification Criteria**			
劳务分包	General Contractors	15126	14207	14207
一级	First Grade	8226	8124	8124
二级	Second Grade			
不分级	Not Grade	6900	6084	6084

continued

(10 000 yuan)

营业税金及附加 Business Taxes and Other Charges	主营业务税金及附加 Taxes and Other Charges on Principal Business	销售费用 Sale Costs	管理费用 Management Costs	税金 Taxes	财务费用 Financial Costs	营业利润 Business Profits	利润总额 Total Profits
121	**121**		**514**	**4**	**1**	**283**	**283**
87	87		134	4	1	−120	−115
28	28		145	4		−5	−11
57	57		292			412	409
36	36		78		1	−124	−115
121	121		514	4	1	283	283
17	17		268			405	405
17	17		268			405	405
104	104		247	4	1	−122	−122
104	104		247	4	1	−122	−122
88	88		178	4	1	−124	−120
33	33		337			407	403
17	17		268			405	405
104	104		247	4	1	−122	−122
121	121		514	4	1	283	283
121	121		514	4	1	283	283
87	87		134	4	1	−120	−115
34	34		380	1		403	399

6-17 续表2

单位:万元 (2013)

指 标	Item	应付职工薪酬(本年贷方累计发生额) Deal with Wages (volume of gredit side)
总 计	**Total**	**11342**
#一、二级企业	First and Second Grade	7335
按辖区分	**Grouped by County**	
兴庆区	Xingqing	9721
西夏区	Xixia	647
金凤区	Jinfeng	974
按登记注册类型分	**Grouped by Status of Registration**	
内资企业	Domestic Funded	11342
有限责任公司	Limited Liabilities Corporations	544
国有独资公司	State Sole Funded Corporations	544
其他有限责任公司	Other Limited Liabilities Corporations	
私营企业	Private Enterprises	10798
私营有限责任公司	Private Limited Liabilities Corporations	10798
按国民经济行业分	**Grouped by Sector**	
房屋建筑业	Building and Civil Engineering	10729
土木工程建筑业	Civil Engineering	
建筑安装业	Construction Installation	613
建筑装饰和其他建筑业	Construction Decoration and Other Construction	
按控股情况分	**Grouped by Controlling Stake**	
国有控股	State-owned	543
私人控股	Private	10798
按营业状态分	**Grouped by Operating Status**	
营业	Operating	11342
当年关闭	Turn off at Current Year	
按企业资质等级分	**Grouped by Qualification Criteria**	
劳务分包	General Contractors	11342
一级	First Grade	7335
二级	Second Grade	
不分级	Not Grade	4007

continued

(10 000 yuan)

全部从业人员平均人数(人) Average Number of Total Persons Employed(person)	期末从业人员数(人) Number of Employed Persons (person)	# 工程技术人员 Engineering Persons	# 现场施工人员 Site Construction Persons
2722	**3671**	**68**	**3531**
1730	2593	45	2490
2285	3438	44	3379
125	134	16	76
312	99	8	76
2722	3671	68	3531
76	84	7	67
76	84	7	67
2646	3587	61	3464
2646	3587	61	3464
2620	3566	56	3451
102	105	12	80
76	84	7	67
2646	3587	61	3464
2722	3671	68	3531
2722	3671	68	3531
1730	2593	45	2490
992	1078	23	1041

6—18 建筑业总承包资质等级一、二级企业名单

Construction Industry List by Contracted Qualification Criteria with First or Secord Grade

（2013）

单位名称 Unit Name	行业类别 Sectors	注册类型 Registration Type	资质等级 Qualification Griteria	企业规模 Scale Enterprises
宁夏建工集团有限公司	房屋建筑工程	国有独资公司	房屋建筑工程特级	中型
宁夏第五建筑公司	房屋建筑工程	国有公司	房屋建筑工程一级	中型
宁夏第一建筑公司	房屋建筑工程	国有公司	房屋建筑工程一级	大型
宁夏煤炭基本建设公司	房屋工程建筑	国有公司	房屋建筑工程一级	大型
宁夏第二建筑有限公司	房屋建筑工程	国有独资公司	房屋建筑工程一级	大型
宁夏正丰建筑工程有限公司	房屋建筑工程	其他有限责任公司	房屋建筑工程一级	中型
宁夏恺元建筑有限公司	房屋建筑工程	私营有限责任公司	房屋建筑工程一级	中型
宁夏路桥工程股份有限公司	公路工程	股份有限公司	公路工程一级	大型
宁夏回族自治区水利水电工程局	水利水电工程	国有公司	水利水电工程一级	中型
宁夏电力建设工程公司	电力工程	国有公司	电力工程一级	中型
银川第一市政工程有限责任公司	市政公用工程	私营有限责任公司	市政公用工程一级	中型
银川第二市政工程有限责任公司	市政公用工程	私营有限责任公司	市政公用工程一级	中型
宁夏石油化工建设有限公司	房屋建筑工程	私营有限责任公司	房屋建筑工程二级	中型
宁夏农垦建设实业总公司	房屋建筑工程	国有公司	房屋建筑工程二级	中型
宁夏新月建筑有限公司	房屋建筑工程	私营有限责任公司	房屋建筑工程二级	小型
宁夏对外建设总公司	房屋建筑工程	国有公司	房屋建筑工程二级	中型
宁夏宁化安装检修厂	化工石油工程	国有公司	化工石油工程二级	中型
核工业宁夏工程公司	矿山工程	国有公司	矿山工程二级	小型
宁夏固本建筑有限公司	房屋建筑工程	私营有限责任公司	房屋建筑工程二级	小型
宁夏陆磐建筑工程有限公司	房屋建筑工程	私营有限责任公司	房屋建筑工程二级	中型
宁夏华宇建设工程有限公司	房屋建筑工程	其他有限责任公司	房屋建筑工程二级	中型
银川市郊区第二建筑有限公司	房屋建筑工程	私营有限责任公司	房屋建筑工程二级	中型
银川三建工程有限责任公司	房屋建筑工程	其他有限责任公司	房屋建筑工程二级	中型
银川市第一建筑工程有限责任公司	房屋建筑工程	私营有限责任公司	房屋建筑工程二级	中型
宁夏长城集团建筑工程有限责任公司	房屋建筑工程	私营有限责任公司	房屋建筑工程二级	中型
宁夏斯达建筑工程有限公司	房屋建筑工程	私营有限责任公司	房屋建筑工程二级	小型
银川天宏实业有限公司	市政公用工程	私营有限责任公司	市政公用工程二级	小型
宁夏永建建筑工程有限公司	房屋建筑工程	私营有限责任公司	房屋建筑工程二级	中型
宁夏方圆建设工程有限公司	房屋建筑工程	私营有限责任公司	房屋建筑工程二级	中型
宁夏功达建筑工程有限责任公司	房屋建筑工程	其他有限责任公司	房屋建筑工程二级	中型
中电投宁夏能源铝业建设工程有限公司	房屋建筑工程	其他有限责任公司	房屋建筑工程二级	小型
宁夏灵隆建设集团有限责任公司	房屋建筑工程	私营有限责任公司	房屋建筑工程二级	中型
宁夏灵州建设安装集团有限公司	市政公用工程	私营有限责任公司	市政公用工程二级	中型
宁夏德达建筑安装工程有限公司	房屋建筑工程	私营有限责任公司	房屋建筑工程二级	中型
灵武市建筑工程公司	房屋建筑工程	集体企业	房屋建筑工程二级	中型
宁夏万通建设工程有限公司	房屋建筑工程	私营有限责任公司	房屋建筑工程二级	中型
宁夏天易建筑工程有限公司	房屋建筑工程	私营有限责任公司	房屋建筑工程二级	小型
宁夏坤隆建设工程有限公司	房屋建筑工程	私营有限责任公司	房屋建筑工程二级	小型
银川城建集团工程有限公司	房屋建筑工程	其他有限责任公司	房屋建筑工程二级	中型
宁夏天信建设发展有限责任公司	电力工程	其他有限责任公司	电力工程二级	中型
宁夏华建建筑有限责任公司	房屋建筑工程	私营有限责任公司	房屋建筑工程二级	中型

6-18 续表 continued

单位名称 Unit Name	行业类别 Sectors	注册类型 Registration Type	资质等级 Qualification Griteria	企业规模 Scale Enterprises
宁夏中远工程建设有限公司	市政公用工程	私营有限责任公司	市政公用工程二级	中型
宁夏嘉源建筑有限公司	房屋建筑工程	国有独资公司	房屋建筑工程二级	小型
宁夏宁东建设集团有限公司	房屋建筑工程	私营有限责任公司	房屋建筑工程二级	中型
宁夏新圣基建筑工程有限公司	房屋建筑工程	其他有限责任公司	房屋建筑工程二级	中型
宁夏嘉屋建设工程有限公司	房屋建筑工程	私营有限责任公司	房屋建筑工程二级	中型
宁夏众鑫鹏建筑工程有限责任公司	房屋建筑工程	其他有限责任公司	房屋建筑工程二级	小型
宁夏吉运建筑安装有限公司	房屋建筑工程	其他有限责任公司	房屋建筑工程二级	中型
宁夏百力德建筑工程有限公司	房屋建筑工程	私营有限责任公司	房屋建筑工程二级	中型
宁夏住宅建设工程有限公司	房屋建筑工程	私营有限责任公司	房屋建筑工程二级	中型
宁夏兴亚建筑工程有限公司	房屋建筑工程	私营有限责任公司	房屋建筑工程二级	中型
宁夏宁房建筑工程有限公司	房屋建筑工程	私营有限责任公司	房屋建筑工程二级	小型
宁夏建昌建筑实业有限公司	房屋建筑工程	私营有限责任公司	房屋建筑工程二级	小型
宁夏灵武市第六建筑安装工程有限公司	房屋建筑工程	私营有限责任公司	房屋建筑工程二级	中型
宁夏成城建设集团有限公司	房屋建筑工程	私营有限责任公司	房屋建筑工程二级	中型
宁夏建宏道路有限公司	市政公用工程	其他有限责任公司	市政公用工程二级	中型
宁夏科强建筑安装有限公司	房屋建筑工程	私营有限责任公司	房屋建筑工程二级	中型
银川晨阳工程有限公司	房屋建筑工程	私营有限责任公司	房屋建筑工程二级	小型
银川市成通建设工程有限公司	市政公用工程	私营有限责任公司	市政公用工程二级	中型
宁夏荣恒集团建筑安装工程有限责任公司	房屋建筑工程	私营有限责任公司	房屋建筑工程二级	中型
银川市市政建设工程有限责任公司	市政公用工程	私营有限责任公司	市政公用工程二级	中型
银川高新区诚畅市政工程有限公司	市政公用工程	私营有限责任公司	市政公用工程二级	中型
银川市万兴隆建筑工程有限公司	房屋建筑工程	私营有限责任公司	房屋建筑工程二级	小型
宁夏北方彩新建工股份有限公司	房屋建筑工程	私营股份有限公司	房屋建筑工程二级	中型
宁夏隆洋建筑实业有限公司	房屋建筑工程	私营有限责任公司	房屋建筑工程二级	小型
宁夏友厦建设集团有限公司	房屋建筑工程	私营有限责任公司	房屋建筑工程二级	小型
宁夏大捷建设工程有限公司	房屋建筑工程	私营有限责任公司	房屋建筑工程二级	中型
宁夏庆元建设实业有限公司	房屋建筑工程	私营有限责任公司	房屋建筑工程二级	中型
宁夏合泰建设工程有限公司	房屋建筑工程	私营有限责任公司	房屋建筑工程二级	小型
宁夏万嘉市政建设工程有限公司	市政公用工程	私营有限责任公司	市政公用工程二级	小型
宁夏众一建设工程有限公司	房屋建筑工程	私营有限责任公司	房屋建筑工程二级	小型
宁夏视通建设发展有限公司	市政公用工程	私营有限责任公司	市政公用工程二级	中型
宁夏永刚建筑工程有限公司	房屋建筑工程	其他有限责任公司	房屋建筑工程二级	小型
宁夏可泰建筑工程有限责任公司	房屋建筑工程	私营有限责任公司	房屋建筑工程二级	小型
宁夏励诚建设工程有限公司	房屋建筑工程	私营有限责任公司	房屋建筑工程二级	小型
宁夏晨洋公路工程有限公司	市政公用工程	私营有限责任公司	市政公用工程二级	小型
斯伦贝谢长和油田工程有限公司	化工石油工程	中外合资经营企业	化工石油工程二级	中型
宁夏路捷建设集团有限公司	公路工程	私营有限责任公司	公路工程二级	中型
神华宁夏煤业集团灵州建井工程有限公司	矿山工程	其他有限责任公司	矿山工程二级	中型

注:企业规模视当年经营状况核定。
a)Scale enterprises in accordance with the operating conditions at current Year.

6—19 建筑业专业承包资质等级一、二级企业名单

Construction Industry List by Professional Contractor Qualification Criteria with First or Secord Grade

(2013)

单位名称 Unit Name	行业类别 Sectors	注册类型 Registration Type	资质等级 Qualification Criteria	企业规模 Scale Enterprises
宁夏通信建设公司	电信工程	国有公司	电信工程一级	小型
宁夏伊斯兰地质工程公司	地基与基础工程	国有公司	地基与基础工程一级	中型
宁夏爱华建筑装饰工程有限公司	建筑装修装饰工程	私营有限责任公司	建筑装修装饰工程一级	小型
宁夏古月建筑装饰工程有限公司	建筑装修装饰工程	私营有限责任公司	建筑装修装饰工程一级	小型
银川金辉建筑装饰工程有限公司	建筑装修装饰工程	私营有限责任公司	建筑装修装饰工程一级	微型
宁夏建工集团装饰工程有限公司	建筑装修装饰工程	其他有限责任公司	建筑装修装饰工程一级	小型
宁夏天宏爆破有限公司	爆破工程服务	私营有限责任公司	爆破工程服务一级	小型
宁夏凯田装饰设计工程有限公司	建筑幕墙工程	私营有限责任公司	建筑幕墙工程一级	小型
宁夏有色地质工程公司	矿山工程	国有公司	矿山工程二级	小型
宁夏地质工程勘察院	地基与基础工程	国有公司	地基与基础工程二级	小型
宁夏大力岩土工程公司	地基与基础工程	国有公司	地基与基础工程二级	中型
宁夏矿业开发公司	钻井、成井工程	国有公司	能源、矿产和水源钻井工程二级	小型
宁夏爆破公司	爆破与拆除工程	国有公司	爆破与拆除工程二级	小型
宁夏基础工程有限公司	地基与基础工程	其他有限责任公司	地基与基础工程二级	小型
宁夏天邦装饰工程有限公司	建筑装修装饰工程	私营有限责任公司	建筑装修装饰工程二级	微型
银川中房建设装饰有限公司	建筑装修装饰工程	私营有限责任公司	建筑装修装饰工程二级	小型
宁夏三昌建筑装饰工程有限公司	建筑装修装饰工程	私营有限责任公司	建筑装修装饰工程二级	小型
宁夏优泰消防安全工程有限公司	消防设施工程	私营有限责任公司	消防设施工程二级	小型
银川市城市规划设计研究院装饰工程有限公司	建筑装修装饰工程	私营有限责任公司	建筑装修装饰工程二级	微型
宁夏煤炭勘察工程公司	地基与基础工程	国有公司	地基与基础工程二级	中型
银川市民政福利建筑装饰有限公司	建筑装修装饰工程	私营有限责任公司	建筑装修装饰工程二级	小型
宁夏建筑设计装饰工程有限公司	建筑装修装饰工程	其他有限责任公司	建筑装修装饰工程二级	小型
银川市金利装饰发展有限公司	建筑装修装饰工程	私营有限责任公司	建筑装修装饰工程二级	小型
宁夏乾坤广告装潢设计有限公司	建筑装修装饰工程	私营有限责任公司	建筑装修装饰工程二级	小型
宁夏夯利地基有限责任公司	地基与基础工程	私营有限责任公司	地基与基础工程二级	小型
宁夏中移通信技术工程有限公司	电信工程	其他有限责任公司	电信工程二级	小型
宁夏龙升幕墙钢结构工程有限公司	建筑幕墙工程	私营有限责任公司	建筑幕墙工程二级	微型
宁夏荣之桓建筑门窗工程有限公司	金属门窗工程	私营有限责任公司	金属门窗工程二级	小型
宁夏亚视电子科技有限公司	建筑智能化工程	私营有限责任公司	建筑智能化工程二级	小型
宁夏中联装饰工程有限公司	建筑装修装饰工程	私营有限责任公司	建筑装修装饰工程二级	小型
宁夏西美装饰工程有限公司	建筑装修装饰工程	私营有限责任公司	建筑装修装饰工程二级	小型
银川市现代爆破有限公司	爆破与拆除工程	私营有限责任公司	爆破与拆除工程二级	微型
宁夏怡达公路工程有限公司	公路路面工程	私营有限责任公司	公路路面工程二级	小型
宁夏建工岩土工程有限公司	地基与基础工程	国有独资公司	地基与基础工程二级	小型
宁夏安消消防设施工程有限公司	消防设施工程	私营有限责任公司	消防设施工程二级	微型
宁夏利安消防工程有限公司	消防设施工程	私营有限责任公司	消防设施工程二级	微型
宁夏鑫北装饰有限公司	建筑装饰装修工程	私营有限责任公司	建筑装饰装修工程二级	小型
宁夏众邦消防工程有限公司	消防设施工程	私营有限责任公司	消防设施工程二级	小型
宁夏鸿日建筑幕墙装饰有限公司	建筑幕墙工程	私营有限责任公司	建筑幕墙工程二级	小型
宁夏嘉宁科技实业有限公司	电子工程	私营有限责任公司	电子工程二级	小型

6-19 续表 continued

单位名称 Unit Name	行业类别 Sectors	注册类型 Registration Type	资质等级 Qualification Griteria	企业规模 Scale Enterprises
宁夏天净元光电力有限公司	送变电工程	其他有限责任公司	送变电工程二级	中型
银川定向爆破工程有限公司	爆破与拆除工程	私营有限责任公司	爆破与拆除工程二级	微型
银川龙成实业有限公司	化工石油设备管道安装工程	其他有限责任公司	化工石油设备管道安装工程二级	小型
银川市兴盈钻井工程有限公司	能源、矿产和水源钻井工程	私营有限责任公司	能源、矿产和水源钻井工程二级	小型
宁夏安正科贸有限公司	建筑智能化工程	私营有限责任公司	建筑智能化工程二级	小型
宁夏三菱装饰工程有限公司	建筑装修装饰工程	私营有限责任公司	建筑装修装饰工程二级	微型
宁夏众安消防安全工程有限公司	消防设施工程	私营有限责任公司	消防设施工程二级	小型
宁夏宁电消防设备有限公司	消防设施工程	私营有限责任公司	消防设施工程二级	小型
宁夏新三星建设工程有限公司	建筑装修装饰工程	私营有限责任公司	建筑装修装饰工程二级	小型
宁夏丰亨环保消防工程有限公司	消防设施工程	私营有限责任公司	消防设施工程二级	微型
宁夏鑫翔建设集团股份有限公司	建筑装修装饰工程	私营有限责任公司	建筑装修装饰工程二级	小型
宁夏信誉建筑装饰工程有限公司	建筑装修装饰工程	私营有限责任公司	建筑装修装饰工程二级	小型
宁夏久安消防工程有限公司	消防设施工程	私营有限责任公司	消防设施工程二级	微型
宁夏三鑫机械化工程有限公司	土石方工程	其他有限责任公司	土石方工程二级	小型
宁夏众辰安全技术有限公司	消防设施工程	私营有限责任公司	消防设施工程二级	小型
宁夏隆泰华消防工程有限公司	消防设施工程	私营有限责任公司	消防设施工程二级	微型
宁夏新银迪建筑装饰工程有限公司	建筑装修装饰工程	私营有限责任公司	建筑装修装饰工程二级	微型
宁夏高力安装工程有限公司	消防设施工程	私营有限责任公司	消防设施工程二级	微型
宁夏舜豪建筑装饰工程有限公司	建筑装修装饰工程	私营有限责任公司	建筑装修装饰工程二级	微型
宁夏大地地质勘查有限责任公司	能源、矿产和水源钻井工程	其他有限责任公司	能源、矿产和水源钻井工程二级	小型
宁夏坤承电力工程有限公司	送变电工程	其他有限责任公司	送变电工程二级	小型
银川新形象装饰设计工程有限公司	建筑装修装饰工程	私营有限责任公司	建筑装修装饰工程二级	小型
宁夏长中建筑安装工程有限公司	化工石油设备管道安装工程	私营有限责任公司	化工石油设备管道安装工程二级	小型
宁夏恒创设备安装工程有限公司	建筑智能化工程	其他有限责任公司	建筑智能化工程二级	小型
宁夏安邦智能科技有限公司	消防设施工程	私营有限责任公司	消防设施工程二级	微型
宁夏恒亚制造安装有限公司	建筑装修装饰工程	其他有限责任公司	建筑装修装饰工程二级	小型
宁夏鑫吉海医疗工程有限公司	机电设备安装工程	私营有限责任公司	机电设备安装工程二级	小型
宁夏昊瑞城建筑工程有限公司	金属门窗工程	私营有限责任公司	金属门窗工程二级	中型
宁夏僖泰装饰工程有限公司	建筑装修装饰工程	私营有限责任公司	建筑装修装饰工程二级	小型
深装华南(宁夏)建筑装饰工程有限公司	建筑装修装饰工程	私营有限责任公司	建筑装修装饰工程二级	小型
宁夏北方时空建筑装饰工程有限公司	建筑装修装饰工程	私营有限责任公司	建筑装修装饰工程二级	小型
宁夏华利建筑装饰有限公司	建筑装修装饰工程	私营有限责任公司	建筑装修装饰工程二级	小型

注：企业规模视当年经营状况核定。

a)Scale enterprises in accordance with the operating conditions at current Year.

主要统计指标解释

【建筑业统计单位】 指从事房屋、构筑物建造和设备安装活动的法人企业。建筑业法人企业应同时具备的条件是：1. 依法成立，有自己的名称、组织机构和场所，能够承担民事责任；2. 独立拥有和使用资产，承担负债，有权与其他单位签订合同；3. 独立核算盈亏，能够编制资产负债表。统计范围是具有建筑业资质等级的独立核算的总承包、专业承包和劳务分包企业。

【年末自有施工机械设备总台数】 指年末本企业（或单位）自有的直接用于工程施工的各种机械设备的台数。但不包括附属辅助生产机械设备、运输设备、生产试验机械设备的台数。

【年末自有施工机械设备总功率】 指年末本企业（或单位）自有的直接用于工程施工的各种机械设备年末总功率，按设定能力或查定能力计算。包括施工机械本身的动力和为该机械服务的单独动力设备，如电动机等。但不包括附属辅助生产机械设备、运输机械设备、生产试验机械设备的功率。计算单位用千瓦，动力换算可按1马力=0.735千瓦折合成千瓦数。电焊机、变压器、锅炉不计算动力。

【建筑业总产值】 是以货币表现的建筑业企业在一定时期内生产的建筑业产品和服务的总和。建筑业总产值包括三部分内容：

（1）建筑工程产值：指列入建筑工程预算内的各种工程价值。

（2）安装工程产值：指设备安装工程价值，不包括被安装设备本身价值。

（3）其他产值：建筑业总产值中除建筑工程、安装工程以外的产值。包括房屋构筑物修理产值、非标准设备制造产值、总包企业向分包企业收取的管理费以及不能明确划分的施工活动所完成的产值。

【工程结算收入】 指本企业承包工程实现的工程价款结算收入以及向发包单位收取的除工程价款以外的按规定列作营业收入的各种款项，如临时设施费、劳动保险费、施工机构调迁费等以及向发包单位收取的各种索赔款。

【建筑业增加值】 是建筑业企业在报告期内以货币表现的建筑业生产经营活动的最终成果。目前建筑业增加值采用分配法（收入法）计算，即从收入的角度出发，根据生产要素在生产过程中应得的收入份额计算。具体计算公式是：

建筑业增加值=本年提取的固定资产折旧+本年应付工资总额+本年应付福利费+管理费中的税金、劳动待业保险金+工程结算税金及附加+营业利润

【工程结算利润】 指已结算工程实现的利润。如亏损以“–”号表示。计算公式为：

工程结算利润=工程结算收入–工程结算成本–销售费用–工程结算税金及附加。

【企业总收入】 指与企业生产经营直接有关的各项收入，包括工程结算收入和其他业务收入。计算公式为：

企业总收入=工程结算收入+其他业务收入

【房屋建筑施工面积】 指在报告期内施过工的全部房屋建筑面积，它包括本期新开工的房屋面积、上期施工跨入本期继续施工的房屋面积、上期停缓建在本期恢复施工的房屋面积、本期竣工的房屋面积以及本期施工后又停缓建的房屋面积。

【计算建筑业劳动生产率的平均人数】 指建筑业企业（或单位）报告期实际拥有的、与建筑施工活动有关的平均人数，包括参加本企业（或单位）建筑施工活动的非本企业（或单位）人员，但不包括企业内部社会服务性机构的人员以及由本企业支付工资但所从事的工作与本企业生产基本无关的人员。

【房屋建筑竣工面积】 指在报告期内房屋建筑按照设计要求已全部完工，达到了住人和使用条件，经检查验收鉴定合格，正式移交使用单位的房屋建筑面积。

交通运输与邮电

Transport, Postal and Telecommunication Services

7—1 主要年份交通运输业主要经济指标

Major Economic Indicators of Transport Conveyance in Main Years

年 份 Year	载客汽车年末拥有量(辆) Number of Passenger Vehicles at Year-end (unit)	载货汽车年末拥有量(辆) Number of Truck at Year-end (unit)	公路客运量(万人) Passenger Traffic of Highways (10 000 persons)	公路客运周转量(万人公里) Passenger-kilometers of Highways (10 000 person-km)	公路货运量(万吨) Freight Traffic of Highways (10 000 tons)	公路货运周转量(万吨公里) Freight Ton-kilometers of Highways (10 000 ton-km)
1978	227	1028	185	12436	441	17512
1979	230	1083	162	10980	476	11429
1980	1225	3647	189	15004	469	10284
1981	1448	3668	265	14477	266	8391
1982	1488	3718	340	18282	284	10400
1983	1719	3154	344	20421	319	12018
1984	2030	3583	400	22801	292	12851
1985	2840	4791	529	30601	645	30305
1986	2838	4778	653	35965	672	29367
1987	3028	5152	815	41344	688	38034
1988	3313	5380	879	48898	649	37890
1989	3789	6023	1154	54764	646	36800
1990	4422	7532	1095	49564	685	36796
1991	4794	7913	1329	54133	735	40943
1992	5285	8533	1396	56210	862	46592
1993	5991	9306	1324	57166	960	56678
1994	6908	10068	1405	62297	957	58098
1995	7921	11387	1784	74634	1083	59637
1996	9754	12627	2057	82712	1103	62332
1997	13025	13819	2196	94080	1125	66804
1998	15393	15408	2396	106437	1210	78994
1999	17687	17353	2118	117973	1157	159830
2000	19286	17825	2457	134031	1422	170906
2001	21002	19278	2526	144234	1504	168145
2002	23395	17963	2672	152435	1600	190162
2003	27499	25117	1974	124815	1897	211205
2004	27928	24570	2240	142166	2013	216448
2005	28852	31253	2468	160420	2149	232092
2006	48154	28130	2475	162024	2170	235412
2007	56514	28035	2601	173365	2261	247417
2008	76417	35092	2775	187408	2428	263994
2009	106290	45953	2498	216942	9433	1257876
2010	133293	54316	2682	231846	10244	1347185
2011	206527	73279	2926	251785	11473	1498070
2012	267539	86579	3201	279481	12976	1728042
2013	328567	99235	3451	304123	14787	1979436

7—2 主要年份邮电业主要经济指标

Major Economic Indicators of Post and Telecommunication Services in Main Years

年 份 Year	邮电业务总量 (万元) Business Volume of Postal and Telecommunication (10 000 yuan)	函件 (万件) Number of Letters (10 000 pcs)	包件 (万件) Number of Packages (10 000 pcs)	年末本地固定电话用户 (户) Number of Telephone Subscribers (household)	#住宅电话 Residence	移动电话用户期末数(户) Number of Mobile Telephone Subscribers (household)	上网用户 (户) Number of Internet Users (household)
1978	183	413	7.4	2622			
1979	188	546	7.6	2717			
1980	200	603	7.4	3303			
1981	289	652	7.3	3498			
1982	310	674	6.9	3742			
1983	343	651	7.1	4230			
1984	377	636	11.3	5036			
1985	465	897	8.5	5738			
1986	532	949	9.8	6721			
1987	606	1001	9.5	7007			
1988	789	969	11.3	9003			
1989	998	934	10.2	10610			
1990	2307	976	9	12178			
1991	2953	1153	7	14036			
1992	3798	1086	8.5	16572			
1993	5800	1292	13	29502			
1994	8199	1225	9	49742	26509	2495	
1995	12967	1296	10	81657	55094	4740	
1996	18352	1356	11	108910	80450	8053	
1997	25225	1098	11	130056	95776	15457	
1998	37400	1090	11	160444	126770	31935	
1999	57015	1098	12.6	187467	150534	52902	
2000	72997	1213	15	260162	171586	107817	21102
2001	116008	1685	15.1	329612	185834	197215	47456
2002	130389	134	18.3	402525	214230	327112	116364
2003	150294	59	20.3	457690	246919	580460	150238
2004	199442	44	21.3	541000	253133	705009	181568
2005	218200	649	20.4	615000	267000	856800	221700
2006	246431	1964	17.5	572300	258030	1035800	108600
2007	280632	1132	18.2	535100	260900	1248600	114000
2008	326375	942	15	536835	259688	1226000	116410
2009	360200	1830	15.8	628400	302800	1469700	197400
2010	431880	1281	15.5	677691	339035	1821558	241946
2011	264017	600	17.1	495652	374830	2428721	307117
2012	293125	828	16.6	508069	402494	3102341	339593
2013	366108	655	17.3	509774	419314	3428468	385854

7—3　全社会客货运输量

Traffic Volume of Passenger and Freight

（2013）

指　标	Item	客运量（万人）Passenger Traffic（10 000 persons）	客运周转量（万人公里）Passenger-kilometers（10 000 person-km）	货运量（万吨）Freight Traffic（10 000 tons）	货运周转量（万吨公里）Freight Ton-kilometers（10 000 ton-km）
公路运输	Highways	3451	304123	14787	1979436
民航运输	Civil Aviation	204	264444	0.96	1453

7—4　机动车拥有量

Ownership Volume of Motor Vehicle

单位:辆　　（2013）　　（unit）

指　标	Item	合计 Total	#个　人 Personal	#营　运 Service	#公交客运 Bus	#出租客运 Taxi
总　计	**Total**	**549680**	**476578**	**97721**	**1645**	**5364**
汽车	Automotive	443382	374374	88564		
载客汽车	Passenger Vehicles	328567	284833	9808		
大型	Large-scale	4697	163	3200		
中型	Medium-sized	3660	1498	618		
小型	Small-scale	314906	278370	5986		
微型	Miniature	5304	4802	4		
载货汽车	Truck	99235	77244	67575		
重型	Heavy	19117	10219	18570		
中型	Medium-sized	5132	4151	4768		
轻型	Lightweight	74475	62434	43829		
微型	Miniature	511	440	408		
其它汽车	Others	15580	12297	11181		
摩托车	Motorcycle	97162	96635	176		
普通	Ordinary	87647	87180	176		
轻便	Portable	9515	9455			
拖拉机	Tractor	4				
挂车	Trailer	9132	5569	8981		

7—5 邮政、电信业务量

指　标	Item	单　位	Unit	2005年
邮电业务总量	Business Volume of Postal and Telecommunication	万元	10 000yuan	218200
#邮政	Post	万元	10 000yuan	12639
包件	Number of Packages	万件	10 000 pcs	20.35
订销报纸累计份数	Number of Subscribed and Sold Newspapers Cumulative Copies	万份	10 000 copies	1496.00
订销杂志累计份数	Number of Subscribed and Sold Magazines Cumulative Copies	万份	10 000 copies	136.80
收寄特快专递	Pieces of Express Mail Services	万份	10 000 copies	33.69
市内电话年末到达户数	Number of Telephone Subscribers at Year-end	户	subscriber	615000
住宅电话	Household Telephone Subscribers	户	subscriber	267000
农村电话期末到达户数	Rural Fixed Telephone Subscribers at Year-end	户	subscriber	85756
公用电话	Public Telephone	部	set	42000
移动电话期末数	Number of Mobile Telephone Subscribers at Year-end	部	set	856800
互联网用户	Number of Internet Users	户	subscriber	221700
邮政局、所总数	Total Number of Post and Spot	处	unit	405
邮政服务网点	Number of Postal Offices	处	unit	126
电信服务网点	Number of Telecommunication Offices	处	unit	279
本地网及接入网设备总容量	Broad Band Subscribers Capacity of Internet	门	line	788000
电话普及率	Popularization Rate of Telephone	部/百人	set/100persons	104.68
移动电话普及率	Popularization Rate of Mobile Telephone	部/百人	set/100persons	60.94

Business Volume of Post and Telecommunication Services

2006年	2007年	2008年	2009年	2010年	2011年	2012年	2013年
246431	280632	326375	360200	431880	264017	293125	366108
13495	15857	15196	14187	15836	10845	12318	13264
17.49	18.2	15.04	15.84	15.51	17.06	16.6	17.3
1584.41	2429	2064.12	2168.05	2319.77	2720.8	2857.79	3281.1
128.88	179.8	154.75	158.28	167.3	174.85	174.88	168.15
33.42	41.7	36.59	25.31	28.87	25.41	26.9	21.4
572300	535100	536835	451966	677691	495652	508069	509774
263800	260900	259688	291551	339035	374830	402494	419314
89250	90620	84612	73722	71847	60679	54640	49212
42100	43300	37960	48545	47987	45743	42611	41248
1035800	1248600	1226000	1634830	1821558	2428721	3102341	3428468
108600	114000	116410	197386	241946	307117	339593	385854
387	410	412	498	536	614	555	542
108	160	107	115	105	98	97	97
279	250	305	383	431	516	458	445
842000	845000	899770	891521	876060	901443	929538	937147
118.3	119.8	115.7	122.6	125.4	144.36	176.43	187.5
71.59	83.9	80.5	96.1	91.39	119.89	151.6	164.3

主要统计指标解释

【货(客)运量】 指在一定时期内,各种运输工具实际运送的货物(旅客)数量。货运按吨计算,客运按人计算。

【货物(旅客)周转量】 指在一定时期内,由各种运输工具运送的货物(旅客)数量与其相应运输距离的乘积之总和。计算公式为:

货物(旅客)周转量=∑货物(旅客)运输量×运输距离

【邮电业务总量】 即邮电专业产品量。邮电业务量按专业分类包括函件、机要文件、包裹、汇票、报刊发行、邮政快件、特快专递、邮政储蓄、集邮、公众电报、用户电报、传真、长途电话、出租电路、市话无线寻呼、移动电话、分组交换数据通信、出租代维等。

【移动电话用户】 指在邮电部门登记,通过移动电话交换机进入移动电话网、占有移动电话号码的电话用户,按实际办理登记手续进入邮电部门移动电话网的户数进行计算。一部(台)移动电话统计为一户。

【固定电话用户】 指在电信运营商营业网点办理开户登记手续并已接入固定电话网上,并按固定电话业务进行经营管理的全部电话用户。包括普通电话用户、公共电话用户、窄带综合业务数字网(N-ISDN)用户、智能网专用接入终端用户等。

【计算机互联网(INTERNET)用户】 计算机互联网是一个连接计算机网的网络,范围遍及全世界,包括局域网、城域网和广域网,旨在实现计算机资源共享。它分为两大类,一类是学术范围的非盈利的网络,另一类是商业性或非学术的网络。接入这个网络的用户,称为INTERNET用户。

内贸、外贸和旅游

Domestic Trade, Foreign Trade and Tourism

8—1 主要年份社会消费品零售总额分类情况

Total Retail Saled Values of Consumer Goods by Category in Main Years

单位:万元 (10 000yuan)

年 份 Year	社会消费品零售总额 Total Retail Sales of Consumer Goods	按经济类型分 Grouped by Economic Type					按行业分 Grouped by Sector	
		国有经济 State-owned	集体经济 Collective-owned	个体经济 Individual	私营经济 Private	股份制经济 Share-holding	批发和零售业 Wholesale and Retail Trade	住宿和餐饮业 Hotels and Catering Services
1949	728	177		540			618	
1950	1128	335	69	711			860	66
1951	1601	468	99	1019			1245	75
1952	2080	616	172	1275			1555	90
1953	2588	678	297	1559			2024	94
1954	3131	906	516	1647			2604	139
1955	3101	994	524	1546			2672	115
1956	3505	1342	1046	963			2949	163
1957	3761	1384	1226	958			2968	164
1958	5098	2299	1925	455			4271	193
1959	7038	4537	2163	222			6520	331
1960	8007	5484	2460				7625	231
1961	7362	5211	2065				7271	256
1962	7079	5628	1225	83			6421	378
1963	6998	5354	1381	102			6319	375
1964	7059	5506	1404	46			6442	295
1965	7213	5575	1533	46			6610	286
1966	8193	6062	2111	5			7603	291
1967	7796	6136	1641	7			7435	250
1968	8324	6376	1928	10			7763	260
1969	8730	6616	2090	11			8231	275
1970	9857	7452	2375	14			9326	329
1971	10821	8254	2536	9			10354	352
1972	13137	9430	3370	12			12125	468
1973	13343	9738	3564	15			12709	484
1974	13933	10008	3778	10			13229	473
1975	14903	10766	3974	11			13963	559
1976	16050	11561	4328	18			15001	599
1977	16780	12039	4559	24			15628	577
1978	22581	14282	5963	40			18031	773
1979	26308	19110	6782	221			21049	885
1980	30622	22929	6924	417			24425	1066

8-1 续表 continued

单位:万元 (10 000yuan)

年 份 Year	社会消费品零售总额 Total Retail Sales of Consumer Goods	按经济类型分 Grouped by Economic Type					按行业分 Grouped by Sector	
		国有经济 State-owned	集体经济 Collective-owned	个体经济 Individual	私营经济 Private	股份制经济 Share-holding	批发和零售业 Wholesale and Retail Trade	住宿和餐饮业 Hotels and Catering Services
1981	34389	24324	8970	970			27137	1102
1982	39754	25835	12656	1243			31332	1436
1983	44007	27596	13924	2398			34590	1547
1984	52457	29743	15408	6932			41148	2104
1985	64364	36022	15084	12455			50945	2330
1986	74148	41250	18806	13215			59079	2499
1987	84158	43319	25144	14419			66184	3581
1988	106964	53149	32266	20370			84657	4406
1989	123437	61632	36472	23670			98072	4767
1990	135904	65184	36417	32575			107772	5487
1991	151126	71094	38439	39379			119229	6463
1992	173341	81822	43881	44707			136158	8091
1993	197262	93383	20010	50249	32864	382	181725	10960
1994	229350	106092	21929	61113	38550	1093	199277	23476
1995	306588	143211	29752	77665	52273	2715	267919	31548
1996	357052	158139	35227	90725	59843	11012	312164	36994
1997	396506	144521	32856	112897	63924	38925	346450	41993
1998	434333	138273	29095	131677	71097	56507	378256	47821
1999	471686	125797	23359	148339	86828	79256	408701	54567
2000	519939	111087	19636	175010	106822	99046	448299	63039
2001	567457	98044	17126	192152	118014	123542	486107	72563
2002	631580	88324	14679	225369	144302	149996	537957	85124
2003	719856	81502	12754	257501	165745	193922	611801	99806
2004	828554	78049	11349	299751	194872	236438	703023	117450
2005	954130	76948	11530	339585	231788	286559	809167	137023
2006	1107665	79711	10552	392046	405463	214033	941556	159583
2007	1317421	92843	11471	448567	510765	246667	1126913	184785
2008	1616499	97582	14296	522094	620487	349751	1370188	240549
2009	1854756	122453	10637	476309	572031	660523	1604109	247061
2010	2251415	79987	11824	528314	672449	915655	1961248	290167
2011	2744705	113628	12860	571894	749884	1294269	2410843	333862
2012	3160226	66937	13486	523153	1069992	1474627	2829756	330470
2013	3480615	60856	13522	622886	932494	1819108	3140097	340518

8—2 社会消费品零售总额

Total Retail Saled of Consumer Goods

单位:万元　　　　(2013)　　　　(10 000yuan)

指　标	Item	合　计 Total	市　区 City	永宁县 Yongning	贺兰县 Helan	灵武市 Lingwu
社会消费品零售总额	**Total Retail Sales of Consumer Goods**	**3480615**	**2366915**	**145343**	**842310**	**126047**
按销售单位所在地分	**Grouped by Location**					
城镇	Town	3386916	2344912	101657	838131	102216
#城区	Urban Area	2477088	2341808		44822	90458
乡村	Country	91241	19744	43686	3979	23832
按登记注册类型分	**Grouped by Economic Type**					
国有经济	State- Owned	60856	56363			4493
集体经济	Cllective-Owned	13522	11446	1503		573
私营经济	Private	932494	369892	18251	525624	18727
个体经济	Individual	622886	458460	92642	29644	42140
股份制经济	Share-Holding	1819108	1461090	32946	264957	60115
其他经济	Others	31749	9663		22086	
按行业分	**Grouped by Sector**					
批发业	Wholesale	373690	231499	49894	31341	60956
#限额以上	Above Norm	270945	175564	17307	23599	54475
零售业	Retail	2766406	1852379	72047	794301	47679
#限额以上	Above Norm	2334293	1503023	19825	788147	23298
住宿业	Lodging Industry	44163	41664	584	1146	769
#限额以上	Above Norm	36958	35222	455	512	769
餐饮业	Catering Sevices	296355	241372	22818	15522	16643
#限额以上	Above Norm	72299	62881	2650	6195	573

8—3 限额以上批发和零售业商品购进、销售、库存总额

单位:万元 (2013)

指 标	Item	法人企业(个) Corporate Enterprises (unit)	购进总额 Total Purchase
总 计	**Total**	**285**	**7970403**
市区	City	185	6322593
永宁县	Yongning	30	203080
贺兰县	Helan	63	876399
灵武市	Lingwu	7	568331
批发业	**Wholesale Trade**	**121**	**5555676**
食品、饮料及烟草制品批发	Wholesale of Food,Beverages and Tobacoos	9	245038
米、面制品及食用油批发	Wholesale of Rice,Flour and Edible Oil	2	8293
糕点、糖果及糖批发	Wholesale of Pastry,Candy and Sugars	1	2096
果品、蔬菜批发	Wholesale of Fruits and Vegetables	1	2115
肉、禽、蛋、奶及水产品批发	Wholesale of Meat and Aquatic Products	1	25668
盐及调味品批发	Wholesale of Salt and Condiments	1	5181
酒、饮料及茶叶批发	Wholesale of Beverages and tea	2	6868
烟草制品批发	Wholesale of Tobacoos	1	194817
纺织、服装及家庭用品批发	Wholesale of Textiles,Garments and Daily Consummer Aticles	5	40096
服装批发	Wholesale of Garments	2	24618
家用电器批发	Wholesale of Household Electrical Appliances	3	15478
文化、体育用品及器材批发	Wholesale of Cultural,Sports Goods Appliances and Equipments	2	21921
文具用品批发	Wholesale of Stationery	1	2285
图书批发	Wholesale of Books	1	19636
医药及医疗器材批发	Wholesale of Medicines and Medical Appliances	4	178893
西药批发	Wholesale of Western Medicine	3	173966
医疗用品及器材批发	Wholesale of Medical Supplies and Equipment	1	4927
矿产品、建材及化工产品批发	Wholesale of Mineral Products,Building Materials and Chemical Products	72	4859923
煤炭及制品批发	Wholesale of Coal and Related Products	7	204586
石油及制品批发	Wholesale of Petroleum and Related Products	10	3872815
非金属矿及制品批发	Wholesale of Nonmetallic Mine and Related Products	1	
金属及金属矿批发	Wholesale of Metallic mineral Products	48	688435
建材批发	Wholesale of Building Materials	1	10187
化肥批发	Wholesale of Chemical Fertilizer	3	50306
其他化工产品批发	Wholesale of Other Chemical Products	2	33594

Total Purchases,Sales and Stock of Enterprises above Designated Size of Wholesale and Retail Trades

(10 000yuan)

销售总额 Total Sales Value	批发额 Wholesale Value	零售额 Retail Value	年末库存总额 Total Stock at Year-end	年末零售营业面积（平方米） Area of Retail Business at Year-end (sq.m)
8564263	**5783855**	**2780408**	**632199**	**1193702**
6565790	4650452	1915338	415374	864066
443042	405120	37921	29574	223018
992061	172274	819788	160962	105022
563370	556009	7361	26289	1596
6018820	**5589732**	**429088**	**248135**	**439917**
321286	320406	881	23827	2560
11527	11527		3167	110
2215	2215		204	60
2469	1646	823	150	500
21884	21884		3796	500
15347	15347		1526	1000
8246	8189	57	3156	390
259599	259599		11829	
36858	35488	1370	18247	924
20697	19327	1370	16818	280
16161	16161		1429	644
19075	18288	787	5107	5197
2473	2473		951	55
16602	15815	787	4156	5142
180711	82349	98362	15956	13305
176345	79098	97247	15396	13260
4367	3252	1115	560	45
5245671	4961971	283700	131373	410692
201633	201633		7093	9114
4237681	3961137	276543	52288	327870
4778	4778		0	130
696481	689456	7025	54914	10994
9255	9255		2519	200
60582	60451	132	12339	62238
35262	35262		2219	146

8-3 续表1

单位:万元 (2013)

指 标	Item	法人企业（个） Corporate Enterprises (unit)	购进总额 Total Purchase
机械设备、五金产品及电子产品批发	Wholesale of Machinery,Hardware and Electronic Equipment	27	160467
农业机械批发	Wholesale of Agriculture Machinary	6	23230
汽车批发	Wholesale of MotorVehicles	8	89395
摩托车及零配件批发	Wholesale of Motorcycles and Parts	1	3442
五金产品批发	Wholesale of Hardware Products	1	3498
电气设备批发	Wholesale of Electrical Equipment	6	25266
计算机、软件及辅助设备批发	Wholesale of Computer,Software and Assistant Aplliances	3	8026
其他机械设备及电子产品批发	Wholesale of Other Machinary and Electric Equipment	2	7610
其他批发业	Other Wholesale	2	49339
再生物资回收与批发	Recovery and Wholesale of Recycled Materials	1	35689
其他未列明批发业	Other Wholesale Unlisted	1	13650
内资企业	Domestic Funded Enterprises	120	5553629
国有企业	State-owned Enterprises	5	228119
有限责任公司	Limited Liability Corporations	30	1280999
国有独资公司	State-owned Enterprises	1	163152
其他有限责任公司	Other Limited Liability Corporations	29	1117847
股份有限公司	Share-holding Corporations Ltd.	7	3282422
私营企业	Private Enterprises	78	762089
私营有限责任公司	Private Limited Liability Corporations	78	762089
外商投资企业	Foreign Funded Enterprises	1	2048
中外合资经营企业	Sino-foreign Joint Venture Enterprises	1	2048
国有控股	State-owned	17	4015521
集体控股	Collective-owned	1	40716
私人控股	Private	96	1442923
其他	Others	7	56517
独立门店	Indipendent Stores	106	2060510
连锁总店	Distributor Chain	2	450023
连锁门店	Chain Stores	2	449925
其他	Others	11	2595219
大型	large-scale	6	1712715
中型	Medium-scale	37	3111406
小型	Small-scale	68	701197
微型	Miniature	10	30358
零售业	**Retail Trade**	**164**	**2414727**
综合零售	Integrated Retail	12	722609
百货零售	Retail of General Merchandise	8	406174
超级市场零售	Retail of Supermarkets	3	316074
其他综合零售	Others	1	360

continued

(10 000 yuan)

销售总额 Total Sales Value	批发额 Wholesale Value	零售额 Retail Value	年末库存总额 Total Stock at Year-end	年末零售营业面积（平方米）Area of Retail Business at Year-end (sq.m)
167159	123170	43990	49654	7094
23768	12230	11538	10953	1476
88832	77988	10843	16798	3339
3966	3966		65	200
3485	3485		546	233
29444	13822	15622	16986	1006
8181	2200	5981	1415	158
9484	9479	6	2891	682
48059	48059		3972	145
34600	34600		3782	100
13460	13460		190	45
6016487	5587399	429088	247889	439817
303120	302334	787	19895	6248
1293189	1192056	101133	76232	88387
159744	159744		3673	8000
1133444	1032312	101133	72559	80387
3651387	3377822	273565	27280	325702
768792	715188	53604	124482	19480
768792	715188	53604	124482	19480
2333	2333		246	100
2333	2333		246	100
4463302	4091310	371992	65834	353046
50903	50903		10660	61125
1445867	1388776	57091	157533	24943
58748	58743	6	14107	803
2139516	2083853	55663	196529	41036
494389	384093	110296	32274	116525
709885	546622	163263	4837	268370
2675030	2575164	99866	14494	13986
2075237	1704460	370777	53623	337341
3198595	3164929	33666	116950	87229
712837	690484	22353	71612	14035
32151	29859	2292	5950	1312
2545442	**194123**	**2351320**	**384064**	**753785**
732273	8529	723743	46292	323229
437422		437422	11911	111859
287901	8529	279372	34346	192013
6949		6949	35	19357

8-3 续表2

单位:万元 (2013)

指　标	Item	法人企业(个) Corporate Enterprises (unit)	购进总额 Total Purchase
食品、饮料及烟草制品专门零售	Retail of Food,Beverages and Tobaccos	4	8781
粮油零售	Retail of Grain and Oil	1	1887
果品、蔬菜零售	Retail of Fruits and Vegetables	1	443
酒、饮料及茶叶零售	Retail of Wine,Beverages and Tea	2	6451
纺织、服装及日用品专门零售	Special Retail of Textiles,Garments and Daily Consumer Articles	2	4299
服装零售	Retail of Garments	2	4299
文化、体育用品及器材专门零售	Retail of Culture,Sports Appliances and Equipments	8	24570
体育用品及器材零售	Retail of Sports Goods Appliances and Equipments	2	6697
图书、报刊零售	Retail of Books, Newspapers and Magazines	3	12860
珠宝首饰零售	Retail of Jewelery	1	3479
照相器材零售	Retail of Photographic Equipment	1	558
其他文化用品零售	Retail of Other Culture Appliances	1	977
医药及医疗器材专门零售	Retail of Medicines and Medical Appliances	13	207767
药品零售	Retail of Drug	13	207767
汽车、摩托车、燃料及零配件专门零售	Retail of Motor Vehicles,Motorcycles,Fuel and Parts	92	1153143
汽车零售	Retail of Motor Vehicles	79	1087162
汽车零配件零售	Retail of Motor Vehicles and Parts	1	13882
摩托车及零配件零售	Retail of Motorcycles and Parts	2	770
机动车燃料零售	Retail of Motor Vehicles Fuel	10	51328
家用电器及电子产品专门零售	Special Retail of Household Electric Appliances and Electronic Products	28	268678
家用视听设备零售	Retail of Household Audio and Video Equipment	3	10350
日用家电设备零售	Retail of Household Electric Appliances	3	196333
计算机、软件及辅助设备零售	Retail of Computer,Software and Assistant Appliances	19	54064
通信设备零售	Retail of Communication Equipments	3	7931
五金、家具及室内装饰材料专门零售	Special Retail of Hardware,Furniture and Decoration Materials	4	19404
家具零售	Retail of Furniture	3	6816
其他室内装饰材料零售	Retail of Other Decoration Materials	1	12588
货摊、无店铺及其他零售业	Retail of Non-shop and Other Retails	1	5476
生活用燃料零售	Retail of Life Fuel	1	5476
内资企业	Domestic Funded Enterprises	162	2390168
国有企业	State-owned Enterprises	5	27258

continued

(10 000 yuan)

销售总额 Total Sales Value	批发额 Wholesale Value	零售额 Retail Value	年末库存总额 Total Stock at Year-end	年末零售营业面积（平方米） Area of Retail Business at Year-end (sq.m)
8503	4596	3907	5145	748
1833		1833	275	300
463	154	309	2	100
6207	4442	1765	4868	348
3534		3534	3492	30282
3534		3534	3492	30040
23654	159	23495	9065	14197
6462	7	6455	2154	2254
12121	152	11969	4216	11509
3587		3587	2269	208
547		547	11	76
937		937	415	150
211603	50907	160695	34429	34921
211603	50907	160695	34429	34921
1266157	98250	1167908	241700	109757
1192916	86606	1106309	236459	75222
13634	1537	12097	2892	300
1136	651	486	924	110
58472	9456	49016	1426	34125
271752	29982	241770	32560	69735
10861	22	10838	1130	8138
193682	8961	184722	21741	58076
58860	19352	39508	8891	1790
8349	1647	6703	798	1731
20728	1700	19028	10595	168916
15280	1700	13580	3455	135300
5447		5447	7140	33616
7240		7240	786	2000
7240		7240	786	2000
2516798	191775	2325023	381426	753185
29095	152	28943	4963	25809

8-3 续表3

单位:万元 (2013)

指 标	Item	法人企业（个）Corporate Enterprises (unit)	购进总额 Total Purchase
集体企业	Collective-owned Enterprises	1	2718
有限责任公司	Limited Liability Corporations	54	1189912
国有独资公司	State-owned Enterprises	1	5476
其他有限责任公司	Other Limited Liability Corporations	53	1184436
股份有限公司	Share-holding Corporations Ltd.	2	344027
私营企业	Private Enterprises	100	826255
私营有限责任公司	Private Limited Liability Corporations	99	826255
私营股份有限公司	Private Share-holding Corporations Ltd.	1	
港、澳、台商投资企业	Hong Kong, Macao and Taiwan Investment Enterprises	1	22524
与港澳台商合资经营企业	With the Joint Venture Enterprises from Hong Kong, Macao and Taiwan	1	22524
外商投资企业	Foreign Funded Enterprises	1	2035
中外合资经营企业	Sino-foreign Joint Venture Enterprises	1	2035
国有控股	State-owned	7	40587
集体控股	Collective-owned	1	2718
私人控股	Private	136	1322854
港澳台商控股	Holding from Hong Kong, Macao and Taiwan	1	22524
其他	Others	19	1026045
独立门店	Indipendent Stores	147	1812146
连锁总店	Distributor Chain	10	557832
其他	Others	7	44749
大型	Large-scale	4	506152
中型	Medium-scale	82	1409503
小型	Small-scale	64	182125
微型	Miniature	14	316948
有店铺零售	Have a Retail Store	163	2402292
超市	Supermarket	2	5513
大型超市	Hypermarket	5	527392
百货店	Department Store	8	370259
专业店	Speciality Store	66	563872
专卖店	Franchised Store	79	918926
家居建材商店	Household Building Materials Stores	2	14951
厂家直销中心	Manufacturer Direct Sale Center	1	1379
无店铺零售	Non-store Retail	1	12434
电话购物	Telephone Shopping	1	12434

continued

(10 000 yuan)

销售总额 Total Sales Value	批发额 Wholesale Value	零售额 Retail Value	年末库存总额 Total Stock at Year-end	年末零售营业面积（平方米） Area of Retail Business at Year-end (sq.m)
2895		2895	19	300
1185692	71002	1114691	200203	519222
7240		7240	786	2000
1178452	71002	1107451	199417	517222
343547		343547	9246	43695
955570	120621	834948	166995	164159
955415	120621	834793	166739	164104
155		155	256	55
22710	624	22086	2561	300
22710	624	22086	2561	300
5934	1724	4211	77	300
5934	1724	4211	77	300
42132	152	41980	6319	28074
2895		2895	19	300
1533720	170040	1363680	246299	422378
22710	624	22086	2561	300
943986	23306	920680	128866	302733
1973276	166963	1806314	299438	438364
532678	21789	510890	75454	277035
39488	5371	34117	9172	38386
475602	17490	458112	59251	267204
1539639	140447	1399192	277137	386009
211619	34879	176740	42002	90087
318582	1307	317276	5675	10485
2531965	194123	2337842	382613	753785
4942		4942	977	131
495600	17490	478110	60493	284233
408891		408891	5973	126445
567080	90128	476951	137849	116722
1038752	86505	952247	167640	62440
14935		14935	9612	163616
1765		1765	70	198
13478		13478	1451	
13478		13478	1451	

8—4 限额以上批发和零售业商品分类销售额

Saled Values of Enterprises above Designated Size of Wholesale and Retail Trades by Category

单位:万元　　（2013）　　（10 000yuan）

指　标	Item	销售合计 Total Sales Value	批发额 Wholesale Value	零售额 Retail Value
合　计	**Total**	**8846693**	**6043332**	**2803361**
批发业	Wholesale Trade	6202456	5847682	354774
粮油、食品、饮料、烟酒类	Food, Beverages, Tobacco and Liquor	315397	308427	6970
# 粮油、食品类	Food	40146	40146	
# 粮油类	Grain and Oil	11774	11774	
肉禽蛋类	Meat, Poultry and Eggs	9535	9535	
水产品类	Aquatic Products	7953	7953	
饮料类	Beverages	4820		4820
烟酒类	Tobacco and Liquor	270431	268281	2150
服装、鞋帽、针纺织品类	Clothing, Shoes, Hats and Textiles	24151	19575	4576
# 服装类	Clothing	24151	19575	4576
日用品类	Articles for Daily Use	1367	133	1234
# 洗涤用品类	Washing Articles	1234		1234
五金、电料类	Hardware and Electrical Materials	3485	3485	
书报杂志类	Newspapers and Magazines	16602	16602	
电子出版物及音像制品类	E-journals and Video Products	670		670
家用电器和音像器材类	Household Appliances and Video Appliances	2581	2581	
中西药品类	Traditional Chinese and Western Medicines	49368	11067	38301
# 西药类	Western Medicines	49078	10777	38301
中草药及中成药类	Traditional Chinese Medicines	290	290	
文化办公用品类	Cultural and Offices Appliances	2775	2775	
煤炭及制品类	Coal and Related Products	107351	107351	
木材及制品类	Wood and Wooden Products	1017	1017	
石油及制品类	Petroleum and Related Products	4658788	4356616	302172
化工材料及制品类	Chemical Materials and Related Products	96782	96782	
# 化肥类	Fertilizers	59468	59468	
金属材料类	Metal Materials	711015	711015	
建筑及装潢材料类	Building and Decoration Materials	2325	2325	
机电产品及设备类	Mechanical and Electrical Products	56118	55398	720
# 农机类	Agricultural Machineries	5115	5115	
汽车类	Automobiles	91223	91223	
其他类	Others	61443	61311	132

8-4　续表1　continued

单位:万元　　　　(2013)　　　　(10 000yuan)

指　标	Item	销售合计 Total Sales Value	批发额 Wholesale Value	零售额 Retail Value
零售业	**Retail Trade**	**2644237**	**195650**	**2448587**
粮油、食品、饮料、烟酒类	Food, Beverages, Tobacco and Liquor	259943	7658	252286
#粮油、食品类	Food	208543	7658	200885
#粮油类	Grain and Oil	25887		25887
肉禽蛋类	Meat, Poultry and Eggs	22887		22887
水产品类	Aquatic Products	3405		3405
蔬菜类	Vegetables	3901		3901
干鲜果品类	Fruits of Dry and Fresh	14328		14328
饮料类	Beverages	11641		11641
烟酒类	Tobacco and Liquor	39760		39760
服装、鞋帽、针纺织品类	Clothing, Shoes, Hats and Textiles	249429	463	248967
#服装类	Clothing	161065	243	160822
鞋帽类	Shoes and Hats	49161	219	48942
针纺织品类	Knitwear and Textiles	39203		39203
化妆品类	Cosmetics	35696		35696
金银珠宝类	Gold,Silver and Jewelry	116434		116434
日用品类	Articles for Daily Use	81078		81078
#洗涤用品类	Washing Articles	24189		24189
儿童玩具类	Children Toys	1081		1081
五金、电料类	Hardware and Electrical Materials	2015		2015
体育、娱乐用品类	Sports and Recreation Articles	13698	286	13412
书报杂志类	Newspapers and Magazines	10257	152	10105
电子出版物及音像制品类	E-journals and Video Products	2379		2379
家用电器和音像器材类	Household Appliances and Video Appliances	161569	11911	149658
中西药品类	Traditional Chinese and Western Medicines	334663	49871	284792
#西药类	Western Medicines	260305	30878	229427
中草药及中成药类	Traditional Chinese Medicines	73047	18983	54064
文化办公用品类	Cultural and Offices Appliances	68949	14233	54716
家具类	Furniture	15859		15859
通讯器材类	Communication Appliances	52917	7129	45788
石油及制品类	Petroleum and Related Products	73316	11001	62316
机电产品及设备类	Mechanical and Electrical Products	1133	300	833
汽车类	Automobiles	1163852	92646	1071206
其他类	Others	1048		1048

8—5 限额以上批发和零售业法人企业主要财务状况

单位:万元 (2013)

指标名称	Item	法人企业数(个) Number of Corporate (unit)
总计	**Total**	**289**
市区	City	189
永宁县	Yongning	30
贺兰县	Helan	63
灵武市	Lingwu	7
批发业	**Wholesale Trade**	**123**
食品、饮料及烟草制品批发	Wholesale of Food,Beverages and Tobacoos	9
米、面制品及食用油批发	Wholesale of Rice,Flour and Edible Oil	2
糕点、糖果及糖批发	Wholesale of Pastry,Candy and Sugars	1
果品、蔬菜批发	Wholesale of Fruits and Vegetables	1
肉、禽、蛋、奶及水产品批发	Wholesale of Meat and Aquatic Products	1
盐及调味品批发	Wholesale of Salt and Condiments	1
酒、饮料及茶叶批发	Wholesale of Beverages and tea	2
烟草制品批发	Wholesale of Tobacoos	1
纺织、服装及家庭用品批发	Wholesale of Textiles,Garments and Daily Consummer Aticles	5
服装批发	Wholesale of Garments	2
家用电器批发	Wholesale of Household Electrical Appliances	3
文化、体育用品及器材批发	Wholesale of Cultural,Sports Goods Appliances and Equipments	2
文具用品批发	Wholesale of Stationery	1
图书批发	Wholesale of Books	1
医药及医疗器材批发	Wholesale of Medicines and Medical Appliances	4
西药批发	Wholesale of Western Medicine	3
医疗用品及器材批发	Wholesale of Medical Supplies and Equipment	1
矿产品、建材及化工产品批发	Wholesale of Mineral Products,Building Materials and Chemical Products	74
煤炭及制品批发	Wholesale of Coal and Related Products	7
石油及制品批发	Wholesale of Petroleum and Related Products	10
非金属矿及制品批发	Wholesale of Nonmetallic Mine and Related Products	1
金属及金属矿批发	Wholesale of Metallic mineral Products	50
建材批发	Wholesale of Building Materials	1
化肥批发	Wholesale of Chemical Fertilizer	3
其他化工产品批发	Wholesale of Other Chemical Products	2

Financial Indicators of Wholesale and Retail by Enterprises above Designated Size

(10 000yuan)

年初存货 Invertory at Begining of Year	流动资产 Working Capitals	应收账款 Accounts Receivable	存货 Stock
544933	**2182440**	**294820**	**543200**
369925	1390001	242918	333641
23562	104741	18037	27443
131843	393254	25072	158085
19603	294443	8794	24031
269091	**1272544**	**157573**	**231214**
23625	117576	4637	21987
6117	8182	2159	3317
	219		174
	1139	126	150
4320	11315	1824	3742
1235	8239	143	1332
2413	8273	380	3163
9541	80209	6	10110
9746	32829	8794	15851
8032	27891	7109	14374
1714	4937	1685	1476
2330	10442	4946	2875
538	1639	391	951
1792	8802	4555	1924
10310	71343	39592	11977
10074	68120	37183	11915
236	3224	2409	62
169575	827799	63754	125524
5681	44207	11881	6967
86914	346914	1890	53507
	3650	402	
52966	373271	34956	48615
1050	4891	644	2153
20877	48807	11570	12339
2087	6059	2411	1944

8--5 续表1

单位:万元 (2013)

指标名称	Item	法人企业数(个) Number of Corporate (unit)
机械设备、五金产品及电子产品批发	Wholesale of Machinery,Hardware and Electronic Equipment	27
农业机械批发	Wholesale of Agriculture Machinary	6
汽车批发	Wholesale of MotorVehicles	8
摩托车及零配件批发	Wholesale of Motorcycles and Parts	1
五金产品批发	Wholesale of Hardware Products	1
电气设备批发	Wholesale of Electrical Equipment	6
计算机、软件及辅助设备批发	Wholesale of Computer,Software and Assistant Aplliances	3
其他机械设备及电子产品批发	Wholesale of Other Machinary and Electric Equipment	2
其他批发业	Other Wholesale	2
再生物资回收与批发	Recovery and Wholesale of Recycled Materials	1
其他未列明批发业	Other Wholesale Unlisted	1
内资企业	Domestic Funded Enterprises	122
国有企业	State-owned Enterprises	5
有限责任公司	Limited Liability Corporations	31
国有独资公司	State-owned Enterprises	1
其他有限责任公司	Other Limited Liability Corporations	30
股份有限公司	Share-holding Corporations Ltd.	7
私营企业	Private Enterprises	79
私营有限责任公司	Private Limited Liability Corporations	79
外商投资企业	Foreign Funded Enterprises	1
中外合资经营企业	Sino-foreign Joint Venture Enterprises	1
国有控股	State-owned	17
集体控股	Collective-owned	1
私人控股	Private	98
其他	Others	7
独立门店	Indipendent Stores	108
连锁总店	Distributor Chain	2
连锁门店	Chain Stores	2
其他	Others	11
大型	Large-scale	6
中型	Medium-scale	37
小型	Small-scale	69
微型	Miniature	11
零售业	**Retail Trade**	**166**
综合零售	Integrated Retail	12
百货零售	Retail of General Merchandise	8
超级市场零售	Retail of Supermarkets	3
其他综合零售	Others	1
食品、饮料及烟草制品专门零售	Retail of Food,Beverages and Tobaccos	4
粮油零售	Retail of Grain and Oil	1

continued

(10 000 yuan)

年初存货 Invertory at Begining of Year	流动资产 Working Capitals	应收账款 Accounts Receivable	存货 Stock
48398	138009	35711	49316
8800	16399	4232	9380
13714	64165	16459	16164
364	1476	214	562
404	1311	850	417
21124	43756	11864	19046
1225	2989	524	1276
2767	7913	1570	2471
5108	74548	138	3684
2902	10843	130	3522
2206	63705	8	162
268831	1269585	156049	230968
17989	109083	7586	15773
78097	521012	67596	67806
2520	26251	6377	3678
75577	494761	61219	64128
39827	58264	1028	28807
132918	581226	79840	118581
132918	581226	79840	118581
260	2959	1524	246
260	2959	1524	246
79150	259255	45063	61828
19108	46120	11490	10660
161937	933570	100147	145806
8897	33600	873	12920
200713	1081569	114637	178996
52600	89097	11536	30853
4830	9712	752	7907
10947	92167	30647	13459
63126	443035	31603	52612
130585	409776	65416	105506
65285	386702	53178	65616
10095	33030	7376	7480
275842	**909895**	**137247**	**311986**
34687	140643	35086	45520
7340	28965	131	8277
27352	111670	34940	37249
-6	9	15	-6
4511	14167	891	5351
280	1104	564	280

8-5 续表2

单位:万元 (2013)

指标名称	Item	法人企业数(个) Number of Corporate (unit)
果品、蔬菜零售	Retail of Fruits and Vegetables	1
酒、饮料及茶叶零售	Retail of Wine,Beverages and Tea	2
纺织、服装及日用品专门零售	Special Retail of Textiles,Garments and Daily Consumer Articles	3
服装零售	Retail of Garments	2
钟表、眼镜零售	Retail of Clocks and Glasses	1
文化、体育用品及器材专门零售	Retail of Culture,Sports Appliances and Equipments	8
体育用品及器材零售	Retail of Sports Goods Appliances and Equipments	2
图书、报刊零售	Retail of Books, Newspapers and Magazines	3
珠宝首饰零售	Retail of Jewelery	1
照相器材零售	Retail of Photographic Equipment	1
其他文化用品零售	Retail of Other Culture Appliances	1
医药及医疗器材专门零售	Retail of Medicines and Medical Appliances	13
药品零售	Retail of Drug	13
汽车、摩托车、燃料及零配件专门零售	Retail of Motor Vehicles,Motorcycles,Fuel and Parts	93
汽车零售	Retail of Motor Vehicles	79
汽车零配件零售	Retail of Motor Vehicles and Parts	1
摩托车及零配件零售	Retail of Motorcycles and Parts	2
机动车燃料零售	Retail of Motor Vehicles Fuel	11
家用电器及电子产品专门零售	Special Retail of Household Electric Appliances and Electronic Products	28
家用视听设备零售	Retail of Household Audio and Video Equipment	3
日用家电设备零售	Retail of Household Electric Appliances	3
计算机、软件及辅助设备零售	Retail of Computer,Software and Assistant Appliances	19
通信设备零售	Retail of Communication Equipments	3
五金、家具及室内装饰材料专门零售	Special Retail of Hardware,Furniture and Decoration Materials	4
家具零售	Retail of Furniture	3
其他室内装饰材料零售	Retail of Other Decoration Materials	1
货摊、无店铺及其他零售业	Retail of Non-shop and Other Retails	1
生活用燃料零售	Retail of Life Fuel	1
内资企业	Domestic Funded Enterprises	164
国有企业	State-owned Enterprises	5

continued

(10 000 yuan)

年初存货 Invertory at Begining of Year	流动资产 Working Capitals	应收账款 Accounts Receivable	存货 Stock
	95	46	49
4231	12969	282	5022
7106	16669	140	7992
2917	12078	64	3634
4189	4591	76	4358
5383	14088	1142	6781
1604	2880	351	1925
2080	8272	715	2701
1483	2271		1940
50	91	11	50
165	575	65	165
16884	95467	55022	22255
16884	95467	55022	22255
154528	468645	28129	162207
148847	442886	19706	156802
2949	5869	147	2471
1054	947		924
1679	18943	8277	2010
29155	121370	15226	33197
854	6503	607	894
19052	76139	4942	22256
8311	35886	9106	9277
937	2841	570	770
22740	36652	1177	27987
3824	7865	1096	3535
18915	28787	81	24453
848	2194	434	696
848	2194	434	696
274553	904539	136399	309804
2837	12983	1318	3359

8-5 续表3

单位:万元 （2013）

指标名称	Item	法人企业数(个) Number of Corporate (unit)
集体企业	Collective-owned Enterprises	1
有限责任公司	Limited Liability Corporations	56
国有独资公司	State-owned Enterprises	1
其他有限责任公司	Other Limited Liability Corporations	55
股份有限公司	Share-holding Corporations Ltd.	2
私营企业	Private Enterprises	100
私营有限责任公司	Private Limited Liability Corporations	99
私营股份有限公司	Private Share-holding Corporations Ltd.	1
港、澳、台商投资企业	Hong Kong, Macao and Taiwan Investment Enterprises	1
与港澳台商合资经营企业	With the Joint Venture Enterprises from Hong Kong, Macao and Taiwan	1
外商投资企业	Foreign Funded Enterprises	1
中外合资经营企业	Sino-foreign Joint Venture Enterprises	1
国有控股	State-owned	7
集体控股	Collective-owned	1
私人控股	Private	137
港澳台商控股	Holding from Hong Kong, Macao and Taiwan	1
其他	Others	20
独立门店	Indipendent Stores	149
连锁总店	Distributor Chain	10
其他	Others	7
大型	Large-scale	4
中型	Medium-scale	84
小型	Small-scale	64
微型	Miniature	14
有店铺零售	Have a Retail Store	165
超市	Supermarket	2
大型超市	Hypermarket	5
百货店	Department Store	8
专业店	Speciality Store	67
专卖店	Franchised Store	80
家居建材商店	Household Building Materials Stores	2
厂家直销中心	Manufacturer Direct Sale Center	1
无店铺零售	Non-store Retail	1
电话购物	Telephone Shopping	1

continued

(10 000 yuan)

年初存货 Invertory at Begining of Year	流动资产 Working Capitals	应收账款 Accounts Receivable	存货 Stock
	264	17	10
125456	449140	100674	137891
848	2194	434	696
124608	446946	100240	137195
4753	8806	20	5735
141507	433346	34371	162810
141245	433055	34364	162553
262	291	7	256
1283	3812	707	2098
1283	3812	707	2098
5	1544	141	83
5	1544	141	83
3942	17089	1819	4310
	264	17	10
205072	643932	87468	228009
1283	3812	707	2098
65545	244798	47236	77558
203756	664548	83548	219396
51456	198893	49093	65825
20630	46455	4606	26766
48763	176119	37527	62081
192215	591483	77868	209756
32710	137146	20746	38076
2155	5147	1106	2072
274613	897789	135659	310322
848	2644	1524	958
49860	185494	38004	63324
2573	25113	155	2531
62791	252327	72222	62590
136770	396951	23332	153772
21707	34472	421	26925
64	788	1	224
1229	12107	1588	1663
1229	12107	1588	1663

8-5 续表4

单位:万元 （2013）

指标名称	Item	固定资产 Fixed Assets	固定资产原价 Original Value of Fixed Assets
总计	**Total**	**362327**	**453824**
市区	City	275655	347792
永宁县	Yongning	8305	10913
贺兰县	Helan	66565	80997
灵武市	Lingwu	11802	14122
批发业	**Wholesale Trade**	**198229**	**261215**
食品、饮料及烟草制品批发	Wholesale of Food,Beverages and Tobacoos	26283	35193
米、面制品及食用油批发	Wholesale of Rice,Flour and Edible Oil	6080	8042
糕点、糖果及糖批发	Wholesale of Pastry,Candy and Sugars	7	131
果品、蔬菜批发	Wholesale of Fruits and Vegetables	147	246
肉、禽、蛋、奶及水产品批发	Wholesale of Meat and Aquatic Products	15226	16824
盐及调味品批发	Wholesale of Salt and Condiments	206	370
酒、饮料及茶叶批发	Wholesale of Beverages and tea	296	643
烟草制品批发	Wholesale of Tobacoos	4322	8939
纺织、服装及家庭用品批发	Wholesale of Textiles,Garments and Daily Consummer Aticles	10132	10884
服装批发	Wholesale of Garments	10103	10824
家用电器批发	Wholesale of Household Electrical Appliances	29	60
文化、体育用品及器材批发	Wholesale of Cultural,Sports Goods Appliances and Equipments	1830	3463
文具用品批发	Wholesale of Stationery	31	66
图书批发	Wholesale of Books	1799	3397
医药及医疗器材批发	Wholesale of Medicines and Medical Appliances	2799	3974
西药批发	Wholesale of Western Medicine	2793	3963
医疗用品及器材批发	Wholesale of Medical Supplies and Equipment	6	11
矿产品、建材及化工产品批发	Wholesale of Mineral Products,Building Materials and Chemical Products	146216	192286
煤炭及制品批发	Wholesale of Coal and Related Products	10856	14741
石油及制品批发	Wholesale of Petroleum and Related Products	118273	154529
非金属矿及制品批发	Wholesale of Nonmetallic Mine and Related Products	54	194
金属及金属矿批发	Wholesale of Metallic mineral Products	9235	14944
建材批发	Wholesale of Building Materials	287	408
化肥批发	Wholesale of Chemical Fertilizer	5149	6505
其他化工产品批发	Wholesale of Other Chemical Products	2362	966

continued

(10 000 yuan)

累计折旧 Accumulated Depreciation	本年折旧 Depreciation This Year	在建工程 Construction in Process	资产总计 Total Assets	流动负债 Current Liabilities	应付账款 Accounts Payable	非流动负债合计 Totale of Non-current Liabilities
115710	**34197**	**102693**	**3319855**	**2384242**	**499548**	**139020**
96316	25751	98519	2045124	1313008	395184	109995
2608	980	1252	127268	103548	402	2329
14465	5603	2630	539981	404296	50996	18697
2321	1863	292	607482	563390	52966	8000
65705	**20690**	**84002**	**2069123**	**1431713**	**228752**	**107392**
9268	2254	2096	153325	34438	-1668	371
1962	168	949	15211	9894	-3276	215
124	0		476	424		
98	80	187	1557	541	301	16
1956	1011	960	28806	9056	243	
165	30		12872	5619	464	140
346	340		8570	6244		
4617	625		85834	2660	599	
752	322		44992	18264	11206	
722	312		38889	13437	10111	
31	10		6103	4827	1095	
1633	1562		20563	6326	5093	75
35	7		2048	921	316	
1599	1556		18515	5405	4778	75
1175	243	374	76613	59627	42451	1000
1170	240	374	73383	56818	40456	1000
5	3		3229	2809	1996	
48113	14994	80292	1464374	1147361	106675	27848
3887	660	97	58657	38085	14391	
36256	12854	78103	882601	709797	54852	23957
139	6		3731	1060	-382	
5793	1151		446659	337187	25005	1794
121	36		5178	3220	365	
1517	268	295	57894	51578	11736	497
401	21	1797	9655	6434	707	1600

8-5 续表5

单位:万元 (2013)

指标名称	Item	固定资产 Fixed Assets	固定资产原价 Original Value of Fixed Assets
机械设备、五金产品及电子产品批发	Wholesale of Machinery,Hardware and Electronic Equipment	7694	11498
农业机械批发	Wholesale of Agriculture Machinary	1004	1540
汽车批发	Wholesale of MotorVehicles	3049	4968
摩托车及零配件批发	Wholesale of Motorcycles and Parts	128	133
五金产品批发	Wholesale of Hardware Products	24	95
电气设备批发	Wholesale of Electrical Equipment	1093	2308
计算机、软件及辅助设备批发	Wholesale of Computer,Software and Assistant Aplliances	41	99
其他机械设备及电子产品批发	Wholesale of Other Machinary and Electric Equipment	2355	2355
其他批发业	Other Wholesale	3275	3917
再生物资回收与批发	Recovery and Wholesale of Recycled Materials	68	68
其他未列明批发业	Other Wholesale Unlisted	3207	3849
内资企业	Domestic Funded Enterprises	198218	261189
国有企业	State-owned Enterprises	13925	23017
有限责任公司	Limited Liability Corporations	24974	32726
国有独资公司	State-owned Enterprises	9982	12510
其他有限责任公司	Other Limited Liability Corporations	14992	20217
股份有限公司	Share-holding Corporations Ltd.	110471	137827
私营企业	Private Enterprises	48849	67619
私营有限责任公司	Private Limited Liability Corporations	48849	67619
外商投资企业	Foreign Funded Enterprises	10	25
中外合资经营企业	Sino-foreign Joint Venture Enterprises	10	25
国有控股	State-owned	136730	177322
集体控股	Collective-owned	4874	5557
私人控股	Private	53811	76397
其他	Others	2814	1939
独立门店	Indipendent Stores	79387	113475
连锁总店	Distributor Chain	90643	103507
连锁门店	Chain Stores	23802	38749
其他	Others	4397	5484
大型	large-scale	117190	150785
中型	Medium-scale	67442	90126
小型	Small-scale	13242	19322
微型	Miniature	355	981
零售业	**Retail Trade**	**164098**	**192609**
综合零售	Integrated Retail	51416	43974
百货零售	Retail of General Merchandise	2964	7432
超级市场零售	Retail of Supermarkets	48428	36505
其他综合零售	Others	24	37
食品、饮料及烟草制品专门零售	Retail of Food,Beverages and Tobaccos	614	895
粮油零售	Retail of Grain and Oil	334	373

continued

(10 000 yuan)

累计折旧 Accumulated Depreciation	本年折旧 Depreciation This Year	在建工程 Construction in Process	资产总计 Total Assets	流动负债 Current Liabilities	应付账款 Accounts Payable	非流动负债合计 Totale of Non-current Liabilities
4122	1316	1240	158936	141243	56192	2598
664	378	30	18086	15279	10870	
2109	346	1210	73502	65195	19200	2598
5	1		1960	540	242	
71	10		1335	858	588	
1215	575		49575	45145	24153	
58	6		3043	2343	441	
			11435	11883	698	
642			150320	24454	8804	75500
			10919	9246	7866	
642			139401	15208	937	75500
65690	20685	84002	2065153	1428758	228594	107392
9092	2476	949	144064	25853	6320	481
9794	3337	3724	864043	763521	116741	11097
2527	554	97	37016	20393	5599	
7267	2782	3627	827027	743128	111142	11097
27356	5619	70547	270138	146786	13339	15676
19448	9253	8784	786909	492598	92194	80138
19448	9253	8784	786909	492598	92194	80138
15	5		3969	2955	159	
15	5		3969	2955	159	
40593	8819	72523	521921	243639	56883	16157
845	266	153	53951	47661	11525	432
23347	11227	9530	1455568	1115968	151261	89203
922	378	1797	37682	24445	9084	1600
36646	14673	13240	1651163	1160039	171933	91284
13025	5285	64886	260598	169541	23941	432
14947	586	5813	57015	21948		15055
1087	147	63	100347	80185	32878	621
33595	7828	70902	964561	727382	83776	23055
23345	11197	9808	615757	331715	98384	80463
8137	1589	3293	455321	347924	41814	3873
628	77		33484	24691	4779	
50004	**13507**	**18691**	**1250732**	**952529**	**270795**	**31628**
8125	1058	656	201455	159347	114220	25
4476	650	279	40672	40330	21909	25
3637	396	377	160160	118895	92188	
13	13		622	122	122	
436	158		15222	10948	739	445
195	99		1438	381	220	445

8-5 续表6

单位:万元 （2013）

指标名称	Item	固定资产 Fixed Assets	固定资产原价 Original Value of Fixed Assets
果品、蔬菜零售	Retail of Fruits and Vegetables	185	215
酒、饮料及茶叶零售	Retail of Wine,Beverages and Tea	96	306
纺织、服装及日用品专门零售	Special Retail of Textiles,Garments and Daily Consumer Articles	1573	2293
服装零售	Retail of Garments	497	667
钟表、眼镜零售	Retail of Clocks and Glasses	1076	1626
文化、体育用品及器材专门零售	Retail of Culture,Sports Appliances and Equipments	6130	8948
体育用品及器材零售	Retail of Sports Goods Appliances and Equipments	91	239
图书、报刊零售	Retail of Books, Newspapers and Magazines	5539	7869
珠宝首饰零售	Retail of Jewelery	474	701
照相器材零售	Retail of Photographic Equipment	20	128
其他文化用品零售	Retail of Other Culture Appliances	7	11
医药及医疗器材专门零售	Retail of Medicines and Medical Appliances	8274	12131
药品零售	Retail of Drug	8274	12131
汽车、摩托车、燃料及零配件专门零售	Retail of Motor Vehicles,Motorcycles,Fuel and Parts	89649	110409
汽车零售	Retail of Motor Vehicles	77409	98237
汽车零配件零售	Retail of Motor Vehicles and Parts	1054	1186
摩托车及零配件零售	Retail of Motorcycles and Parts	132	441
机动车燃料零售	Retail of Motor Vehicles Fuel	11054	10546
家用电器及电子产品专门零售	Special Retail of Household Electric Appliances and Electronic Products	3205	6265
家用视听设备零售	Retail of Household Audio and Video Equipment	47	98
日用家电设备零售	Retail of Household Electric Appliances	1213	2711
计算机、软件及辅助设备零售	Retail of Computer,Software and Assistant Appliances	1813	3123
通信设备零售	Retail of Communication Equipments	132	333
五金、家具及室内装饰材料专门零售	Special Retail of Hardware,Furniture and Decoration Materials	1393	2550
家具零售	Retail of Furniture	1341	2445
其他室内装饰材料零售	Retail of Other Decoration Materials	52	105
货摊、无店铺及其他零售业	Retail of Non-shop and Other Retails	1844	5145
生活用燃料零售	Retail of Life Fuel	1844	5145
内资企业	Domestic Funded Enterprises	154528	180326
国有企业	State-owned Enterprises	6162	10724

continued

(10 000 yuan)

累计折旧 Accumulated Depreciation	本年折旧 Depreciation This Year	在建工程 Construction in Process	资产总计 Total Assets	流动负债 Current Liabilities	应付账款 Accounts Payable	非流动负债合计 Totale of Non-current Liabilities
31	10		279			
210	49		13505	10567	518	
720	260	320	24176	20440	18267	9147
170	170	320	18098	18996	17657	7347
550	90		6078	1444	611	1800
2819	257	2	20687	13983	7574	
147	33		3049	2769	1501	
2331	199	2	14097	9334	5917	
227	24		2849	1384		
108			111	17		
6	1		582	479	156	
3857	410	768	110304	88541	56439	20
3857	410	768	110304	88541	56439	20
26530	10290	14341	702642	521511	44976	20328
20852	7096	13727	636002	474650	43199	17369
132	132	170	7093	6326	182	
309	25	321	1530	923	120	
5238	3037	124	58017	39612	1474	2959
3056	666	2536	132933	97782	16991	1324
51	1		6646	5375	1577	
1498	299		79340	58922	6978	403
1306	221	2536	43962	32075	7902	921
201	145		2984	1411	535	
1157	100	64	38507	39013	11093	
1104	100	64	9583	14232	3099	
54			28924	24781	7993	
3304	308	3	4807	965	497	339
3304	308	3	4807	965	497	339
47292	11205	18691	1232832	948707	269493	25369
4718	346	2	19437	12430	7678	457

8-5 续表7

单位:万元 (2013)

指标名称	Item	固定资产 Fixed Assets	固定资产原价 Original Value of Fixed Assets
集体企业	Collective-owned Enterprises	3	18
有限责任公司	Limited Liability Corporations	87079	89562
国有独资公司	State-owned Enterprises	1844	5145
其他有限责任公司	Other Limited Liability Corporations	85235	84416
股份有限公司	Share-holding Corporations Ltd.	1232	1991
私营企业	Private Enterprises	60053	78032
私营有限责任公司	Private Limited Liability Corporations	60053	78032
私营股份有限公司	Private Share-holding Corporations Ltd.		
港、澳、台商投资企业	Hong Kong, Macao and Taiwan Investment Enterprises	8454	8865
与港澳台商合资经营企业	With the Joint Venture Enterprises from Hong Kong, Macao and Taiwan	8454	8865
外商投资企业	Foreign Funded Enterprises	1116	3418
中外合资经营企业	Sino-foreign Joint Venture Enterprises	1116	3418
国有控股	State-owned	8130	16124
集体控股	Collective-owned	3	18
私人控股	Private	90081	116658
港澳台商控股	Holding from Hong Kong, Macao and Taiwan	8454	8865
其他	Others	57431	50945
独立门店	Indipendent Stores	118656	138110
连锁总店	Distributor Chain	43661	51550
其他	Others	1781	2949
大型	Large-scale	34355	39549
中型	Medium-sized	113477	129885
小型	Small-scale	16059	22525
微型	Miniature	208	651
有店铺零售	Have a Retail Store	162761	190722
超市	Supermarket	110	266
大型超市	Hypermarket	50742	40643
百货店	Department Store	2190	6057
专业店	Speciality Store	36701	53297
专卖店	Franchised Store	72836	90100
家居建材商店	Household Building Materials Stores	165	289
厂家直销中心	Manufacturer Direct Sale Center	18	71
无店铺零售	Non-store Retail	1338	1887
电话购物	Telephone Shopping	1338	1887

continued

(10 000 yuan)

累计折旧 Accumulated Depreciation	本年折旧 Depreciation This Year	在建工程 Construction in Process	资产总计 Total Assets	流动负债 Current Liabilities	应付账款 Accounts Payable	非流动负债合计 Totale of Non-current Liabilities
15	0		267	348	347	
23483	5633	7831	635396	484251	192674	16781
3304	308	3	4807	965	497	339
20180	5325	7828	630589	483286	192178	16442
759	307	141	13925	24087	11366	
18317	4919	10717	563807	427591	57428	8131
18317	4919	10717	563516	427331	57416	8131
			291	260	12	
410			14119	3299	1303	5958
410			14119	3299	1303	5958
2302	2302		3782	523		301
2302	2302		3782	523		301
8152	697	5	26279	14638	9361	796
15			267	348	347	
32357	10292	14175	869096	667331	133656	21972
410			14119	3299	1303	5958
9069	2518	4511	340972	266914	126129	2901
40947	12555	15708	915881	694051	150709	30352
7889	864	1288	254742	188116	110758	403
1168	88	1695	80109	70362	9328	873
5193	802	518	216367	167927	88824	403
37414	10911	17523	843336	648247	166625	21577
6957	1757	328	185156	132923	14555	9647
440	37	321	5874	3432	792	
49455	13436	16996	1232014	939954	269818	30755
156	20		2977	2625	1679	20
5462	945	518	242128	190372	110281	403
3875	501	458	38206	35039	28120	25
22334	5571	13380	363811	281657	85467	4218
17453	6348	2640	548910	390119	35075	26089
124	47		34738	36652	9405	
53	4		1245	3489	-208	
550	71	1695	18719	12575	977	873
550	71	1695	18719	12575	977	873

8-5　续表8

单位:万元　　(2013)

指标名称	Item	负债合计 Total Liabilities	所有者权益合计 Total Owners' Equities
总计	**Total**	**2534119**	**785736**
市区	City	1432150	612974
永宁县	Yongning	105876	21392
贺兰县	Helan	424703	115278
灵武市	Lingwu	571390	36092
批发业	**Wholesale Trade**	**1540816**	**528307**
食品、饮料及烟草制品批发	Wholesale of Food,Beverages and Tobacoos	35855	117469
米、面制品及食用油批发	Wholesale of Rice,Flour and Edible Oil	10109	5102
糕点、糖果及糖批发	Wholesale of Pastry,Candy and Sugars	424	52
果品、蔬菜批发	Wholesale of Fruits and Vegetables	557	1000
肉、禽、蛋、奶及水产品批发	Wholesale of Meat and Aquatic Products	10102	18703
盐及调味品批发	Wholesale of Salt and Condiments	5759	7113
酒、饮料及茶叶批发	Wholesale of Beverages and tea	6244	2326
烟草制品批发	Wholesale of Tobacoos	2660	83174
纺织、服装及家庭用品批发	Wholesale of Textiles,Garments and Daily Consummer Aticles	18264	26728
服装批发	Wholesale of Garments	13437	25452
家用电器批发	Wholesale of Household Electrical Appliances	4827	1276
文化、体育用品及器材批发	Wholesale of Cultural,Sports Goods Appliances and Equipments	6401	14163
文具用品批发	Wholesale of Stationery	921	1128
图书批发	Wholesale of Books	5480	13035
医药及医疗器材批发	Wholesale of Medicines and Medical Appliances	60627	15985
西药批发	Wholesale of Western Medicine	57818	15565
医疗用品及器材批发	Wholesale of Medical Supplies and Equipment	2809	420
矿产品、建材及化工产品批发	Wholesale of Mineral Products,Building Materials and Chemical Products	1175210	289164
煤炭及制品批发	Wholesale of Coal and Related Products	38087	20571
石油及制品批发	Wholesale of Petroleum and Related Products	733754	148847
非金属矿及制品批发	Wholesale of Nonmetallic Mine and Related Products	1060	2671
金属及金属矿批发	Wholesale of Metallic mineral Products	338981	107678
建材批发	Wholesale of Building Materials	3220	1958
化肥批发	Wholesale of Chemical Fertilizer	52075	5819
其他化工产品批发	Wholesale of Other Chemical Products	8034	1621

continued

(10 000 yuan)

实收资本 Paid-in Capitals	国家资本 State-owned Capitals	集体资本 Collective-owned Capitals	法人资本 Corporate Capitals	个人资本 Personal Capitals
597011	**128446**	**11165**	**330554**	**122698**
422700	128392	11165	216720	64796
42694			24092	18603
89158			67914	18725
42458	55		21829	20575
400961	**118400**	**1832**	**205309**	**75340**
16252	7084		7569	1600
3900	3700			200
300				300
1000				1000
5000			5000	
3384	3384			
1100			1000	100
1569			1569	
22306		1000		21306
21048				21048
1258		1000		258
7509	7264		245	
500	255		245	
7009	7009			
9436			9046	390
8936			8546	390
500			500	
286826	104052	632	137261	44800
16505		360	16145	
139999	90411		48388	1200
2035			2035	
121339	13641		65695	41923
2000			1999	1
3580			3000	580
1369		272		1097

8-5 续表9

单位:万元 (2013)

指标名称	Item	负债合计 Total Liabilities	所有者权益合计 Total Owners' Equities
机械设备、五金产品及电子产品批发	Wholesale of Machinery,Hardware and Electronic Equipment	144504	14432
农业机械批发	Wholesale of Agriculture Machinary	15279	2807
汽车批发	Wholesale of MotorVehicles	67794	5709
摩托车及零配件批发	Wholesale of Motorcycles and Parts	540	1420
五金产品批发	Wholesale of Hardware Products	858	478
电气设备批发	Wholesale of Electrical Equipment	45807	3767
计算机、软件及辅助设备批发	Wholesale of Computer,Software and Assistant Aplliances	2343	700
其他机械设备及电子产品批发	Wholesale of Other Machinary and Electric Equipment	11883	-448
其他批发业	Other Wholesale	99954	50366
再生物资回收与批发	Recovery and Wholesale of Recycled Materials	9246	1673
其他未列明批发业	Other Wholesale Unlisted	90708	48693
内资企业	Domestic Funded Enterprises	1537861	527293
国有企业	State-owned Enterprises	26334	117729
有限责任公司	Limited Liability Corporations	774618	89425
国有独资公司	State-owned Enterprises	20393	16622
其他有限责任公司	Other Limited Liability Corporations	754225	72803
股份有限公司	Share-holding Corporations Ltd.	162462	107676
私营企业	Private Enterprises	574446	212463
私营有限责任公司	Private Limited Liability Corporations	574446	212463
外商投资企业	Foreign Funded Enterprises	2955	1014
中外合资经营企业	Sino-foreign Joint Venture Enterprises	2955	1014
国有控股	State-owned	259796	262124
集体控股	Collective-owned	48093	5858
私人控股	Private	1206881	248687
其他	Others	26045	11637
独立门店	Indipendent Stores	1253033	398130
连锁总店	Distributor Chain	169973	90625
连锁门店	Chain Stores	37004	20011
其他	Others	80806	19542
大型	Large-scale	750438	214124
中型	Medium-scale	413888	201869
小型	Small-scale	351798	103523
微型	Miniature	24692	8792
零售业	**Retail Trade**	**993304**	**257429**
综合零售	Integrated Retail	159372	42082
百货零售	Retail of General Merchandise	40356	317
超级市场零售	Retail of Supermarkets	118895	41266
其他综合零售	Others	122	500
食品、饮料及烟草制品专门零售	Retail of Food,Beverages and Tobaccos	11393	3829
粮油零售	Retail of Grain and Oil	826	612

continued

(10 000 yuan)

实收资本 Paid-in Capitals	国家资本 State-owned Capitals	集体资本 Collective-owned Capitals	法人资本 Corporate Capitals	个人资本 Personal Capitals
17869		200	10426	7244
2502			152	2350
8288			4614	3674
300				300
330				330
5250			4700	550
650		200	450	
550			510	40
40763			40763	
763			763	
40000			40000	
399961	118400	832	205309	75340
24302	22734		1569	
85563	8255	632	66539	10137
12175			12175	
73388	8255	632	54365	10137
115099	87411		27688	
174997		200	109514	65204
174997		200	109514	65204
1000		1000		
1000		1000		
168626	118400	360	49866	
3000			3000	
219187		1200	143096	74811
10149		272	9348	529
271285	33634	1632	162498	73440
87766	84766		3000	
27548			27548	
14362		200	12262	1900
142133	84766		57367	
132283	19738	360	82317	29868
119989	13896	1472	61675	42946
6557			3951	2526
196049	**10046**	**9333**	**125245**	**47358**
21638	807	9200	10998	633
7738	807		6798	133
13400		9200	4200	
500				500
5662	283		5312	67
283	283			

8-5 续表10

单位:万元 (2013)

指标名称	Item	负债合计 Total Liabilities	所有者权益合计 Total Owners' Equities
果品、蔬菜零售	Retail of Fruits and Vegetables		279
酒、饮料及茶叶零售	Retail of Wine,Beverages and Tea	10567	2938
纺织、服装及日用品专门零售	Special Retail of Textiles,Garments and Daily Consumer Articles	29587	-5411
服装零售	Retail of Garments	26343	-8245
钟表、眼镜零售	Retail of Clocks and Glasses	3244	2834
文化、体育用品及器材专门零售	Retail of Culture,Sports Appliances and Equipments	13983	6705
体育用品及器材零售	Retail of Sports Goods Appliances and Equipments	2769	280
图书、报刊零售	Retail of Books, Newspapers and Magazines	9334	4763
珠宝首饰零售	Retail of Jewelery	1384	1466
照相器材零售	Retail of Photographic Equipment	17	94
其他文化用品零售	Retail of Other Culture Appliances	479	103
医药及医疗器材专门零售	Retail of Medicines and Medical Appliances	88560	21744
药品零售	Retail of Drug	88560	21744
汽车、摩托车、燃料及零配件专门零售	Retail of Motor Vehicles,Motorcycles,Fuel and Parts	550577	152065
汽车零售	Retail of Motor Vehicles	494063	141939
汽车零配件零售	Retail of Motor Vehicles and Parts	6326	767
摩托车及零配件零售	Retail of Motorcycles and Parts	923	607
机动车燃料零售	Retail of Motor Vehicles Fuel	49265	8753
家用电器及电子产品专门零售	Special Retail of Household Electric Appliances and Electronic Products	99515	33418
家用视听设备零售	Retail of Household Audio and Video Equipment	5375	1272
日用家电设备零售	Retail of Household Electric Appliances	59325	20015
计算机、软件及辅助设备零售	Retail of Computer,Software and Assistant Appliances	32996	10967
通信设备零售	Retail of Communication Equipments	1819	1165
五金、家具及室内装饰材料专门零售	Special Retail of Hardware,Furniture and Decoration Materials	39013	-507
家具零售	Retail of Furniture	14232	-4650
其他室内装饰材料零售	Retail of Other Decoration Materials	24781	4143
货摊、无店铺及其他零售业	Retail of Non-shop and Other Retails	1303	3503
生活用燃料零售	Retail of Life Fuel	1303	3503
内资企业	Domestic Funded Enterprises	983222	249610
国有企业	State-owned Enterprises	12887	6550

continued

(10 000 yuan)

实收资本 Paid-in Capitals	国家资本 State-owned Capitals	集体资本 Collective-owned Capitals	法人资本 Corporate Capitals	个人资本 Personal Capitals
279			279	
5100			5033	67
4061			4061	
2700			2700	
1361			1361	
5812	4255		280	1277
400			280	120
4255	4255			
1001				1001
94				94
62				62
13666	230		11947	1489
13666	230		11947	1489
117622	300	133	80007	33115
107826			74005	31301
1000			1000	
426			320	106
8370	300	133	4681	1708
15008			10230	4778
1339			1000	339
4150			3360	790
8569			5120	3449
950			750	200
8410			2410	6000
7410			1410	6000
1000			1000	
4171	4171			
4171	4171			
190626	9746	9333	124390	47159
5345	5345			

8-5 续表11

单位:万元 (2013)

指标名称	Item	负债合计 Total Liabilities	所有者权益合计 Total Owners' Equities
集体企业	Collective-owned Enterprises	348	-81
有限责任公司	Limited Liability Corporations	507725	127671
国有独资公司	State-owned Enterprises	1303	3503
其他有限责任公司	Other Limited Liability Corporations	506422	124167
股份有限公司	Share-holding Corporations Ltd.	24087	-10162
私营企业	Private Enterprises	438175	125632
私营有限责任公司	Private Limited Liability Corporations	437915	125601
私营股份有限公司	Private Share-holding Corporations Ltd.	260	31
港、澳、台商投资企业	Hong Kong, Macao and Taiwan Investment Enterprises	9257	4862
与港澳台商合资经营企业	With the Joint Venture Enterprises from Hong Kong, Macao and Taiwan	9257	4862
外商投资企业	Foreign Funded Enterprises	824	2957
中外合资经营企业	Sino-foreign Joint Venture Enterprises	824	2957
国有控股	State-owned	15433	10846
集体控股	Collective-owned	348	-81
私人控股	Private	698450	170646
港澳台商控股	Holding from Hong Kong, Macao and Taiwan	9257	4862
其他	Others	269815	71156
独立门店	Indipendent Stores	733550	182332
连锁总店	Distributor Chain	188519	66223
其他	Others	71235	8874
大型	Large-scale	168330	48036
中型	Medium-scale	676927	166409
小型	Small-scale	144280	40876
微型	Miniature	3767	2108
有店铺零售	Have a Retail Store	979856	252158
超市	Supermarket	2645	332
大型超市	Hypermarket	190775	51353
百货店	Department Store	35065	3141
专业店	Speciality Store	293312	70499
专卖店	Franchised Store	417918	130991
家居建材商店	Household Building Materials Stores	36652	-1915
厂家直销中心	Manufacturer Direct Sale Center	3489	-2244
无店铺零售	Non-store Retail	13448	5271
电话购物	Telephone Shopping	13448	5271

continued

(10 000 yuan)

实收资本 Paid-in Capitals	国家资本 State-owned Capitals	集体资本 Collective-owned Capitals	法人资本 Corporate Capitals	个人资本 Personal Capitals
1		1		
78643	4401	9332	45190	19720
4171	4171			
74472	230	9332	45190	19720
1000			1000	
105638			78199	27439
105608			78169	27439
30			30	
3375			855	
3375			855	
2048	300			199
2048	300			199
9566	9566			
1		1		
152895	480		106558	44309
3375			855	
30213		9332	17832	3049
160314	6046	133	105037	45031
29715	4000	9200	15705	810
6020			4503	1517
18000		9200	8368	432
134983	9458		88650	32807
41045	588	133	27147	13178
2021			1080	941
193049	10046	9333	122945	46658
182			49	134
18000		9200	8368	432
9656	807		8249	600
57534	8851	133	29859	17144
100577	388		75387	22282
7000			1000	6000
100			33	67
3000			2300	700
3000			2300	700

8-5 续表12

单位:万元 (2013)

指标名称	Item	营业收入 Total Revenue	主营业务收入 Revenue from Principal Business
总计	**Total**	**7783020**	**7745114**
市区	City	5975061	5950983
永宁县	Yongning	396608	388076
贺兰县	Helan	851133	845840
灵武市	Lingwu	560218	560215
批发业	**Wholesale Trade**	**5729561**	**5709863**
食品、饮料及烟草制品批发	Wholesale of Food,Beverages and Tobacoos	272474	272045
米、面制品及食用油批发	Wholesale of Rice,Flour and Edible Oil	11974	11774
糕点、糖果及糖批发	Wholesale of Pastry,Candy and Sugars	1893	1893
果品、蔬菜批发	Wholesale of Fruits and Vegetables	2469	2469
肉、禽、蛋、奶及水产品批发	Wholesale of Meat and Aquatic Products	18564	18564
盐及调味品批发	Wholesale of Salt and Condiments	7760	7635
酒、饮料及茶叶批发	Wholesale of Beverages and tea	7832	7832
烟草制品批发	Wholesale of Tobacoos	221983	221879
纺织、服装及家庭用品批发	Wholesale of Textiles,Garments and Daily Consummer Aticles	34326	34323
服装批发	Wholesale of Garments	17871	17869
家用电器批发	Wholesale of Household Electrical Appliances	16455	16455
文化、体育用品及器材批发	Wholesale of Cultural,Sports Goods Appliances and Equipments	15279	15279
文具用品批发	Wholesale of Stationery	2473	2473
图书批发	Wholesale of Books	12806	12806
医药及医疗器材批发	Wholesale of Medicines and Medical Appliances	155475	155430
西药批发	Wholesale of Western Medicine	151108	151063
医疗用品及器材批发	Wholesale of Medical Supplies and Equipment	4367	4367
矿产品、建材及化工产品批发	Wholesale of Mineral Products,Building Materials and Chemical Products	5055309	5036778
煤炭及制品批发	Wholesale of Coal and Related Products	208727	208440
石油及制品批发	Wholesale of Petroleum and Related Products	4084489	4066409
非金属矿及制品批发	Wholesale of Nonmetallic Mine and Related Products	4084	4084
金属及金属矿批发	Wholesale of Metallic mineral Products	659383	659302
建材批发	Wholesale of Building Materials	7910	7910
化肥批发	Wholesale of Chemical Fertilizer	60482	60482
其他化工产品批发	Wholesale of Other Chemical Products	30235	30152

continued

(10 000 yuan)

营业成本 Business Costs	主营业务成本 Costs of Principal Business	营业税金及附加 Business Taxes and Other Charges	主营业务税金及附加 Taxes and Other Charges on Principal Business	其他业务利润 Profits from Other Businesses	销售费用 Selling Costs	管理费用 Management Costs	税金 Taxes
7364466	**7349271**	**24927**	**24287**	**37791**	**219407**	**92644**	**5795**
5644025	5635748	22244	21990	29480	165318	68648	3971
379160	372430	339	201	1875	15819	2804	225
780438	780252	1575	1522	6408	33533	19544	1261
560844	560841	770	574	29	4737	1648	339
5537058	**5523350**	**18429**	**18050**	**6801**	**76281**	**35706**	**2860**
204022	203925	13926	13918	330	5392	9685	517
11105	11073	1	1	168	568	487	3
2117	2117	1	1		6	39	1
2228	2228	0	0		4	364	2
12246	12246	288	288		819	476	352
4458	4418	61	53	84	580	435	17
5908	5908	18	18		890	238	1
165961	165935	13557	13557	78	2525	7647	141
30635	30633	34	23	-0	2817	922	125
15276	15273	9	9	-0	2092	594	119
15359	15359	25	14		725	328	6
13084	13084	17	17	139	687	1287	58
2285	2285	1	1		48	131	
10799	10799	16	16	139	639	1156	58
147297	147295	180	180	43	2684	2049	59
143084	143082	178	178	43	2635	1962	54
4213	4213	2	2		50	88	6
4959427	4945821	3771	3410	5310	56249	12942	1979
200140	200140	712	516	287	3002	2342	216
4012401	3998854	2789	2624	3429	45349	5079	1329
3666	3666	7	7	411	190	101	3
647478	647462	231	231	778	6535	3795	310
7751	7751	1	1	158		91	6
59203	59173	15	15	179	537	988	105
28789	28776	16	16	69	636	545	11

8-5 续表13

单位:万元 （2013）

指标名称	Item	营业收入 Total Revenue	主营业务收入 Revenue from Principal Business
机械设备、五金产品及电子产品批发	Wholesale of Machinery,Hardware and Electronic Equipment	150288	149596
农业机械批发	Wholesale of Agriculture Machinary	21702	21702
汽车批发	Wholesale of MotorVehicles	79409	78717
摩托车及零配件批发	Wholesale of Motorcycles and Parts	3390	3390
五金产品批发	Wholesale of Hardware Products	2978	2978
电气设备批发	Wholesale of Electrical Equipment	26910	26910
计算机、软件及辅助设备批发	Wholesale of Computer,Software and Assistant Aplliances	7805	7805
其他机械设备及电子产品批发	Wholesale of Other Machinary and Electric Equipment	8095	8095
其他批发业	Other Wholesale	46411	46411
再生物资回收与批发	Recovery and Wholesale of Recycled Materials	34907	34907
其他未列明批发业	Other Wholesale Unlisted	11504	11504
内资企业	Domestic Funded Enterprises	5727228	5707530
国有企业	State-owned Enterprises	255298	254788
有限责任公司	Limited Liability Corporations	1243230	1242800
国有独资公司	State-owned Enterprises	170264	170264
其他有限责任公司	Other Limited Liability Corporations	1072966	1072536
股份有限公司	Share-holding Corporations Ltd.	3496718	3480995
私营企业	Private Enterprises	731982	728947
私营有限责任公司	Private Limited Liability Corporations	731982	728947
外商投资企业	Foreign Funded Enterprises	2333	2333
中外合资经营企业	Sino-foreign Joint Venture Enterprises	2333	2333
国有控股	State-owned	4227480	4210900
集体控股	Collective-owned	50903	50903
私人控股	Private	1394626	1391591
其他	Others	56552	56470
独立门店	Indipendent Stores	2025276	2021347
连锁总店	Distributor Chain	436215	436215
连锁门店	Chain Stores	614610	599077
其他	Others	2653460	2653226
大型	Large-scale	1866123	1850441
中型	Medium-scale	3162308	3158455
小型	Small-scale	671622	671459
微型	Miniature	29508	29508
零售业	**Retail Trade**	**2053459**	**2035251**
综合零售	Integrated Retail	401069	392845
百货零售	Retail of General Merchandise	119594	111370
超级市场零售	Retail of Supermarkets	281101	281101
其他综合零售	Others	374	374
食品、饮料及烟草制品专门零售	Retail of Food,Beverages and Tobaccos	7820	7820
粮油零售	Retail of Grain and Oil	813	813

continued

(10 000 yuan)

营业成本 Business Costs	主营业务成本 Costs of Principal Business	营业税金及附加 Business Taxes and Other Charges	主营业务税金及附加 Taxes and Other Charges on Principal Business	其他业务利润 Profits from Other Businesses	销售费用 Selling Costs	管理费用 Management Costs	税金 Taxes
137569	137569	387	387	980	7748	6334	122
18916	18916	23	23	99	1875	1117	20
74296	74296	153	153	578	3246	2277	87
3099	3099	7	7	285	133	8	3
2665	2665	4	4		204	60	
24144	24144	174	174		1571	1636	11
7451	7451	4	4	4	46	257	
6998	6998	23	23	14	673	980	1
45024	45024	115	115		704	2488	
33566	33566	21	21		566	287	
11459	11459	94	94		138	2201	
5534997	5521289	18424	18045	6801	76207	35553	2860
192812	192699	13655	13647	535	4295	10121	222
1222884	1222869	1371	1370	1006	11520	8647	820
163661	163661	492	492		2221	1418	118
1059223	1059208	879	878	1006	9298	7230	702
3425424	3412483	2045	1880	1818	40328	2476	972
693877	693238	1355	1148	3442	20064	14308	845
693877	693238	1355	1148	3442	20064	14308	845
2061	2061	5	5		74	154	
2061	2061	5	5		74	154	
4081050	4067994	16330	16158	2684	49261	16544	1630
49427	49427				230	842	78
1354050	1353412	2051	1845	3623	25033	17031	1149
52530	52517	48	48	494	1757	1290	3
1913435	1912640	16228	16014	4507	33155	30265	1786
416654	416654	298	298		18846	1987	258
566151	553407	876	713	1802	20016	1270	775
2640818	2640649	1028	1027	491	4264	2184	40
1741551	1728778	15390	15226	1923	45216	12324	1341
3109955	3109048	2552	2532	2755	21329	16448	1134
655966	655938	464	268	2110	9325	6313	376
29586	29586	24	24	14	411	621	9
1827408	**1825922**	**6498**	**6237**	**30990**	**143126**	**56938**	**2936**
329811	329811	2656	2455	13445	57249	10351	278
97004	97004	1626	1425	12801	18928	4600	84
232484	232484	1005	1005		37028	5681	171
324	324	25	25	644	1294	70	23
7562	7562	3	3	23	1087	553	36
1788	1788	1	1	23	191	134	3

8-5 续表14

单位:万元 (2013)

指标名称	Item	营业收入 Total Revenue	主营业务收入 Revenue from Principal Business
果品、蔬菜零售	Retail of Fruits and Vegetables	278	278
酒、饮料及茶叶零售	Retail of Wine,Beverages and Tea	6729	6729
纺织、服装及日用品专门零售	Special Retail of Textiles,Garments and Daily Consumer Articles	20375	17721
服装零售	Retail of Garments	14529	12875
钟表、眼镜零售	Retail of Clocks and Glasses	5846	4846
文化、体育用品及器材专门零售	Retail of Culture,Sports Appliances and Equipments	21048	21048
体育用品及器材零售	Retail of Sports Goods Appliances and Equipments	5751	5751
图书、报刊零售	Retail of Books, Newspapers and Magazines	10766	10766
珠宝首饰零售	Retail of Jewelery	3066	3066
照相器材零售	Retail of Photographic Equipment	600	600
其他文化用品零售	Retail of Other Culture Appliances	865	865
医药及医疗器材专门零售	Retail of Medicines and Medical Appliances	182767	182364
药品零售	Retail of Drug	182767	182364
汽车、摩托车、燃料及零配件专门零售	Retail of Motor Vehicles,Motorcycles,Fuel and Parts	1151229	1145390
汽车零售	Retail of Motor Vehicles	1083454	1077624
汽车零配件零售	Retail of Motor Vehicles and Parts	11653	11651
摩托车及零配件零售	Retail of Motorcycles and Parts	1025	1025
机动车燃料零售	Retail of Motor Vehicles Fuel	55097	55090
家用电器及电子产品专门零售	Special Retail of Household Electric Appliances and Electronic Products	242880	242044
家用视听设备零售	Retail of Household Audio and Video Equipment	10967	10861
日用家电设备零售	Retail of Household Electric Appliances	168012	167953
计算机、软件及辅助设备零售	Retail of Computer,Software and Assistant Appliances	55522	55360
通信设备零售	Retail of Communication Equipments	8379	7870
五金、家具及室内装饰材料专门零售	Special Retail of Hardware,Furniture and Decoration Materials	19612	19612
家具零售	Retail of Furniture	14956	14956
其他室内装饰材料零售	Retail of Other Decoration Materials	4656	4656
货摊、无店铺及其他零售业	Retail of Non-shop and Other Retails	6659	6407
生活用燃料零售	Retail of Life Fuel	6659	6407
内资企业	Domestic Funded Enterprises	2028586	2010633
国有企业	State-owned Enterprises	25490	24493

continued

(10 000 yuan)

营业成本 Business Costs	主营业务成本 Costs of Principal Business	营业税金及附加 Business Taxes and Other Charges	主营业务税金及附加 Taxes and Other Charges on Principal Business	其他业务利润 Profits from Other Businesses	销售费用 Selling Costs	管理费用 Management Costs	税金 Taxes
201	201				7	68	
5573	5573	2	2		889	351	32
15591	15551	183	183	1614	6481	1998	260
11104	11063	156	156	1614	5810	1543	260
4487	4487	27	27		671	455	
16153	16153	96	96	139	2262	2047	38
4724	4724	19	19		541	418	19
7444	7444	39	39	121	1450	1393	18
2739	2739	32	32	17	103	193	
500	500	4	4		95	1	1
746	746	2	2		73	42	
165210	165167	326	326	352	8142	4755	184
165210	165167	326	326	352	8142	4755	184
1060952	1059592	1857	1798	5896	38876	27431	1615
1001615	1000346	1673	1614	5848	34945	24820	1342
11191	11191	5	5		226	179	26
947	947	5	5		52	65	
47199	47108	174	174	48	3653	2367	247
210840	210823	1036	1036	9292	21817	8147	443
9298	9297	33	33	106	985	295	6
143279	143270	841	841	8027	18180	4943	203
51002	50995	132	132	283	1774	2227	226
7262	7262	30	30	876	877	683	8
15449	15449	309	309	5	6560	1160	31
12893	12893	35	35		6043	747	31
2556	2556	274	274	5	517	413	
5840	5813	31	31	225	652	495	52
5840	5813	31	31	225	652	495	52
1805770	1804317	6462	6201	30990	140934	56128	2922
20037	20037	356	300	1091	3780	1742	21

8-5 续表15

单位：万元 （2013）

指标名称	Item	营业收入 Total Revenue	主营业务收入 Revenue from Principal Business
集体企业	Collective-owned Enterprises	2580	2580
有限责任公司	Limited Liability Corporations	1097428	1086362
国有独资公司	State-owned Enterprises	6659	6407
其他有限责任公司	Other Limited Liability Corporations	1090769	1079955
股份有限公司	Share-holding Corporations Ltd.	40651	37836
私营企业	Private Enterprises	862438	859362
私营有限责任公司	Private Limited Liability Corporations	862154	859078
私营股份有限公司	Private Share-holding Corporations Ltd.	284	284
港、澳、台商投资企业	Hong Kong, Macao and Taiwan Investment Enterprises	19666	19410
与港澳台商合资经营企业	With the Joint Venture Enterprises from Hong Kong, Macao and Taiwan	19666	19410
外商投资企业	Foreign Funded Enterprises	5208	5208
中外合资经营企业	Sino-foreign Joint Venture Enterprises	5208	5208
国有控股	State-owned	37035	35786
集体控股	Collective-owned	2580	2580
私人控股	Private	1385865	1374009
港澳台商控股	Holding from Hong Kong, Macao and Taiwan	19666	19410
其他	Others	608314	603466
独立门店	Indipendent Stores	1517137	1502302
连锁总店	Distributor Chain	501572	498354
其他	Others	34750	34594
大型	Large-scale	452217	449403
中型	Medium-scale	1406527	1391474
小型	Small-scale	186152	185811
微型	Miniature	8563	8563
有店铺零售	Have a Retail Store	2041733	2023680
超市	Supermarket	4890	4890
大型超市	Hypermarket	469563	466748
百货店	Department Store	88699	81635
专业店	Speciality Store	539032	537608
专卖店	Franchised Store	923897	917147
家居建材商店	Household Building Materials Stores	14143	14143
厂家直销中心	Manufacturer Direct Sale Center	1509	1509
无店铺零售	Non-store Retail	11726	11570
电话购物	Telephone Shopping	11726	11570

continued

(10 000 yuan)

营业成本 Business Costs	主营业务成本 Costs of Principal Business	营业税金及附加 Business Taxes and Other Charges	主营业务税金及附加 Taxes and Other Charges on Principal Business	其他业务利润 Profits from Other Businesses	销售费用 Selling Costs	管理费用 Management Costs	税金 Taxes
2489	2489	1	1	1	24	69	
958930	958716	4239	4216	22516	92775	32341	1750
5840	5813	31	31	225	652	495	52
953090	952903	4208	4186	22291	92123	31846	1698
33845	33845	189	44	2814	8871	644	
790469	789231	1677	1641	4567	35484	21332	1152
790205	788967	1676	1640	4567	35466	21332	1152
264	264	1	1		18		
18144	18110	11	11		1431	558	
18144	18110	11	11		1431	558	
3494	3494	25	25		761	252	13
3494	3494	25	25		761	252	13
30175	30148	396	341	1322	4566	2334	70
2489	2489	1	1	1	24	69	
1258683	1257314	3740	3680	18486	68973	38680	2377
18144	18110	11	11		1431	558	
517917	517860	2350	2205	11180	68132	15297	489
1380391	1378947	3937	3822	20333	78401	41580	2471
416407	416365	2172	2026	10613	63010	13947	426
30610	30610	389	389	44	1715	1412	38
377291	377291	1972	1826	10194	59159	10264	310
1272692	1271245	4033	3937	19377	73523	38314	2088
169437	169397	482	463	1418	10040	8121	533
7989	7989	11	11		404	238	4
1816665	1815178	6468	6207	30990	142850	56239	2908
4214	4214	16	16		300	273	
391919	391919	2011	1866	10194	61773	10728	364
70532	70491	1607	1551	12244	16712	5227	367
488611	488437	1107	1100	3107	23848	15793	569
849077	847805	1439	1387	5440	33530	23388	1591
11181	11181	286	286	5	6044	764	16
1131	1131	2	2		644	66	1
10743	10743	30	30		276	699	27
10743	10743	30	30		276	699	27

8-5 续表16

单位：万元 （2013）

指标名称	Item	财务费用 Financial Costs	利息收入 Interest Income	利息支出 Interest Expense
总计	**Total**	**51670**	**5352**	**26787**
市区	City	35893	4271	16202
永宁县	Yongning	2739	111	1577
贺兰县	Helan	12677	483	9033
灵武市	Lingwu	360	487	–25
批发业	**Wholesale Trade**	**31174**	**4797**	**13984**
食品、饮料及烟草制品批发	Wholesale of Food,Beverages and Tobacoos	–109	2517	498
米、面制品及食用油批发	Wholesale of Rice,Flour and Edible Oil	118	117	233
糕点、糖果及糖批发	Wholesale of Pastry,Candy and Sugars	60		61
果品、蔬菜批发	Wholesale of Fruits and Vegetables	6		
肉、禽、蛋、奶及水产品批发	Wholesale of Meat and Aquatic Products	742	753	
盐及调味品批发	Wholesale of Salt and Condiments	192	14	204
酒、饮料及茶叶批发	Wholesale of Beverages and tea	397		
烟草制品批发	Wholesale of Tobacoos	–1623	1633	
纺织、服装及家庭用品批发	Wholesale of Textiles,Garments and Daily Consummer Aticles	370	58	234
服装批发	Wholesale of Garments	310	23	211
家用电器批发	Wholesale of Household Electrical Appliances	60	35	23
文化、体育用品及器材批发	Wholesale of Cultural,Sports Goods Appliances and Equipments	–5	7	2
文具用品批发	Wholesale of Stationery			
图书批发	Wholesale of Books	–5	7	2
医药及医疗器材批发	Wholesale of Medicines and Medical Appliances	297	108	394
西药批发	Wholesale of Western Medicine	287	108	385
医疗用品及器材批发	Wholesale of Medical Supplies and Equipment	9		9
矿产品、建材及化工产品批发	Wholesale of Mineral Products,Building Materials and Chemical Products	20728	1475	10074
煤炭及制品批发	Wholesale of Coal and Related Products	390	20	389
石油及制品批发	Wholesale of Petroleum and Related Products	6695	881	1564
非金属矿及制品批发	Wholesale of Nonmetallic Mine and Related Products	142		
金属及金属矿批发	Wholesale of Metallic mineral Products	11377	539	6079
建材批发	Wholesale of Building Materials	52		45
化肥批发	Wholesale of Chemical Fertilizer	2004	28	1925
其他化工产品批发	Wholesale of Other Chemical Products	68	7	73

continued

(10 000 yuan)

资产减值损失 Asset Impairment Loss	公允价值变动收益 Gains on the Changes of Fair Value	投资收益 Investment Income	营业利润 Business Profits	营业外收入 Revenue Excluding Business		利润总额 Total Profits	应交所得税 Tax Payable	人工成本及增值税 Artificial Cost and Added Tax	
					补贴收入 Subsidies Income			应付职工薪酬(本年贷方累计发生额) Benefits of Employee Payable	应交增值税 Added Tax Payable
344	**5**	**15854**	**46037**	**15007**	**6140**	**80573**	**23012**	**120539**	**155907**
270	5	15731	56032	12326	6066	69759	16448	93629	114942
		123	−5886	1784	61	−4229	113	4328	34183
81			4026	795	13	23298	6447	20549	6742
−7			−8135	102		−8255	4	2033	40
275		**15262**	**44307**	**7478**	**3030**	**46904**	**11617**	**49807**	**132179**
16		443	39985	527	525	40518	10057	14796	10457
		6	−299	463	463	165		420	11
		26	−305			−305		27	12
			−132	48	48	84		193	2
			3993			3996	999	494	
16		412	2430	14	14	2443	345	703	428
			381			380	63	232	187
			33916	2		33755	8649	12727	9819
			−453	283		−179	62	643	100
			−410	262		−150	53	303	
			−43	21		−29	8	340	100
		2	211	6		341		916	146
			8			8		28	
		2	203	6		334		889	146
79		−32	2858	379	100	3127	427	3145	1287
79		−32	2853	379	100	3122	427	3082	1270
			5			5		63	17
180		964	1051	4340	2313	3309	892	25778	118719
172			1969	55	37	1882	683	1746	1063
−7			10331	1878	13	10154	73	20229	114141
			−22	6		−16		59	
15		951	−9502	398	278	−8811	54	2181	3477
			15			15		24	14
		13	−1922	1988	1986	−109	40	1119	3
			181	14		194	42	421	20

单位:万元 (2013)

指标名称	Item	财务费用 Financial Costs	利息收入 Interest Income	利息支出 Interest Expense
机械设备、五金产品及电子产品批发	Wholesale of Machinery,Hardware and Electronic Equipment	2532	615	1918
农业机械批发	Wholesale of Agriculture Machinary	150	3	151
汽车批发	Wholesale of MotorVehicles	1854	512	1499
摩托车及零配件批发	Wholesale of Motorcycles and Parts	9		
五金产品批发	Wholesale of Hardware Products			
电气设备批发	Wholesale of Electrical Equipment	373	99	268
计算机、软件及辅助设备批发	Wholesale of Computer,Software and Assistant Aplliances	24		
其他机械设备及电子产品批发	Wholesale of Other Machinary and Electric Equipment	123	1	
其他批发业	Other Wholesale	7362	17	864
再生物资回收与批发	Recovery and Wholesale of Recycled Materials	-4	-15	10
其他未列明批发业	Other Wholesale Unlisted	7366	32	854
内资企业	Domestic Funded Enterprises	31136	4762	13981
国有企业	State-owned Enterprises	-1090	1770	668
有限责任公司	Limited Liability Corporations	4672	824	3879
国有独资公司	State-owned Enterprises	-17	17	
其他有限责任公司	Other Limited Liability Corporations	4688	807	3879
股份有限公司	Share-holding Corporations Ltd.	5067	394	157
私营企业	Private Enterprises	22487	1774	9278
私营有限责任公司	Private Limited Liability Corporations	22487	1774	9278
外商投资企业	Foreign Funded Enterprises	38	35	3
中外合资经营企业	Sino-foreign Joint Venture Enterprises	38	35	3
国有控股	State-owned	3943	2456	1062
集体控股	Collective-owned	1842	28	1765
私人控股	Private	24722	2315	11004
其他	Others	668	-1	153
独立门店	Indipendent Stores	22648	4227	10346
连锁总店	Distributor Chain	6353	28	1765
连锁门店	Chain Stores	550	393	157
其他	Others	1623	149	1717
大型	Large-scale	3266	2595	-145
中型	Medium-scale	17292	1684	8086
小型	Small-scale	9760	519	5957
微型	Miniature	856	1	85
零售业	**Retail Trade**	**20496**	**554**	**12803**
综合零售	Integrated Retail	1449	74	921
百货零售	Retail of General Merchandise	503	15	47
超级市场零售	Retail of Supermarkets	928	32	864
其他综合零售	Others	18	28	10
食品、饮料及烟草制品专门零售	Retail of Food,Beverages and Tobaccos	270	11	276
粮油零售	Retail of Grain and Oil	-3	3	

continued

(10 000 yuan)

资产减值损失 Asset Impairment Loss	公允价值变动收益 Gains on the Changes of Fair Value	投资收益 Investment Income	营业利润 Business Profits	营业外收入 Revenue Excluding Business		利润总额 Total Profits	应交所得税 Tax Payable	人工成本及增值税 Artificial Cost and Added Tax	
					补贴收入 Subsidies Income			应付职工薪酬(本年贷方累计发生额) Benefits of Employee Payable	应交增值税 Added Tax Payable
		75	-3872	1831	92	-3686	57	3266	1470
			-286	85	76	-204	21	500	171
		75	-2088	105	0	-1975	15	1690	742
			135				7	7	
			46			46	12	63	39
			-987	1538	16	-973		482	176
			10			11	4	159	82
			-702	103		-591		366	259
		13810	4528	112		3474	122	1262	
			471	17		488	122	394	
		13810	4057	95		2986		868	
275		15262	44306	7462	3030	46894	11616	49716	132162
31		321	35795	449	441	36204	8995	14811	10459
244		-18	-5965	2792	2086	-3704	1361	8854	2695
			2489			2349	653	1317	865
244		-18	-8454	2792	2086	-6052	708	7537	1831
			19787	1769	13	19603	58	18238	113930
		14959	-5311	2453	491	-5210	1203	7814	5078
		14959	-5311	2453	491	-5210	1203	7814	5078
			1	15		10	1	90	17
			1	15		10	1	90	17
282		290	58769	2595	554	59112	10062	37296	126427
		13	-1438	1608	1606	160	40	373	
-7		14959	-13283	3238	871	-12677	1349	11010	5752
			259	38		308	166	1128	
196		15176	24569	3690	1276	25416	10984	29347	17264
		13	-7924	1613	1606	-6338	40	7321	2902
			23990	1741	13	23948	58	9533	103775
79		73	3672	434	136	3877	534	3606	8238
72		-32	46517	2182	113	46381	9064	33174	117290
188		14308	8962	4367	2370	10496	2307	11700	11008
15		986	-9178	634	548	-8263	176	4541	3800
			-1993	295		-1711	71	391	81
69	**5**	**591**	**1730**	**7529**	**3110**	**33669**	**11395**	**70732**	**23728**
-69		232	-147	2063	1467	2694	1636	20508	4791
57			-3123	592	484	-2517	138	6820	1559
-126		232	4333	1467	980	5920	1495	13463	3232
			-1357	4	4	-709	4	226	
			-1580	1426	1388	-180	31	913	27
			-1275	1332	1331	31	5	155	11

8-5 续表18

单位:万元　　　　　　　　　　　　　　　　　　　　　　　　　　　　　　　(2013)

指标名称	Item	财务费用 Financial Costs	利息收入 Interest Income	利息支出 Interest Expense
果品、蔬菜零售	Retail of Fruits and Vegetables			
酒、饮料及茶叶零售	Retail of Wine,Beverages and Tea	272	8	276
纺织、服装及日用品专门零售	Special Retail of Textiles,Garments and Daily Consumer Articles	492	-7	
服装零售	Retail of Garments	374	-7	
钟表、眼镜零售	Retail of Clocks and Glasses	118		
文化、体育用品及器材专门零售	Retail of Culture,Sports Appliances and Equipments	121	12	36
体育用品及器材零售	Retail of Sports Goods Appliances and Equipments	36		36
图书、报刊零售	Retail of Books, Newspapers and Magazines	3	11	
珠宝首饰零售	Retail of Jewelery	80		
照相器材零售	Retail of Photographic Equipment	1		
其他文化用品零售	Retail of Other Culture Appliances	1		
医药及医疗器材专门零售	Retail of Medicines and Medical Appliances	1583	129	1575
药品零售	Retail of Drug	1583	129	1575
汽车、摩托车、燃料及零配件专门零售	Retail of Motor Vehicles,Motorcycles,Fuel and Parts	13685	64	8696
汽车零售	Retail of Motor Vehicles	12831	61	8115
汽车零配件零售	Retail of Motor Vehicles and Parts	218		205
摩托车及零配件零售	Retail of Motorcycles and Parts			
机动车燃料零售	Retail of Motor Vehicles Fuel	636	4	376
家用电器及电子产品专门零售	Special Retail of Household Electric Appliances and Electronic Products	1593	270	1094
家用视听设备零售	Retail of Household Audio and Video Equipment	83	2	
日用家电设备零售	Retail of Household Electric Appliances	748	205	587
计算机、软件及辅助设备零售	Retail of Computer,Software and Assistant Appliances	680	25	469
通信设备零售	Retail of Communication Equipments	82	37	38
五金、家具及室内装饰材料专门零售	Special Retail of Hardware,Furniture and Decoration Materials	1190	1	166
家具零售	Retail of Furniture	858	1	166
其他室内装饰材料零售	Retail of Other Decoration Materials	332		
货摊、无店铺及其他零售业	Retail of Non-shop and Other Retails	113		39
生活用燃料零售	Retail of Life Fuel	113		39
内资企业	Domestic Funded Enterprises	20100	550	12406
国有企业	State-owned Enterprises	73	16	

continued

(10 000 yuan)

资产减值损失 Asset Impairment Loss	公允价值变动收益 Gains on the Changes of Fair Value	投资收益 Investment Income	营业利润 Business Profits	营业外收入 Revenue Excluding Business	补贴收入 Subsidies Income	利润总额 Total Profits	应交所得税 Tax Payable	人工成本及增值税 Artificial Cost and Added Tax: 应付职工薪酬(本年贷方累计发生额) Benefits of Employee Payable	人工成本及增值税 Artificial Cost and Added Tax: 应交增值税 Added Tax Payable
			3	57	57	59		432	
			-307	38		-271	27	326	16
			-4370	6		-4390	21	2056	269
			-4457	6		-4472		1514	45
			87			82	21	542	225
			386	37		250	5	2930	481
			13			8	5	402	59
			437	16		283		2267	371
			-63	21		-42		98	32
			-2			-2		56	10
			1			2		109	9
19			2733	1433	2	4301	957	6740	2444
19			2733	1433	2	4301	957	6740	2444
79	5	19	9312	1780	10	27961	7173	28085	8443
79	5		8481	1755	10	26881	6805	26402	7609
1			-167	1		167		87	10
		19	-24	8		-16		36	35
			1022	15		929	368	1561	790
39		340	924	508	1	8654	1545	7564	6652
			274	2		253		258	24
			637	147		8080	1520	4053	3741
39		340	201	359		536	24	2483	801
			-188	1	1	-216	1	770	2085
			-5056	10		-5386	28	666	351
			-5620	9		-5640	28	414	351
			564	1		254		252	
			-471	267	242	-234		1270	271
			-471	267	242	-234		1270	271
29	5	591	1969	7477	3110	34225	11265	70311	23480
-21			-453	1348	1331	674	107	4071	735

8-5 续表19

单位:万元 (2013)

指标名称	Item	财务费用 Financial Costs	利息收入 Interest Income	利息支出 Interest Expense
集体企业	Collective-owned Enterprises	9		
有限责任公司	Limited Liability Corporations	7652	-11	3145
国有独资公司	State-owned Enterprises	113		39
其他有限责任公司	Other Limited Liability Corporations	7539	-11	3106
股份有限公司	Share-holding Corporations Ltd.	2	6	8
私营企业	Private Enterprises	12364	538	9253
私营有限责任公司	Private Limited Liability Corporations	12364	538	9253
私营股份有限公司	Private Share-holding Corporations Ltd.			
港、澳、台商投资企业	Hong Kong, Macao and Taiwan Investment Enterprises	308	4	308
与港澳台商合资经营企业	With the Joint Venture Enterprises from Hong Kong, Macao and Taiwan	308	4	308
外商投资企业	Foreign Funded Enterprises	89		88
中外合资经营企业	Sino-foreign Joint Venture Enterprises	89		88
国有控股	State-owned	190	16	39
集体控股	Collective-owned	9		
私人控股	Private	19766	646	12184
港澳台商控股	Holding from Hong Kong, Macao and Taiwan	308	4	308
其他	Others	223	-112	271
独立门店	Indipendent Stores	19218	345	12165
连锁总店	Distributor Chain	558	208	279
其他	Others	719	1	359
大型	Large-scale	1242	102	886
中型	Medium-scale	16664	270	10057
小型	Small-scale	2578	183	1850
微型	Miniature	12	-1	9
有店铺零售	Have a Retail Store	20154	553	12460
超市	Supermarket	4		
大型超市	Hypermarket	1249	132	919
百货店	Department Store	512	29	49
专业店	Speciality Store	4701	-44	3307
专卖店	Franchised Store	12615	436	8108
家居建材商店	Household Building Materials Stores	1072		76
厂家直销中心	Manufacturer Direct Sale Center	1		
无店铺零售	Non-store Retail	342	1	342
电话购物	Telephone Shopping	342	1	342

continued

(10 000 yuan)

资产减值损失 Asset Impairment Loss	公允价值变动收益 Gains on the Changes of Fair Value	投资收益 Investment Income	营业利润 Business Profits	营业外收入 Revenue Excluding Business		利润总额 Total Profits	应交所得税 Tax Payable	人工成本及增值税 Artificial Cost and Added Tax	
					补贴收入 Subsidies Income			应付职工薪酬(本年贷方累计发生额) Benefits of Employee Payable	应交增值税 Added Tax Payable
			-11			-11		35	
-48		572	2676	2929	247	29625	9509	39052	16520
			-471	267	242	-234		1270	271
-48		572	3147	2662	5	29859	9509	37782	16249
52			-2952	560	481	-2463		3272	
45	5	20	2709	2641	1050	6400	1649	23880	6224
45	5	20	2708	2641	1050	6400	1649	23864	6224
			1					16	
40			-826	47		-1078		100	
40			-826	47		-1078		100	
			587	5		521	130	322	248
			587	5		521	130	322	248
-21			-569	1615	1573	796	196	5468	1099
			-11			-11		35	
123	5	360	-1610	4661	1053	20913	7803	39758	11912
40			-826	47		-1078		100	
-73		232	4746	1207	484	13049	3396	25373	10717
118	5	20	-4302	4763	2627	18311	7787	43934	15407
-49		232	5760	2409	483	15036	3607	25791	8118
		340	272	357		323	1	1008	203
-49		232	2571	2135	1461	12103	3008	20101	6598
59	5	340	3398	3868	255	6387	3944	40411	15406
59			-4167	1518	1394	15259	4438	9958	1626
		19	-72	8		-79	5	263	98
69	5	251	1753	7175	3110	33339	11395	70447	23591
			84	5		89	12	280	98
-73		232	2189	2135	1461	11723	3014	20167	6810
5			-5896	42	6	-5142	141	4754	1565
17	5	19	6176	2895	245	7751	1671	20205	7304
120			4738	2087	1398	24782	6556	24510	7646
			-5204	10		-5529		320	151
			-335	2		-335		210	16
		340	-23	354		330		285	137
		340	-23	354		330		285	137

8—6 限额以上批发和零售业连锁经营情况

单位:万元 (2013)

指标	Item	连锁总店数(个) Number of Chain Stores (unit)
总计	**Total**	**11**
内资企业	Domestic Funded Enterprises	11
国有企业	State-owned Enterprises	1
集体企业	Collective-owned Enterprises	1
有限责任公司	Limited Liability Corporations	6
其他有限责任公司	Other Limited Liability Corporations	6
股份有限公司	Share-holding Corporations Ltd.	1
私营企业	Private Enterprises	2
私营有限责任公司	Private Limited Liability Corporations	1
私营股份有限公司	Private Share-holding Corporations Ltd.	1
批发业	**Wholesale Trade**	**2**
矿产品、建材及化工产品批发	Wholesale of Mineral Products, Building Materials and Chemical Products	2
零售业	**Retail Trade**	**9**
综合零售	Integrated Retail	3
文化、体育用品及器材专门零售	Retail of Culture,Sports Appliances and Equipments	1
医药及医疗器材专门零售	Retail of Medicines and Medical Appliances	4
家用电器及电子产品专门零售	Special Retail of Household Electric Appliances and Electronic Products	1
超市	Supermarket	1
大型超市	Hypermarket	2
专业店	Speciality Store	8
# 加油站	Gas Station	1

Chain Operations Statistics of Wholesale and Retail by Enterprises above Designated Size

(10 000 yuan)

商品购进总额 Total Purchase		直营店商品购进总额 Regular Chain of Total Purchase		加盟店商品购进总额 Franchise of Total Purchase	
2013年	2012年	2013年	2012年	2013年	2012年
1070322	**1253563**	**1026618**	**1213878**	**43704**	**39685**
1070322	1253563	1026618	1213878	43704	39685
10961	9798	10961	9798		
43704	39685			43704	39685
523273	697486	523273	697486		
523273	697486	523273	697486		
449925	475787	449925	475787		
42459	30808	42459	30808		
17421	11260	17421	11260		
25037	19548	25037	19548		
493629	**515471**	**449925**	**475787**	**43704**	**39685**
493629	515471	449925	475787	43704	39685
576693	**738092**	**576693**	**738092**		
320642	539260	320642	539260		
10961	9798	10961	9798		
69567	52420	69567	52420		
175523	136614	175523	136614		
17421	11260	17421	11260		
303221	528000	303221	528000		
749680	714304	705976	674619	43704	39685
449925	475787	449925	475787		

8-6 续表1

单位:万元 (2013)

指标	Item	统一配送商品购进额 Unified Distribution of Total purchase	
		2013年	2012年
总计	**Total**	**1070322**	**1253563**
内资企业	Domestic Funded Enterprises	1070322	1253563
国有企业	State-owned Enterprises	10961	9798
集体企业	Collective-owned Enterprises	43704	39685
有限责任公司	Limited Liability Corporations	523273	697486
其他有限责任公司	Other Limited Liability Corporations	523273	697486
股份有限公司	Share-holding Corporations Ltd.	449925	475787
私营企业	Private Enterprises	42459	30808
私营有限责任公司	Private Limited Liability Corporations	17421	11260
私营股份有限公司	Private Share-holding Corporations Ltd.	25037	19548
批发业	**Wholesale Trade**	**493629**	**515471**
矿产品、建材及化工产品批发	Wholesale of Mineral Products, Building Materials and Chemical Products	493629	515471
零售业	**Retail Trade**	**576693**	**738092**
综合零售	Integrated Retail	320642	539260
文化、体育用品及器材专门零售	Retail of Culture,Sports Appliances and Equipments	10961	9798
医药及医疗器材专门零售	Retail of Medicines and Medical Appliances	69567	52420
家用电器及电子产品专门零售	Special Retail of Household Electric Appliances and Electronic Products	175523	136614
超市	Supermarket	17421	11260
大型超市	Hypermarket	303221	528000
专业店	Speciality Store	749680	714304
#加油站	Gas Station	449925	475787

continued

(10 000 yuan)

直营店统一配送商品购进额 Regular Chain Unified Distribution of Total Purchases		加盟店统一配送商品购进额 Franchise Unified Distribution of Total Purchases	
2013年	2012年	2013年	2012年
1026618	**1213878**	**43704**	**39685**
1026618	1213878	43704	39685
10961	9798		
		43704	39685
523273	697486		
523273	697486		
449925	475787		
42459	30808		
17421	11260		
25037	19548		
449925	**475787**	**43704**	**39685**
449925	475787	43704	39685
576693	**738092**		
320642	539260		
10961	9798		
69567	52420		
175523	136614		
17421	11260		
303221	528000		
705976	674619	43704	39685
449925	475787		

8-6 续表2

单位:万元 (2013)

指标	Item	自有配送中心配送商品购进额 Own Distributior Center Dispatching of Total Purchase	
		2013年	2012年
总计	**Total**	**1020282**	**1218071**
内资企业	Domestic Funded Enterprises	1020282	1218071
国有企业	State-owned Enterprises		9798
集体企业	Collective-owned Enterprises	4625	4193
有限责任公司	Limited Liability Corporations	523273	697486
其他有限责任公司	Other Limited Liability Corporations	523273	697486
股份有限公司	Share-holding Corporations Ltd.	449925	475787
私营企业	Private Enterprises	42459	30808
私营有限责任公司	Private Limited Liability Corporations	17421	11260
私营股份有限公司	Private Share-holding Corporations Ltd.	25037	19548
批发业	**Wholesale Trade**	**454550**	**479979**
矿产品、建材及化工产品批发	Wholesale of Mineral Products, Building Materials and Chemical Products	454550	479979
零售业	**Retail Trade**	**565732**	**738092**
综合零售	Integrated Retail	320642	539260
文化、体育用品及器材专门零售	Retail of Culture,Sports Appliances and Equipments		9798
医药及医疗器材专门零售	Retail of Medicines and Medical Appliances	69567	52420
家用电器及电子产品专门零售	Special Retail of Household Electric Appliances and Electronic Products	175523	136614
超市	Supermarket	17421	11260
大型超市	Hypermarket	303221	528000
专业店	Speciality Store	699640	678812
#加油站	Gas Station	449925	475787

continued

(10 000 yuan)

加盟店自有配送中心配送商品购进额 Own Distributior Center of Franchise Total Purchases		直营店自有配送中心配送商品购进额 Own Distribution Center of Regular Chain Total Purchases	
2013年	2012年	2013年	2012年
4625	**4193**	**1015657**	**1213878**
4625	4193	1015657	1213878
			9798
4625	4193		
		523273	697486
		523273	697486
		449925	475787
		42459	30808
		17421	11260
		25037	19548
4625	**4193**	**449925**	**475787**
4625	4193	449925	475787
		565732	**738092**
		320642	539260
			9798
		69567	52420
		175523	136614
		17421	11260
		303221	528000
4625	4193	695015	674619
		449925	475787

8-6 续表3

单位:万元 (2013)

指标	Item	非自有配送中心配送商品购进额 No-Diseributior Center Dispatching of Total Purchase 2013年	2012年
总计	**Total**	**39079**	**35492**
内资企业	Domestic Funded Enterprises	39079	35492
国有企业	State-owned Enterprises		
集体企业	Collective-owned Enterprises	39079	35492
有限责任公司	Limited Liability Corporations		
其他有限责任公司	Other Limited Liability Corporations		
股份有限公司	Share-holding Corporations Ltd.		
私营企业	Private Enterprises		
私营有限责任公司	Private Limited Liability Corporations		
私营股份有限公司	Private Share-holding Corporations Ltd.		
批发业	**Wholesale Trade**	**39079**	**35492**
矿产品、建材及化工产品批发	Wholesale of Mineral Products, Building Materials and Chemical Products	39079	35492
零售业	**Retail Trade**		
综合零售	Integrated Retail		
文化、体育用品及器材专门零售	Retail of Culture,Sports Appliances and Equipments		
医药及医疗器材专门零售	Retail of Medicines and Medical Appliances		
家用电器及电子产品专门零售	Special Retail of Household Electric Appliances and Electronic Products		
超市	Supermarket		
大型超市	Hypermarket		
专业店	Speciality Store	39079	35492
#加油站	Gas Station		

continued

(10 000 yuan)

加盟店非自有配送中心配送商品购进额 No-Distribution Center of Francise Total Purchases		商品销售总额 Total Sales of Commodities	
2013年	2012年	2013年	2012年
39079	**35492**	**1064819**	**919151**
39079	35492	1064819	919151
		10302	9365
39079	35492	40025	39685
		497390	417540
		497390	417540
		476401	421337
		40702	31224
		17025	10961
		23676	20263
39079	**35492**	**516425**	**461022**
39079	35492	516425	461022
		548394	**458130**
		294346	251257
		10302	9365
		70807	61348
		172939	136159
		17025	10961
		277320	240296
39079	35492	770474	667894
		476401	421337

8-6 续表4

单位:万元 （2013）

指标	Item	直营店商品销售总额 Total Sales of Regular Chain	
		2013年	2012年
总计	**Total**	**1024794**	**879467**
内资企业	Domestic Funded Enterprises	1024794	879467
国有企业	State-owned Enterprises	10302	9365
集体企业	Collective-owned Enterprises		
有限责任公司	Limited Liability Corporations	497390	417540
其他有限责任公司	Other Limited Liability Corporations	497390	417540
股份有限公司	Share-holding Corporations Ltd.	476401	421337
私营企业	Private Enterprises	40702	31224
私营有限责任公司	Private Limited Liability Corporations	17025	10961
私营股份有限公司	Private Share-holding Corporations Ltd.	23676	20263
批发业	**Wholesale Trade**	**476401**	**421337**
矿产品、建材及化工产品批发	Wholesale of Mineral Products, Building Materials and Chemical Products	476401	421337
零售业	**Retail Trade**	**548394**	**458130**
综合零售	Integrated Retail	294346	251257
文化、体育用品及器材专门零售	Retail of Culture,Sports Appliances and Equipments	10302	9365
医药及医疗器材专门零售	Retail of Medicines and Medical Appliances	70807	61348
家用电器及电子产品专门零售	Special Retail of Household Electric Appliances and Electronic Products	172939	136159
超市	Supermarket	17025	10961
大型超市	Hypermarket	277320	240296
专业店	Speciality Store	730449	628209
#加油站	Gas Station	476401	421337

continued

(10 000 yuan)

加盟店商品销售总额 Total Sales of Franchise		零售额 Retail Sales		直营店零售额 Retail Sales of Regular Chain	
2013年	2012年	2013年	2012年	2013年	2012年
40025	**39685**	**669475**	**629515**	**669475**	**589830**
40025	39685	669475	629515	669475	589830
		10302	9365	10302	9365
40025	39685		39685		
		479813	408623	479813	408623
		479813	408623	479813	408623
		142920	144063	142920	144063
		36440	27779	36440	27779
		17025	10961	17025	10961
		19414	16818	19414	16818
40025	**39685**	**142920**	**183748**	**142920**	**144063**
40025	39685	142920	183748	142920	144063
		526555	**445767**	**526555**	**445767**
		294346	251257	294346	251257
		10302	9365	10302	9365
		57979	48986	57979	48986
		163928	136159	163928	136159
		17025	10961	17025	10961
		277320	240296	277320	240296
40025	39685	375129	378258	375129	338573
		142920	144063	142920	144063

8—7 限额以上住宿和餐饮业经营情况

单位:万元 (2013)

指 标	Item	法人企业(个) Number of Corporate Unit (unit)	法人所属及单产业活动单位(个) Number of Establishments (unit)
总 计	**Total**	**89**	**101**
市区	City	78	86
永宁县	Yongning	3	3
贺兰县	Helan	5	8
灵武市	Lingwu	3	4
住宿业	**Hotels**	**37**	**43**
按登记注册类型分	Grouped by Registration Status		
内资企业	Domestic Funded Enterprises	37	43
国有企业	State-owned Enterprises	2	4
有限责任公司	Limited Liability Corporations	10	13
国有独资公司	State Sole Funded Corporations	2	2
其他有限责任公司	Other Limited Liability Corporations	8	11
私营企业	Private Enterprises	25	26
私营有限责任公司	Private Limited Liability Corporations	23	24
餐饮业	**Catering Servies**	**52**	**58**
按登记注册类型分	Grouped by Registration Status		
内资企业	Domestic Funded Enterprises	51	51
有限责任公司	Limited Liability Corporations	6	6
私营企业	Private Enterprises	45	45
私营独资企业	Private-funded Enterprises	2	2
私营合伙企业	Private Partnership Enterprises	1	1
私营有限责任公司	Private Limited Liability Corporations	41	41
外商投资企业	Foreign Funds Enterprises	1	2
个体工商户	Individual Businesses		5
按国民经济行业分	Grouped by Sector		
正餐服务	Restaurant	50	53
快餐服务	Fast Food	2	5
按经营形式分	Grouped by Business Form		
独立门店	Independent Store	51	57
连锁总店	Distributor Chain	1	1

Bussiness of Hotels and Catering Servies by Enterprises above Designated Size

(10 000 yuan)

营业额 Business Revenue	客房收入 From Hotel Rooms	餐费收入 From Meals	商品销售收入 From Commodities	其他收入 From Other Income
153380	**44330**	**94656**	**4821**	**9575**
135462	41603	83069	3227	7562
5791	863	3176	55	1696
10060	1142	7230	1519	168
2068	722	1179	18	149
79695	**39868**	**32570**	**1122**	**6135**
79695	39868	32570	1122	6135
17503	9567	5969	58	1911
30499	13236	13449	709	3105
2571	1544	792	48	187
27928	11691	12658	661	2918
31693	17066	13152	355	1120
30338	16562	12322	335	1118
73686	**4462**	**62086**	**3699**	**3440**
55809	4462	45353	2555	3440
11124	1466	7392	90	2176
44685	2995	37961	2464	1264
2099		2031	68	
637		490	137	10
41588	2995	35087	2259	1246
4382		4382		
13495		12351	1144	
61288	4462	49688	3699	3440
12398		12398		
73115	4462	61515	3699	3440
570		570		

8-7 续表 continued

单位:万元 (10 000 yuan)

指 标	Item	客房数(间) Number of Rooms(room)	床位数(个) Number of Beds (unit)	餐位数(位) Number of Dining-seats (person)	年末餐饮营业面积(平方米) Operating Area of Catering Servies at Year-end (sq.m)
总 计	**Total**	**7569**	**12221**	**44779**	**221465**
市区	City	6000	9711	36582	190865
永宁县	Yongning	770	1223	938	8200
贺兰县	Helan	498	724	6100	15400
灵武市	Lingwu	301	563	1159	7000
住宿业	**Hotels**	6671	10631	16463	93675
按登记注册类型分	**Grouped by Registration Status**				
内资企业	Domestic Funded Enterprises	6671	10631	16463	93675
国有企业	State-owned Enterprises	1055	1440	2691	6022
有限责任公司	Limited Liability Corporations	2449	3903	6062	50547
国有独资公司	State Sole Funded Corporations	287	559	510	3600
其他有限责任公司	Other Limited Liability Corporations	2162	3344	5552	46947
私营企业	Private Enterprises	3167	5288	7710	37106
私营有限责任公司	Private Limited Liability Corporations	2845	4843	6430	32606
餐饮业	**Catering Servies**	**898**	**1590**	**28316**	**127790**
按登记注册类型分	**Grouped by Registration Status**				
内资企业	Domestic Funded Enterprises	898	1590	24313	115695
有限责任公司	Limited Liability Corporations	239	480	3856	13146
私营企业	Private Enterprises	659	1110	20457	102549
私营独资企业	Private-funded Enterprises			530	4200
私营合伙企业	Private Partnership Enterprises			500	800
私营有限责任公司	Private Limited Liability Corporations	659	1110	19267	96549
外商投资企业	Foreign Funds Enterprises			2239	9300
个体工商户	Individual Businesses			1764	2795
按国民经济行业分	**Grouped by Sector**				
正餐服务	Restaurant	898	1590	27569	125012
快餐服务	Fast Food			747	2778
按经营形式分	**Grouped by Business Form**				
独立门店	Independent Store	898	1590	28162	126707
连锁总店	Distributor Chain			154	1083

8—8 限额以上住宿和餐饮业法人企业主要财务状况

Financial Indicators of Hotels and Catering Servies by Enterprises above Designed Size

单位:万元　　　　(2013)　　　　(10 000yuan)

指　标	Item	法人企业(个) Number of Corporate (unit)	流动资产 Working Capitals	#应收帐款 Accounts Receivable	#存　货 Stock
总　计	**Total**	**89**	**154627**	**10204**	**8020**
市区	City	78	120579	9105	7234
永宁县	Yongning	3	15546	41	143
贺兰县	Helan	5	5600	606	243
灵武市	Lingwu	3	12901	451	400
住宿业	**Hotels**	**37**	**63245**	**3590**	**4559**
按登记注册类型分	**Grouped by Registration Status**				
内资企业	Domestic Funded Enterprises	37	63245	3590	4559
国有企业	State-owned Enterprises	2	8716	426	1464
有限责任公司	Limited Liability Corporations	10	9423	956	1061
国有独资公司	State Sole Funded Corporations	2	1059	291	202
其他有限责任公司	Other Limited Liability Corporations	8	8364	664	859
私营企业	Private Enterprises	25	45106	2209	2034
私营有限责任公司	Private Limited Liability Corporations	23	44913	2120	1931
餐饮业	**Catering Servies**	**52**	**91382**	**6613**	**3461**
按登记注册类型分	**Grouped by Registration Status**				
内资企业	Domestic Funded Enterprises	51	76110	6606	3314
有限责任公司	Limited Liability Corporations	6	29955	844	337
私营企业	Private Enterprises	45	46155	5762	2977
私营独资企业	Private-funded Enterprises	2	558	75	140
私营合伙企业	Private Partnership Enterprises	1	350	340	9
私营有限责任公司	Private Limited Liability Corporations	41	45198	5342	2809
外商投资企业	Foreign Funds Enterprises	1	15272	7	147
按国民经济行业分	**Grouped by Sector**				
正餐服务	Restaurant	50	90903	6517	3337
快餐服务	Fast Food	2	479	96	124
按经营形式分	**Grouped by Business Form**				
独立门店	Independent Store	51	91158	6517	3343
连锁总店	Distributor Chain	1	224	96	118

8-8 续表1

单位:万元 (2013)

指 标	Item	固定资产 Fixed Assets	固定资产原价 Original Value of Fixed Assets
总 计	**Total**	**214052**	**275572**
市区	City	178505	233366
永宁县	Yongning	14840	17605
贺兰县	Helan	6772	7899
灵武市	Lingwu	13935	16702
住宿业	**Hotels**	**170951**	**219232**
按登记注册类型分	**Grouped by Registration Status**		
内资企业	Domestic Funded Enterprises	170951	219232
国有企业	State-owned Enterprises	91882	101843
有限责任公司	Limited Liability Corporations	34288	53441
国有独资公司	State Sole Funded Corporations	2395	3189
其他有限责任公司	Other Limited Liability Corporations	31894	50252
私营企业	Private Enterprises	44781	63948
私营有限责任公司	Private Limited Liability Corporations	44577	63723
餐饮业	**Catering Servies**	**43101**	**56340**
按登记注册类型分	**Grouped by Registration Status**		
内资企业	Domestic Funded Enterprises	38689	51332
有限责任公司	Limited Liability Corporations	19230	24047
私营企业	Private Enterprises	19459	27285
私营独资企业	Private-funded Enterprises	77	79
私营合伙企业	Private Partnership Enterprises		10
私营有限责任公司	Private Limited Liability Corporations	19357	27145
外商投资企业	Foreign Funds Enterprises	4412	5008
按国民经济行业分	**Grouped by Sector**		
正餐服务	Restaurant	42728	55843
快餐服务	Fast Food	373	497
按经营形式分	**Grouped by Business Form**		
独立门店	Independent Store	42781	55908
连锁总店	Distributor Chain	320	432

continued

(10 000 yuan)

累计折旧 Accumulated Depreciation	# 本年折旧 Depreciation This Year	在建工程 Construction in Process	资产总计 Total Assets	流动负债 Current Liabilities
62853	**11010**	**28913**	**444347**	**193836**
56194	9057	1142	333849	157553
2765	5	27181	68540	18877
1126	1098		13272	11031
2767	850	589	28687	6376
49903	**8311**	**1988**	**271301**	**100094**
49903	8311	1988	271301	100094
10637	3621	676	100680	2524
20098	1727	1058	67818	36479
794	271	79	9311	6706
19304	1456	979	58507	29773
19168	2963	255	102803	61091
19146	2946	255	102398	60980
12949	**2699**	**26924**	**173046**	**93742**
12949	2699	26924	153362	83948
4819	126	26248	80696	30237
8130	2573	676	72665	53711
1		49	719	1572
10			350	50
8091	2573	626	71482	52084
			19684	9794
12825	2684	26924	172026	93376
124			1020	366
12837	2687	26924	172334	93384
112	12		712	358

单位:万元 (2013)

指 标	Item	负债合计 Total Liabilities	所有者权益 Total Owners' Equities
总 计	**Total**	**370938**	**73409**
市区	City	306331	27517
永宁县	Yongning	43968	24572
贺兰县	Helan	11463	1809
灵武市	Lingwu	9176	19511
住宿业	**Hotels**	**226353**	**44948**
按登记注册类型分	**Grouped by Registration Status**		
内资企业	Domestic Funded Enterprises	226353	44948
国有企业	State-owned Enterprises	100663	16
有限责任公司	Limited Liability Corporations	47266	20552
国有独资公司	State Sole Funded Corporations	7663	1648
其他有限责任公司	Other Limited Liability Corporations	39602	18905
私营企业	Private Enterprises	78424	24379
私营有限责任公司	Private Limited Liability Corporations	78312	24086
餐饮业	**Catering Servies**	**144585**	**28461**
按登记注册类型分	**Grouped by Registration Status**		
内资企业	Domestic Funded Enterprises	124870	28491
有限责任公司	Limited Liability Corporations	69325	11371
私营企业	Private Enterprises	55545	17120
私营独资企业	Private-funded Enterprises	1572	-853
私营合伙企业	Private Partnership Enterprises	50	300
私营有限责任公司	Private Limited Liability Corporations	53918	17564
外商投资企业	Foreign Funds Enterprises	19714	-30
按国民经济行业分	**Grouped by Sector**		
正餐服务	Restaurant	144219	27807
快餐服务	Fast Food	366	655
按经营形式分	**Grouped by Business Form**		
独立门店	Independent Store	144227	28107
连锁总店	Distributor Chain	358	355

continued

(10 000 yuan)

实收资本 Paid-in Capitals	国家资本 State-owned Capitals	集体资本 Collective-owned Capitals	法人资本 Corporate Capitals	个人资本 Personal Capitals	外商资本 Foreign Capitals
121429	**26257**	**3894**	**37913**	**53364**	**1**
71294	26251	3887	20503	20653	
23771	6	7	13707	10050	1
2151			1103	1048	
24213			2600	21613	
85069	**26257**	**3894**	**12412**	**42505**	**1**
85069	26257	3894	12412	42505	1
3886	3886				
41865	22365	2887	3000	13613	
1594	1594				
40272	20771	2887	3000	13613	
39318	6	1007	9412	28891	1
39131		1000	9290	28841	
36360			**25500**	**10860**	
34960			24100	10860	
15178			14678	500	
19782			9422	10360	
55				55	
300				300	
19327			9422	9905	
1400			1400		
35960			25500	10460	
400				400	
36260			25500	10760	
100				100	

8-8 续表3

单位:万元　　　　　　　　　　　　　　　　　　　　　　　　　　　　(2013)

指　标	Item	营业收入 Revenue from Principal Business	营业成本 Cost of Principal Business
总　计	**Total**	**117015**	**53987**
市区	City	103214	46340
永宁县	Yongning	5803	3842
贺兰县	Helan	6286	2610
灵武市	Lingwu	1712	1195
住宿业	**Hotels**	**59303**	**23807**
按登记注册类型分	**Grouped by Registration Status**		
内资企业	Domestic Funded Enterprises	59303	23807
国有企业	State-owned Enterprises	11069	2610
有限责任公司	Limited Liability Corporations	17150	11116
国有独资公司	State Sole Funded Corporations	2579	2016
其他有限责任公司	Other Limited Liability Corporations	14572	9100
私营企业	Private Enterprises	31083	10080
私营有限责任公司	Private Limited Liability Corporations	29716	9390
餐饮业	**Catering Servies**	**57712**	**30181**
按登记注册类型分	**Grouped by Registration Status**		
内资企业	Domestic Funded Enterprises	55364	29094
有限责任公司	Limited Liability Corporations	11179	6001
私营企业	Private Enterprises	44185	23093
私营独资企业	Private-funded Enterprises	2099	1069
私营合伙企业	Private Partnership Enterprises	637	202
私营有限责任公司	Private Limited Liability Corporations	40970	21473
外商投资企业	Foreign Funds Enterprises	2348	1087
按国民经济行业分	**Grouped by Sector**		
正餐服务	Restaurant	56995	29797
快餐服务	Fast Food	717	383
按经营形式分	**Grouped by Business Form**		
独立门店	Independent Store	57142	29872
连锁总店	Distributor Chain	570	308

continued

(10 000 yuan)

营业税金及附加 Business Taxes and Other Charges	其他业务利润 Profits from Other Businesses	销售费用 Selling Costs	管理费用 Management Costs	#税金 Taxes
6192	5811	42100	26614	1070
5494	5712	39207	23034	972
247	2	608	1108	
362	98	1606	1494	97
89		679	977	
2820	2078	24405	16648	607
2820	2078	24405	16648	607
133		9556	2757	32
911	4	3528	3748	232
139			250	23
773	4	3528	3497	209
1776	2074	11321	10143	343
1670	2072	11320	10100	343
3372	3733	17695	9966	463
3242	3733	16730	9424	463
581	3	2717	2491	24
2661	3730	14013	6932	439
105	467	982	78	
45	390	300	36	
2485	2769	12650	6797	439
129		965	542	
3344	3490	17428	9961	462
27	244	267	5	
3353	3490	17483	9965	462
18	244	212	1	

8-8 续表4 continued

单位:万元 (2013)

指 标	Item	财务费用 Financial Costs	#利息支出 Interest Expense
总 计	**Total**	**4817**	**1223**
市区	City	3949	1213
永宁县	Yongning	827	5
贺兰县	Helan	32	
灵武市	Lingwu	9	5
住宿业	**Hotels**	**1710**	**585**
按登记注册类型分	**Grouped by Registration Status**		
内资企业	Domestic Funded Enterprises	1710	585
国有企业	State-owned Enterprises	37	
有限责任公司	Limited Liability Corporations	118	70
国有独资公司	State Sole Funded Corporations	7	6
其他有限责任公司	Other Limited Liability Corporations	111	65
私营企业	Private Enterprises	1555	515
私营有限责任公司	Private Limited Liability Corporations	1547	515
餐饮业	**Catering Servies**	**3107**	**638**
按登记注册类型分	**Grouped by Registration Status**		
内资企业	Domestic Funded Enterprises	2252	638
有限责任公司	Limited Liability Corporations	1292	
私营企业	Private Enterprises	960	638
私营独资企业	Private-funded Enterprises	11	
私营合伙企业	Private Partnership Enterprises	3	
私营有限责任公司	Private Limited Liability Corporations	944	636
外商投资企业	Foreign Funds Enterprises	855	
按国民经济行业分	**Grouped by Sector**		
正餐服务	Restaurant	3095	625
快餐服务	Fast Food	13	12
按经营形式分	**Grouped by Business Form**		
独立门店	Independent Store	3095	625
连锁总店	Distributor Chain	13	12

8-8 续表5 continued

（10 000 yuan）

营业利润 Business Profits	利润总额 Total Profits	应付职工薪酬 Benefits of Employee Payable
–16316	**–13984**	**32101**
–14556	–12760	29376
–694	–422	401
172	434	1865
–1237	–1236	459
–9840	**–8215**	**18460**
–9840	–8215	18460
–4023	–3820	3463
–2134	–2140	6745
167	168	1969
–2301	–2308	4776
–3682	–2255	8252
–4187	–2678	7850
–6476	**–5770**	**13641**
–5246	–4539	12928
–1884	–1572	1720
–3362	–2967	11209
–146	–146	339
51	51	
–3268	–2872	10690
–1230	–1230	713
–6497	–5791	13449
21	21	192
–6494	–5788	13497
18	18	144

8—9 限额以上批发和零售业购进、销售、库存总额(市区)

单位:万元 (2013)

指标	Item	法人企业(个) Corporate Enterprises (unit)	商品购进总额 Total Purchase
总计	**Total**	**185**	**6322593**
批发业	**Wholesale Trade**	**86**	**4696373**
食品、饮料及烟草制品批发	Wholesale of Food,Beverages and Tobacoos	7	241196
米、面制品及食用油批发	Wholesale of Rice,Flour and Edible Oil	2	8293
糕点、糖果及糖批发	Wholesale of Pastry,Candy and Sugars	1	2096
肉、禽、蛋、奶及水产品批发	Wholesale of Meat, Poultry, Eggs, Milk and Aquatic Products	1	25668
盐及调味品批发	Wholesale of Salt and Condiments	1	5181
酒、饮料及茶叶批发	Wholesale of Wine ,Beverages and Tea	1	5141
烟草制品批发	Wholesale of Tobacoos	1	194817
纺织、服装及家庭用品批发	Wholesale of Textiles,Garments and Daily Consummer Aticles	4	15478
服装批发	Wholesale of Garments	1	
家用电器批发	Wholesale of Household Electrical Appliances	3	15478
文化、体育用品及器材批发	Wholesale of Cultural,Sports Goods Appliances and Equipments	2	21921
文具用品批发	Wholesale of Stationery	1	2285
图书批发	Wholesale of Books	1	19636
医药及医疗器材批发	Wholesale of Medicines and Medical Appliances	3	163205
西药批发	Wholesale of Western Medicine	2	158278
医疗用品及器材批发	Wholesale of Medical Supplies and Equipment	1	4927
矿产品、建材及化工产品批发	Wholesale of Mineral Products,Building Materials and Chemical Products	46	4114059
煤炭及制品批发	Wholesale of Coal and Related Products	6	203848
石油及制品批发	Wholesale of Petroleum and Related Products	7	3320122
非金属矿及制品批发	Wholesale of Nonmetallic Mine and Related Products	1	
金属及金属矿批发	Wholesale of Metallic Mineral Products	26	496003
建材批发	Wholesale of Building Materials	1	10187
化肥批发	Wholesale of Chemical Fertilizer	3	50306
其他化工产品批发	Wholesale of Other Chemical Products	2	33594

Total Purchases,Sales and Stock of Wholesale and Retail Trades by Enterprises above Designated Size(City)

(10 000 yuan)

商品销售总额 Total Sales Value	批发额 Wholesale Value	零售额 Retail Value	年末库存总额 Total Stock at Year-end	年末零售营业面积（平方米） Area of Retail Business at Year-end (sq.m)
6565790	**4650452**	**1915338**	**415374**	**864066**
4938989	**4532523**	**406466**	**178038**	**358197**
315962	315962		23677	1760
11527	11527		3167	110
2215	2215		204	60
21884	21884		3796	500
15347	15347		1526	1000
5391	5391		3156	90
259599	259599		11829	
16161	16161		1429	844
				200
16161	16161		1429	644
19075	18288	787	5107	5197
2473	2473		951	55
16602	15815	787	4156	5142
169601	71268	98333	11379	13105
165234	68016	97218	10819	13060
4367	3252	1115	560	45
4270483	4007127	263357	93780	332212
200286	200286		6980	9034
3453343	3197142	256200	40754	253870
4778	4778		0	130
506978	499953	7025	28969	6594
9255	9255		2519	200
60582	60451	132	12339	62238
35262	35262		2219	146

8-9 续表1

单位:万元 （2013）

指 标	Item	法人企业（个）Corporate Enterprises (unit)	商品购进总额 Total Purchase
机械设备、五金产品及电子产品批发	Wholesale of Machinery,Hardware and Electronic Equipment	22	91175
农业机械批发	Wholesale of Agriculture Machinary	6	23230
汽车批发	Wholesale of Motor Vehicles,Motorcycles and Parts	5	30084
五金产品批发	Wholesale of Hardware and Electric Matiarials	1	3498
电气设备批发	Wholesale of Electrical Equipment	6	25266
计算机、软件及辅助设备批发	Wholesale of Computer,Software and Assistant Aplliances	3	8026
其他机械设备及电子产品批发	Wholesale of Other Machinary and Electric Equipment	1	1071
其他批发业	Other Wholesale	2	49339
再生物资回收与批发	Recovery and Wholesale of Recycled Materials	1	35689
其他未列明批发业	Other Wholesale Unlisted	1	13650
内资企业	Domestic Funded Enterprises	85	4694325
国有企业	State-owned Enterprises	5	228119
有限责任公司	Limited Liability Corporations	21	665304
国有独资公司	State-owned Enterprises	1	163152
其他有限责任公司	Other Limited Liability Corporations	20	502152
股份有限公司	Share-holding Corporations Ltd.	6	3282422
私营企业	Private Enterprises	53	518480
私营有限责任公司	Private Limited Liability Corporations	53	518480
外商投资企业	Foreign Funded Enterprises	1	2048
中外合资经营企业	Sino-foreign Joint Venture Enterprises	1	2048
国有控股	State-owned	16	4015521
集体控股	Collective-owned	1	40716
私人控股	Private	63	594549
其他	Others	6	45587
独立门店	Indipendent Stores	74	1206375
连锁总店	Distributor Chain	2	450023
连锁门店	Chain Stores	1	449925
其他	Others	9	2590050
大型	Large-scale	4	1175382
中型	Medium-scale	30	2975997
小型	Small-scale	43	520030
微型	Miniature	9	24964
零售业	**Retail Trade**	**99**	**1626220**
综合零售	Integrated Retail	9	720691
百货零售	Retail of General Merchandise	6	404617
超级市场零售	Retail of Supermarkets	3	316074

continued

(10 000 yuan)

商品销售总额 Total Sales Value	批发额 Wholesale Value	零售额 Retail Value	年末库存总额 Total Stock at Year-end	年末零售营业面积（平方米） Area of Retail Business at Year-end (sq.m)
99648	55658	43990	38695	4934
23768	12230	11538	10953	1476
33649	22806	10843	8795	1879
3485	3485		546	233
29444	13822	15622	16986	1006
8181	2200	5981	1415	158
1121	1115	6		182
48059	48059		3972	145
34600	34600		3782	100
13460	13460		190	45
4936656	4530190	406466	177792	358097
303120	302334	787	19895	6248
687425	586321	101104	51554	84980
159744	159744		3673	8000
527680	426577	101104	47881	76980
3417903	3164681	253222	26572	253702
528209	476855	51354	79771	13167
528209	476855	51354	79771	13167
2333	2333		246	100
2333	2333		246	100
4229818	3878169	351649	65126	281046
50903	50903		10660	61125
607136	552325	54811	92636	15423
51132	51126	6	9616	603
1299991	1246550	53441	127205	31816
494389	384093	110296	32274	116525
476401	333481	142920	4129	196370
2668208	2568399	99808	14429	13486
1306418	955984	350434	45470	264341
3073619	3041352	32267	78923	82749
532035	510563	21473	47854	9935
26917	24625	2292	5790	1172
1626801	**117929**	**1508872**	**237336**	**505869**
723520	8529	714991	44849	303716
435619		435619	10503	111703
287901	8529	279372	34346	192013

8-9 续表2

单位:万元 (2013)

指 标	Item	法人企业(个) Corporate Enterprises (unit)	商品购进总额 Total Purchase
食品、饮料及烟草制品专门零售	Retail of Food,Beverages and Tobaccos	4	8781
粮油零售	Retail of Grain and Oil	1	1887
果品、蔬菜零售	Retail of Fruits and Vegetables	1	443
酒、饮料及茶叶零售	Retail of Wine,Beverages and Tea	2	6451
纺织、服装及日用品专门零售	Special Retail of Textiles,Garments and Daily Consumer Articles	2	4299
服装零售	Retail of Garments	2	4299
文化、体育用品及器材专门零售	Retail of Culture,Sports Appliances and Equipments	7	23676
体育用品及器材零售	Retail of Sports Goods Appliances and Equipments	2	6697
图书、报刊零售	Retail of Books, Newspapers and Magazines	2	11966
珠宝首饰零售	Retail of Jewelery	1	3479
照相器材零售	Retail of Photographic Equipment	1	558
其他文化用品零售	Retail of Other Culture Appliances	1	977
医药及医疗器材专门零售	Retail of Medicines and Medical Appliances	12	207018
药品零售	Retail of Drug	12	207018
汽车、摩托车、燃料及零配件专门零售	Retail of Motor Vehicles,Motorcycles,Fuel and Parts	35	386338
汽车零售	Retail of Motor Vehicles	25	336179
摩托车及零配件零售	Retail of Motor Vehicles and Parts	2	770
机动车燃料零售	Retail of Motor Vehicles Fuel	8	49389
家用电器及电子产品专门零售	Special Retail of Household Electric Appliances and Electronic Products	27	265488
家用视听设备零售	Retail of Household Audio and Video Equipment	2	7160
日用家电设备零售	Retail of Household Electric Appliances	3	196333
计算机、软件及辅助设备零售	Retail of Computer,Software and Assistant Appliances	19	54064
通信设备零售	Retail of Communication Equipments	3	7931
五金、家具及室内装饰材料专门零售	Special Retail of Hardware,Furniture and Decoration Materials	2	4453
家具零售	Retail of Furniture	2	4453
货摊、无店铺及其他零售业	Retail of Non-shop and Other Retails	1	5476
生活用燃料零售	Retail of Life Fuel	1	5476
内资企业	Domestic Funded Enterprises	98	1624186
国有企业	State-owned Enterprises	4	26364
集体企业	Collective-owned Enterprises	1	2718

continued

(10 000 yuan)

商品销售总额 Total Sales Value	批发额 Wholesale Value	零售额 Retail Value	年末库存总额 Total Stock at Year-end	年末零售营业面积（平方米） Area of Retail Business at Year-end (sq.m)
8503	4596	3907	5145	748
1833		1833	275	300
463	154	309	2	100
6207	4442	1765	4868	348
3534		3534	3492	30282
3534		3534	3492	30040
22765	159	22606	9055	13997
6462	7	6455	2154	2254
11232	152	11080	4206	11309
3587		3587	2269	208
547		547	11	76
937		937	415	150
210029	50076	159952	34266	29421
210029	50076	159952	34266	29421
376966	22887	354079	106696	50750
320368	12780	307587	104397	25515
1136	651	486	924	110
55462	9456	46006	1375	25125
268453	29982	238471	32064	69655
7561	22	7539	634	8058
193682	8961	184722	21741	58076
58860	19352	39508	8891	1790
8349	1647	6703	798	1731
5793	1700	4093	983	5300
5793	1700	4093	983	5300
7240		7240	786	2000
7240		7240	786	2000
1620867	116205	1504662	237260	505569
28206	152	28054	4953	25609
2895		2895	19	300

8-9 续表3

单位:万元 (2013)

指 标	Item	法人企业(个) Corporate Enterprises (unit)	商品购进总额 Total Purchase
有限责任公司	Limited Liability Corporations	39	929081
国有独资公司	State-owned Enterprises	1	5476
其他有限责任公司	Other Limited Liability Corporations	38	923605
股份有限公司	Share-holding Corporations Ltd.	2	344027
私营企业	Private Enterprises	52	321997
私营有限责任公司	Private Limited Liability Corporations	51	321997
私营股份有限公司	Private Share-holding Corporations Ltd.	1	
外商投资企业	Foreign Funded Enterprises	1	2035
中外合资经营企业	Sino-foreign Joint Venture Enterprises	1	2035
国有控股	State-owned	6	39693
集体控股	Collective-owned	1	2718
私人控股	Private	74	566818
其他	Others	18	1016992
独立门店	Indipendent Stores	83	1036227
连锁总店	Distributor Chain	10	557832
其他	Others	6	32161
大型	Large-scale	4	506152
中型	Medium-scale	41	685220
小型	Small-scale	41	118322
微型	Miniature	13	316527
有店铺零售	Have a Retail Store	98	1613786
超市	Supermarket	1	4910
大型超市	Hypermarket	5	527392
百货店	Department Store	6	368945
专业店	Speciality Store	62	560763
专卖店	Franchised Store	23	150397
厂家直销中心	Household Building Materials Stores	1	1379
无店铺零售	Non-store Retail	1	12434
电话购物	Telephone Shopping	1	12434

continued

(10 000 yuan)

商品销售总额 Total Sales Value	批发额 Wholesale Value	零售额 Retail Value	年末库存总额 Total Stock at Year-end	年末零售营业面积（平方米） Area of Retail Business at Year-end (sq.m)
882049	41047	841001	155723	363966
7240		7240	786	2000
874809	41047	833761	154937	361966
343547		343547	9246	43695
364171	75006	289165	67318	71999
364016	75006	289010	67062	71944
155		155	256	55
5934	1724	4211	77	300
5934	1724	4211	77	300
41243	152	41091	6309	27874
2895		2895	19	300
651547	97450	554096	102392	175462
931117	20327	910790	128616	302233
1060083	90769	969314	159851	224064
532678	21789	510890	75454	277035
34041	5371	28669	2032	4770
475602	17490	458112	59251	267204
707303	70332	636971	145890	181381
125763	28800	96963	26604	47417
318134	1307	316827	5591	9867
1613324	117929	1495395	235885	505869
4148		4148	762	55
495600	17490	478110	60493	284233
400933		400933	4745	107008
562047	89297	472749	137551	101604
148831	11142	137689	32265	12771
1765		1765	70	198
13478		13478	1451	
13478		13478	1451	

8—10 限额以上批发和零售业商品分类销售额(市区)

Sale Values of Wholesale and Retail by Enterprises above Designated Size by Category (City)

单位:万元　　(2013)　　(10 000yuan)

指　标	Item	销售合计 Total Sales Value	批发额 Wholesale Value	零售额 Retail Value
合　计	**Total**	**6789932**	**4854534**	**1935398**
批发业	**Wholesale Trade**	**5020842**	**4728289**	**292553**
粮油、食品、饮料、烟酒类	Food, Beverages, Tobacco and Liquor	305629	305629	
#粮油、食品类	Food	40146	40146	
#粮油类	Grain and Oil	11774	11774	
肉禽蛋类	Meat, Poultry and Eggs	9535	9535	
水产品类	Aquatic Products	7953	7953	
烟酒类	Tobacco and Liquor	265483	265483	
日用品类	Articles for Daily Use	133	133	
五金、电料类	Hardware and Electrical Materials	3485	3485	
书报杂志类	Newspapers and Magazines	16602	16602	
家用电器和音像器材类	Household Appliances and Video Appliances	2581	2581	
中西药品类	Traditional Chinese and Western Medicines	38301		38301
#西药类	Western Medicines	38301		38301
文化办公用品类	Cultural and Offices Appliances	2775	2775	
煤炭及制品类	Coal and Related Products	106004	106004	
木材及制品类	Wood and Wooden Products	1017	1017	
石油及制品类	Petroleum and Related Products	3790259	3536859	253400
化工材料及制品类	Chemical Materials and Related Products	96782	96782	
#化肥类	Fertilizers	59468	59468	
金属材料类	Metal Materials	521722	521722	
建筑及装潢材料类	Building and Decoration Materials	1705	1705	
机电产品及设备类	Mechanical and Electrical Products	56118	55398	720
#农机类	Agricultural Machineries	5115	5115	
汽车类	Automobiles	29353	29353	
其他类	Others	48376	48245	132

8-10 续表 continued

单位:万元 (2013) (10 000yuan)

指 标	Item	销售合计 Total Sales Value	批发额 Wholesale Value	零售额 Retail Value
零售业	**Retail Trade**	**1769090**	**126246**	**1642845**
粮油、食品、饮料、烟酒类	Food, Beverages, Tobacco and Liquor	257242	7658	249584
粮油、食品类	Food	206521	7658	198863
#粮油类	Grain and Oil	25216		25216
肉禽蛋类	Meat, Poultry and Eggs	22449		22449
水产品类	Aquatic Products	3210		3210
蔬菜类	Vegetables	3520		3520
干鲜果品类	Fruits of Dry and Fresh	13990		13990
饮料类	Beverages	11362		11362
烟酒类	Tobacco and Liquor	39360		39360
服装、鞋帽、针纺织品类	Clothing, Shoes, Hats and Textiles	245573	463	245110
服装类	Clothing	158759	243	158516
鞋帽类	Shoes and Hats	48056	219	47837
针纺织品类	Knitwear and Textiles	38758		38758
化妆品类	Cosmetics	35307		35307
金银珠宝类	Gold,Silver and Jewelry	111859		111859
日用品类	Articles for Daily Use	80589		80589
#洗涤用品类	Washing Articles	23780		23780
儿童玩具类	Children Toys	1001		1001
五金、电料类	Hardware and Electrical Materials	1905		1905
体育、娱乐用品类	Sports and Recreation Articles	13591	286	13306
书报杂志类	Newspapers and Magazines	9368	152	9216
电子出版物及音像制品类	E-journals and Video Products	2379		2379
家用电器和音像器材类	Household Appliances and Video Appliances	158208	11911	146297
中西药品类	Traditional Chinese and Western Medicines	333089	49040	284049
#西药类	Western Medicines	259131	30076	229056
中草药及中成药类	Traditional Chinese Medicines	72647	18955	53692
文化办公用品类	Cultural and Offices Appliances	68901	14233	54669
家具类	Furniture	6372		6372
通讯器材类	Communication Appliances	52917	7129	45788
石油及制品类	Petroleum and Related Products	69607	11001	58607
机电产品及设备类	Mechanical and Electrical Products	1133	300	833
汽车类	Automobiles	320001	24073	295928
其他类	Others	1048		1048

8—11 限额以上批发和零售业法人单位主要财务状况(市区)

单位:万元 (2013)

指标名称	Item	法人企业数(个) Number of Corporate (unit)
总计	**Total**	**189**
批发业	**Wholesale Trade**	**88**
食品、饮料及烟草制品批发	Wholesale of Food,Beverages and Tobacoos	7
米、面制品及食用油批发	Wholesale of Rice,Flour and Edible Oil	2
糕点、糖果及糖批发	Wholesale of Pastry,Candy and Sugars	1
肉、禽、蛋、奶及水产品批发	Wholesale of Meat, Poultry, Eggs, Milk and Aquatic Products	1
盐及调味品批发	Wholesale of Salt and Condiments	1
酒、饮料及茶叶批发	Wholesale of Wine ,Beverages and Tea	1
烟草制品批发	Wholesale of Tobacoos	1
纺织、服装及家庭用品批发	Wholesale of Textiles,Garments and Daily Consummer Aticles	4
服装批发	Wholesale of Garments	1
家用电器批发	Wholesale of Household Electrical Appliances	3
文化、体育用品及器材批发	Wholesale of Cultural,Sports Goods Appliances and Equipments	2
文具用品批发	Wholesale of Stationery	1
图书批发	Wholesale of Books	1
医药及医疗器材批发	Wholesale of Medicines and Medical Appliances	3
西药批发	Wholesale of Western Medicine	2
医疗用品及器材批发	Wholesale of Medical Supplies and Equipment	1
矿产品、建材及化工产品批发	Wholesale of Mineral Products,Building Materials and Chemical Products	48
煤炭及制品批发	Wholesale of Coal and Related Products	6
石油及制品批发	Wholesale of Petroleum and Related Products	7
非金属矿及制品批发	Wholesale of Nonmetallic Mine and Related Products	1
金属及金属矿批发	Wholesale of Metallic mineral Products	28
建材批发	Wholesale of Building Materials	1
化肥批发	Wholesale of Chemical Fertilizer	3
其他化工产品批发	Wholesale of Other Chemical Products	2
机械设备、五金产品及电子产品批发	Wholesale of Machinery,Hardware and Electronic Equipment	22
农业机械批发	Wholesale of Agriculture Machinary	6
汽车批发	Wholesale of Motor Vehicles,Motorcycles and Parts	5
五金产品批发	Wholesale of Hardware and Electric Matiarials	1
电气设备批发	Wholesale of Electrical Equipment	6
计算机、软件及辅助设备批发	Wholesale of Computer,Software and Assistant Aplliances	3
其他机械设备及电子产品批发	Wholesale of Other Machinary and Electric Equipment	1

Financial Indicators of Wholesale and Retail by Enterprises above Designated Size (City)

(10 000 yuan)

年初存货 Invertory at Begining of Year	流动资产 Working Capitals		
		应收账款 Accounts Receivable	存货 Stock
369925	**1390001**	**242918**	**333641**
221202	**835479**	**118986**	**168515**
23618	114186	4131	21830
6117	8182	2159	3317
	219		174
4320	11315	1824	3742
1235	8239	143	1332
2405	6022		3156
9541	80209	6	10110
1714	8351	2131	1476
	3414	446	
1714	4937	1685	1476
2330	10442	4946	2875
538	1639	391	951
1792	8802	4555	1924
8062	66628	38102	9312
7826	63404	35692	9250
236	3224	2409	62
137245	466466	44564	90872
5094	42469	10898	6854
75441	75370	851	39284
	3650	402	
32696	285220	17788	28298
1050	4891	644	2153
20877	48807	11570	12339
2087	6059	2411	1944
43126	94859	24973	38466
8800	16399	4232	9380
11565	27858	7309	8346
404	1311	850	417
21124	43756	11864	19046
1225	2989	524	1276
7	2546	196	

8-11 续表1

单位:万元 (2013)

指标名称	Item	法人企业数(个) Number of Corporate (unit)
其他批发业	Other Wholesale	2
再生物资回收与批发	Recovery and Wholesale of Recycled Materials	1
其他未列明批发业	Other Wholesale Unlisted	1
内资企业	Domestic Funded Enterprises	87
国有企业	State-owned Enterprises	5
有限责任公司	Limited Liability Corporations	22
国有独资公司	State-owned Enterprises	1
其他有限责任公司	Other Limited Liability Corporations	21
股份有限公司	Share-holding Corporations Ltd.	6
私营企业	Private Enterprises	54
私营有限责任公司	Private Limited Liability Corporations	54
外商投资企业	Foreign Funded Enterprises	1
中外合资经营企业	Sino-foreign Joint Venture Enterprises	1
国有控股	State-owned	16
集体控股	Collective-owned	1
私人控股	Private	65
其他	Others	6
独立门店	Indipendent Stores	76
连锁总店	Distributor Chain	2
连锁门店	Chain Stores	1
其他	Others	9
大型	Large-scale	4
中型	Medium-scale	30
小型	Small-scale	44
微型	Miniature	10
零售业	**Retail Trade**	**101**
综合零售	Integrated Retail	9
百货零售	Retail of General Merchandise	6
超级市场零售	Retail of Supermarkets	3
食品、饮料及烟草制品专门零售	Retail of Food,Beverages and Tobaccos	4
粮油零售	Retail of Grain and Oil	1
果品、蔬菜零售	Retail of Fruits and Vegetables	1
酒、饮料及茶叶零售	Retail of Wine,Beverages and Tea	2

continued

(10 000 yuan)

年初存货 Invertory at Begining of Year	流动资产 Working Capitals	应收账款 Accounts Receivable	存货 Stock
5108	74548	138	3684
2902	10843	130	3522
2206	63705	8	162
220943	832520	117462	168269
17989	109083	7586	15773
60130	217466	57877	47106
2520	26251	6377	3678
57610	191214	51500	43428
39530	53553	1028	25118
103293	452418	50972	80271
103293	452418	50972	80271
260	2959	1524	246
260	2959	1524	246
78853	254545	45063	58139
19108	46120	11490	10660
115493	507473	61560	90635
7749	27342	873	9081
153492	652941	76644	120555
52600	89097	11536	30853
4533	5001	752	4217
10576	88440	30054	12890
53282	174500	30564	41274
112734	332798	47333	74076
45092	303931	38038	45723
10095	24251	3051	7442
148723	**554522**	**123932**	**165127**
33584	138990	35014	44137
6232	27320	73	6888
27352	111670	34940	37249
4511	14167	891	5351
280	1104	564	280
	95	46	49
4231	12969	282	5022

8-11 续表2

单位:万元 (2013)

指标名称	Item	法人企业数(个) Number of Corporate (unit)
纺织、服装及日用品专门零售	Special Retail of Textiles,Garments and Daily Consumer Articles	3
服装零售	Retail of Garments	2
钟表、眼镜零售	Retail of Clocks and Glasses	1
文化、体育用品及器材专门零售	Retail of Culture,Sports Appliances and Equipments	7
体育用品及器材零售	Retail of Sports Goods Appliances and Equipments	2
图书、报刊零售	Retail of Books, Newspapers and Magazines	2
珠宝首饰零售	Retail of Jewelery	1
照相器材零售	Retail of Photographic Equipment	1
其他文化用品零售	Retail of Other Culture Appliances	1
医药及医疗器材专门零售	Retail of Medicines and Medical Appliances	12
药品零售	Retail of Drug	12
汽车、摩托车、燃料及零配件专门零售	Retail of Motor Vehicles,Motorcycles,Fuel and Parts	36
汽车零售	Retail of Motor Vehicles	25
摩托车及零配件零售	Retail of Motor Vehicles and Parts	2
机动车燃料零售	Retail of Motor Vehicles Fuel	9
家用电器及电子产品专门零售	Special Retail of Household Electric Appliances and Electronic Products	27
家用视听设备零售	Retail of Household Audio and Video Equipment	2
日用家电设备零售	Retail of Household Electric Appliances	3
计算机、软件及辅助设备零售	Retail of Computer,Software and Assistant Appliances	19
通信设备零售	Retail of Communication Equipments	3
五金、家具及室内装饰材料专门零售	Special Retail of Hardware,Furniture and Decoration Materials	2
家具零售	Retail of Furniture	2
货摊、无店铺及其他零售业	Retail of Non-shop and Other Retails	1
生活用燃料零售	Retail of Life Fuel	1
内资企业	Domestic Funded Enterprises	100
国有企业	State-owned Enterprises	4
集体企业	Collective-owned Enterprises	1
有限责任公司	Limited Liability Corporations	41
国有独资公司	State-owned Enterprises	1
其他有限责任公司	Other Limited Liability Corporations	40

continued

(10 000 yuan)

年初存货 Invertory at Begining of Year	流动资产 Working Capitals	应收账款 Accounts Receivable	存货 Stock
7106	16669	140	7992
2917	12078	64	3634
4189	4591	76	4358
5378	13740	1117	6771
1604	2880	351	1925
2075	7924	690	2691
1483	2271		1940
50	91	11	50
165	575	65	165
16758	94941	54724	22092
16758	94941	54724	22092
50674	152681	15657	44324
47942	134697	7419	41416
1054	947		924
1678	17037	8238	1984
28832	118960	15200	32701
531	4093	581	398
19052	76139	4942	22256
8311	35886	9106	9277
937	2841	570	770
1033	2180	757	1063
1033	2180	757	1063
848	2194	434	696
848	2194	434	696
148717	552979	123791	165043
2832	12635	1293	3349
	264	17	10
84175	369627	97202	98164
848	2194	434	696
83327	367433	96768	97468

8-11 续表3

单位:万元 (2013)

指标名称	Item	法人企业数(个) Number of Corporate (unit)
股份有限公司	Share-holding Corporations Ltd.	2
私营企业	Private Enterprises	52
私营有限责任公司	Private Limited Liability Corporations	51
私营股份有限公司	Private Share-holding Corporations Ltd.	1
外商投资企业	Foreign Funded Enterprises	1
中外合资经营企业	Sino-foreign Joint Venture Enterprises	1
国有控股	State-owned	6
集体控股	Collective-owned	1
私人控股	Private	75
其他	Others	19
独立门店	Indipendent Stores	85
连锁总店	Distributor Chain	10
其他	Others	6
大型	Large-scale	4
中型	Medium-scale	43
小型	Small-scale	41
微型	Miniature	13
有店铺零售	Have a Retail Store	100
超市	Supermarket	1
大型超市	Hypermarket	5
百货店	Department Store	6
专业店	Speciality Store	63
专卖店	Franchised Store	24
厂家直销中心	Manufacturer Direct Sale Center	1
无店铺零售	Non-store Retail	1
电话购物	Telephone Shopping	1

continued

(10 000 yuan)

年初存货 Invertory at Begining of Year	流动资产 Working Capitals	应收账款 Accounts Receivable	存货 Stock
4753	8806	20	5735
56957	161647	25259	57786
56695	161356	25253	57529
262	291	7	256
5	1544	141	83
5	1544	141	83
3936	16741	1795	4300
	264	17	10
79717	297545	74931	83729
65070	239973	47190	77087
95552	337962	70315	96989
51456	198893	49093	65825
1715	17668	4525	2313
48763	176119	37527	62081
76426	296038	66758	78558
21455	77617	18608	22499
2078	4749	1039	1988
147494	542416	122344	163463
649	2285	1524	762
49860	185494	38004	63324
1669	23818	83	1343
62588	249497	71819	62318
32664	80533	10914	35493
64	788	1	224
1229	12107	1588	1663
1229	12107	1588	1663

8-11 续表4

单位：万元 （2013）

指标名称	Item	固定资产 Fixed Assets	固定资产原价 Original Value of Fixed Assets
总计	**Total**	**275655**	**347792**
批发业	**Wholesale Trade**	**175566**	**233346**
食品、饮料及烟草制品批发	Wholesale of Food,Beverages and Tobacoos	26118	34923
米、面制品及食用油批发	Wholesale of Rice,Flour and Edible Oil	6080	8042
糕点、糖果及糖批发	Wholesale of Pastry,Candy and Sugars	7	131
肉、禽、蛋、奶及水产品批发	Wholesale of Meat, Poultry, Eggs, Milk and Aquatic Products	15226	16824
盐及调味品批发	Wholesale of Salt and Condiments	206	370
酒、饮料及茶叶批发	Wholesale of Wine ,Beverages and Tea	279	618
烟草制品批发	Wholesale of Tobacoos	4322	8939
纺织、服装及家庭用品批发	Wholesale of Textiles,Garments and Daily Consummer Aticles	161	317
服装批发	Wholesale of Garments	132	257
家用电器批发	Wholesale of Household Electrical Appliances	29	60
文化、体育用品及器材批发	Wholesale of Cultural,Sports Goods Appliances and Equipments	1830	3463
文具用品批发	Wholesale of Stationery	31	66
图书批发	Wholesale of Books	1799	3397
医药及医疗器材批发	Wholesale of Medicines and Medical Appliances	2354	3138
西药批发	Wholesale of Western Medicine	2348	3127
医疗用品及器材批发	Wholesale of Medical Supplies and Equipment	6	11
矿产品、建材及化工产品批发	Wholesale of Mineral Products,Building Materials and Chemical Products	137271	179568
煤炭及制品批发	Wholesale of Coal and Related Products	10827	14644
石油及制品批发	Wholesale of Petroleum and Related Products	110572	144016
非金属矿及制品批发	Wholesale of Nonmetallic Mine and Related Products	54	194
金属及金属矿批发	Wholesale of Metallic mineral Products	8020	12837
建材批发	Wholesale of Building Materials	287	408
化肥批发	Wholesale of Chemical Fertilizer	5149	6505
其他化工产品批发	Wholesale of Other Chemical Products	2362	966
机械设备、五金产品及电子产品批发	Wholesale of Machinery,Hardware and Electronic Equipment	4556	8020
农业机械批发	Wholesale of Agriculture Machinary	1004	1540
汽车批发	Wholesale of Motor Vehicles,Motorcycles and Parts	2394	3978
五金产品批发	Wholesale of Hardware and Electric Matiarials	24	95
电气设备批发	Wholesale of Electrical Equipment	1093	2308
计算机、软件及辅助设备批发	Wholesale of Computer,Software and Assistant Aplliances	41	99
其他机械设备及电子产品批发	Wholesale of Other Machinary and Electric Equipment		

continued

(10 000 yuan)

累计折旧 Accumulated Depreciation	本年折旧 Depreciation This Year	在建工程 Construction in Process	资产总计 Total Assets	流动负债 Current Liabilities	应付账款 Accounts Payable	非流动负债合计 Totale of Non-current Liabilities
96316	**25751**	**98519**	**2045124**	**1313008**	**395184**	**109995**
60499	**17776**	**82272**	**1291076**	**730476**	**160890**	**95434**
9163	2174	1909	149498	32727	-1970	355
1962	168	949	15211	9894	-3276	215
124	0		476	424		
1956	1011	960	28806	9056	243	
165	30		12872	5619	464	140
340	340		6300	5074		
4617	625		85834	2660	599	
155	10		9649	5655	1095	
125			3546	828		
31	10		6103	4827	1095	
1633	1562		20563	6326	5093	75
35	7		2048	921	316	
1599	1556		18515	5405	4778	75
784	186	142	71116	54454	39582	1000
779	184	142	67886	51645	37586	1000
5	3		3229	2809	1996	
44340	12641	79012	779259	508494	65901	18106
3818	640	97	56890	36027	14163	
33444	10891	76823	298347	139223	12720	15957
139	6		3731	1060	-382	
4900	780		347565	270952	26592	52
121	36		5178	3220	365	
1517	268	295	57894	51578	11736	497
401	21	1797	9655	6434	707	1600
3782	1203	1210	110672	98367	42385	398
664	378	30	18086	15279	10870	
1774	234	1180	36086	32104	5635	398
71	10		1335	858	588	
1215	575		49575	45145	24153	
58	6		3043	2343	441	
			2546	2638	698	

8-11 续表5

单位:万元 (2013)

指标名称	Item	固定资产 Fixed Assets	固定资产原价 Original Value of Fixed Assets
其他批发业	Other Wholesale	3275	3917
再生物资回收与批发	Recovery and Wholesale of Recycled Materials	68	68
其他未列明批发业	Other Wholesale Unlisted	3207	3849
内资企业	Domestic Funded Enterprises	175555	233320
国有企业	State-owned Enterprises	13925	23017
有限责任公司	Limited Liability Corporations	22611	28247
国有独资公司	State-owned Enterprises	9982	12510
其他有限责任公司	Other Limited Liability Corporations	12628	15738
股份有限公司	Share-holding Corporations Ltd.	104766	131365
私营企业	Private Enterprises	34254	50691
私营有限责任公司	Private Limited Liability Corporations	34254	50691
外商投资企业	Foreign Funded Enterprises	10	25
中外合资经营企业	Sino-foreign Joint Venture Enterprises	10	25
国有控股	State-owned	131025	170860
集体控股	Collective-owned	4874	5557
私人控股	Private	36864	55010
其他	Others	2802	1918
独立门店	Indipendent Stores	62574	92226
连锁总店	Distributor Chain	90643	103507
连锁门店	Chain Stores	18097	32287
其他	Others	4251	5326
大型	Large-scale	109904	141234
中型	Medium-scale	53421	74283
小型	Small-scale	11903	16877
微型	Miniature	338	952
零售业	**Retail Trade**	**100090**	**114446**
综合零售	Integrated Retail	51341	43875
百货零售	Retail of General Merchandise	2913	7370
超级市场零售	Retail of Supermarkets	48428	36505
食品、饮料及烟草制品专门零售	Retail of Food,Beverages and Tobaccos	614	895
粮油零售	Retail of Grain and Oil	334	373
果品、蔬菜零售	Retail of Fruits and Vegetables	185	215
酒、饮料及茶叶零售	Retail of Wine,Beverages and Tea	96	306

continued

(10 000 yuan)

累计折旧 Accumulated Depreciation		在建工程 Construction in Process	资产总计 Total Assets	流动负债 Current Liabilities		非流动负债合计 Totale of Non-current Liabilities
	本年折旧 Depreciation This Year				应付账款 Accounts Payable	
642			150320	24454	8804	75500
			10919	9246	7866	
642			139401	15208	937	75500
60484	17771	82272	1287107	727521	160731	95434
9092	2476	949	144064	25853	6320	481
7678	1722	3199	253408	187518	71705	3097
2527	554	97	37016	20393	5599	
5151	1167	3102	216392	167125	66106	3097
26599	5326	69559	255727	124838	13339	15676
17115	8247	8566	633909	389311	69368	76179
17115	8247	8566	633909	389311	69368	76179
15	5		3969	2955	159	
15	5		3969	2955	159	
39835	8525	71535	507510	221691	56883	16157
845	266	153	53951	47661	11525	432
18907	8612	8787	698204	438265	83399	77244
913	373	1797	31412	22859	9084	1600
32209	12053	12497	891758	482460	104312	79325
13025	5285	64886	260598	169541	23941	432
14190	292	4826	42604			15055
1075	145	63	96118	78475	32637	621
31330	6027	69622	384417	159754	41644	15055
21524	10581	9545	517884	262521	73844	78263
7030	1096	3105	364088	289470	40612	2115
616	73		24687	18731	4790	
35816	**7975**	**16247**	**754048**	**582532**	**234293**	**14561**
8102	1035	656	199128	157804	113661	25
4465	639	279	38968	38909	21473	25
3637	396	377	160160	118895	92188	
436	158		15222	10948	739	445
195	99		1438	381	220	445
31	10		279			
210	49		13505	10567	518	

8-11 续表6

单位:万元 (2013)

指标名称	Item	固定资产 Fixed Assets	固定资产原价 Original Value of Fixed Assets
纺织、服装及日用品专门零售	Special Retail of Textiles,Garments and Daily Consumer Articles	1573	2293
服装零售	Retail of Garments	497	667
钟表、眼镜零售	Retail of Clocks and Glasses	1076	1626
文化、体育用品及器材专门零售	Retail of Culture,Sports Appliances and Equipments	5989	8671
体育用品及器材零售	Retail of Sports Goods Appliances and Equipments	91	239
图书、报刊零售	Retail of Books, Newspapers and Magazines	5397	7592
珠宝首饰零售	Retail of Jewelery	474	701
照相器材零售	Retail of Photographic Equipment	20	128
其他文化用品零售	Retail of Other Culture Appliances	7	11
医药及医疗器材专门零售	Retail of Medicines and Medical Appliances	7997	11569
药品零售	Retail of Drug	7997	11569
汽车、摩托车、燃料及零配件专门零售	Retail of Motor Vehicles,Motorcycles,Fuel and Parts	26328	33503
汽车零售	Retail of Motor Vehicles	15821	23672
摩托车及零配件零售	Retail of Motor Vehicles and Parts	132	441
机动车燃料零售	Retail of Motor Vehicles Fuel	10375	9390
家用电器及电子产品专门零售	Special Retail of Household Electric Appliances and Electronic Products	3176	6235
家用视听设备零售	Retail of Household Audio and Video Equipment	18	68
日用家电设备零售	Retail of Household Electric Appliances	1213	2711
计算机、软件及辅助设备零售	Retail of Computer,Software and Assistant Appliances	1813	3123
通信设备零售	Retail of Communication Equipments	132	333
五金、家具及室内装饰材料专门零售	Special Retail of Hardware,Furniture and Decoration Materials	1228	2262
家具零售	Retail of Furniture	1228	2262
货摊、无店铺及其他零售业	Retail of Non-shop and Other Retails	1844	5145
生活用燃料零售	Retail of Life Fuel	1844	5145
内资企业	Domestic Funded Enterprises	98974	111028
国有企业	State-owned Enterprises	6021	10447
集体企业	Collective-owned Enterprises	3	18
有限责任公司	Limited Liability Corporations	72165	69202
国有独资公司	State-owned Enterprises	1844	5145
其他有限责任公司	Other Limited Liability Corporations	70320	64057

continued

(10 000 yuan)

累计折旧 Accumulated Depreciation	本年折旧 Depreciation This Year	在建工程 Construction in Process	资产总计 Total Assets	流动负债 Current Liabilities	应付账款 Accounts Payable	非流动负债合计 Totale of Non-current Liabilities
720	260	320	24176	20440	18267	9147
170	170	320	18098	18996	17657	7347
550	90		6078	1444	611	1800
2683	245	2	20191	13869	7520	
147	33		3049	2769	1501	
2195	187	2	13601	9220	5863	
227	24		2849	1384		
108			111	17		
6	1		582	479	156	
3572	381	768	109500	88075	56283	20
3572	381	768	109500	88075	56283	20
12912	4871	11898	246760	191796	18651	3261
7842	1941	11453	189827	151676	17057	872
309	25	321	1530	923	120	
4761	2904	124	55403	39197	1474	2389
3055	666	2536	130494	96275	16988	1324
50	1		4208	3868	1573	
1498	299		79340	58922	6978	403
1306	221	2536	43962	32075	7902	921
201	145		2984	1411	535	
1033	53	64	3769	2361	1688	
1033	53	64	3769	2361	1688	
3304	308	3	4807	965	497	339
3304	308	3	4807	965	497	339
33514	5673	16247	750266	582009	234293	14260
4582	334	2	18941	12316	7623	457
15	0		267	348	347	
18024	3912	7490	499432	380172	182908	13741
3304	308	3	4807	965	497	339
14720	3603	7488	494625	379207	182411	13402

8-11 续表7

单位:万元 (2013)

指标名称	Item	固定资产 Fixed Assets	固定资产原价 Original Value of Fixed Assets
股份有限公司	Share-holding Corporations Ltd.	1232	1991
私营企业	Private Enterprises	19554	29370
私营有限责任公司	Private Limited Liability Corporations	19554	29370
私营股份有限公司	Private Share-holding Corporations Ltd.		
外商投资企业	Foreign Funded Enterprises	1116	3418
中外合资经营企业	Sino-foreign Joint Venture Enterprises	1116	3418
国有控股	State-owned	7988	15847
集体控股	Collective-owned	3	18
私人控股	Private	35575	48790
其他	Others	56525	49792
独立门店	Indipendent Stores	54699	60052
连锁总店	Distributor Chain	43661	51550
其他	Others	1730	2844
大型	Large-scale	34355	39549
中型	Medium-scale	59275	63495
小型	Small-scale	6252	10753
微型	Miniature	207	649
有店铺零售	Have a Retail Store	98752	112559
超市	Supermarket	65	221
大型超市	Hypermarket	50742	40643
百货店	Department Store	2160	6003
专业店	Speciality Store	35743	51577
专卖店	Franchised Store	10024	14044
厂家直销中心	Manufacturer Direct Sale Center	18	71
无店铺零售	Non-store Retail	1338	1887
电话购物	Telephone Shopping	1338	1887

continued

(10 000 yuan)

累计折旧 Accumulated Depreciation	本年折旧 Depreciation This Year	在建工程 Construction in Process	资产总计 Total Assets	流动负债 Current Liabilities	应付账款 Accounts Payable	非流动负债合计 Totale of Non-current Liabilities
759	307	141	13925	24087	11366	
10134	1121	8614	217702	165086	32049	62
10134	1121	8614	217411	164826	32038	62
			291	260	12	
2302	2302		3782	523		301
2302	2302		3782	523		301
8017	684	5	25783	14524	9307	796
15	0		267	348	347	
18962	4835	11732	393989	305804	98522	10864
8823	2455	4511	334009	261857	126117	2901
26813	7022	13264	448121	348835	122200	13285
7889	864	1288	254742	188116	110758	403
1115	88	1695	51185	45581	1335	873
5193	802	518	216367	167927	88824	403
25210	6102	15344	420751	323261	135238	13654
4974	1034	64	111454	88020	9542	505
439	37	321	5476	3324	690	
35267	7904	14553	735329	569957	233317	13688
156	20		2574	2303	1477	20
5462	945	518	242128	190372	110281	403
3851	478	458	36283	33818	27764	25
21571	5408	13380	359994	280669	85210	3648
4175	1049	196	93106	59307	8793	9592
53	4		1245	3489	-208	
550	71	1695	18719	12575	977	873
550	71	1695	18719	12575	977	873

8-11 续表8

单位:万元 (2013)

指标名称	Item	负债合计 Total Liabilities	所有者权益合计 Total Owners' Equities
总计	**Total**	**1432150**	**612974**
批发业	**Wholesale Trade**	**827620**	**463456**
食品、饮料及烟草制品批发	Wholesale of Food,Beverages and Tobacoos	34128	115370
米、面制品及食用油批发	Wholesale of Rice,Flour and Edible Oil	10109	5102
糕点、糖果及糖批发	Wholesale of Pastry,Candy and Sugars	424	52
肉、禽、蛋、奶及水产品批发	Wholesale of Meat, Poultry, Eggs, Milk and Aquatic Products	10102	18703
盐及调味品批发	Wholesale of Salt and Condiments	5759	7113
酒、饮料及茶叶批发	Wholesale of Wine ,Beverages and Tea	5074	1226
烟草制品批发	Wholesale of Tobacoos	2660	83174
纺织、服装及家庭用品批发	Wholesale of Textiles,Garments and Daily Consummer Aticles	5655	3994
服装批发	Wholesale of Garments	828	2718
家用电器批发	Wholesale of Household Electrical Appliances	4827	1276
文化、体育用品及器材批发	Wholesale of Cultural,Sports Goods Appliances and Equipments	6401	14163
文具用品批发	Wholesale of Stationery	921	1128
图书批发	Wholesale of Books	5480	13035
医药及医疗器材批发	Wholesale of Medicines and Medical Appliances	55454	15661
西药批发	Wholesale of Western Medicine	52645	15241
医疗用品及器材批发	Wholesale of Medical Supplies and Equipment	2809	420
矿产品、建材及化工产品批发	Wholesale of Mineral Products,Building Materials and Chemical Products	526601	252659
煤炭及制品批发	Wholesale of Coal and Related Products	36028	20862
石油及制品批发	Wholesale of Petroleum and Related Products	155180	143167
非金属矿及制品批发	Wholesale of Nonmetallic Mine and Related Products	1060	2671
金属及金属矿批发	Wholesale of Metallic mineral Products	271004	76561
建材批发	Wholesale of Building Materials	3220	1958
化肥批发	Wholesale of Chemical Fertilizer	52075	5819
其他化工产品批发	Wholesale of Other Chemical Products	8034	1621
机械设备、五金产品及电子产品批发	Wholesale of Machinery,Hardware and Electronic Equipment	99428	11244
农业机械批发	Wholesale of Agriculture Machinary	15279	2807
汽车批发	Wholesale of Motor Vehicles,Motorcycles and Parts	32503	3584
五金产品批发	Wholesale of Hardware and Electric Matiarials	858	478
电气设备批发	Wholesale of Electrical Equipment	45807	3767
计算机、软件及辅助设备批发	Wholesale of Computer,Software and Assistant Aplliances	2343	700
其他机械设备及电子产品批发	Wholesale of Other Machinary and Electric Equipment	2638	-91

continued

（10 000 yuan）

实收资本 Paid-in Capitals	国家资本 State-owned Capitals	集体资本 Collective-owned Capitals	法人资本 Corporate Capitals	个人资本 Personal Capitals
422700	**128392**	**11165**	**216720**	**64796**
320055	**118400**	**1832**	**158123**	**41619**
15152	7084		7569	500
3900	3700			200
300				300
5000			5000	
3384	3384			
1000			1000	
1569			1569	
1864		1000		864
606				606
1258		1000		258
7509	7264		245	
500	255		245	
7009	7009			
9046			9046	
8546			8546	
500			500	
232751	104052	632	94149	33838
15975		360	15615	
119649	90411		28138	1100
2035			2035	
88144	13641		43364	31060
2000			1999	1
3580			3000	580
1369		272		1097
12969		200	6352	6418
2502			152	2350
4188			1000	3188
330				330
5250			4700	550
650		200	450	
50			50	

8-11　续表9

单位:万元 (2013)

指标名称	Item	负债合计 Total Liabilities	所有者权益合计 Total Owners' Equities
其他批发业	Other Wholesale	99954	50366
再生物资回收与批发	Recovery and Wholesale of Recycled Materials	9246	1673
其他未列明批发业	Other Wholesale Unlisted	90708	48693
内资企业	Domestic Funded Enterprises	824665	462442
国有企业	State-owned Enterprises	26334	117729
有限责任公司	Limited Liability Corporations	190616	62792
国有独资公司	State-owned Enterprises	20393	16622
其他有限责任公司	Other Limited Liability Corporations	170222	46170
股份有限公司	Share-holding Corporations Ltd.	140514	115213
私营企业	Private Enterprises	467201	166708
私营有限责任公司	Private Limited Liability Corporations	467201	166708
外商投资企业	Foreign Funded Enterprises	2955	1014
中外合资经营企业	Sino-foreign Joint Venture Enterprises	2955	1014
国有控股	State-owned	237848	269661
集体控股	Collective-owned	48093	5858
私人控股	Private	517220	180984
其他	Others	24459	6953
独立门店	Indipendent Stores	563496	328262
连锁总店	Distributor Chain	169973	90625
连锁门店	Chain Stores	15055	27548
其他	Others	79096	17022
大型	Large-scale	174809	209607
中型	Medium-scale	342493	175391
小型	Small-scale	291585	72503
微型	Miniature	18732	5955
零售业	**Retail Trade**	**604530**	**149518**
综合零售	Integrated Retail	157829	41300
百货零售	Retail of General Merchandise	38934	34
超级市场零售	Retail of Supermarkets	118895	41266
食品、饮料及烟草制品专门零售	Retail of Food,Beverages and Tobaccos	11393	3829
粮油零售	Retail of Grain and Oil	826	612
果品、蔬菜零售	Retail of Fruits and Vegetables		279
酒、饮料及茶叶零售	Retail of Wine,Beverages and Tea	10567	2938

continued

(10 000 yuan)

实收资本 Paid-in Capitals	国家资本 State-owned Capitals	集体资本 Collective-owned Capitals	法人资本 Corporate Capitals	个人资本 Personal Capitals
40763			40763	
763			763	
40000			40000	
319055	118400	832	158123	41619
24302	22734		1569	
50087	8255	632	34634	6567
12175			12175	
37913	8255	632	22459	6567
115099	87411		27688	
129566		200	94234	35053
129566		200	94234	35053
1000		1000		
1000		1000		
168626	118400	360	49866	
3000			3000	
143281		1200	100910	41091
5149		272	4348	529
190778	33634	1632	115313	40119
87766	84766		3000	
27548			27548	
13962		200	12262	1500
121883	84766		37117	
106396	19738	360	77888	8410
88020	13896	1472	41969	30683
3757			1151	2526
102645	**9991**	**9333**	**58597**	**23177**
20956	807	9200	10949	
7556	807		6749	
13400		9200	4200	
5662	283		5312	67
283	283			
279			279	
5100			5033	67

8-11 续表10

单位:万元 (2013)

指标名称	Item	负债合计 Total Liabilities	所有者权益合计 Total Owners' Equities
纺织、服装及日用品专门零售	Special Retail of Textiles,Garments and Daily Consumer Articles	29587	-5411
服装零售	Retail of Garments	26343	-8245
钟表、眼镜零售	Retail of Clocks and Glasses	3244	2834
文化、体育用品及器材专门零售	Retail of Culture,Sports Appliances and Equipments	13869	6323
体育用品及器材零售	Retail of Sports Goods Appliances and Equipments	2769	280
图书、报刊零售	Retail of Books, Newspapers and Magazines	9220	4381
珠宝首饰零售	Retail of Jewelery	1384	1466
照相器材零售	Retail of Photographic Equipment	17	94
其他文化用品零售	Retail of Other Culture Appliances	479	103
医药及医疗器材专门零售	Retail of Medicines and Medical Appliances	88095	21405
药品零售	Retail of Drug	88095	21405
汽车、摩托车、燃料及零配件专门零售	Retail of Motor Vehicles,Motorcycles,Fuel and Parts	202085	44675
汽车零售	Retail of Motor Vehicles	152882	36945
摩托车及零配件零售	Retail of Motor Vehicles and Parts	923	607
机动车燃料零售	Retail of Motor Vehicles Fuel	48280	7123
家用电器及电子产品专门零售	Special Retail of Household Electric Appliances and Electronic Products	98008	32487
家用视听设备零售	Retail of Household Audio and Video Equipment	3868	340
日用家电设备零售	Retail of Household Electric Appliances	59325	20015
计算机、软件及辅助设备零售	Retail of Computer,Software and Assistant Appliances	32996	10967
通信设备零售	Retail of Communication Equipments	1819	1165
五金、家具及室内装饰材料专门零售	Special Retail of Hardware,Furniture and Decoration Materials	2361	1408
家具零售	Retail of Furniture	2361	1408
货摊、无店铺及其他零售业	Retail of Non-shop and Other Retails	1303	3503
生活用燃料零售	Retail of Life Fuel	1303	3503
内资企业	Domestic Funded Enterprises	603705	146561
国有企业	State-owned Enterprises	12774	6167
集体企业	Collective-owned Enterprises	348	-81
有限责任公司	Limited Liability Corporations	400606	98825
国有独资公司	State-owned Enterprises	1303	3503
其他有限责任公司	Other Limited Liability Corporations	399303	95322

continued

(10 000 yuan)

实收资本 Paid-in Capitals	国家资本 State-owned Capitals	集体资本 Collective-owned Capitals	法人资本 Corporate Capitals	个人资本 Personal Capitals
4061			4061	
2700			2700	
1361			1361	
5757	4200		280	1277
400			280	120
4200	4200			
1001				1001
94				94
62				62
13166	230		11587	1349
13166	230		11587	1349
33454	300	133	15767	15706
25358			10866	14492
426			320	106
7670	300	133	4581	1108
14008			9230	4778
339				339
4150			3360	790
8569			5120	3449
950			750	200
1410			1410	
1410			1410	
4171	4171			
4171	4171			
100597	9691	9333	58597	22977
5290	5290			
1		1		
52414	4401	9332	29030	9651
4171	4171			
48243	230	9332	29030	9651

8-11 续表11

单位:万元 （2013）

指标名称	Item	负债合计 Total Liabilities	所有者权益合计 Total Owners' Equities
股份有限公司	Share-holding Corporations Ltd.	24087	-10162
私营企业	Private Enterprises	165891	51811
私营有限责任公司	Private Limited Liability Corporations	165631	51780
私营股份有限公司	Private Share-holding Corporations Ltd.	260	31
外商投资企业	Foreign Funded Enterprises	824	2957
中外合资经营企业	Sino-foreign Joint Venture Enterprises	824	2957
国有控股	State-owned	15320	10464
集体控股	Collective-owned	348	-81
私人控股	Private	324105	69884
其他	Others	264758	69251
独立门店	Indipendent Stores	369557	78564
连锁总店	Distributor Chain	188519	66223
其他	Others	46454	4731
大型	Large-scale	168330	48036
中型	Medium-scale	344017	76734
小型	Small-scale	88524	22930
微型	Miniature	3658	1818
有店铺零售	Have a Retail Store	591082	144247
超市	Supermarket	2323	250
大型超市	Hypermarket	190775	51353
百货店	Department Store	33843	2440
专业店	Speciality Store	291753	68241
专卖店	Franchised Store	68899	24207
厂家直销中心	Manufacturer Direct Sale Center	3489	-2244
无店铺零售	Non-store Retail	13448	5271
电话购物	Telephone Shopping	13448	5271

continued

(10 000 yuan)

实收资本 Paid-in Capitals	国家资本 State-owned Capitals	集体资本 Collective-owned Capitals	法人资本 Corporate Capitals	个人资本 Personal Capitals
1000			1000	
41893			28566	13326
41863			28536	13326
30			30	
2048	300			199
2048	300			199
9511	9511			
1		1		
63421	480		41265	20128
29713		9332	17332	3049
67910	5991	133	39389	20849
29715	4000	9200	15705	810
5020			3503	1517
18000		9200	8368	432
60182	9458		36002	13174
22742	533	133	13447	8630
1721			780	941
99645	9991	9333	56297	22477
101				101
18000		9200	8368	432
9056	807		8249	
56034	8851	133	29099	16404
16354	333		10547	5473
100			33	67
3000			2300	700
3000			2300	700

8-11　续表12

单位:万元　　　　(2013)

指标名称	Item	营业收入 Revenue from Business	主营业务收入 Revenue from Principal Business
总计	**Total**	**5975061**	**5950983**
批发业	**Wholesale Trade**	**4712519**	**4702049**
食品、饮料及烟草制品批发	Wholesale of Food,Beverages and Tobacoos	267564	267136
米、面制品及食用油批发	Wholesale of Rice,Flour and Edible Oil	11974	11774
糕点、糖果及糖批发	Wholesale of Pastry,Candy and Sugars	1893	1893
肉、禽、蛋、奶及水产品批发	Wholesale of Meat, Poultry, Eggs, Milk and Aquatic Products	18564	18564
盐及调味品批发	Wholesale of Salt and Condiments	7760	7635
酒、饮料及茶叶批发	Wholesale of Wine ,Beverages and Tea	5391	5391
烟草制品批发	Wholesale of Tobacoos	221983	221879
纺织、服装及家庭用品批发	Wholesale of Textiles,Garments and Daily Consummer Aticles	16636	16636
服装批发	Wholesale of Garments	181	181
家用电器批发	Wholesale of Household Electrical Appliances	16455	16455
文化、体育用品及器材批发	Wholesale of Cultural,Sports Goods Appliances and Equipments	15279	15279
文具用品批发	Wholesale of Stationery	2473	2473
图书批发	Wholesale of Books	12806	12806
医药及医疗器材批发	Wholesale of Medicines and Medical Appliances	145978	145934
西药批发	Wholesale of Western Medicine	141612	141567
医疗用品及器材批发	Wholesale of Medical Supplies and Equipment	4367	4367
矿产品、建材及化工产品批发	Wholesale of Mineral Products,Building Materials and Chemical Products	4128757	4118759
煤炭及制品批发	Wholesale of Coal and Related Products	207380	207093
石油及制品批发	Wholesale of Petroleum and Related Products	3335492	3325944
非金属矿及制品批发	Wholesale of Nonmetallic Mine and Related Products	4084	4084
金属及金属矿批发	Wholesale of Metallic mineral Products	483175	483094
建材批发	Wholesale of Building Materials	7910	7910
化肥批发	Wholesale of Chemical Fertilizer	60482	60482
其他化工产品批发	Wholesale of Other Chemical Products	30235	30152
机械设备、五金产品及电子产品批发	Wholesale of Machinery,Hardware and Electronic Equipment	91894	91894
农业机械批发	Wholesale of Agriculture Machinary	21702	21702
汽车批发	Wholesale of Motor Vehicles,Motorcycles and Parts	31552	31552
五金产品批发	Wholesale of Hardware and Electric Matiarials	2978	2978
电气设备批发	Wholesale of Electrical Equipment	26910	26910
计算机、软件及辅助设备批发	Wholesale of Computer,Software and Assistant Aplliances	7805	7805
其他机械设备及电子产品批发	Wholesale of Other Machinary and Electric Equipment	946	946

continued

(10 000 yuan)

主营业务成本 Costs of Principal Business	营业税金及附加 Business Taxes and Other Charges	主营业务税金及附加 Principal Business Taxes and Other Charges	其他业务利润 Profits from Other Businesses	销售费用 Selling Costs	管理费用 Management Costs	税金 Taxes	财务费用 Financial Costs	利息收入 Interest Income	利息支出 Interest Expenses
5635748	**22244**	**21990**	**29480**	**165318**	**68648**	**3971**	**35893**	**4271**	**16202**
4534012	**17184**	**17138**	**4324**	**57805**	**30247**	**2270**	**27063**	**4162**	**10849**
200221	13913	13905	330	4783	9293	514	-115	2517	498
11073	1	1	168	568	487	3	118	117	233
2117	1	1		6	39	1	60	0	61
12246	288	288		819	476	352	742	753	0
4418	61	53	84	580	435	17	192	14	204
4432	5	5		285	210		397		
165935	13557	13557	78	2525	7647	141	-1623	1633	
15359	34	23		725	452	6	68	35	30
	9	9			124		8		8
15359	25	14		725	328	6	60	35	23
13084	17	17	139	687	1287	58	-5	7	2
2285	1	1		48	131				
10799	16	16	139	639	1156	58	-5	7	2
138468	177	177	43	2330	1820	36	223	108	320
134255	175	175	43	2280	1732	31	213	108	311
4213	2	2		50	88	6	9	0	9
4037723	2667	2639	3436	44320	10477	1566	18498	903	8572
198928	514	514	287	2984	2277	216	316	20	316
3263597	1914	1886	1626	35177	3803	958	6331	418	1441
3666	7	7	411	190	101	3	142		
475832	200	200	706	4796	2672	268	9585	429	4772
7751	1	1	158		91	6	52		45
59173	15	15	179	537	988	105	2004	28	1925
28776	16	16	69	636	545	11	68	7	73
84134	262	262	376	4257	4431	90	1033	575	564
18916	23	23	99	1875	1117	20	150	3	151
30017	57	57	259	544	1362	59	485	472	144
2665	4	4		204	60				
24144	174	174		1571	1636	11	373	99	268
7451	4	4	4	46	257		24		0
941	0	0	14	17	1	1	2	1	

8-11 续表13

单位:万元　　　　(2013)

指标名称	Item	营业收入 Revenue from Business	主营业务收入 Revenue from Principal Business
其他批发业	Other Wholesale	46411	46411
再生物资回收与批发	Recovery and Wholesale of Recycled Materials	34907	34907
其他未列明批发业	Other Wholesale Unlisted	11504	11504
内资企业	Domestic Funded Enterprises	4710187	4699716
国有企业	State-owned Enterprises	255298	254788
有限责任公司	Limited Liability Corporations	646109	645679
国有独资公司	State-owned Enterprises	170264	170264
其他有限责任公司	Other Limited Liability Corporations	475845	475415
股份有限公司	Share-holding Corporations Ltd.	3296336	3289145
私营企业	Private Enterprises	512444	510103
私营有限责任公司	Private Limited Liability Corporations	512444	510103
外商投资企业	Foreign Funded Enterprises	2333	2333
中外合资经营企业	Sino-foreign Joint Venture Enterprises	2333	2333
国有控股	State-owned	4027098	4019050
集体控股	Collective-owned	50903	50903
私人控股	Private	584476	582135
其他	Others	50042	49960
独立门店	Indipendent Stores	1214448	1211212
连锁总店	Distributor Chain	436215	436215
连锁门店	Chain Stores	414228	407227
其他	Others	2647629	2647395
大型	Large-scale	1130390	1123241
中型	Medium-scale	3054931	3051773
小型	Small-scale	502924	502761
微型	Miniature	24274	24274
零售业	**Retail Trade**	**1262542**	**1248935**
综合零售	Integrated Retail	398943	390719
百货零售	Retail of General Merchandise	117842	109618
超级市场零售	Retail of Supermarkets	281101	281101
食品、饮料及烟草制品专门零售	Retail of Food,Beverages and Tobaccos	7820	7820
粮油零售	Retail of Grain and Oil	813	813
果品、蔬菜零售	Retail of Fruits and Vegetables	278	278
酒、饮料及茶叶零售	Retail of Wine,Beverages and Tea	6729	6729

continued

(10 000 yuan)

营业成本 Costs of Business		营业税金及附加 Business Taxes and Other Charges		其他业务利润 Profits from Other Businesses	销售费用 Selling Costs	管理费用 Management Costs		财务费用 Financial Costs		
	主营业务成本 Costs of Principal Business		主营业务税金及附加 Principal Business Taxes and Other Charges				税金 Taxes		利息收入 Interest Income	利息支出 Interest Expenses
45024	45024	115	115		704	2488		7362	17	864
33566	33566	21	21		566	287		–4	–15	10
11459	11459	94	94		138	2201		7366	32	854
4538926	4531951	17179	17133	4324	57731	30093	2270	27025	4127	10847
192812	192699	13655	13647	535	4295	10121	222	–1090	1770	668
624482	624467	795	795	1006	8248	7041	570	4268	341	3789
163661	163661	492	492		2221	1418	118	–17	17	
460821	460806	303	303	1006	6027	5623	451	4285	325	3789
3234911	3228699	1766	1739	16	32821	2306	815	4910	394	
486722	486086	963	952	2767	12367	10626	663	18937	1621	6390
486722	486086	963	952	2767	12367	10626	663	18937	1621	6390
2061	2061	5	5		74	154		38	35	3
2061	2061	5	5		74	154		38	35	3
3890537	3884210	16052	16017	882	41754	16374	1473	3786	2456	905
49427	49427				230	842	78	1842	28	1765
555116	554481	1085	1074	2948	14141	11813	716	20832	1685	8096
45908	45895	47	47	494	1680	1219	3	604	–7	84
1112453	1111660	15280	15262	4117	22924	25012	1358	18703	3592	7368
416654	416654	298	298		18846	1987	258	6353	28	1765
375638	369623	598	572		12509	1100	618	393	393	
2636243	2636075	1008	1007	207	3527	2148	36	1614	149	1717
1011862	1005819	14548	14523	120	35454	11227	970	3184	2132	3
3012029	3011124	2396	2376	2482	15341	13541	968	15046	1617	6093
492724	492696	217	217	1707	6617	4870	325	8004	412	4668
24373	24373	22	22	14	393	609	7	829	1	85
1103037	**1101736**	**5060**	**4852**	**25156**	**107513**	**38401**	**1701**	**8830**	**109**	**5353**
328124	328124	2625	2424	12801	55726	10212	255	1427	47	908
95641	95641	1620	1419	12801	18699	4531	84	499	15	44
232484	232484	1005	1005		37028	5681	171	928	32	864
7562	7562	3	3	23	1087	553	36	270	11	276
1788	1788	1	1	23	191	134	3	–3	3	
201	201	0	0		7	68		0	0	
5573	5573	2	2		889	351	32	272	8	276

8-11 续表14

单位:万元 (2013)

指标名称	Item	营业收入 Revenue from Business	主营业务收入 Revenue from Principal Business
纺织、服装及日用品专门零售	Special Retail of Textiles,Garments and Daily Consumer Articles	20375	17721
服装零售	Retail of Garments	14529	12875
钟表、眼镜零售	Retail of Clocks and Glasses	5846	4846
文化、体育用品及器材专门零售	Retail of Culture,Sports Appliances and Equipments	20269	20269
体育用品及器材零售	Retail of Sports Goods Appliances and Equipments	5751	5751
图书、报刊零售	Retail of Books, Newspapers and Magazines	9987	9987
珠宝首饰零售	Retail of Jewelery	3066	3066
照相器材零售	Retail of Photographic Equipment	600	600
其他文化用品零售	Retail of Other Culture Appliances	865	865
医药及医疗器材专门零售	Retail of Medicines and Medical Appliances	181420	181017
药品零售	Retail of Drug	181420	181017
汽车、摩托车、燃料及零配件专门零售	Retail of Motor Vehicles,Motorcycles,Fuel and Parts	382006	380769
汽车零售	Retail of Motor Vehicles	329264	328033
摩托车及零配件零售	Retail of Motor Vehicles and Parts	1025	1025
机动车燃料零售	Retail of Motor Vehicles Fuel	51718	51711
家用电器及电子产品专门零售	Special Retail of Household Electric Appliances and Electronic Products	239581	238745
家用视听设备零售	Retail of Household Audio and Video Equipment	7668	7561
日用家电设备零售	Retail of Household Electric Appliances	168012	167953
计算机、软件及辅助设备零售	Retail of Computer,Software and Assistant Appliances	55522	55360
通信设备零售	Retail of Communication Equipments	8379	7870
五金、家具及室内装饰材料专门零售	Special Retail of Hardware,Furniture and Decoration Materials	5469	5469
家具零售	Retail of Furniture	5469	5469
货摊、无店铺及其他零售业	Retail of Non-shop and Other Retails	6659	6407
生活用燃料零售	Retail of Life Fuel	6659	6407
内资企业	Domestic Funded Enterprises	1257334	1243727
国有企业	State-owned Enterprises	24711	23714
集体企业	Collective-owned Enterprises	2580	2580
有限责任公司	Limited Liability Corporations	833925	825457
国有独资公司	State-owned Enterprises	6659	6407
其他有限责任公司	Other Limited Liability Corporations	827266	819050

continued

(10 000 yuan)

营业成本 Costs of Business	主营业务成本 Costs of Principal Business	营业税金及附加 Business Taxes and Other Charges	主营业务税金及附加 Principal Business Taxes and Other Charges	其他业务利润 Profits from Other Businesses	销售费用 Selling Costs	管理费用 Management Costs	税金 Taxes	财务费用 Financial Costs	利息收入 Interest Income	利息支出 Interest Expenses
15591	15551	183	183	1614	6481	1998	260	492	-7	
11104	11063	156	156	1614	5810	1543	260	374	-7	
4487	4487	27	27		671	455		118		
15553	15553	94	94	109	2175	1956	33	122	11	36
4724	4724	19	19		541	418	19	36	0	36
6844	6844	37	37	92	1363	1302	13	4	10	
2739	2739	32	32	17	103	193		80		
500	500	4	4		95	1	1	1		
746	746	2	2		73	42		1		
164498	164455	318	318	352	7739	4586	178	1581	128	1572
164498	164455	318	318	352	7739	4586	178	1581	128	1572
353979	352804	748	741	740	11376	10082	431	3172	-352	1337
308023	306940	574	568	692	8084	8080	184	2564	-355	991
947	947	5	5		52	65				
45008	44916	168	168	48	3240	1937	247	608	3	347
207622	207605	1036	1036	9292	21761	8122	442	1536	270	1094
6080	6080	32	32	106	930	270	5	27	2	
143279	143270	841	841	8027	18180	4943	203	748	205	587
51002	50995	132	132	283	1774	2227	226	680	25	469
7262	7262	30	30	876	877	683	8	82	37	38
4268	4268	23	23		516	396	15	118	0	90
4268	4268	23	23		516	396	15	118	0	90
5840	5813	31	31	225	652	495	52	113		39
5840	5813	31	31	225	652	495	52	113		39
1099544	1098243	5035	4827	25156	106752	38148	1687	8741	109	5264
19437	19437	353	297	1061	3692	1651	17	73	15	
2489	2489	1	1	1	24	69		9		
718477	718262	3805	3799	19384	80085	25889	1344	3866	-102	2606
5840	5813	31	31	225	652	495	52	113		39
712637	712449	3775	3768	19159	79433	25395	1292	3753	-102	2567

8-11 续表15

单位:万元 (2013)

指标名称	Item	营业收入 Revenue from Business	主营业务收入 Revenue from Principal Business
股份有限公司	Share-holding Corporations Ltd.	40651	37836
私营企业	Private Enterprises	355468	354140
私营有限责任公司	Private Limited Liability Corporations	355185	353857
私营股份有限公司	Private Share-holding Corporations Ltd.	284	284
外商投资企业	Foreign Funded Enterprises	5208	5208
中外合资经营企业	Sino-foreign Joint Venture Enterprises	5208	5208
国有控股	State-owned	36256	35007
集体控股	Collective-owned	2580	2580
私人控股	Private	626449	618882
其他	Others	597258	592467
独立门店	Indipendent Stores	730876	720642
连锁总店	Distributor Chain	501572	498354
其他	Others	30094	29938
大型	Large-scale	452217	449403
中型	Medium-scale	685735	675139
小型	Small-scale	116475	116278
微型	Miniature	8114	8114
有店铺零售	Have a Retail Store	1250816	1237364
超市	Supermarket	4148	4148
大型超市	Hypermarket	469563	466748
百货店	Department Store	87315	80251
专业店	Speciality Store	533857	532433
专卖店	Franchised Store	154424	152275
厂家直销中心	Manufacturer Direct Sale Center	1509	1509
无店铺零售	Non-store Retail	11726	11570
电话购物	Telephone Shopping	11726	11570

continued

(10 000 yuan)

营业成本 Costs of Business		营业税金及附加 Business Taxes and Other Charges		其他业务利润 Profits from Other Businesses	销售费用 Selling Costs	管理费用 Management Costs		财务费用 Financial Costs		
	主营业务成本 Costs of Principal Business		主营业务税金及附加 Principal Business Taxes and Other Charges				税金 Taxes		利息收入 Interest Income	利息支出 Interest Expenses
33845	33845	189	44	2814	8871	644		2	6	8
325295	324209	687	686	1895	14081	9895	327	4791	189	2650
325032	323945	686	685	1895	14063	9895	327	4791	189	2650
264	264	1	1		18	0		0		
3494	3494	25	25		761	252	13	89		88
3494	3494	25	25		761	252	13	89		88
29575	29549	394	338	1293	4478	2243	65	190	15	39
2489	2489	1	1	1	24	69		9		
563114	561897	2332	2325	12738	35115	20926	1162	8448	228	5105
507859	507801	2334	2188	11124	67896	15164	473	182	-135	208
658576	657318	2773	2711	14504	43306	23455	1236	7884	-100	4715
416407	416365	2172	2026	10613	63010	13947	426	558	208	279
28054	28054	115	115	39	1198	999	38	387	1	359
377291	377291	1972	1826	10194	59159	10264	310	1242	102	886
611615	610334	2807	2744	14431	42428	23385	1057	6645	-75	3796
106551	106531	271	271	531	5568	4513	330	931	82	660
7581	7581	11	11	0	359	238	4	12	-1	9
1092294	1090993	5030	4823	25156	107237	37702	1673	8488	108	5010
3620	3620	11	11		268	204		3		
391919	391919	2011	1866	10194	61773	10728	364	1249	132	919
69439	69399	1581	1526	11600	15221	5157	344	491	2	36
485301	485126	1093	1087	3107	22988	15195	563	4669	-45	3275
140884	139799	332	332	255	6345	6353	402	2075	19	779
1131	1131	2	2		644	66	1	1	0	
10743	10743	30	30		276	699	27	342	1	342
10743	10743	30	30		276	699	27	342	1	342

8-11 续表16

单位:万元 (2013)

指标名称	Item	资产减值损失 Asset Impairment Loss	公允价值变动收益 Gains on the Changes of Fair Value
总计	**Total**	**270**	**5**
批发业	**Wholesale Trade**	**282**	
食品、饮料及烟草制品批发	Wholesale of Food,Beverages and Tobacoos	16	
米、面制品及食用油批发	Wholesale of Rice,Flour and Edible Oil		
糕点、糖果及糖批发	Wholesale of Pastry,Candy and Sugars		
肉、禽、蛋、奶及水产品批发	Wholesale of Meat, Poultry, Eggs, Milk and Aquatic Products		
盐及调味品批发	Wholesale of Salt and Condiments	16	
酒、饮料及茶叶批发	Wholesale of Wine ,Beverages and Tea		
烟草制品批发	Wholesale of Tobacoos		
纺织、服装及家庭用品批发	Wholesale of Textiles,Garments and Daily Consummer Aticles		
服装批发	Wholesale of Garments		
家用电器批发	Wholesale of Household Electrical Appliances		
文化、体育用品及器材批发	Wholesale of Cultural,Sports Goods Appliances and Equipments		
文具用品批发	Wholesale of Stationery		
图书批发	Wholesale of Books		
医药及医疗器材批发	Wholesale of Medicines and Medical Appliances	79	
西药批发	Wholesale of Western Medicine	79	
医疗用品及器材批发	Wholesale of Medical Supplies and Equipment		
矿产品、建材及化工产品批发	Wholesale of Mineral Products,Building Materials and Chemical Products	187	
煤炭及制品批发	Wholesale of Coal and Related Products	172	
石油及制品批发	Wholesale of Petroleum and Related Products		
非金属矿及制品批发	Wholesale of Nonmetallic Mine and Related Products		
金属及金属矿批发	Wholesale of Metallic mineral Products	15	
建材批发	Wholesale of Building Materials		
化肥批发	Wholesale of Chemical Fertilizer		
其他化工产品批发	Wholesale of Other Chemical Products		
机械设备、五金产品及电子产品批发	Wholesale of Machinery,Hardware and Electronic Equipment		
农业机械批发	Wholesale of Agriculture Machinary		
汽车批发	Wholesale of Motor Vehicles,Motorcycles and Parts		
五金产品批发	Wholesale of Hardware and Electric Matiarials		
电气设备批发	Wholesale of Electrical Equipment		
计算机、软件及辅助设备批发	Wholesale of Computer,Software and Assistant Aplliances		
其他机械设备及电子产品批发	Wholesale of Other Machinary and Electric Equipment		

continued

(10 000 yuan)

投资收益 Investment Income	营业利润 Business Profits	营业外收入 Revenue Excluding Business		利润总额 Total Profits	应交所得税 Tax Payable	应付职工薪酬(本年贷方累计发生额) Benefits of Employee Payable	应交增值税 Added Tax Payable
			补贴收入 Subsidies Income				
15731	**56032**	**12326**	**6066**	**69759**	**16448**	**93629**	**114942**
15140	**54209**	**5403**	**2969**	**55232**	**11500**	**42853**	**97391**
443	39798	479	477	40116	10009	14566	10269
6	–299	463	463	165		420	11
26	–305			–305		27	12
	3993			3996	999	494	
412	2430	14	14	2443	345	703	428
	62			62	16	196	
	33916	2		33755	8649	12727	9819
	–2	256		247	62	426	100
	41	235		276	53	86	
	–43	21		–29	8	340	100
2	211	6		341		916	146
	8			8		28	
2	203	6		334		889	146
–32	2850	363	100	3107	422	2843	1243
–32	2845	363	100	3102	422	2780	1226
	5			5		63	17
842	8684	2538	2301	9662	842	20744	84797
	2189	55	37	2101	683	1684	1057
	17759	85		16026	58	15983	80437
	–22	6		–16		59	
828	–9516	390	278	–8550	19	1455	3266
	15			15		24	14
13	–1922	1988	1986	–109	40	1119	3
	181	14		194	42	421	20
75	–1860	1650	92	–1714	43	2096	836
	–286	85	76	–204	21	500	171
75	–630	27	0	–595	7	893	367
	46			46	12	63	39
	–987	1538	16	–973		482	176
	10			11	4	159	82
	–14			1			–0

8-11 续表17

单位:万元 (2013)

指标名称	Item	资产减值损失 Asset Impairment Loss	公允价值变动收益 Gains on the Changes of Fair Value
其他批发业	Other Wholesale		
再生物资回收与批发	Recovery and Wholesale of Recycled Materials		
其他未列明批发业	Other Wholesale Unlisted		
内资企业	Domestic Funded Enterprises	282	
国有企业	State-owned Enterprises	31	
有限责任公司	Limited Liability Corporations	250	
国有独资公司	State-owned Enterprises		
其他有限责任公司	Other Limited Liability Corporations	250	
股份有限公司	Share-holding Corporations Ltd.		
私营企业	Private Enterprises		
私营有限责任公司	Private Limited Liability Corporations		
外商投资企业	Foreign Funded Enterprises		
中外合资经营企业	Sino-foreign Joint Venture Enterprises		
国有控股	State-owned	282	
集体控股	Collective-owned		
私人控股	Private		
其他	Others		
独立门店	Indipendent Stores	203	
连锁总店	Distributor Chain		
连锁门店	Chain Stores		
其他	Others	79	
大型	Large-scale	79	
中型	Medium-scale	188	
小型	Small-scale	15	
微型	Miniature		
零售业	**Retail Trade**	**-12**	**5**
综合零售	Integrated Retail	-69	
百货零售	Retail of General Merchandise	57	
超级市场零售	Retail of Supermarkets	-126	
食品、饮料及烟草制品专门零售	Retail of Food,Beverages and Tobaccos		
粮油零售	Retail of Grain and Oil		
果品、蔬菜零售	Retail of Fruits and Vegetables		
酒、饮料及茶叶零售	Retail of Wine,Beverages and Tea		

continued

(10 000 yuan)

投资收益 Investment Income	营业利润 Business Profits	营业外收入 Revenue Excluding Business	补贴收入 Subsidies Income	利润总额 Total Profits	应交所得税 Tax Payable	应付职工薪酬（本年贷方累计发生额） Benefits of Employee Payable	应交增值税 Added Tax Payable
13810	4528	112		3474	122	1262	
	471	17		488	122	394	
13810	4057	95		2986		868	
15140	54208	5388	2969	55222	11499	42763	97374
321	35795	449	441	36204	8995	14811	10459
–18	1166	2692	2086	3602	1336	6650	2587
	2489			2349	653	1317	865
–18	–1323	2692	2086	1253	683	5333	1722
	19787	51		17873	58	15627	80305
14837	–2540	2196	443	–2456	1111	5675	4023
14837	–2540	2196	443	–2456	1111	5675	4023
	1	15		10	1	90	17
	1	15		10	1	90	17
290	58769	877	541	57382	10061	34685	92802
13	–1438	1608	1606	160	40	373	
14837	–3708	2882	823	–2944	1233	6719	4589
	585	37		634	166	1077	
15054	34925	3333	1228	35793	10922	25048	16287
13	–7924	1613	1606	–6338	40	7321	2902
	23990	23		22218	58	6922	70150
73	3218	434	136	3559	480	3562	8052
–32	54005	389	100	52313	9063	29003	83666
14308	10809	4166	2370	12159	2281	9965	10260
864	–8647	561	499	–7574	102	3503	3403
	–1957	287		–1666	53	382	63
591	**1823**	**6923**	**3096**	**14527**	**4948**	**50776**	**17551**
232	1128	2059	1463	3322	1628	20256	4784
	–3204	592	484	–2598	134	6793	1552
232	4333	1467	980	5920	1495	13463	3232
	–1580	1426	1388	–180	31	913	27
	–1275	1332	1331	31	5	155	11
	3	57	57	59		432	
	–307	38		–271	27	326	16

单位:万元　　　　　　　　　　　　　　　　　　　　　　　　　　　　　　　　　　　　　　(2013)

指标名称	Item	资产减值损失 Asset Impairment Loss	公允价值变动收益 Gains on the Changes of Fair Value
纺织、服装及日用品专门零售	Special Retail of Textiles,Garments and Daily Consumer Articles		
服装零售	Retail of Garments		
钟表、眼镜零售	Retail of Clocks and Glasses		
文化、体育用品及器材专门零售	Retail of Culture,Sports Appliances and Equipments		
体育用品及器材零售	Retail of Sports Goods Appliances and Equipments		
图书、报刊零售	Retail of Books, Newspapers and Magazines		
珠宝首饰零售	Retail of Jewelery		
照相器材零售	Retail of Photographic Equipment		
其他文化用品零售	Retail of Other Culture Appliances		
医药及医疗器材专门零售	Retail of Medicines and Medical Appliances	19	
药品零售	Retail of Drug	19	
汽车、摩托车、燃料及零配件专门零售	Retail of Motor Vehicles,Motorcycles,Fuel and Parts	-1	5
汽车零售	Retail of Motor Vehicles	-1	5
摩托车及零配件零售	Retail of Motor Vehicles and Parts		
机动车燃料零售	Retail of Motor Vehicles Fuel		
家用电器及电子产品专门零售	Special Retail of Household Electric Appliances and Electronic Products	39	
家用视听设备零售	Retail of Household Audio and Video Equipment		
日用家电设备零售	Retail of Household Electric Appliances		
计算机、软件及辅助设备零售	Retail of Computer,Software and Assistant Appliances	39	
通信设备零售	Retail of Communication Equipments		
五金、家具及室内装饰材料专门零售	Special Retail of Hardware,Furniture and Decoration Materials		
家具零售	Retail of Furniture		
货摊、无店铺及其他零售业	Retail of Non-shop and Other Retails		
生活用燃料零售	Retail of Life Fuel		
内资企业	Domestic Funded Enterprises	-12	5
国有企业	State-owned Enterprises	-21	
集体企业	Collective-owned Enterprises		
有限责任公司	Limited Liability Corporations	-81	
国有独资公司	State-owned Enterprises		
其他有限责任公司	Other Limited Liability Corporations	-81	

continued

(10 000 yuan)

投资收益 Investment Income	营业利润 Business Profits	营业外收入 Revenue Excluding Business	补贴收入 Subsidies Income	利润总额 Total Profits	应交所得税 Tax Payable	应付职工薪酬(本年贷方累计发生额) Benefits of Employee Payable	应交增值税 Added Tax Payable
	-4370	6		-4390	21	2056	269
	-4457	6		-4472		1514	45
	87			82	21	542	225
	387	37		222	5	2817	455
	13			8	5	402	59
	438	16		255		2154	345
	-63	21		-42		98	32
	-2			-2		56	10
	1			2		109	9
	2681	1433	2	4248	957	6378	2351
	2681	1433	2	4248	957	6378	2351
19	2922	1187		2686	734	9232	2544
	2235	1164		2085	443	7813	1821
19	-24	8		-16		36	35
	712	15		618	290	1383	688
340	980	508	1	8710	1545	7509	6652
	330	2		310		203	24
	637	147		8080	1520	4053	3741
340	201	359		536	24	2483	801
	-188	1	1	-216	1	770	2085
	148			142	28	346	200
	148			142	28	346	200
	-471	267	242	-234		1270	271
	-471	267	242	-234		1270	271
591	1236	6918	3096	14006	4818	50454	17303
	-452	1348	1331	647	107	3959	709
	-11			-11		35	
572	2494	2817	247	12557	4118	31949	14196
	-471	267	242	-234		1270	271
572	2965	2550	5	12791	4118	30679	13925

8-11 续表19

单位:万元 (2013)

指标名称	Item	资产减值损失 Asset Impairment Loss	公允价值变动收益 Gains on the Changes of Fair Value
股份有限公司	Share-holding Corporations Ltd.	52	
私营企业	Private Enterprises	38	5
私营有限责任公司	Private Limited Liability Corporations	38	5
私营股份有限公司	Private Share-holding Corporations Ltd.		
外商投资企业	Foreign Funded Enterprises		
中外合资经营企业	Sino-foreign Joint Venture Enterprises		
国有控股	State-owned	-21	
集体控股	Collective-owned		
私人控股	Private	83	5
其他	Others	-73	
独立门店	Indipendent Stores	37	5
连锁总店	Distributor Chain	-49	
其他	Others		
大型	Large-scale	-49	
中型	Medium-scale	-2	5
小型	Small-scale	39	
微型	Miniature		
有店铺零售	Have a Retail Store	-12	5
超市	Supermarket		
大型超市	Hypermarket	-73	
百货店	Department Store	5	
专业店	Speciality Store	17	5
专卖店	Franchised Store	39	
厂家直销中心	Manufacturer Direct Sale Center		
无店铺零售	Non-store Retail		
电话购物	Telephone Shopping		

continued

(10 000 yuan)

投资收益 Investment Income	营业利润 Business Profits	营业外收入 Revenue Excluding Business	补贴收入 Subsidies Income	利润总额 Total Profits	应交所得税 Tax Payable	应付职工薪酬(本年贷方累计发生额) Benefits of Employee Payable	应交增值税 Added Tax Payable
	-2952	560	481	-2463		3272	
19	2158	2193	1036	3276	593	11240	2397
19	2157	2193	1036	3276	593	11224	2397
	1					16	
	587	5		521	130	322	248
	587	5		521	130	322	248
	-568	1615	1573	768	196	5355	1073
	-11			-11		35	
359	-1773	4102	1039	1291	1500	20222	5947
232	4175	1206	484	12480	3253	25164	10531
19	-3644	4158	2613	-578	1340	24230	9230
232	5760	2409	483	15036	3607	25791	8118
340	-292	357		69	1	756	203
232	2571	2135	1461	12103	3008	20101	6598
340	386	3282	247	1869	1786	25798	9957
	-1065	1498	1388	631	150	4638	898
19	-68	8		-76	5	240	98
251	1846	6569	3096	14197	4948	50491	17414
	43	5		48	12	259	97
232	2189	2135	1461	11723	3014	20167	6810
	-4579	38	2	-4473	134	4523	1559
19	5816	2895	245	7391	1593	19642	7110
	-1288	1495	1388	-157	195	5690	1822
	-335	2		-335		210	16
340	-23	354		330		285	137
340	-23	354		330		285	137

8—12 限额以上住宿和餐饮业经营情况(市区)

单位:万元 (2013)

指 标	Item	法人企业(个) Number of Corporate Unit (unit)	法人所属及单产业活动单位(个) Number of Corporate Owned and Industrial Activity Unit(unit)
总 计	**Total**	**80**	**109**
住宿业	**Hotels**	**31**	**38**
按登记注册类型分	**Grouped by Registration Status**		
内资企业	Domestic Funded Enterprises	31	38
国有企业	State-owned Enterprises	2	5
有限责任公司	Limited Liability Corporations	7	10
国有独资公司	State Sole Funded Corporations	1	1
其他有限责任公司	Other Limited Liability Corporations	6	9
私营企业	Private Enterprises	22	23
私营有限责任公司	Private Limited Liability Corporations	22	23
餐饮业	**Catering Servies**	**49**	**71**
按登记注册类型分	**Grouped by Registration Status**		
内资企业	Domestic Funded Enterprises	48	48
有限责任公司	Limited Liability Corporations	4	4
私营企业	Private Enterprises	44	44
私营独资企业	Private-funded Enterprises	3	3
私营合伙企业	Private Partnership Enterprises	1	1
私营有限责任公司	Private Limited Liability Corporations	39	39
外商投资企业	Foreign Funds Enterprises	1	1
个体工商户	Individual Businesses		22
按国民经济行业分	**Grouped by Sector**		
正餐服务	Restaurant	46	65
快餐服务	Fast Food	3	6
按经营形式分	**Grouped by Business Form**		
独立门店	Independent Stores	47	67
连锁总店	Distributor Chain	1	1

Bussiness of Hotels and Catering Servies by Enterprises above Designated Size (City)

(10 000 yuan)

营业额 Business Revenue	客房收入 From Hotel Rooms	餐费收入 From Meals	商品销售收入 From Commodities	其他收入 From Other Income
177996	**47400**	**118905**	**4752**	**6939**
84303	**42461**	**35790**	**1152**	**4901**
84303	42461	35790	1152	4901
20898	11277	7313	77	2230
31885	14121	15524	701	1538
1759	1288	456	14	1
30126	12833	15068	688	1538
31521	17063	12953	373	1132
31521	17063	12953	373	1132
93693	**4939**	**83115**	**3600**	**2038**
63187	4939	53822	2997	1428
6119	1385	4446	193	96
57069	3555	49377	2805	1333
2579		2500	80	
907		694	196	17
53103	3555	45709	2524	1316
6521		6521		
23984		22771	603	610
80752	4939	70254	3521	2038
12941		12861	80	
91761	4939	81215	3569	2038
538		538		

8-12 续表

单位:万元 (2013)

指　标	Item	客房数（间）Number of Rooms（room）
总　计	**Total**	**6198**
住宿业	**Hotels**	**5594**
按登记注册类型分	**Grouped by Registration Status**	
内资企业	Domestic Funded Enterprises	5594
国有企业	State-owned Enterprises	1128
有限责任公司	Limited Liability Corporations	1635
国有独资公司	State Sole Funded Corporations	104
其他有限责任公司	Other Limited Liability Corporations	1531
私营企业	Private Enterprises	2831
私营有限责任公司	Private Limited Liability Corporations	2831
餐饮业	**Catering Servies**	**604**
按登记注册类型分	**Grouped by Registration Status**	
内资企业	Domestic Funded Enterprises	604
有限责任公司	Limited Liability Corporations	186
私营企业	Private Enterprises	418
私营独资企业	Private-funded Enterprises	
私营合伙企业	Private Partnership Enterprises	
私营有限责任公司	Private Limited Liability Corporations	418
外商投资企业	Foreign Funds Enterprises	
个体工商户	Individual Businesses	
按国民经济行业分	**Grouped by Sector**	
正餐服务	Restaurant	604
快餐服务	Fast Food	
按经营形式分	**Grouped by Business Form**	
独立门店	Independent Stores	604
连锁总店	Distributor Chain	

continued

(10 000 yuan)

床位数 (个) Number of Beds (unit)	餐位数 (位) Number of Dining-seats (person)	年末餐饮营业面积 (平方米) Operating Area of Catering Servies at Year-end (sq.m)
9923	**42474**	**213342**
8909	**14359**	**73321**
8909	14359	73321
1562	3141	8293
2570	5097	26267
192	200	600
2378	4897	25667
4777	6121	38761
4777	6121	38761
1014	**28115**	**140021**
1014	20572	111140
271	1998	14823
743	18574	96317
	838	5283
	500	800
743	17086	89234
	2000	9000
	5543	19881
1014	26823	134638
	1292	5383
1014	27017	135558
	308	1083

8—13 限额以上住宿和餐饮业法人企业主要财务状况(市区)

单位:万元　　　　(2013)

指　标	Item	法人企业(个) Number of Corporate (unit)
总　计	**Total**	**78**
住宿业	**Hotels**	**33**
按登记注册类型分	**Grouped by Registration Status**	
内资企业	Domestic Funded Enterprises	33
国有企业	State-owned Enterprises	2
有限责任公司	Limited Liability Corporations	9
国有独资公司	State Sole Funded Corporations	2
其他有限责任公司	Other Limited Liability Corporations	7
私营企业	Private Enterprises	22
私营有限责任公司	Private Limited Liability Corporations	22
餐饮业	**Catering Servies**	**45**
按登记注册类型分	**Grouped by Registration Status**	
内资企业	Domestic Funded Enterprises	44
有限责任公司	Limited Liability Corporations	5
私营企业	Private Enterprises	39
私营独资企业	Private-funded Enterprises	2
私营合伙企业	Private Partnership Enterprises	1
私营有限责任公司	Private Limited Liability Corporations	35
外商投资企业	Foreign Funds Enterprises	1
按国民经济行业分	**Grouped by Sector**	
正餐服务	Restaurant	43
快餐服务	Fast Food	2
按经营形式分	**Grouped by Business Form**	
独立门店	Independent Stores	44
连锁总店	Distributor Chain	1

Financial Indicators of Hotels and Catering Servies by Enterprises above Designated Size (City)

(10 000 yuan)

流动资产 Working Capitals	# 应收帐款 Accounts Receivable	# 存 货 Stock
120579	**9105**	**7234**
50894	**3131**	**4286**
50894	3131	4286
8716	426	1464
8429	933	994
1059	291	202
7370	642	792
33749	1772	1829
33749	1772	1829
69685	**5974**	**2947**
54413	5967	2800
15410	828	265
39003	5139	2535
558	75	140
350	340	9
38046	4719	2368
15272	7	147
69206	5878	2823
479	96	124
69461	5878	2829
224	96	118

8-13 续表1

单位:万元 (2013)

指 标	Item	固定资产 Fixed Assets	固定资产原价 Original Value of Fixed Assets
总 计	**Total**	**178505**	**233366**
住宿业	**Hotels**	**159103**	**204859**
按登记注册类型分	**Grouped by Registration Status**		
内资企业	Domestic Funded Enterprises	159103	204859
国有企业	State-owned Enterprises	91882	101843
有限责任公司	Limited Liability Corporations	34233	53385
国有独资公司	State Sole Funded Corporations	2395	3189
其他有限责任公司	Other Limited Liability Corporations	31838	50197
私营企业	Private Enterprises	32988	49631
私营有限责任公司	Private Limited Liability Corporations	32988	49631
餐饮业	**Catering Servies**	**19402**	**28507**
按登记注册类型分	**Grouped by Registration Status**		
内资企业	Domestic Funded Enterprises	14990	23500
有限责任公司	Limited Liability Corporations	4526	6587
私营企业	Private Enterprises	10464	16912
私营独资企业	Private-funded Enterprises	77	79
私营合伙企业	Private Partnership Enterprises		10
私营有限责任公司	Private Limited Liability Corporations	10362	16772
外商投资企业	Foreign Funds Enterprises	4412	5008
按国民经济行业分	**Grouped by Sector**		
正餐服务	Restaurant	19029	28011
快餐服务	Fast Food	373	497
按经营形式分	**Grouped by Business Form**		
独立门店	Independent Stores	19082	28075
连锁总店	Distributor Chain	320	432

continued

(10 000 yuan)

累计折旧 Accumulated Depreciation	在建工程 Construction in Process	# 本年折旧 Depreciation This Year	资产总计 Total Assets	流动负债 Current Liabilities
56194	**9057**	**1142**	**333849**	**157553**
47378	**7709**	**1056**	**234653**	**95444**
47378	7709	1056	234653	95444
10637	3621	676	100680	2524
20098	1727	125	55385	34474
794	270	79	9311	6706
19304	1456	46	46074	27768
16642	2360	255	78589	58445
16642	2360	255	78589	58445
8816	**1348**	**87**	**99195**	**62109**
8816	1348	87	79511	52315
2064	126		24686	13374
6751	1222	87	54825	38941
1		49	719	1572
10			350	50
6713	1222	37	53642	37315
			19684	9794
8691	1333	87	98175	61744
124	15		1020	366
8703	1336	87	98483	61751
112	12		712	358

8-13 续表2

单位:万元 (2013)

指　标	Item	负债合计 Total Liabilities	所有者权益 Total Owners' Equities
总　计	**Total**	**306331**	**27517**
住宿业	**Hotels**	**218900**	**15753**
按登记注册类型分	**Grouped by Registration Status**		
内资企业	Domestic Funded Enterprises	218900	15753
国有企业	State-owned Enterprises	100663	16
有限责任公司	Limited Liability Corporations	45260	10124
国有独资公司	State Sole Funded Corporations	7663	1648
其他有限责任公司	Other Limited Liability Corporations	37597	8477
私营企业	Private Enterprises	72977	5612
私营有限责任公司	Private Limited Liability Corporations	72977	5612
餐饮业	**Catering Servies**	**87431**	**11765**
按登记注册类型分	**Grouped by Registration Status**		
内资企业	Domestic Funded Enterprises	67717	11795
有限责任公司	Limited Liability Corporations	27373	-2687
私营企业	Private Enterprises	40344	14481
私营独资企业	Private-funded Enterprises	1572	-853
私营合伙企业	Private Partnership Enterprises	50	300
私营有限责任公司	Private Limited Liability Corporations	38717	14925
外商投资企业	Foreign Funds Enterprises	19714	-30
按国民经济行业分	**Grouped by Sector**		
正餐服务	Restaurant	87065	11110
快餐服务	Fast Food	366	655
按经营形式分	**Grouped by Business Form**		
独立门店	Independent Stores	87073	11410
连锁总店	Distributor Chain	358	355

continued

(10 000 yuan)

实收资本 Paid-in Capitals	国家资本 State-owned Capitals	集体资本 Collective-owned Capitals	法人资本 Corporate Capitals	个人资本 Personal Capitals	外商资本 Foreign Capitals
71294	**26251**	**3887**	**20503**	**20653**	
53270	**26251**	**3887**	**12289**	**10842**	
53270	26251	3887	12290	10842	
3886	3886				
31865	22365	2887	3000	3613	
1594	1594				
30272	20771	2887	3000	3613	
17519		1000	9290	7229	
17519		1000	9290	7229	
18024			8213	9811	
16624			6813	9811	
1491			991	500	
15133			5822	9311	
55				55	
300				300	
14678			5822	8856	
1400			1400		
17624			8213	9411	
400				400	
17924			8213	9711	
100				100	

8-13 续表3

单位:万元 (2013)

指 标	Item	营业收入 Revenue from Principal Business	营业成本 Costs of Principal Business
总 计	**Total**	**103214**	**46340**
住宿业	**Hotels**	**55728**	**22181**
按登记注册类型分	**Grouped by Registration Status**		
内资企业	Domestic Funded Enterprises	55728	22181
国有企业	State-owned Enterprises	11069	2610
有限责任公司	Limited Liability Corporations	15892	10487
国有独资公司	State Sole Funded Corporations	2579	2016
其他有限责任公司	Other Limited Liability Corporations	13313	8471
私营企业	Private Enterprises	28767	9085
私营有限责任公司	Private Limited Liability Corporations	28767	9085
餐饮业	**Catering Servies**	**47486**	**24158**
按登记注册类型分	**Grouped by Registration Status**		
内资企业	Domestic Funded Enterprises	45138	23071
有限责任公司	Limited Liability Corporations	6844	2898
私营企业	Private Enterprises	38293	20173
私营独资企业	Private-funded Enterprises	2099	1069
私营合伙企业	Private Partnership Enterprises	637	202
私营有限责任公司	Private Limited Liability Corporations	35078	18554
外商投资企业	Foreign Funds Enterprises	2348	1087
按国民经济行业分	**Grouped by Sector**		
正餐服务	Restaurant	46769	23775
快餐服务	Fast Food	717	383
按经营形式分	**Grouped by Business Form**		
独立门店	Independent Stores	46915	23850
连锁总店	Distributor Chain	570	308

continued

(10 000 yuan)

营业税金及附加 Business Taxes and Other Charges	其他业务利润 Profits from Other Businesses	销售费用 Selling Costs
5494	**5712**	**39207**
2639	**2076**	**23183**
2639	2076	23183
133		9556
881	4	2921
139		
742	4	2921
1624	2072	10706
1624	2072	10706
2855	3636	16024
2726	3636	15059
376	3	2717
2350	3632	12342
105	467	982
45	390	300
2174	2671	10979
129		965
2828	3392	15756
27	244	267
2837	3392	15811
18	244	212

8-13 续表4

单位:万元 (2013)

指 标	Item	管理费用 Management Costs
总 计	**Total**	**23034**
住宿业	**Hotels**	**16061**
按登记注册类型分	**Grouped by Registration Status**	
内资企业	Domestic Funded Enterprises	16061
国有企业	State-owned Enterprises	2757
有限责任公司	Limited Liability Corporations	3733
国有独资公司	State Sole Funded Corporations	250
其他有限责任公司	Other Limited Liability Corporations	3482
私营企业	Private Enterprises	9571
私营有限责任公司	Private Limited Liability Corporations	9571
餐饮业	**Catering Servies**	**6973**
按登记注册类型分	**Grouped by Registration Status**	
内资企业	Domestic Funded Enterprises	6431
有限责任公司	Limited Liability Corporations	1399
私营企业	Private Enterprises	5032
私营独资企业	Private-funded Enterprises	78
私营合伙企业	Private Partnership Enterprises	36
私营有限责任公司	Private Limited Liability Corporations	4897
外商投资企业	Foreign Funds Enterprises	542
按国民经济行业分	**Grouped by Sector**	
正餐服务	Restaurant	6969
快餐服务	Fast Food	5
按经营形式分	**Grouped by Business Form**	
独立门店	Independent Stores	6973
连锁总店	Distributor Chain	1

continued

(10 000 yuan)

# 税 金 Taxes	财务费用 Financial Costs	# 利息支出 Interest Expenses	营业利润 Business Profits	利润总额 Total Profits	应付职工薪酬 Benefits of Employee Payable
972	**3949**	**1213**	**-14556**	**-12760**	**29376**
607	**1692**	**575**	**-9905**	**-8197**	**17633**
607	1692	575	-9905	-8197	17633
32	37		-4023	-3820	3463
232	113	65	-2244	-2250	6368
23	7	6	167	168	1969
209	107	60	-2411	-2417	4398
343	1542	510	-3637	-2128	7803
343	1542	510	-3637	-2128	7803
365	**2257**	**638**	**-4652**	**-4563**	**11743**
365	1402	638	-3421	-3333	11030
24	471		-996	-1040	1714
342	931	638	-2425	-2293	9316
	11		-146	-146	339
	3		51	51	
342	915	636	-2331	-2197	8796
	855		-1230	-1230	713
365	2244	625	-4673	-4585	11551
	13	12	21	21	192
365	2244	625	-4670	-4581	11599
	13	12	18	18	144

8—14　重点商品交易市场成交情况

（2013）

指　标	Item	市场个数（个）Number of Markets (unit)	#亿元以上市场 Markets Over 100 Million Yuan
总　计	**Total**	**40**	**21**
按经营环境分	**Grouped by Business Environment**		
露天式	Open Air	4	4
封闭式	Closed	35	16
其他	Others	1	1
按经营方式分	**Grouped by Star**		
批发	Wholesale	17	11
零售	Retail	23	10
按市场类别分	**Grouped by Market**		
综合市场	Integrated Markets	5	4
工业消费品综合市场	Industrial Products Integrated Markets	1	1
农产品综合市场	Farm Produce Comprehensive Markets	2	2
其他综合市场	Others	2	1
专业市场	Special Markets	35	17
生产资料市场	Production Markets	7	5
农业生产用具市场	Agricultural Productions Markets	1	1
木材市场	Wood Markets		
金属材料市场	Metal Materials Markets	4	3
机械设备市场	Machinery and Equipment Markets	1	1
农产品市场	Agricultural Products Markets	4	4
粮油市场	Grain and Oil Markets	1	1
蔬菜市场	Vegetables Markets	1	1
水产品市场	Aquatil Products Markets	1	1
干鲜果品市场	Fresh and Dried Fruits Markets	1	1
纺织、服装、鞋帽市场	Textile, Garments, Footwear and Hat Wear Markets	8	2
布料及纺织品市场	Textiles and Textile Goods Markets	1	
服装市场	Garments	3	
鞋帽市场	Footwear and Hat Wear Markets	1	
其他纺织服装鞋帽市场	Others	3	2
日用品及文化用品市场	Daily Use Articles and Cultaral Goods Markets	1	1
其他日用品及文化用品市场	Others	1	1
电器、通讯器材、电子设备市场	Electrical,Communication Appliances and Electronic Equipment Markets	1	
通讯器材市场	Communication Appliances Markets	1	
家具、五金及装饰材料市场	Furniture,Hardware & Electrical Materials and Decoration Materials Markets	12	4
家具市场	Furniture Markets	7	3
装饰材料市场	Building and Decoration Materials Markets	4	
灯具市场	Lamps Markets		
其他装修市场	Others	1	1
汽车、摩托车及零配件市场	Automotive,Motorcycle and Accessories Markets	1	1
汽车市场	Automotive Markets	1	1
花、鸟、鱼、虫市场	Flowers, Birds, Fish and Insects Markets	1	
花卉市场	Flower Markets	1	

Basic Statistics on Commodity Exchange Markets of Transaction Value

摊位数量（个）Number of Booths (unit)	#亿元以上市场 Markets Over 100 Million Yuan	成交额（万元）Turnover (10 000yuan)	#亿元以上市场 Markets Over 100 Million Yuan
23983	**17771**	**2285699**	**2215927**
3606	3606	727227	727106
18077	11865	1293121	1223470
2300	2300	265351	265351
11807	8776	1906606	1881213
12176	8995	379093	334714
3223	2847	200452	192169
476	476	47688	47688
1611	1611	37311	317331
1136	760	115453	107170
20760	14924	2085247	2023758
3212	2816	1092997	1079571
198	198	66674	66674
2386	2322	984767	981166
296	296	31731	31731
4724	4724	646784	646784
65	65	13930	13930
1100	1100	196762	196762
1259	1259	170741	170741
2300	2300	265351	265351
8822	4817	177537	157330
2000		8083	
780		3050	
230		2134	
5812	4817	164270	157330
317	317	32083	32083
317	317	32083	32083
100		3220	
100		3220	
2404	1289	102627	80017
1397	954	71852	64305
672		15063	
335	335	15712	15712
961	961	27973	27973
961	961	27973	27973
220		2026	
220		2026	

8-14 续表

(2013)

指 标	Item	摊位数量(个) Number of Booths (unit)
总 计	**Total**	**23983**
按经营环境分	**Grouped by Business Environment**	
露天式	Open Air	3606
封闭式	Closed	18077
其他	Others	2300
按经营方式分	**Grouped by Star**	
批发	Wholesale	11807
零售	Retail	12176
按市场类别分	**Grouped by Market**	
综合市场	Integrated Markets	3223
工业消费品综合市场	Industrial Products Integrated Markets	476
农产品综合市场	Farm Produce Comprehensive Markets	1611
其他综合市场	Others	1136
专业市场	Special Markets	20760
生产资料市场	Production Markets	3212
农业生产用具市场	Agricultural Productions Markets	198
木材市场	Wood Markets	
金属材料市场	Metal Materials Markets	2386
机械设备市场	Machinery and Equipment Markets	296
农产品市场	Agricultural Products Markets	4724
粮油市场	Grain and Oil Markets	65
蔬菜市场	Vegetables Markets	1100
水产品市场	Aquatil Products Markets	1259
干鲜果品市场	Fresh and Dried Fruits Markets	2300
纺织、服装、鞋帽市场	Textile, Garments, Footwear and Hat Wear Markets	8822
布料及纺织品市场	Textiles and Textile Goods Markets	2000
服装市场	Garments	780
鞋帽市场	Footwear and Hat Wear Markets	230
其他纺织服装鞋帽市场	Others	5812
日用品及文化用品市场	Daily Use Articles and Cultaral Goods Markets	317
其他日用品及文化用品市场	Others	317
电器、通讯器材、电子设备市场	Electrical,Communication Appliances and Electronic Equipment Markets	100
通讯器材市场	Communication Appliances Markets	100
家具、五金及装饰材料市场	Furniture,Hardware & Electrical Materials and Decoration Materials Markets	2404
家具市场	Furniture Markets	1397
装饰材料市场	Building and Decoration Materials Markets	672
灯具市场	Lamps Markets	
其他装修市场	Others	335
汽车、摩托车及零配件市场	Automotive,Motorcycle and Accessories Markets	961
汽车市场	Automotive Markets	961
花、鸟、鱼、虫市场	Flowers, Birds, Fish and Insects Markets	220
花卉市场	Flower Markets	220

continued

# 亿元以上市场 Markets Over 100 Million Yuan	成交额 （万元） Turnover （10 000yuan）	# 亿元以上市场 Markets Over 100 Million Yuan
17771	**2285699**	**2215927**
3606	727227	727106
11865	1293121	1223470
2300	265351	265351
8776	1906606	1881213
8995	379093	334714
2847	200452	192169
476	47688	47688
1611	31731	37311
760	115453	107170
14924	2085247	2023758
2816	1092997	1079571
198	66674	66674
2322	984767	981166
296	31731	31731
4724	646784	646784
65	13930	13930
1100	196762	196762
1259	170741	170741
2300	265351	265351
4817	177537	157330
	8083	
	3050	
	2134	
4817	164270	157330
317	32083	32083
317	32083	32083
	3220	
	3220	
1289	102627	80017
954	71852	64305
	15063	
335	15712	15712
961	27973	27973
961	27973	27973
	2026	
	2026	

8—15 利用外资情况

Utilization of Foreign Capital

单位：万美元　　(2013)　　(USD 100 million)

指　标	Item	新批项目个数（个）Number of Newly Approved Project (unit)	项目总投资 Total Investment of Project	合同外资 Contracted Foreign Investment	实际利用外资 Actual Utilization of Foreign Capital
直接利用外资	Foreign Direct Investment	14	136163	35797	12858
# 中外合资企业	Sino-foreign Joint Ventures	10	124936	31596	6916
外商独资企业	Foreign Funds Enterprises	4	11227	4201	5942

8—16 进出口贸易总额

Total Trade Value of Imports and Exports

单位：万美元　　(2013)　　(USD 100 million)

指　标	Item	合　计 Total
进出口贸易总额	Total Trade Value of Imports and Exports	241065
出口贸易总额	Total Trade Value of Exports	207770
进口贸易总额	Total Trade Value of Imports	33295

8—17 主要出口商品数量

Number of Major Export Commodities

指标	Item	单位	Unit	2013年
铁合金	Ferrosilicon	吨	ton	2639
碳化硅	Silicon Carbide	吨	ton	20297
红霉素	Erythromycin	吨	ton	831
羊绒衫	Cashmere Sweater	百件	100 pieces	28532
泰乐菌素	Tylosin	吨	ton	1829
无毛绒	No Plush	吨	ton	235
其他活性炭	Other Activated Carbon	吨	ton	30215
金属镁	Magnesium Metal	吨	ton	2122
味精	Lysine Ester and Salt	吨	ton	7765
制成的饲料添加剂	Made of Feed Additives	吨	ton	50028

8—18 旅游情况

Basic Statistics of Traveling

指标	Item	单位	Unit	2013年	2012年
接待国内游客总人数	Total Number of Domestic Visitors	万人次	10 000 person-times	798.61	696.58
接待国内游客总收入	Total Income of Domestic Visitors	亿元	100 million yuan	73.11	58.51
接待国内游客人均花费额	Per Capita Amount of Domestic Visitors	元	yuan	915.41	1102.41
接待海外旅游者	Number of Overseas Tourists	人次	person-times	18352	13931
旅游外汇收入	Tourism Exchange Income	万美元	USD 100 million	874.51	405.16

8—19 批发零售企业按销售额排序

The Sort of Wholesale and Retail Enterprises in Terms of Sales Value

(2013)

序号 Number	单位名称 Unit Name
1	中国石油西北销售宁夏分公司
2	宁夏灵武宝塔大古储运有限公司
3	中国石油天然气股份有限公司宁夏银川销售公司
4	中国石油化工股份有限公司宁夏石油分公司
5	银川新华百货商店股份有限公司
6	宁夏回族自治区烟草公司银川市公司
7	银川市新华百货连锁超市有限公司
8	中国石油天然气股份有限公司宁夏高速公路销售分公司
9	银川新华百货东桥电器有限公司
10	银川嘉利鑫商贸有限公司
11	宁夏驰创贸易有限责任公司
12	国药控股宁夏有限公司
13	宁夏奥立升汽车销售服务有限公司
14	宁夏金润宝汽车销售服务有限公司
15	宁夏润众汽车销售服务有限公司
16	宁夏金福源汽车销售服务有限公司
17	宁夏中农金合农业生产资料有限责任公司
18	宁夏华源耀康医药有限公司
19	宁夏国芳百货购物广场有限公司
20	银川五宝实业发展有限公司
21	宁夏上陵迈轮汽车销售服务有限公司
22	宁夏宁北汽车贸易有限公司
23	宁夏众欣联合中信医药有限公司
24	宁夏宁北长城汽车专营有限公司德胜分公司
25	宁夏东钢物资有限责任公司
26	宁夏闽宁医药有限公司
27	宁夏路捷汽车贸易有限公司
28	宁夏福立升汽车销售服务有限公司
29	银川汇丰物资贸易有限责任公司
30	宁夏华润万家生活超市有限公司

8—20　批发零售企业按零售额排序

The Sort of Wholesale and Retail Enterprises in Terms of Retail Value

（2013）

序号 Number	单位名称 Unit Name
1	银川新华百货商店股份有限公司
2	银川市新华百货连锁超市有限公司
3	银川新华百货东桥电器有限公司
4	中国石油天然气股份有限公司宁夏银川销售公司
5	中国石油化工股份有限公司宁夏石油分公司
6	国药控股宁夏有限公司
7	宁夏奥立升汽车销售服务有限公司
8	宁夏金润宝汽车销售服务有限公司
9	宁夏润众汽车销售服务有限公司
10	宁夏金福源汽车销售服务有限公司
11	宁夏华源耀康医药有限公司
12	宁夏国芳百货购物广场有限公司
13	银川五宝实业发展有限公司
14	宁夏上陵迈轮汽车销售服务有限公司
15	宁夏宁北汽车贸易有限公司
16	宁夏众欣联合中信医药有限公司
17	宁夏宁北长城汽车专营有限公司德胜分公司
18	宁夏福立升汽车销售服务有限公司
19	宁夏华润万家生活超市有限公司
20	宁夏路捷汽车贸易有限公司
21	银川万达百货有限公司
22	宁夏金岛汽车销售有限公司
23	宁夏万易丰汽车销售服务有限公司
24	宁夏银川上陵丰田汽车销售服务有限公司
25	宁夏怡通汽车销售服务有限公司
26	宁夏好世界汽车销售服务有限公司
27	宁夏京胜汽车销售服务有限公司
28	宁夏天银汽车销售服务有限公司
29	宁夏利之星汽车有限公司
30	宁夏银川上陵雷克萨斯汽车销售服务有限公司

8—21 批发零售企业按固定资产原价排序

The Sort of Wholesale and Retail Enterprises in Terms of Original Value of Fixed Assets

(2013)

序号 Number	单位名称 Unit Name
1	中国石油化工股份有限公司宁夏石油分公司
2	中国石油天然气股份有限公司宁夏银川销售公司
3	银川市新华百货连锁超市有限公司
4	宁夏恒源万福清真食品股份有限公司
5	宁夏驰创贸易有限责任公司
6	宁夏中银邓肯服饰有限公司
7	宁夏兰星石油销售(集团)公司
8	宁夏回族自治区烟草公司银川市公司
9	宁夏利之星汽车有限公司
10	宁夏银川粮油购销公司
11	银川市新华书店
12	宁夏国大药房连锁有限公司
13	中国石油天然气股份有限公司宁夏高速公路销售分公司
14	宁夏金福源汽车销售服务有限公司
15	宁夏银川上陵雷克萨斯汽车销售服务有限公司
16	宁夏中农金合农业生产资料有限责任公司
17	银川市煤气供热有限公司
18	宁夏奥立升汽车销售服务有限公司
19	宁夏上陵卓恒安汽车销售服务有限公司
20	银川市双宝副食品有限公司
21	宁夏金润宝汽车销售服务有限公司
22	宁夏上陵实业(集团)有限公司
23	银川洁能科技有限公司
24	宁夏回族自治区新华书店
25	宁夏灵武宝塔大古储运有限公司
26	宁夏银川上陵丰田汽车销售服务有限公司
27	银川昌昊汽车工贸有限责任公司
28	宁夏路捷汽车贸易有限公司
29	宁夏佳丰汽车服务有限公司
30	宁夏交通物流产业股份有限公司

8—22 批发零售企业按利润总额排序

The Sort of Wholesale and Retail Enterprises in Terms of Total Profits

（2013）

序号 Number	单位名称 Unit Name
1	宁夏回族自治区烟草公司银川市公司
2	中国石油天然气股份有限公司宁夏银川销售公司
3	银川庞大兴驰汽车销售服务有限公司
4	银川新华百货东桥电器有限公司
5	银川市新华百货连锁超市有限公司
6	宁夏恒源万福清真食品股份有限公司
7	宁夏奥立升汽车销售服务有限公司
8	宁夏上陵实业(集团)有限公司
9	国药控股宁夏有限公司
10	宁夏回族自治区盐业公司
11	宁夏驰创贸易有限责任公司
12	中国石油西北销售宁夏分公司
13	中国石油天然气股份有限公司宁夏高速公路销售分公司
14	宁夏众欣联合方泽医药有限公司
15	宁夏福立升汽车销售服务有限公司
16	宁夏银川上陵丰田汽车销售服务有限公司
17	宁夏天银汽车销售服务有限公司
18	宁夏国大药房连锁有限公司
19	宁夏天利新华夏汽车连锁有限公司
20	银川逐鹿工程机械有限公司
21	宁夏上陵迈轮汽车销售服务有限公司
22	宁夏宁北汽车贸易有限公司
23	宁夏金润宝汽车销售服务有限公司
24	宁夏人和汽车销售服务有限公司
25	宁夏润众汽车销售服务有限公司
26	宁夏龙丰贸易实业有限公司
27	宁夏银古石油有限公司
28	银川华夏汽车销售有限公司
29	银川洁能科技有限公司
30	宁夏共享金属回收有限公司

8—23 住宿餐饮业企业按营业收入排序

The Sort of Hotels and Catering Servies Enterprises by Business Income

（2013）

序号 Number	单位名称 Unit Name
1	宁夏悦海宾馆
2	宁夏回乡文化实业有限公司
3	宁夏虹桥大酒店有限责任公司
4	宁夏香渔王子饭店有限责任公司
5	宁夏宁丰餐饮服务有限公司
6	宁夏黄河明珠投资有限公司黄河明珠大酒店
7	宁夏九洲国际饭店有限公司
8	宁夏宝塔宾馆有限公司
9	宁夏祥元宾馆有限公司
10	宁夏东港明珠餐饮有限公司
11	宁夏工会大厦
12	宁夏柏悦酒店有限公司
13	宁夏昊王国际饭店有限公司
14	宁夏地德人和酒店有限公司
15	宁夏锦湖饭店有限公司
16	宁夏艾依明珠饭店有限公司
17	宁夏国际饭店有限公司
18	宁夏银川仙鹤餐业有限公司
19	宁夏东港火锅超级广场(有限公司)
20	宁夏泰豪餐饮娱乐有限公司
21	宁夏机场酒店管理有限公司
22	宁夏海悦建国饭店有限公司
23	银川柏悦餐饮娱乐有限公司
24	银川同福餐饮服务有限公司
25	宁夏长相忆宾馆有限公司
26	银川市德隆楼清真餐饮有限公司
27	宁夏金悦餐饮有限公司
28	银川市灿烂阳光餐饮有限公司
29	宁夏盛世花园大酒店有限公司
30	宁夏尊园餐饮有限公司

8—24 住宿餐饮业企业按客房收入排序

The Sort of Hotels and Catering Servies Enterprises by Hotel Rooms Income

（2013）

序号 Number	单位名称 Unit Name
1	宁夏悦海宾馆
2	宁夏柏悦酒店有限公司
3	宁夏虹桥大酒店有限责任公司
4	宁夏地德人和酒店有限公司
5	宁夏机场酒店管理有限公司
6	宁夏宁丰餐饮服务有限公司
7	宁夏九洲国际饭店有限公司
8	宁夏黄河明珠投资有限公司黄河明珠大酒店
9	宁夏宝塔宾馆有限公司
10	宁夏海悦建国饭店有限公司
11	宁夏盛世花园大酒店有限公司
12	银川同福餐饮服务有限公司
13	宁夏工会大厦
14	宁夏香渔王子饭店有限责任公司
15	宁夏国际饭店有限公司
16	宁夏祥元宾馆有限公司
17	宁夏兰花花国际大酒店有限公司
18	宁夏锦湖饭店有限公司
19	银川大自然旅游宾馆
20	宁夏新锦润酒店管理有限公司
21	宁夏昊王国际饭店有限公司
22	宁夏艾依明珠饭店有限公司
23	银川绿洲饭店有限责任公司
24	宁夏长相忆宾馆有限公司
25	宁夏中银大唐酒店有限公司
26	银川市长城宾馆有限公司
27	宁夏贺兰纳帝国际饭店股份公司
28	宁夏大学国际交流中心(有限公司)
29	银川新华饭店有限公司
30	宁夏玉皇阁酒店有限公司

8—25 商品交易市场按成交额排序

The Sort of Commodity Trading Market by Turnover Values

(2013)

序号 Number	市场名称 Market Name	单位(管理机构)名称 Unit (Management Agencies) Name	市场负责人 Market Leader
1	望远现代金属物流园	宁夏望远现代金属物流集团股份有限公司	符美田
2	宁夏四季农产品综合批发市场	宁夏四季鲜果品蔬菜批发市场有限公司	高文河
3	昆仑钢材市场	银川昆仑市场发展有限公司	党　兵
4	燕宝钢材市场	宁夏燕宝钢材市场有限公司	张　宁
5	北环批发市场	银川北环蔬菜果品综合批发市场管理有限公司	徐彦文
6	新世纪冷链物流中心	宁夏新世纪市场管理有限公司	陈小金
7	银川商城	银川盛广汇商业经营管理有限公司	蔡昌忠
8	东环批发市场	银川市环盛商贸有限公司	唐月英
9	西北农资城	银川博源物业服务有限公司	宋金生
10	宁夏商都	银川建发家世界有限责任公司	代军鲜

8—26 商品交易市场按营业面积排序

The Sort of Commodity Trading Market by Business Area

(2013)

序号 Number	市场名称 Market Name	单位(管理机构)名称 Unit (Management Agencies) Name	市场负责人 Market Leader
1	宁夏四季农产品综合批发市场	宁夏四季鲜果品蔬菜批发市场有限公司	高文河
2	中国国际穆斯林商贸城	汇丰祥商业控股有限公司	尹荣华
3	国际汽车城	银川通和汽车有限公司	张宝祥
4	昆仑钢材市场	银川昆仑市场发展有限公司	党　兵
5	银川月星国际家居建材广场	银川月星市场经营管理有限公司	朱巍晨
6	望远现代金属物流园	宁夏望远现代金属物流集团股份有限公司	符美田
7	燕宝钢材市场	宁夏燕宝钢材市场有限公司	张　宁
8	美德亨国际家居博览中心	美德亨国际家居博览中心	尤小广
9	银川商城	银川盛广汇商业经营管理有限公司	蔡昌忠
10	西夏建材城	宁夏燕葆装饰材料市场管理服务有限公司	田长月

8—27 银川市星级宾馆一览表

List of Star Hotels in Yinchuan City

（2013）

宾馆名称 Hotel Name	地址 Address	电话 Telephone	星级 Star
悦海宾馆	银川市金凤区贺兰山路甲1号	0951-5696888	★★★★★
虹桥大酒店	兴庆区解放西街16号	0951-6918888	★★★★
太阳神大酒店	兴庆区北京东路123号	0951-7868888	★★★★
西港航空酒店	兴庆区胜利南北街87号	0951-4090888	★★★★
宁丰宾馆	兴庆区解放东街6号	0951-6028898	★★★★
黄河明珠大酒店	兴庆区新华东街520号	0951-6036666	★★★★
中银大唐饭店	灵武市西湖公园内	0951-4598888	★★★★
工会大厦	兴庆区解放东街1号	0951-6016898	★★★★
昊王国际饭店	银川得胜工业园新胜西路北3号	0951-8079456	★★★★
贺兰国际饭店	银川市贺兰县桃林北街	0951-7826666	★★★★
同福大饭店	新华东街93号	0951-6032678	★★★★
海天大酒店	银川市兴庆区解放东街333号	0951-7866666	★★★★
海悦建国饭店	银川市南薰东街3号	0951-6080777	★★★★
盛世花园大酒店	银川市玉皇阁北街46号	0951-6037999	★★★★
锦湖饭店	兴庆区民族北街369号	0951-5686666	★★★★
森淼假日酒店	银川市南环绕城高速公路植物园出口处向南300米	0951-5667113	★★★★
长相忆宾馆	兴庆区玉皇阁北街120号	0951-6710668	★★★
沙湖宾馆	兴庆区文化西街22号	0951-5012128	★★★
世纪大厦	兴庆区玉皇阁北街24号	0951-6080688	★★★
大自然宾馆	兴庆区清和南街242号	0951-6016666	★★★
铁道宾馆	银川市怀远东路550号	0951-3962118	★★★
祥元宾馆	兴庆区长城东路280号	0951-4915888	★★★
绿洲饭店	兴庆区解放西街33号	0951-5029777	★★★
满春大酒店	丽景北街488号	0951-3990999	★★★
荣源大酒店	清和北街199号	0951-6045555	★★★
银泉宾馆	银川市胜利北街157号	0951-4081688	★★★
昊源宾馆	银川市中山南街裕民巷1-11号	0951-6021286	★★★
隆湖宾馆	银川市民族北街60号	0951-6718888	★★★
长丰宾馆	银川兴庆区长庆燕鸽湖石油基地	0951-6935000	★★★
燕莎大酒店	银川石油城	0951-6934586	★★★
天奇宾馆	兴庆区丽景北街满春家园1#楼	0951-6158788	★★★
宝塔宾馆	金凤区宁安大街88号	0951-5699299	★★★
天豹大酒店	银川市清河南街1352号	0951-7899512	★★★
玉皇阁酒店	银川市玉皇阁北街8号	0951- 6090666	★★★
格林豪泰银川北京路酒店	银川市兴庆区北京东路792号	0951-5173888	★★★
民航蓝天宾馆	银川市民族北街34号	0951-6042968	★★★
清源大厦	银川市怀远西路155号	0951-3871088	★★★
凯悦年华大酒店	丽景北街在水一方A区151号	0951-5173555	★★★
金润恒通饭店	上海东路841号	0951-6716666	★★★
金悦华庭酒店	新华东街526号（塞上凝聚力商业区）	0951-5127888	★★★
金汇大酒店	银川市兴庆区清和南街649号	0951-4082388	★★★
阿依莎穆斯林大饭店	银川市金凤区正源南街	0951-7692633	★★★
东泰阳光商务酒店	永宁县宁和北街东泰阳光商务酒店	0951-8015588	★★★
百吉大酒店	兴庆区新华东街219号	0951-619999	★★★
长城宾馆	兴庆区解放西街388号	0951-5022808	★★
今世缘宾馆	银川市西夏区星洲北路35号	0951-3966666	★★

主要统计指标解释

【社会消费品零售总额】 指国民经济各行业直接售给城乡居民和社会集团的消费品总额，它是反映各行业通过多种商品流通渠道向居民和社会集团供应的生活消费品总量，是研究国内零售市场变动情况、反映经济景气程度的重要指标。

社会消费品零售总额包括：(1)售给城乡居民作为生活用的商品和修建房屋用的建筑材料；(2)售给社会集团的各种办公用品和公用消费品；(3)售给机关、团体、学校、部队、企业、事业单位的职工食堂和旅店（招待所）附设专门供本店旅客食用，不对外营业的食堂的各种食品、燃料；企业单位和国营农场直接售给本单位职工和职工食堂的自己生产的产品；(4)售给部队干部、战士生活用和粮食、副食品、衣着品、日用品、燃料；(5)售给来华的外国人、华侨、港澳台同胞的消费品；(6)居民自费购买的中、西药品、中药材及医疗用品；(7)报社、出版社直接售给居民和社会集团的报纸、图书、杂志，集邮公司出售的新、旧纪念邮票、特种邮票、首日封、集邮册、集邮工具等；(8)旧货寄售商店自购、自销部分的商品；(9)煤气公司、液化石油气站售给居民和社会集团的煤气灶具和罐装液化气石油气；(10)农民售给非农业居民和社会集团的商品。不包括售给国民经济各部门企业、事业单位（包括国有经济的农场）生产经营用的各种原材料、燃料、设备、工具等和售给批发零售贸易业、餐饮业作为转卖用的商品，旧货寄售商店受托寄售卖出的商品，服务业的营业收入，邮局出售邮票的收入，自来水、电力、煤气生产（供应）单位的产品供应收入，也不包括农民之间的商品销售。

【商品销售总额】 指对本企业（单位）以外的单位和个人出售的商品金额（包括售给本单位消费用的商品，含增值税）。它反映批发零售贸易业在国内市场上销售商品以及出口商品的总量。商品销售总额包括：(1)售给城乡居民和社会集团消费用的商品；(2)售给工业、农业、建筑业、运输邮电业、批发零售贸易业、餐饮业、服务业等作为生产、经营使用的商品；(3)售给批发零售贸易业作为转卖或加工后转卖的商品；(4)对国（境）外直接出口的商品。不包括出售本企业（单位）自用的废旧包装用品；未通过买卖行为付出的商品；经本单位介绍，由买卖双方直接结算，本单位只收取手续费的业务；购货退出的商品以及商品损耗和损失等。

【零售额】 指售给城乡居民用于生活消费和社会集团用于公共消费的商品金额。

商品零售包括：(1)售给城乡居民的各种生活消费品，售给入境旅游的外国人、华侨、港澳台同胞的各类商品；(2)售给行政事业单位、社会团体、军队和武警等机构的商品，以及以零售方式售给各类企业的商品。具体包括：用于非生产和社会交往的办公用品，如通讯设备、计算器具和设备、电讯网络设备、文印设备、音像视听器材和设备、纸张、本册、文具及装订文印材料、家具、日用电器、针纺织品、清洁卫生用品、文体用品、奖品、纪念品、礼品等；供内部人员乘坐的交通工具和燃料；用于办公设施修缮的各类配件、材料、工具等；用于取暖和防暑降温的设备、燃料、材料及食品等；专用于教学的用品和设备；非营利医疗机构的中、西药品、中药材和医疗设备器材；非专用的劳动保护用品；不对外营业的内部食堂用的餐具、炊具、设备、清洁卫生工具和食品、燃料等；军队、武警用于其人员生活的衣着品和个人用品；其他各类非生产性设备和用品。

商品零售不包括：(1)售给城乡居民已确知是用于生产、经营的商品；(2)售给各类农业生产者的生产资料类商品，如农机、农药化肥、农膜、种子饲料等商品；(3)售给企业单位生产用具及生产上专用的劳动保护用品。

【营业额】 指住宿和餐饮业单位在经营活动中因提供服务或销售商品等取得的全部收入，包括：客房收入、餐费收入、商品销售额（含增值税)和其他收入。不包括法人单位附营的其他行业产业活动单位的餐费收入、商品销售收入等各项收入。

【客房收入】 指住宿和餐饮业单位在经营活动中因提供住宿服务取得的收入。不包括法人单位附营的其他行业产业活动单位的客房收入。

【餐费收入】 指住宿和餐饮业单位因为顾客提供就餐服务取得的收入。包括:经烹饪、调制加工后出售的各种食品,如主食、炒菜、凉拌菜等的收入。不包括法人单位附营的其他行业产业活动单位的餐费收入。

【商品销售额】 指住宿和餐饮业单位出售商品的销售总额(含增值税)。不包括法人单位附营的其他行业产业活动单位的商品销售额。

【其他收入】 指营业额中除客房收入、餐费收入、商品销售额(含增值税)以外的其他收入。

【进出口总额】 海关进出口总额指实际进出我国国境的货物总金额。包括对外贸易实际进出口货样。来料加工装配进出口货物,国家间、联合国及国际组织无偿援助物资和赠送品,华侨、港澳台同胞和外籍华人捐赠品,租赁期满归承租人所有的租赁货物。进料加工进出口货物。边境地方贸易及边境地区小额贸易进出口货物(边民互市贸易除外),中外合资企业、中外合作经营企业、外商独资经营企业进出口货物和公用物品,到、离岸价格在规定限额以上进出口货物和广告品(无商业价值、无使用价值和免费提供出口的除外),从保税仓库提取在中国境内销售的进口货物,以及其他进出口货物。进出口总额用以观察一个国家在对外贸易方面的总规模,我国规定出口货物按离岸价格统计,进口货物按到岸价格统计。

【利用外资】 指我国各级政府、部门、企业和其他经济组织通过对外借款、吸收外商直接投资以及用其他方式筹措的境外现汇、设备、技术等。

财政金融保险

Governement Finance, Financial Intermediation and Insurance

9—1 主要年份地方财政收支情况

Local Financial Revenue and Expenditure in Main Years

单位:万元 (10 000 yuan)

年 份 Year	地方财政收入 Local Financial Revenue	#市 区 City	地方财政支出 Local Financial Expenditure	#市 区 City	#基本建设支出 Capital Construction	#农业支出 Expenditure for Surporting Rural Production	#文教科学卫生 Science, Education, Culture and Health Care
1951	201	79	39	23	4		
1952	307	159	92	67	16		
1953	452	307	243	88	7	1	70
1954	850	604	337	181	91	2	79
1955	607	326	225	83	14	4	66
1956	584	341	409	198	54	5	172
1957	730	422	392	176	33	7	158
1958	773	721	1040	652	694	6	139
1959	1356	1242	1349	929	785	36	234
1960	2100	1576	2571	1761	1618	73	382
1961	1007	903	1631	876	638	113	343
1962	970	843	1194	759	439	26	319
1963	1145	982	1387	858	541	62	288
1964	1457	1108	1904	1244	871	84	499
1965	1580	1175	1641	1027	636	83	557
1966	1935	1501	1930	1207	742	83	578
1967	1434	1101	1520	892	651	42	461
1968	1260	913	1455	941	664	27	435
1969	2198	1782	1932	1298	1043	13	520
1970	2827	2381	2294	1430	1234	34	568
1971	3277	2798	2837	1527	1095	48	625
1972	3886	3265	3069	1873	975	80	709
1973	4449	3657	3451	2163	837	118	756
1974	4574	3655	3885	2507	1211	153	834
1975	5467	4308	4324	2410	1200	191	901
1976	5333	4037	5214	2528	1993	158	993
1977	5522	4057	5257	2776	1682	188	1035
1978	7254	5413	6833	3915	2317	202	
1979	7117	5441	8272	4688	2337	1955	
1980	3881	2396	6669	3411	276	1932	
1981	3160	1671	5153	2416	217	1070	

9-1 续表 continued

单位:万元 (10 000 yuan)

年 份 Year	地方财政收入 Local Financial Revenue	#市 区 City	地方财政支出 Local Financial Expenditure	#市 区 City	#基本建设支出 Capital Construction	#农业支出 Expenditure for Surporting Rural Production	#文教科学卫生 Science, Education, Culture and Health Care
1982	3958	2271	7478	4221	501	1052	
1983	4087	2554	9219	5669	723	1335	
1984	5833	4080	12048	7390	809	1199	
1985	13171	10544	12223	6974	744	1472	
1986	14056	11251	17413	10993	1242	1513	
1987	15941	12815	15306	8986	368	1578	
1988	18850	15133	18230	10862	436	2023	
1989	21277	17458	21238	13674	470	2425	
1990	22965	19173	22367	14382	453	2315	
1991	26391	22130	26179	18147	493	1680	
1992	24737	19790	25198	16805	641	2136	
1993	31260	24223	31211	19732	866	2614	
1994	19598	14899	33718	21292	797	1878	
1995	26402	20868	42954	28799	1641	1673	
1996	42468	32474	51499	35104	2487	2279	
1997	54396	41935	66118	45690	2297	3099	
1998	74720	61745	85335	63941	2360	3394	
1999	80515	66323	90549	67040	2694	3369	
2000	94989	79183	123786	91481	16031	3416	
2001	123089	103303	163850	118290	25296	3530	
2002	133234	112189	202666	147863	36049	4689	
2003	160561	137437	234359	177796	29063	9665	
2004	194609	162362	284863	215923	30969	12876	
2005	249307	210424	343573	254325	35907	14021	
2006	299372	244279	431830	306971	47976	16419	
2007	539726	389012	744479	499537			
2008	646674	467143	926417	613012			
2009	925713	655309	1114240	641419			
2010	1379942	932676	1768768	1041810			
2011	1801422	1253585	2377933	1515983			
2012	1873131	1331335	2672293	1693464			
2013	2232886	1623472	3077821	1943088			

9—2 地方财政收入

Local Financial Revenue

单位:万元 (2013) (10 000 yuan)

指标	Item	合计 Total	市区 City	永宁县 Yongning	贺兰县 Helan	灵武市 Lingwu
本年收入总计	**Total Government Revenue This Year**	**2232886**	**1623472**	**170313**	**187395**	**251706**
公共财政预算收入	**General Budget Revenue**	**1345999**	**949130**	**108862**	**130241**	**157766**
税收收入	Total Tax Revenue	1051911	715628	97275	105449	133559
增值税	Value-added Tax	81502	56634	11212	6894	6762
营业税	Business Tax	535835	363961	50622	57331	63921
企业所得税	Corporate Income Tax	67346	49061	3704	5126	9455
个人所得税	Individual Income Tax	23163	17948	1376	1509	2330
资源税	Resource Tax	8204	939			7265
城市维护建设税	City Maintenance and Construction Tax	84669	57467	5207	4528	17467
房产税	House Property Tax	31994	21720	2055	2280	5939
印花税	Stamp Tax	23761	14996	1594	1954	5217
城镇土地使用税	Urban Land Use Tax	30184	15969	2650	5202	6363
土地增值税	Land Appreciation Tax	33079	25904	3292	2837	1046
车船税	Tax on Vehicles and Boat Operation	16335	11843	327	3291	874
耕地占用税	Farm Land Occupation Tax	12198		6291	3568	2339
契税	Deed Tax	103641	79186	8945	10929	4581
非税收入	Total Non-tax Revenue	294088	233502	11587	24792	24207
专项收入	Special Program Recipts	43444	24637	3907	2884	12016
行政事业性收费收入	Charge of Administrative and Institutional Units	89092	61877	2669	19532	5014
罚没收入	Penalty Receipts	24854	14773	4559	1657	3865
国有资本经营收入	Operating Income of State-owned Capital	71396	71304	92		
国有资源(资产)有偿使用收入	Income from National Resources(assets) Paid Using	44475	40563	337	268	3307
其他收入	Other Income	20827	20348	23	451	5
基金预算收入	**Fund Budget Revenue**	**886887**	**674342**	**61451**	**57154**	**93940**
政府性基金预算收入	Governmental Funds Revenue	886887	674342	61451	57154	93940

9—3 地方财政支出

Local Financial Expenditure

单位:万元 （2013） （10 000 yuan）

指 标	Item	合 计 Total	市 区 City	永宁县 Yongning	贺兰县 Helan	灵武市 Lingwu
本年支出总计	**Total Government Expenditure This Year**	**3077821**	**1943088**	**314966**	**312263**	**507504**
公共财政预算支出	**General Budget Revenue**	**2205311**	**1320640**	**243312**	**248186**	**393173**
一般公共服务	Expenditure for General Public Services	131728	79724	13689	19247	19068
国防	Expenditure for National Defense	3147	2199	664	40	244
公共安全	Expenditure for Public Security	135075	104443	8017	9511	13104
教育	Expenditure for Education	242037	151096	27444	26881	36616
科学技术	Expenditure for Science and Technology	39013	26146	3691	3832	5344
文化体育与传媒	Expenditure for Culture,Sports and Media	30518	22386	2499	2516	3117
社会保障和就业	Expenditure for Social Safety Net and Employment Effort	201060	127285	23984	25907	23884
医疗卫生	Expenditure for Medical and Health Care	107944	77600	10668	7718	11958
节能环保	Expenditure for Environment Protection	51663	28277	8582	6101	8703
城乡社区事务	Expenditure for Urban and Rural Community Affairs	579615	410715	32163	28037	108700
农林水事务	Expenditure for Agriculture,Forestry and Water Conservancy	257496	90321	51399	57957	57819
交通运输	Expenditure for Transportation	63990	35601	10956	3935	13498
资源勘探电力信息等事务	Expenditure for Resource Exploration,Electricity and Information Technology	83342	39358	4869	19845	19270
商务服务业等事务	Expenditure for Business Service Industry Affairs	28749	18618	2759	2212	5160
国土资源气象等事务	Expenditure for Land Resources And Meteorology Affairs	10855	5619	2211	997	2028
住房保障支出	Expenditure for Affordable Houses	137593	54866	33737	11097	37893
粮油物资储备管理事务	Expenditure for Reserve for Cereals and Oils	1908	1695	56	62	95
国债还本付息支出	Expenditure for Debt Principal and Interest	54061	3043	5616	20145	25257
其他支出	Other Expenditure	45517	41648	308	2146	1415
基金预算支出	**Fund Budget Revenue**	**872510**	**622448**	**71654**	**64077**	**114331**
教育	Expenditure for Education	6462	3122	1422	675	1243
文化体育与传媒	Culture Sports and Media	200		200		
城乡社区事务	Expenditure for Urban and Rural Community Affairs	837763	602011	65004	62541	108207
农林水事务	Expenditure for Agriculture,Forestry and Water Conservancy	17997	11664	3543	210	2580
交通运输	Transportation	2300	1400	500		400
资源勘探电力信息等事务	Expenditure for Resource Exploration,Electricity and Information Technology	1474	1429			45
商业服务业等事务	Expenditure for Business Service Industry Affairs	550				550
社会保障和就业	Expenditure for Social Safety Net and Employment Effort	2395	1078	642	371	304
其他支出	Other Expenditure	3369	1744	343	280	1002

9—4 主要年份金融机构存、贷款余额

Total Deposits and Loans of Financial Institutions in Main Years

单位:万元 (10 000 yuan)

年 份 Year	各项存款余额 Total Deposits	# 国家银行 State Bank	# 居民储蓄 Saving Deposits	各项贷款余额 Total Loans	# 国家银行 State Bank	# 工业贷款 Loans to Industrial Sector	# 商业贷款 Loans to Commercial Sector	# 农业贷款 Loans to Agricultural Sector
1951	27	27	8	13	13		2	7
1952	51	51	12	25	25		2	10
1953	92	92	19	39	39	2	5	21
1954	1137	1137	135	1092	1092	28	43	19
1955	2256	2256	155	2605	2605	80	1213	29
1956	2525	2525	248	2966	2966	50	569	178
1957	3282	3282	355	3523	3523	10	426	118
1958	5898	5898	413	6088	6088	225	1700	49
1959	19157	19157	625	19480	19480	1548	4528	89
1960	31169	31169	757	31608	31608	3248	2093	167
1961	18809	18809	752	19481	19481	2002	8101	178
1962	12994	12994	936	13213	13213	883	633	536
1963	9310	9310	670	10824	10824	538	1767	520
1964	8908	8908	892	9326	9326	456	2294	404
1965	13077	13077	1009	13907	13907	256	3375	438
1966	21340	21340	1195	20958	20958	415	6076	966
1967	23802	23802	1291	24300	24300	489	6405	804
1968	21700	21700	1361	22263	22263	679	6991	633
1969	26827	26827	1333	27592	27592	848	7299	577
1970	26021	26021	1455	27210	27210	2461	10592	563
1971	29952	29952	1723	30038	30038	5528	13362	751
1972	26818	26818	2025	27003	27003	4970	12852	379
1973	29112	29112	2303	28643	28643	2019	13350	354
1974	28487	28487	2575	28972	28972	4309	12420	337
1975	36203	36203	2774	36696	36696	3864	14235	445
1976	37683	37683	2957	38506	38506	4596	12950	642
1977	41410	41410	3383	42337	42337	4041	14454	759
1978	49659	49659	3903	50310	50310	3802	17152	934
1979	50928	50928	5135	50453	50453	4044	17681	1131
1980	83659	83659	6734	83659	83659	6700	16611	908
1981	98680	98680	8862	99103	99103	7519	20505	758

单位:万元 (10 000 yuan)

年 份 Year	各项存款余额 Total Deposits	#国家银行 State Bank	#居民储蓄 Saving Deposits	各项贷款余额 Total Loans	#国家银行 State Bank	#工业贷款 Loans to Industrial Sector	#商业贷款 Loans to Commercial Sector	#农业贷款 Loans to Agricultural Sector
1982	71523	71523	11802	72742	72742	6803	22173	676
1983	107439	107439	15814	106354	106354	8699	20620	464
1984	148583	148583	23568	149627	149627	12361	24332	4228
1985	95110	95110	30382	98640	98640	26876	40067	4992
1986	115343	115343	42416	126374	126374	36572	46583	6282
1987	128112	128112	57368	170829	170829	47666	55486	8961
1988	149310	149310	71642	224608	224608	62190	79357	8570
1989	180472	180472	93624	257532	257532	78071	89926	11639
1990	225386	225386	122634	311791	311791	108775	100529	12956
1991	281564	281564	154230	399997	399997	131676	107238	13563
1992	345822	345822	186737	468094	468094	156467	128217	13913
1993	416441	416441	236156	570809	570809	184433	151318	15877
1994	674904	549733	362184	796435	690839	205252	168235	26422
1995	863818	708656	493414	900108	782052	233542	175200	23903
1996	1097742	933259	628206	1051645	931411	294426	239680	27268
1997	1242053	1091149	714143	1201302	1032897	328032	275001	33885
1998	1389316	1215715	813962	1310574	1164919	335518	290594	42587
1999	1903393	1642217	913344	1848119	1655668	377651	433091	46311
2000	2232318	1885173	998236	2053071	1774688	362999	373399	49141
2001	2813614	2319854	1239655	2353019	1970644	405628	315090	75352
2002	3583910	2666719	1548067	2854180	2177933	407808	283762	136569
2003	4641305	3069964	1930771	3724738	2543640	458811	262614	218000
2004	5139463	3455615	2188016	4013796	2840865	496620	267837	261023
2005	6126851	4200698	2649514	5517095	4152282	456304	308036	331312
2006	7182299		3063847	6612150		450296	336665	356859
2007	8096592		3264143	7960248		669992	371927	390264
2008	9939064		4231523	9650819		1172224	292573	330976
2009	12789671		5194029	12891250		1142625	325506	410443
2010	15979613		6344542	16410628				
2011	18101999		7252604	19454215				
2012	21082811		9014685	22829704				
2013	23409309		10152220	26606157				

9—5 金融机构年末存、贷款余额

Total Deposits and Loans of Financial Institutions at Year-end

单位:万元　　　　(2013)　　　　(10 000 yuan)

指 标	Item	合 计 Total	市 区 City	永宁县 Yongning	贺兰县 Helan	灵武市 Lingwu
年末各项存款余额	**Total Deposits at Year-end**	**23409309**	**20139910**	**920867**	**897628**	**1450905**
#单位存款	Deposits by Unit	12048844	11077780	234443	196822	539800
个人存款	Deposits by Personal	10633601	8368743	681393	697911	885554
#储蓄存款	Savings Deposit	10152220	7898750	678774	697763	876932
财政性存款	Fiscal Deposits	608507	580277	2145	1679	24405
临时性存款	Temporary Deposits	44085	42070	1661	215	139
委托存款	Trusted Deposits	30814	30594	220		
其他存款	Other Deposits	43458	40446	1005	1000	1007
年末各项贷款余额	**Total Loans at Year-end**	**26606157**	**22876444**	**1007392**	**832670**	**1889650**
#短期贷款	Short-term Loans	7906811	5757788	603779	426530	1118713
个人贷款及透支	Personal Loans and Overdrafts	1759692	965050	257726	215563	321353
#个人消费贷款	Personal Consumption Loans	209604	193478	2851	4532	8744
单位普通贷款及透支	Unit Ordinary Loans and Overdrafts	5690204	4504058	339760	210967	635420
普通并购贷款	Ordinary Mergers and Acquisitions Loans					
银团贷款	Syndicated Loans	36000	36000			
贸易融资	Trade Finance	420914	252681	6293		161940
中长期贷款	Medium & Long-term Loans	17950753	16448375	370621	362233	769525
个人贷款	Personal Loans	3501890	2861523	138801	170266	331299
#个人消费贷款	Personal Consumption Loans	2333404	2001715	91404	130653	109631
单位普通贷款	Unit Ordinary Loans	13015784	12156772	231820	191966	435226
普通并购贷款	Ordinary Mergers and Acquisitions Loans	23003	23003			
银团贷款	Syndicated Loans	1410076	1407076			3000
贸易融资	Trade Finance					
境外筹资转贷款	Overseas Financing Transferred Loans					
融资租赁	Finance Leases					
票据融资	Bill Financing	735496	659047	31128	43908	1412
各项垫款	Every Advance Money	12978	11115	1863		

9—6 政策性银行年末存、贷款余额

Total Deposits and Loans of Policy Banks at Year-end

单位:万元 （2013） （10 000 yuan）

指 标	Item	合计 Total	市区 City	永宁县 Yongning	贺兰县 Helan	灵武市 Lingwu
年末各项存款余额	**Total Deposits at Year-end**	**91911**	**44869**	**12006**	**9424**	**25612**
#单位存款	Deposits by Unit	91911	44869	12006	9424	25612
个人存款	Deposits by Personal					
临时性存款	Temporary Deposits					
其他存款	Other Deposits					
年末各项贷款余额	**Total Loans at Year-end**	**839938**	**438901**	**197828**	**63122**	**140087**
#短期贷款	Short-term Loans	406541	197118	103378	6968	99077
个人贷款及透支	Personal Loans and Overdrafts					
单位普通贷款及透支	Unit Ordinary Loans and Overdrafts	406541	197118	103378	6968	99077
普通并购贷款	Ordinary Mergers and Acquisitions Loans					
银团贷款	Syndicated Loans					
贸易融资	Trade Finance					
境外筹资转贷款	Overseas Financing Transferred Loans					
中长期贷款	Medium & Long-term Loans	433397	241783	94450	56154	41010
个人贷款	Personal Loans					
单位普通贷款	Unit Ordinary Loans	433397	241783	94450	56154	41010
普通并购贷款	Ordinary Mergers and Acquisitions Loans					
银团贷款	Syndicated Loans					
贸易融资	Trade Finance					
境外筹资转贷款	Overseas Financing Transferred Loans					
融资租赁	Finance Leases					
票据融资	Bill Financing					
各项垫款	Every Advance Money					

注:2010年国家开发银行进行了股改,表中政策性银行仅包括农业发展银行。

a)The National Development Bank shares changed in 2010, Policy banks in the table only includes the Agricultural Develpoment Bank.

9—7 中资全国性四家大型银行年末存、贷款余额

Total Deposits and Loans of State-owned Commercial Banks at Year-end

单位：万元　　　　　　　　　　　　（2013）　　　　　　　　　　　　（10 000 yuan）

指　标	Item	合　计 Total	市　区 City	永宁县 Yongning	贺兰县 Helan	灵武市 Lingwu
年末各项存款余额	**Total Deposits at Year-end**	**10708480**	**9356111**	**368973**	**271499**	**711897**
#单位存款	Deposits by Unit	5238265	4688307	138027	77933	333999
个人存款	Deposits by Personal	5387871	4588621	229931	192566	376754
#储蓄存款	Savings Deposit	5223816	4427303	228311	192418	375784
临时性存款	Temporary Deposits	20421	20273	11		137
其他存款	Other Deposits	61923	58911	1005	1000	1007
年末各项贷款余额	**Total Loans at Year-end**	**10797787**	**8897593**	**395856**	**317085**	**1187254**
#短期贷款	Short-term Loans	2738247	1710132	186499	87154	754462
个人贷款及透支	Personal Loans and Overdrafts	333882	173374	21087	6914	132507
#个人消费贷款	Personal Consumption Loans	73580	61693	2151	2120	7616
单位普通贷款及透支	Unit Ordinary Loans and Overdrafts	1958881	1259507	159119	80240	460015
普通并购贷款	Ordinary Mergers and Acquisitions Loans					
银团贷款	Syndicated Loans	36000	36000			
贸易融资	Trade Finance	409484	241251	6293		161940
境外筹资转贷款	Overseas Financing Transferred Loans					
中长期贷款	Medium & Long-term Loans	7746607	6875641	209356	229930	431680
个人贷款	Personal Loans	2100962	1747173	97326	120685	135777
#个人消费贷款	Personal Consumption Loans	1856955	1546316	88788	115606	106245
单位普通贷款	Unit Ordinary Loans	5367805	4850627	112030	109245	295902
普通并购贷款	Ordinary Mergers and Acquisitions Loans	19003	19003			
银团贷款	Syndicated Loans	258837	258837			
贸易融资	Trade Finance					
境外筹资转贷款	Overseas Financing Transferred Loans					
融资租赁	Finance Leases					
票据融资	Bill Financing	312616	311504			1112
各项垫款	Every Advance Money	246	246			

注：中资全国性四家大型银行包括工商银行、农业银行、中国银行、建设银行。

a) Chinese-funded national four large banks included ICBC, ABC, CCB and BC.

9—8 地方性金融机构年末存、贷款余额

Total Deposits and Loans of Local Financial Institutions at Year-end

单位:万元　　　　　　(2013)　　　　　　(10 000 yuan)

指　标	Item	合　计 Total	市　区 City	永宁县 Yongning	贺兰县 Helan	灵武市 Lingwu
年末各项存款余额	**Total Deposits at Year-end**	**8604649**	**6954073**	**479545**	**561232**	**609800**
#单位存款	Deposits by Unit	4350626	4017858	82582	103723	146462
个人存款	Deposits by Personal	4232962	2917020	395313	457294	463336
#储蓄存款	Savings Deposit	4000411	2686118	394313	457294	462687
临时性存款	Temporary Deposits	18835	16968	1650	215	2
其他存款	Other Deposits	2226	2226			
年末各项贷款余额	**Total Loans at Year-end**	**5748788**	**4443417**	**403776**	**440515**	**461079**
#短期贷款	Short-term Loans	3352620	2461949	310168	328904	251599
个人贷款及透支	Personal Loans and Overdrafts	1296241	675769	232905	205145	182421
#个人消费贷款	Personal Consumption Loans	121000	116980	699	2377	944
单位普通贷款及透支	Unit Ordinary Loans and Overdrafts	2056380	1786180	77263	123759	69178
普通并购贷款	Ordinary Mergers and Acquisitions Loans					
银团贷款	Syndicated Loans					
贸易融资	Trade Finance					
境外筹资转贷款	Overseas Financing Transferred Loans					
中长期贷款	Medium & Long-term Loans	2031185	1693685	60617	67703	209180
个人贷款	Personal Loans	970073	704314	35277	41136	189347
#个人消费贷款	Personal Consumption Loans	202244	187712	897	12318	1317
单位普通贷款	Unit Ordinary Loans	1058112	989371	25340	26567	16833
普通并购贷款	Ordinary Mergers and Acquisitions Loans					
银团贷款	Syndicated Loans	3000				3000
贸易融资	Trade Finance					
境外筹资转贷款	Overseas Financing Transferred Loans					
融资租赁	Finance Leases					
票据融资	Bill Financing	352250	276914	31128	43908	300
各项垫款	Every Advance Money	12733	10869	1863		

注:地方性金融机构包括宁夏银行、石嘴山银行、宁夏黄河农村商业银行、农村信用社、村镇银行。

a)Local financial institutions included Bank of Ningxia, Yellow River Rural Commercial Bank, Rural Credit Cooperatives and Village Bank.

9—9 保险业务情况

Basic Statistics for Insurance Companies

单位:万元　　　　（2013）　　　　（10 000 yuan）

指　标	Item	保费收入 Premium	赔款支出 Reparation
总　计	**Total**	**439770.85**	**133995.43**
财产险	**Property Insurance**	**181638.58**	**87685.17**
企业财产险	Enterprise Property Insurance	10681.06	4138.72
家庭财产险	Family Property Insurance	191.26	46.45
责任险	Liability Insurance	5094.78	2307.29
机动车辆险	Motor Vehicle Insurance	153808.67	77113.30
货物运输险	Freight Transport Insurance	1362.94	274.88
工程险	Engineering Insurance	1867.42	546.07
农业险	Agriculture Insurance	8511.60	3256.51
其他险	Other Insurance	1.97	0.60
人身险	**Personal Accident Insurance**	**258132.27**	**46310.25**
人寿险	Life Insurance	207107.57	32679.81
意外伤害险	Accident Injury Insurance	12330.68	2895.00
健康险	Health Insurance	38694.02	10735.44

主要统计指标解释

【财政收入】 指国家财政参与社会产品分配所取得的收入，是实现国家职能的财力保证。主要包括：各项税收：包括国内增值税、国内消费税、进口货物增值税和消费税、出口货物退增值税和消费税、营业税、企业所得税、个人所得税、资源税、城市维护建设税、房产税、印花税、城镇土地使用税、土地增值税、车船税、船舶吨税、车辆购置税、关税、耕地占用税、契税、烟叶税等。非税收入：包括专项收入、行政事业性收费、罚没收入和其他收入。财政收入按现行分税制财政体制划分为中央本级收入和地方本级收入。

【财政支出】 指国家财政将筹集起来的资金进行分配使用，以满足经济建设和各项事业的需要。主要包括：一般公共服务、外交、国防、公共安全、教育、科学技术、文化体育与传媒、社会保障和就业、医疗卫生、环境保护、城乡社区事务、农林水事务、交通运输、资源勘探电力信息等事务、商业服务等事务、金融监管支出、国土气象等事务、住房保障支出、粮油物资储备管理等事务、国债付息支出等方面的支出。财政支出根据政府在经济和社会活动中的不同职权，划分为中央财政支出和地方财政支出。

【存款】 企业、机关、团体或居民根据可以收回的原则，把货币资金存入银行或其他信用机构保管并取得一定利息的一种信用活动形式。根据存款对象的不同可划分为企业存款、财政存款、机关团体存款、城乡居民储蓄存款等科目。它是银行信贷资金的主要来源。

【贷款】 银行或其他信用机构根据必须归还的原则，按一定利率，为企业、个人等提供资金的一种信用活动形式。我国银行贷款分流动资金贷款、中短期设备贷款以及农户贷款等科目。

【保费收入】 保险费收入指投保人或被保险人为获得保险保障而付给保险人的代价。储金收入指投保人为取得经济保障而存入保险公司的存款，保险期满，保险公司连同部分利息退还投保人。

【赔款支出】 赔款指财产保险在被保险财产发生保险合同规定的损失后，保险公司按实际损失给予的经济补偿金额。给付指人身保险在保险责任发生的意外伤害或事故及返还性保险期满，保险公司给保险人支付的款项。

【保险金额】 指保险对象的投保价值，也是保险承担经济补偿或给付的最高金额。

人民生活和物价

People's Living Conditions and Price Indices

10—1 主要年份城市居民收支及价格指数情况

Income and Expenditure of Uran Households and Price Indices in Main Years

(2013)

年 份 Year	城市居民人均可支配收入(元) Per Capita Disposable Income of Uran Households(yuan)	城市居民人均消费性支出(元) Per Capita Consumption Expenditure of Uran Households(yuan)	恩格尔系数(%) Engel's Coefficient (%)	居民消费价格总指数(%) Consumer Price Index(%)	#服务项目价格指数 Service Items Price Index	商品零售价格指数(%) Retail Price Index (%)
1949	118.64	110.96	60.10			
1950	136.13	135.94	60.10			
1951	156.15	166.52	60.11	123.70		113.30
1952	179.24	204.02	60.11	106.70		102.60
1953	187.00	205.38	60.03	104.70		102.80
1954	195.04	206.70	59.94	101.40		102.10
1955	203.43	208.05	59.85	100.70		101.20
1956	212.18	209.44	59.75	100.10		100.20
1957	221.56	211.09	59.65	102.50		101.50
1958	222.31	210.03	60.04	102.40		101.70
1959	222.97	209.52	60.24	102.90		102.00
1960	223.64	209.74	60.24	104.30		104.40
1961	224.31	210.79	60.00	120.20		120.60
1962	224.99	212.85	59.48	95.10		95.30
1963	226.08	216.48	58.66	88.90		89.10
1964	233.73	218.25	58.66	94.90		95.70
1965	263.90	235.81	57.02	97.70		97.50
1966	268.74	238.59	57.49	98.20		98.10
1967	273.58	241.75	57.87	102.50		102.50
1968	278.50	245.26	58.18	101.30		101.30
1969	283.51	249.08	58.44	102.50		102.50
1970	288.62	253.26	58.62	100.80		100.80
1971	293.81	257.74	58.76	99.80		99.70
1972	299.10	262.50	58.84	100.40		100.40
1973	304.49	267.59	58.88	100.30		100.30
1974	309.97	272.97	58.87	100.40		100.40
1975	315.55	278.65	58.83	100.60		100.70
1976	321.23	284.62	58.74	100.90		101.10
1977	327.01	291.24	58.75	108.20		108.40
1978	346.08	306.12	58.75	100.60	100.00	100.70
1979	369.49	314.13	60.04	101.20	100.10	101.30
1980	488.18	403.32	54.75	106.50	105.00	106.50

10-1 续表 continued

(2013)

年 份 Year	城市居民人均可支配收入(元) Per Capita Disposable Income of Uran Households(yuan)	城市居民人均消费性支出(元) Per Capita Consumption Expenditure of Uran Households(yuan)	恩格尔系数(%) Engel's Coefficient(%)	居民消费价格总指数(%) Consumer Price Index(%)	#服务项目价格指数 Service Items Price Index	商品零售价格指数(%) Retail Price Index (%)
1981	485.01	422.90	52.50	101.7	103.2	101.6
1982	501.36	448.07	52.92	101.2	102.6	101.1
1983	550.00	477.46	55.05	101.8	98.5	101.7
1984	672.43	583.30	54.69	103.8	101.9	103.8
1985	815.45	703.41	47.92	108.9	112.3	108.6
1986	972.44	830.82	46.35	107.3	109.8	107.1
1987	1050.51	916.73	49.26	110.1	100.7	111
1988	1170.23	1177.16	46.90	117.2	107.6	118.1
1989	1298.92	1241.06	53.10	115.8	105.6	116.7
1990	1580.72	1432.67	52.92	106.3	145.3	102.9
1991	1708.50	1490.00	49.42	106	113.3	105.3
1992	1961.60	1683.80	46.11	109.7	117.1	108.9
1993	2326.00	2159.50	42.09	116.7	140.3	113.9
1994	3410.40	3036.10	43.89	124.3	115.9	119.1
1995	3931.70	3540.50	44.15	117.3	120.3	114.7
1996	4252.07	3684.99	44.50	107	107.7	106.2
1997	4471.08	4016.61	42.67	104.1	114.1	102.2
1998	4821.05	4398.48	39.00	100.2	117.7	97.1
1999	5167.67	4484.40	36.25	100.1	105.5	98.7
2000	5621.51	5369.05	34.15	99.2	107.6	97.7
2001	6256.61	5507.79	33.73	101.4	109.6	100.6
2002	6845.28	5979.36	35.68	99.5	103.9	98.7
2003	7245.32	6093.01	36.37	101.7	104.5	99.8
2004	7984.33	6728.85	37.37	103.2	102.9	102
2005	8852.42	7311.38	35.76	101.7	102.9	100.6
2006	10067.76	8288.47	34.62	101.6	101.9	101.2
2007	12185.47	9176.42	36.28	105.3	102.1	103.6
2008	14458.00	11455.00	35.38	107.6	101.5	105.9
2009	15715.44	12271.76	32.81	99.7	100.4	98.5
2010	17073.12	13589.00	32.07	103.8	104.8	102.5
2011	19480.85	14931.24	35.28	105.5	104.1	104.2
2012	21900.50	16389.53	33.38	102.6	102.6	100.6
2013	23776.41	16843.79	32.26	103.5	101.8	102.3

10—2 城市居民家庭就业情况

(2013)

指 标	Item	单 位	Unit	总平均 Total Average	最低收入组 Lowest Income Households
调查户数	Number of Households Surveyed	户	household	462.17	43.17
家庭人口	Household Size	人/户	person/household	1302.28	137.67
有收入者人数	Number of Income Earners	人/户	person/household	805.68	58.00
就业人口数	Number of Employed Persons	人/户	person/household	644.68	52.25
国有经济单位职工人数	State-owned Unit	人/户	person/household	237.97	4.75
其他各种经济类型单位职工人数	Units of Other Types of Ownership	人/户	person/household		
城镇个体经营者人员数	Number of Urban Self-operated Personnel	人/户	person/household	87.92	8.42
城镇个体被雇者人员数	Number of Urban Self-employed Personnel	人/户	person/household		
离退休再就业者人员数	Number of Retired Employed Again	人/户	person/household	14.75	
其他就业人员数	Other Employed Persons	人/户	person/household	304.04	39.08
离退休人数	Number of Retired Persons	人/户	person/household	131.00	1.00
其他有收入者人数	Number of Other Income Earners	人/户	person/household	30.00	4.75
无收入者人数	Number of Non-income Earners	人/户	person/household	496.60	79.67
在外就学人数	Times of Family Population Eating Out	人/户	person/household	13.17	1.50

Employed Conditions of Urban Households

# 更低收入组 Lower Income Households	低收入组 Low Income Households	中等偏下收入组 Lower Middle Income Households	中间收入组 Middle Income Households	较高收入组 Upper Middle Income Households	高收入组 High Income Households	最高收入组 Highest Income Households	# 更高收入组 Higher Income Households
21.25	46.58	93.08	93.00	92.67	47.00	46.67	24.00
60.75	153.33	284.53	257.83	246.58	112.50	109.83	54.00
24.83	82.79	159.81	167.50	177.25	75.75	84.58	46.25
22.83	66.04	132.06	128.00	135.50	58.00	72.83	39.75
1.00	12.25	40.47	42.67	68.50	26.75	42.58	16.50
2.50	11.00	13.00	21.00	11.00	9.75	13.75	12.25
	1.50	2.50	1.75	4.75	1.00	3.25	2.50
19.33	41.29	76.08	62.58	51.25	20.50	13.25	8.50
1.00	12.25	20.00	33.00	38.50	15.50	10.75	6.00
1.00	4.50	7.75	6.50	3.25	2.25	1.00	0.50
35.92	70.54	124.72	90.33	69.33	36.75	25.25	7.75
1.00	0.75	3.25	1.00	1.75	0.75	4.17	3.25

10—3 城市居民家庭年末主要消费品拥有情况

(2013)

指 标	Item	单 位	Unit	总平均 Total Average	最低收入组 Lowest Income Households	# 更低收入组 Lower Income Households
摩托车	Motorcycle	辆	unit	6.86	2.66	1.07
助力车	Powered Bicycle	辆	unit	24.68	6.10	5.02
家用汽车	Automobile	辆	unit	19.29	0.53	1.23
洗衣机	Washing Machine	台	set	92.41	25.77	31.72
电冰箱	Refrigerator	台	set	92.60	25.43	32.79
彩色电视机	Color Television Set	台	set	98.86	30.86	33.33
家用电脑	Computer	台	set	67.24	13.92	18.45
组合音响	Hi-Fi Stereo Component	套	set	3.78	1.05	1.62
摄像机	Video Camera	架	set	8.43	0.36	0.00
照相机	Camera	架	set	31.32	2.30	2.23
其它中高档乐器	Secondary and Top Grade Musical Instrument	件	set	5.58	0.66	0.00
微波炉	Microwave Oven	台	set	58.73	11.94	11.25
空调器	Air Conditioner	台	set	16.76	1.62	2.33
淋浴热水器	Water Heater for Shower	台	set	87.90	24.36	30.12
消毒碗柜	Disinfection Cupboard	台	set	2.20	0.00	0.00
洗碗机	Dishwasher	台	set	0.72	0.00	0.00
健身器材	Health Equipment	套	set	1.02	0.63	0.00
固定电话	Telephone	部	unit	53.64	12.11	15.48
移动电话	Mobile Telephone	部	unit	207.59	66.67	70.73
接入有线电视机	Television of Lined Network	台	set	92.53	26.71	29.62
接入互联网计算机	Internet Computer	台	set	55.62	12.53	16.31

Ownership Volume of Major Consumer Goods by Urban Households at Year-end

低收入组 Low Income Households	中等偏下收入组 Lower Middle Income Households	中间收入组 Middle Income Households	较高收入组 Upper Middle Income Households	高收入组 High Income Households	最高收入组 Highest Income Households	# 更高收入组 Higher Income Households
2.87	1.39	1.83	3.07	3.74	3.53	6.93
6.18	11.99	10.07	10.32	7.45	4.97	6.36
4.57	4.90	7.88	8.95	7.91	17.27	25.39
28.36	31.78	34.41	36.34	38.52	42.78	45.79
28.36	31.12	34.65	37.25	38.08	43.61	47.42
31.19	33.01	37.35	38.49	37.25	46.60	50.83
14.58	20.50	26.65	30.22	28.86	39.81	52.21
0.57	1.62	2.64	0.93	0.57	1.22	0.00
0.62	2.19	1.81	4.74	6.96	7.37	6.68
5.41	9.79	11.03	13.47	19.98	23.07	26.78
0.00	0.67	0.98	3.69	1.60	9.50	11.72
15.85	17.65	21.26	24.20	29.32	36.58	41.49
2.36	3.25	5.97	8.37	8.15	17.75	21.66
25.76	28.55	32.44	36.75	38.10	41.10	40.28
0.00	0.44	0.00	0.83	1.33	5.23	4.93
0.00	0.44	0.00	0.21	0.00	1.56	2.38
0.00	0.13	0.29	0.95	0.44	0.00	0.00
9.65	16.91	20.70	23.91	25.03	31.38	34.89
65.31	69.97	77.19	82.80	82.59	87.55	94.27
29.49	31.35	35.47	35.68	35.01	44.39	49.88
11.05	15.60	21.60	28.63	22.29	31.09	42.87

10—4 城市居民家庭现金收支情况(年人均)

单位:元 (2013)

指标	Item	总平均 Total Average	最低收入组 Lowest Income Households	# 更低收入组 Lower Income Households
期初手存现金	**Initial Hand Deposit in Cash**	**1416.05**	**662.89**	**609.41**
家庭总收入	**Total Income**	**26001.85**	**9420.25**	**7089.45**
# 可支配收入	Disposable Income	23776.41	8474.92	6188.23
工资性收入	Income from Wages and Salaries	16440.15	6104.47	4128.39
工资及补贴收入	Laborage and Allowance Income	16339.90	6069.21	4093.45
其他劳动收入	Other Income from Work	100.25	35.26	34.95
经营净收入	Business Income	2824.55	1203.47	262.51
财产性收入	Income from Properties	232.19	28.63	
利息收入	Interest	27.10	0.04	
股息与红利收入	Dividend and Bonus	19.53		
保险收益	Insurance Profit	3.34		
转移性收入	Income from Transfer	6504.95	2083.67	2698.54
养老金或离退休金	Pension	5676.12	1236.56	1155.22
社会救济收入	Social Relief	78.40	492.62	996.83
赡养收入	Maintenance Income	113.70	59.49	67.10
捐赠收入	Gift Income	339.64	62.51	135.82
提取住房公积金	Draw Money of Housing Accumulation Fund	36.33		
记账补贴	Allowance of Charge Account	184.14	164.99	193.77
其他转移性收入	Other Transfer	35.84	67.51	149.80
出售财物收入	**Proceeds from Sales of Belongings**	**34.31**		
出售其他物品收入	Sale of Other	34.31		
借贷收入	**Credit Income**	**9682.40**	**4355.77**	**5617.09**
提取储蓄存款	Draw Saving Deposits	8899.47	3857.93	4471.83
借入款	Borrowed	623.77	474.76	1091.75
收回借出款	Recover Loans	39.88		
收回投资本金	Recouping Investment Principal	35.55		
住房贷款	Repayment of House Loan	2.85		

Basic Statistics of Cash Income and Expenditure by Urban Households (Annual Average)

(yuan)

低收入组 Low Income Households	中等偏下收入组 Lower Middle Income Households	中间收入组 Middle Income Households	较高收入组 Upper Middle Income Households	高收入组 High Income Households	最高收入组 Highest Income Households	#更高收入组 Higher Income Households
860.22	**1058.98**	**1823.29**	**1963.07**	**1657.79**	**1679.86**	**1783.85**
13866.45	**19448.86**	**25193.13**	**31949.90**	**40404.36**	**55475.47**	**60632.96**
12885.10	17452.46	22871.95	29376.96	36972.02	51483.00	57679.77
8739.97	14280.16	15499.14	20165.45	26237.46	30084.18	31657.16
8647.52	14234.05	15437.35	20029.30	26170.32	29697.29	30988.77
92.46	46.10	61.78	136.15	67.14	386.89	668.40
1688.40	1333.94	2418.15	3253.99	3661.84	9607.72	17884.49
255.36	54.28	570.11	152.31	405.43	123.12	190.86
1.08		43.90	83.12	6.99	26.11	9.11
		81.18	5.30	24.72	4.55	
	1.90	14.94				
3182.71	3780.48	6705.74	8378.15	10099.63	15660.45	10900.44
2612.93	3379.21	6113.23	7750.19	8083.48	13652.15	8899.70
104.79	52.54	0.29				
168.28	79.73	125.31	66.19	170.64	214.96	14.42
113.73	96.65	236.34	313.99	951.96	1304.29	1591.64
				274.47	140.00	
153.09	163.46	186.29	206.24	209.69	224.97	222.40
29.88	8.88	44.27	8.35	27.16	124.08	172.27
0.09	**7.99**	**165.95**		**0.28**		
0.09	7.99	165.95		0.28		
4713.88	**7349.45**	**10947.80**	**10129.84**	**14897.28**	**20331.35**	**20891.33**
3849.80	7298.94	9285.98	9667.28	13786.64	19096.55	18464.17
844.48	26.24	1068.04	395.54	982.69	1132.18	2225.43
19.52	16.29	29.71	59.33	127.67	67.93	133.52
0.09	7.99	172.27		0.28		
					34.70	68.21

10-4 续表

单位:元 （2013）

指　标	Item	总平均 Total Average	最低收入组 Lowest Income Households	# 更低收入组 Lower Income Households
家庭总支出	**Total Expenditure**	**22183.81**	**10584.55**	**11125.81**
消费性支出	Consumption Expenditure	16843.79	8948.21	9332.63
# 服务性消费支出	Service Expenditure	5340.01	1636.34	1793.18
食品	Food	5434.07	3227.14	3031.62
衣着	Clothing	1986.72	841.34	767.64
居住	Residence	1323.40	1183.51	1460.13
家庭设备用品及服务	Household Facilities, Articles and Services	1049.52	362.90	411.99
医疗保健	Health Care and Medical Services	1325.20	887.62	1226.58
交通和通信	Transport and Communication	2685.55	961.31	802.75
教育文化娱乐服务	Education, Cultural and Recreation Services	2226.36	1244.42	1423.77
其他商品和服务	Miscellaneous Goods and Services	812.96	239.96	208.16
购房与建房支出	Expenditures of Purchasing and Building Houses	346.58	86.37	
购房	Purchasing Houses	336.96		
转移性支出	Transfer Expenditures	2884.73	765.46	1085.72
交纳所得税	Individual Income-tax	55.22		
捐赠支出	Gift Expenditures	1992.58	449.58	685.67
购买彩票	Buy Lottery Expenditures	16.28	0.91	0.69
赡养支出	Support Expenditures	435.26	278.07	358.12
# 在外就学子女费用	Costs of Schooling Children Away from Home	187.29	161.78	358.12
各种非储蓄性保险支出	Non-saving-deposits Insurance	268.59	12.55	23.44
其他转移性支出	Others	116.80	24.34	17.81
财产性支出	Property Expenditure	122.63	4.17	
非生产性贷款利息支出	Interest of Non-productive Loans	109.71	4.17	
社会保障支出	Social Security Expenditures	1986.08	780.34	707.45
个人交纳的养老基金	Annuities	896.26	617.94	525.49
个人交纳的住房公积金	Housing Accumulation Fund	721.93	39.94	30.91
个人交纳的医疗基金	Medical Accumulation Fund	293.10	115.24	142.34
个人交纳的失业基金	Disemployed Accumulation Fund	68.57	7.23	8.72
借贷支出	**Credit Expenditures**	**11682.75**	**3834.29**	**3483.47**
存入储蓄款	Saving Deposits	10532.69	3362.37	2614.44
借出款	Lending	41.56		
归还借款	Repayment of Loans	227.82	70.91	97.68
储蓄性保险支出	Saving-purpose Insurance Costs	179.59	46.56	105.93
购买有价证券	Purchase of Securities	1.36		
归还住房贷款	Repayment of House Loan	616.40	309.15	560.41
其他借贷支出	Other Credit Expenditures	15.91	26.00	60.28
期末手存现金	**Final Hand Deposit in Cash**	**376.71**	**257.90**	**199.58**

continued

(yuan)

低收入组 Low Income Households	中等偏下收入组 Lower Middle Income Households	中间收入组 Middle Income Households	较高收入组 Upper Middle Income Households	高收入组 High Income Households	最高收入组 Highest Income Households	#更高收入组 Higher Income Households
13151.29	**16474.38**	**26478.67**	**24577.27**	**30876.48**	**40468.04**	**43061.86**
11262.23	13021.00	19717.22	17767.05	22146.59	30712.63	34006.96
1889.06	3453.38	6761.45	6810.22	8729.89	9755.41	9054.90
4155.66	4551.66	5943.24	6135.69	6598.31	8460.47	8236.01
1180.43	1512.23	1955.65	2549.45	2734.33	3900.45	4120.70
900.93	1067.58	1404.93	1378.46	1868.15	1868.11	2065.08
553.35	663.02	1400.38	1201.64	1043.96	2520.95	2928.89
1399.68	1212.69	1580.19	1426.38	1115.46	1494.16	1268.53
1164.90	1970.28	4198.20	2198.53	4792.65	4248.90	5210.31
1463.54	1623.99	2433.35	2176.60	2745.95	5269.02	7312.93
443.74	419.56	801.27	700.30	1247.79	2950.57	2864.52
		1313.29	120.20	627.97		
		1313.29	120.05	627.97		
1043.71	1558.12	3331.40	4289.34	4570.76	5734.39	6096.96
11.05	14.42	48.16	109.48	121.52	120.06	103.64
650.97	1042.35	2014.43	3458.90	3566.17	3360.68	2824.67
8.25	3.91	19.12	11.62	92.23	1.18	
164.51	256.58	455.71	266.31	452.66	1820.21	2634.32
85.00	95.15	97.75	54.81	146.94	1169.20	1903.62
102.60	173.86	478.85	382.53	236.03	374.56	490.78
106.34	67.01	315.14	60.49	102.14	57.70	43.55
28.14	76.73	30.02	143.46	430.04	373.58	330.79
16.63	66.05	30.02	138.19	338.55	373.58	330.79
817.21	1818.52	2086.74	2257.21	3101.12	3647.44	2627.15
467.16	885.57	1039.10	925.67	1216.62	1156.62	721.44
186.43	593.38	600.22	858.55	1378.80	2004.82	1555.71
133.52	263.13	378.40	390.39	351.96	350.97	238.40
29.42	71.11	63.65	63.42	153.04	131.63	111.61
4742.53	**7473.76**	**10088.51**	**15190.24**	**20072.16**	**29827.82**	**31779.90**
4365.29	6870.14	9127.04	13767.88	17966.08	26446.78	27529.10
20.92	57.39	22.50	2.13	178.59	70.60	138.78
10.30	86.17	162.59	247.37	366.28	1080.91	2124.67
54.08	64.91	261.83	399.54	106.60	221.86	84.07
9.32		1.34				
198.71	327.52	396.83	688.04	1329.23	1962.45	1814.41
	2.24	27.23	18.62		45.21	88.87
315.48	**230.50**	**478.58**	**453.62**	**458.80**	**498.17**	**592.06**

10—5 城市居民平均每人全年购买商品数量

(2013)

指 标	Item	单 位	Unit	总平均 Total Average	最低收入组 Lowest Income Households	# 更低收入组 Lower Income Households
食用植物油	Edible Vegetable Oil	千克	kg	8.74	8.69	8.65
猪肉	Pork	千克	kg	8.26	5.38	3.91
牛肉	Beef	千克	kg	4.18	2.48	2.72
羊肉	Mutton	千克	kg	5.15	3.31	3.60
禽类	Poultry	千克	kg	6.75	6.02	6.18
鲜蛋	Fresh Eggs	千克	kg	6.69	5.54	5.43
鱼	Fish	千克	kg	4.33	2.61	2.52
鲜菜	Fresh Vegetables	千克	kg	107.06	101.37	94.61
白酒	Liquor	千克	kg	1.06	0.28	0.03
啤酒	Beer	千克	kg	2.06	1.08	0.43
鲜果	Fruits	千克	kg	55.45	36.17	30.85
鲜瓜	Melons	千克	kg	9.79	6.38	5.44
糕点	Cake	千克	kg	4.69	2.86	3.42
鲜乳品	Fresh Dairy Products	千克	kg	22.96	12.20	8.93
酸奶	Yogurt	千克	kg	5.37	3.04	2.17
鞋类	Shoes	双	pair	2.73	2.44	2.26
液化石油气	Liquefied Petroleum Gas	千克	kg	3.04	4.99	6.33
管道天然气	Pipeline Natural Gas	立方米	cu.m	56.09	39.52	53.59

Per Capita Annual Purchases of Major Commodities by Urban Households

低收入组 Low Income Households	中等偏下收入组 Lower Middle Income Households	中间收入组 Middle Income Households	较高收入组 Upper Middle Income Households	高收入组 High Income Households	最高收入组 Highest Income Households	#更高收入组 Higher Income Households
9.16	7.99	9.96	8.78	8.51	7.46	9.53
7.19	8.67	7.53	8.68	10.57	10.89	10.93
3.15	3.88	5.13	4.82	4.69	4.45	5.73
4.87	4.63	5.29	6.15	6.83	4.91	5.63
5.42	6.20	7.94	6.57	6.15	9.33	7.97
5.78	6.90	6.86	7.69	5.65	7.40	5.86
3.37	3.83	4.97	5.22	4.48	5.64	6.16
94.50	100.31	112.02	113.84	110.49	119.38	110.56
1.21	1.12	0.96	0.81	1.65	1.84	1.02
1.79	1.98	2.25	1.79	1.91	4.29	0.89
50.90	49.58	63.49	57.46	61.08	73.35	61.00
8.98	8.75	11.20	10.14	10.78	12.94	10.76
3.62	4.76	5.48	5.00	4.08	6.59	5.15
26.40	19.98	21.38	24.73	28.35	34.15	40.93
4.10	4.69	5.81	6.96	5.79	7.00	8.80
2.87	2.48	2.81	2.94	3.33	2.30	2.33
4.74	4.02	1.95	1.50	2.36	2.29	3.50
36.19	50.83	58.43	72.74	60.91	71.96	63.39

10—6 城市居民家庭住房基本情况

Housing Statistics of Uran Households

(2013)

指 标	Item	单 位	Unit	合 计 Total
家庭居住人口数	**Number of Family Residence Population**	人/户	**person/household**	**2.92**
现住房总建筑面积	**Total Building Space of Current Housing**	平方米/人	**sq.m/household**	**30.34**
现住房按市场价估计值	**Current Housing Estimated at Market Price**	元/户	**yuan/household**	**299196.50**
租赁房月租金	**Rent of Rental Housing**	元/户	**yuan/household**	**79.87**
现住房房租折算	**Rent of Own Housing**	元/户	**yuan/household**	**803.74**
购房总金额	**Total Amount of Purchase Houses**	元/户	**yuan/household**	**125559.90**
#购房实际支出金额	Actual Expenditures Amount of Purchased Houses	元/户	yuan/household	105511.00
除现住房,还有几处其它住房	**Haved Other Housing Expect Eurrent Housing**	套/户	**set/household**	**0.06**
房屋产权	**House Property Right**			
租赁公房	Public House Leasing	%	%	0.74
租赁私房	Private House Leasing	%	%	8.73
原有私房	Inhered Private House	%	%	7.57
房改私房	Reformed Private House	%	%	26.22
商品房	Commercial Residential Building	%	%	52.90
借用房(免费借用房)	**Borrow Room(free room)**			3.14
其它	Others	%	%	0.43
用水情况	**Water Using**			
独用自来水	Private Tap Water	%	%	99.51
卫生设备	**Sanitary Equipment**			
无卫生设备	**No Ssnitary Equipment**			**1.95**
有厕所浴室	Having Bathroom	%	%	91.63
有厕所无浴室	Having Toilet But No Shower	%	%	5.28
公用	**Public**			0.87
取暖设备	**Heating Installation**			
其他(由市政或小区集中供暖+自行供暖)	Heating	%	%	99.51
炊用燃料使用情况	**Fuel Using**			
管道天然气	Piped Natural Gas	%	%	72.52
罐装液化石油气	Liquefied Petroleum Gas	%	%	17.54
其它燃料	Others Fuel	%	%	5.41
住宅建筑式样	**Design of Residential Buildings**			
单栋住宅	Single Homes	%	%	0.43
一居室	One- Bedroom	%	%	2.69
二居室	Two-bedroom	%	%	58.31
三居室	Three - bedroom	%	%	31.81
四居室	Four-bedroom	%	%	3.25
普通楼房	**Ordinary Buildings**	%	%	**1.30**
平房及其他	**Abungalow and Others**	%	%	**1.95**

10—7 农村居民家庭基本情况

Basic Statistics of Rural Households

（2013）

指　标	Item	单位	Unit	银川市 Yinchuan
调查户数	**Number of Households Surveyed**	**户**	**household**	**475.50**
常住人口	Number of Usual Residents in the Households Surveyed	人	person	1791.25
#整半劳动力	Full/Semi Labour Force	人	person	1163.00
男劳动力人数	Number of Male Labour Force	人	person	631.50
劳动力文化程度	**Labour Force Education**			
文盲半文盲	Illiterate or Semi-illiterate	人	person	53.00
小学程度	Primary School	人	person	287.25
初中程度	Junior Middle School	人	person	550.50
高中程度	Senior Middle Mchool	人	person	106.00
中专程度	Special Secondary School	人	person	
大专以上程度	College and Higher	人	person	52.00
劳动力就业情况	**Labour Force Employed**			
一产业就业劳动力	Primary Industry	人	person	480.00
二产业就业劳动力	Secondary Industry	人	person	83.00
三产业就业劳动力	Tertiary Industry	人	person	273.00
年内新建(购)人均住房面积	Area of Newly-built(purchased) Houses	平方米	sq.m	3.45
#钢筋混凝土结构面积	Reinforced Concrete Structure	平方米	sq.m	
砖木结构面积	Brick and Wood Structure	平方米	sq.m	
年内新建(购)人均住房价值	Value of Newly-built(purchased) Houses	元	yuan	2779.06
年末人均拥有住房面积	Per Capita Floor Space of Living Houses at Year-end	平方米	sq.m	37.14
#钢筋混凝土结构面积	Reinforced Concrete Structure	平方米	sq.m	0.91
砖木结构面积	Brick and Wood Structure	平方米	sq.m	33.40
#出租住房面积	Rental Housing Area	平方米	sq.m	1.18

10-7 续表

(2013)

指 标	Item	单位	Unit	兴庆区 Xingqing
调查户数	**Number of Households Surveyed**	**户**	**household**	**60**
常住人口	Number of Usual Residents in the Households Surveyed	人	person	224
# 整半劳动力	Full/Semi Labour Force	人	person	149
男劳动力人数	Number of Male Labour Force	人	person	80
劳动力文化程度	**Labour Force Education**			
文盲半文盲	Illiterate or Semi-illiterate	人	person	14
小学程度	Primary School	人	person	40
初中程度	Junior Middle School	人	person	73
高中程度	Senior Middle Mchool	人	person	6
中专程度	Special Secondary School	人	person	
大专以上程度	College and Higher	人	person	11
劳动力就业情况	**Labour Force Employed**			
一产业就业劳动力	Primary Industry	人	person	83
二产业就业劳动力	Secondary Industry	人	person	7
三产业就业劳动力	Tertiary Industry	人	person	35
年内新建(购)人均住房面积	Area of Newly-built(purchased) Houses	平方米	sq.m	3.74
# 钢筋混凝土结构面积	Reinforced Concrete Structure	平方米	sq.m	
砖木结构面积	Brick and Wood Structure	平方米	sq.m	
年内新建(购)人均住房价值	Value of Newly-built(purchased) Houses	元	yuan	2544.64
年末人均拥有住房面积	Per Capita Floor Space of Living Houses at Year-end	平方米	sq.m	45.31
# 钢筋混凝土结构面积	Reinforced Concrete Structure	平方米	sq.m	3.88
砖木结构面积	Brick and Wood Structure	平方米	sq.m	38.61
# 出租住房面积	Rental Housing Area	平方米	sq.m	1.75

continued

金凤区 Jinfeng	西夏区 Xixia	永宁县 Yongning	贺兰县 Helan	灵武市 Lingwu
52	**40**	**111**	**109**	**110**
200	169	388	358	484
128	85	274	136	290
67	46	151	143	155
10	3	5	10	10
46	20	43	68	73
47	38	136	122	150
9	13	31	29	19
1	1	16	14	10
65	24	102	129	92
6	2	52	34	106
30	23	77	80	63
1.90	2.46	5.3	1.14	5
		0.6	0.34	1
		4.7	0.8	4
900.00	1769.23	2589.8		5400
37.31	50.50	40.89	36.52	27
1.89		9.9	2.11	8
40.86	30.46	27.6	34.41	19
1.40	3.24	2.45		

10—8 农民人均总收入、纯收入

单位:元　　　　(2013)

指　标	Item	银川市 Yinchuan
总收入	**Total Income**	**13154.31**
工资性收入	Wages Income	3756.16
家庭经营收入	Income from Household Operations	8653.37
第一产业收入	Primary Industry	6449.53
农业收入	Farming	4856.36
林业收入	Forestry	26.50
牧业收入	Animal Husbandry	1552.37
渔业收入	Fishery	14.31
第二产业收入	Secondary Industry	251.18
工业收入	Industry	48.27
第三产业收入	Tertiary Industry	1952.65
交通、运输、邮电业收入	Transport, Postal and Telecommunication Services	1118.97
批发、零售贸易、餐饮业收入	Wholesale and Retail Trades and Catering Services	674.66
社会服务业收入	Social Services	158.85
财产性收入	Property Income	202.13
租金收入	Rent	86.33
转让承包土地经营权收入	Transfer of Contracted Land Management Right	101.66
转移性收入	Transfer Income	542.64
离退休金、养老金	Bring and Mail by Unusual Residents	89.43
城市亲友赠送	Presented by Urban Relatives and Friends	3.80
农村亲友赠送	Presented by Rural Relatives and Friends	51.79
各项补贴收入	Subsidies Income	305.96
可支配收入(新口径)	Disposable Income(New caliber)	9326.50
全年纯收入	Net Income All the Year	8829.64

Per Capita Annual Total Income and Net Income of Rural Households

(yuan)

兴庆区 Xingqing	金凤区 Jinfeng	西夏区 Xixia	永宁县 Yongning
14631.01	**13510.74**	**9516.52**	**13458.86**
2780.28	3837.09	3275.08	3350.38
10992.97	8949.94	5049.06	9509.59
9146.72	5966.04	1400.12	7758.22
7061.26	2965.20	1151.60	6365.98
	159.75	18.64	19.49
2085.46	2841.09	229.89	1356.49
			16.27
498.66	327.10	810.06	225.92
	220.00		
1347.59	2656.80	2838.88	1525.45
483.62	1151.22	1705.62	806.29
862.63	1312.88	1133.26	535.20
1.34	192.70		183.97
320.93	271.83	535.91	124.52
57.63	194.33	514.56	32.56
255.10	77.50	8.88	78.99
536.83	451.88	656.47	474.37
7.50	182.88	74.56	78.38
29.46		1.24	
102.77	86.89	91.12	48.22
330.01	89.83	231.21	297.70
10663.10	8358.90	7827.00	9241.40
9318.09	8758.58	6829.09	8706.06

10-8 续表 continued

单位:元 (2013) (yuan)

指 标	Item	贺兰县 Helan	灵武市 Lingwu
总收入	**Total Income**	**13624.86**	**13819.63**
工资性收入	Wages Income	3779.48	4548.76
家庭经营收入	Income from Household Operations	9005.93	8657.55
第一产业收入	Primary Industry	7700.50	5837.96
农业收入	Farming	6930.40	3893.94
林业收入	Forestry		8.42
牧业收入	Animal Husbandry	699.38	1935.60
渔业收入	Fishery	70.72	
第二产业收入	Secondary Industry	16.64	91.88
工业收入	Industry		76.61
第三产业收入	Tertiary Industry	1288.79	2727.71
交通、运输、邮电业收入	Transport, Postal and Telecommunication Services	959.48	1795.18
批发、零售贸易、餐饮业收入	Wholesale and Retail Trades and Catering Services	86.70	783.94
社会服务业收入	Social Services	242.61	147.72
财产性收入	Property Income	130.66	124.64
租金收入	Rent	12.66	2.03
转让承包土地经营权收入	Transfer of Contracted Land Management Right	113.38	103.48
转移性收入	Transfer Income	708.79	488.68
离退休金、养老金	Bring and Mail by Unusual Residents	79.77	107.13
城市亲友赠送	Presented by Urban Relatives and Friends		
农村亲友赠送	Presented by Rural Relatives and Friends	1.48	3.53
各项补贴收入	Subsidies Income	472.44	315.88
可支配收入(新口径)	Disposable Income(New caliber)	9691.70	9743.30
全年纯收入	Net Income All the Year	9147.10	9651.90

10—9 农民人均总支出

Total Expenditure of Per Capita Annual by Rural Households

单位:元 (2013) (yuan)

指　标	Item	银川市 Yinchuan	兴庆区 Xingqing	金凤区 Jinfeng	西夏区 Xixia	永宁县 Yongning	贺兰县 Helan	灵武市 Lingwu
总支出	**Total Expenditure**	**13942.88**	**14614.60**	**15025.66**	**11934.93**	**13150.67**	**15734.64**	**13664.54**
家庭经营费用支出	Expenditure of Household Operations	3565.61	3615.60	3963.54	1910.63	4069.01	4006.8	3559.81
农业生产支出	Farming Expenditure for Production	1872.08	2121.97	1230.67	367.48	2627.08	3248.77	1251.18
林业生产支出	Forestry Expenditure for Production	25.89		76.17	17.24	11.26		64.38
牧业生产支出	Animal Husbandry Expenditure for Production	1063.89	1296.66	1883.67	187.26	916.61	392.83	1443.68
渔业生产支出	Fishery Expenditure for Production	2.28				10.75		
工业生产支出	Industry Expenditure for Production	4.66		24.16				7.76
建筑业支出	Building Industry	52.92		35.00	177.51	84.29		63.99
交通、运输和邮电业支出	Transport, Postal and Telecommunication Services	296.62		239.63	839.76	134.04	154.47	578.21
批零贸易餐饮业支出	Wholesale and Retail Trades and Catering Services	130.69		416.21	189.07	197.60	8.79	80.99
社会服务业支出	Social Services	50.00		54.75	1.58	27.45	154.04	45.41
其他家庭经营支出	Other Household Operations Expenditure	1.12				0.02	6.87	0.07
购置生产性固定资产支出	Fixed Assets Expenditure of Purchase Productive	526.75	268.97	783.04	60.36	330.99	927.83	690.13
生活消费支出	Living Expenditure	8631.22	9383.20	8825.24	8792.13	7229.48	9709.8	8544.46
财产性支出	Property Expenditure	0.40		3.56				
转移性支出	Transfer Expenditure	1213.48	1346.82	1450.28	1171.81	1503.93	1086.4	870.14
#给大中专学生生活费和学杂费	Bring and Mail to Unusual Residents	149.74	252.00	199.15	307.68	98.58	130.49	56.21

10—10 农民人均生活消费支出

单位:元 (2013)

指 标	Item	银川市 Yinchuan	兴庆区 Xingqing
生活消费支出	Consumption Expenditure	8631.22	9383.20
#现金消费支出	Monetary Consumption	8230.92	8964.58
食品性消费	Consumption of Food	2770.60	2764.20
#现金消费支出	Monetary Consumption	2393.05	2378.30
食品消费品支出	Goods Expenditure of Food	1972.32	1960.95
食品消费服务性支出	Services Expenditure of Food	420.72	417.35
衣着消费支出	Consumption of Clothing	733.69	685.57
#现金消费支出	Monetary Consumption	732.93	685.57
居住消费支出	Consumption of Residence	1934.44	3107.70
#现金消费支出	Monetary Consumption	1933.40	3107.70
居住消费品支出	Goods Expenditure of Residence	1537.65	2720.25
居住消费服务性支出	Services Expenditure of Residence	395.76	387.45
家庭设备用品消费支出	Household Facilities, Article and Service	454.02	516.64
#现金消费支出	Monetary Consumption	446.36	483.91
交通和通讯消费支出	Consumption of Transport and Telecommunications	1056.70	1039.94
#现金消费支出	Monetary Consumption	1055.80	1039.94
交通和通讯用品支出	Goods Expenditure of Transport and Telecommunications	693.87	577.72
交通和通讯服务消费支出	Services Expenditure of Transport and Telecommunications	361.93	462.22
文化教育.娱乐消费支出	Consumption of Cultural, Educational, Recreational Article and Service	513.05	525.12
#现金消费支出	Monetary Consumption	510.98	525.12
文化教育娱乐用品支出	Goods Expenditure of Cultural, Educational and Recreational Article	145.26	138.88
教育服务消费支出	Services Expenditure of Educational and Service	256.83	224.45
文化.体育.娱乐服务消费支出	Services Expenditure of Cultural and Recreational Article	108.90	161.79
医疗保健消费支出	Consumption of Medicine and Health Care	826.60	583.59
#现金消费支出	Monetary Consumption	825.31	583.59
医疗保健用品支出	Goods Expenditure of Medicine and Health Care	205.93	119.53
医疗保健服务消费支出	Services Expenditure of Medicine and Health Care	619.38	464.06
其他商品和服务消费支出	Consumption of Other Commodities and Services	342.12	160.45
#现金消费支出	Monetary Consumption	333.09	160.45
其他商品支出	Goods Expenditure of Other Commodities and Services	241.56	114.94
其他消费服务支出	Services Expenditure of Other Commodities and Services	91.52	45.51

Per Capita Consumption Expenditure of Rural Households

(yuan)

金凤区 Jinfeng	西夏区 Xixia	永宁县 Yongning	贺兰县 Helan	灵武市 Lingwu
8825.24	8792.13	7229.48	9709.80	8544.46
8761.94	8512.17	6942.54	9194.38	7921.97
2792.26	3008.49	2526.25	3182.20	2611.74
2760.81	2785.15	2239.31	2693.92	2006.61
2410.67	2128.00	2127.05	2200.96	1668.87
350.14	657.15	399.20	492.96	337.74
836.71	702.77	611.74	762.06	795.49
836.71	702.54	611.74	758.82	795.49
1568.35	1906.70	1502.23	2331.12	1560.44
1568.35	1906.70	1502.23	2331.12	1556.35
1575.17	1189.83	1042.33	1822.22	1215.79
378.52	331.52	459.90	508.91	340.55
561.33	331.10	411.21	471.34	442.84
561.33	298.88	411.21	468.70	442.70
978.82	778.89	724.55	1445.99	1206.13
978.82	778.89	724.55	1441.32	1205.67
708.58	399.27	425.16	988.66	865.53
270.24	379.61	299.39	452.66	340.14
568.51	771.05	514.46	447.43	492.78
568.51	749.16	514.46	447.43	492.78
121.36	168.04	158.57	106.87	162.94
412.30	431.06	213.73	241.01	236.14
34.85	150.05	142.17	99.55	93.69
967.97	949.11	697.36	741.22	1026.23
967.97	949.11	697.36	741.22	1020.93
214.18	270.85	156.11	246.18	232.72
753.80	678.26	541.25	495.04	788.20
551.30	344.02	241.68	328.44	408.80
519.45	341.75	241.68	311.85	401.43
320.81	272.44	168.89	214.36	319.92
198.64	69.31	72.79	97.49	81.51

10—11 农民人均消费品消费量

单位:公斤　　(2013)

指标	Item	银川市 Yinchuan	兴庆区 Xingqing
粮食	Grain	167.96	139.83
#小麦	Wheat	80.75	60.13
稻谷	Rice	77.84	66.77
玉米	Corn	5.08	8.08
动物油	Animal Fat	0.04	
肉禽及其制品	Meat and Related Products	20.98	25.29
#猪肉	Pork	5.44	4.93
牛肉	Beef	3.08	3.76
羊肉	Mutton	4.25	5.24
家禽	Poultry	7.35	10.59
水果	Fruit	24.09	21.43
蔬菜及菜制品	Vegetables and Related Products	85.89	77.70
油脂类	Fats and Oils	10.42	9.60
#植物油	Vegetable Oil	10.38	9.60
其他肉禽及制品	Other Poultry Meat and Related Products	0.87	0.77
蛋类及蛋制品	Eggs and Related Products	3.92	5.51
奶和奶制品	Milk and Dairy Products	12.08	13.94
水产品	Aquatic Products	2.04	1.75
食糖	Sugar	1.63	2.23
酒	Liquor	2.98	2.27

10—12 农民百户耐用消费品拥有量

(2013)

指标	Item	单位	Unit	银川市 Yinchuan
洗衣机	Washing Machine	台	set	95.54
电冰箱	Refrigerator	台	set	83.01
空调机	Air Conditioner	台	set	3.07
抽油烟机	Exhaust Fan	台	set	14.76
自行车	Bicycle	台	set	57.73
摩托车	Motorcycle	台	set	85.93
家用计算机	Computer	台	set	24.41
吸尘器	Vacuum Cleaner	辆	unit	0.00
微波炉	Microwave Oven	辆	unit	16.60
热水器	Water Heater	辆	unit	41.62
家用汽车	Automobile	部	set	22.69
电话机	Telephone	部	set	29.91
移动电话	Mobile Telephone	台	set	258.80
彩色电视机	Color TV Set	台	set	116.95
摄像机	Video Disc Player	架	set	0.68
照相机	Camera	台	set	4.86

Per Capita Consumption of Consumer Goods by Rural Households

(kg)

金凤区 Jinfeng	西夏区 Xixia	永宁县 Yongning	贺兰县 Helan	灵武市 Lingwu
174.20	127.17	132.08	144.66	242.28
71.09	79.72	57.77	78.95	117.02
60.26	37.90	71.41	61.72	122.49
33.39	0.87			0.89
0.03	0.34	0.01	0.01	
16.27	23.58	20.08	25.52	17.57
2.91	7.13	8.51	9.38	1.43
5.43	1.97	1.30	1.63	4.43
1.56	2.65	3.34	4.06	6.2
6.26	9.84	5.99	8.9	5.1
18.69	33.07	19.46	25.53	26.19
120.88	65.88	82.64	108.6	69.76
17.40	9.12	8.94	8.97	10.75
17.37	8.78	8.94	8.96	10.75
0.12	1.99	0.93	1.54	0.4
4.62	6.60	3.04	2.42	3.54
9.12	17.52	9.19	12.11	12.39
3.06	1.43	1.66	2.09	2.15
1.48	1.24	1.39	2.78	0.95
1.49	4.96	3.58	5.91	0.79

Number of Durable Consumer Goods Owned Per Hundred by Rural Households

兴庆区 Xingqing	金凤区 Jinfeng	西夏区 Xixia	永宁县 Yongning	贺兰县 Helan	灵武市 Lingwu
95.82	95.82	100.00	96.4	89.0	101.0
96.76	80.12	72.34	82.0	72.0	88.0
8.15	3.19	2.55	1.8	1.0	
31.81	3.12	17.76	17.1	15.0	17.6
91.47	44.77	50.20	53.2	58.0	62.0
70.13	69.21	50.04	73.9	85.0	119.0
57.77	18.17	30.03	29.7	8.0	22.0
0.00	0.00	0.00	0.0	0.0	0.0
36.00	20.90	5.01	13.5	9.0	13.0
73.93	29.14	64.81	27.9	33.0	66.0
45.00	25.45	25.00	12.6	11.0	26.0
38.93	27.76	37.22	34.2	25.0	26.0
272.83	224.39	263.23	249.5	214.0	304.0
113.73	99.24	109.80	121.6	105.0	128.0
0.87	0.00	0.00	0.0	0.0	0.0
14.59	3.56	4.92	4.5	2.0	4.0

10—13 居民消费价格指数

单位:%　　（2013,以上年价格为100）

指标	Item	年度 Year	月份 Month 一 Jan.	二 Feb.	三 Mar.
居民消费价格总指数	**Consumer Price Index**	**103.5**	**103.3**	**103.9**	**102.8**
生活费用价格总指数	Cost of Living Price Index	105.0	104.1	105.3	103.9
非食品价格指数	Non-food Price Index	101.5	102.6	102.3	101.3
服务项目价格指数	Service Items Price Index	101.8	101.4	103.2	99.8
工业品价格指数	Producer Price Index	101.4	103.2	101.9	102.1
扣除食品烟酒和能源价格指数	Price Index of Excluding Food ,Alcohol , Tobacco and Energy	101.3	102.2	101.9	100.8
扣除鲜菜鲜果总指数	Price Index of Excluding Fresh Vegetables and Fresh Fruits	103.2	103.9	103.7	103.1
消费品价格指数	Consumer Goods Price Index	104.0	103.9	104.1	103.6
食品	Food	107.3	104.7	106.9	105.5
粮食	Grain	105.1	103.1	103.5	104.6
大米	Rice	104.7	104.0	102.5	104.5
面粉	Flour	109.5	106.4	105.4	107.3
粮食制品	Grain Products	102.8	100.5	103.0	103.1
其他	Others	108.5	106.0	107.0	101.9
淀粉及制品	Starches and Tubers	104.1	101.8	103.0	102.3
淀粉及制品	Starches and Tubers	104.1	101.8	103.0	102.3
干豆类及豆制品	Beans and Bean Products	103.7	106.2	111.0	109.1
干豆	Beans	102.3	98.1	99.9	99.6
豆制品	Bean Products	103.9	107.2	112.3	110.2
油脂	Oil or Fat	100.9	108.3	108.1	106.8
食用植物油	Vegetable Oil	100.4	110.1	109.8	107.3
植物油制品	Vegetable Oil Products	101.3	107.0	107.0	106.8
其他	Others	103.2	104.7	100.0	100.0
肉禽及其制品	Meat, Poultry and Processed Products	110.2	109.9	110.1	110.4
食用畜肉及副产品	Consumption of Meat and By-products	112.5	112.2	111.9	112.7
猪肉	Pork	99.2	95.2	93.8	95.4
牛肉	Beef	127.1	137.7	139.3	140.7
羊肉	Mutton	116.3	116.5	116.1	113.7
畜肉副产品	Meat by-products	103.4	102.1	99.0	100.4
禽	Poultry	103.5	101.8	104.1	103.4
鸡	Chicken	102.4	99.6	101.7	101.6
鸭	Duck	104.6	96.7	100.8	101.2
其他	Others	110.5	125.2	126.9	118.6
加工肉禽	Processed Meat and Poultry	104.7	106.1	105.9	104.6
畜肉制品	Meat Products	106.5	109.5	108.8	106.3
禽制品	Poultry Products	102.4	101.7	102.2	102.6

Consumer Price Indices

(2013, preceding year =100) (%)

月份 Month								
四 Apr.	五 May.	六 June.	七 July.	八 Aug.	九 Sept.	十 Oct.	十一 Nov.	十二 Dec.
104.1	**104.2**	**104.4**	**104.0**	**102.5**	**102.9**	**103.5**	**103.3**	**103.1**
106.1	105.9	107.0	106.8	104.2	104.2	104.8	104.2	103.4
102.0	101.8	101.5	100.7	100.4	100.9	101.4	101.3	102.1
101.5	101.4	100.8	101.4	100.2	101.2	103.2	103.2	104.2
102.2	102.0	101.9	100.4	100.5	100.7	100.5	100.4	101.0
101.6	101.4	101.1	100.6	100.3	100.8	101.6	101.5	102.3
103.7	103.7	103.5	102.8	102.2	102.7	103.0	102.9	103.3
104.8	105.0	105.4	104.8	103.2	103.4	103.6	103.3	102.8
108.1	108.7	110.0	110.7	106.7	106.9	107.7	107.1	105.1
104.6	105.4	105.5	105.3	105.9	106.1	105.8	105.5	106.3
105.4	106.4	105.8	106.0	104.4	104.7	104.8	103.5	104.2
106.8	108.8	108.9	108.9	112.9	113.1	111.7	111.1	112.5
102.7	102.7	102.9	102.7	102.7	102.9	102.9	103.2	103.8
107.7	110.4	115.2	107.1	109.9	107.5	109.9	110.1	109.8
102.3	110.0	105.6	101.6	103.9	104.9	104.0	104.9	104.9
102.3	110.0	105.6	101.6	103.9	104.9	104.0	104.9	104.9
106.8	103.8	102.7	101.5	99.2	100.1	102.1	101.8	101.6
106.3	106.2	104.0	106.2	102.1	101.5	100.8	100.6	103.6
106.8	103.5	102.6	101.0	99.0	100.0	102.3	101.9	101.3
103.0	99.9	100.3	100.0	98.9	97.9	96.5	96.1	96.9
100.5	97.3	98.9	99.7	99.6	97.9	95.9	94.9	95.7
105.4	102.3	101.5	100.1	98.0	97.5	96.6	96.8	97.5
100.0	100.0	101.5	103.0	106.0	106.0	106.0	106.0	106.0
111.0	109.9	112.8	113.5	111.1	109.9	109.4	108.3	106.4
113.4	112.4	115.9	116.9	113.6	111.6	111.0	110.3	108.1
96.5	91.6	104.3	111.1	104.8	100.8	101.3	101.1	98.8
136.9	133.5	128.4	126.5	121.6	120.8	118.4	117.4	112.9
115.2	120.0	120.0	117.0	116.4	115.9	115.5	114.5	114.9
102.7	103.9	102.5	103.1	108.0	106.8	106.3	104.6	101.8
103.9	100.7	103.3	104.9	104.1	104.1	104.6	103.2	103.5
102.3	99.3	102.4	104.4	103.6	103.4	103.7	103.1	103.3
109.8	105.3	104.8	105.6	104.4	105.2	108.4	108.0	106.6
110.3	106.8	108.7	107.6	107.6	107.6	107.6	100.0	102.2
105.0	106.2	105.7	104.0	104.8	106.7	105.1	102.8	99.8
106.9	109.0	108.1	105.4	106.8	109.9	106.7	103.2	98.4
102.6	102.6	102.6	102.2	102.2	102.7	103.1	102.2	101.8

10-13 续表1

单位:% （2013,以上年价格为100）

指标	Item	年度 Year	月份 Month 一 Jan.	二 Feb.	三 Mar.
蛋	Eggs	108.2	113.5	121.6	116.4
鲜蛋	Fresh Eggs	109.0	115.6	124.9	119.1
蛋制品	Egg Products	103.7	102.1	103.8	101.9
水产品	Aquatic Products	107.6	106.2	109.6	107.5
鱼	Fish	106.9	103.9	110.4	107.3
淡水鱼	Freshwater Fish	104.5	101.9	109.7	103.0
海水鱼	Marine Fish	110.9	107.1	111.6	115.1
其他水产品	Other Aquatic Products	108.8	110.2	108.4	107.8
虾蟹类	Shrimps and Crab	109.4	111.3	109.7	107.6
其他	Others	107.8	108.3	106.3	108.2
菜	Vegetables	110.4	101.6	109.0	92.0
鲜菜	Fresh Vegetables	109.6	99.2	108.0	88.7
干菜及菜制品	Dry Vegetables and Related Products	106.2	110.4	103.0	110.3
薯类	Tubers	131.5	142.6	146.2	133.3
调味品	Flavoring	101.8	102.9	102.4	102.5
食用盐	Edible Salt	100.0	100.0	100.0	100.0
酱油	Sauce	103.8	104.8	104.8	104.7
食醋	Vinegar	102.3	103.0	100.6	101.1
味精	MSG	104.5	107.3	107.3	107.3
其他	Others	98.9	100.0	100.0	100.0
糖	Carbohydrate	100.6	100.0	98.2	100.0
食糖	Sugar	100.2	101.3	98.7	100.5
糖果	Candy	101.6	98.7	95.1	100.4
巧克力制品	Chocolate Products	100.1	100.0	100.0	100.0
糖类小食品	Carbohydrate Products	100.1	100.0	101.4	98.4
茶及饮料	Tea and Beverages	101.9	104.8	104.7	104.1
茶叶	Tea	99.3	100.0	100.0	100.0
茶叶	Tea	99.3	100.0	100.0	100.0
饮料	Beverage	103.4	107.5	107.3	106.4
固体饮料	Solid Drink	104.4	121.0	121.7	114.7
液体饮料	Liquid Beverage	102.0	101.9	101.0	103.0
冷冻饮品	Frozen drinks	105.3	104.1	104.1	103.7
干鲜瓜果	Dried and Fresh Melons and Fruits	107.5	92.5	106.0	108.3
鲜瓜果	Fresh Melons and Fruits	108.4	89.4	107.7	110.1
干(坚)果	Dried Melons and Fruits	105.1	102.3	100.9	102.7

continued

（2013，preceding year =100）（%）

月份 Month								
四 Apr.	五 May.	六 June.	七 July.	八 Aug.	九 Sept.	十 Oct.	十一 Nov.	十二 Dec.
118.7	117.2	105.1	106.7	103.2	101.4	102.5	101.9	97.5
121.2	119.5	105.3	106.9	103.5	101.0	102.1	101.8	96.6
105.5	104.9	104.3	105.9	101.4	104.6	104.7	102.7	103.4
105.8	105.4	106.9	108.4	111.2	110.3	107.8	107.2	105.1
104.0	103.9	105.9	108.2	109.6	110.8	107.4	106.6	104.8
96.5	96.3	98.9	102.2	107.5	113.4	109.4	109.6	108.6
118.6	118.5	119.7	119.6	113.4	106.8	104.4	102.2	99.3
108.7	108.0	108.6	108.7	113.9	109.3	108.4	108.3	105.5
106.1	105.1	105.1	105.4	113.0	113.7	113.8	113.6	108.9
113.3	113.1	115.0	114.5	115.4	102.8	100.3	100.3	100.3
111.7	113.0	129.2	147.7	106.7	107.0	122.1	116.5	93.0
111.8	112.8	131.5	154.4	105.4	106.0	124.4	117.9	90.6
105.5	105.9	106.1	105.6	102.9	105.8	107.1	105.8	105.7
123.1	125.1	144.0	159.9	132.7	123.5	123.2	118.0	109.6
102.8	102.6	101.6	102.0	102.6	101.6	100.6	100.1	100.4
100.0	100.0	100.0	100.0	100.0	100.0	100.0	100.0	100.0
104.8	104.8	104.8	104.8	104.8	104.8	102.3	100.0	100.0
102.7	102.7	102.7	101.1	103.7	103.7	101.6	102.2	102.2
107.3	107.0	106.0	105.4	105.4	100.0	100.0	100.0	102.2
100.0	99.4	95.3	98.8	99.4	98.5	98.5	98.5	98.5
101.7	101.3	100.0	101.2	100.5	100.6	100.5	101.7	101.6
101.2	100.6	100.0	100.0	100.0	100.0	100.0	100.0	100.0
101.9	101.9	100.3	104.5	101.9	101.9	104.5	104.5	104.5
101.9	101.9	100.0	98.8	99.5	100.0	97.7	100.0	100.9
102.0	101.2	99.7	100.0	100.0	100.0	97.1	101.6	100.0
103.2	103.4	102.6	102.6	99.7	98.6	101.1	99.5	99.4
97.6	98.3	98.3	100.2	98.3	98.3	100.2	100.2	100.2
97.6	98.3	98.3	100.2	98.3	98.3	100.2	100.2	100.2
106.3	106.3	104.9	103.8	100.4	98.8	101.5	99.1	98.9
109.6	112.6	109.5	101.6	95.6	91.6	98.8	91.7	92.4
103.0	103.0	102.3	104.6	101.5	100.6	101.7	101.1	100.3
110.2	105.6	105.2	105.2	105.2	105.2	105.2	105.2	105.2
107.6	110.1	113.8	113.0	112.0	108.8	106.0	104.9	110.8
109.1	111.9	115.7	115.4	114.9	110.1	105.7	104.1	112.2
102.8	105.1	108.8	107.0	105.4	105.7	106.7	107.2	107.0

10-13 续表2

单位:% （2013,以上年价格为100）

指 标	Item	年 度 Year	月份 Month 一 Jan.	二 Feb.	三 Mar.
糕点饼干面包	Cake,Biscuit and Bread	102.8	100.8	103.5	105.0
糕点	Cake	102.6	98.4	110.8	104.9
饼干	Biscuit	99.7	98.4	96.8	97.4
面包	Bread	104.7	104.6	100.7	109.7
液体乳及乳制品	Milk and Processed Products	105.8	102.5	102.0	102.4
巴氏杀菌乳或灭菌乳	Pasteurized Milk or Sterilized Milk	110.0	103.0	103.0	104.5
酸牛奶	Yogurt	100.3	101.7	100.0	99.7
乳粉	Milk Powder	107.5	104.4	104.1	103.9
其他	Others	96.2	96.5	96.3	96.0
在外用膳食品	Dining Out	107.4	106.8	105.4	107.0
主食	Staple Food	107.0	105.8	105.5	108.2
炒菜	Cooking	105.5	106.9	106.9	106.9
地方小吃	Local Snacks	112.0	108.0	100.0	104.8
其他	Others	111.3	105.9	111.8	111.8
其他食品	Other Foods	105.3	107.7	109.3	108.5
其他食品	Other Foods	105.3	107.7	109.3	108.5
烟酒	Tobacco and Liquor	99.7	100.2	100.1	99.7
烟草	Tobacco	100.0	100.0	100.0	100.0
高档卷烟	High-grade Cigarette	100.0	100.0	100.0	100.0
中档卷烟	Mid- cigarette	100.0	100.0	100.0	100.0
其他	Others	100.0	100.0	100.0	100.0
酒	Liquor	99.0	100.5	100.4	98.9
白酒	Liquor	98.2	100.4	100.4	97.9
葡萄酒	Wine	100.1	100.1	100.1	100.1
啤酒	Beer	99.1	97.6	97.0	98.3
其他	Others	104.7	117.7	117.7	112.3
衣着	Clothing	102.8	108.5	102.9	104.1
服装	Garments	103.5	108.4	104.1	104.8
男式服装	Men's Clothing	102.4	107.8	101.9	103.8
大衣	Overcoats	99.5	101.3	98.3	98.3
毛线衣	Wool Sweaters	99.7	101.8	94.2	98.3
夹克衫	Clip Grams Shirt	105.1	116.0	116.0	109.2
衬衫	Shirts	99.4	97.3	94.9	102.3
T恤衫	T-shirts	102.9	103.3	103.3	108.9

continued

（2013，preceding year =100）　　　　（%）

月份 Month								
四 Apr.	五 May.	六 June.	七 July.	八 Aug.	九 Sept.	十 Oct.	十一 Nov.	十二 Dec.
105.1	103.8	103.5	100.8	100.6	100.2	103.8	105.9	100.5
102.2	105.6	103.9	102.6	101.8	97.0	100.4	104.4	99.9
98.7	100.5	100.5	101.2	96.4	98.1	104.0	105.8	99.4
112.3	104.1	105.1	98.9	102.1	104.4	106.9	107.5	101.6
103.5	105.2	104.5	105.0	104.5	107.3	108.1	109.3	114.7
108.3	108.0	108.1	107.4	106.5	110.9	115.3	117.3	126.3
99.3	99.3	99.3	99.3	99.3	99.3	99.3	99.3	106.9
102.9	108.6	107.5	107.8	108.9	113.8	108.5	110.2	109.5
94.5	98.5	92.5	101.0	96.0	94.0	96.7	96.0	96.0
108.0	109.8	108.0	106.8	105.8	107.7	107.7	107.7	107.7
108.6	108.6	106.8	106.0	105.3	107.3	107.3	107.3	107.3
106.9	108.8	106.2	103.4	101.8	104.7	104.7	104.7	104.7
109.5	113.4	113.4	115.9	115.9	115.9	115.9	115.9	115.9
111.8	111.8	111.8	111.8	111.8	111.8	111.8	111.8	111.8
109.0	107.9	109.2	106.4	105.3	102.2	100.0	100.0	99.5
109.0	107.9	109.2	106.4	105.3	102.2	100.0	100.0	99.5
100.3	100.0	100.0	99.7	99.7	99.3	99.1	99.1	99.1
100.0	100.0	100.0	100.0	100.0	100.0	100.0	100.0	100.0
100.0	100.0	100.0	100.0	100.0	100.0	100.0	100.0	100.0
100.0	100.0	100.0	100.0	100.0	100.0	100.0	100.0	100.0
100.0	100.0	100.0	100.0	100.0	100.0	100.0	100.0	100.0
101.0	100.0	99.9	99.0	99.0	97.8	97.1	97.2	97.0
100.2	100.2	100.2	100.0	98.3	96.4	95.0	94.9	94.9
100.1	100.1	100.1	100.1	100.1	100.1	100.1	100.1	100.1
99.9	99.9	98.9	95.4	99.9	99.9	101.6	100.8	100.3
118.5	97.2	100.7	100.7	100.7	100.7	95.7	100.7	100.7
103.9	103.5	101.6	100.2	102.2	101.7	101.3	100.8	103.4
104.9	103.6	102.0	100.3	102.3	102.1	102.3	102.5	104.5
103.7	102.6	101.4	98.9	100.6	101.1	101.0	102.1	104.6
98.3	98.3	98.3	98.3	98.3	98.3	98.3	101.6	105.5
98.2	98.2	98.2	98.2	98.2	98.2	100.4	105.1	106.9
109.8	109.6	105.2	98.0	98.0	99.5	102.2	99.7	101.0
100.5	97.7	100.6	95.2	100.8	92.1	96.8	104.9	110.5
112.3	109.4	101.1	94.6	99.5	101.5	100.6	100.6	100.6

10-13 续表3

单位:%　　　　(2013,以上年价格为100)

指　标	Item	年　度 Year	月　份 Month 一 Jan.	二 Feb.	三 Mar.
裤子	Pants	99.3	101.2	101.2	105.2
西服	Western Clothes	98.8	109.8	99.1	100.3
运动衫裤	Sports Shirt and Trousers	111.0	117.6	114.9	121.6
内衣	Underwear	110.4	120.8	106.7	105.8
羽绒衣	Down Clothing	101.8	104.2	101.2	101.2
其他	Others	106.0	111.9	104.5	105.5
女式服装	Women's Clothing	104.2	109.2	106.0	105.6
大衣	Overcoats	105.7	109.8	108.2	105.8
毛线衣	Wool Sweater	102.8	105.0	98.4	101.3
羽绒衣	Down Clothing	103.2	105.1	102.4	102.4
套装	Suits	97.3	99.1	109.6	103.1
衬衫	Shirts	105.8	112.9	112.9	112.9
T恤衫	T-shirts	99.8	100.8	100.8	104.9
裙子	Skirts	108.0	114.6	111.6	110.8
裤子	Pants	108.5	112.1	105.4	109.0
运动衫裤	Sports Shirt and Trousers	106.4	111.1	108.6	114.9
内衣	Underwear	103.9	116.4	102.8	98.2
其他	Others	107.1	116.0	111.6	109.7
儿童服装	Children's Clothing	103.7	105.9	102.4	105.2
上衣	On Clothing	103.0	99.6	98.6	102.6
裤子	Pants	101.5	103.1	96.8	103.0
裙子	Skirts	102.3	109.4	106.0	105.1
其他	Others	108.9	118.4	112.9	112.9
衣着材料	Clothing Material	105.7	104.6	105.3	106.0
棉布	Cotton Cloth	107.0	104.6	106.3	107.9
化纤布	Chemical Fiber Cloth	105.9	107.5	107.5	107.5
毛线	Woolen	100.4	99.7	99.7	99.7
其他	Others	104.4	101.6	101.6	101.6
鞋袜帽	Footgear and Hats	100.4	108.6	98.4	101.3
鞋	Footgear	99.5	108.2	97.4	100.6
男鞋	Male	104.6	110.2	104.1	105.4
女鞋	Female	93.2	104.0	86.8	92.8
童鞋	Children Shoes	104.2	113.5	111.8	111.7
袜子	Socks	108.7	114.7	109.1	109.5
男袜	Male	104.8	113.4	107.3	105.7
女袜	Female	111.5	115.6	110.4	112.1

continued

(2013, preceding year =100) (%)

四 Apr.	五 May.	六 June.	七 July.	八 Aug.	九 Sept.	十 Oct.	十一 Nov.	十二 Dec.
104.0	99.9	97.6	93.8	98.7	97.8	95.4	96.5	101.0
99.3	97.2	95.8	95.0	96.1	99.0	96.8	94.8	103.4
123.0	120.6	115.2	112.2	115.2	105.3	100.0	101.8	93.2
106.7	109.0	109.0	106.7	106.7	115.3	115.0	115.8	108.5
101.2	101.2	101.2	101.2	101.2	101.2	101.2	100.4	105.8
105.8	104.8	108.4	107.4	108.2	105.3	103.7	99.5	108.1
105.9	104.3	102.2	101.2	103.6	102.7	103.2	102.7	104.2
105.8	105.8	105.8	105.8	105.8	105.8	105.8	102.7	101.5
101.2	101.2	101.2	101.2	101.2	101.2	104.8	106.3	109.0
102.4	102.4	102.4	102.4	102.4	102.4	102.4	101.9	109.0
103.1	96.6	89.8	87.9	97.7	93.4	92.5	97.6	100.7
111.5	105.5	100.3	100.5	107.0	102.1	103.8	100.2	102.2
103.4	100.4	99.3	99.3	99.3	97.4	98.2	97.3	97.3
110.7	107.1	101.5	102.8	108.0	106.2	108.1	108.1	108.9
114.1	115.1	114.3	108.9	109.8	107.1	103.3	100.5	104.1
116.2	113.9	108.9	106.0	106.0	100.2	100.1	101.9	93.3
99.0	101.2	101.2	99.0	99.0	107.0	108.1	107.4	108.5
107.1	106.3	110.2	109.2	110.3	105.3	102.0	97.4	103.4
103.2	102.8	103.9	102.4	102.5	103.0	102.6	103.6	107.2
102.3	99.6	101.3	98.8	98.0	103.7	104.6	110.0	115.6
98.7	98.0	101.3	101.2	102.1	99.9	103.4	103.0	107.4
105.1	105.1	102.1	99.0	100.3	102.3	100.6	95.6	98.1
109.4	112.9	112.9	112.9	112.9	105.9	100.0	100.0	100.0
106.4	106.8	106.8	106.6	106.6	106.0	105.4	104.8	102.9
107.9	107.9	107.9	107.9	107.9	107.9	107.9	107.9	103.1
107.5	107.5	107.5	107.5	107.5	105.5	103.6	101.7	100.0
99.7	99.7	99.7	99.7	99.7	99.7	99.7	99.7	108.3
104.2	106.8	106.8	105.1	105.1	105.1	105.1	105.1	105.1
100.5	102.7	99.6	99.1	101.6	100.5	98.2	95.3	100.0
99.6	102.0	98.5	97.9	100.7	99.6	97.2	93.9	99.7
108.1	107.9	100.4	100.1	103.3	104.0	103.6	101.5	107.1
89.8	94.2	93.7	96.7	100.1	95.4	90.2	85.0	93.6
108.8	108.9	105.6	96.3	96.9	100.6	100.9	99.2	97.9
108.8	108.8	108.8	108.8	108.8	108.8	108.8	108.5	101.9
104.1	104.1	104.1	104.1	104.1	104.1	104.1	103.5	100.0
112.1	112.1	112.1	112.1	112.1	112.1	112.1	112.1	103.2

10-13 续表4

单位:%　　　　（2013,以上年价格为100）

指标	Item	年度 Year	月份 Month 一 Jan.	二 Feb.	三 Mar.
帽子	Hats	105.8	104.7	103.1	104.1
男帽	Male	116.0	100.0	97.1	101.7
女帽	Female	100.9	107.2	106.3	105.3
衣着加工服务费	Clothing Manufacturing Services	109.2	114.3	116.3	113.6
缝纫	Sewing	110.5	111.8	119.9	109.5
清洗	Cleaning	112.3	121.7	121.7	121.7
其他	Others	100.0	100.0	100.0	100.0
家庭设备用品及维修服务	Household Facilities，Articles and Services	101.2	100.7	100.2	100.9
耐用消费品	Durable Consumer Goods	100.5	102.0	100.4	99.5
家具	Furniture	100.1	96.0	96.1	95.9
柜	Cabinets	101.6	98.4	98.3	98.1
床	Beds	97.4	92.2	92.2	92.8
桌	Tables	100.8	97.2	98.5	99.4
椅	Chairs	101.8	94.4	93.8	92.7
沙发	Sofas	99.4	97.6	97.2	96.3
其他	Others	104.2	93.1	94.9	94.9
家庭设备	Household Facilities	100.7	105.1	102.6	101.4
洗衣机	Washing Machine	97.6	101.5	100.0	100.6
电风扇	Electric Fan	95.4	92.9	90.4	89.6
电冰箱(柜)	Refrigerator(cabinet)	99.6	103.9	100.7	101.3
吸排油烟机	Exhaust Fan	103.2	109.9	106.3	103.9
空调器	Air Conditioner	101.9	106.5	105.0	104.3
热水器	Water Heater	102.8	106.9	104.2	100.3
微波炉	Microwave Oven	102.3	108.6	106.9	103.8
其他	Others	98.5	102.8	101.3	101.4
室内装饰品	Interior Decorations	98.1	101.9	102.0	100.8
纺织装饰品	Textile Decorations	97.7	104.2	106.2	103.0
装饰灯具	Decorative Lighting	100.4	102.6	100.6	100.5
其他	Others	95.3	93.9	92.1	94.6
床上用品	Bed Articles	99.4	95.7	95.5	102.3
被子	Quilt	103.2	100.5	101.1	108.0
床上套件	Bed Suite	100.0	97.4	95.7	103.2
其他	Others	94.8	89.4	90.0	96.0

continued

(2013, preceding year =100) (%)

月份 Month								
四 Apr.	五 May.	六 June.	七 July.	八 Aug.	九 Sept.	十 Oct.	十一 Nov.	十二 Dec.
105.6	108.7	107.9	108.6	107.4	105.4	105.4	104.3	104.0
106.2	122.6	122.6	122.6	122.6	122.6	122.6	125.5	126.4
105.3	102.3	101.6	102.1	100.2	97.1	97.1	94.5	93.8
113.6	113.6	113.6	113.6	105.9	102.4	102.4	102.4	102.4
109.5	109.5	109.5	109.5	109.5	109.5	109.5	109.5	109.5
121.7	121.7	121.7	121.7	106.5	100.0	100.0	100.0	100.0
100.0	100.0	100.0	100.0	100.0	100.0	100.0	100.0	100.0
102.2	100.8	101.9	100.8	100.4	101.4	102.4	101.5	101.0
101.7	99.1	100.6	100.5	99.9	100.6	101.3	100.0	100.5
96.1	97.2	100.2	102.6	102.2	103.5	104.6	103.8	103.8
97.2	98.0	100.2	101.7	101.0	104.7	108.4	107.0	106.5
92.8	92.5	96.8	101.2	100.7	102.2	103.7	102.3	102.3
98.7	99.3	102.1	102.8	101.9	102.4	103.0	103.0	101.6
96.9	100.4	103.8	107.4	107.4	108.2	107.4	106.1	105.2
95.6	97.2	99.4	101.2	101.1	101.6	101.7	101.7	103.0
101.6	103.9	107.3	111.4	111.8	109.9	108.0	108.0	108.0
104.6	100.0	100.8	99.5	98.8	99.3	99.9	98.2	98.9
99.7	96.3	97.0	96.8	95.0	96.0	96.0	96.0	96.0
89.6	91.7	97.3	99.5	98.4	98.4	99.6	99.6	99.6
105.2	99.7	100.0	99.6	97.4	97.4	98.2	96.1	96.1
108.3	103.0	103.0	103.0	101.5	100.0	100.0	100.0	100.0
106.7	101.9	102.3	100.0	99.7	99.2	99.1	99.1	100.0
107.1	100.7	102.6	99.4	101.3	102.5	103.7	101.3	103.8
105.0	103.3	103.3	99.9	99.2	101.6	103.2	96.8	96.8
100.4	97.7	97.7	97.7	96.7	97.5	96.7	95.6	96.9
99.1	99.7	98.8	97.2	95.0	95.1	95.8	96.2	95.7
100.4	100.4	100.4	96.4	92.7	92.7	92.7	92.7	92.7
99.5	99.5	96.9	99.5	100.2	98.3	100.9	103.4	103.4
94.2	97.8	96.8	96.2	93.8	97.9	97.9	96.2	93.0
105.0	103.4	101.6	96.2	95.5	102.2	104.1	94.3	97.0
109.5	109.5	107.2	96.7	99.0	106.1	104.5	96.6	100.9
108.4	103.9	102.4	96.7	96.1	102.3	105.2	94.6	94.4
97.2	97.2	95.3	95.0	91.4	98.0	102.3	91.4	95.5

10-13 续表5

单位:% （2013,以上年价格为100）

指 标	Item	年 度 Year	月 份 Month 一 Jan.	二 Feb.	三 Mar.
家庭日用杂品	Daily Use Household Articles	102.7	100.1	100.0	103.0
茶具	Tea Set	101.4	103.6	97.1	103.4
餐具	Tableware	114.4	100.0	103.6	115.1
厨具	Kitchen	100.2	100.0	100.3	100.0
家用手工工具	Household Hand Tools	100.0	100.0	100.0	100.0
洗涤用品	Detergent	101.8	102.1	102.1	100.6
其他	Others	99.0	96.5	96.5	100.0
家庭服务及加工维修服务	Household Services and Maintenance and Renovation	102.5	97.4	101.1	100.0
家庭服务	Household Services	103.8	96.2	101.6	100.0
加工维修服务	Maintenance and Renovation	100.0	100.0	100.0	100.0
医疗保健和个人用品	Health Care and Personal Articles	104.5	103.5	104.1	105.7
医疗保健	Health Care	104.9	104.1	104.3	105.9
医疗器具及用品	Medical Apparatus and Article	100.0	100.0	100.0	100.0
医疗器具及用品	Medical Apparatus and Article	100.0	100.0	100.0	100.0
中药材及中成药	Traditional Chinese Medicinal Materials and medicines	109.5	109.8	110.5	110.8
中药材	Traditional Chinese	116.1	117.1	118.5	118.5
中成药	Medicinal Materials and Medicines	105.0	105.0	105.3	105.7
西药	Western Medicines	101.1	101.3	101.3	101.4
抗菌药(抗感染药)	Antibacterial Drugs (anti-infectives)	99.8	100.0	100.0	99.8
消化系统用药	Digestive System Drugs	102.8	102.6	102.6	103.9
呼吸系统用药	Respiratory Medicine	100.0	100.0	100.0	100.0
解热镇痛药	Antipyretic and Analgesic	101.7	102.2	102.5	102.4
抗肿瘤药	Antineoplastic	99.9	100.0	100.0	100.0
激素类药	Hormone Drugs	101.0	99.9	100.0	102.4
心血管系统用药	Cardiovascular Drugs	101.3	102.2	102.1	102.0
中枢神经系统用药	Cardiovascular Drugs	100.2	100.0	100.0	100.0
消毒防腐及创伤外科用药	Disinfection Antisepsis and Trauma Surgery Medication	100.0	100.0	100.0	100.0
泌尿系统用药	Urinary System Agents	102.8	103.9	103.6	103.3
维生素类	Vitamins	100.7	101.2	101.2	101.2
其他	Others	100.8	100.0	100.0	100.0
保健器具及用品	Health Care Apparatus and Articles	109.2	113.3	113.3	114.1
保健器具	Health Care Apparatus	100.0	100.0	100.0	100.0
滋补保健用品	Health Care Articles	110.5	115.3	115.3	116.2
医疗保健服务	Health Care Service	104.9	100.2	100.2	105.9
挂号诊疗费	Registration Clinic Fee	100.0	100.0	100.0	100.0
注射费	Injection Fee	100.0	100.0	100.0	100.0
检查费	Inspection Fee	83.8	100.0	100.0	80.6
手术费	Surgery Fee	111.3	100.0	100.0	113.5

continued

(2013, preceding year =100) (%)

月份 Month								
四 Apr.	五 May.	六 June.	七 July.	八 Aug.	九 Sept.	十 Oct.	十一 Nov.	十二 Dec.
103.3	103.0	104.5	102.4	102.1	103.2	103.9	104.5	102.2
103.4	103.4	102.4	100.3	100.3	100.3	103.5	103.5	95.9
115.7	118.8	118.8	115.7	115.7	115.7	116.6	122.2	115.7
100.0	100.0	100.9	100.0	98.8	101.9	100.0	100.0	100.8
100.0	100.0	100.0	100.0	100.0	100.0	100.0	100.0	100.0
101.7	101.1	102.2	102.4	100.6	102.1	101.9	103.3	101.5
100.0	97.2	102.5	97.2	98.9	98.4	102.0	100.0	98.4
101.4	101.4	101.4	101.4	103.2	103.2	106.7	106.7	106.7
102.0	102.0	102.0	102.0	104.8	104.8	109.9	109.9	109.9
100.0	100.0	100.0	100.0	100.0	100.0	100.0	100.0	100.0
105.7	105.4	105.1	105.0	103.8	104.0	104.1	103.9	103.6
106.1	105.7	105.7	105.5	104.0	104.3	104.5	104.3	103.9
100.0	100.0	100.0	100.0	100.0	100.0	100.0	100.0	100.0
100.0	100.0	100.0	100.0	100.0	100.0	100.0	100.0	100.0
110.8	110.8	111.6	111.6	106.5	108.2	108.7	107.9	107.1
118.5	118.5	119.9	119.5	108.5	112.7	116.3	114.4	112.5
105.7	105.7	106.0	106.3	105.1	104.9	103.3	103.2	103.1
101.4	101.1	101.1	101.1	101.1	100.9	100.7	100.7	100.6
99.8	99.8	99.8	99.8	99.8	99.8	99.8	99.8	99.8
103.9	103.9	103.9	103.9	103.9	102.6	102.6	102.6	97.5
100.0	100.0	100.0	100.0	100.0	100.0	100.0	100.0	100.0
102.2	101.8	101.8	101.8	101.8	101.3	101.1	100.4	100.4
100.0	100.0	100.0	100.0	100.0	100.0	100.0	100.0	99.2
102.4	100.0	100.0	100.0	100.0	100.0	102.4	102.4	102.4
101.3	100.3	100.3	100.3	101.9	101.9	101.2	101.2	101.2
100.5	100.5	100.5	100.5	100.5	100.0	100.0	100.0	100.0
100.0	100.0	100.0	100.0	100.0	100.0	100.0	100.0	100.0
103.3	103.3	103.3	103.3	102.4	102.4	100.0	100.0	105.5
101.2	101.2	101.2	101.2	100.0	100.0	100.0	100.0	100.0
100.0	100.0	100.0	100.0	100.0	100.0	100.0	104.9	104.9
114.1	113.3	112.6	109.3	104.5	102.9	105.8	105.8	104.0
100.0	100.0	100.0	100.0	100.0	100.0	100.0	100.0	100.0
116.2	115.3	114.5	110.6	105.1	103.3	106.5	106.5	104.5
106.5	105.7	105.2	105.3	105.9	106.3	105.8	105.8	105.8
100.0	100.0	100.0	100.0	100.0	100.0	100.0	100.0	100.0
100.0	100.0	100.0	100.0	100.0	100.0	100.0	100.0	100.0
80.6	80.6	80.6	80.6	80.6	80.6	80.6	80.6	80.6
113.5	113.5	113.5	113.5	113.5	113.5	113.5	113.5	113.5

10-13 续表6

单位:%　　　　(2013,以上年价格为100)

指　标	Item	年　度 Year	月　份 Month 一 Jan.	二 Feb.	三 Mar.
床位费	Beds Fee	110.5	102.7	102.7	112.7
理疗费	Management Treatment Fee	100.9	100.0	100.0	100.0
化验费	Laboratory Fee	94.6	100.0	100.0	94.4
其他	Others	161.1	100.0	100.0	173.3
个人用品及服务	Personal Articles and Service	103.7	102.1	103.7	105.1
化妆美容用品	Cosmetic Beauty Products	100.6	99.9	100.1	100.1
化妆美容器具	Makeup Beauty Appliances	98.4	99.0	98.2	96.6
美容化妆品	Cosmetics	100.0	100.0	100.0	100.0
护肤品	Skin Care Products	100.0	100.0	100.0	100.0
护发美容品	Hair Care Beauty Products	102.7	100.0	101.0	101.3
清洁类化妆品	Sanitation Articles	104.1	103.9	106.5	106.3
洗发用品	Shampoo	102.9	104.5	106.4	106.9
洗浴用品	Toiletries	106.4	108.3	111.1	110.2
其他	Others	102.7	96.0	99.6	99.1
个人饰品	Personal Ornaments	100.0	100.7	98.9	100.3
首饰	Jewelery	94.8	104.2	100.2	97.5
皮件	Skin pieces	103.1	101.8	102.7	105.1
手表	Watches	100.9	101.0	100.0	99.6
领带	Ties	97.6	92.5	92.5	96.2
其他	Others	110.8	86.1	83.1	100.3
个人服务	Personal Services	108.7	103.8	107.7	112.2
美容	Beauty	103.6	103.3	103.3	103.3
理(烫)发	Management (Hot) Hair	112.4	102.5	109.7	119.0
洗浴	Bath	106.5	108.4	109.1	106.5
其他	Others	99.9	103.0	104.5	104.0
交通和通信	Transportation and Communication	97.8	98.1	99.4	96.7
交通	Transportation	99.4	100.3	102.2	98.1
交通工具	Transportation Facility	98.6	98.3	98.4	98.3
助动自行车	Powered Bicycle	98.8	96.7	96.7	96.7
轿车	Cars	95.8	95.0	95.5	95.7
自行车	Bicycles	100.7	101.1	101.1	101.1
其他	Others	99.4	100.7	100.7	100.0
车用燃料及零配件	Fuels and Parts	97.7	100.7	100.1	98.1
汽油	Gasoline	98.6	101.7	100.8	99.7
柴油	Diesel Oil	98.6	102.3	101.5	100.1
零配件	Parts and Accessories	94.8	98.5	98.5	93.7
其他	Others	98.7	95.6	95.6	95.6

continued

（2013，preceding year =100） （%）

月份 Month								
四 Apr.	五 May.	六 June.	七 July.	八 Aug.	九 Sept.	十 Oct.	十一 Nov.	十二 Dec.
128.2	111.9	103.2	105.2	112.9	120.1	109.8	109.8	109.8
100.0	100.0	100.0	100.0	102.1	102.1	102.1	102.1	102.1
93.4	93.4	93.4	93.4	93.4	93.4	93.4	93.4	93.4
173.3	173.3	173.3	173.3	173.3	173.3	173.3	173.3	173.3
104.9	104.7	103.8	104.0	103.3	103.5	103.2	103.1	103.1
100.2	100.6	100.9	100.9	100.7	100.9	100.9	100.9	101.0
97.4	98.2	99.0	99.0	96.7	99.0	99.0	99.0	100.5
100.0	100.0	100.0	100.0	100.0	100.0	100.0	100.0	100.0
100.0	100.0	100.0	100.0	100.0	100.0	100.0	100.0	100.0
101.7	102.7	103.6	103.6	103.6	103.6	103.6	103.6	103.6
104.4	103.5	104.4	104.7	103.6	103.2	102.7	102.4	103.8
104.6	101.6	102.1	103.1	101.3	103.4	101.8	100.0	100.0
108.3	109.0	109.3	104.8	105.6	104.6	102.4	101.5	103.1
98.0	99.0	101.4	107.9	105.2	100.6	105.2	109.2	113.0
101.9	101.3	100.1	100.6	99.7	100.9	99.2	99.2	96.8
96.8	96.1	93.3	93.8	91.1	92.0	92.1	91.1	90.0
105.1	105.1	105.1	105.1	105.1	105.2	100.2	100.2	97.0
102.1	99.9	99.1	99.9	100.0	104.3	102.1	103.1	99.9
99.4	99.4	99.4	103.5	99.4	99.4	99.4	99.4	91.3
114.0	114.0	114.0	113.8	119.0	121.4	123.4	125.4	125.4
112.3	112.3	108.5	108.5	107.7	107.7	108.4	107.9	107.9
104.1	104.1	104.1	104.1	102.0	102.0	104.2	104.2	104.2
119.0	119.0	111.5	111.5	111.5	111.5	111.5	111.5	111.5
106.5	106.5	106.5	106.5	106.5	106.5	106.5	104.5	104.5
101.0	101.0	101.0	101.0	97.1	97.1	98.6	95.7	95.7
97.6	97.5	97.1	97.7	97.2	98.0	97.9	97.5	99.0
99.5	99.2	98.4	99.0	98.4	99.5	99.3	98.7	100.0
98.6	98.0	99.0	98.8	98.6	98.8	98.8	98.6	98.8
98.0	98.0	100.0	100.0	100.0	100.0	100.0	100.0	100.0
96.1	95.1	95.9	96.5	95.6	96.3	96.2	95.5	96.3
100.5	100.5	100.5	100.5	100.5	100.5	100.5	100.5	100.5
100.0	98.9	100.0	98.8	98.8	98.8	98.8	98.8	98.8
92.9	93.8	96.1	100.4	100.8	99.2	96.3	96.3	98.3
92.6	92.2	96.8	102.9	103.4	101.0	97.0	97.0	99.8
92.3	91.8	96.6	102.8	103.4	100.7	96.6	96.5	99.5
93.7	98.2	93.7	93.7	93.7	93.7	93.7	93.7	93.7
95.6	99.9	99.9	99.9	100.2	100.5	100.5	100.5	100.5

10-13 续表7

单位:%　　(2013,以上年价格为100)

指标	Item	年度 Year	月份 Month 一 Jan.	二 Feb.	三 Mar.
车辆使用及维修费	Fees for Vehicles Use and Maintenance	101.9	102.1	107.4	103.8
保险费	Insurance Fees	100.0	100.0	100.0	100.0
停车费	Parking Fees	101.5	104.8	104.8	104.8
车辆修理服务费	Fees Vehicle Repair and Service	98.5	98.6	98.6	98.6
其他	Others	110.6	108.3	137.9	118.2
市区公共交通费	Incity Traffic Fare	103.9	112.8	112.8	112.8
公共汽车票	Bus Tickets	100.0	100.0	100.0	100.0
出租汽车	Taxi	105.4	118.3	118.3	118.3
其他	Others	100.0	100.0	100.0	100.0
城市间交通费	Intercity Traffic Fare	96.7	93.1	98.0	87.2
飞机票	Air Tickets	94.2	82.6	97.9	66.9
火车票	Train Tickets	95.9	95.9	95.9	95.9
长途汽车	Coach	100.0	100.0	100.0	100.0
短途汽车	Short-distance Car	100.0	100.0	100.0	100.0
其他	Others	100.0	100.0	100.0	100.0
通信	Communication	94.8	94.1	94.3	94.1
通信工具	Communication Facility	79.5	78.3	79.3	77.6
固定电话机	Telephone	96.9	99.9	98.5	97.2
移动电话机	Mobile Telephone	66.1	65.8	67.7	64.4
其他	Others	95.2	95.0	94.4	95.7
通信服务	Communication Service	97.7	97.5	97.5	97.5
移动通信费	Mobile Communications	93.7	93.2	93.2	93.2
市内电话费	Local Telephone Fee	100.0	100.0	100.0	100.0
长途电话费	Telephone Fee	100.0	100.0	100.0	100.0
月租费	Monthly Rental Fee	100.0	100.0	100.0	100.0
上网费	On Network Costs	99.5	99.5	99.5	99.5
邮政邮寄	Postal Mail	100.0	100.0	100.0	100.0
其他邮寄	Other Postal Mail	100.0	100.0	100.0	100.0
其他	Others	100.0	100.0	100.0	100.0
娱乐教育文化用品及服务	Recreation,Education , Culture Articles and Service	99.6	100.1	102.4	97.2
文娱用耐用消费品及服务	Durable Consumer Goods for Cultural and Recreational Use and Services	87.0	83.6	83.9	83.6
电视机	TV Set	79.7	72.5	72.7	74.4
激光视盘机	Video Disc Player	85.4	81.2	80.2	76.2

continued

（2013，preceding year =100） （%）

月份 Month								
四 Apr.	五 May.	六 June.	七 July.	八 Aug.	九 Sept.	十 Oct.	十一 Nov.	十二 Dec.
103.3	102.8	101.2	101.2	101.2	101.2	99.6	99.6	99.6
100.0	100.0	100.0	100.0	100.0	100.0	100.0	100.0	100.0
104.8	100.0	100.0	100.0	100.0	100.0	100.0	100.0	100.0
97.2	98.6	98.6	98.6	98.6	98.6	98.6	98.6	98.6
118.2	118.2	108.3	108.3	108.3	108.3	100.0	100.0	100.0
112.8	100.0	100.0	100.0	100.0	100.0	100.0	100.0	100.0
100.0	100.0	100.0	100.0	100.0	100.0	100.0	100.0	100.0
118.3	100.0	100.0	100.0	100.0	100.0	100.0	100.0	100.0
100.0	100.0	100.0	100.0	100.0	100.0	100.0	100.0	100.0
92.8	100.6	96.6	97.6	95.9	99.5	100.0	98.4	101.7
82.4	106.2	93.7	97.0	92.5	102.3	104.1	99.5	110.9
95.9	95.9	95.9	95.9	95.9	95.9	95.9	95.9	95.9
100.0	100.0	100.0	100.0	100.0	100.0	100.0	100.0	100.0
100.0	100.0	100.0	100.0	100.0	100.0	100.0	100.0	100.0
100.0	100.0	100.0	100.0	100.0	100.0	100.0	100.0	100.0
93.9	94.2	94.5	95.1	94.8	95.1	95.2	95.1	97.1
76.4	77.7	78.9	81.8	79.9	81.5	81.6	81.4	80.6
97.2	97.2	97.2	97.2	94.7	95.9	95.2	96.3	96.3
61.5	62.7	64.0	68.1	66.3	68.6	69.9	69.2	67.8
97.9	97.9	97.4	97.4	95.4	94.7	92.6	92.0	92.0
97.5	97.5	97.5	97.5	97.5	97.5	97.5	97.5	100.0
93.2	93.2	93.2	93.2	93.2	93.2	93.2	93.2	100.0
100.0	100.0	100.0	100.0	100.0	100.0	100.0	100.0	100.0
100.0	100.0	100.0	100.0	100.0	100.0	100.0	100.0	100.0
100.0	100.0	100.0	100.0	100.0	100.0	100.0	100.0	100.0
99.5	99.5	99.5	99.5	99.5	99.5	99.5	99.5	100.0
100.0	100.0	100.0	100.0	100.0	100.0	100.0	100.0	100.0
100.0	100.0	100.0	100.0	100.0	100.0	100.0	100.0	100.0
100.0	100.0	100.0	100.0	100.0	100.0	100.0	100.0	100.0
98.8	98.3	98.7	99.6	97.3	98.1	101.7	101.1	102.2
84.5	85.2	87.4	87.1	87.3	89.3	90.4	91.3	92.2
76.0	77.7	81.2	82.3	82.6	84.5	85.2	86.6	88.0
76.2	76.2	89.1	89.1	89.1	93.8	93.8	93.8	93.8

10-13 续表8

单位:%　　（2013,以上年价格为100）

指标	Item	年度 Year	月份 Month 一 Jan.	二 Feb.	三 Mar.
摄像机	Video Camera	85.5	82.7	82.3	81.2
照相机	Camera	77.2	77.0	77.7	77.5
家用音响	Home Audio	95.1	91.5	91.5	91.5
便携式音响	Portable Audio	96.3	95.4	96.1	97.0
电脑	Computers	88.0	86.8	87.0	86.1
修理服务	Maintenance Service	100.0	100.0	100.0	100.0
其他	Others	101.1	99.2	102.6	95.3
教育	Education	105.8	106.0	106.0	105.2
教材及参考书	Teaching Materials and Reference Books	108.5	115.4	115.4	108.2
工具书	Books	103.3	106.8	106.8	106.8
教材	Teaching Materials	104.7	106.2	106.2	104.8
参考书	Reference Books	112.5	124.7	124.7	111.3
教育软件	Educational Software	100.0	100.0	100.0	100.0
教育服务	Educational Service	105.3	104.1	104.1	104.6
学前教育	Pre-school Education	106.5	104.6	104.6	106.9
中等教育	Secondary Education	100.0	100.0	100.0	100.0
高等教育	Higher Education	100.4	100.6	100.6	100.6
专业技能培训	Professional Skills Training	100.0	100.0	100.0	100.0
其他	Others	118.4	115.5	115.5	115.5
文化娱乐类	Cultural and Recreational	104.7	104.2	104.5	104.8
文化娱乐用品	Cultural Articles	101.8	101.7	101.7	101.7
乐器	Musical Instruments	100.0	100.0	100.0	100.0
音响光盘和视盘	Audio CD and Video Disc	100.0	100.0	100.0	100.0
电子存储卡	Electronic Memory Card	97.5	100.0	100.0	100.0
儿童玩具	Children's Toys	100.3	100.7	100.7	100.7
纸张本册	Paper	103.9	100.0	100.0	100.0
文具	Stationery	105.7	106.4	106.4	106.4
体育用品	Sporting Articles	101.7	102.3	102.3	102.3
其他	Others	103.5	102.8	102.8	102.8
书报杂志	Newspapers and Magazines	105.7	105.7	105.7	105.7
书籍	Books	100.0	100.0	100.0	100.0
报纸	Newspapers	113.6	113.6	113.6	113.6
杂志	Magazines	102.7	102.7	102.7	102.7
文娱费	Expenditure on Culture and Recreation	106.6	105.6	106.0	106.8
电影票	Movie Tickets	111.8	112.5	115.4	115.4

continued

(2013, preceding year =100) (%)

月份 Month								
四 Apr.	五 May.	六 June.	七 July.	八 Aug.	九 Sept.	十 Oct.	十一 Nov.	十二 Dec.
82.5	83.5	85.9	85.4	85.5	87.9	89.4	90.3	91.8
75.6	76.2	76.0	74.2	74.5	76.8	79.1	80.7	82.8
91.5	91.5	95.3	95.3	95.3	100.0	100.0	100.0	100.0
95.0	95.0	94.9	94.9	94.9	98.0	98.0	98.0	98.0
87.3	88.2	88.0	86.8	87.1	88.0	89.4	90.5	91.6
100.0	100.0	100.0	100.0	100.0	100.0	100.0	100.0	100.0
103.9	100.0	100.0	100.0	100.0	100.0	105.0	105.0	102.6
107.7	107.5	107.5	104.8	104.8	105.7	105.7	104.7	104.7
108.2	108.2	108.2	107.7	107.7	106.3	106.3	106.3	106.3
106.8	106.8	106.8	100.0	100.0	100.0	100.0	100.0	100.0
104.8	104.8	104.8	104.8	104.8	103.7	103.7	103.7	103.7
111.3	111.3	111.3	111.3	111.3	109.2	109.2	109.2	109.2
100.0	100.0	100.0	100.0	100.0	100.0	100.0	100.0	100.0
107.6	107.4	107.4	104.2	104.2	105.5	105.5	104.4	104.4
105.4	104.6	104.6	104.6	104.6	112.7	112.7	106.5	106.5
100.0	100.0	100.0	100.0	100.0	100.0	100.0	100.0	100.0
100.6	100.6	100.6	100.6	100.6	100.0	100.0	100.0	100.0
100.0	100.0	100.0	100.0	100.0	100.0	100.0	100.0	100.0
131.7	131.7	131.7	114.0	114.0	114.0	114.0	114.0	114.0
105.7	105.7	105.8	105.6	105.0	104.8	104.7	103.5	102.7
102.7	102.6	101.8	101.8	101.8	101.8	101.5	101.2	101.2
100.0	100.0	100.0	100.0	100.0	100.0	100.0	100.0	100.0
100.0	100.0	100.0	100.0	100.0	100.0	100.0	100.0	100.0
100.0	98.5	98.5	95.5	95.5	95.5	95.5	95.5	95.5
100.7	100.7	100.0	100.0	100.0	100.0	100.0	100.0	100.0
105.2	105.2	105.2	105.2	105.2	105.2	105.2	105.2	105.2
107.9	107.9	104.8	106.3	106.3	106.3	104.5	102.9	102.9
102.3	102.3	101.3	101.3	101.3	101.3	101.3	101.3	101.3
102.8	102.8	102.8	104.2	104.2	104.7	104.0	104.0	104.0
105.7	105.7	105.7	105.7	105.7	105.7	105.7	105.7	105.7
100.0	100.0	100.0	100.0	100.0	100.0	100.0	100.0	100.0
113.6	113.6	113.6	113.6	113.6	113.6	113.6	113.6	113.6
102.7	102.7	102.7	102.7	102.7	102.7	102.7	102.7	102.7
108.0	108.0	108.8	108.4	107.2	106.7	106.7	104.4	102.6
115.4	115.4	115.4	115.4	115.4	112.5	112.5	100.0	100.0

10-13 续表9

单位:%　　　　(2013,以上年价格为100)

指　标	Item	年　度 Year	月　份 Month 一 Jan.	二 Feb.	三 Mar.
景点门票	Attractions Tickets	108.9	100.0	100.0	100.0
有线电视	Cable Television	100.0	100.0	100.0	100.0
健身活动	Fitness Activities	115.4	110.7	110.7	118.1
其他	Others	84.4	100.0	100.0	81.3
旅游	Touring and Outing	92.9	99.4	110.1	86.6
旅行社收费	Travel Agent Fees	90.0	101.1	117.4	81.7
宾馆住宿	Hotel Accommodation	94.1	95.9	91.9	93.7
其他住宿	Other	109.7	94.2	94.2	110.1
居住	Residence	102.6	103.6	103.6	102.5
建房及装修材料	Building and Building Decoration Materials	99.1	98.6	99.3	99.3
木材	Timber	100.0	108.4	107.5	97.1
木地板	Timber Flooring	93.6	86.1	90.8	91.1
砖	Brick	98.1	103.5	98.7	101.5
水泥	Cement	92.0	96.8	96.8	96.8
涂料	Coating	99.8	95.2	94.6	97.8
板材	Board Material	103.5	102.4	100.9	99.3
玻璃	Glass	102.4	95.0	99.6	95.0
粘胶	Viscose	102.8	106.9	106.9	113.4
厨卫设备	Kitchen Equipment	104.0	99.7	106.3	109.8
其他	Others	101.0	101.6	100.0	100.0
住房租金	Renting	112.7	109.4	110.7	99.6
公房房租	Public House Leasing	100.0	100.0	100.0	100.0
私房房租	Private House Leasing	115.3	108.3	112.5	100.0
其他费用	Other Costs	104.7	120.3	107.2	97.0
自有住房	Private Housing	101.0	100.4	99.9	98.6
住房估算租金	Housing Estimates Rent	102.5	101.0	99.6	96.6
物业管理费用	Property Management Fees	100.0	100.0	100.0	100.0
维护修理费用	Maintenance and Repair Costs	100.0	100.0	100.0	100.0
其他	Others	100.0	100.0	100.0	100.0
水、电、燃料	Water,Electricity and Fuels	103.6	106.9	106.9	106.9
水	Water	100.0	100.0	100.0	100.0
电	Electricity	102.0	104.1	104.1	104.1
液化石油气	Liquefied Petroleum Gas	105.7	107.7	107.7	107.7
管道燃气	Pipeline Natural Gas	107.6	116.4	116.4	116.4
其他燃料	Other Fuels	102.4	106.1	106.1	106.1

continued

(2013, preceding year =100) (%)

月份 Month								
四 Apr.	五 May.	六 June.	七 July.	八 Aug.	九 Sept.	十 Oct.	十一 Nov.	十二 Dec.
111.8	111.8	111.8	111.8	111.8	111.8	111.8	111.8	111.8
100.0	100.0	100.0	100.0	100.0	100.0	100.0	100.0	100.0
118.1	118.1	120.8	119.1	115.1	115.1	115.1	115.1	109.1
81.3	81.3	81.3	81.3	81.3	81.3	81.3	81.3	81.3
87.5	84.1	84.3	94.7	85.5	84.8	99.4	98.8	103.8
80.4	76.2	74.2	92.7	80.8	78.3	96.2	101.6	106.5
94.0	90.0	98.4	94.3	90.4	93.4	103.7	89.9	94.0
127.7	127.7	127.7	109.3	109.3	109.3	114.3	97.4	103.4
103.1	103.9	104.0	101.0	101.0	101.8	101.9	102.8	102.7
98.7	100.0	100.6	97.6	96.9	98.8	98.9	100.2	99.7
96.4	96.4	101.2	98.3	96.1	100.2	100.8	100.0	99.2
87.3	94.9	97.0	91.3	91.4	96.4	95.5	103.8	99.9
101.5	101.5	100.0	94.9	94.9	95.9	94.9	94.9	94.9
97.5	92.3	92.3	92.3	82.1	82.1	92.3	91.1	90.0
102.9	105.1	101.1	98.2	98.2	102.5	101.1	101.1	101.1
102.0	104.1	104.1	105.1	105.5	105.8	105.8	103.5	103.5
98.1	100.0	100.7	99.6	100.0	108.6	110.9	110.9	110.9
106.9	106.9	100.0	100.0	99.1	99.1	99.1	99.1	99.1
104.0	102.1	103.9	104.7	105.1	102.4	101.3	103.0	105.8
104.2	104.2	105.4	99.9	99.9	99.5	99.1	99.1	99.1
106.9	108.4	108.4	108.4	109.1	114.8	120.4	128.6	128.6
100.0	100.0	100.0	100.0	100.0	100.0	100.0	100.0	100.0
108.9	110.7	110.7	110.7	110.7	117.9	125.0	134.6	134.6
99.5	100.0	100.0	100.0	104.9	104.9	104.9	110.6	110.6
99.4	100.7	100.9	101.0	101.4	101.8	102.1	102.9	102.9
98.5	101.9	102.2	102.6	103.4	104.4	105.4	107.4	107.4
100.0	100.0	100.0	100.0	100.0	100.0	100.0	100.0	100.0
100.0	100.0	100.0	100.0	100.0	100.0	100.0	100.0	100.0
100.0	100.0	100.0	100.0	100.0	100.0	100.0	100.0	100.0
106.9	106.9	106.7	101.1	101.1	101.1	100.0	100.0	100.0
100.0	100.0	100.0	100.0	100.0	100.0	100.0	100.0	100.0
104.1	104.1	104.1	100.0	100.0	100.0	100.0	100.0	100.0
107.7	107.7	107.7	107.7	107.7	107.7	100.0	100.0	100.0
116.4	116.4	116.4	100.0	100.0	100.0	100.0	100.0	100.0
106.1	106.1	100.0	100.0	100.0	100.0	100.0	100.0	100.0

10—14 商品零售价格分类指数

Retail Price Indices by Classification

单位:% （2013，以上年价格为100）(preceding year =100) (%)

指 标	Item	指 数 Indice
商品零售价格总指数	Retail Price Index	102.3
食品类	Food	106.9
粮食	Grain	106.6
大米	Rice	104.7
面粉	Flour	109.5
油脂类	Oil or Fat	100.8
肉禽及其制品	Meat,Poultry and Processed Products	108.1
水产品	Aquatic Products	108.1
鲜菜	Fresh Vegetables	109.6
干菜及菜制品	Drived Vegetables and Vegetable Products	106.2
调味品	Flavoring	102.1
糖	Carbohydrate	100.7
干鲜瓜果类	Dried and Fresh Melons and Fruits	107.5
鲜瓜果	Fresh Melons and Fruits	108.4
糕点饼干面包	Cake,Biscuit and Bread	102.5
液体乳及乳制品	Milk and Processed Products	104.5
巴氏杀菌奶或消毒奶	Markov Sterilization of Milk or Pasteurized Milk	110.0
乳粉	Dehydrated milk	107.5
在外用膳食品类	Dining Out	107.8
主食	Staple Food	107.0
炒菜	Cooking	105.5
地方小吃	Local Snacks	112.0
其它食品	Other Food	105.3
烟酒及饮料	Beverages,Tobacco,Liquor and Articles	100.1
茶及饮料	Tea and Drinks	101.5
烟草	Tobacco	100.0
酒	Liquor	98.8
服装鞋帽类	Garments,Shoes and Hats	102.6
服装	Garments	103.7
鞋帽袜	Footgear and Hats	100.5
纺织品类	Textiles	101.8
棉布	Cotton Cloth	107.0
化纤布	Chemical Fiber cloth	105.9
毛线	Woolen	100.4
家用电器及音像器材类	Household Appliances,Music and Video Equipment	95.3
文化办公用品类	Cultural and Office Appliances	98.5
日用品类	Articles for Daily Use	101.9
日用百货	General Merchandise for Daily Use	100.4
日用杂品	Miscellaneous for Daily Use	104.7
体育娱乐用品类	Sports and Recreation Articles	100.5
交通通信用品类	Transportation and Communication Appliances	92.3
家具类	Furniture	100.2
化妆品类	Cosmetics	102.2
金银珠宝类	Gold ,Silver and Jewel	89.9
中西药品及医疗保健用品类	Traditional Chinese and Western Medicines and Health Care Articles	106.0
医疗器具及用品	Medical Apparatus and Article	100
中药材及中成药	Traditional Chinese Medicinal Materials and Medicines	113.8
西药	Western Medicines	101
保健器具及用品	Health Care Apparatus and Articles	106.5
书报杂志及电子出版物类	Books,Newspapers,Magazines and Electronic Publications	106.8
燃料类	Feuls	101.7
建筑材料及五金电料类	Building Materials and Hardware	99.1

10—15 各种物价总指数

Variety of Price Indices

单位:%　　　　(2013)　　　　(%)

指　标	Item	居民消费价格总指数 Consumer Price Index	商品零售价格总指数 Retail Price Index
以1957年价格为100	Year of 1957=100	832.6	579.0
以1962年价格为100	Year of 1962=100	662.7	465.1
以1965年价格为100	Year of 1965=100	804.0	559.4
以1970年价格为100	Year of 1970=100	763.3	531.5
以1978年价格为100	Year of 1978=100	684.6	474.5
以1980年价格为100	Year of 1980=100	635.3	439.9
以1985年价格为100	Year of 1985=100	536.3	373.4
以1990年价格为100	Year of 1990=100	314.6	221.5
以1992年价格为100	Year of 1992=100	270.6	193.1
以1995年价格为100	Year of 1995=100	158.9	124.1
以1997年价格为100	Year of 1997=100	142.7	114.4
以1998年价格为100	Year of 1998=100	142.5	117.8
以1999年价格为100	Year of 1999=100	142.4	119.3
以2000年价格为100	Year of 2000=100	144.9	122.1
以2001年价格为100	Year of 2001=100	141.6	121.4
以2002年价格为100	Year of 2002=100	142.4	123.9
以2003年价格为100	Year of 2003=100	139.9	123.2
以2004年价格为100	Year of 2004=100	135.6	120.8
以2005年价格为100	Year of 2005=100	138.2	124.1
以2006年价格为100	Year of 2006=100	131.2	118.8
以2007年价格为100	Year of 2007=100	124.7	114.6
以2008年价格为100	Year of 2008=100	115.8	108.1
以2009年价格为100	Year of 2009=100	116.2	109.8
以2010年价格为100	Year of 2010=100	113.3	107.6
以2011年价格为100	Year of 2011=100	106.1	102.9
以2012年价格为100	Year of 2012=100	103.5	102.3

10—16 工业生产者出厂价格指数

单位:%　　　　（以上年价格为100）

指　标	Item	2003年	2004年
全部工业品出厂价格总指数	**Total Industry Products Price Index**	**105.5**	**107.1**
按轻重工业分	**Grouped by Light and Heavy Industry**		
轻工业	Light Industry	99.8	100.7
以农产品为原料	Raw Material of Agricultural Products	99.1	105.7
以非农产品为原料	Raw Material of Non-Agricultural Products	100.5	96.1
重工业	Heavy Industry	108.7	110.7
采掘	Mining & Quarrying	99.5	108.5
原料	Raw Material	110.6	109.6
加工	Process	107.1	112.1
按两大部类分	**Grouped by Two Major Categories**		
生产资料	Means of Production	106.8	107.5
采掘	Mining & Quarrying	99.5	108.5
原料	Raw Material	110.3	109.0
加工	Process	104.3	106.2
生活资料	Consumer Goods	99.8	103.9
食品	Food	100.3	105.8
衣着	Clothing	101.0	100.8
一般日用品	Articles for Daily Used	95.5	103.8
耐用消费品	Durable Consumer Goods	97.0	98.1
按工业部门分	**Grouped by Industry Branch**		
冶金工业	Metallurgy Industry	109.0	129.4
电力工业	Electric Power Industry	104.5	102.7
煤炭及炼焦工业	Coal and Coking Industry	99.5	108.5
石油工业	Petroleum Industry	115.5	110.4
化学工业	Chemistry Industry	106.9	105.4
机械工业	Machinery Industry	98.1	103.4
建筑材料工业	Building Materials Industry	99.5	102.5
森林工业	Forest Industry	96.6	94.8
食品工业	Food Industry	100.1	105.9
纺织工业	Textile Industry	97.6	106.5
缝纫工业	Sewing Industry	101.0	100.8
皮革工业	Leather Industry	100.0	107.0
造纸工业	Papermaking Industry	95.1	106.1

Industrial Producer Price Indices

(preceding year =100) (%)

2005年	2006年	2007年	2008年	2009年	2010年	2011年	2012年	2013年
106.0	**107.0**	**104.1**	**111.5**	**97.1**	**108.8**	**109.1**	**99.4**	**95.0**
102.4	103.2	103.6	108.7	95.5	108.3	119.4	100.4	97.6
105.4	101.6	102.3	104.6	92.8	111.5	117.6	101.8	100.2
99.4	104.8	105.2	114.0	98.9	103.8	128.3	93.3	83.4
107.6	108.4	104.3	112.9	97.8	109.0	107.2	99.2	94.5
120.8	121.2	110.4	134.0	103.3	123.1	112.1	92.5	71.5
109.3	110.1	104.3	109.4	98.6	108.3	105.8	101.6	98.4
101.2	101.5	102.2	114.9	93.6	101.2	108.3	96.4	95.7
106.4	107.7	104.1	111.7	96.8	109.1	108.6	99.8	95.1
120.8	121.2	110.4	134.0	102.0	123.1	112.1	92.5	71.5
109.0	110.0	104.3	109.3	98.4	108.3	105.7	102.0	98.7
102.0	103.2	102.8	111.2	93.4	105.9	112.7	98.5	97.1
101.5	99.9	103.9	110.3	99.1	106.2	114.3	95.2	93.8
101.9	99.4	102.8	109.9	100.4	108.3	109.5	100.1	100.4
99.1	96.9	100.3	97.9	97.4	104.7	114.3	108.2	103.4
102.7	101.5	107.8	115.7	96.6	102.7	120.6	88.2	84.5
101.2	98.5	98.3	102.5	99.7	105.4	101.1	100.5	100.0
94.8	104.2	112.2	120.8	81.2	108.1	110.5	95.9	94.8
100.3	103.5	103.8	99.7	99.7	105.8	100.4	100.9	100.0
120.8	121.2	110.4	134.0	102.0	123.1	110.1	92.6	75.2
117.8	123.0	102.5	120.3	99.7	110.2	115.8	108.3	98.5
106.0	101.5	103.8	117.6	93.5	105.4	116.8	91.3	89.4
101.7	106.4	101.5	104.8	98.1	101.1	103.0	100.5	98.3
99.1	100.2	102.9	116.3	119.9	97.5	102.6	95.2	97.3
101.8	98.5	100.0	101.4	100.5	102.1	100.1	100.5	100.3
101.0	99.8	104.1	112.3	100.1	108.5	108.9	100.7	101.3
110.8	103.7	101.1	97.4	84.2	116.4	126.7	102.4	99.70
99.0	96.5	100.3	97.9	97.2	104.7	109.6	105.4	100.5
103.7	100.0	100.1	98.4	96.3	98.0	115.6	109.4	107.4
102.7	102.6	102.5	113.8	99.8	106.7	104.2	100.2	97.8

10-16 续表

单位:%　　（以上年价格为100）

指　标	Item	2003年	2004年
文教艺术用品工业	Culture and Education Articles Industry	99.0	100.0
其它工业	Other Industry	112.7	118.1
按工业行业分	**Grouped by Industry Sector**		
煤炭开采和洗选业	Mining and Washing of Coal	99.5	108.5
农副食品加工业	Processing of Food from Agricultural Products	101.2	109.7
食品制造业	Manufacture of Foods	96.7	105.2
饮料制造业	Manufacture of Beverages	102.5	101.8
纺织业	Manufacture of Textile	99.0	105.8
纺织服装、鞋、帽制造业	Manufacture of Textile Wearing Apparel,Footware and Caps	100.0	99.2
皮革、毛皮、羽毛(绒)及其制品业	Manufacture of Leather,Fur,Feather and Related Products	100.0	107.0
木材加工及木、竹、藤、棕、草制品业	Processing of Timber,Manufacture of Wood,Bamboo,Rattan,Palm and Straw Products		
家具制造业	Manufacture of Furniture	95.6	97.3
造纸及纸制品业	Manufacture of Paper and Paper Products	95.1	106.1
印刷业和记录媒介的复制	Printing,Reproduction of Recording Media	102.6	100.0
石油加工、炼焦及核燃料加工业	Processing of Petroleum,Coking,Processing of Nuclear Fuel	115.6	110.7
化学原料及化学制品制造业	Manufacture of Raw Chemical Materials and Chemical Products	111.5	116.6
医药制造业	Manufacture of Medicines	100.9	99.2
化学纤维制造业	Manufacture of Chemical Fibers	95.5	115.8
橡胶制品业	Manufacture of Rubber	100.0	88.8
塑料制品业	Manufacture of Plastics	107.4	103.3
非金属矿物制品业	Manufacture of Non-metallic Mineral Products	99.6	102.6
黑色金属冶炼及压延加工业	Smelting and Pressing of Ferrous Metals	115.1	121.8
有色金属冶炼及压延加工业	Smelting and Pressing of Non-ferrous Metals	100.3	145.4
金属制品业	Manufacture of Metal Products	100.9	113.9
通用设备制造业	Manufacture of General Purpose Machinery	97.8	103.5
专用设备制造业	Manufacture of Special Purpose Machinery	93.8	98.2
交通运输设备制造业	Manufacture of Transport Equipment	101.8	100.0
电气机械及器材制造业	Manufacture of Electrical Machinery and Equipment	99.4	104.1
仪器仪表及文化、办公用机械制造业	Manufacture of Measuring Instruments and Machinery for Cultural Activity and Office Work	100.1	101.4
电力、热力的生产和供应业	Production and Supply of Electric Power,Steam and Hot Water	104.5	102.7
燃气生产和供应业	Production and Supply of Gas	106.9	100.0
水的生产和供应业	Production and Supply of Tap Water	115.8	124.6

continued

(preceding year =100) (%)

2005年	2006年	2007年	2008年	2009年	2010年	2011年	2012年	2013年
100.0	100.0	100.0	106.3	95.5	100.9	102.8	104.8	103.9
105.5	99.9	103.3	127.9	94.9	107.4	115.1	101.3	98.3
120.8	121.2	110.4	134.0	102.0	123.1	112.1	92.5	71.5
99.8	101.0	110.0	116.2	97.6	105.6	108.7	102.8	104.6
102.6	97.3	99.0	110.5	101.5	109.8	123.2	91.1	85.8
100.5	101.8	101.8	104.8	103.7	111.1	106.6	102.6	98.6
109.6	103.1	101.0	97.4	85.3	115.6	126.4	102.5	99.70
100.0	100.1	100.2	100.4	103.6	100.3	102.4	102.2	101.7
103.7	100.0	100.1	98.4	96.3	98.0	115.6	109.4	107.4
			100.0	101.3	101.0	98.9	100.3	100.7
101.8	98.5	98.3	102.7	99.8	102.6	100.9	100.6	100.0
102.7	102.6	102.5	113.8	99.8	106.7	104.2	100.2	97.8
100.0	100.0	100.0	106.7	95.3	98.7	102.8	105.2	104.2
118.6	123.6	102.5	120.6	99.6	110.5	114.1	105.4	97.0
113.4	95.5	100.9	123.4	92.6	105.2	116.2	102.0	94.3
99.3	99.6	111.1	118.8	90.2	102.3	106.2	88.1	93.6
104.1	98.5	101.7	99.9	94.1	90.9			
98.0	110.0	104.6	111.7	96.6	108.4	117.8	85.0	87.1
103.4	101.2	101.5	103.0	90.2	103.0	106.0	99.7	96.9
99.3	100.2	103.2	120.4	115.9	98.6	104.9	96.2	97.3
82.6	100.5	105.9	126.4	79.1	103.9	107.9	94.6	96.9
116.5	115.9	121.8	115.0	77.0	115.4	110.6	94.3	93.0
101.4	91.7	102.8	116.3	94.0	94.1	113.6	102.5	97.5
101.5	101.9	101.4	105.1	98.6	102.5	103.7	100.2	99.8
105.2	104.3	99.1	109.9	99.3	97.6	100.1	99.8	97.3
100.0	100.0	100.0	100.0	100.0	100.0	101.8	100.0	100.0
101.4	127.6	102.1	103.2	94.7	98.4	102.2	100.0	96.0
105.2	101.1	100.2	101.5	99.7	94.4	104.8	100.9	99.3
100.3	103.5	103.8	99.7	99.7	105.8	100.4	102.6	100.0
100.0	110.7	103.7	108.6	101.6	100.0	100.0	133.0	114.9
108.8	100.0	100.0	100.0	100.0	120.3	115.1	102.0	100.0

10—17 房地产价格指数

单位:%

指 标	Item	2001年	2002年	2003年
新建住宅销售价格指数	New Residential Buildings Sales Price Index	103.6	102.7	101.5
新建商品住宅销售价格指数	New Commercialized Houses Sales Price Index			
1. $90m^2$及以下	Housing of 90 Square Meters Below			
2. 90–$144m^2$	Housing of Square Meters Between 90 and 144			
3. $144m^2$以上	Housing of 144 Square Meters Above			
二手住宅销售价格指数	Second–hand House Sales Price Index	105.0	106.0	107.0
1. $90m^2$及以下	Housing of 90 Square Meters Below			
2. 90–$144m^2$	Housing of Square Meters Between 90 and 144			
3. $144m^2$以上	Housing of 144 Square Meters Above			
住宅租赁价格指数	Renting Price Index of Houses	105.7	113.5	103.4
商品住宅租赁价格指数	Renting Price Index of Business Use			
1. 普通住宅	Ordinary Residential			
2. 高档住宅	High–grade Residential			
物业管理价格指数	Property Management Price Index			
土地交易价格指数	Transactions Price Index of Land	103.2	102.9	103.4

注:2011年,国家统计局开始实施新的房屋价格统计制度。此次新房价统计调查方案对调查指标做出了调整。房屋销售价格指数调整为新建住宅销售价格指数和二手住宅销售价格指数。新建住宅类下设保障性住房和商品住宅两类。房屋租赁价格指数调整为住宅租赁价格指数。
a)2011, Nation Bureau of Statisties began to implement the new housing price statistics system. The new survey program adjustments were made to the survey indicators. Housing sales price index is adjusted to the new housing sales price index and seeond–hand housing sales price index. New housing were consist of the security of residetial housing and commercial housing. The rental price index adjusted to residental rental price index.

10—18 工业生产者购进价格指数

单位:%

(以上年价格为100)

指 标	Item	2004年	2005年	2006年
全部原材料购进价格	Purchasing Price of Raw Materials	116.9	117.1	106.5
燃料、动力类	Fuel and Power	119.3	120.9	110.4
黑色金属材料类	Ferrous Metals	131.9	107.7	89.2
# 钢材	Steels	128.0	105.7	88.7
其它	Others	140.7	117.9	95.7
有色金属材料和电线类	Nonferrous Metals and Electric Wires	136.1	115.3	116.8
化工原料类	Raw Chemical Materials	111.9	119.0	106.3
木材及纸浆类	Timber and Paper Pulp	108.5	101.4	101.5
建筑材料及非金属矿类	Building Materials and Non–metallic Mineral	105.7	107.8	106.3
其它工业原材料及半成品类	Other Industry Raw Materials and Semi–manufantures	118.5	106.4	100.0
农副产品类	Agricultural Products	120.0	113.2	104.1
纺织原料类	Textile Materials	102.5	122.8	97.2

Price Indices of Real Estate

(%)

2004年	2005年	2006年	2007年	2008年	2009年	2010年	2011年	2012年	2013年
104.7	102.0	102.1	104.3	109.9	107.6	112.7	102.8	101.1	105.8
				110.1	107.8	112.8	102.9	101.2	106.2
							104.6	101.2	106.6
							101.5	100.9	106.1
							103.4	101.7	106.1
105.3	103.6	103.5	103.8	111.1	103.6	111.1	102.7	99.4	104.9
							102.2	99.1	105.4
							103.1	99.2	104.8
							102.9	101.1	103.3
111.3	109.0	102.6	101.7	101.0	101.5	110.1	106.1	105.7	108.8
							109.7	108.1	112.7
							109.7	108.5	113.6
							100.0	104.5	109.2
							101.2	100.0	100.1
105.8	103.4	103.1	105.7	106.0	106.1	109.7	103.1	100.4	104.3

Purchasing Price Indices of Industrial Producer

(preceding year =100)

(%)

2007年	2008年	2009年	2010年	2011年	2012年	2013年
105.4	123.2	94.6	115.8	115.0	104.2	96.9
104.8	128.0	95.7	116.0	116.5	107.4	96.0
106.2	133.9	83.8	110.2	108.9	93.8	89.4
104.8	133.4	84.6	107.5	107.5	96.2	88.9
128.1	142.0	70.9	118.6	112.5	87.7	90.5
119.3	140.4	76.9	128.5	104.2	94.2	94.3
110.7	110.0	99.9	116.1	120.8	100.3	93.9
119.5	127.7	100.3	101.6	101.9	100.8	99.4
106.2	150.6	107.7	111.0	123.0	110.3	87.4
105.0	106.2	98.2	110.0	108.7	103.1	104.9
103.2	106.0	93.9	116.3	115.5	101.0	101.3
101.2	102.0	90.4	109.1	114.7	97.3	98.6

主要统计指标解释

【城镇居民家庭可支配收入】 指调查户可用于最终消费支出和其它非义务性支出以及储蓄的总和，即居民家庭可以用来自由支配的收入。它是家庭总收入扣除交纳的所得税、个人交纳的社会保障费以及调查户的记账补贴后的收入。

可支配收入=家庭总收入-交纳所得税-个人交纳的社会保障支出-记账补贴

【城市居民家庭消费性支出】 指调查户用于本家庭日常生活的全部支出，包括食品、衣着、家庭设备用品及服务、医疗保健、交通和通讯、娱乐教育文化服务、居住、其他商品和服务八大类等。包括用于赠送的商品或服务。

【农民人均纯收入】 是总收入扣除生产费用支出，生产用固定资产折旧，交纳国家税收（主要农业税），村提留、乡统筹、保险费支出，其它各项收费后，归农民所有或支配的收入。它一般有现金和实物（折旧）两部分组成。

【农村居民家庭生活消费支出】 指农村常住居民家庭用于日常生活全部开支，是反映和研究农民家庭实际生活消费水平高低的重要指标。

【农村居民人均现金消费支出】 指农村常住居民家庭用于日常生活的全部现金支出，包括食品、衣着、居住、家庭设备及用品、交通通信、文教娱乐、医疗保健、其他等八大类支出。

【商品零售价格指数】 是反映城乡商品零售价格变动趋势的一种经济指数。包括食品、饮料烟酒、服装鞋帽、纺织品、家用电器、文化办公用品、日用品、体育娱乐用品、交通通信用品、家具、化妆品、金银珠宝、中西药品及医疗保健用品、书报杂志及电子出版物、燃料、建筑材料及五金电料等十六个大类、552种商品。与居民消费价格指数相比较而言，商品零售价格指数主要侧重于反映整个市场零售价格走势，而前者主要侧重同人民生活密切相关的社会产品和服务项目的最终价格波动状况。

【居民消费价格指数】 是度量消费商品及服务项目的价格水平随时间而变动的相对数，反映居民家庭购买的消费品及服务价格水平的变动情况，它是宏观经济分析和调控、价格总水平监测以及国民经济核算的重要指标。其变动率在一定程度上反映了通货膨胀（或紧缩）的程度。

【工业生产者价格指数】 是反映工业生产者价格变化趋势和变动幅度的统计指标，是工业生产者价格在不同时间和空间条件下平均变动的相对数。工业生产者价格包括工业品第一次出售时的出厂价格和企业作为中间投入的原材料、燃料、动力购进价格，是进行国民经济核算和经济管理的重要依据。

【新建住宅销售价格】 指房产所有权转移时买卖双方实际成交的价格（合同价格）。它主要包括商品房销售和二手房销售两部分。

城市公用事业

City Public Utilities

11—1　主要年份城市设施水平

指　标	Item	单　位	Unit	2006年
人均日生活用水量	Per Capita Daily Water Consumption for Residential Use	升	liter	190.8
用水普及率	Coverage Rate of Urban Population with Access to Tap Water	%	%	90.8
每万人拥有公交车辆	Number of Public Transportation Vehicles Per 10 000 Population	标台	unit	11.7
燃气普及率	Coverage Rate of Urban Population with Access to Gas	%	%	92.8
人均拥有城市道路面积	Per Capita Area of Paved Roads	平方米	sq.m	14.2
排水管道密度	Density of City Sewage Pipes	公里/平方公里	km/sq.km	3.8
污水处理率	Rate of Sewage Disposal	%	%	75.0
#污水处理厂集中处理率	Rate of Sewage Disposal	%	%	75.0
粪便处理率	Rate of Disposal of Excrement and Urine	%	%	100
清运生活垃圾无害化处理率	Rate of Life Garbage Disposal	%	%	100
人均公园绿地面积	Per Capita Park Green Area	平方米	sq.m	7.8
建成区绿地率	Parks and Green land Rate of Developed Areas	%	%	29.4
建成区绿化覆盖率	Green Covered Rate of Completed Area	%	%	30.2

11—2　主要年份城市环境卫生

指　标	Item	单　位	Unit	2006年
从业人数	Number of Employed Persons	人	person	2748
道路清扫保洁面积	Area under Cleaning Program	万平方米	10 000 sq.m	1116
#机械清扫	Mechanical Cleaning	万平方米	10 000 sq.m	356
生活垃圾清运量	Volume of Garbage Disposal	万吨	10 000 tons	23.0
生活垃圾无害化处理厂(场)	Harmless Treatment Plant of Garbage(Field)	座	unit	1
生活垃圾无害化处理能力	Harmless Treatment Capacity of Garbage	吨/日	ton/day	1000
生活垃圾无害化处理量	Harmless Treatment quantity of Garbage	万吨	10 000 tons	23.0
粪便清运量	Volume of Excrement and Urine Disposal	万吨	10 000 tons	1.4
公厕数量	Number of Public Lavatories	座	unit	250
#水冲式	Flush	座	unit	208
市容环卫专用车辆	Number of Special Vehicles for Environmental Sanitation	辆	vehicle	167

注:城市公用事业数据资料均来自相关部门。

a)Date in this table came from related department.

The Level of Urban Facilities in Main Years

2007年	2008年	2009年	2010年	2011年	2012年	2013年
175.2	180.2	162.0	164.9	153.2	163.0	163.5
91.8	99.1	99.5	99.5	85.0	96.3	97.3
11.9	15.2	14.1	11.0	11.5	13.3	14.3
93.6	97.6	97.8	82.4	73.9	82.6	83.3
14.6	15.0	15.1	15.3	12.2	13.6	19.8
3.9	3.9	3.8	3.7	4.1	4.0	4.0
82.2	87.6	87.0	91.8	92.0	92.0	93.0
82.2	87.6	87.0	91.8	92.0	92.0	93.0
100	100	100	100	100	100	100
100	100	100	100	100	100	100
8.0	14.0	14.0	12.1	12.2	13.4	15.1
34.6	41.7	43.2	43.2	43.3	41.9	41.1
36.0	43.0	43.0	43.0	43.2	41.7	41.1

Environmental Sanitation in Main Years

2007年	2008年	2009年	2010年	2011年	2012年	2013年
2854	2958	2591	3290	3045	3233	3734
1376	1564	1793	1503	1916	2544	3697
333	372	490	520	520	520	556
24.0	24.8	26.0	29.0	29.6	37.0	41.0
1	1	1	1	1	1	1
1000	1000	1000	1000	1000	1000	1000
24.0	24.8	26.0	29.0	29.6	37.0	41.0
1.0	1.3	0.8	1.0	1.0	1.0	1.0
275	293	288	338	338	392	214
275	251	251	301	301	355	211
165	215	279	340	301	299	634

11—3 主要年份城市供水

指　标	Item	单　位	Unit	2006年
年末水厂个数	Number of Waterworks at Year-end	个	unit	5
地下水综合生产能力	Synthesize Productivity of Groundwater	万立方米/日	10 000 cu.m/day	46.1
水质综合合格率	Qualified Rate of Water Quality at Year-end	%	%	100
年末供水管道总长度	Length of Water Supply Pipelines	公里	km	763
全年供水总量	Total Annual Volume of Water Supply	万立方米	10 000 cu.m	9517
#生产用量	Volume of Productive Use	万立方米	10 000 cu.m	3165
居民生活用量	Volume of Residential Use	万立方米	10 000 cu.m	3349
城市公共管网漏失率	Rate of City Public Pipe Network	%	%	13.7
用水户数	Number of Households with Access to Tap Water	万户	10 000 household	21.4
用水人口	Number of Residents with Access to Tap Water	万人	10 000 person	75.3
城市居民人均生活用水量	Volume of Per Capita in Urban Life	升/人·日	liter/person·day	105
节约用水量	Volume of Water Conservation	万立方米	10 000 cu.m	389

注：供水有关数据包括公共供水和自建设施供水。

a) Water supply date consisted of pubblic supplyied and own-development facilities supplied.

11—4 主要年份城市园林绿化

指　标	Item	单　位	Unit	2006年
园林绿地面积	Area of Parks and Green land	公顷	hectare	4263
#公园绿地面积	Area of Public Parks and Green land	公顷	hectare	647
年末绿化覆盖面积	Green Covered Area at Year-end	公顷	hectare	4410
#建成区	Completed Area	公顷	hectare	3191
公园个数	Number of Parks	个	unit	11
公园面积	Area of Parks	公顷	hectare	315

11—5 主要年份城市公共交通

指　标	Item	单　位	Unit	2006年
公共汽车运营车辆数	Number of Public Vehicles under Operation	辆	unit	1079
标准运营车辆	Number of Standard Vehicles under Operation	标台	unit	974
运营线路网长度	Network Length	公里	km	655
客运总量	Volume of Passenger	万人次	10 000 person-times	10377
出租汽车数	Number of Taxi	辆	unit	4587
出租汽车从业人员	Drivers of Taxi	人	person	10435

Tap Water Supply of City in Main Years

2007年	2008年	2009年	2010年	2011年	2012年	2013年
6	6	6	6	6	6	6
47.0	47.0	44.0	44.0	41.0	39.4	40.2
100	100	100	100	100	100	100
794	821	831	841	850	859	641
9059	10048	10225	10525	11249	11468	11835
2789	3030	2917	2671	2642	2413	2445
3413	4201	4452	5104	5182	5381	5776
8.0	14.9	9.8	10.2	9.9	10.1	11.7
22.8	22.5	22.9	23.0	36.3	34.6	36.5
88.0	88.0	105.3	107.6	125.4	122.0	128.0
106	131	162	165	153	163	167
767	260	210	151	90	193	180

Parks and Green Areas of City in Main Years

2007年	2008年	2009年	2010年	2011年	2012年	2013年
4859	5239	5181	5407	5584	5884	7413
767	1385	1545	1556	1651	1780	2173
5073	5403	5403	5701	5865	6165	7694
3854	4765	4976	5188	5332	5632	6102
16	16	17	17	17	17	17
486	486	532	532	950	532	532

Public Transportation of City in Main Years

2007年	2008年	2009年	2010年	2011年	2012年	2013年
992	1348	1321	1401	1377	1535	1645
1022	1113	1492	1421	1514	1762	1942
410	415	410	420	450	489	1594
11081	15257	17378	18171	19920	25445	30048
4887	5006	5006	5006	5006	5278	5364
10670	11840	11000	9667	12000	12000	12000

11—6 主要年份市政建设及城市燃气

指　标	Item	单　位	Unit	2006年
市政建设	**Public Facilities**			
年末实有道路长度	Length of Paved Roads at Year-end	公里	km	434
道路面积	Area of Street	万平方米	10 000sq.m	1177
#人行道面积	Area of Sidewalk	万平方米	10 000sq.m	278
年末实有桥梁数	Number of Bridge at Year-end	座	unit	43
#立交桥	Overpass	座	unit	2
排水管道长度	Length of Draining Water Pipelines	公里	km	398
路灯盏数	Number of Street Lights	盏	unit	108046
污水年排放量	Volume of Sewage Annual Emission	万立方米	10 000cu.m	7709
污水处理厂座数	Number of Sewage Treatment Plant	座	unit	3
污水年处理量	Volume of Sewage Annual Disposal	万立方米	10 000cu.m	5707
防洪堤长度	Length of Levees	公里	km	64
液化石油气	**Liquefied Petroleum Gas**			
供气总量	Volume of Gas Supply	吨	ton	12307
#家庭用量	Volume of Household	吨	ton	8044
用气户数	Number of Household Used Gas	户	household	122865
#家庭用户	Household	户	household	120456
用气人口	Population with Access to Gas	万人	10 000 persons	42.28
天然气	**Natural Gas**			
供气总量	Volume of Gas Supply	万立方米	10 000cu.m	71962
#家庭用量	Volume of Household	万立方米	10 000cu.m	6001
用气户数	Number of Household Used Gas	户	household	115175
#家庭用户	Household	户	household	114764
用气人口	Population with Access to Gas	万人	10 000 persons	34.72
供气管道长度	Length of Gas Pipelines	公里	km	903
集中供热	**Heating**			
供热能力(热水)	Heating Capacity(hot water)	兆瓦	mega watts	2982.00
#热电厂供热(热水)	Heating by Thermal Power Plant(hot water)	兆瓦	mega watts	458.00
锅炉房供热	Heating by Boiler Room	兆瓦	mega watts	2521.00
供热总量(热水)	Quantity of Heat Supplied(hot water)	万吉焦	10 000gigajoules	2874.00
#热电厂供热(热水)	Heating by Thermal Power Plant(hot water)	万吉焦	10 000gigajoules	441.00
管道长度(热水)	Length of Heating Pipelines(hot water)	公里	km	760
供热面积	Area of Centralized Heating	万平方米	10 000sq.m	2730
#住宅	Residence	万平方米	10 000sq.m	2186
集中供热率	Rate of Heating	%	%	69.1

11—7 主要年份城市规模及用地情况

指　标	Item	单　位	Unit	2006年
城市建成区面积	Developed Areas of Cities	平方公里	sq.km	105.7
城市建设用地面积	Land Used of City Areas and Floor Space of Buildings	平方公里	sq.km	105.7
#居住用地	Land Used of Residence	平方公里	sq.km	33.7
公共设施用地	Land Used of Public Facilities	平方公里	sq.km	17.4
工业用地	Land Used of Industry	平方公里	sq.km	13.7
仓储用地	Land Used of Warehousing	平方公里	sq.km	5.3
对外交通用地	Land Used of External Transport	平方公里	sq.km	5.0
市政公用设施用地	Land Used of Municipal Utilities	平方公里	sq.km	5.1

Public Facilities and City Cas in Main Years

2007年	2008年	2009年	2010年	2011年	2012年	2013年
459	469	490	506	551	563	598
1259	1335	1594	1652	1796	1809	1837
289	290	478	352	395	398	407
43	47	47	49	49	49	52
2	2	2	2	2	2	2
421	426	436	451	522	538	544
104000	114068	115305	118093	120900	128000	134530
7247	9546	9203	10525	10931	13281	15283
4	4	4	4	5	5	5
5959	8363	8004	9662	10057	12125	14214
64	64	64	64	64	64	64
8012	7867	7890	7684	6950	11084	12321
7847	7867	7890	7684	6950	5500	5573
139765	123247	150000	100000	90000	72500	77060
139765	123247	150000	100000	90000	72500	75198
41.92	36.97	45.00	39.90	35.92	28.30	20.45
81474	87840	55092	86937	95626	147354	172394
10073	11810	55092	86937	95626	45666	63261
128805	154000	195000	278617	305588	336116	458688
128805	154000	195000	278617	305588	336116	458609
38.64	49.70	58.50	66.36	72.95	80.20	113.29
1014	1326	1334	1527	1560	1751	2124
2989.00	2887.00	2947.00	2994.72	3107.72	3394.40	3551.62
458.00	822.00	977.22	977.22	977.22	977.20	989.22
2531.00	2051.00	1955.50	2003.50	2130.50	2417.20	2562.40
2885.00	2948.00	2894.00	2940.00	2066.52	2462.70	2058.43
441.00	1019.00	905.00	905.00	638.40	843.40	679.20
817	663	656	755	963	1297	1384
2823	3090	3279	3452	3564	3914	4093
2207	2480	2721	2790	2680	3012	3197
66.3	71.0	71.0	71.0	71.1	72.4	73.0

Size and Land Used of City in Main Years

2007年	2008年	2009年	2010年	2011年	2012年	2013年
107.0	110.8	115.7	120.6	126.4	135.1	148.6
107.0	110.8	115.7	120.6	126.4	135.1	148.6
34.4	36.6	36.9	37.7	39.7	42.8	45.5
17.7	18.8	22.5	23.1	24.0	25.1	27.1
13.7	14.0	14.6	14.8	15.0	15.2	15.5
5.3	5.4	5.4	5.4	5.7	6.4	7.2
5.0	5.0	5.0	5.2	5.2	5.4	7.3
5.1	5.1	5.2	5.2	5.2	6.5	6.6

主要统计指标解释

【供水综合生产能力】 指按供水设施取水、净化、送水、出厂输水干管等环节设计能力计算的综合生产能力。包括在原设计能力的基础上，经挖、革、改增加的生产能力。计算时，以四个环节中最薄弱的环节为主确定能力。原则上按设计能力填报，对于经过更新改造后，实际生产能力与设计能力相差很大的，按实际能力填报。

【供水管道长度】 指从送水泵至用户水表之间所有管道的长度。不包括新安装尚未使用、水厂内以及用户建筑物内的管道。在同一条街道埋设两条或两条以上管道时，应按每条管道的长度计算。

【供水总量】 指报告期供水企业(单位)供出的全部水量。包括有效供水量和漏损水量。

有效供水量指水厂将水供出厂外后，各类用户实际使用到的水量。包括售水量和免费供水量。售水量指报告期供水企业(单位)收费供应的水量。免费供水量指无偿供应的水量，比如消防用水，特困居民免收水费的水量等。漏损水量指在供水过程中由于管道及附属设施破损而造成的漏水量、失窃水量以及水表失灵少计算的水量。

管道及附属设施漏水量指供水管道、闸井、表井、消火栓及中间加压设施(水池、水库、水塔)等各种管道及附属供水设施的明漏、暗漏、溢流、渗漏等漏失的水量。

【集中供热】 指从一个或多个热源通过热网向城市的热用户供给生产和生活热能的方式。要求具有一定的规模：大、中城市供热设备的单机容量在7兆瓦及以上(锅炉单台容量在10吨/时及以上)，民用建筑供热面积在10万平方米及以上；小城市供热设备的单机容量在3兆瓦及以上(锅炉单台容量在4吨/时及以上)，民用建筑供热面积在4万平方米及以上。工业供热能力不得小于7兆瓦(单台锅炉容量不小于10吨/时)。

【供热总量】 指在报告期供热企业(单位)向城市热用户输送全部蒸汽和热水的总热量。

【运营线路网长度】 指公共交通线路所通过的运营线路净长度。计算公式：

运营线路网长度＝运营线路总长度－Σ重复的线路长度

【污水处理能力】 指污水处理厂(或污水处理装置)每昼夜处理污水量的设计能力。

【绿化覆盖面积】 指城市中的乔木、灌木、草坪等所有植被的垂直投影面积。包括公园绿地、防护绿地、生产绿地、附属绿地、其他绿地的绿化种植覆盖面积、屋顶绿化覆盖面积以及零散树木的覆盖面积，不含各类绿地中的水域面积以及没有被植被覆盖的面积(硬化道路、无屋顶绿化的建筑物等)。乔木树冠下重迭的灌木和草本植物不能重复计算。

【绿地面积】 指报告期末用作园林和绿化的各种绿地面积。包括公园绿地、生产绿地、防护绿地、附属绿地和其他绿地的面积。

【公园绿地】 城市中向公众开放的、以游憩为主要功能，有一定的游憩设施和服务设施，同时兼有健全生态、美化景观、防灾减灾等综合作用的绿化用地。它是城市建设用地、城市绿地系统和城市市政公用设施的重要组成部分。

教育、科学、文化

Education, Science and Culture

12—1 主要年份各类学校在校学生数

Number of Students Enrollment by Level and Type in Main Years

单位：人 （person）

年 份 Year	高等学校 Higher Education	# 普通高等学校 Regular Institutions of Higher Education	中等职业教育 Vocational Secondary Education	# 中等专业学校 Regular Specialized Secondary Schools	# 职业学校 Vocational Education Schools	普通中学 Regular Secondary Education Schools	小 学 Primary Schools
1949			190	190		482	11151
1950			419	419		562	11459
1951			708	708		508	11975
1952			1247	1247		729	14769
1953			1389	1389		885	17549
1954			1379	1379		1219	16939
1955			1088	1088		1638	20483
1956			1720	1720		2530	27199
1957			1673	1673		3526	31500
1958	329	329	2254	2254		5285	52329
1959	784	784	2609	2609		6918	60622
1960	1079	1079	4522	4522		7081	65047
1961	1288	1288	2817	2817		6205	51191
1962	1174	1174	919	919		5729	44091
1963	1084	1084	724	724		6804	50397
1964	1056	1056	816	816		7497	62525
1965	982	982	1005	1005		9322	71561
1966	808	808	900	900		9278	67636
1967	627	627	635	635		8766	66962
1968	351	351	612	612		7696	70280
1969						11696	73706
1970			200	200		16141	70880
1971			300	300		19701	78410
1972	441	441	445	445		19741	91292
1973	1025	1025	693	693		25048	102186
1974	1614	1614	800	800		31220	112264
1975	2023	1719	1438	1438		40450	119871
1976	3097	2089	1440	1440		53128	125505
1977	2929	2160	1766	1766		61198	126011
1978	2690	2476	1896	1896		66814	126512
1979	7919	2542	2025	2025		63285	126062
1980	8582	3432	2648	2648		59887	123975

单位:人 (person)

年 份 Year	高等学校 Higher Education	# 普通高等学校 Regular Institutions of Higher Education	中等职业教育 Vocational Secondary Education	# 中等专业学校 Regular Specialized Secondary Schools	# 职业学校 Vocational Education Schools	普通中学 Regular Secondary Education Schools	小 学 Primary Schools
1981	7145	5078	3512	2668		55417	119041
1982	8776	4204	3349	2677		52891	115465
1983	10485	4563	4254	3342	279	54279	116699
1984	8519	5025	5757	3362	1377	54361	124486
1985	11139	5790	7547	4423	1580	72492	127998
1986	12536	6540	7420	5435	708	65506	128881
1987	12035	6681	11389	6216	2962	71233	130626
1988	12849	6949	12530	6539	3318	66622	129165
1989	13327	7183	12398	6539	2922	63840	126347
1990	12338	7279	11939	6463	2724	69628	123323
1991	11581	7234	18482	11526	2822	68373	119993
1992	11554	7803	20740	12399	3063	67684	118854
1993	13625	8848	22937	13638	3452	63037	119394
1994	15246	9701	28962	18678	3511	63064	172321
1995	14645	9873	22719	12613	3488	65217	123587
1996	15090	9700	23373	12730	3150	67636	131027
1997	11301	10173	24652	13692	3046	69072	127990
1998	19283	10522	28895	17979	3366	69797	132165
1999	22025	12249	29100	19240	3447	70811	132018
2000	28879	15901	32327	22977	4174	77013	136022
2001	43441	20134	35105	26993	3816	84674	136781
2002	55489	25947	31965	24391	3809	92068	135561
2003	62235	30891	35733	26667	3734	99186	134594
2004	57434	36801	36163	26421	4363	104201	140541
2005	60034	40925	42516	30650	5284	107253	142453
2006	71558	46073	45616	31351	7007	106880	147824
2007	74904	52657	48823	30071	8624	109841	149188
2008	79619	60505	57608	33912	10350	115179	149977
2009	86307	62432	64499	40496	9536	120550	147663
2010	98132	69678	64730	46079	9404	123331	147483
2011	98975	74082	67992	50330	11903	123785	148184
2012	107978	78721	60456	45429	11060	125665	147703
2013	117248	88477	53923			128649	151903

12—2　主要年份各类学校专任教师数

Number of Full-time Teachers by Level and Type of Schools in Main Years

单位：人　　　　(person)

年　份 Year	高等学校 Higher Education	# 普通高等学校 Regular Institutions of Higher Education	中等职业教育 Vocational Secondary Education	# 中等专业学校 Regular Specialized Secondary Schools	# 职业学校 Vocational Education Schools	普通中学 Regular Secondary Education Schools	小　学 Primary Schools
1949			21	21		40	433
1950			30	30		31	453
1951			42	42		37	508
1952			78	78		41	637
1953			67	67		45	487
1954			84	84		55	442
1955			55	55		62	525
1956			101	101		118	646
1957			103	103		142	779
1958	79	79	124	124		293	1223
1959	165	165	157	157		313	1397
1960	247	247	189	189		298	1682
1961	336	336	272	272		348	1622
1962	320	320	217	217		364	1591
1963	293	293	223	223		416	1682
1964	273	273	109	109		455	1965
1965	272	272	113	113		480	2214
1966	223	223	74	74		535	2447
1967	217	217	67	67		549	2079
1968	264	264	49	49		551	2264
1969	230	230	43	43		620	2612
1970	230	230	116	116		747	2862
1971	514	514	117	117		877	2679
1972	374	374	144	144		1047	3128
1973	467	467	161	161		1278	3512
1974	496	496	189	189		1393	3660
1975	535	518	330	330		1623	3969
1976	595	534	237	237		2132	4170
1977	674	580	232	232		2530	4433
1978	658	637	208	208		2503	4479
1979	718	712	370	370		2640	4369
1980	766	738	473	388		2913	4563

12-2 续表 continued

单位:人 (person)

年 份 Year	高等学校 Higher Education	# 普通高等学校 Regular Institutions of Higher Education	中等职业教育 Vocational Secondary Education	# 中等专业学校 Regular Specialized Secondary Schools	# 职业学校 Vocational Education Schools	普通中学 Regular Secondary Education Schools	小 学 Primary Schools
1981	724	720	506	506		2938	4551
1982	990	862	1715	1378		3543	5063
1983	1173	1004	1695	1430	19	3622	5111
1984	1270	1126	1715	1363	89	3623	5082
1985	1426	1251	1737	1363	81	4135	5428
1986	1526	1322	2277	1853	46	4002	5314
1987	1590	1371	1512	969	200	3945	5338
1988	1789	1432	1747	969	217	3913	5407
1989	1749	1492	1984	975	221	5099	5534
1990	1717	1466	1672	950	273	4473	5388
1991	1803	1486	1948	1180	237	4210	5216
1992	1870	1562	2163	1328	233	4328	5536
1993	1829	1499	2232	1364	251	4382	5853
1994	1889	1736	2377	1465	248	4348	5988
1995	1792	1627	2428	1534	277	4466	6087
1996	1626	1626	2174	1364	240	4518	6054
1997	1779	1669	1872	975	263	4600	6140
1998	1777	1589	2249	1622	294	4625	6214
1999	1829	1646	2331	1516	299	4683	6543
2000	1897	1714	2352	1454	311	4855	6961
2001	2062	1867	2095	1345	320	5013	7087
2002	2063	1876	2159	1373	297	5256	7066
2003	2791	2711	1468	721	305	5675	6950
2004	2917	2917	1431	651	273	5873	6752
2005	3161	3161	1380	549	323	6146	6856
2006	3407	3407	1648	720	364	6398	6873
2007	3564	3564	1645	723	366	6424	6949
2008	3957	3892	2159	862	421	6941	6937
2009	3720	3655	2739	902	440	7185	7200
2010	5069	5004	2222	743	437	7310	7236
2011	5356	5290	1970	734	299	7555	7356
2012	5771	5703	1880	810	493	7789	7582
2013	6189	6119	2142			7940	7820

12—3 教育事业

Education

（2013）

指 标	Item	单位	Uint	总 计 Total	市 区 City	永宁县 Yongning	贺兰县 Helan	灵武市 Lingwu
学校数	**Number of Schools**							
普通高等学校	Regular Institutions of Higher Education	所	unit	13	12	1		
成人高等学校	Institutions of Higher Education for Adult	所	unit	1	1			
中等职业学校	Regular Specialized Secondary Schools	所	unit	20	15	2	2	1
技工学校	Technical Schools	所	unit	15	13	1	1	
中学	Secondary Education Schools	所	unit	69	45	9	5	10
小学	Primary Schools	所	unit	205	104	38	36	27
本年毕业生数	**Graduates in This Year**							
普通高等学校	Regular Institutions of Higher Education	人	person	20611	19121	1490		
# 研究生	Postgraduates	人	person	1232	1232			
成人高等学校	Institutions of Higher Education for Adult	人	person	10665	10665			
中等职业学校	Regular Specialized Secondary Schools	人	person	19403	16827	1001	954	621
技工学校	Technical Schools	人	person	657	290	169	198	
中学	Secondary Education Schools	人	person	38742	26266	4376	3905	4195
小学	Primary Schools	人	person	25280	15388	3491	2999	3402
本年招生数	**Number of New Student Enrollment This Year**							
普通高等学校	Regular Institutions of Higher Education	人	person	27614	24509	3105		
# 研究生	Postgraduates	人	person	1496	1496			
成人高等学校	Institutions of Higher Education for Adult	人	person	12265	12265			
中等职业学校	Regular Specialized Secondary Schools	人	person	17523	14117	1476	1031	899
技工学校	Technical Schools	人	person	366	198	33	135	
中学	Secondary Education Schools	人	person	38843	23828	5276	4699	5040
小学	Primary Schools	人	person	27539	16897	3805	3407	3430

12-3 续表 continued

(2013)

指 标	Item	单位	Uint	总 计 Total	市 区 City	永宁县 Yongning	贺兰县 Helan	灵武市 Lingwu
本年在校学生数	**Number of Students Enrollment in This Year**							
普通高等学校	Regular Institutions of Higher Education	人	person	92469	84605	7864		
#研究生	Postgraduates	人	person	3992	3992			
成人高等学校	Institutions of Higher Education for Adult	人	person	28771	28771			
中等职业学校	Regular Specialized Secondary Schools	人	person	52537	41210	4692	2811	3824
技工学校	Technical Schools	人	person	1386	614	290	482	
中学	Secondary Education Schools	人	person	128649	85414	14894	13234	15107
小学	Primary Schools	人	person	151903	91412	21977	19180	19334
本年教职工数	**Number of Teachers and Staff in This Year**							
普通高等学校	Regular Institutions of Higher Education	人	person	9182	8481	701		
成人高等学校	Institutions of Higher Education for Adult	人	person	117	117			
中等职业学校	Regular Specialized Secondary Schools	人	person	1811	1445	159	115	92
技工学校	Technical Schools	人	person	1160	540	505	115	
中学	Secondary Education Schools	人	person	8742	5708	1021	979	1034
小学	Primary Schools	人	person	8044	4727	1055	1162	1100
本年专任教师数	**Number of Full-time Teachers in This Year**							
普通高等学校	Regular Institutions of Higher Education	人	person	6119	5581	538		
成人高等学校	Institutions of Higher Education for Adult	人	person	70	70			
中等职业学校	Regular Specialized Secondary Schools	人	person	1270	1012	98	68	92
技工学校	Technical Schools	人	person	872	680	108	84	
中学	Secondary Education Schools	人	person	7940	5149	893	884	1014
小学	Primary Schools	人	person	7820	4628	1033	1061	1098

12—4 学龄儿童入学和小学、初中毕业生情况

Enrollment of School-age Children and Graduates of Primary and Secondary Schools

指 标	Item	单位	Uint	2013年	2012年
学龄儿童入学情况	**Enrollment of Children at School-age**				
学龄儿童数	Number of Children at School-age	人	person	139054	134875
已入学学龄儿童数	Total Enrollment	人	person	139054	134875
学龄儿童入学率	Persontage of Children at School-age Enrollment	%	%	100	100
小学毕业生升学情况	**Enrollment of Graduates of Primary Schools**				
小学毕业生数	Number of Graduates of Primary Schools	人	person	25280	25247
初级中学学校招生数	New Enrollment of Junior Secondary Schools	人	person	25841	25816
小学毕业生升学率	New Enrollment Percentage of Graduates of Primary Schools	%	%	100	100
初中毕业生升学情况	**Enrollment of Graduates of Junior Secondary Schools**				
初中毕业生数	Number of Graduates of Junior Secondary Schools	人	person	23092	23619
高中学校招生数	New Enrollment of Senior Secondary Schools	人	person	18421	17994
普通高中升学率	New Enrollment Percentage of Graduates of Regular Secondary Schools	%	%	56.3	56.7

12—5 广播电视基本情况

Basic Statistics on Radio and TV Stations

指 标	Item	单位	Uint	2013年	2012年
广播	**Broadcasting**				
广播发射台	Broadcast Transmitting Stations	座	unit	1	1
转播台	Broadcast Relaying Stations	座	unit	1	1
中短波广播发射台和转播台	Number of Transmission and Relaying Statoins of Medium and Short Wave Broadcast	座	unit	1	1
广播综合覆盖率	Radio Coverage of Broadcasting	%	%	100	100
节目套数	Programs	套	set	6	6
全年播音时间	Total Broadcasting-time This Year	时:分	hours:minitus	26565	26559
新闻资讯	News Programs	时:分	hours:minitus	8779	8774
专题服务	Special Subject Programs	时:分	hours:minitus	5521	5525
综艺类	General Entertainment Programs	时:分	hours:minitus	5872	5868
广告	Advertising Programs	时:分	hours:minitus	5223	5398
其他	Others	时:分	hours:minitus	1052	874
全年广播节目制作时间	Production of Broadcasting This Year	小时	hour	7307	7270
电视	**Television**				
电视发射台和转播台	TV Transmission and Relaying Stations	座	unit	4	4
电视综合覆盖率	TV Coverage of Population	%	%	100	100
节目套数	Programs	套	set	6	6
全年播出时间	Production of TV Programs	时:分	hours:minitus	36967	36949
新闻资讯	News Programs	时:分	hours:minitus	2872	2869
专题服务	Special Subject Programs	时:分	hours:minitus	3356	3362
综艺类	General Entertainment Programs	时:分	hours:minitus	3555	3558
广告	Advertising Programs	时:分	hours:minitus	6561	6528
影视剧	TV Play Programs	时:分	hours:minitus	18218	18173
其他	Others	时:分	hours:minitus	2405	2459
全年电视节目制作时间	Production of Broadcasting This Year	小时	hour	4560	4506

12—6 新闻出版情况

Publication of Books,Magazines and Newspapers

指 标	Item	单位	Uint	2013年	2012年
图书出版种数	Number of Book Publication	种	kind	2738	1676
新出版	New Publication	种	kind	1481	1224
总印数	Printed Copies	万册	10 000 copies	3541	2736
总印张	Printed Sheets	千印张	1000 sheets	304253	236644
杂志出版种数	Number of Magazine Publication	种	kind	37	37
总印数	Printed Copies	万册	10 000 copies	1743	1833
总印张	Printed Sheets	千印张	1000 sheets	164980	177538
报纸出版种数	Number of Newspaper Publication	种	kind	19	19
总印数	Printed Copies	万份	10 000 copies	13839	10674
总印张	Printed Sheets	千印张	1000 sheets	418679	308079

12—7 公共图书馆基本情况

(2013)

指 标	Item	总藏书量（册）Total Collections (volumes)	# 开架书刊 Open-shelf Books	书架单层总长度（米）Total Length of Shelves (m)
区属合计	Public Libraries at Provincial Level	3161308	2107663	67781
宁夏图书馆	Ningxia Library	2130160	1662000	39896
市属合计	Public Libraries at Yinchuan Municipal Level	1031148	445663	27885
银川市图书馆	Yinchuan	502000	220000	12212
兴庆区图书馆	Xingqing	41500	20000	8362
金凤区图书馆	Jinfeng	25600	7000	750
西夏区图书馆	Xixia	45000	30000	1000
永宁县图书馆	Yongning	100642	100550	1236
贺兰县图书馆	Helan	175379	63000	3200
灵武市图书馆	Lingwu	141027	5113	1125

12—8 艺术表演团体基本情况

(2013)

指 标	Item	本团原创首演剧目 Original Created and Showed Performances	国内演出场次 Number of Domestic Performances
区属合计	Total of Provincial Level	6	1001
宁夏歌舞团	Ningxia Sing and Dance Troupe	3	200
宁夏京剧团	Ningxia Peking-opera Troupe		224
宁夏话剧团	Ningxia Drama Troupe	3	287
宁夏秦腔剧团	Ningxia Qinqiang Troupe		290

12—9 群众艺术馆、文化馆基本情况

(2013)

指 标	Item	举办展览个数（个）Number of Exhibitions (unit)	组织文艺活动次数（次）Art Performances and Story-telling Sessions (times)
区属合计	Total of Provincial Level	41	1956
宁夏文化馆	Ningxia Cultral Center	11	210
市属合计	Total Cultral Center at Yinchuan Municiqal Level	30	1746
银川市文化艺术馆	Yinchuan	10	277
兴庆区文化馆	Xingqing	3	186
金凤区文化馆	Jinfeng	3	180
西夏区文化馆	Xixia	3	350
永宁县文化馆	Yongning	2	200
贺兰县文化馆	Helan	4	300
灵武市文化馆	Lingwu	5	253

Facilities and Services of Public Libraries

发放借书证数 （个） Number of Library Cards Distributed （unit）	总流通人次 （千人次） Total Number of Circulation （1000 person-times）	# 书刊外借人次 Number of Books Borrowed by Readers	为读者举办各种活动 Activites Hold for Readers 次　数 （次） Times （times）	参加人次 （人次） Participated （Person-times）	阅览室座席 （个） Seating Capacity of Rerding-rooms （unit）	# 少儿阅读室座席 Seats for Younger Children
59596	1281	656	251	57790	1914	441
44000	511	326	73	47768		
15596	770	330	178	10022	1914	441
10121	372	203	48	3369	563	177
600	12	11	6	520	300	40
860	6	3	11	565	90	
	30		7	496	164	48
712	16	7	77	886	247	28
2925	260	34	29	4186	490	108
378	74	72			60	40

Basic Statistics of Art Performance Troupes

# 农村演出场次 Shows in Rural Areas	国内观众人次 （千人次） Number of Domestic Spectators （1000person-times）	国外演出场次 （场） Number of Perfofmances Showed Abroad （unit）
811	1386	
120	240	
204	66	
287	300	
200	780	

Basic Statistics of Mass Art Centres and Cultral Centres

举办训练班 Training Courses 班　次 （次） Number of Classes （times）	结业人次 （人次） Number of Persons Completing Courses （person-times）
196	18170
13	4530
183	13640
100	6000
10	800
10	500
25	2000
6	220
24	3600
8	520

12—10 银川市规模以上工业企业科技活动情况

Basic Statistics on Scientific Reserch of Indusrtial Enterprises above Designated Size in Yinchuan

指 标	Item	2013年
企业数(个)	Number of Enterprises(unit)	390
#有科技活动的企业	Number of Enterprises Having R&D Activities	70
#有科技机构	Number of Enterprises Having R&D Institutions	64
R&D人员折合全时人员当量(人年)	Full-time Equivalent of R&D Personel(man-year)	2912.2
基础研究	Basic Research	6.7
应用研究	Applied Research	29.1
试验发展	Experimental Development	2876.4
R&D经费内部支出(万元)	Intramural Expenditure on R&D(10000 yuan)	90785
按经济活动类型分	Grouped by Type of Intramural Expenditure on R&D	
#基础研究支出	Basic Research	51
应用研究支出	Applied Research	549.9
试验发展支出	Experimental Development	90184.1
按资金来源分	Grouped by Fund Resource	
#企业资金	Self-raised Funds by Enterprises	83709.1
政府资金	Government Funds	6728.7
其他资金	Others	138.9
境外资金	Foreign Funds	207.5
R&D经费内部支出相当于国内生产总值比例(%)	Proportion of Intramural Expenditure on R&D to GDP(%)	0.72
专利申请数(件)	Patent Applications(item)	782
#发明专利	Inventive Patent	390
发表科技论文(篇)	Scientific Papers Issued (pieces)	421
新产品开发项目数(项)	Number of New Products R&D Project(item)	637
新产品开发经费支出(万元)	Expenditure of New Products R&D Project(10000 yuan)	92789.9
新产品产值(万元)	Output Value of New Products(10000 yuan)	1900186.5
新产品销售收入(万元)	Sales Revenue of New Products(10000 yuan)	1868289
技术改造经费支出(万元)	Expenditure of Technology Update(10000 yuan)	177511.7
技术引进经费支出(万元)	Expenditure of Technology Introduction(10000 yuan)	315
消化吸收经费支出(万元)	Expenditure for Assimilation of Technology (10000 yuan)	1559.8
购买国内技术经费支出(万元)	Expenditure for Purchase of Domestic Technology (10000 yuan)	9925.6

主要统计指标解释

【普通高等学校】 指按国家规定审批程序批准举办,通过全国统一招生考试招收高级中等学校毕业生或具有同等学历者,实施高等教育,培养高等专门人才的学校。包括大学、专门学院、高等专科学校和短期职业大学。

【成人高等学校】 指按照国家规定的审批程序批准举办,招收高中毕业或同等学历者,利用多种形式对成人实施高等教育,培养相当普通高等学校专科或本科毕业水平的专门人才的学校。包括广播电视大学、职工高等学校、农民高等学校、干部管理学院、教育学院、独立函授学院以及普通高等学校举办的函授、夜大学等。

【毕业生数】 指上学年度内,具有学籍的学生学完教学计划规定的全部课程,考试及格,实际毕业的学生数。不包括结业生和肄业生数。

【招生数】 指新学年开学时,一年级实际招收入学的新生数。不包括留级生和复学生数。

【在校学生数】 指学年初具有学籍的在校生总数。

【专任教师】 指主要从事教育工作人员。包括临时(一年以内)调去帮助做其他工作的教学人员。不包括调离教学岗位,担任行政领导工作或其他工作的原教学人员;不包括兼任教师和代课教师。

【艺术表演团体】 指从事戏曲、音乐、舞蹈、杂技等专业艺术表演,有独立账户,实行单独核算的团体。不包括半工半艺、半农半艺的业余剧团。

【艺术表演观众人数(人次)】 指售票、包场演出或民族地区免费演出的艺术表演观众人次数。不包括彩排审查和内部观摩演出的观看人次数。

卫生、体育、民政、司法及其他

Public Health, Sports, Civil Administration, Justic and Others

13—1 主要年份卫生发展情况

Basic Statistics of Health Care Development in Main Years

年 份 Year	卫生机构数（个） Number of Health Care Institutions (unit)	医院、卫生院（个） Hospitals and Health Centers (unit)	#医 院 Hospitals	卫生技术人员（人） Medical Technology personnel (person)	#医生 Doctors	卫生机构床位数（张） Number of Beds in Health Care Institutions (bed)
1949	3	13	1	124	102	40
1950	18	15	4	158	14	40
1951	31	15	4	182	122	50
1952	26	15	4	251	148	120
1953	37	19	8	371	189	150
1954	51	21	10	471	231	200
1955	56	22	11	514	239	255
1956	83	21	10	708	396	276
1957	83	22	11	779	422	341
1958	96	25	14	992	487	501
1959	129	25	14	1210	648	635
1960	176	26	15	1379	777	726
1961	195	35	24	1444	735	739
1962	175	36	25	1344	692	795
1963	167	36	25	1500	756	924
1964	205	37	26	1712	815	1126
1965	199	37	26	1707	788	1234
1966	195	42	31	1834	812	1296
1967	190	42	31	1858	820	1313
1968	177	42	31	1905	852	1348
1969	176	42	31	1951	912	1448
1970	182	43	32	1993	993	1432
1971	192	47	36	2174	1060	1764
1972	208	48	37	2867	1273	1830
1973	243	47	36	3002	1396	1891
1974	257	46	35	3478	1605	2075
1975	275	53	42	3625	1653	2429
1976	313	55	44	3950	1813	2650
1977	331	57	46	4275	1934	2953
1978	312	60	60	4280	2000	2859
1979	337	58	58	4572	2078	2653
1980	392	60	60	5126	2354	2749
1981	416	61	61	5400	2352	3008

13-1 续表 continued

年 份 Year	卫生机构数（个） Number of Health Care Institutions（unit）	医院、卫生院（个） Hospitals and Health Centers（unit）	#医 院 Hospitals	卫生技术人员（人） Medical Technology personnel（person）	#医 生 Doctors	卫生机构床位数（张） Number of Beds in Health Care Institutions（bed）
1982	466	61	61	5785	2440	3180
1983	474	63	63	6085	2610	3237
1984	438	63	63	6093	2613	3470
1985	433	59	59	6252	2758	3495
1986	475	53	53	6720	3021	3792
1987	478	45	45	7060	3221	3797
1988	455	56	56	7316	3418	4237
1989	447	55	55	7650	3585	4253
1990	510	54	54	7876	4082	4491
1991	472	51	51	8224	4060	4906
1992	471	53	53	8567	4136	5082
1993	389	50	50	8798	4364	5645
1994	403	74	74	7493	3641	5680
1995	134	76	76	7552	3845	5759
1996	148	67	67	7820	3678	5575
1997	135	67	67	7990	3754	5730
1998	136	67	67	7881	3564	5908
1999	136	40	40	7894	3612	5761
2000	137	39	39	7932	4033	6166
2001	137	86	49	8189	3860	6148
2002	130	83	42	7900	3357	6155
2003	149	94	53	8256	3582	6845
2004	163	107	62	8751	3762	7726
2005	158	104	59	8619	3660	8058
2006	143	95	52	8581	3631	8132
2007	495	101	58	10733	4541	7975
2008	595	101	59	11532	4827	8333
2009	533	101	61	12626	5096	8506
2010	543	99	61	13667	5301	9472
2011	862	99	61	14651	5461	10329
2012	903	91	53	15952	5829	11313
2013	931	92	54	17562	6429	12898

注：从2007年起含社区卫生服务中心、诊所卫生所和医务室，从2011年起含村卫生室

a)Since 2007, date in this table included community sanitary serive center, clinic health conter and infirmary, included village clinic since 2011.

13—2 卫生机构、床位、人员数

单位:人 （2013）

指 标	Item	机构数（个）Health Care Institutions（unit）	床位数（张）Beds（bed）	工作人员 Number of Staff
总 计	**Total**	**931**	**12898**	**21621**
医院	Hospitals	54	11733	15747
综合医院	Ceneral Hospitals	27	9069	12544
中医医院	Hospitals Specialized in Chinese Medicine	6	1268	1480
中西医结合医院	Hospitals of Traditional Chinise and Western Medicine	1	28	88
专科医院	Specialized Hospitals	20	1368	1635
基层医疗卫生机构	Primary level of Medieal and Health Institutions	832	660	3779
社区卫生服务中心(站)	Community Health Centers(station)	59	183	665
卫生院	Health Centers	38	477	821
村卫生室	Village Clinics	273		541
门诊部	Clinics	10		218
诊所、卫生所、医务室	Clinics,Health Centers and Dispensaries	452		1534
专业公共卫生机构	Professional Publil Health Agencies	36	405	1891
急救中心(站)	Emergency Centers(station)	1		32
采供血机构	Blood Stations	1		115
妇幼保健院(所、站)	Maternity and Child Care Centers(unit, station)	5	405	984
疾病预防控制中心	Center for Disease Control and Prevention	8		431
卫生监督所(中心)	Health Supervision centers(center)	8		231
计划生育服务机构	Family Planning Centers	9		76
健康教育所(站、中心)	Health Education Centers(station,center)	4		22
其他卫生机构	Other Institutions	9	100	204
医学在职培训机构	Health In-service Training Centers	1		15
疗养院	Sanatoriums	1	100	45
统计信息中心	Statistical Information Center	1		14
其他	Others	6		130

Number of Health Care Institutions,Beds and Persons

(person)

卫生技术人员 Medical Technical Personnel	# 医　生 Doctors	其他技术人员 Other Technical Personnel	管理人员 Administrators	工勤人员 Workers
17562	**6429**	**909**	**1116**	**1527**
12889	4291	733	958	1167
10365	3409	572	739	868
1277	446	78	44	81
68	24	2	6	12
1179	412	81	169	206
3018	1551	60	19	175
613	227	21	10	21
728	301	39	9	45
34	32			
183	102			35
1460	889			74
1545	535	85	111	150
19	11	2	1	10
87	14	13	6	9
824	286	39	39	82
341	195	20	32	38
210		3	12	6
52	23	7	16	1
12	6	1	5	4
110	52	31	28	35
4	4	3	6	2
31	13	3	6	5
4	4	8	2	
71	31	17	14	28

13—3 卫生事业

Health Protection

(2013)

指 标	Item	全 市 Yinchuan	#市 区 City
机构数(个)	Health Care Institutions (unit)	931	516
#医院	Hospitals	54	47
床位数(张)	Beds (bed)	12898	11376
人员数(人)	Number of Staff (person)	21621	18503
卫生技术人员	Medical Technical Personnel	17562	15242
执业(助理)医师	Licensed and Assistant Doctors	6429	5559
#执业医师	Licensed Doctors	5965	5261
注册护士	Regietered Nurses	7383	6543
药师(士)	Phamacist(person)	996	821
技师(士)	Technician(person)	937	791
#检验师	Library Technician	660	567
其他	Others	1817	1528
其他技术人员	Other Technical Personnel	909	780
管理人员	Administrators	1116	1028
工勤技能人员	Workers	1527	1359

13—4 中心敬老院、敬老院情况

Basic Statistics of Homes for the Elderly

(2013)

指 标	Item	中心敬老院和敬老院 (Geracomiums)
院数(个)	Number of Geracomiums(unit)	6
床位数(张)	Beds(bed)	672
年末在院人员数(人)	Adoptd Persons at Year-end(person)	553

13—5 群众体育活动情况

Basic Statistics of Mass Sports

(2013)

指 标	Item	举办全民健身活动次数(次) Number of Mass Sports Activities hold(times)	参加活动人数(万人) Number of Attendees (10000persons)
总 计	**Total**	**120**	**107**
银川市	Yinchuan	35	66
兴庆区	Xingqing	22	11
西夏区	Xixia	19	8
金凤区	Jinfeng	13	6
永宁县	Yongning	8	4
贺兰县	Helan	16	8
灵武市	Lingwu	7	4

13—6 体育场地数(标准)

Number of Sports Venues(Standard)

单位:个 (2013) (unit)

指 标	Item	体育场 Stadium	体育馆 Gymnasium	游泳馆 Natatorium	游泳池 Swimming Pool	综合训练馆 Comprehenswe Training Venue
总 计	**Total**	**210**	**10**	**15**	**4**	**272**
兴庆区	Xingqing	55	4	6	2	74
西夏区	Xixia	53	5	2	1	26
金凤区	Jinfeng	30		5		80
永宁县	Yongning	17			1	24
贺兰县	Helan	38	1	2		27
灵武市	Lingwu	17				41

13—7 重点优抚对象人员情况

Basic Statistics of Key Preferencial Treatment Group

单位:人 (person)

指 标	Item	2013年	2012年
重点优抚对象总人数	Total Number of Recsiving Key Preferential Treatnent	2424	2229
革命伤残人员	Revolution Disabled Staff	1067	987
"三属"人员	Three Types of Family Members	99	74
#烈士家属	Family Members of Martyr	49	30
牺牲军人家属	Family Members of Sacrifice Soldiers	21	24
病故军人家属	Family Members of Disseas Dead Soldiers	29	20
在乡退伍红军老战士、在乡西路军红军老战士、红军失散人员	Retired Old Soldiers of Red Army in the Township, Old Soldiers of Xilujun in the Township and Lost Staff of Red Army	2	3
在乡复员军人	Number of Demobilized Soldiers in Rural Areas	746	669
带病回乡退伍军人	Number of Returning Soldiers With Disseas	60	93
参战退役人员	Number of Ex-surviceman of War -participater	311	280
参核退役人员	Number of Ex-surviceman of Nuclear-participater	139	123

13—8 社会救济对象情况

Basic Statistics of Social Relief

单位:人 (person)

指 标	Item	2013年	2012年
城乡低保对象	Number of Persons Receiving Minimum Living Allowance in Urban and Rural Areas	52210	51477
#城市低保对象	Number of Persons Receiving Minimum Living Allowance in Urban Areas	27923	30640
农村低保对象	Number of Persons Receiving Minimum Living Allowance in Rural Areas	24287	20837
五保老人总数	Number of Persons Receiving Livelihood Guaranteed in Five Aspects in Rural Areas	1054	927
#集中供养	Concentrated Support	379	368
散居供养	Scatterd Support	675	559

13—9 律师、公证、调解工作基本情况

Basic Statistics on Lawyers,Notarization and Mediation

指 标	Item	单 位	Unit	2013年	2012年
律师工作	**Lawyers**				
律师事务所	Number of Law Offices	家	unit	42	41
律师	Lawyers	人	person	939	830
担任法律顾问	Legal Advisors	家	unit	1058	788
民(商)事代理	Agent of Civil Cases	件	case	8529	5522
刑事辩护	Defender of Criminal Cases	件	case	613	555
非诉讼事件	Agent of Non-Litigious Legal Affairs	件	case	536	1062
解答法律询问	Agent of Legal Advisory	人次	person-time	10120	11738
代定法律事务文书	Agent of Legal Documents Written on Behalf of Clients	件	case	3722	3974
公证工作	**Notarization**				
公证处	Number of Notary Offices	家	unit	5	5
公证员	Notaries Personnel	人	person	46	45
办理公证	Number of Notarized Documents	件	case	30099	27310
办理涉外公证	Number of Notarized Documents Concerning Foreign Affairs	件	case	3368	3093
人民调解	**People's Mediation**				
人民调解委员会	Number of Full-time Judicial Assistants	个	unit	686	730
人民调解员	Number of People's Mediation Committees	人	person	4659	4074
调解民间纠纷	Number of Mediators	件	case	9474	8198

13—10 社会治安

Public Security

指 标	Item	单 位	Unit	2013年	2012年
火灾	**Fire Accidents**				
火灾起数	Number of Fire Accidents	起	case	1324	1264
火灾死亡、伤亡人数	Number of Deaths and Injuries	人	person	2	1
# 死亡人数	Number of Deaths	人	person	2	1
火灾事故经济损失	Losses Converted into Cash	万元	10 000 yuan	222.9	147.5
交通事故	**Traffic Accidents**				
交通事故起数	Number of Traffic Accidents	起	case	857	870
交通事故死亡、伤亡人数	Number of Deaths and Injuries	人	person	1227	1243
# 死亡人数	Number of Deaths	人	person	87	95
交通事故经济损失	Economil Loss of Traffic Accident	万元	10 000 yuan	436.69	332.72
刑事案件	**Criminal Cases**				
刑事案件立案数	Registered Criminal Cases	起	case	21145	19572
刑事案件破案数	Solved Criminal Cases	起	case	7519	7790

13—11 银川市一级以上地震情况

Basic Statistics of Level One Grade above Earthquake

年 份 Year	发震时间 Earthquake Occurrence					震中位 Epicenter			震 级 Earthquake magnitude
	月 Month	日 Date	时 Hour	分 Minute	秒 Second	经 度 Longitude	纬 度 Latitude	地 点 Place	Ms
2013	1	10	23	22	53	106.3°	38.3°	永宁	0.8
2013	1	24	7	9	47	106.3°	38.5°	银川	1
2013	3	13	0	51	3	106.3°	38.4°	永宁	2.4
2013	3	14	23	30	22	106.3°	38.4°	永宁	1.1
2013	3	30	22	6	40.6	106.3°	38.5°	银川	2.2
2013	6	24	2	19	17	106.3°	38.4°	永宁	2.1
2013	6	25	10	39	28	106.3°	38.4°	永宁	1.7
2013	8	16	8	26	7	106.0°	38.5°	银川	0.6
2013	10	17	12	12	6	106.4°	38.6°	银川	1.2
2013	11	12	11	12	38	106.5°	38.0°	灵武	1.1

注:不含离台较远的单台地震。

a) The data in above table excluding from the station far single seismic station.

13—12 工业"三废"排放及处理利用情况

Basic Statistics of Industrial Waste Water,Waste Gas&Solid Wastes Discharge and Utilization

指 标	Item	单 位	Unit	2013年	2012年
工业废水排放总量	**Industrial Waste Water Discharge**	**万吨**	**10 000 tons**	**6194.35**	**5963.18**
工业废水中污染物排放量	**Pollutant Emissions of Volume Industrial Waste Water**				
化学需氧量	Chemical Oxygon Demand	吨	ton	16726.07	16676.85
氨氮	Ammonia Nitrogen	万吨	10 000 tons	2741.00	2779.87
镉	Cadmium	吨	ton	0.00	0.00
六价铬	Hexavalent Chromium	吨	ton	0.02	0.01
铅	Lead	吨	ton	0.01	0.01
砷	Arsenic	吨	ton	0.04	0.04
挥发酚	Volatile Phenol	吨	ton	4.91	4.90
氰化物	Cyanide	吨	ton	0.61	0.68
石油类	Oil Type	吨	ton	60.49	53.41
工业废气排放总量	**Waste Air Emission Volume of Industrial**	**万吨**	**10 000 tons**	**21675134**	**20634527**
工业二氧化硫排放量	**Emission Volume of Industrial Sulphur Dioxide**	**万吨**	**10 000 tons**	**92368.67**	**105742.61**
工业氮氧化物排放量	**Emission Volume of Industrial Nitrogen Oxide**	**万吨**	**10 000 tons**	**84320.61**	**75090.36**
烟(粉)尘排放量	**Emission Volume of Soot(dust)**	**万吨**	**10 000 tons**	**27169.87**	**26347.75**
工业固体废物产生量	**Solid Wastes Produced Volume of Industrial**	**万吨**	**10 000 tons**	**685.69**	**732.79**
工业固体废物综合利用量	**Solid Wastes Utilized Volume of Industrial**	**吨**	**ton**	**581.30**	**595.66**
工业固体废物贮存量	**Solid Wastes Stored Volume of Industrial**	**吨**	**ton**	**45.03**	**116.59**
工业固体废物处置量	**Solid Wastes Dealed Volume of Industrial**	**吨**	**ton**	**59.36**	**28.87**
工业固体废物排放量	**Solid Wastes Discharge Volume of Industrial**	**吨**	**ton**	**0.00**	**0.00**
工业用水总量	**Water Volume of Industrial**	万标立方米	**10 000 standard cu.m**	**108990.80**	**97979.39**

注:2011年,烟尘与工业粉尘合并统计,指标更名称为"烟(粉)尘"排放量。

a) The data in above table that soot and industrial dust merger statistics, index name changed to soot(dust) emissions Since 2011.

13—13 万元工业增加值主要污染物排放强度

Intensity of Main Pollutant Emissions by Ten Thousand Value Added of Industry

单位:吨/万元 (ton/10 000yuan)

指　标	Item	2007年	2008年	2009年	2010年	2011年	2012年	2013年
万元工业增加值废水排放强度	Emission Intensity of Waste Water	31.92	23.34	21.07	19.73	15.33	12.64	11.84
万元工业增加值化学需氧量排放强度	Emission Intensity of Chemical Oxygen Demand	0.0101	0.0053	0.0053	0.005	0.0046	0.0035	0.0032
万元工业增加值烟(粉)尘排放强度	Emission Intensity of Industrial Fumes(dust)	0.0032	0.003	0.003	0.0028	0.0067	0.0056	0.0050
万元工业增加值二氧化硫排放强度	Emission Intensity of Sulfur Dioxide	0.0096	0.0087	0.0086	0.0081	0.019	0.0224	0.0202

主要统计指标解释

【卫生机构】 指各个部门(军事部门除外)、各种性质的设有专职卫生技术人员的卫生事业机构包括:医院、卫生院、门诊部、采供血机构、妇幼保健院(所、站)、专科疾病防治院(所、站)、疾病预防控制中心(防疫站)、卫生监督所、医学科学研究机构、医学在职培训机构、健康教育所(站、中心)、其他卫生机构。

【医院】 指名称为医院、设有固定床位能收容病人住院并能为病人提供医疗、护理服务的医疗机构。包括县及县以上医院、农村乡卫生院、其他医院三部分,按所属性质分为卫生部门、工业及其他部门、集体所有制三类。其中县及县以上医院按业务性质分为综合医院和专科医院。

【卫生技术人员】 指卫生事业机构支付工资的全部固定职工和合同制职工中现任职务为卫生技术工作的人员。包括执业医师、执业助理医师、注册护士、药剂人员、检验人员、其他。

【医生】 指经卫生部门审查合格,从事医疗工作的专业人员。包括卫生技术人员中的执业医师、执业助理医师、其他。

【公证员】 是国家的法律工作者,是在公证处专门行使国家证明权,独立办理公证事务的法律专业人员。

【公证文书】 是指公证处根据当事人的申请,依照事实和法律,按照法定程序制作的,具有特殊法律效力的司法证明文书。

【废水排放总量】 废水包括生产废水和生活废水。生产废水指企业事业单位在生产、科研、医疗等工作中,向外环境排放的所有废水。

【工业固体废物产生量】 指工矿企业、事业单位在生产(试验)过程中产生的工业固体废弃物总量,不包括矿山开采的剥离废石和掘进废石(煤矸石除外)。

【工业固体废物综合利用量】 指已用作农业服料、造田、生产建筑材料以及其他方式综合利用的工业固体废物量(不包括填埋和焚烧量)。

【工业废气排放总量】 指燃料燃烧和生产工艺过程中产生的各种排入空气中含有污染物的气体的总量。

【烟(粉)尘排放量】 指在燃料燃烧和生产工艺过程中排入大气的烟尘及工业粉尘的总质量之和。

【工业固体废物综合利用量】 指通过回收、加工、循环、交换等方式,从固体废物中提取或者使其转化为可以利用的资源、能源和其他原材料的固体废物量。

【工业固体废物处置量】 指将工业固体废物焚烧和用其他改变工业固体废物的物理、化学、生物特性的方法,达到减少或者消除其危险成分的活动,或者将工业固体废物最终置于符合环境保护规定要求的填埋场的活动中,所消纳固体废物的量。

全区分市县资料

Statistical Data by City and County

14—1 各市县地区生产总值

Gross Domestic Product by City and Country

单位:万元　　(2013)　　(10 000yuan)

地 区　Region	地区生产总值 Gross Domestic Product	第一产业 Primary Industry	第二产业 Secondary Industry	工业 Industry	建筑业 Construction	第三产业 Tertiary Industry
全区总计 Total	**25650600**	**2229800**	**12649600**	**9445000**	**3204600**	**10771200**
银川市 Yinchuan	**12890199**	**554241**	**6885962**	**5232998**	**1652964**	**5449996**
银川市 District	7939008	179222	3310279	2186954	1123325	4449507
永宁县 Yongning	1055693	134918	567013	360737	206276	353762
贺兰县 Helan	1013641	143600	536067	374347	161720	333974
灵武市 Lingwu	2881857	96501	2472603	2310960	161643	312753
石嘴山市 Shizuishan	**4463454**	**242555**	**2874213**	**2460924**	**413289**	**1346686**
石嘴山市 District	3223446	66490	2149253	1830432	318821	1007703
平罗县 Pingluo	1240008	176065	724960	630492	94468	338983
吴忠市 Wuzhong	**3519106**	**517866**	**1910660**	**1362625**	**548035**	**1090580**
利通区 Litong	1137852	163055	576457	350749	225708	398340
红寺堡区 Hongsipu	130056	41517	55710	28324	27386	32829
盐池县 Yanchi	516720	53924	269617	178965	90652	193179
同心县 Tongxin	404277	103930	157302	103678	53624	143045
青铜峡市 Qingtongxia	1330201	155440	851574	700909	150665	323187
固原市 Guyuan	**1845843**	**453918**	**482300**	**267895**	**214405**	**909625**
原州区 Yuanzhou	786208	130948	200251	122525	77726	455009
西吉县 Xiji	423532	130528	88312	32553	55759	204692
隆德县 Longde	171410	46674	45533	18425	27108	79203
泾源县 Jingyuan	110397	28470	33377	12362	21015	48550
彭阳县 Pengyang	354296	117298	114827	82030	32797	122171
中卫市 Zhongwei	**2874801**	**457318**	**1292832**	**924040**	**368792**	**1124651**
沙坡头区 Shapotou	1350668	193765	532098	426821	105277	624805
中宁县 Zhongning	1182655	154601	685012	473807	211205	343042
海原县 Haiyuan	341478	108952	75722	23412	52310	156804

注:本表绝对数按当年价格计算,指数按可比价格计算。

a) Level data in this table are calculated at current prices, while indices at constant prices.

14—2 各市县农林牧渔业总产值

Gross Output Value of Agriculture, Forestry, Animal Husbandry and Fishery by City and Country

单位:万元　　（2013,按现行价格计算）(calculated at current price)　　(10 000 yuan)

地　区 Region	农林牧渔业总产值 Gross Output Value of Agriculture, Forestry,Animal Husbandry and Fishery	农 业 Agriculture	林 业 Forestry	牧 业 Animal Husbandry	渔 业 Fishery	农林牧渔服务业 Output Value of Services for Agriculture,Forestry, Animal Husbandry and Fishery	农林牧渔业总产值指数（上年=100）Indices of Gross Output (preceding year=100)
全区总计 Total	**4299974**	**2689960**	**98366**	**1200126**	**132177**	**179345**	**104.7**
银 川 市 Yinchuan	**1037642**	**639208**	**20262**	**263083**	**61063**	**54027**	**104.3**
银 川 市 District	324550	178295	5839	95700	14606	30109	101.5
永 宁 县 Yongning	246623	179848	1297	49550	8261	7666	105.5
贺 兰 县 Helan	276528	187531	2794	45520	32831	7852	105.7
灵 武 市 Lingwu	189942	93534	10332	72312	5364	8400	105.6
石嘴山市 Shizuishan	**450450**	**311972**	**3801**	**83574**	**36903**	**14199**	**104.6**
石嘴山市 District	124140	78114	1873	29477	8876	5799	102.8
平 罗 县 Pingluo	326310	233859	1928	54097	28027	8400	105.2
吴 忠 市 Wuzhong	**1017895**	**533209**	**22810**	**407987**	**15028**	**38860**	**104.5**
利 通 区 Litong	313711	144390	6009	143974	3153	16186	103.2
红寺堡区 Hongsipu	79105	57807	2721	16097		2480	106.1
盐 池 县 Yanchi	121114	48936	8344	57284	214	6336	103.2
同 心 县 Tongxin	219669	111562	3317	99380		5410	105.9
青铜峡市 Qingtongxia	284296	170513	2419	91253	11662	8449	104.9
固 原 市 Guyuan	**935272**	**587593**	**42534**	**256620**	**345**	**48180**	**106.1**
原 州 区 Yuanzhou	269778	187467	5766	61917		14628	105.8
西 吉 县 Xiji	266256	193802	2246	56312	345	13551	106.6
隆 德 县 Longde	103557	63972	4267	30455		4863	106.6
泾 源 县 Jingyuan	68126	15539	13114	30373		9101	107.0
彭 阳 县 Pengyang	227555	126814	17141	77563		6038	105.6
中 卫 市 Zhongwei	**858715**	**617976**	**8960**	**188862**	**18839**	**24078**	**104.3**
沙坡头区 Shapotou	353295	261854	2928	66155	13144	9214	104.9
中 宁 县 Zhongning	295889	212879	2632	65908	5429	9040	102.2
海 原 县 Haiyuan	209531	143243	3400	56798	266	5824	106.7

14—3 各市县规模以上工业企业主要经济指标

Main Economin Indicators on Industrial Enterprises above Designated Size by City and Country

单位:个、万元　　　　（2013）　　　　（unit,10 000yuan）

地　区	Region	企业单位数 Number of Enterprises	亏损企业 Loss-suffering Enterprises	资产总计 Total Assets	流动资产 Working Capitals	固定资产 Fixed Assets	固定资产原值 Original Value of Fixed Assets
全区总计	**Total**	**1044**	**311**	**56545981**	**21195303**	**24874429**	**33060215**
银川市	**Yinchuan**	**389**	**75**	**23271606**	**8618410**	**11171361**	**14065791**
银川市	District	130	38	11108784	3578671	5644347	8262167
永宁县	Yongning	54	8	1768853	745636	837594	1101166
贺兰县	Helan	112	20	1147322	517493	475923	536193
灵武市	Lingwu	93	9	9246647	3776611	4213497	4166265
石嘴山市	**Shizuishan**	**262**	**137**	**7547860**	**3786921**	**3085985**	**4167123**
石嘴山市	District	145	77	4899311	2309704	2066182	3081616
平罗县	Pingluo	117	60	2648549	1477216	1019803	1085507
吴忠市	**Wuzhong**	**255**	**57**	**7520925**	**2741258**	**3819389**	**5062026**
利通区	Litong	98	24	2414761	891079	924449	1117345
红寺堡区	Hongsipu	5		361644	47598	294656	232963
盐池县	Yanchi	32	13	588578	303291	180745	220849
同心县	Tongxin	20	1	320412	255459	31571	36657
青铜峡市	Qingtongxia	100	19	3835529	1243832	2387968	3454213
固原市	**Guyuan**	**34**	**5**	**613558**	**168983**	**237171**	**300517**
原州区	Yuanzhou	15	5	110206	58339	48438	52624
西吉县	Xiji	6		74275	35637	38637	43373
隆德县	Longde	5		42647	17024	24047	27953
泾源县	Jingyuan	3		32828	10128	12486	20266
彭阳县	Pengyang	5		353603	47855	113562	156302
中卫市	**Zhongwei**	**103**	**37**	**7739916**	**3904037**	**2384633**	**3026094**
沙坡头区	Shapotou	56	24	2951555	1079649	1301733	1587635
中宁县	Zhongning	39	11	4687490	2741302	1070019	1425280
海原县	Haiyuan	8	2	100872	83086	12881	13180
其　他	others	1		9852116	1975693	4175891	6438664

14-3 续表1 continued

单位:个、万元 (2013) (unit,10 000yuan)

地区	Region	累计折旧 Accumulated Depreciation	流动负债 Working Liabilities	非流动负债合计 Total Non-current Liabilities	所有者权益 Owners' Equities	实收资本 Total Capital Hold	国家资本 National
全区总计	**Total**	**10174164**	**24319806**	**12311340**	**18629427**	**9548745**	**3065879**
银川市	**Yinchuan**	**4082194**	**8639824**	**6221456**	**7907479**	**4651333**	**1834745**
银川市	District	2961980	3866169	2931727	4106957	2440030	1294892
永宁县	Yongning	323420	800279	249204	691100	266182	1911
贺兰县	Helan	122939	459624	87957	516104	264634	8170
灵武市	Lingwu	673855	3513753	2952567	2593319	1680487	529772
石嘴山市	**Shizuishan**	**1349758**	**4132223**	**739459**	**2489777**	**1239704**	**210982**
石嘴山市	District	1132560	2391157	419628	1961960	933466	205685
平罗县	Pingluo	217199	1741067	319831	527817	306238	5297
吴忠市	**Wuzhong**	**1597731**	**3249608**	**1766110**	**2366306**	**1297191**	**263076**
利通区	Litong	235017	1188180	353450	821983	447376	32576
红寺堡区	Hongsipu	7891	26012	246650	88981	72050	4500
盐池县	Yanchi	70685	206597	132655	248920	125517	10677
同心县	Tongxin	5460	158055	18500	141110	50481	450
青铜峡市	Qingtongxia	1278678	1670764	1014854	1065313	601768	214873
固原市	**Guyuan**	**76847**	**161403**	**180919**	**265528**	**183982**	**26425**
原州区	Yuanzhou	14955	42811	14184	52999	39307	26228
西吉县	Xiji	6435	25690	9385	36695	10030	
隆德县	Longde	4622	15352	1315	25981	5676	
泾源县	Jingyuan	7781	4650	10	25423	17117	
彭阳县	Pengyang	43055	72902	156025	124431	111852	197
中卫市	**Zhongwei**	**804862**	**4068303**	**1226400**	**1993661**	**1173489**	**239158**
沙坡头区	Shapotou	395100	2092461	395584	387749	597834	208998
中宁县	Zhongning	408998	1898754	829452	1590507	565698	28560
海原县	Haiyuan	764	77088	1365	15405	9957	1600
其他	other	2262773	4068444	2176997	3606676	1003047	491493

14-3 续表2 continued

单位:个、万元 (2013) (unit,10 000yuan)

地 区 Region		主营业务收入 Revenue from Principal Business	主营业务成本 Cost of Principal Business	主营业务税金及附加 Taxes and Other Charges on Principal Business	管理费用 Overhead Charges	利息支出 Interest Expenses	利润总额 Total Profits	亏损企业亏损总额 Losses Value of Loss-suffering Enterprises
全区总计	**Total**	**34457847**	**29310165**	**685666**	**1321148**	**1054305**	**1799690**	**400701**
银川市	**Yinchuan**	**16292946**	**13931727**	**559521**	**512808**	**501402**	**786862**	**136433**
银川市	District	9697666	8476296	522078	260524	251870	206760	99932
永宁县	Yongning	1094248	926072	7104	68915	34695	33504	13560
贺兰县	Helan	1187379	980375	11819	69446	14420	84362	13697
灵武市	Lingwu	4313653	3548985	18519	113923	200416	462236	9244
石嘴山市	**Shizuishan**	**5780936**	**5223584**	**23805**	**199238**	**139923**	**93948**	**111638**
石嘴山市	District	3690265	3276025	19967	152522	87700	102133	73013
平罗县	Pingluo	2090671	1947560	3839	46716	52223	-8185	38626
吴忠市	**Wuzhong**	**5097497**	**4550289**	**23936**	**120636**	**167455**	**169323**	**113820**
利通区	Litong	1336344	1139619	3135	51132	35374	65604	14052
红寺堡区	Hongsipu	43280	20582	40	1205	10340	10752	
盐池县	Yanchi	309802	264729	6307	10314	9251	13761	8319
同心县	Tongxin	268287	241561	595	3324	7080	25677	464
青铜峡市	Qingtongxia	3139784	2883799	13859	54662	105410	53529	90985
固原市	**Guyuan**	**273971**	**213797**	**3764**	**14827**	**8095**	**26682**	**2651**
原州区	Yuanzhou	69071	59474	220	3981	1827	2661	2651
西吉县	Xiji	56567	48514	814	1971	870	3735	
隆德县	Longde	17133	14229	261	786	226	435	
泾源县	Jingyuan	23238	20325	84	1241		957	
彭阳县	Pengyang	107963	71255	2387	6847	5172	18893	
中卫市	**Zhongwei**	**3845586**	**3380884**	**5909**	**93633**	**125660**	**171337**	**36160**
沙坡头区	Shapotou	1451334	1299405	2406	44635	56334	67458	28994
中宁县	Zhongning	2316813	2008419	3408	48153	69206	92922	6871
海原县	Haiyuan	77439	73060	94	846	119	10957	295
其他	Other	3166911	2009885	68731	380008	111771	551539	

14-3 续表3 continued

单位:个、万元 （2013） （unit,10 000yuan）

地 区	Region	利税总额 Total Profits and Texes	本年应交增值税 Value-added Taxes Payable	应交所得税 Income Taxes Payable	本年应付职工薪酬 Employee Earnings Payable This Year	全部职工年平均人数(人) Annual Average Employed Persons (person)
全区总计	**Total**	**3616570**	**1128626**	**230631**	**2331274**	**331265**
银 川 市	**Yinchuan**	**1809814**	**462075**	**67275**	**674023**	**108403**
银 川 市	District	1030598	300469	34523	415692	56456
永 宁 县	Yongning	70744	30115	6488	48701	12354
贺 兰 县	Helan	136735	40571	9096	53490	13712
灵 武 市	Lingwu	571736	90920	17168	156141	25881
石嘴山市	**Shizuishan**	**272817**	**154904**	**28925**	**359294**	**70759**
石嘴山市	District	236328	114087	24668	278833	49403
平 罗 县	Pingluo	36488	40817	4258	80461	21356
吴 忠 市	**Wuzhong**	**347618**	**153429**	**22215**	**247694**	**46185**
利 通 区	Litong	90971	21808	4496	72073	15494
红寺堡区	Hongsipu	11070	278	215	606	246
盐 池 县	Yanchi	26290	6221	1183	11487	3230
同 心 县	Tongxin	29209	2937		3124	1494
青铜峡市	Qingtongxia	190079	122186	16321	160405	25721
固 原 市	**Guyuan**	**45805**	**15353**	**4325**	**52749**	**6671**
原 州 区	Yuanzhou	4328	1442	348	4959	1417
西 吉 县	Xiji	5198	649	98	4063	1222
隆 德 县	Longde	843	147	33	758	342
泾 源 县	Jingyuan	1054	13	167	1778	340
彭 阳 县	Pengyang	34382	13103	3679	41190	3350
中 卫 市	**Zhongwei**	**257716**	**80333**	**10809**	**192283**	**42416**
沙坡头区	Shapotou	118845	48943	4478	82612	18820
中 宁 县	Zhongning	126907	30541	6221	108357	23224
海 原 县	Haiyuan	11964	850	110	1315	372
其 他	Other	882802	262532	97083	805231	56831

14—4 各市县固定资产投资

Investment in Fixed Assets in Urban Area by City and Country

单位:万元 （2013） （10 000 yuan）

地 区	Region	计划总投资 Total Planned Investment	本年新开工项目计划投资 Planned Investment of New Projects This Year	本年完成投资 Investment Completed This Year	住宅 Residential Buildings	本年新增固定资产 Newly Increased Fixed Assets This Year
全区总计	**Total**	**92539315**	**20645760**	**26077890**	**4164569**	**14894504**
银川市	**Yinchuan**	**46404111**	**8072300**	**11275639**	**2420468**	**5467928**
银川市	District	17927852	2761599	4621695	1306465	2976236
永宁县	Yongning	4323031	1355067	1359214	533608	645999
贺兰县	Helan	4926135	1437859	1369905	320911	930847
灵武市	Lingwu	19227093	2517775	3924825	259484	914846
石嘴山市	**Shizuishan**	**11506644**	**2722244**	**3779730**	**417753**	**2589405**
石嘴山市	District	6739244	1842243	2584966	226387	1954504
平罗县	Pingluo	4767400	880001	1194764	191366	634901
吴忠市	**Wuzhong**	**11861629**	**3771816**	**4766879**	**509777**	**3436255**
利通区	Litong	5357241	1545665	1939032	165842	1423619
红寺堡区	Hongsipu	1021397	439946	515132	13890	293121
青铜峡市	Qingtongxia	2346611	890292	1000398	209858	708370
盐池县	Yanchi	2194029	575163	799654	89997	522234
同心县	Tongxin	942351	320750	512663	30190	488911
固原市	**Guyuan**	**7893658**	**2187490**	**2012883**	**389537**	**1151992**
原州区	Yuanzhou	5137724	857743	876063	202152	327268
西吉县	Xiji	686831	514807	302105	38211	232760
隆德县	Longde	479258	175151	239473	41791	224343
泾源县	Jingyuan	239499	165972	173782	37001	172646
彭阳县	Pengyang	1350346	473817	421460	70382	194975
中卫市	**Zhongwei**	**10399243**	**3302901**	**2969155**	**427034**	**1050075**
沙坡头区	Shapotou	3091402	1031024	1130069	156260	551636
中宁县	Zhongning	5989972	1535123	1405550	244421	429532
海原县	Haiyuan	1317869	736754	433536	26353	68907
不分地区	Not Classified by Region	4474030	589009	1273604		1198849

14—5 各市县社会消费品零售总额

Total Retail Sales of Consumer Goods by City and Country

单位:万元　　(2013)　　(10 000 yuan)

地　区	Region	社会消费品零售总额 Total Retail Sales of Consumer Goods	批发业和零售业 Wholesale and Retail Trades	限额以上 Above Designated Size	限额以下 Under Designated Size	住宿业和餐饮业 Hotels and Catering Services
银川市	**Yinchuan**	**3480615**	**3136078**	**2716952**	**763662**	**344537**
兴庆区	Xingqing	1765074	1575739	1281232	483842	189335
西夏区	Xixia	163421	125082	96803	66619	38339
金凤区	Jinfeng	438416	385043	401315	37101	53373
永宁县	Yongning	145343	122547	40235	105108	22796
贺兰县	Helan	842310	822535	818250	24060	19775
灵武市	Lingwu	126050	108637	79118	46932	17413
石嘴山市	**Shizuishan**	**843221**	**671376**	**227386**	**615835**	**171845**
大武口区	Dawukou	381407	293609	115139	266268	87798
惠农区	Huinong	266427	229597	60271	206157	36830
平罗县	Pingluo	195387	148170	51977	143410	47217
吴忠市	**Wuzhong**	**781518**	**594611**	**260003**	**521516**	**186907**
利通区	Litong	397769	284969	138467	259302	112800
红寺堡区	Hongsipu	35174	32061	17098	18076	3113
盐池县	Yanchi	96092	77340	50786	45307	18752
同心县	Tongxin	92243	83649	21291	70952	8594
青铜峡市	Qingtongxia	160240	116592	32361	127879	43648
固原市	**Guyuan**	**495251**	**383970**	**130572**	**364679**	**111281**
原州区	Yuanzhou	240825	193945	84160	156665	46880
西吉县	Xiji	118081	88339	20184	97898	29742
隆德县	Longde	45851	39884	9148	36703	5967
泾源县	Jingyuan	30495	20199	7097	23399	10296
彭阳县	Pengyang	59998	41603	9984	50014	18395
中卫市	**Zhongwei**	**504539**	**416719**	**204394**	**300145**	**87820**
沙坡头区	Shapotou	274746	215772	103259	171487	58974
中宁县	Zhongning	155587	134462	71809	83778	21125
海原县	Haiyuan	74206	66486	29326	44880	7720

14—6 各地市县地方公共财政收入

Local Public Financial Revenue by Prefecture, City and Country

单位:万元 (10 000 yuan)

地 区	Region	1978年	1980年	1985年	1995年	2000年
全区总计	**Total**	**30225**	**19389**	**28064**	**85740**	**197082**
区　级	**Autonomous Regional Level**	**14502**	**10237**	**6228**	**37174**	**50592**
地市县级	Prefecture Level	**15723**	**9152**	**21836**	**48566**	**146490**
银川市	Yinchuan	**7267**	**3880**	**13172**	**26402**	**83064**
银川市	District	5466	2396	10545	20868	24832
永宁县	Yongning	401	410	604	1674	4299
贺兰县	Helan	375	365	614	1673	4218
灵武市	Lingwu	1025	709	1409	2187	6257
石嘴山市	**Shizuishan**	**4141**	**2125**	**4957**	**9555**	**29192**
石嘴山市	District	3141	1413	3651	723	8827
平罗县	Pingluo	1000	712	1306	2360	6194
吴忠市	**Wuzhong**	**3398**	**2122**	**2897**	**8689**	**24610**
利通区	Litong	1598	783	1504	3230	5413
红寺堡区	Hongsipu					
盐池县	Yanchi	213	224	290	539	2549
同心县	Tongxin	241	198	139	697	1455
青铜峡市	Qingtongxia	1346	917	964	4052	11162
固原市	**Guyuan**	**1182**	**833**	**538**	**3208**	**7874**
原州区	Yuanzhou	602	479	308	1274	3017
西吉县	Xiji	245	156	102	380	1058
隆德县	Longde	123	106	6	603	1781
泾源县	Jingyuan	63	45	22	206	545
彭阳县	Pengyang			65	436	651
中卫市	**Zhongwei**	**1081**	**1109**	**1236**	**4764**	**12912**
沙坡头区	Shapotou	516	564	462	2892	7425
中宁县	Zhongning	375	374	774	1670	4487
海原县	Haiyuan	190	171		202	1000

注:1.各县(区、市)合计数不等于大市数据,大市包含市本级数据;2.沙坡头区数据包含中卫市本级。

14-6 续表 continued

单位:万元 (10 000 yuan)

地 区	Region	2005年	2010年	2011年	2012年	2013年
全区总计	**Total**	**477216**	**1535507**	**2199767**	**2639569**	**3083376**
区 级	**Autonomous Regional Level**	**130904**	**384429**	**546301**	**672106**	**801381**
地市县级	Prefecture Level	**346312**	**1151078**	**1653466**	**1967463**	**2281995**
银 川 市	Yinchuan	**181645**	**640368**	**966202**	**1131320**	**1345999**
银 川 市	District	44311	150824	206395	244566	277306
永 宁 县	Yongning	8129	42091	75064	91101	108862
贺 兰 县	Helan	7325	55158	93361	112730	130241
灵 武 市	Lingwu	11452	103414	141809	137703	157766
石嘴山市	**Shizuishan**	**72900**	**216460**	**263831**	**297937**	**309948**
石嘴山市	District	14796	45689	51939	63516	66344
平 罗 县	Pingluo	21036	51965	68241	76568	85731
吴 忠 市	**Wuzhong**	**50177**	**156690**	**219148**	**287426**	**324749**
利 通 区	Litong	8978	12628	19041	27847	33429
红寺堡区	Hongsipu	1850	5474	8388	10907	14630
盐 池 县	Yanchi	4971	23492	36470	57956	69581
同 心 县	Tongxin	3423	8941	12230	17014	21061
青铜峡市	Qingtongxia	20856	53619	68681	79102	92263
固 原 市	**Guyuan**	**14024**	**52581**	**79788**	**103345**	**130567**
原 州 区	Yuanzhou	2220	9594	14967	20169	23298
西 吉 县	Xiji	1803	4460	8460	9505	11420
隆 德 县	Longde	1204	3290	4636	6378	9637
泾 源 县	Jingyuan	1080	2535	3531	4597	6422
彭 阳 县	Pengyang	1319	9066	16519	20269	25436
中 卫 市	**Zhongwei**	**27566**	**84979**	**124497**	**147435**	**170732**
沙坡头区	Shapotou	15572	42555	63333	73434	82080
中 宁 县	Zhongning	10395	36472	54660	65420	76091
海 原 县	Haiyuan	1599	5952	6504	8581	12561

附　记

Appendix

二〇一三年统计工作要事

1月7日，自治区统计局举办全区统计系统第二届职工文艺汇演，银川市统计局表演的《快乐的统计人》、《统计礼赞》分获一、二等奖。

是日，市委任命姚永伟为银川市统计局党组成员，市纪委派驻市统计局纪检组长。

1月9日，银川市统计局召开党组会议，研究了党组分工和年度考核工作。

1月11日，银川市统计局举办全局副科级以上干部集中学习会。

1月15日，银川市统计局召开全市重点服务业企业统计年报培训会议，全市100多家重点服务业企业统计人员参加了培训会。

是日，银川市统计局决定授予兴庆区玉皇阁北街街道办事处统计站等5家统计站为2012年度全市五星级统计站，兴庆区前进街道办事处统计站等7家统计站为2012年度全市四星级统计站。

1月18日，银川市统计局举办了2012年度总结表彰会。市政府马力市长致信肯定统计工作，副市长杨有贤到会并做了重要讲话。

是日，银川市统计局组织召开了2012年度国民经济运行情况新闻发布会。

1月21日，银川市统计局召开专题会议，进一步整合服务载体，优化信息工作。

1月25日，银川市副市长杨有贤在市统计局撰写的《工业能耗超过预期 节能形势更加严峻》统计分析专报上做出重要批示："市统计局分析报告对我市工业节能进行了深入分析解剖，市工信局对其中建议意见要认真研究梳理，全力推动工业经济发展"。

1月23日–25日，银川市统计局对各县(市)区统计局农业农村统计数据库维护、更新工作进行督导。

1月23日–25日，银川市统计局随市政府考核组分别对银川经济技术开发区、银川高新技术产业开发区(灵武羊绒产业园)、灵武再生资源循环经济试验区、永宁望远工业园区、贺兰德胜工业园区、贺兰暖泉工业园区、金凤工业集中区和兴庆科技园进行考核。

1月29日，银川市召开全市文化产业统计调查工作会议，传达了《中共银川市委办公厅、银川市人民政府办公厅关于做好文化及相关产业统计调查工作的通知》精神；全面安排部署了2012年文化产业统计调查工作；市委常委、宣传部部长王玮到会并作重要讲话。

1月30日，银川市统计局领导带领相关人员分组深入基层帮扶村、社区和局离退休干部职工家中开展送温暖活动。

2月1日–5日，银川市统计局对下基层单位、扶贫共建村中的生活困难党员和群众；驻行政中心武警中队；残疾人扶助对象；局离退休老干部；在职生活困难党员干部及生病住院的干部进行了慰问。

2月3日，银川市副市长杨有贤在市统计局呈报的"2013年工作要点及责任分工"上批示："统计局这种责任到人，限时办结的工作状态值得充分肯定。"

2月4日，银川市统计局召开全体干部职工会议，传达学习中央政治局关于改进工作作风、密切联系群众的八项规定、第十八届中央纪委二次全会精神和银川市委"33"条规定。

2月3日–6日，银川市统计局组织开展了局机关2013年迎新春趣味文体竞技活动。

2月25日，银川市统计局派员参加"下农村 送政策"培训。

2月27日，银川市统计局召开全局干部大会。会议传达了市委、政府提出的开展"蓝天工程、绿色出行"活动要求和市纪委十三届三次全会精神，各分管领导对近期重点工作进行了安排部署。

是日，银川市统计局修订出台《信息工作考核办法》。

2月28日，银川市全面完成2012年1313家三上企业从业人员及劳动工资年报，国家"一套表"网上直报率达100%。

3月1日，银川市统计局召开局机关优秀公务员先进工作者座谈会。局领导王奎、姚永伟出席会议。局党组勉励受表彰者将进一步振奋精神，努力在各自的工作岗位上取得更大的成绩，做出更大的贡献。

是日，银川市委将第三次全国经济普查工作纳入2013年市委工作要点。

3月5日，银川市统计局安排部署3.15“守法律·讲诚信”主题宣传活动。

是日，银川市统计局20多名志愿者在局党组成员、纪检组长姚永伟带领下，到金凤区北京中路办事处锦绣苑社区开展环境卫生整治志愿服务活动。

3月7日，经征询市四套班子领导意见，结合2013年银川市经济中心工作和统计工作实际，银川市统计局确定了21个调研课题。

3月8日，银川市统计局制定下发《开展“学党章、守纪律”集中教育活动实施方案》，对教育活动进行安排部署。

是日，银川市统计局表彰了6名“三八红旗手”。

是日，银川市统计局召开网站管理、维护专题会议，局长王奎、副局长钱冬及数管中心全体人员参会。

3月11日，银川市统计局法建办主任于建亮为中铁水务集团公司作了《统计法》和《统计学基础知识》专题讲座。

3月11-15日，银川市统计局、市工信局和发改委根据《国务院关于印发“十二五”节能减排综合性工作方案的通知》、《国家发改委办公厅关于印发万家企业节能目标责任考核实施方案的通知》和《自治区人民政府关于印发宁夏回族自治区“十二五”节能降耗考核及奖惩办法的通知》要求，组成评价考核组对2012年度银川市重点用能企业节能目标责任完成情况进行了考核评价。

3月12日，银川市统计局按照市委要求，提出八项措施，进一步加强和改进工作作风。

3月13日，银川市诚信建设领导小组第1次工作会议召开。会议由市诚信办主任、市统计局局长王奎主持。市诚信建设领导小组副组长、市政协李自辉副主席到会并讲话。

3月14日，银川市统计局组织三区统计局和经济技术开发区经发局分管领导，以及相关专业人员召开了投资统计属地管理工作会议。

是日，银川市市诚信办与市委宣传部、银川电视台等部门联合在银川电视台演播大厅举办了“诚信与维权”3·15现场直播电视公益晚会。

3月15日，银川市统计局正式开通了“银川市经济普查网”。

是日，银川市统计局按时圆满完成了全市包括服务业企业在内的1453家“三上”企业法人和产业活动单位基本情况和信息化年报表的审核、验收工作。

是日，银川市诚信建设领导小组办公室组织各县（市）区诚信办和有关成员单位集中开展“守法诚信·消费维权”主题宣传活动。

是日，银川市诚信建设领导小组研究决定命名表彰宁夏民生房地产开发有限公司等37家企业为银川市“第二届诚信建设先进企业”。

3月18日，自治区统计局副局长徐秀梅带队来我市调研一季度经济运行情况。

3月19日，银川市统计局吕东萍副局长带领局投资处深入银川综合保税区管委会和银川滨河新区管委会开展固定资产投资项目统计对接工作。

3月20日，银川市统计局参加市社会管理综合治理委员会办公室组织开展的2013年度政法综治宣传月活动。

3月21日，银川市统计局吕东萍副局长带领局投资处深入中央商务区开展投资项目对接工作。

是日，银川市统计局发布了《银川市2012年国民经济和社会发展统计公报》。

3月26—27日，自治区统计局执法检查组在统计执法专员、总统计师金国华带领下，对银川市兴庆区、永宁县开展了统计执法巡查。银川市统计局工业能源处专业人员作为全区统计执法检查组骨干成员对石嘴山市大武口区、惠农区进行了统计执法检查。

3月27日，银川市副市长杨有贤在《2012年银川市单位GDP能耗增长0.49%》统计专报上作出重要批示：“请工信局阅研。今年已下发了节能工作要点，关键是采取有效措施，抓落实”。

3月29日，银川市统计局组织召开了企业“一套表”调查单位月度审核确认业务培训会议，各县（市）区统计局和局各专业处室相关工作人员参加。

3月25-30日，银川市统计局组织部分干部深入灵武、贺兰、永宁农村开展下基层工作。

4月2日至3日，银川市统计局执法检查组在曹庆宁副调研员的带领下，对三区8个重点服务业企业开展了统计执法检查。

4月6日，银川市统计局组织完成6个县（市）区1296家三上企业1-3月劳动工资网上直报工作。

4月9日，银川市统计局组织开展了"学党章、守纪律"集中教育知识测试活动。

4月10日，银川市统计局组织完成了2012年4季度全市2900多户次新增、变更及注销法人和产业活动单位的调查、维护工作。

4月11日，银川市统计局服务业处深入到新华百货集团老大楼、宁夏国芳百货购物广场有限公司、银川中大城电器有限公司、宁夏华联商厦有限公司四家企业围绕企业经营运行情况、市场竞争环境、客源情况、网上购物、装修布局等方面进行了调研。

4月12日，银川市第三次经济普查领导小组及办公室印章正式启用。

是日，银川市统计局组织开展了"读书温暖人生"主题读书有奖征文活动。

是日，银川市统计局召开全局干部大会，就进一步加强考勤纪律、加强督查工作和严格执行问责制度提出要求。

4月15日，自治区统计局副巡视员黎志毅率自治区"三经普"专项综合试点工作组一行4人，赴灵武市调研"三经普"试点工作，银川市统计局副局长刘晓天等人陪同调研。

4月16日，银川市统计局组织完成了《2012银川简明统计手册》编辑出版工作。

是日，银川市统计局组织完成保密要害部门、要害部位和保密人员情况梳理确定。

4月17日，在银川市一季度经济形势分析会上，自治区党委常委、市委书记徐广国充分肯定了全市统计工作，同时要求各县（市）区和市直各部门高度关注和重视统计工作，关心支持统计基础工作。

是日，银川市统计局召开局长办公会议，专题研究部署2013年度局机关干部职工学习安排计划及落实机制。

4月18日，银川市统计局志愿服务队被市直机关工委授予开展志愿服务活动成绩突出单位。

4月19日，银川市统计局组织开展了一次以"孝敬"为主题的"道德讲堂"活动。

4月22日-4月24日，自治区和银川市两级调查办，深入到投入产出调查单位较多的银川市辖区，督查指导投入产出调查工作。

4月24日，银川市统计局组织全体干部职工为四川地震灾区捐献7850元。

4月26日，银川市统计局组织贸易统计人员深入到宁夏昊昱实业有限公司、宁夏常宁伟业农业装备有限公司、宁夏卓信汽车贸易有限公司、宁夏格力电器销售有限公司和宁夏籽润农林科技有限公司等企业对开展一套表调查单位核查确认。

是日，银川市统计局组织全体干部职工开展了WPS Office办公软件操作培训工作。

是日，银川市统计局组织召开团员大会完成团委换届工作，选举产生了由卜宝山任书记、赵晓芳、马超任委员的新一届银川市统计局团委。

4月26-27日，银川市统计局组织深入到金凤区、西夏区及部分乡镇（社区）实地检查指导月度劳动力调查工作。

4月28日，银川市统计局组织全体干部职工赴贺兰山开展了"捡拾垃圾、绿色环保"春季爬山活动。

5月3日，银川市统计局对全市三区两县一市6个乡镇统计"双基"建设和星级统计管理工作进行了督查。

5月6日，银川市统计局配合自治区统计局对16家规上企业数据质量开展了核查工作。

是日，银川市统计局工会被银川市直机关工会委员会评为银川市直机关2012年度先进基层工会。

5月7日，银川市统计局工业能源处被银川市直机关工委授予2012年度"巾帼文明岗"荣誉称号。

是日，银川市统计局组织对阅海湾商务区投资项目进行调研，了解园区的项目进展情况。

是日，为进一步优化统计政务环境，提高办事效率，精简办事流程，银川市统计局将统计证工本费收费许可证报审予以注销。

是日，银川市统计局开展了涉密计算机及移动存储介质保密管理系统安装和培训工作。

5月8日，银川市档案局业务科、指导科一行四人来我局检查和指导档案移交工作。

5月13日，银川市政府副市长杨有贤在统计工作座谈会上强调：各县（市）区政府和市直各有关部门要像抓工业经济那样抓统计工作。

5月15日，银川市统计局召开会议，传达自治区统计局国民经济核算会议精神。

5月16日，银川市统计局组织召开了2013年统计年鉴编辑工作会议。

是日，自治区统计局对银川市投资项目进行调研。

5月20日，银川市委、市政府决定在全市开展为期一个月的“统计规范月活动”。

5月15-20日，银川市统计局党组成员、副调研员曹庆宁带领局法建办和社会处有关人员，对全市煤业、电信、银行、保险、医院等部分重点行业10家单位开展了劳动工资统计执法检查。

5月21日，银川市统计局对西夏区宁化路社区的两户残疾人进行了走访慰问。

5月22日，自治区党委常委、银川市委书记指出：统计工作必须实事求是，多报、虚报不行，少报、漏报也不行，要像抓经济工作、抓重点工程项目那样去抓统计工作。银川市市长马力要求认真做好新增规模以上企业纳规入库工作，做到应统尽统，切实提高统计科学性和规范化水平。

5月23日，银川市召开了“统计规范月”活动启动推进会。各县(市)区政府、市政府组成部门、直属机构分管领导参加了会议。自治区统计局梅廷彦局长、银川市委常委、常务副市长马凯莅临会议并作了重要讲话。

是日，银川市统计局会同市商务局对兴庆区和贺兰县的重点商贸企业进行了调研。

5月20-23日，银川市统计局对灵武市、西夏区、金凤区、兴庆区的部分央属、区属企业经济运行情况进行了调研。

5月24日，银川市统计局组织召开市直部门投资统计工作会议。

是日，银川市统计局举办了全市重点服务业企业法人统计法规培训学习班。

5月24日，2013年全国重点城市贸易外经统计信息交流年会在银川隆重召开，来自全国29个重点城市的142名统计代表参加会议，自治区统计局局长梅廷彦、银川市人大常委会副主任关琪、自治区统计局副局长周万佩等出席会议。

5月27日，银川市召开市直部门投资统计工作会议星级房地产企业培训暨观摩会，市委常委、常务副市长马凯、副市长杨有贤以及市直各部门相关负责人参加了会议。

5月28日，银川市统计局开展了“读书温暖人生”有奖征文活动，并对评出的优秀作品进行了通报表彰。

是日，银川市召开了全市工业园区统计工作会议，全市12个园区管委会的负责人及统计人员参加了会议。杨有贤副市长到会并作了重要讲话。

5月30日，银川市统计局组织对银川月星市场经营管理有限公司和红星美凯龙家居等市场统计工作开展了调研。银川市政府副市长杨有贤、自治区统计局贸易处何胜兰处长和市统计局长王奎参加了调研活动。

是日，银川市统计局组织召开了重点工业企业统计培训会议。

5月30日，副市长杨有贤带领市政府办公厅等部门负责同志，实地查看了部分商贸、工业企业和投资项目。

6月14日举办全市农村农业统计业务培训班。全市各乡镇、涉农街道和区、市属农(林、牧)场统计人员60多人参加了培训班学习。

6月14日，银川市统计局召开投资部门联席会议第一次工作会议。

6月18日，市统计局召开了群众评议机关和干部作风活动动员大会。

6月19日市统计局召开全市统计执法大检查工作培训会。

6月19日，自治区统计局巡视员朱尼、服务业处处长杨培林等来银川市检查企业信息化统计数据质量。

6月17日至19日，银川市政府组成两个督查组，对为期一个月的全市“统计规范月”活动进行督查。

6月27日，自治区统计局调研银川市上半年经济运行情况召开座谈会，全市经济综合部门、各县(市)区统计局、园区的分管领导和主要负责人30余人参加了座谈会。

7月25日，银川市统计局组织全体干部职工观摩了我市部分重大项目重点工作。

7月26日，自治区统计局党组成员、纪检组组长杨茂科一行到我局征求基层对自治区统计局党组及领导班子成员党的群众路线教育实践活动中意见。

8月20日，银川市召开了全市统计工作会议。自治区统计局局长梅廷彦、银川市市长马力、副市长杨有贤、银川市人大副主任张秉忠、银川市政协副主席李自辉、国家统计局自治区调查总队纪检组长叶光军、自治区统计局副巡视员黎志毅出席了会议。

9月15日上午，国家统计局教育培训处处长鲁智贤一行2人在自治区统计局局长梅廷彦、副局长徐秀梅、副巡视员段晓刚、教育中心主任赵金明、市统计局局长王奎等陪同下，巡视了2012年全国统计从业资格考试银川考点的情况。

9月17日，《银川统计年鉴-2013》正式出版发行。

9月24日上午，自治区区直机关工委书记叶旭一行15人，在银川市委常委、市委组织部长周云峰、市直机关工委书记刘鹏陪同下，对银川市统计局机关党建工作进行观摩。

10月24日，王琦同志任银川市统计局党组成员、书记、局长职务，王奎同志不再担任银川市统计局党组成员、书记、局长职务。

12月23日，银川市统计局组织编辑了《数说银川—2013》一书，向全市人大代表、政协委员参政议政提供优质的统计服务。

中国统计出版社最新图书简目

（仅供参考，以最后出书为准）

统计资料

综合类：中国统计年鉴　中国统计摘要　中国发展报告
国际资料类：国际统计年鉴　金砖国家联合统计手册　世界能源资源年鉴
区域资料类：中国区域经济统计年鉴　中国县域统计年鉴　中国城市统计年鉴
中国农村统计年鉴　中国地区经济监测报告
经贸与投资类：中国贸易外经统计年鉴　中国对外直接投资统计公报　中国商品交易市场统计年鉴
大中型批发零售和住宿餐饮企业统计年鉴　中国零售和餐饮连锁企业统计年鉴
住户与物价类：中国住户调查年鉴　中国价格统计年鉴　中国农产品价格调查年鉴
全国农产品成本收益资料汇编
资源与环境类：中国环境统计年鉴　中国能源统计年鉴
产业类：中国工业统计年鉴　中国建筑业统计年鉴　中国房地产统计年鉴
中国第三产业统计年鉴　中国证券期货统计年鉴
科技类：中国科技统计年鉴　中国高技术产业统计年鉴　工业企业科技活动资料
人口与就业类：中国劳动统计年鉴　中国人口和就业统计年鉴　中国人才资源统计报告
社会与文化类：中国社会统计年鉴　中国文化及相关产业统计年鉴
公共管理类：中国民政统计年鉴　中国民族统计年鉴　中国乡镇街道行政区域简册

省级综合统计年鉴系列

北京　天津　河北　山西　内蒙古　辽宁　吉林　黑龙江　上海　江苏　浙江　安徽　福建　江西　山东
河南　湖北　湖南　广东　广西　海南　重庆　四川　贵州　云南　西藏　陕西　甘肃　青海　宁夏　新疆
新疆生产建设兵团

市(县)级综合统计年鉴系列

天津滨海新区　石家庄　唐山　邯郸　太原　大同　阳泉　长治　晋城　朔州　晋中　运城　忻州　临汾　呼和浩特
鄂尔多斯　包头　沈阳　大连　长春　吉林市　四平　哈尔滨　黑龙江垦区　上海浦东新区　南京　无锡　徐州
常州　苏州　南通　连云港　淮安　盐城　扬州　镇江　泰州　宿迁　江阴　丹阳　杭州　宁波　温州　嘉兴　绍兴　金华
衢州　舟山　台州　丽水　合肥　福州　厦门　宁德　福州经济技术开发区　南昌　济南　青岛　郑州　洛阳　平顶山
三门峡　南阳　武汉　十堰　荆州　宜昌　荆门　咸宁　长沙　广州　深圳　惠州　东莞　南宁　柳州　桂林　来宾　海口
三亚　成都　贵阳　昆明　西安　兰州　庆阳　银川　乌鲁木齐　兵团一师　兵团十师

调查年鉴系列

山西　内蒙古　吉林　辽宁　上海　福建　湖北　广西　重庆　四川　云南　甘肃　宁夏　新疆　南宁　桂林

"十二五"规划教材

统计学(经济管理类专业本科适用，单薇 等)　抽样调查理论与方法(冯士雍 等)
贝叶斯统计(茆诗松 等)　统计学(黄良文 等)　试验设计(茆诗松 等)
统计学：从数据到结论(吴喜之)　医学统计学(于浩)　统计学(经济、管理类专业基础教材，张小斐)
概率论与数理统计三十三讲(魏振军)　概率论与数理统计三十三：学习指导与习题解答(魏振军)
非参数统计(吴喜之 等)　统计学：经济与管理中的数据分析(李慧云 等)
卫生管理统计学(新编医学院校基础课教材，尚磊)　医院统计学(新编医学院校基础课教材，徐天和 等)
社会统计学(蒋萍 等)　现代金融投资统计分析(李腊生 等)
国民经济核算初级教程(经济类、统计类、管理类专业适用，蒋萍 等)

重点图书

新中国65年　新编英汉汉英统计大词典　中华医学统计百科全书
挑大学选专业2014—考研择校指南　挑大学选专业2014—高考志愿填报指南

中国统计出版社发行部电话：(010)63376907，63376908　同榻行书店电话：68783171，68783172
通讯地址：北京市西城区三里河月坛南街57号　邮政编码：100826
网址：http://csp.stats.gov.cn

银川市园林局

YIN CHUAN SHI YUAN LIN JU

按照市委2013年工作要点和政府工作部署，从“准备之冬”、“建设之春”、“发展之夏”到“收获之秋”，园林局紧紧抓住大发展机遇，倾力抓好城乡园林绿化各项工作任务的落实，取得了明显的工作成效。

城市园林绿化 2013年，全市共实施绿化项目44个，建设总面积3200余公顷，是2012年工程总量的6倍。全市城市（三区）建成区绿地总量、园林绿化覆盖面积和公园绿地面积分别达到6102.1公顷、6102.1公顷和2033.41公顷，绿化覆盖率、绿地率、人均公园绿地面积三项指标分别达到42.05%、42.05%和14.25m^2/人，比2012年分别提高了0.19、0.37个百分点和0.83m^2，均超过全国平均水平。主要实施了：

滨河新区大环境绿化项目建设面积1000公顷，景观林带连绵24公里，成为自治区园林绿化史上规模最大的生态景观建设工程。完成铺设绿化灌溉主管线44公里，修建作业路72公里，种植各类乔灌木240余万株、地被60余万m^2，有效改善了新区的人居生态和投资环境，全方位提升了新区形象。唐徕公园六期续建项目唐徕渠南北沿线13公里，完成绿化种植和园路、广场等土建配套设施建设，为市民休闲锻炼提供了更加便捷的条件。绿博园建设项目完成70%的水系开挖工程，填垫土方111.4万方。迎宾大道改造完善提升项目主要实施贺兰山路改造提升78公顷，完成了道路隔离带改造绿化种植、景观林带绿化种植及园路、节点小品等建设，让迎宾大道尽显大气。黄河军事文化博览园建设项目7月中旬开始仅用40天时间按期完成了74公顷的绿化种植工程，开拓了银川旅游空间，为博览园顺利开园营造了绿色美景。

农村林业建设 2013年自治区和银川市下达的营造林任务分别是15.5万亩和10万亩，实际完成营造林面积16.68万亩，是区、市下达任务的107.6%和166.8%。农田林网、移民安置区及新农村建设工程以宽林带大网格建设、新农村新民居和移民安置区绿化为主，完成绿化面积6971亩。防沙治沙示范区建设主要以灵武市、兴庆区及宁东基地山沙区为主，实施以扎草方格治理流动沙丘，种植灌草，共完成治沙造林53297亩，新建葡萄酒庄16个。天然林保护工程封山（沙）育林和飞播造林分别完成46000亩和10000亩。秋季造林工作共完成造林整地24199亩，植树造林9705亩，树木涂白、修剪382.5万株。特色经济林产业主要以葡萄、长枣、枸杞、苹果为主的经济林产业基地发展，共种植经济林26958亩。

社会绿化工作 首府绿委办组织各县（市）区在全市建立义务植树基地8处，完成绿化面积5021亩，植树57.2万株。其中滨河新区义务植树基地43个责任单位近两万人完成植树1200亩20万株。

湿地保护工作 主要实施了阅海环湖绿地改造建设650亩，新建七子连湖湿地公园一期绿化1285亩，亚行贷款银川湿地整治市政府配套项目主要实施了宝湖、海宝湖、鸣翠湖等湿地公园湖体清淤、水草治理以及湿地周边景观绿化工程。

全面加快建设开放富裕和谐幸福美丽的新贺兰

宁夏如意科技时尚城项目启动仪式

塞尚江南鱼米之乡

贺兰县是宁夏首府银川市的辖区县，全县总面积1599平方公里，辖4镇1乡2个农牧场1个街道办事处，有常住人口26万人，其中回族占24.9%。

近年来，贺兰县围绕建设开放富裕和谐幸福美丽贺兰目标，大力实施“加快一区三园两店建设，力促八项民生工作争先”战略。全县呈现经济快速发展，民生持续改善，社会和谐稳定的良好发展态势。2013年，完成地区生产总值101.4亿元，同比增长10%；完成地方财政公共预算收入13亿元，增长15.5%，完成全社会固定资产投资141.6亿元，增长32%；实现社会消费品零售总额80亿元，增长15.5%，城镇居民人均可支配收入达到21401元，增长9.4%；农民人均纯收入达到9147元，增长11.5%。被评为中国最具区域带动力中小城市百强县，2013年荣获全国县域经济发展特色县。

淡水渔业示范基地

欣兰广场

移民新村

加快一区三园两店建设做大做强特色产业打造贺兰经济升级版

园艺博览会在贺兰举办

厚生记“杞动力”枸杞功能饮料生产线

“一区”建设取得新进展。加快推进国家现代农业示范区改革与建设步伐，重点发展以优质粮食、蔬菜、水产、畜牧业为主的“三精”特色农业。全县粮食、蔬菜、水产面积分别达到50万亩、30万亩、10万亩，奶牛养殖达到3.2万头。**“三园”建设实现新突破。**强力推进宁夏生态纺织产业园提速增容、德胜工业园区提质增效、暖泉工业区提档升级工程。全县有规模以上工业企业100家，产值过亿元企业44家。“大北农”、“厚生记”、“百瑞源”被评为中国驰名商标，宁夏名牌产品达到50多个。**“两店”发展呈现新亮点。**全县有汽车销售企业达到135家，汽车4S店63家，汽车销售占全区总量的75%以上，德胜汽车4S店已经成为宣传贺兰的一张靓丽名片。完成奥特莱斯名品折扣店一期建设，150多个国内外知名品牌店正式运营，成为银川北城商贸服务圈的重要组成部分。

宁夏如意科技时尚工业城项目奠基

奶牛养殖示范基地

设施农业高效种植

昊王酒业生产线

践行群众路线　全面建设

近年来，兴庆区认真贯彻党的十八大和十八届二中、三中全会精神，紧紧围绕宁夏“两区”建设和银川市“2258”工作方略，全面推进“8531”工作思路落实，团结拼搏，务实苦干，取得了显著的成效。2013 年完成地区生产总值 387 亿元，同比增长 10%；公共财政预算收入 10.03 亿元，同比增长 22.8%；全社会固定资产投资 135 亿元，同比增长 26%；规模以上工业增加值 77 亿元，同比增长 10%；社会消费品零售总额 178 亿元，同比增长 9%；城镇居民人均可支配收入 26100 元，同比增长 10%；农民人均纯收入 9900 元，同比增长 12%。

第二批党的群众路线教育实践活动开展以来，兴庆区坚持“为民务实清廉”，围绕“树立群众观点，解决突出问题，改进工作作风，促进兴庆发展”主题，让干部切实履行“公仆”的职责，让群众切实体会到做“主人翁”的感觉，从而不断拉近干群关系，使政府的“好心”真正变为群众满意的“好事”。

带着办法解难题。群众路线教育实践活动中，兴庆区积极开展以“送、察、学、帮、征、改”为主要内容的蹲点实践教育活动，通过调研走访、联姻共建、学行结合等举措，让干部到群众中间、到田间地头，在听民声、访民情的过程中，解民忧、促发展、见实效。截至目前，兴庆区在下基层活动中，31 名副处级以上领导对口联系 62 个村（社区）；县级领导包项目、业务部门成立工作组驻点联系 110 个建设项目；65 个部门及 16 个乡镇（街道、管委会）对口联系 168 个村（社区）、学校、非公企业、乡镇卫生院；796 名下基层干部和 546 名网格员结对帮扶基层群众 1735 户。此举使民忧、民困得到更好、更及时的解决，特别是一些老旧小区房屋危旧等长期困扰兴庆区的问题也逐渐有了解决之道。

兴庆区花卉产业

康居工程建设

开放富裕和谐美丽兴庆区

兴庆区城管现代化管理手段

滨河家园

兴庆区月牙湖万亩奶牛生态养殖场

转变作风办实事。群众路线教育实践活动开展以来，兴庆区按照“查找问题、发现问题、解决问题”的思路，通过召开征求意见会、开展调研活动、对外公布专线电话、微博及微信等新媒体、下网格等多种方式，广泛征求广大群众意见建议 17243 条，其中“四风”方面问题 98 条。转作风，群众事情主动办、办的好也由此成为兴庆区将群众路线进行到底的第一环。

提升服务促发展。在群众路线活动中，兴庆区本级干部 353 人下基层联系非公企业 2305 家，广泛征求企业及职工意见建议，从而为其提供更好的服务，提升招商引资的吸引力。2014 年，兴庆区拟实施各类建设项目 110 个，总投资 794.8 亿元，年度计划投资 212.2 亿元。2014 年一季度，兴庆区实现地区生产总值 81.55 亿元，同比增长 6.6%，地方公共财政预算收入 2.75 亿元，同比增长 29%。

全面完成 2014 年各项工作，努力推进兴庆区率先发展、科学发展、跨越发展，是辖区人民的共同愿望，更是我们义不容辞的责任。兴庆区将紧紧依靠辖区各族人民，团结一心，务实苦干，开拓创新，争创一流，为建设开放兴庆、富裕兴庆、和谐兴庆、美丽兴庆而努力奋斗！

新华西街打通工程

优美的校园环境

兴庆区整治后的永二干沟

总投资 125 亿元的银川永泰城

银川市商务局

YIN CHUAN SHI SHANG WU JU

2013 中国（银川）国际穆斯林企业家峰会主会场

2013 年，银川市商务局抢抓“两区”建设新机遇，紧紧围绕经济结构调整和发展方式转变，积极搞活流通扩大消费，全市商贸服务业发展良好。全年完成社会消费品零售总额 348.06 亿元，同比增长 12.2%；完成社会物流总额 2543 亿元，同比增长 13.1%；实现对外贸易进出口总额 24.1 亿美元，同比增长 80.9%；实现清真食品和穆斯林用品产业营业收入（产值）119.09 亿元，同比增长 12.8%；全市新增外商投资企业 14 家，合同外资额 3.58 亿美元，实际利用外资额 1.28 亿美元。

搞活流通，扩大消费，区域性现代服务中心建设步伐加快。商贸服务政策体系逐步完善，研究出台了《银川市 2013 年蔬菜价格调控工作实施方案》等四项肉菜价格管控方案；制定了《关于扩大消费工作方案》《银川市肉菜流通追溯系统使用管理办法》等配套措施；起草了《银川市城市商业综合体发展政策》、《关于加快促进银川市区域性物流中心建设发展的若干政策》；启动了《银川市电子商务发展规划》编制及相关配套政策研究工作。商贸服务业项目顺利推进，全市实施商贸、物流、清真产业、外经贸投资项目 248 个，投资额 433.7 亿元，开工建设 215 个，完成投资 314 亿元，占投资额的 72.4%；其中计划投资 212.5 亿元的十大商业综合体和十座五星级酒店项目完成投资 148.75 亿元。积极打造“消费在银川”品牌，组织全市骨干餐饮企业、大中型商贸企业开展了大众美食和大众购物消费促进季等活动；巴宝莉、登喜路等近百个世界知名品牌入驻银川。区域物流中心建设有序推进，新建商贸物流分拣配送中心 2.6 万平方米。新增冷藏、仓储面积 5.2 万平方米，大型农产品冷藏运输车 16 辆。培育商贸物流骨干企业 35 家，培育“2A”级以上第三方物流企业 14 家。商务民生工程成效显著，在全国率先实现了由政府投资建成总面积 2.8 万平方

米的标准化菜市场10个、社区蔬菜直销店33个，经营的28种蔬菜销售价格低于市物价局公布的市场平均零售价格20%和15%以上；投放储备肉、调控肉4300吨，投放储备菜、调控菜1.9万吨，抑制了肉菜等生活必需品价格过快上涨。会展经济蓬勃发展，成功承办了2013中国—阿拉伯国家博览会展会、第六届银川国际汽车博览会、2013·中国（宁夏）民族医药博览会等各类大中型展会17个，总计展出面积24万平方米，累计创收2000余万元，客流量突破100万人次。电子商务平台初显，宁夏钢铁网、曹操购物网平台上线运行，淘宝网特色中国宁夏馆建成试运营。全市网站超过2000个，固定互联网用户达24万户，网民达到70余万人，普及率为35%，涉及电子商务产业企业220余家；发展电子商务会员企业120余家，涵盖金融、电信、物流及配送、商贸流通、生活便民等多个领域，全市重点电子商务企业交易总额突破亿元。肉菜流通追溯体系建设步伐加快，完成了北环批发市场等3家农产品批发市场，银川市灵农畜牧发展有限公司等5家畜禽定点屠宰企业，天天鲜等4家企业的50个社区蔬菜直销店，新世纪标准化菜市场，银川市新华百货连锁超市有限公司等4家超市公司的24个超市门店，银川市东港明珠餐饮有限公司等50家团体伙食单位的软硬件安装试运行；建设完成了四季鲜、新世纪批发市场肉类备案中心。

宽领域、多层次，对外开放全面深化。对外开放平台建设取得新成效，成功举办2013中国（银川）国际穆斯林企业家峰会，来自47个国家和地区的263名嘉宾参会；签约项目18个总投资27.95亿元，涵盖了清真食品、小型民用飞机零配件生产加工、医疗卫生、电子商务和云端应用、RFID系统设计和研发、中阿中小企业合作平台建设、保税物流等领域和行业；签署合作协议和备忘录5个。国际贸易结算中心建设取得突破，引进费雷德贸易有限公司、宁广达贸易有限公司等30家对外贸易公司入驻银川；灵武羊绒产业园区被商务部授予“第二批国家外贸转型升级专业型示范基地”。对外经济技术合作步伐加快，中银绒业、凯瑞特等8家企业“走出去”完成境外投资4.3亿人民币。清真食品和穆斯林用品产业稳步发展，协调恒源万福等4家企业在天津股权交易所挂牌上市。支持厚生记、天然蜂等清真食品企业建设研发中心、检测中心8个，研发新产品30多个。银川商城六楼1.2万平方米清真餐饮广场开业，36家区内外知名餐饮企业入驻。

政府限价肉投放网点老大楼超市

银古物流中心库区外景

银川国际会议展览中心外景

景墨家园社区蔬菜直销店

双十工程－商业综合体之悦海新天地购物广场外景

双十工程－商业综合体之西夏万达广场内景

双十工程－星级饭店之上塞上江南饭店外景

银川市工信局

YIN CHUAN SHI GONG XIN JU

2013 年银川市工信局大力实施以战略性新兴产业为突破口的工业振兴工程，以保增长、促发展为核心，以项目建设为抓手，大力发展一强四优五新优势特色产业，实现了工业企业稳向好、整体回升、运行较快的良好发展态势。

工业经济运行质量和效益显著提高

2013 全年全市规模以上工业企业实现增加值 492.16 亿元，比上年增长 12.4%，占全区比例由去年的 52.6% 提高到 54.2%，实现利润总额 90.58 亿元，同比增长 20.4%，当年新增规模以上工业企业达到 80 户，全部工业企业完成工业增加值 524.11 亿元，占全市 GDP 的 41.2%，对全市 GDP 的贡献达到 48.5%，拉动 GDP4.9 个点。

园区建设进一步加快

开发区和工业园区开发总面积达 124 平方公里，入园企业近千家，园区职工人数近 13 万人，产值突破 1000 亿元。高新技术产业和高附加值现代服务业聚集效应初步显现，银川经济开发区被评为“全国十佳最具投资竞争力园区”“中国软件信息服务业最佳服务园区”，科技园被评为“国家级科技孵化园区”。

批重大项目建成投产

2013 年实施重点工业项目 320 个，完成投资 570.4 亿元，同比增长 20%。宝丰集团焦化二期、宁夏捷美丰友化工有限公司年产 40 万吨合成氨、70 万吨尿素、联产 30 万吨甲醇、宁夏远大可建科技有限公司低碳建筑一体化项目一期等 120 个重点项目建成投产，达产达效项目新增产值 150 亿元。

产业转型升级方向进一步明确

“一强四优五新”产业规模占全市工业比重已达 90% 以上，投资 5 亿元打造的银川 iBi 育成中心（一期）已完成，产值过 10 亿元。葡萄品质优势和贺兰山东麓地理标识知名度不断提升，5 家企业进入获得全国软件百强。

企业创新能力不断增强

泰丰生物、天佳仪器等 5 家企业通过自治区级企业技术中心认定，神华宁煤、隆基宁光通过国家级企业技术中心验收，伊品公司获得国家技术创新示范企业。截止 2013 年，我市共有 2 家企业产品获得中国名牌产品称号；有自治区级企业技术中心 37 家，国家级企业技术中心 7 家，分别占全区总数的 67% 和 58%。

信息化水平进一步提高

成功被国家住建部和工信部列为 2013 年度国家智慧城市试点和信息消费试点城市。大力推进智慧城市建设，银川智慧城市体验馆正式运用。银川信息网工程主要建设内容基本完成，贺兰县、西夏区试点推广建设稳步有序。

节能降耗攻坚战顺利推进

全面推进节能工作法制化、信息化、科技化、项目化和制度化进程，主要产品单位产品能耗达标率超过 80%，8 家电力需求侧试点单位在线监测系统上线运行，3 家单位创建银川市节水型企业通过验收，3 家能源管理中心建成运行。电力需求侧管理能效改造“四方协议”项目率先在我市启动。

迎难而上 负重拼搏
为银川市社会经济快速发展保驾护航

——银川市统计工作掠影

自治区直机关观摩党建工作

群众路线教育实践活动动员会

近年来，银川市统计局紧紧围绕着市委、市政府的中心工作，在自治区统计局的悉心指导下，迎难而上，取得了党的建设和统计业务双丰收的好成绩。连续7年被市委目标效能考核评为一等奖，连续5年被自治区统计局目标效能考核为评一等奖；先后被评为全国企业一套表联网直报先进集体、自治区级文明单位、全国地方统计年鉴乙组一等奖、全市党委系统信息工作先进集体、银川市创先争优先进基层党组织、全市统计工作先进集体、银川市直机关先进基层工会、银川市志愿者服务活动先进集体等多项荣誉，有10名从事统计工作30年以上同志受到银川市人民政府的表彰奖励，有30名基层统计工作者和10个单位被市人民政府表彰奖励，有1名同志被授予银川市“五一”劳动奖章。

统计学会换届

在这耀眼的成绩背后，银川统计人负重拼搏，砥砺奋进，在经济大潮中扬帆前进，破惊涛，战骇浪，为银川市乃至全区经济平稳运行殚精竭虑，分析研判形势，预测制定措施，充分发挥了统计为决策部门和全社会服务的职能，出色地完成了全市经济社会月报、季报、半年报、半年经济形势分析会等统计业务工作，促使全市经济稳步发展。

以创建学习型机关为契机，努力提高全体干部的统计服务能力。银川市统计局为努力提高全体干部统计服务能力，先后开展了学习型处室的评选活动，制定了评选标准，并且制定了干部学分考核办法，在“银川书香，书香银川”活动中建立处室图书角，补充了图书资料室图书200多册。充分发挥了现代媒体作用，建立银川市统计网校学习机制，开展网上好文章推荐活动，建立了统计大讲堂，组织全体干部积极参与全区干部网络学校学习，每季度开展一次集中封闭学习会，开展了统计知识竞赛、第三届全市统计技能大赛等活动，通过一系列学习，提升了全体干部的统计服务能力。

不断夯实统计基础工作，全面高效的完成统计业务工作。在全球经济下滑的大背景以及我国经济调结构等因素的双重压力下，银川统计人本着科学务实的统计精神，建立了部门统计联席会议等制度，深挖潜力，认真完成了月度、季度、半年度经济形势分析，切实保证了全市经济平稳增长。

不断开创统计工作新局面，在推陈出新中推动全市统计工作上台阶。银川市统计人除了扎实打好基础工作外，不断推陈出新，开拓出了一片统计新天地。市委常委会议首次将统计工作列为专项议题予以研究，并提出明确要求；市人民政府将全市统计大会列为主要议事日程，决定每5年召开一次全市性的统计工作大会，市政府专门拿出经费对统计工作先进集体和个人予以表彰奖励，激励全市统计工作不断开拓新局面。

全面开放统计服务领域，努力体现统计为您服务的主题思想。为了体现统计宗旨，增加统计工作的透明度，银川市开门办统计，除了开发了“两会”服务系统等专项服务外，还在全区首家建立“银川统计”微博，面向网络服务网民；在银川市电视台开办专题栏目“统计在线”；在银川日报和银川市晚报等平面媒体和银川市统计信息网等电子媒体上定期公布发布社会经济数据，印制各类统计产品对外发布交流，以满足社会各界对统计数据的需求，增加了统计的透明度和公信力。

集中学习会

努力营造“三经普”工作氛围，升入扎实开展“三经普”工作。按照自治区的统一部署，银川市积极筹备第三次全国经济普产工作，成立了第三次全国经济普查工作领导小组和办事机构，召开全市动员大会，与各县(市)区和成员单位签订了责任书，印制了“三经普”宣传材料，制作了三经普宣传短片，对全市“三经普”骨干人员进行了专题培训，在全市范围内营造了浓厚的工作氛围，“三经普”工作取得了阶段性成果。

自治区统计局领导调研银川市经济运行情况

狠抓党建和干部队伍建设，以党的建设推动全市统计工作再上新台阶。以深化统计文化为抓手，努力营造浓厚的统计机关党建工作氛围，提高了机关党建工作水平，受到了市直机关工委的高度重视，组织市直机关党组织负责人召开现场会，并评为全市先进基层党组织；自治区直机关工委也组织相关基层党组织负责人前来观摩。在加强党的建设的同时，大力加强了干部队伍建设，在干部中广泛开展了”好干部”大讨论活动，在努力开展干部思想政治学习的同时，不断完善干部考核管理机制，增强了干部爱岗敬业的自觉性和主动性。按照ISO质量管理体系标准，制定了科学合理规范的工作流程，进一步规范了处室工作程序，促使机关日常工作真正走上了科学规范化轨道。

文体活动

公益劳动

走访群众

文体活动

“三经普”工作

国家统计局银川调查队
在创新规范中开创调查工作新局面

群众路线教育实践活动动员会

领导干部述职述廉

国家统计局银川调查队紧扣“改革创新、规范统一、公开透明”的工作主线，以“三个提高”为目标，加强服务型统计建设，创新思路，强化措施，狠抓落实，“五创新一规范”开展统计调查工作。

创新管理机制，深入推进扁平化管理 2013年以来，国家统计局银川调查队按照“提升效能”的改革思路，进一步深化和完善总队批复的扁平化试点方案。在原来8个内设“科级”机构的基础上，调整组建了“综合法规处、价格监测处、住户调查处”三个处（室）。明确和规范主要负责人、处室负责人的法定职责、管理权限、工作流程，优化和细化中层干部（科长、主任）、一般干部的岗位职责、业务分工。

创新发展环境，理顺良好发展氛围 国家统计局银川调查队党组审时度势，抢抓机遇，精心谋划，队领导多次主动向银川市人民政府领导汇报、请示工作；主动与市发改委、市财政局、市统计局、市商务局、市住房保障局、市辖区各级统计调查部门沟通协调，取得工作上的支持和配合，营造了良好的发展环境。

党风廉政承诺书签署仪式

杨有贤副市长视察工作

领导干部任职大会

银川市调查队与浦东调查队座谈

住户调查工作培训会议

创新服务理念，提升咨询服务水平 国家统计局银川调查队以“建设服务型统计”为目标，增强服务意识，取得了明显的效果。一是主动向市委、市政府领导及有关部门及时提供调查数据和分析报告，增强了服务的及时性、针对性。二是围绕市委、市政府的工作重心，积极组织开展专题调研，撰写高质量统计调查分析报告。三是积极开展专项调查工作。承担市政府安排的投放点价格监测、低收入居民消费价格监测工作；组织开展银川市依法治市测评、绩效考评评议评价等第三方测评专项调查工作，为党政领导科学决策提供统计调查保障。

创新调查方式，加快推进信息化步伐 国家统计局银川调查队解放思想，锐意进取，在实行消费价格调查手持电子设备利用全覆盖的同时，采取有效措施推行了工业生产者价格、采购经理调查联网直报工作，在全区率先试点城市住户调查电子记账，大力推进统计信息化步伐。

创新执法模式，为调查中心工作护航 国家统计局银川调查队加强了统计法制工作，采取联合执法模式，整合统计执法资源，增强了统计执法检查的效果。采取与宁夏调查总队、银川市统计局、两县一市调查队联合执法形式，既整合了统计执法力量，避免了多头重复检查，又提高了办案效率和社会效果。

规范调查行为，严格落实统计方法制度 一是夯实基础，树立威信。重视样本更新和维护，努力增强样本代表性。加强对调查对象的培训和指导，确保源头数据质量。规范调查行为，建立调查样本库，将工作分解表和考核办法整理编印成书。严格执行调查数据采集、审核、评估流程，准确把握数据走势。深入一线开展调研活动，深刻解读数据变动原因。二是部门联动、服务决策。主动参与政府组织的经济形势分析会、控制物价会议，介绍居民增收因素、分析价格变动走势，提供统计咨询服务。建立部门会商评估，准确分析数据变动原因，客观真实提供调查结果。

千村入户调查

银川市文广局

YIN CHUAN SHI WEN GUANG JU

——小地方办出了大文化

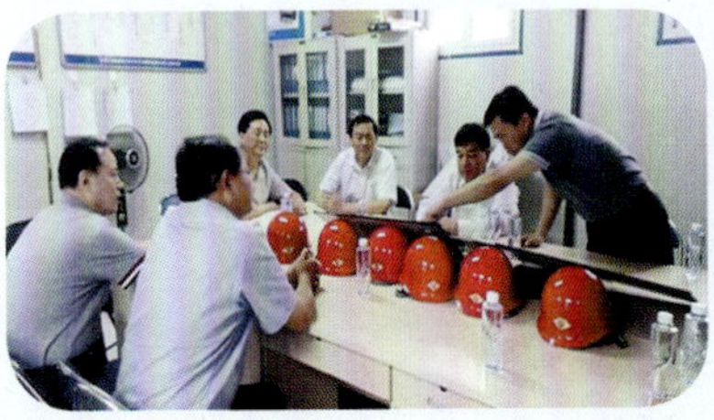

银川市创建为首批国家公共文化服务体系示范区

经过两年创建，银川市荣获首批国家公共文化服务体系示范区称号。

基本实现公共文化服务设施网络化。重点实施了银川市文化艺术馆新馆建设和银川市图书馆数字化改造了两县“两馆”，实现了每个县区都有“两馆”的目标。文化信息资源共享工程设立图书流通服务点100个。新建各级公共电子阅览室156个，覆盖率达60%以上。

基本实现公共文化服务供给规范化。创新免费开放服务品牌项目，相继推出“流动文化大篷车”、“掌上图书馆”、“百姓讲堂”、“亲子阅读”、“经典歌曲大家唱”等项目，年平均开放时间达300天以上；开展“送戏下乡”等流动文化服务活动，年均开展活动700场（次）以上。

基本实现公共文化服务品牌常态化，实施“踏歌起舞·幸福银川”大系列群众文化工程，打造“天天品牌”，举办广场演出场。

加强精品创作，参赛全国“群星奖”喜获“三星”。曲艺作品宁夏坐唱《民生工程为民生》、数来宝《说法》获得第十届中国艺术节“群星奖”。银川市“踏歌起舞”文化工程系列文化慧民活动获全国第十六届“群星奖”项目。

文化产业发展稳步推进

为文化企业争资金、报项目做好服务。申报24个文化项目并建立了文化强市项目库。

重点项目进展顺利。银川市数字图书馆建设项目自己完成二期工程建设，实现了西夏区图书馆与银川市图书馆图书的通借通还。文化艺术馆新馆已开工建设。

国有文化企业的核心单键力有所增强。2013年银川艺术剧院有限公司公司共完成演出727场，大型安全教育方言舞台剧《平安是福》61场；舞剧《月上贺兰》68场。

广播影视工作再上台阶

城乡数字电影公益放映工作完成农村和城市社区数字电影放映8927场，超额完成任务。

全面完成直播卫星“户户通”工程建设任务。我市直播卫星“户户通”工程建设自2011年10月启动，至2013年6月底分两期实施。今年实施的二期工程完成26351户，至此，“户户通”工程覆盖6个县（市）区16个乡镇，131个行政村，共有86125户受惠，开通户数已达到98%以上。

新闻出版（版权）工作有力促进

督促农家书屋全面开放，促进全民阅读活动。实施了卫星数字农家书屋建设工程，为全市所有行政村农家书屋配建了277套卫星数字接收播放设备。开展了首届“书香银川银川书香”评选活动。

积极推进软件正版化工作，实现了正版办公软件在全市行政事业单位全覆盖。

深入开展“扫黄打非”工作，促进出版物市场健康发展。开展了“绿书签”宣传活动。

文化市场综合执法监管有力

发挥文化市场综合执法监督管理作用，加强综合治理。利用综治宣传月集中执法季行动等活动，大力宣传法律法规、政策知识。组织全市250余家网吧负责人召开互联网上网服务行业协会法律法规培训暨自律分约签约会和网吧经营场所集中整治工作会。

开展专项治理，突出监管重点。集中开展打击网吧接纳未成年人违规行为。加强歌舞娱乐游戏、演出经营场所的管理。

文化遗产保护工作取得新成效

加强文物保护与管理工作。实施文物保护维修工程项目。鼓楼维修保护、亮化工程全面完工，完成投资387.98万元。

以传承为重点加强非物质文化遗产保护工作。组织38位非遗传承人参加春节民俗大集展演活动、举办非遗摄影大赛评出51个奖项、组织举办西北地区非遗博览会等活动。在文化遗产日展出4个国家级项目表6个自治区项目和部分市级项目作品270余件。

落实简政放权，不断提升行政审批工作效率

市文广局围绕激发文化市场主体活力，把简政放权、放管结合作为转变政府部门的“先手棋”，取消、调整和下放了部分行政许可审批和审核事项，不断提升行政审批效率。下放的内部资料性出版物审批、出版物发行审批、非出版物印刷企业设立审批等事项，加强了管理，促进了文化企业的健康发展。

目前市文广局共有行政许可审批事项8项，涉及文化、广播影视、文物方面。2013年市文广局共办理各类行政许可审批审核484件。

银川市发改委

近年来，银川市发改委认真贯彻落实十八大和十八届三中全会精神，紧紧围绕市委、市政府建设“两宜”城市战略目标，以“两区”建设为契机，以转变经济发展方式为主线，以深化改革和创新驱动为动力，深入实施“2258”工作思路，坚持经济工作项目化，狠抓项目落实，扎实推进发展和改革各项工作，有效地推动了全市经济社会又好又快发展。2013 年经济运行呈“稳中有进、稳中向好”态势。完成全市地区生产总值 1273.49 亿元，增速 10%，；完成全社会固定资产投资 1149 亿元，增速 25.1%；居民消费价格指数控制在 3.5% 以内。

注重宏观谋划，切实发挥参谋助手作用。科学的提出了加快银川跨越式发展的经济增长目标和 2013 年重点项目投资计划。加强对事关全市经济发展重大课题的研究工作，向市委政府提出申请在银川设立自由贸易园、加快银川市产业结构调整和优化升级、加快推进银川内陆开放型经济实验区核心区建设等合理化建议和意见，为市委政府决策和指导全市经济发展提供了科学的理论依据。

强化项目管理服务，全力保障投资任务。通过减免项目建议书审批环节、实行 3+X 并联审批制度、建立项目审批销号制度和未报文本催报制度等有效举措，实现市本级投资项目审批创新提速。2013 年完成全社会固定资产投资 1149 亿元，增速 25.1%，较好的完成了投资任务目标。

大力推进社会事业，促进民生持续改善。2013 年，安排建设的社会事业建设项目 40 余项，项目总投资约 5 亿元，目前完工率达 90%。主要有新建 5 所中小学（含滨河中学）、6 所幼儿园、10 所农村中小学标准化操场建设、滨河国际医疗中心、数字化图书馆改造等项目。

积极推进产业结构转型升级，促进经济发展方式加快转变。认真贯彻落实中央、自治区产业结构调整和优化升级精神，以结构调整为主线，以深化改革和创新驱动为动力，进一步优化产业布局，发挥市场在资源配置中的决定性作用。做大经济总量，优化存量，提升增量，实现三次产业协调发展，深度融合，推动经济更有效率、更加公平、更可持续发展。

切实履行价格监管职责，维护市场价格稳定。强化政府指导价或政府定价商品价格管理，继续发挥“12358”热线电话监督作用，加强价格调控和市场监管，落实物价上涨与临时生活补贴联动机制。全面清理、取消和减免 82 项行政事业性收费及中介服务收费。

建精品工程 筑企业丰碑

——宁夏银基房地产开发有限公司

阅海湾中央商务区“银基大厦”项目效果图

宁夏银基房地产开发有限责任公司自 2001 年 3 月 21 日改制并重新登记注册以来，锐意进取，不断发展，是我区一家主营房地产开发，具有贰级房地产开发资质的企业，法人代表韩建华，执行董事丁洁，总经理王琦；注册资金壹亿元人民币。公司于 2003 年 10 月以宁夏银基物业服务有限公司、宁夏青德塑钢制品有限公司、宁夏固本建筑有限公司为子公司组建银基实业集团，简称银基集团。公司现有职工 68 人，具有大专以上学历人员占 90%，职称专业管理及技术人员 40 人，下设人事行政部、前期部、工程部、造价部、资管部、销售部、物资部、项目部共八个职能部门。

自公司成立以来，在董事长韩建华先生的带领下，以执行董事长丁洁为代表的“银基人”艰苦奋斗、励精图治、先后创建了一批优秀的住宅小区：银基花园、银基花都、怡居雅苑等住宅区，代建自治区人民医院职工住宅、阅海万家三期 G3 地块住宅项目，累计开发面积约 165.45 万 ，为宁夏的建筑史写下了浓重的一笔。其中 2001 年开工的“银基花园”就是“银基人”智慧的结晶。他除了具备一流工程质量外，独特的设计风格和小区园林人文与自然、楼台与亭榭、生命与绿色和谐统一的典范。该总投资 1.83 亿元，总建筑面积约 6.75 万 的住宅小区一经推出，就受到了区内外各界人士的广泛关注，尤其是小区内的智能化管理更是受到业主和专家的一致好评，成为银川市的明星楼盘，创出了“银基”品牌。

公司在建项目——“红旗大厦”商住综合体位于银川市解放西街北侧，总用地面积 0.55 万平方米，总建筑面积 3.63 万平方米，总投资额预计 3.2 亿元。公司致力将该项目打造成为宁夏唯一针对高端小资女性提供的深层次、个性化、综合性服务的 SOHO 大厦。该项目计划于 2014 年 6 月 28 日盛大开盘，必将为银川市的商业综合体再添一道亮丽的风景线。

我公司决策层运筹帷幄，稳步经营，多元化发展，在行业内树立了良好的企业形象和社会口碑，多次荣获市、自治区和国家级荣誉：2003—2004 年度被银川市企业协会授予“与时俱进优秀企业”和“建设大银川优秀企业”称号；